Solidarität und Menschenwürde

Erich Matthias
Klaus Schönhoven (Hg)

# Solidarität und Menschenwürde

## Etappen der deutschen Gewerkschaftsgeschichte von den Anfängen bis zur Gegenwart

Verlag Neue Gesellschaft

ISBN 3-87831-391-8


Godesberger Allee 143, D-5300 Bonn 2
Umschlag: Karl Debus, Bonn
Satz: Satzstudio Hülskötter, Burscheid-Dürscheid
Druck und Verarbeitung: Druckhaus Göttingen, Göttinger Tageblatt GmbH

Printed in Germany 1984

## Inhalt

# Vorwort

Die Geschichte der deutschen Gewerkschaften hat erst im letzten Jahrzehnt die besondere Beachtung der Sozialhistoriker gefunden. Bis dahin dominierten — wie die einschlägigen Spezialbibliographien zeigen — Untersuchungen und Beiträge zur politischen Arbeiterbewegung, in denen die Gewerkschaften allenfalls am Rande behandelt wurden. Die Ausweitung der Forschungsperspektiven auf die Gesellschaftsgeschichte des Industriezeitalters und damit auf die ökonomischen, sozialen und kulturellen Existenzbedingungen, Erfahrungen und Ausdrucksweisen der Arbeiter öffnete auch das Blickfeld für organisatorische Aktivitäten der Arbeiterschaft, die den parteipolitischen Rahmen sprengten und die bislang von der Sozialgeschichtsschreibung weitgehend ausgegrenzt wurden. Mittlerweile stimmen jedoch alle Historiker der Arbeiterbewegung — egal welcher methodischen Schule sie sich zurechnen — darin überein, daß ohne genauere Kenntnisse über Struktur und Programmatik der Gewerkschaften, ohne Wissen über ihre Wachstumsbedingungen und Organisationsprobleme viele Forschungsthesen auf einem brüchigen Fundament stehen. Denn erst die Einbeziehung der Gewerkschaftsgeschichte ermöglichte eine bessere Beantwortung von Fragen, die auf den Zusammenhang von Arbeitssituation und Alltagsleben, von individuellen und kollektiven Verhaltensformen, von emanzipatorischem Engagement und solidarischer Aktion abzielten. Die Verschiedenartigkeit und Vielschichtigkeit der Arbeiterschaft, ihre ideelle und materielle Verklammerung zur Klasse, und die komplexen Bedingungen für Eintracht und Zwietracht im Kampf um soziale Gerechtigkeit und politische Gleichheit können aus parteipolitischer Sicht allein nicht erklärt werden. Ohne historisch fundierte Studien zur Gewerkschaftsbewegung bliebe die Geschichte der deutschen Arbeiterbewegung eine buchstäblich halbe Sache.

Der Sammelband stellt deshalb die Gewerkschaften in das Zentrum und zieht eine Bilanz der bisherigen Forschung. Behandelt wird die Entfaltung der sozialdemokratischen, liberalen und christlichen Richtungsgewerkschaften in Deutschland, die sich im Laufe eines jahrzehntelangen Prozesses organisatorisch stabilisierten, aus politischer und weltanschaulicher Bevormundung lösten und zu einer eigenständigen und — manchmal — eigenwilligen Massenbewegung heranwuchsen. Die Beiträge analysieren aus chronologischer und systematischer Perspektive die einzelnen Stadien der Gewerkschaftsgeschichte im Kaiserreich und in der Weimarer Republik, wobei die Ausgangspunkte der Dachverbände, ihre Binnenstrukturen und Wirkungsbereiche, ihr Selbstverständnis und ihr Rollenverhalten in einer sich politisch und gesellschaftlich verändernden Umwelt beleuchtet werden. Weitere Schwerpunkte der Darstellung sind der Zerstörung der Gewerkschaften durch den Nationalsozialismus, dem Widerstand von Gewerkschaftern gegen diese Diktatur und schließlich dem organisatorischen Neuaufbau und der programmatischen Entwicklung der Gewerkschaftsbewegung in den beiden deutschen Staaten nach dem Zweiten Weltkrieg gewidmet.

Alle Autoren, die hier eigene Forschungsergebnisse vorstellen und zugleich neue, bislang unbekannte Quellenbestände erschließen, sind ausgewiesene Gewerkschaftshistoriker, die — mit unterschiedlichen methodischen Instrumenten und inhaltlichen Akzenten — die Handlungsspielräume der Gewerkschaften unter verschiedenen politischen Systembedingungen ausloten und ihr Durchsetzungsvermögen auf bestimmten sozialen und gesellschaftlichen Tätigkeitsfeldern beschreiben wollen. Im Mittelpunkt steht immer wieder die Frage nach der Kontinuität und dem Wandel der gewerkschaftlichen Bewegung, nach ihren Zielen und Erfolgen, aber auch nach ihren Versäumnissen und Fehlern. Die in diesem Band abgedruckten Beiträge lassen sich nicht zu einem einheitlichen Gesamtbild zusammenfügen und sind keiner bestimmten ideologischen Generallinie verpflichtet; sie geben jedoch einen Eindruck von der Vielfalt der Gewerkschaftsgeschichte und zeichnen die wichtigsten gewerkschaftlichen Entwicklungsetappen im Zeitraum von rund einem Jahrhundert nach.

Die Konzeption dieses Sammelbandes geht auf eine Vorlesungsreihe zurück, die Erich Matthias im Rahmen des von ihm geleiteten DFG-Projekts „Deutsche Gewerkschaften" an der Universität Mannheim veranstaltete. Die einzelnen Vorträge wurden für den Druck überarbeitet, auf den neuesten Forschungsstand gebracht und mit Anmerkungen versehen. Erich Matthias hat die Drucklegung dieses Bandes nicht mehr erlebt. Mit seinem Tod im März 1983 verlor die deutsche Zeitgeschichtsschreibung einen ihrer führenden Vertreter, der namentlich auf dem Gebiet der Parteien- und Parlamentarismusforschung bahnbrechende Untersuchungen vorlegte und viele Forschungsvorhaben anregte und betreute. In seinen letzten Lebensjahren konzentrierte Erich Matthias einen Großteil seiner Arbeitskraft auf das DFG-Projekt zur deutschen Gewerkschaftsgeschichte, aus dem dieser Sammelband erwachsen ist. Seinem Andenken sei dieser Band gewidmet.

Würzburg, im Mai 1984 Klaus Schönhoven

Ulrich Engelhardt

# Die Anfänge der deutschen Gewerkschaftsbewegung (1848 bis 1870)

*„Ihr habt gesehen, daß Einigkeit Euch fehlt, deshalb tretet ein in Eure Gewerkschaften, zeigt, daß Ihr keine Sklaven mehr, sondern Menschen und Männer seid."*
Lackierer
Andreas Wüchner (1869)[1]

Auf den ersten Blick erscheint die Überschrift dieses möglichst knapp gehaltenen Überblicks[2] ebenso eindeutig wie unproblematisch. Schon bei einiger Überlegung aber hat sie durchaus ihre ‚Tücken'. Dabei ist zunächst weniger an die Komplexität des Betrachtungsgegenstands als vielmehr an den Umstand zu denken, daß es — schon logischerweise — nicht angeht, die Anfänge oder gar *den* Anfang einer historischen Erscheinung ausmachen zu wollen, ohne eine wenigstens annähernd genaue Vorstellung von den konstitutiven Merkmalen des Gesuchten zu haben.

Damit stellt sich gewissermaßen noch im Vorfeld des engeren Themas zuerst eine Aufgabe, die auch dann nicht zu umgehen wäre, wenn es im Hinblick auf Kürze und Bequemlichkeit der Argumentation verlockend sein möchte. Um Beginn und Frühgeschichte der Gewerkschaftsbewegung überhaupt erfassen zu können, muß man sich erst einmal den begrifflichen Implikationen stellen, d. h. angeben, durch welche quasi idealtypischen Kriterien der Tatbestand Gewerkschaft(en) als ‚erfüllt' gelten soll.

## 1. *Zum Begriff der Gewerkschaft*

Wenn es 1920 z. B. in einer Leipziger Dissertation kurz und bündig hieß: „Die Anfänge der deutschen Gewerkschaftsbewegung gehen auf Max Hirsch zurück" (der Verfasser meinte das Jahr 1868!)[3], so ist dies in jeder Hinsicht unsinnig — nicht zuletzt deshalb, weil der zugrundeliegende Gewerkschaftsbegriff dabei nicht einmal andeutungsweise reflektiert wurde. Mit dieser Kritik soll nun nicht etwa zu eingehenden terminologischen und dogmengeschichtlichen Erörterungen übergeleitet werden. Abgesehen davon, daß der verfügbare Raum dazu nicht ausreichen würde, wäre der Ertrag auch zweifelhaft. Worauf

1 Schlußworte seines Berichts über eine „Maßregelung in einer Staatswerkstätte", zit. nach: Der Social-Demokrat (zit. SD), Nr. 75 vom 30. 6. 1869, Zuschrift aus Augsburg vom 23. Juni (Versammlung des „Allgemeinen Deutschen Maler-, Lackierer- und Vergolder-Gewerks").

2 Leicht erweiterte und geringfügig veränderten Fassung eines Vortrags, der im Rahmen der Vorlesungsreihe zur Gewerkschaftsgeschichte an der Universität Mannheim gehalten wurde.

3 Arno Kruschwitz, Die Anfänge der deutschen Gewerkschaftsbewegung, phil. Diss. Leipzig 1920 (gedr. Inhaltsangabe in: Jahrbuch der Philos. Fakultät zu Leipzig für das Jahr 1920, II. Halbjahrsband, S. 197 ff.).

es hier lediglich ankommt, ist das, was schon fast sprichwörtlich als operationale Definition bezeichnet wird. Dieses Verfahren liegt dem Historiker schon deshalb nahe, weil es nicht allein eine leidlich genaue Aussagengenauigkeit ermöglicht, sondern zugleich auch den stets notwendigen Schuß Pragmatismus sichert. Letzteres hat u. a. den Vorzug, daß ein historisch-empirisch ungemein kompliziertes Problem hier kurzerhand ausgeklammert werden kann: die Frage nach dem formalen wie inhaltlichen Zusammenhang zwischen mittelalterlichen bzw. frühneuzeitlichen Gesellenorganisationen und modernen Gewerkschaften — eine Frage, der sich die Sozialhistoriker erst seit relativ kurzer Zeit planmäßig zuzuwenden beginnen[4], obwohl sie von Adolph Held schon 1873 mit forschungsprogrammatischem Akzent versehen wurde.[5]

Wie auch immer die Antwort auf diese Frage und damit nicht zuletzt die Einschätzung *vor*industrieller Formen des Arbeitskampfes ausfallen mag, Begriff und Erscheinung der Gewerkschaftsbewegung sind m. E. unlösbar verbunden mit der Entstehung der (privat) kapitalistischen *Industrie*wirtschaft; sie sind ein genuines Produkt dessen, was schon von Zeitgenossen als „industrielle Welt" benannt und im Kern als „Maschinenwelt" beschrieben wurde.[6] Mit anderen Worten: Soll der Gewerkschaftsbegriff seine analytische Trennschärfe nicht verlieren und als Instrument der Zuordnung historisch-empirischer Befunde tauglich bleiben, muß er die Elemente enthalten, die sozusagen für das *Reife*stadium der Bewegung seit dem späten 19. Jahrhundert bestimmbar sind. Folglich wird hier unter Gewerkschaft eine Größe verstanden, die jedenfalls drei Eigenschaften aufweist: Zumindest tendenziell muß sie (a) auf *gewerblich-industrielle* Arbeit*nehmer* mit lebenslanger, ja generationsübergreifender *Lohn*abhängigkeit begrenzt bleiben; ferner muß sie (b) auf *Dauerhaftigkeit* ihrer Organisation angelegt und (c) auf *alle* Mittel sozialpolitischer Interessenwahrnehmung und Lageverbesserung bedacht sein (was den Wechsel von zeit-und konstellationsbedingten Schwerpunkten nicht ausschließt).

Die Auswahl dieser ‚essentials' ist von einer Prämisse bestimmt, die zwar schon anklang, jetzt aber noch ausdrücklich formuliert werden sollte. Es ist die Annahme, daß sich die Entstehungsgründe einer spezifisch *gewerkschaftlichen* Arbeiterbewegung aus jenem epochalen Prozeß ergaben, der in schlagwortartiger Vereinfachung folgendermaßen umrissen werden kann: in ökonomischer Beziehung als Umstrukturierung von der manufakturalen zur industriellen Produktionsweise; in sozialer Beziehung als korrespondierender Wandel von der (alt) ständischen über die dekorporierte oder disintegrierte zur Klassengesellschaft. Akzeptiert man dies auch nur grundsätzlich, so wird man die *Anfänge* der Gewerkschaftsbewegung schon von der Logik des Ansatzes her in der Zeit der *Frühindustrialisierung* zu suchen haben, die nach fast einhelliger Ansicht der Wirtschaftshistoriker in die Spanne zwischen rd. 1830 und 1870/73 fällt. Ja, mehr noch: Das ‚eigentliche', d. h. organisationsgeschichtlich grundlegende Konstituierungsstadium wird man kaum vor den 1860er Jahren, also schwerlich vor dem Jahrzehnt vermuten, das den „Schwerpunkt der ersten Industrialisierungsphase" bildete[7]; und selbst dann wird man gewiß noch keine voll ausgeformten Gewerkschaften nach späteren oder gar heutigen Maßstäben erwarten dürfen.

4 Vgl. dazu vor allem die Arbeiten von Wilfried Reininghaus.

5 Vgl. Ulrich Engelhardt, „Nur vereinigt sind wir stark". Die Anfänge der deutschen Gewerkschaftsbewegung 1862/63 bis 1869/70, 2 Bde, Stuttgart 1977, Bd.1, S. 25.

6 Vgl. ebd., Bd. 2, S. 1210; zum folgenden: Bd. 1, S. 63 ff. und S. 120 ff.

7 Friedrich-Wilhelm Henning, Die Industrialisierung in Deutschland 1800 bis 1914, Paderborn 1973 (u. öfters), S. 202.

Bei diesem Vorverständnis konzentriert sich die Aufmerksamkeit auf zwei Komplexe: zunächst auf einige der markantesten wirtschafts- und sozialstrukturellen wie rechtlichen Rahmenbedingungen (und dies in rigoroser Zuspitzung auf deren Bedeutung für die entstehenden Gewerkschaften); im Anschluß daran auf die Grundzüge der Formierung und Konstituierung der Gewerkschaftsbewegung einschließlich ihrer richtungspolitischen Auffächerung. Daß beides nur holzschnittartig-andeutend behandelt werden kann, mag sich zwar von selbst verstehen, muß aber schon deshalb nachdrücklich betont werden, weil hier auf branchen- und berufsgruppenspezifische Differenzierung so gut wie ganz verzichtet werden muß.

## 2. *Wirtschaftlich-soziale und rechtliche Rahmenbedingungen*

Nach den Erkenntnissen der wirtschafts- und sozialgeschichtlichen Forschung[8] waren im Gebiet des Deutschen Bundes um die Mitte des 19. Jahrhunderts rd. 60 % der Erwerbstätigen noch im Primären Sektor (also in Landwirtschaft und Forsten) beschäftigt, erst etwa 25 % im Sekundären Sektor (Gewerbe und Industrie) und ca. 15 % im Tertiären Sektor (Dienstleistungen). Vor allem hatte das — wie der preußische Statistiker Dieterici sagte — „zollvereinte Deutschland" zumindest bis in die 1850er Jahre eine überwiegend noch vorindustrielle Gewerbe-, Berufs- und Betriebsstruktur. Wie die (zum erstenmal verhältnismäßig einheitlich erstellte) Gewerbestatistik der Zollvereinsstaaten vom Jahre 1846 erkennen läßt, herrschte der Kleinbetrieb im „fließenden Übergang" zum Handwerk vor. Der engere Bereich der sog. Fabrikation umfaßte insgesamt nur erst 4,4 % der Gesamtbevölkerung, größtenteils tätig als Lohnarbeiter; hinzu kamen ca. 7,2 % sog. Handarbeiter bzw. Tageslöhner (meist auf dem Lande) und 7,8 % Gesinde (ebenfalls überwiegend auf dem Lande).[9] Allerdings erhöhte sich die Fabrikarbeiterquote seit Beginn der Industrialisierung überdurchschnittlich: In Preußen z. B. stieg der Anteil zwischen 1822 und 1846 von 2,5 auf 4,2 % der männlichen Personen im erwerbsfähigen Alter (d. h. über 14 J.); und der Anteil der Berg- und Salinenarbeiter erreichte sogar fast eine Verdoppelung von 0,6 auf 1,1 %. Zwischen 1850 und 1914 wurden die Fabrikarbeiter schließlich zur „größten Berufsgruppe des Industriesystems" (1907 bereits 32,1 % aller Erwerbstätigen).

Diese langfristige Verschiebung darf nun freilich nicht übersehen lassen, daß der *handwerkliche* Bereich noch lange dominierte und tiefgreifenden Strukturveränderungen unterworfen war. Wenn auch mit erheblichen regionalen Unterschieden, verstärkte sich die Handwerksdichte vor allem infolge des massiven Bevölkerungsdrucks[10] in der ersten Jahrhunderthälfte überproportional. Die Überbesetzung, weithin verbunden mit Unterbeschäftigung, nahm im Laufe des Vormärz (besonders seit 1845) krisenhaft zu und fand ihren politisch-sozial brisanten Ausdruck in einem beträchtlichen Zuwachs an proleta-

---

8 Statt zahlreicher Einzelangaben: Handbuch der deutschen Wirtschafts- und Sozialgeschichte, Bd. 2, hrsg. von Hermann Aubin und Wolfgang Zorn, Stuttgart 1976, bes. Kap. 6, 8, 10, 12 und 14. Die folgenden Angaben und Daten beruhen vorwiegend auf Kap. 10 (bes. S. 436 ff.) und 14 (bes. S. 615 ff.): Werner Conze, Sozialgeschichte 1800—1850 bzw. 1850—1918 (daraus, soweit nicht anders angegeben, auch die Zitate).

9 Vgl. dazu ausführlich: Werner Conze, Die Bildung der Klassen der industriellen Arbeiterschaft in Deutschland [1830—1870], in: Troisième Conférence Internationale D'Histoire Economique, Munich. Third International Conference of Economic History, 1965, Paris 1968, Bd. 1, S. 151; ders., Sozialgeschichte 1800—1850, S. 440; vgl. Engelhardt, Nur vereinigt, passim, bes. Bd. 1, S. 74 f.

10 Dazu allgemein Wolfgang Köllmann, in: Aubin/Zorn, Kap. 2.

roiden Existenzen speziell unter den Klein- und Alleinmeistern. Zugleich blieb die Zuwachsrate bei den sog. Gehilfen vielfach (nicht durchgängig!) deutlich zurück hinter derjenigen der Meister — ein unverkennbares Indiz für den Rückgang des Arbeitsbesatzes und für die unzureichende Entwicklungsfähigkeit eines Teils der herkömmlichen Handwerksbetriebe. Abgesehen von einigen günstiger gelagerten Sonderfällen wie dem außergewöhnlich früh industrialisierten Königreich Sachsen; abgesehen auch von einzelnen Gewerbezweigen, etwa dem stark expandierenden Bauwesen, konnte das Handwerk seinen fortschreitenden Mangel an Tragfähigkeit so lange nicht beseitigen, wie die Gesellen in aller Regel auf Arbeit und Aufstieg (Verselbständigung) im handwerklichen Tätigkeitsfeld selbst angewiesen blieben. Diese existentielle Fixierung auf ständig schrumpfende Erwerbs- und Aufstiegsmöglichkeiten im Handwerk gehört zu den entscheidenden Initialerfahrungen bei der Ausformung der Gewerkschaftsbewegung.

Dazu kommt ein weiteres, eine Art Komplementärbefund: Gerade wegen seiner „Entwicklungshemmungen" wurde das Handwerk schon vor der Mitte des 19. Jahrhunderts in erheblichem Umfang zu dem, was Werner Conze so treffend „Ausbildungsschule und . . . Arbeitsvorrat der aufkommenden Fabrikindustrie" genannt hat. Daß das Handwerk zunehmend Arbeitskräfte für die sich entwickelnde Fabrikindustrie nicht nur freisetzte, sondern auch qualifizierte, und daß es vielfach selbst „stufenweise zur Fabrik" überging (wie der Berliner Statistiker Hoffmann 1841 feststellte[11]) — dies gehört ebenfalls zu den auslösenden Momenten und prägenden Faktoren der frühen Gewerkschaftsbewegung. Denn der „Ausweg aus dem nicht genügend aufnahmefähigen Handwerk alter Art" lief — bildlich ausgedrückt — über zwei Schienen: entweder über „Verlagsarbeit mit Stücklohn zur Konzentration der Arbeit in der Fabrik eines Unternehmers" oder über „Ausweitung und Modernisierung einer Werkstatt zur Fabrik" (bzw. fabrikgleichen Fertigungsstätte), in der handwerklich-zünftig ausgebildete Gesellen wie an- bzw. ungelernte Arbeitskräfte nebeneinander tätig waren und vor allem (wenn auch nicht nur) dort zu spezifisch gewerkschaftlicher Interessenvertretung disponiert wurden.

Für beide, Gelernte wie An- oder Ungelernte, kam seit den 40er Jahren die Funktions- und Statusbezeichnung „Arbeiter" auf, und zwar als Selbstbenennung mit einem immer vernehmlicheren Unterton von wachsendem Solidaritätsstolz.[12] Häufiger war und blieb freilich noch jahrzehntelang der Begriff „Arbeiter*stand*" (oder „vierter Stand"). Daß er in Anlehnung an das vorindustriell-alteuropäische Ständemuster überhaupt geprägt und vielfach hartnäckig bevorzugt werden konnte (auch gegenüber dem von Marx dann geschichtsphilosophisch und politisch-agitatorisch überhöhten Proletariatsbegriff), erklärt sich wesentlich aus einer ausgesprochen ambivalenten Alltagserfahrung der frühindustriellen Gesellen-Arbeiter, die Einstellung (Erwartungshorizont) und Verhaltensweise entscheidend mitbestimmte. Zunächst einmal — dies muß in Korrektur noch immer verbreiteter Negativklischees hervorgehoben werden — befreite die Fabrikindustrie (besonders im Bereich der Textilgewerbe) aus der „hoffnungslosen Enge des stagnierenden Handwerks"; trotz durchschnittlich äußerst niedriger Löhne bot sie — je länger, je mehr — eine *relative* Verbesserung und Absicherung des bisher durchweg fragilen Lebens am Rande des Existenzminimums. Überdies bedeutete Industrialisierung keineswegs nur beruflich-soziale *De*qualifizierung, sondern nicht selten sehr wohl auch *Re*qualifizierung

11 Zit. nach Conze, Sozialgeschichte 1800—1850, S. 439.

12 Vgl. Werner Conze, Art. „Arbeiter" (Abschnitt II), in: Geschichtliche Grundbegriffe, Bd. 1, hrsg. von Otto Brunner, Werner Conze und Reinhart Koselleck, Stuttgart 1972, S. 216 ff.; demnächst auch Otto Gerhard Oexle/Werner Conze/Rudolf Walther, Art. „Stand, Klasse", ebd., Bd. 5.

von Arbeitern (etwa auf dem Gebiet des Maschinenbaus).[13] Auch von daher enthielt die Selbstbezeichnung „Arbeiterstand" ein ausgeprägtes Element der Hoffnung auf Möglichkeit und Permanenz der Lageverbesserung einschließlich Positionsfestigung und Prestigegewinn im Schichtungsgefüge der im Aufbau begriffenen bürgerlich-kapitalistischen Wirtschaftsgesellschaft. Demgegenüber darf jedoch nicht übersehen werden, daß der *generelle* wirtschaftlich-soziale Entlastungseffekt der Industrialisierung natürlich nicht von heute auf morgen durchschlug; auch kam er den einzelnen Branchen bzw. Berufsgruppen — soweit in unserem Betrachtungszeitraum überhaupt schon — durchaus ungleichmäßig zugute und wurde in seiner Reichweite zudem erst nach und nach spürbar.[14]

Zum Verständnis der gewerkschaftlichen Formierungsbestrebungen sind daher zwei, auf den ersten Blick scheinbar gegenläufige Tendenzen zu berücksichtigen: Einerseits förderte, ja provozierte das industriewirtschaftliche Wachstum die Ausbildung und Formulierung betont emanzipatorisch ausgerichteter Teilhabeansprüche, vor allem in der konjunkturellen Hochschwungsära der 60er Jahre mit ihrer ungeahnten Partizipationsperspektive. Andererseits aber — und deshalb war eben von *ambivalenter* Erfahrung die Rede — wurde der „Industrialismus"[15] schon wegen der tiefgreifenden Umstrukturierungs- und Anpassungsprobleme (Stichwort: Soziale Frage) akut auch, ja primär als massive, in Art und Ausmaß bisher kaum bekannte Bedrohung erlebt. Argumentativ schlug sie sich z. B. darin nieder, daß selbst der „Correspondent", die Gewerkschaftszeitung der vergleichsweise gut situierten Buchdrucker, noch in den späten 60er Jahren klagte, daß Not und Elend den Arbeitern zur „zweiten Natur" geworden seien.[16] So ernst derartige Äußerungen auch zu nehmen sind, so können sie bei schärferem Zusehen doch nicht den Blick verstellen für eine fundamentale Horizonterweiterung bei dem überhaupt schon in „Bewegung" geratenen Teil der Arbeiterschaft: Ihnen lag bereits das Bewußtsein von der *prinzipiellen Veränderbarkeit* der Lage im und durch das Industriesystem zugrunde; außerdem — und zwar bemerkenswert häufig — auch die Einsicht, daß die sozioökonomischen Existenzbedingungen der „arbeitenden Klassen" de facto recht unterschiedlich waren (eine Tatsache, die — wie noch zu zeigen — das Initiativ- und Rekrutierungspotential der Gewerkschaftsbewegung gewissermaßen vorselektierte). Der „großen Spannweite" allein der Reallöhne vor und auch noch nach der Jahrhundertmitte entsprach nämlich eine „breite Skala der Lebenshaltung von bescheidener Auskömmlichkeit bis zur Schwelle der registrierten Armut". Die sozialgeschichtliche Forschung

---

13 Dazu vor allem: Arbeiter im Industrialisierungsprozeß. Herkunft, Lage und Verhalten, hrsg. von Werner Conze und Ulrich Engelhardt, Stuttgart 1979; Arbeiterexistenz im 19. Jahrhundert. Lebensstandard und Lebensgestaltung deutscher Arbeiter und Handwerker, hrsg. von Werner Conze und Ulrich Engelhardt, Stuttgart 1981; Arbeiter in Deutschland. Studien zur Lebensweise der Arbeiterschaft im Zeitalter der Industrialisierung, hrsg. von Dieter Langewiesche und Klaus Schönhoven, Paderborn 1981; vgl. auch Friedrich-Wilhelm Henning, Humanisierung und Technisierung der Arbeitswelt. Über den Einfluß der Industrialisierung auf die Arbeitsbedingungen im 19. Jahrhundert, in: Fabrik, Familie, Feierabend. Beiträge zur Sozialgeschichte des Alltags im Industriezeitalter, hrsg. von Jürgen Reulecke und Wolfhard Weber, Wuppertal 1978, S. 57—88.

14 Dazu und zum folgenden ausführlich: Engelhardt, Nur vereinigt, bes. Bd. 1, S. 76 ff.; s. auch ders., Gewerkschaftliches Organisationsverhalten in der ersten Industrialisierungsphase, in: Conze/Engelhardt, Arbeiter im Industrialisierungsprozeß, S. 372—402.

15 Zu diesem zeitgenössischen Ausdruck vgl. Engelhardt, Nur vereinigt, passim, bes. Bd. 1, S. 76 und 79.

16 Januar 1868, zit. nach ebd., S. 77; s. allgemein dazu neuerdings: Wolfram Fischer, Armut in der Geschichte. Erscheinungsformen und Lösungsversuche der „Sozialen Frage" in Europa seit dem Mittelalter, Göttingen 1982, bes. Abschnitt IV.

beginnt dies erst allmählich genauer zu erfassen; sie liefert damit — was hier nur beiläufig erwähnt werden kann — nicht zuletzt einen der Schlüssel für die Vielfalt der Erscheinungsweisen des sog. sozialen Protests[17], der insgesamt in dem Maße zurücktrat, wie kontinuierliche Interessenvertretung (insbesondere gewerkschaftlicher Art) praktizierbar und schließlich auch institutionalisierbar wurde.

Dieser letztere Gesichtspunkt verweist nun schon auf einen weiteren, in unserem Zusammenhang wichtigen Aspekt: auf die rechtlichen Handlungsbedingungen.[18] Zwar wird die restriktive Wirkung der vor- und nachmärzlichen Vereins- und Koalitionsgesetzgebung angesichts ihrer betont polizeistaatlichen Repressionsabsichten bis heute manchmal erheblich überschätzt. Doch besteht kein Zweifel, daß eine *dauerhafte* und *persistente* Arbeiterbewegung in allen ihren Ausdrucksformen erst realisierbar wurde, als zu den angedeuteten wirtschafts- und sozialstrukturellen Voraussetzungen noch eine andere hinzukam: die wenigstens relative Absicherung des Handlungsspielraums durch Erweiterung des „Legalrahmens" der bürgerlich-kapitalistischen Staats- und Gesellschaftsverfassung.[19] Der Abbau der gesetzlichen Barrieren, vor allem der Koalitions- und Streikverbote, wurde mit zunehmender Konflikthaltigkeit der industriewirtschaftlichen Arbeits- und Sozialverhältnisse immer dringlicher. Wenn das sog. Zentralkomitee für die deutschen Arbeiter schon 1848 statt der alten, zunftinternen „Gegensätze von Meistern und Gesellen" nur noch „moderne gesellschaftliche Gegensätze von Kapitalisten und Arbeitern" beobachten zu können glaubte[20], so blieb diese klassen*dualistische* Diagnose allerdings zumindest bis in die 60er Jahre mehr ideologische Projektion als Realitätsbeschreibung. Herrschaftsabhängigkeit und Fremdbestimmung der Lohnarbeiter aber waren so evident, daß sich der „gedrückteste, unbekannteste und ungeachtetste Stand" in seiner „sozialen Stellung bis zur Ware" erniedrigt sah.[21] Selbst die Abhängigkeit vom obrigkeitlichen Fürstenstaat, so meinte ein Berliner Arbeiter 1865, habe er nie als so drückend empfunden wie die von seinem „Brotherrn"; denn — so die Begründung — das „Hauptleiden" der Arbeiterschaft liege in der „Willkür der Arbeitgeber" — ein menschenunwürdiger Zustand, den es zu beseitigen gelte: „Man müsse wenigstens versuchen, ob es nicht gelinge zu verhindern, daß die einen alles behalten, während die anderen nichts erhalten."[22]

Abgesehen von dem kurzen Freiheitsintermezzo im Gefolge der Märzrevolution von 1848 vollzog sich die Beseitigung der dabei hinderlichen Rechtsbestimmungen erst im Zuge einzelstaatlicher Liberalisierung der Gewerbeordnungen seit 1861; sie kam erst 1869 mit der (bedingten) Freigabe des Koalitionsrechts im Norddeutschen Bund zu einem vorläufigen Abschluß — nach intensiven und zähen Bemühungen, zu deren Erfolg nicht zum geringsten beigetragen hatte, daß in der Arbeiterschaft selbst eine nach allen Regeln

17 Vgl. z. B. die Arbeiten von Richard H. Tilly, Werner Blessing, Hans-Gerhard Husung und bes. Heinrich Volkmann.

18 Dazu eingehend Engelhardt, Nur vereinigt, passim.

19 Günter Trautmann, Liberalismus, Arbeiterbewegung und Staat in Hamburg und Schleswig-Holstein 1862—1869, in: AfS 15 (1975), S. 51—110.

20 Zit. nach Engelhardt, Nur vereinigt, Bd. 1, S. 80.

21 Der Correspondent (zit. CD), März 1868, bzw. Kupferschmied Emil Försterling (Ostern 1868), zit. nach ebd., S. 81.

22 SD-Berichte, zit. nach ebd.; vgl. Ulrich Engelhardt, Arbeitskämpfe als Instrument der Lageverbesserung? Zur Motivation, Zielsetzung und Effizienz von Streikbewegungen in der Vorbereitungs- und Konstituierungsphase der Gewerkschaftsbewegung, in: Conze/Engelhardt, Arbeiterexistenz, S. 385—409.

der Kunst geführte Koalitionsrechtsbewegung in Gang gebracht worden war.[23] Die bis dahin bestehende gesetzliche Diskriminierung wie die Schere zwischen gesamtwirtschaftlicher Prosperität und zurückbleibender Teilhabe des „enterbten Teils der Menschheit" am sog. Nationalreichtum und nicht zuletzt auch die tiefe psychosoziale Verunsicherung durch den strukturellen Wandel der Arbeits- und Lebensverhältnisse seit Beginn der Industrialisierung — alle diese Komponenten des „Klassenscheidungsstoffs"[24] waren inbegriffen, wenn es 1867 in der Buchdruckerzeitung hieß: Wie jedermann wisse, seien „unsere [gewerkschaftlichen] Vereinigungen dadurch ins Leben gerufen worden, daß den besitzlosen und deshalb überall fremden und rechtlosen Einzelnen unserer Klasse Dinge begegnen, die ihren sicher gewohnten Berechnungen und bisherigen Erfahrungen so gänzlich spotten, daß es ihnen unmöglich wird, darin die Gerechtigkeit wiederzufinden, die sie sich für alle gleich gedacht haben."[25]

Mit dieser ebenso markanten wie repräsentativen Äußerung ist der Haupttenor der frühen Arbeiterbewegung (auch, ja gerade in ihrer gewerkschaftlichen Ausprägung) bereits angeschlagen. Zugleich verweist sie direkt auf den Organisierungsprozeß, dessen Grundzüge nunmehr skizziert werden sollen.

## 3. *Grundzüge der Formierung und Konstituierung*

Die durch die Industrialisierung teils wesentlich gewandelten, teils neu geschaffenen Existenzprobleme der „arbeitenden Klassen" führten schon früh zu einer Erkenntnis, die ein Buchdruckergehilfe 1865 schließlich auf den prägnanten Nenner brachte, daß „ein Anknüpfen der jetzigen sozialen Verhältnisse an das frühere Zunft- und Gewerbewesen strikte unmöglich" geworden sei.[26] Konsequenterweise richteten sich die Bestrebungen innerhalb der Arbeiterschaft darauf, veränderte, d. h. den neuen Bedingungen angepaßte Verhaltensweisen zu entwickeln. Wohin dies vorrangig zielte, wurde nur besonders deutlich formuliert, wenn Luckenwalder Textilarbeiter 1869 ihre Absicht bekanntgaben, „unsere alten Zunfteinrichtungen zu vernünftigen Gewerksgenossenschaften umzubilden".[27]

Was nun (in den ausgehenden 60er Jahren) ohne Umschweife auf *gewerkschaftlichen* Zusammenschluß ausging, bahnte sich nach nuklearen Vorstadien im Vormärz schon an. Längst vor der 48er Revolution gab es eine Vielzahl quasigewerkschaftlicher Aktions- und Organisationsformen mit teilweise vorindustrieller Provenienz und Prägung.[28] Sie blieben

23 Vgl. Ulrich Engelhardt, Gewerkschaftliche Interessenvertretung als „Menschenrecht". Anstöße und Entwicklung der Koalitionsrechtsforderung in der preußisch-deutschen Arbeiterbewegung 1862/63—1865 (1869), in: Soziale Bewegung und politische Verfassung, hrsg. von Ulrich Engelhardt, Volker Sellin und Horst Stuke, Stuttgart 1976, S. 538—598, danach (S. 596) auch das nachfolgende Zitat, eine Formulierung des Zigarrenarbeiters E. B. Richter (1866).

24 So im Dezember 1866 in: „Der Vorbote", dem Genfer Organ der Internationalen Arbeiter-Assoziation; zit. nach Engelhardt, Nur vereinigt, Bd. 1, S. 75.

25 CD, Juli 1867, Zuschrift aus Braunschweig, zit. nach Engelhardt, Nur vereinigt, Bd. 1, S. 82.

26 Zit. nach ebd., S. 83 f.

27 Zit. nach ebd., S. 84.

28 Abgesehen von dem Spezialfall der Bergarbeiter (s. dazu die Arbeiten von Klaus Tenfelde) ist das Problem präformierender Faktoren von der sozialgeschichtlichen Forschung bisher noch nicht befriedigend durchleuchtet worden. Vgl. etwa die folgenden (sehr umstrittenen) Untersuchungen: Andreas Grießinger, Das symbolische Kapital der Ehre. Streikbewegungen und kollektives Bewußtsein deutscher Handwerksgesellen im 18. Jahrhundert, Frankfurt—Berlin—Wien 1981; Martin Henkel/Rolf Taubert, Maschinenstürmer. Ein Kapitel aus der Sozialgeschichte des technischen Fortschritts, Frankfurt 1979.

zwar so gut wie ausnahmslos noch lokal begrenzt und unkoordiniert, verstärkten sich aber in dem Maße, wie wirtschaftliche Unsicherheit bzw. Not und beruflich-soziale Desorientierung in der ersten zyklischen Konjunkturbewegung der 30er und 40er Jahre zunahmen. Vor allem regte die Erfahrung bereits vollzogener oder unmittelbar drohender Proletarisierung dazu an, systemstrukturell orientierte und daher durchgreifend wirksame Reaktionsmethoden und Kampfesweisen auszubilden bzw. gezielt anzuwenden, also solche, die über bisherige Abwehr- und Selbstschutzversuche (z. B. anlaßbegrenzte Arbeitseinstellungen oder ‚bloße' Verzweiflungsausbrüche wie den bekannten schlesischen Weberaufstand von 1844) hinausreichten.[29]

Sozusagen kreativ in *diesem* Sinne war erklärlicherweise nicht die große Mehrheit der Unterschichten (etwa das im Vormärz besonders protestintensive, aber äußerst inhomogene und verhältnismäßig leicht austauschbare Arbeitskräftepotential des Eisenbahnbaus), sondern vorerst nur eine kleine Minderheit von produktionsstrukturell und ökonomisch-sozial *relativ* begünstigten Handwerker-Arbeitern. Dabei handelte es sich in erster Linie um zwei Typen von „Gewerken" (wie man nun immer häufiger sagte): zum einen die handwerklich hochqualifizierten, meist noch (alt) ständisch-zünftig denkenden Arbeitskräfte, allen voran die des graphischen Gewerbes, deren vorindustrielle Privilegien in Entlohnung, Arbeits- und Lebensgestaltung und deren traditionell hohes beruflich-soziales Prestige durch technologische wie gewerbepolitische Innovationen allmählich ausgehöhlt wurden oder absehbar zur Disposition standen; zum anderen solche Berufsgruppen, die sich überhaupt erst mit der Entstehung industrieller Leitsektoren herausbildeten wie die Maschinenbauer oder durch industriewirtschaftliche Expansion (Massenproduktion) an beruflichem Terrain und Existenzchancen gewannen wie die Tabakarbeiter. So diffus besonders dieser zweite Typ in sich auch war, er gehörte gewissermaßen zu den frühen Nutznießern der Industrialisierung. Über die bei ihm vergleichsweise sekundären Subsistenzsorgen hinaus hatte er von Anfang an ausgeprägte berufsspezifische Interessen, die im Ergebnis ebenso gruppenintegrierend und organisationsbildend wirkten wie die des ersten Typs: Bei den Maschinenbauern etwa ging es in der Hauptsache um Absicherung bzw. Ausbau ihrer fabrikindustriellen Spitzenposition. Bei den Tabakarbeitern dagegen ging es vornehmlich um die Beseitigung einer einzigartigen ‚Hypothek'; sie bestand darin, daß dieses unzünftige, auch wegen seines geringen Kapitalbedarfs leicht zugängliche und wegen steigender Marktnachfrage aufnahmefähige Gewerk mit seinen materiell nicht ungünstigen Konditionen ein bevorzugtes Sammelbecken für sozial diskriminierte Arbeitskräfte (Frauen, Juden, Sträflinge) war und folglich in unvergleichlicher Weise mit Status- und Prestigeproblemen fertig zu werden hatte.

Vor allem diese Gewerke waren es, die den beträchtlich erweiterten Handlungsspielraum während der 48er Revolution auszuschöpfen versuchten, also eine umfassende (wenn auch nur kurzfristige) Veränderung der politisch-sozialen Konstellation nutzten, durch welche die „arbeitende Bevölkerung Europas" nach Auffassung „sämtlicher Setzer und Drucker" Leipzigs „zum heiligen Selbstbewußtsein ihres wahren Standpunktes erweckt" wurde.[30] So markieren die Revolutionsjahre bis zum Beginn der Reaktionszeit das Stadium des Übergangs von lokal wie okkasionell begrenzten und meist noch sporadischen Bemühungen um Lageverbesserung zu längerfristig-systematischen Strategien wie beständigen und systemadäquaten Organisationsformen; zu kontinuierlicher, nicht mehr ‚nur' anlaßgebundener Interessenvertretung. Dabei lautete die (von nun an in

29 Zum folgenden Engelhardt, Organisationsverhalten, Abschn. I, bes. S. 376 ff.
30 So im April 1848, zit. nach ebd., S. 378.

zahllosen Varianten ausgegebene) Leitparole: *„Vereinigt und organisiert werden ... wir eine unwiderstehliche Macht bilden!“*[31] Auf diese Anläufe zu einer planmäßig-dauerhaften *Gewerkschafts*politik mit tendenziell überregionaler Reichweite kann hier nur ganz grob eingegangen werden; ganz wenige, mit Quellensprache durchsetzte Andeutungen müssen genügen.

1848/49 entstand nicht allein die von dem Buchdrucker Stephan Born, dem Schriftsetzer Gangloff und dem Ingenieur (Geometer) Schwenniger geleitete „Arbeiterverbrüderung“ mit (Anfang 1850) etwa 18.000 Mitgliedern in 62 Lokal- bzw. Bezirksvereinen — eine Organisation, die zwar ausdrücklich auf die Zusammenfassung von „Gewerken und Arbeitergemeinschaften *aller* Berufsarten“ bedacht war[32], aber mit Recht als „Vorform nicht nur der späteren sozialdemokratischen Arbeiterparteien, sondern auch der Gewerkschaften“ charakterisiert worden ist.[33] Zu den jetzt wenigstens ansatzweise „durch ganz Deutschland verzweigten Arbeiter-Verbindungen“[34] gehörten vielmehr auch die „Gewerksassoziationen“ der Buchdrucker und der Zigarrenarbeiter: der „Gutenbergbund“ unter Führung von Karl Fröhlich mit vermutlich knapp 3.000 Mitgliedern in 30 Gau- bzw. 63 Lokalvereinen in 148 Orten (Oktober 1849) und die „Association der Zigarrenarbeiter Deutschlands“ unter Führung von Wenzel Kohlweck mit nominell 12.800 Mitgliedern in 30 Lokalvereinen in 77 Orten (September 1849).[35] Was die Maschinenbauer betrifft, so gerieten sie sofort in die gegenrevolutionäre Polizeimaschinerie, als sie sich (aus hier nicht zu erörternden Gründen erst Anfang 1850) daranmachten, „auch eine Verbindung zu einem Zentralverein“ vorzubereiten, wie es in einer Denkschrift vom selben Jahr heißt.[36]

Den zuvor, also 1848/49 in Aktion getretenen Buchdruckern und Zigarrenarbeitern ging es bei allen berufsspezifischen Einzelanliegen gleichermaßen um die Institutionalisierung überregionaler und selbstständig-gruppensolidarischer Interessenwahrnehmung. Handlungsleitendes Ziel war die „Erringung der menschlichen Rechte“[37] mit Schwerpunkt auf paritätischer Teilhabe am ökonomisch-sozialen und letzlich auch am politischen System der bürgerlich-kapitalistischen Industriegesellschaft. Daß mehrheitlich also kaum klassenkämpferisch-sozialrevolutionäre Absichten verfolgt wurden, läßt sich aus Programmatik wie Praxis vielfach belegen; es wird erhellt u. a. daraus, daß 1849 im „Gutenberg“ mit unüberhörbarer Abneigung nur erst mit der „schrecklichen Alternative“ *gedroht* wurde, „der Gesellschaft zu kündigen“.[38] Eine solche Wende galt gemeinhin als ultima ratio für den Fall, daß die Repressionsbarriere des Gesetzgebers und der Arbeitgeber nicht überwindbar sein sollte zugunsten eines praktizierten Interessenausgleichs. Von daher verzichteten die — wie sie sich selbst nannten — „assoziierten Gewerke“ trotz

31 So in einem Aufruf der Mainzer Arbeiter vom April 1848, zit. nach ebd., S. 378 f.; vgl. allgemein: Klaus Tenfelde, Strukturelle Bedingungen für Solidarität. Erfahrungen der deutschen Arbeiterbewegung im 19. Jahrhundert, in: Gewerkschaftliche Monatshefte 25 (1977), S. 245 ff.

32 Vgl. die (trotz mancher Kritik und Korrektur unverändert grundlegende) Analyse und Dokumentation von Frolinde Balser, Sozial-Demokratie 1848/49—1863, 2 Bde., Stuttgart, 2. Aufl. 1965 (hier vor allem Bd. 1, S. 61 und 64); zu den Mitgliederzahlen ebd., S. 72 ff.; zum Organisationsgrad Engelhardt, Organisationsverhalten, S. 384.

33 Conze, Sozialgeschichte 1800—1850, S. 472.

34 So 1850 in einer Polizeidenkschrift, zit. nach Balser, Bd. 1, S. 282.

35 Vgl. Engelhardt, Organisationsverhalten, S. 379 ff., bes. S. 385 (zum Organisationsgrad).

36 Vgl. ebd., S. 384.

37 So (und mit Varianten) eine typische Formulierung; vgl. Engelhardt, Nur vereinigt, passim; ders., Organisationsverhalten, bes. S. 380 f.

38 Zit. nach Gerhard Beier, Schwarze Kunst und Klassenkampf, Frankfurt 1966, S. 126.

mancher Bedenken und Warnungen in den eigenen Reihen bis auf weiteres auch darauf, alle nicht lebenslang oder gar intergenerationell lohnabhängigen „Mitmenschen" a priori auszugrenzen[39] — waren mithin auch in dieser Beziehung erst Vor- oder Keimformen einer Gewerkschaftsbewegung im eingangs dargelegten Verständnis.

Die Hoffnung auf rationale Reform- und Konfliktregelungsbereitschaft von Arbeitgebern und Staat; die zugrundeliegende, im Kern unbeirrte Überzeugung, daß die wechselseitigen Beziehungen nicht notwendig den Charakter eines unter allen Umständen unversöhnlichen Antagonismus hätten; die daraus folgende statuarische Öffnung der „Gewerksassoziationen" für kooperationsbereite Arbeitgeber auf der Grundlage uneingeschränkter Gleichberechtigung — alle diese Elemente waren ungemein resistent selbst gegen zunehmend widrige Praxiserfahrung.[40] Sie präjudizierten weitgehend auch den Neu- bzw. Wiederbeginn nach der Reaktionszeit der 50er Jahre, in denen mit allen polizeistaatlichen Mitteln gegen die Arbeiterbewegung vorgegangen worden war[41] — und zwar aufgrund einer Erkenntnis, wie sie 1850 in einem Verbotsbescheid des baierischen Innenministeriums mit unverblümter Offenheit ausgesprochen wurde: „Wenn die Arbeiter selbst die Verbesserung der sie zunächst berührenden sozialen Verhältnisse in die Hand nehmen, so wird dies immer nur in demokratischem Sinne erfolgen. Die Grundsätze der Demokratie bestreiten die Rechtmäßigkeit der bestehenden staatlichen Ordnung; alles, was zur Verbreitung und Befestigung jener Grundsätze beiträgt, wie die Arbeitervereine, droht die sozialen und politischen Unterlagen des Staates zu untergraben [. . .] Jede Vereinigung der Arbeiter, besonders der Fabrikarbeiter und Handwerksgesellen, welche sich die Verbesserung ihrer Lage zur Aufgabe macht, wird bei ihren Bestrebungen und deren Durchführung mehr oder minder immer in einen feindlichen Gegensatz zur bestehenden Staatsordnung kommen."[42]

Mit der (nachweisbaren) Anknüpfung an die sog. Bewegungsjahre 1848 bis 52 setzten sich die angedeuteten Züge auch beim Durchbruch zu einer breiteren und definitiven Gewerkschaftsbewegung nach der Reaktionszeit fort. Selbst die Erwartung, mit den Arbeitgebern „Hand in Hand gehen" zu können [43], blieb — wenn auch abnehmend — virulent. Daß „revolutionäre Vertilgung der Arbeitgeber"[44] nach wie vor nur von einer Minderheit für zwingend und deshalb erstrebenswert gehalten wurde, lag wesentlich mit an einem Faktor, auf den der Holzarbeiterführer Theodor Yorck 1870 aufmerksam machte: Das „Fabrikwesen [ist] noch nicht so alt, um den gegensätzlichen Einfluß . . . zwischen Arbeitern und Arbeitsherren . . . [schon voll] zum Durchbruch zu bringen".[45] Als sich Anfang der 60er Jahre — wie es in einem Sachstandsbericht der englischen

39 Vgl. Engelhardt, Organisationsverhalten, S. 385 f.

40 Dazu (vorläufig) Engelhardt, Arbeitskämpfe (s. Anm. 22) sowie ders., Zur Entwicklung der Streikbewegungen in der ersten Industrialisierungsphase und zur Funktion von Streiks bei der Konstituierung der Gewerkschaftsbewegung in Deutschland, in: IWK 15 (1979), S. 547—569; zum Spezialfall der Waldenburger Bergarbeiter: ders., Zur Verhaltensanalyse eines sozialen Konflikts, dargestellt am Waldenburger Streik von 1869, in: Soziale Innovation und sozialer Konflikt, hrsg. von Otto Neuloh, Göttingen 1977, S. 69—94.

41 Dazu vor allem die informative Untersuchung von Toni Offermann, Arbeiterbewegung und liberales Bürgertum in Deutschland 1850—1863, Bonn 1979, bes. Abschn. 1.

42 Zit. nach Karl Rüdinger, Die Arbeiterbewegung in Bayern 1848—1850, phil. Diss. München 1933, Bottrop 1934, S. 41.

43 So 1867 ein Breslauer Schneidergeselle; vgl. Engelhardt, Organisationsverhalten, S. 399 f.

44 So die plastische Formulierung des christlich-konservativen Sozialpolitikers Victor Aimé Huber (1868), zit. nach ebd., S. 400.

45 Zit. nach ebd.

Botschaft in Berlin hieß — wieder „eine stärkere Bewegung unter den Arbeitervereinen in Richtung auf Gemeinschaftlichkeit des Wirkens und engeren Zusammenhalt ihrer Reformbestrebungen" bemerkbar machte und zunächst zu deutlich gewerkschaftlichen Akzenten in den Arbeiterbildungsvereinen führte[46], hatte mittlerweile auch der wirtschaftlich-soziale Perspektivrahmen noch weiter an anspruchs- und willensstärkender Kontur gewonnen. Die immer erkennbare Öffnung der Schere zwischen den prosperitätsgestützten Partizipationserwartungen und der realen Lageverbesserung stimulierte jetzt noch mehr als bisher zu praktisch-pragmatischen Abhilfeversuchen. Weiter und weiter griff die 1865 von einem Tuchscherergesellen exemplarisch formulierte Enttäuschung um sich, daß „unsere Klasse nirgends . . ., weder im Himmel noch auf der Erde, Hilfe zu erwarten hat außer der, die sie sich selbst verschafft".[47] Was hier (zweifellos mit Seitenblick auf die bitteren Erfahrungen nach der Märzrevolution) protestierend zum Ausdruck gebracht wurde, war nicht nur frei von jeder Resignation, sondern hatte gerade in seiner Illusionslosigkeit ausgesprochen appellativ-programmatischen Duktus. Selbsthilfe, Selbstbestimmung, Selbständigkeit — gewiß war dies auch schon die Devise der 48er Bewegung gewesen: „. . . wir nehmen unsere Angelegenheiten selbst in unsere Hände und niemand soll sie uns wieder entreißen", hatte Stephan Born 1848 ostentativ erklärt und 1849 „unter ‚Selbständigkeit' die Bürgschaft für die Arbeiter" verstanden wissen wollen, „daß sie nicht mehr von den Kapitalisten ausgesogen, von den Arbeitgebern mißbraucht werden können . . ." Die daraus abgeleitete Aufgabenstellung, „sich nach dem Grundsatze ‚hilf dir selbst!' diese Bürgschaft in der menschlichen Gesellschaft [zu] erkämpfen"[48] — diese Aufgabenstellung hatte sich in der Zwischenzeit zwar nicht prinzipiell geändert, konkretisierte sich aber seit den frühen 60er Jahren immer nachdrücklicher im Sinne *gewerkschaftlicher* Selbsthilfe.

So wenig „politische" und „gewerkschaftliche" Bestandteile der Emanzipationsbestrebungen letzlich trennbar sind und getrennt wurden[49], so eindeutig lag der Akzent für eine ständig wachsende Zahl von „Arbeitsbrüdern"[50] doch auf der gewerkschaftlichen Seite. So gesehen, vollzog sich die endgültige Konstituierung der gewerblich-industriellen Arbeiterschaft trotz der Entstehung primär parteipolitisch ausgerichteter Organisationen (ADAV, SDAP) vorrangig als gewerkschaftspolitischer Zusammenschluß.[51] Es war ein nicht mehr aufzuhaltender, aus nüchterner Alltags-, speziell Arbeitsplatzerfahrung gespeister Prozeß, der sogar zur Revision gegenläufiger Ideologeme zwang. Die bürgerlich-liberalen Repräsentanten des VDAV, vor allem aber führende Vertreter des Lassalleanismus mit seiner im Effekt gewerkschaftswidrigen Doktrin vom Ehernen Lohngesetz bekamen dies zu spüren: Gegen vermeintlich besseres theoretisches Wissen wurden sie ungewollt wiederholt zu Wortführern oder Koordinatoren bei den nach 1865 rapide anschwellenden Streikbewegungen; hin und wieder übernahmen sie sogar die Rolle von Gewerkschaftsgründern oder -vorsitzenden (so, nach anfänglichem Widerstreben, insbesondere der Zigarrenarbeiter und ‚Spitzenfunktionär' des ADAV, Friedrich Wilhelm Fritzsche).

46 Dazu eingehend Engelhardt, Nur vereinigt, Bd. 1, S. 106 ff. und 143 ff.

47 Zit. nach ebd., S. 248 f.

48 Zit. nach Max Quarck, Die erste deutsche Arbeiterbewegung, Leipzig 1924 (Neudr. Glashütten i. Ts. 1970), S. 59 bzw. 276.

49 Diese Frage kann hier nur gestreift werden. Vgl. Engelhardt, Nur vereinigt, passim.

50 So der Leipziger Schneiderführer Julius Röthing (1865), zit. nach ebd., Bd. 1, S. 349.

51 Hierzu und zum folgenden Engelhardt, Organisationsverhalten, S. 389 ff.; ausführlich: ders., Nur vereinigt, passim, bes. Bd. 1, S. 138 ff. und Bd. 2, S. 1213 ff.

Beschleunigt durch Signalwirkungen wie z. B. die des neunwöchigen Leipziger Buchdruckerstreiks von 1865, setzte sich das Prinzip der berufsgewerkschaftlich organisierten Interessenvertretung bis Ende der 60er Jahre in den — wie gesagt — überhaupt schon aktivierbaren Teilen der Arbeiterschaft durch. Dies war immerhin so sehr der Fall, daß der gewerkschaftliche Trend selbst von den Verfechtern unbedingter Priorität parteipolitischer Aktion und Organisation nolens volens akzeptiert und parteistrategisch nutzbar gemacht wurde. Auch dies kann nicht weiter ausgeführt werden, wie auch die Herausbildung der einzelnen Gewerkschaftsverbände und -richtungen hier nicht näher zu beleuchten ist. Wieder müssen einige wenige Bemerkungen genügen.

Aus der Keimzelle des 1861/62 entstandenen Buchdruckergehilfenvereins in Leipzig und aus ähnlichen, binnen kurzem auch überlokalen, ja überregionalen Organisationen entwickelte sich bis 1865/67 der parteipolitisch betont neutrale „Verband der deutschen Buchdrucker und Schriftsetzer" unter Richard Härtel. Diese Gewerkschaft der graphischen Arbeiter hatte (nicht nur im Selbstverständnis) eine Art Pionierrolle und Leitfunktion bei der Konstituierung der Gewerkschaftsbewegung inne und machte — vorerst als einzige — bereits den zukunftweisenden Gedanken der Tarifautonomie zu einem Hauptbestandteil ihres Zielkatalogs. Ihr folgte noch 1867 der dem ADAV nahestehende „Allgemeine deutsche Zigarrenarbeiter-Verein" unter Fritzsche. 1868/69 organisierten sich dann zahlreiche weitere Gewerke, voran die Schneider und Schuhmacher sowie die Arbeiter des Baugewerbes, der Holzverarbeitung, der Metallindustrie und der Textil- und Bekleidungsbranche. Dabei lagen die Schwerpunktbereiche überwiegend in den Kernzonen der Frühindustrialisierung mit ihrem meist noch großen Anteil an sog. alten Gewerben, also vor allem in Mitteldeutschland, im Rhein-Ruhr-Gebiet und speziell in großen Industrie- und Handelsstädten wie Leipzig, Berlin, Hannover und Hamburg (um nur einige zu nennen).

In diesen Vorgang, der teilweise schon mit der Bestallung hauptamtlicher Funktionäre (sog. Beamte) und mit dem Aufbau eines recht ausgefeilten gewerkschaftseigenen Presse- und Informationswesens verbunden war, schalteten sich bald auch führende Exponenten politischer Parteien ein: sowohl Liberaldemokraten, vor allem die Fortschrittler Dr. Max Hirsch und Franz Duncker, als auch Sozialdemokraten, vor allem der ADAV-Präsident Johann Baptist v. Schweitzer auf der einen und die SVP- bzw. SDAP-Führer Wilhelm Liebknecht und August Bebel auf der anderen Seite. Auf diese Weise begann ein regelrechter Konkurrenzkampf um die ideologisch-programmatische wie praktisch-organisatorische Ausrichtung der Gewerkschaften, die von der Arbeiterschaft sozusagen als Primärform ihrer Emanzipationsbestrebungen akkreditiert und damit absehbar zur ersten und tragfähigsten Massenbasis der Arbeiterbewegung wurden. Voller Verärgerung nahm Fritz Mende, der orthodox-lassalleanisch und daher extrem antigewerkschaftlich eingestellte Präsident des „Lassalle'schen Allgemeinen Deutschen Arbeiter-Vereins" (einer Splitterpartei der Sozialdemokratie), diese Entwicklung zur Kenntnis: „Die Organisation in Gewerkschaften", so meinte er Ende 1869 mit Bezug auf die „fieberhafte Tätigkeit" der drei „Firmen" (Gewerkschaftsrichtungen) verständnislos-vorwurfsvoll, „wird . . . in Deutschland feilgeboten auf allen Marktplätzen, in allen Wirtshäusern, in allen Versammlungen, in allen öffentlichen und Privat-Zusammenkünften; sie wird mit allen Mitteln der Reklame und des Großgeschäfts angepriesen. . .[52]

Die richtungspolitische Auffächerung konnte zwar die mitreißende Vision nicht ernstlich desavouieren, daß in erster Linie die Gewerkschaften diejenige Gestaltungsform

52 Zit. nach ebd., Bd. 2, S. 1026.

der Arbeiterbewegung seien, in der sich „alle Arbeiter Deutschlands zu einheitlichem Handeln die Bruderhand reichten".[53] Doch erwiesen sich die „trennenden [parteipolitischen] Streitfragen"[54] immerhin als stark konsolidierungshemmendes Element. Nach außen traten sie in einer bis in die Namensgebung dokumentierten Mehrgleisigkeit in Erscheinung. Auf der einen Seite standen die sich schon gegenseitig befehdenden *sozialdemokratischen* Gewerkschaften: die eng mit dem ADAV verbundenen, in ihrer Konstruktion anfänglich bereits industrie-gewerkschaftlich ausgelegten „Arbeiterschaften" und die zur sog. Bebel-Liebknecht-Fraktion gehörenden, also SDAP-orientierten „Gewerksgenossenschaften" (zunächst übrigens mit dem Beiwort „deutsche", das aber schnell von dem Zusatz „internationale" abgelöst wurde, um die Affinität zur Internationalen Arbeiterassoziation zu bekunden). Auf der anderen Seite standen die *liberaldemokratischen* Gewerkschaften mit der Bezeichnung „Gewerkvereine", die im Hinblick auf ihre Gründer schließlich „Hirsch-Duncker'sche Gewerkvereine" genannt wurden, aber ein durchaus (und zunehmend) kritisches Verhältnis zur Fortschrittspartei hatten. Während nun die einen — allerdings mehr verbal — klassenkämpferisch-sozialrevolutionäre Konzeptionen vertraten, verfolgten die anderen den Kurs innerkapitalistischer, aber entschiedener, systemkorrigierender Sozialreform. Soweit Berufszugehörigkeit und politische Präferenzen überhaupt korrelierten, waren die statushöheren Arbeiterschichten in Handwerk wie Fabrikindustrie und Bergbau jedenfalls in dieser Konstituierungsphase vorwiegend liberaldemokratisch-sozialliberal orientiert (z. B. Handschuhmacher, Gold- und Silberarbeiter, Maschinenbauer), während die deklassierten Arbeitskräfte vor allem der ehemals zünftigen Klein- und Mittelgewerbe mehr für die Sozialdemokratie lassalleanischer oder marxistischer Observanz optierten (z. B. Schuhmacher, Schneider, Weber u. Spinner, „Feuerarbeiter").

Bei allen (z. T. äußerst hart ausgetragenen) richtungspolitischen Kontroversen bestand jedoch ein Minimalkonsens zumindest über die nähere Zielsetzung: Gewerkschaftliche Lohn- und Arbeitsmarktpolitik sollte über die Verbesserung der „materiellen Verhältnisse des Volks" hinaus der Verwirklichung dessen dienen, was nahezu stereotyp in dem seit 1848, ja seit 1789 übergeordneten Leitwort der Menschenrechte zusammengefaßt wurde.[55] In der Substanz hieß dies volle Anerkennung der wirtschaftlich-sozialen und politisch-rechtlichen Teilhabeforderungen der Arbeiter — mochten sie nun als rücksichtslos „Unterdrückte", als Pariakaste einer kapitalistischen ‚Klassengesellschaft' gesehen werden (wie in den sozialdemokratischen Gewerkschaften) oder als „in ihrem bürgerlichen Rechtsstande schwer" benachteiligte Subalternmitglieder einer virtuell doch egalitären „Mittelstandsgesellschaft" (wie in den liberaldemokratischen Gewerkschaften). Mit der Dynamik solcher Orientierungsnormen erfaßte die Gewerkschaftsbewegung bis zur Unterbrechung ihres Konstitutierungsprozesses durch den deutsch-französischen Krieg maximal ca. 78.000 Nominalmitglieder. Davon entfielen rd. 18.000 auf die „Internationalen Gewerksgenossenschaften", rd. 18.500 auf die „Arbeiterschaften" und ca. 35.000 auf die „Gewerkvereine"; außerdem etwa 6.600 auf den unabhängigen Buchdruckerverband. Selbst bei einem vorsichtigeren Ansatz von insgesamt etwa 60.000 Mitgliedern hatte — um mit Max Hirsch zu sprechen — das Prinzip der „Organisation nach Berufszweigen" also „kräftige Wurzeln geschlagen" und nach dem Kriterium seiner Verwirklichung im

53 So der Opladener Sozialdemokrat (Lassalleaner) Röttgen im Oktober 1869, zit. nach ebd., S. 1020.
54 So der Buchbinderführer Ernst Werner im März 1869, zit. nach ebd., S. 793; vgl. Engelhardt, Organisationsverhalten, S. 394 f.
55 Vgl. ebd., S. 390 f. (danach auch die Zitate und die numerischen Angaben).

gesamtdeutschen Rahmen auch zu einer „höheren Stufe der Arbeiter-Organisation“ geführt. Daß die liberaldemokratische Strömung dabei zunächst den größeren Anklang fand, erklärt sich entscheidend daraus, daß ihre Reformkonzeption unter den Prosperitätsbedingungen der späten 60er Jahre noch eine erhebliche Plausibilität besaß, zumal sich die Konstituierung der Gewerkschaftsbewegung in der „Phase der [primär] handwerklich bestimmten Arbeiterbewegung vollzog.[56] Ernstlich wurde das liberaldemokratische Konzept kompromißbereiter (aber nicht konfliktscheuer!) Interessenvertretung erst durch die Verschärfung des sozialen Konflikts während der sog. Großen Depression nach 1873 infragegestellt. Aber schon im Winter 1869/70 kam die erste schwere Probe, als sich annähernd 8.000 Hirsch-Duncker'sche Bergarbeiter im niederschlesischen Steinkohlenrevier von Waldenburg einer offen antigewerkschaftlichen Allianz von Unternehmern und staatlichen Behörden gegenübersahen — einer Allianz, die den Gewerkschaftsgedanken und sogar das Programm partnerschaftlicher Konfliktreglung in statu nascendi verwarf und zugunsten der gewohnten Arbeitgebermonokratie frontal zu bekämpfen versuchte (allerdings aus unterschiedlichen Motiven und mit nur vorübergehendem Teilerfolg).[57]

Dieser Hinweis deutet nun freilich schon auf die weitere Entwicklung nach 1871/73 hin (Stichworte: Expansion der Gewerkschaften, vor allem der sozialdemokratischen, zu Massenorganisationen; erzwungene Radikalisierung durch die „negative Integration“ der angeblich „vaterlandslosen Gesellen“).[58] Damit muß dieser Überblick über die Frühgeschichte der Gewerkschaftsbewegung fast schon beendet werden. Trotz der starken und schematisierenden Raffung dürfte er eine Vorstellung davon vermittelt haben, wie nachhaltig die Arbeiterschaft auch bei im ganzen noch äußerst niedrigem Organisationsgrad von schätzungsweise kaum 2 % innerhalb weniger Jahre gewerkschaftlich mobilisiert wurde. In Ausmaß und Intensität verlief dieser Vorgang branchen- bzw. berufsgruppenspezifisch freilich sehr unterschiedlich. Aber anders als z. B. im englischen Trade Unionism gab es nirgends eine wirklich durchschlagende Tendenz zu berufselitärer Exklusivität. Selbst bei den Buchdruckern hielt sich der „Gewerksdünkel“[59] in Grenzen, auch wenn sie bei ihrem dezidiert berufsständischen Korporationsgeist und Überlegenheitsgefühl wiederholt ermahnt werden mußten, sich „als das zu betrachten, was sie [tatsächlich schon] sind — Fabrikarbeiter“.[60] Sehr schnell wurde von allen Gewerkschaftsrichtungen der Versuch unternommen, auch die un- oder nur angelernten Hilfskräfte zu erfassen, also die — wie man damals sagte — „freien Hand- und Fabrikarbeiter“ einschließlich „Frauenspersonen“ in die berufsgewerklichen Organisationen einzubeziehen oder, wie dies nicht gelang, sie als eigene Arbeitergruppen gewerkschaftlich zusammenzubinden

---

56 Zu diesem Charakteristikum vgl. Offermann, bes. die Einleitung (S. 13 ff.) und die Schlußbetrachtung (S. 506 ff.); zur Differenzierung des breiten Rasters „handwerklich“ jetzt vor allem die Leipziger Habilitationsschrift von Hartmut Zwahr, Zur Konstituierung des Proletariats als Klasse, Berlin 1978.

57 Dazu eingehend Engelhardt, Nur vereinigt, Bd. 2, S. 1071 ff.; s. auch ders., Organisationsverhalten, S. 398 und 401 f.

58 Dazu allgemein Dieter Groh, Negative Integration und revolutionärer Attentismus, Frankfurt—Berlin—Wien 1973; speziell zur Gewerkschaftsgeschichte im Kaiserreich: Willy Albrecht, Fachverein — Berufsgewerkschaft — Zentralverband. Organisationsprobleme der deutschen Gewerkschaften 1870—1890, Bonn 1982; Klaus Schönhoven, Expansion und Konzentration. Studien zur Entwicklung der Freien Gewerkschaften im Wilhelminischen Deutschland 1890 bis 1914, Stuttgart 1980.

59 So ein Hamburger Delegierter bei der Berliner Generalversammlung des „Allgemeinen Deutschen Arbeiterschafts-Verbands“ im Januar 1870, zit. nach Engelhardt, Nur vereinigt, Bd. 2, S. 1054, Anm. 103.

60 So 1867 ein Berliner Schriftsetzer, zit. nach ebd., Bd. 1, S. 183, Anm. 11.

(Beispiele: „Manufaktur-, Fabrik- und Handarbeiter“ oder „Hand- und Fabrikarbeiter“). Überdies gab es sogleich Ansätze zur Aktivierung auch der „Landarbeiter“, so daß die deutschen Gewerkschaften von Anfang an bestrebt waren, selbst solche „Arbeiterelemente“ (J. Ph. Becker) in die Bewegung zu integrieren, die nach streng berufsständischen Maßstäben die Position von Außenseitern einnahmen.[61]

Zusammenfassend läßt sich mit Jürgen Kocka festhalten, daß die Gewerkschaften (übrigens nicht nur in ihren Anfängen) zwar „nicht die Vertreter der Allerärmsten, aber doch Vertreter der Armen und Bedürftigen“ waren: „Sie vertraten Individuen und Familien, die die Unterschichten der vorindustriellen Zeit und deren Not gewissermaßen beerbt und nur geringfügige Verbesserungen erlebt hatten; sie vertraten die, die die Kosten des Fortschritts in besonders eklatanter Weise zu tragen hatten. Gewerkschaften setzten sich für Gruppen ein, deren Not und Bedürftigkeit, deren karges und unsicheres Leben im Widerspruch standen zu den Ansprüchen und Leitbildern der zeitgenössischen bürgerlichen Gesellschaft. Gewerkschaftliche Politik enthielt (und enthält) egalisierende Zielsetzungen. Mit Berufung auf Menschenwürde und soziale Gerechtigkeit auch für diese Schichten nahmen die Gewerkschaften praktisch ihre Gesellschaft beim Wort. Sie organisierten deren inneren Widerspruch und gleichzeitig die Hoffnung, diesen Widerspruch allmählich zu verringern.“[62]

Dabei lagen Initiative und Dominanz auch in der Konstituierungsphase der 60er Jahre noch bei den „geschickten, technisch gebildeten Arbeitern“.[63] Führend waren also auch jetzt (und bis auf weiteres) die handwerklich, wenn nicht zünftig geprägten Facharbeiter in „Handwerksindustrie“ und „Fabrikindustrie“.[64] Ihr Vorsprung an Interessenformulierung und -wahrnehmung wurde durch ein relativ hohes, von Berufsgruppenstruktur und Arbeitsplatzverhältnissen gesteigertes Maß an gruppeninterner Kommunikation und Organisationserfahrung begünstigt. Zwar blieb — wie Knut Borchardt mit Recht betont hat — die „gewerkschaftliche Verhandlungsmacht“ im ganzen noch lange gering; doch entwickelten und verbreiteten die Pionierkräfte der Bewegung ein klares Bewußtsein von der Notwendigkeit gewerkschaftlichen Machtgewinns.[65] Sie vor allem verfochten den Anspruch auf das, was ein evangelischer Pfarrer während des großen Ruhrbergarbeiterstreiks von 1905 „die Gleichberechtigung des Arbeiterstandes als verhandlungsfähiger Vertragsmacht“ genannt hat.[66] Damit schufen sie die konzeptionelle wie organisatorische Grundlage dafür, daß Arbeitgebern und Staat jene langfristig umwälzenden „Zugeständnisse“ abgerungen werden konnten, von denen der nationalliberale Politiker Ludwig Bamberger 1873 meinte, daß sie „niemals ganz freiwillig ergehen“.[67]

---

61 Vgl. Engelhardt, Organisationsverhalten, S. 392 (dort auch weitere Hinweise und Nachweis des Becker-Zitats von 1869).

62 Gewerkschaftliche Interessenvertretung und gesellschaftlicher Fortschritt. Historische Überlegungen zur deutschen Entwicklung im 19. und 20. Jahrhundert, in: Gewerkschaftliche Monatshefte 32 (1981), S. 319—336, S. 334.

63 So Gustav Schmoller, Zur Geschichte der deutschen be im 19. Jahrhundert, Halle 1870, S. 351.

64 So Ludwig Felix (1874), zit. nach Engelhardt, Nur vereinigt, Bd. 2, S. 1209.

65 Vgl. Engelhardt, Organisationsverhalten, S. 395 ff.; Zitat: Knut Borchardt, Die Industrielle Revolution in Deutschland, München 1972, S. 68 (s. auch S. 114).

66 Zit. nach Günter Brakelmann, Evangelische Pfarrer im Konfliktfeld des Ruhrbergarbeiterstreiks von 1905, in: Reulecke/Weber, S. 304.

67 Zit. nach Engelhardt, Interessenvertretung, S. 598 (dort auch zum Kontext der Äußerung).

Klaus Tenfelde

# Zur Bedeutung der Arbeitskämpfe für die Entstehung der deutschen Gewerkschaften*

Es gehört zu den Gemeinplätzen der Gewerkschaftsgeschichte, daß die Entstehung von schlagkräftigen Kampforganisationen der Arbeiter ein langwieriger, oft unterbrochener und auch durch Irrwege begleiteter Prozeß war. Was sich dem heutigen Betrachter oftmals vorschnell als ein zwangsläufiger, aus der Entstehung kapitalistischer Produktions- und Lohnabhängigkeitsverhältnisse gleichsam folgerichtig herzuleitender Vorgang darstellt, war für die Zeitgenossen, und zumal für die Arbeiter als die Meistbetroffenen unter ihnen, ein mit schmerzlichen Rückschlägen gepflasterter Weg, der sehr grundsätzliche Reorientierungen der Verhaltens- und Wertmuster verlangte, dessen Ziele und generelle Richtigkeit keineswegs auf der Hand lagen und der deshalb wohl am genauesten als ein Lernprozeß[1] beschrieben wird, an dem mehrere Generationen von Eisenbahnbauarbeitern, Heimgewerbetreibenden, Handwerkern, Fabrik- und Industriearbeitern beteiligt waren. Auch war, was hier entstehen sollte, nicht gänzlich neu: Den zünftigen Handwerkern beispielsweise waren ihre Erfahrungen mit gewerkschaftspolitischen Auseinandersetzungen im 18. und an der Wende zum 19. Jahrhundert vielfach noch sehr bewußt, und in manchen Berufen lassen sich die Kämpfe der Zünfte und besonders der Gesellengilden noch sehr viel weiter zurückverfolgen. Man hat deshalb in den Organisationsgerüsten der Zünfte und Gilden bedeutsame Traditionsträger gesehen, die nach der Auflösung der ersteren in der liberalen Gewerbegesetzgebung und dem Verbot der letzteren im Zuge der obrigkeitlichen Repressivpolitik zumeist in Gestalt jener zahlreichen handwerklichen Unterstützungskassen bis in das Industriezeitalter reichten.[2] Tatsächlich dürfte hierin, wie in der neuen Form der Arbeiterbildungsvereine besonders seit den 1840er Jahren, der wichtigste organisatorische Anknüpfungspunkt gelegen haben.

Dennoch erklärt diese organisatorische Kontinuität die Gewerkschaftsentstehung nur zum Teil. Sowohl die Arbeiterbildungsvereine als auch die Unterstützungskassen gerie-

---

* Der Text des Vortrages, mit dem innerhalb der Mannheimer Vorlesungsreihe zur Gewerkschaftsgeschichte ein eher problemorientierter Überblick zur Entstehungsgeschichte gegeben werden sollte, wurde beibehalten und auf Wunsch der Herausgeber mit einigen wichtigen Literaturhinweisen versehen. Mit anderer Zielrichtung und teilweise anderen Beispielen argumentiere ich in meinem Beitrag über „Konflikt und Organisation in der Frühgeschichte der deutschen Gewerkschaftsbewegung", der demnächst in einem Sammelband des Deutschen Historischen Instituts London erscheinen wird.

1 Das Lernprozeß-Konzept wurde von Michael Vester, Die Entstehung des Proletariats als Lernprozeß. Zur Soziologie und Sozialpsychologie der Arbeiterbewegung, Frankfurt 1970, am Beispiel der englischen Arbeiterbewegung in die Arbeiterbewegungshistoriographie eingeführt.

2 In mehreren Lokalstudien hat Wilfried Reininghaus u. a. die handwerklichen Unterstützungskassen untersucht und, entgegen einer schroffen Gegenüberstellung vorindustriell-korporativer (zünftiger) und industriell-egalitärer (gewerkschaftlicher) Organisationsformen, Aspekte der Kontinuität betont; s. u. a.: Vereinigungen der Handwerksgesellen in Hessen-Kassel vom 16. bis zum frühen 19. Jahrhundert, in: Hessisches Jahrbuch für Landesgeschichte 31 (1981), S. 97—148; s. auch Otto Gerhard Oexle, Die mittelalterliche Zunft als Forschungsgegenstand. Ein Beitrag zur Wissenschaftsgeschichte der Moderne, in: Blätter für deutsche Landesgeschichte 118 (1982), S. 1—44; vgl. Jürgen Kocka, Lohnarbeit und Klassenbildung. Arbeiter und Arbeiterbewegung in Deutschland 1800—1875, Berlin—Bonn 1983, S. 181.

ten, was die Durchsetzung interessenpolitischer Ziele, die sich aus dem zunehmend verbreiteten Lohnarbeitsverhältnis ergaben, anging, sehr bald an ihre Grenzen: die einen mehr in ideologischer und sozialer Hinsicht, weil sie oft noch vom bürgerlichen Bildungsdenken bestimmt waren und sich prinzipiell berufsübergreifend organisierten, die anderen wegen der auch rechtlich bedeutsamen Begrenzung der Vereinsziele auf Aufgaben gegenseitiger Unterstützung im Krankheits-, Invaliditäts- und Todesfall. So bedurften die überkommenen Organisationsformen der Umbildung, um den immer bedeutsameren gewerkschaftspolitischen Bestrebungen zu genügen. Diese Umbildung vollzog sich stets vor dem Hintergrund überaus hinderlicher vereinsrechtlicher Bestimmungen und, schlimmer noch, einer sehr repressiven Handhabung dieser Bestimmungen durch die „Vereinspolizei“, entweder durch Anpassung bestehender Vereine oder durch Abspaltung und Neugründung unter dezidiert gewerkschaftlicher Zielsetzung.

Es soll nun im folgenden dargelegt und begründet werden, daß sich in diesem Prozeß der organisatorischen (Neu-)Konstituierung soziale Konfliktlagen, Lernprozesse und neue Ansätze gewerkschaftlicher Organisation auf das engste verbunden haben. Dieser Zusammenhang bedeutet, in thesenhafter Verkürzung, zweierlei: *Erstens sind Gewerkschaften*, betrachtet man die Bedingungen ihrer Entstehung, *konfliktgeboren*. Weil sich die gesellschaftlichen Konfliktlagen mit der Durchsetzung der industriekapitalistischen Wirtschaftsweise auf den zentralen Interessen- und Verteilungskonflikt zwischen Kapital und Arbeit zugleich erweitern und zuspitzen und weil diese neue Akzentuierung des sozialen Konflikts zunehmend die tagtäglichen Arbeits- und Daseinsverhältnisse überformt, gewinnt die Regelung des Klassenkonflikts eine für Stabilität und Überleben von Staat und Gesellschaft schlechthin ausschlaggebende Bedeutung. Die enge Verknüpfung des Konfliktverhaltens mit der Organisationsbildung hat insbesondere die Entstehungsphase der deutschen Gewerkschaftsbewegung von den 1840er Jahren bis zu den 1870er Jahren bestimmt[3]; sie ist durch repressive Staatseingriffe vielfach gebrochen worden.

*Zweitens* erschöpft sich die Bedeutung des sozialen Konflikts für die Gewerkschaftsgeschichte nicht in dieser organisationsstimulierenden Funktion. *Gewerkschaften sind Organisatoren der industriekapitalistisch induzierten Konfliktlagen in Geschichte und Gegenwart*. Neue Konfliktlagen schaffen neue organisatorische und gewerkschaftspolitische Perspektiven. Auch gewinnt der soziale Konflikt unter der Bedingung gewerkschaftlicher Organisation einen neuen Stellenwert. Gewerkschaften sind Organisationen, die den manifesten (offenen) sozialen Konflikt durch permanente Präsenz zu ersetzen streben, die den sozialen Konflikt eindämmen, ihn auf Formen des Konfliktausgleichs *vor* der Schwelle offener Auseinandersetzungen einschränken wollen, ohne darin seine fundamentale gesellschaftsordnende Bedeutung zu übersehen. Überspitzt gesagt, sind Gewerk-

3 Umfassend behandeln die frühe Gewerkschaftsgeschichte: Ulrich Engelhardt, „Nur vereinigt sind wir stark“. Die Anfänge der deutschen Gewerkschaftsbewegung 1862/63 bis 1869/70, 2 Bde., Stuttgart 1977; Willy Albrecht, Fachverein — Berufsgewerkschaft — Zentralverband. Organisationsprobleme der deutschen Gewerkschaften 1870—1890, Bonn 1982. Den Konfliktcharakter der Entstehungsphase zu betonen, heißt nicht, die Kontinuität von den älteren Unterstützungskassen zu den Selbsthilfeeinrichtungen der frühen Gewerkschaften, die einem tatsächlichen Bedürfnis der Arbeiterschaft in einer Zeit unzureichender oder fehlender Sozialpolitik entsprachen, zu unterschätzen (vgl. Kocka, S. 180). Es kommt vielmehr darauf an, die konstitutive Funktion von aktuellen Konflikten für die Gewerkschaftsbildung und die Fortentwicklung der gewerkschaftlichen Organisation im Blick auf die Herausbildung von Kampfstrategien und effizienten Kampfformen als originäre Aufgabe der Gewerkschaften herauszuarbeiten.

schaften, ganz im Gegensatz zur Argumentation der historischen Kontrahenten, nicht Streikvereine, sondern lassen sich sehr viel präziser als Streikvermeidungsvereine verstehen.[4]

Dieser zweite Teil der These mag schwieriger unter Beweis zu stellen sein; er klingt jedoch provokativer als er ist. Der Nachweis soll durch Vorstellung einiger Fallstudien über herausragende Streikereignisse, an denen sich das Gemeinte exemplifizieren läßt, geführt werden. Hieraus lassen sich Schlüsse ziehen, die in abschließenden, eher konflikttheoretischen Erörterungen münden sollen. Doch zunächst sei der Blick noch weiter zurück, auf die Grundzüge der frühen handwerklichen Interessenkämpfe gerichtet.

Es ist allgemein bekannt, daß das handwerkliche Zunftsystem, wie es im hohen und späten Mittelalter zur städtischen Blüte gelangt ist, in sich sozialen Zündstoff barg, der eruptiv aufbrechen konnte, sobald die Zünfte in wirtschaftliche Zwangslagen gerieten. Das war aber mit den Erscheinungen der Überbevölkerung, der Nahrungsmittelknappheit und des Preisanstiegs zu Beginn der Neuzeit fast überall, und mindestens in Zentraleuropa, der Fall. Entsprechend strebten die Zünfte, um Arbeit und Monopol zu erhalten, nach einer Stärkung der Meisterpositionen, während der ehedem traditionelle Aufstiegsweg vom Lehrling über den Gesellen zum Meister unter dem Eindruck der Überbesetzung der Handwerke mehr und mehr abgesperrt wurde, so daß die Gesellen Lohnarbeiterstatus annahmen. Sie reagierten darauf mit der Bildung von Gesellenbruderschaften einerseits zur gegenseitigen Unterhaltung und Unterstützung, andererseits dann sehr bald zur Durchsetzung von Forderungen gegen die Zünfte. Schon hier waren mithin binnenzünftige Konfliktlagen Ausgangspunkte der Interessenorganisation. Man hat dies schon sehr früh erkannt. Der berühmte Reichsabschied vom Jahre 1731, mit dem die Reichsobrigkeit eine dann kaum durchgesetzte, der Absicht nach reichsweite Handwerkerordnung in gewohnter Kasuistik erließ, zielte bereits wie zugleich und später eine ganze Reihe weiterer territorialstaatlicher Verordnungen auf exakt diesen engen Zusammenhang von Konfliktlage und Organisationsverhalten, wenn er neben der Versammlungstätigkeit der Gesellen auch deren Koalitionsrecht verbot und Zuwiderhandlungen mit schärfsten Strafen belegte. Leitmotivisch wird hier Jahrzehnte vor Beginn der Industrialisierung sichtbar, was mindestens bis zur Gewerbeordnung des Norddeutschen Bundes und zum Teil bis 1914/18 den Zusammenhang von Konflikt und Organisation empfindlich und an den Grundlagen stören sollte: das Koalitionsverbot und, nach dessen Aufhebung, der anhaltende Eingriff des Staates und der Unternehmerseite in das Organisations- und Kampfrecht der Arbeiterschaft.[5]

Es steht auf einem anderen Blatt, ist umstritten und kann hier nicht diskutiert werden, inwieweit in den alten Gesellenverbänden Vorläufer der modernen Arbeiterbewegung zu sehen sind. Wahrscheinlich sollte man angesichts der Übermacht des Lohnarbeitsverhältnisses im Industriekapitalismus von einem Neueinsatz ausgehen, der spätestens mit dem industriewirtschaftlichen „Take-off" in den 1850er Jahren zu datieren wäre. Vormärz und

---

4 Näheres in der Einleitung zu Klaus Tenfelde/Heinrich Volkmann (Hg.), Streik. Zur Geschichte des Arbeitskampfes in Deutschland während der Industrialisierung, München 1981.

5 Grundlegend zur handwerklichen Konfliktgeschichte im 18. Jahrhundert jetzt Andreas Grießinger, Das symbolische Kapital der Ehre. Streikbewegungen und kollektives Bewußtsein deutscher Handwerksgesellen im 18. Jahrhundert, Frankfurt 1981; zur Entwicklung des Koalitionsrechts in den 1860er Jahren s. Ulrich Engelhardt, Gewerkschaftliche Interessenvertretung als „Menschenrecht". Anstöße und Entwicklung der Koalitionsrechtsforderung in der preußisch-deutschen Arbeiterbewegung 1862/63—1865 (1869), in: Soziale Bewegung und politische Verfassung, hrsg. von Ulrich Engelhardt, Volker Sellin und Horst Stuke, Stuttgart 1976, S. 538—598.

Revolution müssen als Inkubationszeit jenes neuen industriekapitalistischen Konfliktverhaltens gelten. In den Aufruhraktionen und Ausständen der Heimarbeiter und der Eisenbahnbauarbeiter begegnet nun spätestens seit den 1840er Jahren jene typische Entfaltung von Keimformen von Organisiertheit.[6] Zumeist bricht der Konflikt spontan um einen als ungerecht, bedrückend und willkürlich empfundenen Anlaß aus und läßt im Aktionsverlauf schwache Organisiertheit erkennen: Der Zwang zur kollektiven Willensartikulation, zur Formulierung von Kampfzielen beispielsweise und zur Vertretung dieser Ziele, veranlaßt zur Bildung von Kampfkomitees, die als Vorform gewerkschaftlicher Dauerorganisation gelten müssen. Hierbei werden Führungs- und Finanzierungsprobleme ad hoc gelöst; die Delegation von Bevollmächtigten vollzieht sich üblicherweise durch eine Art von Versammlungsdemokratie, d. h. Delegierte werden direktdemokratisch legitimiert. Diese organisatorischen Keimformen lassen sich auch in anderen Bereichen nachweisen. So gibt es Tendenzen zur Selbstordnung und Selbstdisziplinierung der Kämpfenden, die beispielsweise in gemeinsamen Liedern und Symbolen Ausdruck finden können.[7] Ansätze dieser Art zerfallen nach Abschluß solcher Aktionen. Schon die generellen Arbeits- und Daseinsbedingungen erschweren bei Eisenbahnbau- und Heimarbeitern, aber auch bei den frühindustriellen Textilfabrikarbeitern jede dauerhafte Organisation ungemein.

Anders bei den Handwerkern, insbesondere jenen mit einer langen organisatorischen Tradition, der man auch in der Metternich-Ära nicht das Wasser abzugraben vermochte. Die bestorganisierten Streikbewegungen des Vormärz, der Revolutionszeit und der nachrevolutionären Reaktion sind von Handwerkern getragen worden.[8] Unter ihnen bestanden stets entwickelte und insoweit konfliktfähige kommunikative Bindungen und Beziehungen, zumeist im lokalen Rahmen, etwa gegliedert um bestimmte Arbeitsplätze, um Unterstützungskassen und Arbeiterbildungsvereine. Schon im Vormärz wird in diesen Gesellengruppen bei aktuellen Auseinandersetzungen der Ruf nach permanenter Organisation laut; er führt im Verlauf der vorübergehenden Liberalisierung der Versammlungsrechte während der Revolutionsmonate zu — der Absicht nach — überregionalen Verbänden bei den Zigarrenarbeitern und den Buchdruckern, partiell auch in der Arbeiterverbrüderung.[9] Hier entfaltet sich bereits das Urbild der gewerkschaftlichen Verbandsstruktur, so vor allem die geregelte Willensbildung und Entscheidungsdelegation durch Mitgliederversammlungen in bevollmächtigte Gremien, die Statutenformulierung und Vorstandsbildung, die geregelte Finanzierung und zum Teil bereits auch verbandsinterne Kommunikation über ein Verbandsorgan.

Mit dem Einsetzen der Industriellen Revolution in Deutschland in den 1850er Jahren, die unwiderruflich den Durchbruch zum Industriestaat bringt, zeichnet sich nun eine besonders enge, nachgerade rhythmische Beziehung zwischen Konfliktverhalten und Organisationsbildung ab. So läßt sich zweifelsfrei feststellen, daß sich streikähnliche

6 Über soziale Proteste vgl. bes. GuG 3 (1977), Heft 2.

7 Hierzu Leo Uhen, Gruppenbewußtsein und informelle Gruppenbildungen bei deutschen Arbeitern im Jahrhundert der Industrialisierung, Berlin 1964.

8 Vgl. u. a. Elisabeth Todt/Hans Radandt, Zur Frühgeschichte der deutschen Gewerkschaftsbewegung 1800—1849, Berlin (DDR) 1950; Ulrich Engelhardt, Zur Entwicklung der Streikbewegungen in der ersten Industrialisierungsphase und zur Funktion von Streiks bei der Konstituierung der Gewerkschaftsbewegung in Deutschland, in: IWK 15 (1979), S. 547—569; Lothar Machtan, Zur Streikbewegung der deutschen Arbeiter in den Gründerjahren (1871—1873), in: IWK 14 (1978), S. 419—442.

9 Hierzu Frolinde Balser, Sozial-Demokratie 1848/49—1863. Die erste deutsche Arbeiterorganisation „Allgemeine deutsche Arbeiterverbrüderung“ nach der Revolution, 2 Bde., Stuttgart 1962.

Kampfaktionen stets in konjunkturellen Aufschwungphasen ungemein mehren und fast waldbrandartig fortpflanzen.[10] Dieselben konjunkturellen Aufschwungsjahre sind zugleich Jahre der Organisationsbildung. Wir verfügen für die Zeit bis zur Jahrhundertwende nur über sehr lückenhafte, zum Teil nachträglich erstellte Streikstatistiken[11], aus denen jedoch die konjunkturelle Indikation des Arbeitskampfes zweifelsfrei hervorgeht; seit der Jahrhundertwende ist sie anhand der reichsweiten und gewerkschaftlichen Streikstatistik beweisbar. Mehr noch: konjunkturelle Rhythmen und proletarische Kampfaktionen sind keineswegs national begrenzt; seit den 1850er Jahren, vor allem seit der Weltwirtschaftskrise von 1857 entfaltet sich eine übernationale Rhythmik der kapitalistischen Produktion, und entsprechend parallel verlaufen Streikwellen in den verschiedensten Ländern. Erich Gruner, der Schweizer Arbeiterbewegungshistoriker, hat in diesem Zusammenhang von europäischen Klassenkampfwellen gesprochen.[12] Solche Wellen lassen sich in der Mitte der 1850er Jahre, durchgehend in den 1860er Jahren mit Ausnahme des Jahres 1866, in einem weitgespannten Aufschwung, den Gründerjahren, dann von 1867 bis 1873, unterbrochen allenfalls durch die Kriegsereignisse, feststellen. Ebenso wie die konjunkturelle Entwicklung ist die Streikgeschichte der 1880er Jahre uneinheitlich; erst die Jahre 1888 bis 1890/91 bringen einen wohl die meisten Gewerbe erfassenden Aufschwung, der sich in einer bisher ungeahnten Streik- und Organisationswelle niederschlägt[13]. Sie hängt nur bedingt mit dem Auslaufen des Sozialistengesetzes zusammen; im Gegenteil, die wichtigsten Streikaktionen, darunter der Arbeitskampf der Ruhrbergarbeiter vom Mai 1889, finden noch unter der Geltung des Ausnahmerechts statt, und die Grundzüge der Verbandsorganisation, wie sie bis 1933 und zum Teil noch bis heute das gewerkschaftliche Organisationsbild bestimmt haben, werden in dieser Konfliktphase entworfen. Zugleich ist diese Streikwelle wie kaum eine andere international; der Londoner Dockarbeiterstreik hat ebenso wie jener der belgischen Bergarbeiter übernationales Aufsehen erregt, und mißtrauische Polizisten haben, in der Zeit der Gründung der II. Internationale, insgeheime Verbindungen des internationalen Sozialismus in diesen Streiks vermutet. Spätestens seit den frühen 1890er Jahren bestehen stabile Gewerkschaftsverbände, die das Konfliktverhalten in bestimmter Weise akzentuieren.

Zunächst sei die Annahme von zeitidentischen Streik- und Organisationswellen vor der Schwelle dauerhafter Organisationen noch vertieft. Der grundlegende Einfluß, der das Bild hier bestimmt, besser gesagt, stört, ist jenem Obrigkeitsstaat zuzuschreiben, der gewerkschaftliche Verbandsgründungen zu verhindern suchte, wo immer er konnte, besonders nach der Reichsgründung. Man kann soweit gehen und behaupten, daß mit der Streikwelle seit 1867 und den parteipolitisch affiliierten Dachverbandsgründungen in den Jahren 1868/69 eine vollausgestaltete Gewerkschaftsbewegung in Deutschland entstanden wäre, wenn nicht der Krieg hereingebrochen wäre; wenn nicht die Gewerkschaften in die Mühlen der internen Auseinandersetzungen zwischen den beiden sozialistischen

10 Vgl. Anm. 8 sowie für die 1850er Jahre: Toni Offermann, Arbeiterbewegung und liberales Bürgertum in Deutschland 1850—1863, Bonn 1979.

11 Zusammenstellung in Tenfelde/Volkmann, S. 287—313.

12 Erich Gruner, Der Klassenkampf als formendes Element in der neuesten Geschichte, in: Schweizer Beiträge zur Allgemeinen Geschichte 18/19 (1960/61), S. 475—506.

13 Vgl. Gerhard A. Ritter/Klaus Tenfelde, Der Durchbruch der Freien Gewerkschaften Deutschlands zur Massenbewegung im letzten Viertel des 19. Jahrhunderts, in: Gerhard A. Ritter, Arbeiterbewegung, Parteien und Parlamentarismus, Göttingen 1976, S. 55—101; sowie besonders das Standardwerk von Klaus Schönhoven, Expansion und Konzentration. Studien zur Entwicklung der Freien Gewerkschaften im Wilhelminischen Deutschland 1890 bis 1914, Stuttgart 1980, S. 92 ff.

Parteirichtungen und dem bürgerlichen Sozialliberalismus geraten wären, wobei sich die Gewerkschaftsfeindlichkeit des Spätlassalleanismus als besonders hinderlich erwies; schließlich, wenn nicht der preußisch-deutsche Staat mit allen denkbaren Mitteln bis hin zum Ausnahmerecht die Gewerkschaftsbildung erschwert und verunmöglicht hätte. Andererseits: Die deutsche Gewerkschaftsbewegung hätte möglicherweise, wäre sie bereits um die Wende zu den 1870er Jahren im vollen Ausmaß entstanden, aufgrund innerorganisatorischer Beharrungskräfte, wie sie bis heute besonders an den englischen Gewerkschaften zu studieren sind, nicht jene spezifische Modernität in Verbandsorganisation, Zentralisierung und Interessenpolitik erreicht, wie sie seit 1890 für Deutschland charakteristisch ist und vorbildhaft auf andere Arbeiterbewegungen gewirkt hat.

In dieser Konflikt- und Organisationsphase der 1860er Jahre bis um 1873 läßt sich nun der enge Zusammenhang von Konflikt und Organisation modellhaft untersuchen.

Ein wichtiges Beispiel ist der von Gerhard Beier dargestellte Leipziger „Dreigroschenstreik“ vom Frühjahr 1865.[14] Dabei sind die Leipziger Buchdrucker in gewisser Hinsicht ein Sonderfall gewesen: Sie hatten sich in eigenen Vereinen seit Jahren unter zum Teil gewerkschaftlicher Zielsetzung organisiert. Im stets fortgeschrittenen Buchdruckgewerbe bestand sogar Organisiertheit auf beiden Seiten: Auch die Prinzipale hatten sich bereits zusammengeschlossen. Die Buchdrucker sind für ihre Zeit ein an sich gut bekannter Ausnahmefall. Bei ihnen ging es nicht um Lokalorganisation; für sie waren bereits weiter gesteckte Ziele von Bedeutung.

Der eigentliche, zeitgenössisch großes Aufsehen erregende Streik ging um die Einführung eines besseren Akkordtarifs und endete bei kleinen Zugeständnissen mit einer Niederlage. Wichtiger war, daß der Streik eine reichsweite Solidaritätsbewegung auslöste[15] und Buchdrucker vieler Orte, aber auch Arbeiter anderer Gewerbe veranlaßte, die Leipziger Streikenden durch Sammlungen zu unterstützen. Der Arbeitskampf hatte zwei wichtige Konsequenzen:

Erstens zogen sich die Leipziger Buchdrucker aus dem vom bürgerlichen Liberalismus beherrschten Vereinstag der deutschen Arbeitervereine, der Vorläuferorganisation der Sozialdemokratischen Arbeiterpartei Bebels und Liebknechts, zurück. Sie nahmen damit eine Entwicklung vorweg, die Bebel und Liebknecht selbst erst mit dem Nürnberger Vereinstag des Jahres 1868[16] vollzogen; sie bereiteten, um den bekannten Begriff Gustav Mayers aufzugreifen, die Trennung der bürgerlichen von der proletarischen Demokratie vor[17] und dokumentierten ihr Streben nach gewerkschaftlicher Autonomie. Zweitens luden die Leipziger Buchdrucker, und dabei beriefen sie sich unmittelbar auf die Streikerfahrungen, im Herbst 1865 einen Vereinstag aller deutschen Buchdrucker auf Pfingsten 1866 nach Leipzig ein. Damit schlug, sieht man von jenem Vorläufer während der Revolution 1848/49 ab, die Geburtsstunde der modernen Buchdruckergewerkschaft.

Mit beiden Maßnahmen wurden Folgerungen aus dem Streikgeschehen gezogen. Bei den Buchdruckern fand dieser Prozeß auf einem sehr fortgeschrittenen Niveau statt, und

14 Nach Gerhard Beier, Schwarze Kunst und Klassenkampf, Bd. 1: Vom Geheimbund zum königlich-preußischen Gewerkverein (1830—1890), Frankfurt 1966, S. 346 ff., sowie Engelhardt, Nur vereinigt, Bd. 1, S. 310 ff.

15 Zur Bedeutung reichsweiter Spendenaktionen detailliert, Engelhardt, Nur vereinigt, Bd. 2. S. 1146 ff.

16 Vgl. Shlomo Na'aman, Von der Arbeiterbewegung zur Arbeiterpartei. Der Fünfte Vereinstag der Deutschen Arbeitervereine zu Nürnberg im Jahre 1868. Eine Dokumentation, Berlin 1976.

17 Gustav Mayer, Die Trennung der proletarischen von der bürgerlichen Demokratie in Deutschland, 1863—1870, in: ders., Radikalismus, Sozialismus und bürgerliche Demokratie, hrsg. von Hans-Ulrich Wehler, Frankfurt 1969, S. 108—194.

er erreichte bereits das vorläufige Endstadium in der Gewerkschaftsbildung. Der Konflikt hatte zum einen die ideologische Klärung vorangetrieben und darin zur parteipolitischen Neutralität und gewerkschaftlichen Autonomie geführt; er hatte zum anderen den schwierigen Schritt der überregionalen Organisation, der Verbandsbildung und Loslösung aus lokalem Scheuklappentum forciert. Die Lernerfahrungen des Konflikts lauteten also: Klärung der gewerkschaftspolitischen Interessenstandpunkte und Hebung der Organisiertheit auf eine höhere, den gewerkschaftlichen Kampfzielen adäquatere Stufe.

Ganz anders bei den Bergarbeitern, und diese Andersartigkeit schließt zugleich einen Hinweis auf einen grundlegenden, für den Historiker selbstverständlichen Umstand auch in der Frühgeschichte der Gewerkschaftsbewegung ein: auf die Gleichzeitigkeit des Ungleichzeitigen, die Uneinheitlichkeit und Widersprüchlichkeit, die sich schon mit dem Einsetzen der Industrialisierung überhaupt, um so mehr mit ihren sozialen und politischen Konsequenzen, im Sinne sehr unterschiedlicher Lernerfahrungen verbunden hat. Die Bergarbeiter der verschiedensten Bergbauregionen Deutschlands hatten bis zum Ende der 1860er Jahre zwar bereits Kampferfahrungen gesammelt, jedoch noch keineswegs zur organisatorischen Verfestigung aus sich selbst gefunden. Aus sich selbst, daß schloß nicht aus: von anderer Seite. Der linksliberal geführte Waldenburger Bergarbeiterstreik an der Jahreswende 1869/70 endete mit einem kläglichen Fiasko, und ebenso die ihn begleitenden Organisationsbemühungen der Hirsch-Dunckerschen Gewerkvereine. Ebenso im Sande verlief ein noch vorausgehender, halbherziger Organisationsversuch u. a. im Ruhrgebiet unter Führung der Lassalleaner. Einige Fortschritte gab es allenfalls im industriell besser entwickelten Sachsen.

Im Ruhrgebiet[18] bestand im Jahre 1872, dem Höhepunkt der Kohlenkonjunktur in den Gründerjahren, keinerlei Bergarbeitergewerkschaft. Dagegen gab es vor allem im Essener Raum, dem späteren Streikherd, ein dichtes Netz lokaler Knappenvereine unter katholischer Obhut, in denen von Zeit zu Zeit gewerkschaftspolitische Ziele diskutiert worden sind. Wichtiger war noch, daß man noch vor dem deutsch-französischen Krieg eine besondere Kampferfahrung gesammelt hatte: 1867 hatten sich Tausende von Essener Bergleuten in einer berühmtgewordenen Petition[19] an ihr Ministerium mit dem Ersuchen um Besserung ihrer Verhältnisse gewandt. Sie hatten sich damit einer traditionellen Form der Konfliktregelung bedient, es sozusagen noch einmal mit der alten Obrigkeit versucht. Dieser Schritt war ohne Erfolg geblieben, und man griff nun, wie eine anonyme Kollektiveingabe[20] beweist, zu anderen Mitteln, drohte etwa mit Gewalt und suchte schließlich die kollektive Vereinigung mit dem Ziel erfolgreicherer Interessendurchsetzung.

Schon in früheren Arbeitskämpfen hatten sich die Ruhrbergleute auf eine besondere belegschaftsinterne Organisationsform gestützt: auf die Wahl von zumeist drei Delegierten je Zeche zur Vertretung der Belegschaftsvorstellungen gegenüber der Grubenleitung mit gebundenem Mandat. Das hieß: Die Belegschaften behielten sich Prüfung und Billigung etwaiger Verhandlungsergebnisse vor. Es lag auf der Hand, daß diese Organisationsform ineffizient wurde, je stärker sich der Antipode, die Unternehmerschaft, längst überregional organisiert hatte.

---

18 Zum Folgenden s. Klaus Tenfelde, Sozialgeschichte der Bergarbeiterschaft an der Ruhr im 19. Jahrhundert, 2. Aufl. Bonn 1981, S. 464 ff.

19 Text in Heinrich Imbusch, Arbeitsverhältnis und Arbeiterorganisationen im deutschen Bergbau. Eine geschichtliche Darstellung, ND Berlin-Bonn 1980, S. 685—688.

20 Text: Tenfelde, Sozialgeschichte. S. 620.

So formten im Streik von 1872 wiederum die Belegschaften zunächst den Grundstock der Streikorganisation, jedoch nunmehr in einer in den ersten Streiktagen vorgenommenen, charakteristischen Fortentwicklung: Die mehreren Dutzend Delegierten der Zechen wählten aus ihrem Kreis ein mit der eigentlichen Kampforganisation betrautes und für etwaige Verhandlungen benanntes Streikkomitee, das in seiner Zusammensetzung sorgfältig von politischen Einflüssen freigehalten wurde. In der Folgezeit hat dies Komitee in organisatorischer Hinsicht überaus erfolgreich agiert, wenn auch der Streik mit einem Mißerfolg endete. Es baute beispielsweise eine regelmäßige Versammlungsdemokratie sowohl zur Meinungsbildung der Bergleute als auch zur Legitimation des Komitees auf und organisierte sogar so etwas wie eine Streikpolizei, die, selbstdisziplinierend, Übergriffe der Streikenden vermeiden sollte und nebenbei natürlich Streikbrecher abschreckte. Das Komitee finanzierte sich aus Spenden von außerhalb und Sammlungen unter den Bergleuten.

Die Streikniederlage machte nun deutlich, daß mindestens im regionalen Rahmen dauerhafte Vertretung erforderlich war. Das Streikkomitee, in dem besonders Vertreter von Knappenvereinen fungierten, ging daher die Gründung eines regionalen Bergarbeiterverbandes an. Eine derartige Fortentwicklung von Streikkomitees, gelegentlich in Gestalt sogenannter „Permanenzerklärungen", hat an der Wiege so mancher gewerkschaftlicher Vereins- und Verbandsgründungen in den verschiedensten Gewerben gestanden. In Essen gelangte man auch zur Statutenformulierung, sogar zur Bildung erster gewerkschaftlicher Zahlstellen im Schoß der bestehenden Knappenvereine. Aber man scheiterte dann doch an der aus Rechtsgründen erforderlichen Statutengenehmigung seitens der Behörden. So zeigt der Streik im Hinblick auf das Thema mehrerlei:

1. Streiks entstehen nicht aus dem Nichts. Der Streik ist bereits eine sehr entwickelte Form industrieller Konfliktregelung, er ist in seiner typischen Organisiertheit das Resultat langjähriger Kampferfahrungen, in denen das Kampfinstrument schrittweise verbessert worden ist. Bedingung für die Möglichkeit von Streiks ist die Existenz relativ enger kommunikativer Bindungen und Beziehungen im Belegschaftsverbund, in der Nachbarschaft, im Verein; einer Kommunikation also, die Selbsterkenntnis, je eigene Identitätsfindung erst ermöglicht und zur relativen Bewußtseinshomogenität führt.
2. Streiks, soziale Konflikte überhaupt, sind verdichtete Lernprozesse. Sie führen regelmäßig zu höheren Formen kollektiver Bewußtheit, und solche Bewußtheit drückt sich regelmäßig in einer sprunghaften Fortentwicklung des organisatorischen Reifegrades aus. Dieser Tatbestand sei mit einem Zitat von Richard Seidel, einer der frühen Autoritäten in der Gewerkschaftshistoriographie, erhärtet[21]:

   „Der Streik führt sozial Gleichgestellte zusammen. Er geht aus von dumpfer Ahnung gemeinsamer Interessen. Die Verabredung über ihn, das Zusammenwirken der Arbeiter bei seiner Durchführung *verdichtet* die Ahnungen zu erstem flüchtigen Erkennen, ergibt die ersten Erfahrungen im gemeinsamen Handeln. Dadurch wird die Arbeitseinstellung zu einer *zeugenden Urkraft der Bewegung* und im einzelnen Falle häufig der unmittelbare Ursprung einer dauernden Vereinigung. Sobald sich jedoch die Wirksamkeit der ursprünglichen Formen der Arbeitseinstellung erschöpft [hat], müssen diese Formen besseren, dauernd anwendbaren Methoden des Arbeitskampfes wei-

21 Richard Seidel, Streiks als Wegbereiter der Gewerkschaften, in: Die Arbeit 7 (1930), S. 396—405, Hervorheb. im Orig.; s. auch Josef Dünner, Die Gewerkschaften im Arbeitskampf, Basel 1935. S. 17 f.

chen. Sie zu finden und auszubilden, ist die erste dringende Aufgabe der Organisation."

Älteren Arbeiterführern ist dieser enge Zusammenhang von Konflikt und Organisation mithin wohlbekannt gewesen. Stegmann/Hugo behaupteten bereits 1897 in ihrem „Handbuch des Socialismus"[22], soviel aber sei klar, „daß durch die Streiks der Gegensatz meist verschärft wird und allen Arbeitern der Fabrik oder des Gewerbes zum klaren Bewußtsein kommt"; man werde „daher finden, daß die Gründung von Gewerkschaften sehr oft die Folge eines Streiks ist." In diesem Zitat wird ein zusätzliches Moment deutlich: Der Umstand nämlich, daß sich der Prozeß der Bewußtseinsverdichtung dichotomisch vollzieht, daß sich Bewußtsein also am Gegensatz entzündet, aus der Gegnerschaft konstituiert. Streiks verdeutlichen die Klassenlage der Streikenden.

3. Der Bergarbeiterstreik von 1872 zeigt, was bereits eingangs angedeutet wurde: daß der administrative Eingriff in den Zusammenhang von Konflikt und Organisation weitreichende, den autonomen Prozeß der gewerkschaftlichen Verbandsbildung empfindlich hemmende Folgen hatte. Er konnte die Betroffenen sogar, das zeigt die weitere Geschichte der Bergarbeiterbewegung über fast 20 Jahre, auf ältere Formen der Konfliktartikulation, etwa das Beschweren und Petitionieren, zurückwerfen, und dies mag sogar teilweise bewußtes Ziel solcher Eingriffe gewesen sein.
4. Aus dem Vergleich der Grundzüge jenes „Dreigroschenstreiks" von 1865 und des Bergarbeiterstreiks von 1872 folgt in aller Klarheit, daß der enge Zusammenhang von Konflikt und Organisation, der hier vorwiegend lerntheoretisch erklärt wird, gleich auf mehreren Ebenen der Gewerkschaftsbildung wirksam war: zum einen „at the bottom", an der Grundlage von Basisdemokratie und Organisationsverhalten, zweitens dann in übergeordneten Organisationsformen bis hin zur Überregionalität und Zentralität, so daß z. B. die Gründung der Generalkommission der Freien Gewerkschaften 1890 als unmittelbare Folge der wellenartigen Streikbewegung von 1889/90 gelten muß. Darin sind bereits erste Konflikte verbandsinterner Art umschlossen. So zielt organisierte gewerkschaftliche Willensartikulation gemeinhin auf die Ersetzung älterer direktdemokratischer Delegationsformen durch repräsentative Vertretung — anders kann sie nicht funktionieren. Die Spannung zwischen solcherart akzentuierten, unterschiedlichen Formen demokratischer Legitimation und Willensbildung unterlag daher den innergewerkschaftlichen Kämpfen zwischen Lokalisten und Vertretern der Zentralverbandsorganisation. Diese Kämpfe klangen erst Ende der 1890er Jahre ab.[23] Dennoch ist das Problem doppelpoliger Artikulation in der Bewegung über Jahrzehnte präsent geblieben; erinnert sei an die zeitweise offene, anarchosyndikalistische Opposition in den Verbänden, beispielsweise in der Revolutionszeit 1918/19, an die Rätebewegung bis hin zu den Betriebsräten, und dieses Problem akzentuiert in bestimmter Weise bis heute die Mitbestimmungsdiskussion.

Bevor nun, allgemeiner, das Konfliktverhalten unter den Bedingungen der entfalteten Gewerkschaftsorganisation charakterisiert wird, sei, diesen Punkt einleitend, ein weiterer wichtiger Arbeitskampf kurz berührt: Das ist der berühmte Crimmitschauer Textilarbeiterstreik vom Jahre 1903/04, ein besonders langer, erbittert geführter Streik, in dem

22 Carl Stegmann/C. Hugo, Handbuch des Socialismus, Zürich 1897. ND Leipzig 1972, S. 786.
23 Vgl. etwa den Problemüberblick von Dirk H. Müller, Probleme gewerkschaftlicher Organisation und Perspektiven im Rahmen eines arbeitsteiligen Organisationskonzeptes,in: IWK 15 (1979), S. 569—580, s. ferner Dirk H. Müllers Beitrag in diesem Band.

anscheinend erstmals in wirklich bedeutendem Umfang Frauensolidarität mitwirkte, und der wiederum reichsweite Resonanz gefunden hat.[24] Vorauszuschicken ist, daß die Organisation der Konfliktkontrahenten, der Arbeitgeber im Streik, nach bestimmten Vorläufern erstmals im Gefolge der Streikwelle von 1889/90 abseits der etablierten Interessenverbände auf lokaler, regionaler und branchenspezifischer Basis Fortschritte gemacht hatte, aber noch keineswegs zur schlagkräftigen Gegenorganisation ausgewachsen war.[25]

Der Crimmitschauer Textilarbeiterstreik ist von den Gewerkschaften sorgfältig vorbereitet, aber konjunkturell ungünstig situiert worden: Die Werke befanden sich in einer auch strukturell begründeten Absatzflaute, was die Unternehmerseite naturgemäß stärkte. Der Mißerfolg war daher vorprogrammiert, auch wenn zwischendurch der Erfolg wiederholt zum Greifen nahe schien. War der Streik nun einerseits ein schönes Beispiel innergewerkschaftlicher, verbandsübergreifender Solidarität, so gingen von ihm andererseits entscheidende Impulse zur Stärkung der Gegenmacht der Unternehmerschaft aus. Auf einen zunächst partiellen Streik wurde mit einer großen lokalen Aussperrung geantwortet, und den örtlichen Unternehmern sprangen nicht nur ihre Interessenverbände, sondern, und das war ausschlaggebend, sehr rasch der Centralverband Deutscher Industrieller bei, um das eigentliche Streikziel, die Durchsetzung des Zehnstundentages, abzuwehren. Der Centralverband hat diesen Streik genutzt, um die Arbeitgeber der gesamten deutschen Industrie schlagkräftig zu organisieren. Nicht nur, daß sich infolge dieses Streiks die Unternehmer auch vieler anderer Gewerbe erstmals als Arbeitgeber, also als Konfliktgegner, organisierten; mehr noch, es gelang der Führung des Centralverbandes, noch für Anfang 1904 einen ersten Spitzenverband, die Zentralstelle der Arbeitgeberverbände, zu errichten. Wenn nicht sofort, so doch im Verlauf der folgenden Jahre konnte dann der Widerstand der Arbeitgeber gegen die Gewerkschaften immer besser organisiert und in den Mitteln immer mehr verfeinert werden: bis hin zu den berüchtigten Schwarzen Listen, zu gezielten Aussperrungsstrategien, schließlich zu belegschaftsfraktionierenden Maßnahmen wie der Gründung „gelber“, wirtschaftsfriedlicher Gewerkvereine. Auch wegen der Erstarkung der Unternehmerschaft auf diesem Wege gerieten die deutschen Gewerkschaften, die sich über fast zwei Jahrzehnte an ein imponierendes Mitgliederwachstum gewöhnt hatten[26], spätestens um 1910 zeitweise in die Defensive.[27]

In Ergänzung der vorher geschilderten Beispiele zeigt der Crimmitschauer Streik vor allem, daß das Verhältnis von Konflikt und Organisation

1. auch in der Zeit stabiler Verbandsorganisation fortwirkte, denn die Gewerkschaften zogen organisatorische und gewerkschaftspolitische Konsequenzen aus der Niederlage, und daß es
2. ein beidseitiges Verhältnis war. Konflikte forcieren Lernsprünge auf Seiten aller Konfliktbeteiligten. In diesem Fall läßt sich sogar allgemeiner sagen: Während die

---

24 Vgl. zum Folgenden u. a. Woldemar Wagner, Zu einigen Fragen des Crimmitschauer Textilarbeiterstreiks 1903/04, in: ZfG 1 (1953). S. 566—592 (dazu ebd. 2. 1954, S. 309 ff.), sowie bes. Hans-Peter Ullmann, Unternehmerschaft, Arbeitgeberverbände und Streikbewegung 1890—1914, in: Tenfelde/Volkmann, S. 194—208.

25 Vgl. Roswitha Leckebusch, Entstehung und Wandlungen der Zielsetzungen, der Struktur und der Wirkungen von Arbeitgeberverbänden, Berlin 1966; über Vorformen s. Klaus Megerle, Zur Entstehung von Arbeitgebervereinigungen. Überlegungen am Beispiel des Heidenheimer Fabrikantenvereins von 1835, in: GuG 6 (1980), S. 189—219.

26 Zentral: Schönhoven, S. 107 ff.

27 Vgl. ebd. S. 331 u. ö.; nachdrücklich: Dieter Groh, Negative Integration und revolutionärer Attentismus. Die deutsche Sozialdemokratie am Vorabend des Ersten Weltkrieges, Frankfurt 1973. S. 305 ff.

Unternehmerschaft in der Zeit der Gewerkschaftsbildung, also bis etwa 1890, durch ihre Interessenverbände auch in der Konfliktführung einen spezifischen Machtvorsprung innehatte, holte die modern organisierte Gewerkschaftsbewegung diesen Vorsprung durch Verfeinerung ihrer Kampftechniken und durch organisatorischen Ausbau bis um die Jahrhundertwende ein, während hierauf die Unternehmer mit gezielten Gegenmaßnahmen und erfolgreichen Antistreikkoalitionen antworteten. Ich lasse hier differenzierende Einflüsse wie vor allem die Haltung von Staat und Verwaltung allerdings beseite.

Durch Erfahrungen wie die von Crimmitschau veranlaßt, haben die Gewerkschaften das binnenorganisatorische Streikrisiko stets geringzuhalten versucht. Denn Streiks waren für die jungen Organisationen Risikofaktoren ersten Ranges, und manche Gewerkschaftsgründung ist über ihren ersten Streikversuch gestolpert. Streiks brachten stets schwere Einkommensausfälle, und das hieß auch, Ausfälle an Mitgliedsbeiträgen, dagegen Inanspruchnahme und Ausblutung der Streikkassen. Die Gewerkschaften haben daher stets den Streik als „ultima ratio" verstanden. Sie haben harsche Streikreglements errichtet, in denen die Verbandsunterstützung im Streikfall spezifiziert und im allgemeinen drastisch eingeschränkt wurde.[28] Selbstverständlich haben alle Gewerkschaften gegen wilde Streiks angekämpft. Auch standen sie, in Deutschland mindestens, einer Ausweitung des Streiks zu einem politischen Kampfmittel, dem Generalstreik, schroff ablehnend gegenüber.

Es ließen sich nun zahlreiche Beispiele für solches gewerkschaftliches Streikverhalten anbringen. Gewerkschaften als Streikvermeidungsvereine: das mag in manchen Ohren ungewohnt klingen, aber es beschreibt die historische Wirklichkeit weit angemessener als das Gegenwort. Nicht zuletzt ist es die Tendenz zu den „kampflosen Bewegungen", den Tarifverträgen, die der Gewerkschaftsgeschichte inhärent ist und die in erster Linie zu einer Judifikation des Streikinstruments geführt hat.[29]

Was bedeutet das für das Verhältnis von Konflikt und Organisation? Schon einleitend wurde von der Ersetzung des offenen Kampfes durch permanente Präsenz gesprochen. Darin sind drei grundlegende Tendenzen angesprochen, nämlich

1. die gleichsam höhere Rationalität von Organisation. Nur stabile Organisationen sind beispielsweise in der Lage, das Streikrisiko langfristig im konjunkturellen Wandel zu kalkulieren und die Schlagkraft der Organisation hiernach auszurichten. Ein schönes Beispiel hierfür ist die Entwicklung der gewerkschaftlichen Streik- und Mitgliederstatistik.[30] Anders als bei unorganisierten Streiks, reicht das gewerkschaftliche Kampfkalkül sozusagen über den Tag hinaus.
2. sei darunter die Entfaltung eines ganzen Arsenals von gewerkschaftlichen Kampfinstrumenten *vor* der Schwelle des Arbeitskampfes verstanden. Die Gewerkschaften ersetzen den Streik tendenziell durch die möglicherweise wirksamere Streikdrohung.

---

28 Vgl. etwa Josef Schmöle, Die sozialdemokratischen Gewerkschaften in Deutschland seit dem Erlasse des Sozialisten-Gesetzes, Bd. II, 1: Der Zimmererverband, Jena 1898, S. 40 u. ö.

29 Hierzu bes. Heinrich Volkmann, Organisation und Konflikt: Gewerkschaften, Arbeitgeberverbände und die Entwicklung des Arbeitskonflikts im späten Kaiserreich, in: Arbeiter im Industrialisierungsprozeß. Herkunft, Lage und Verhalten, hrsg. von Werner Conze und Ulrich Engelhardt, Stuttgart 1979, S. 422—438; s. auch Anm. 37.

30 So besonders im „Correspondenzblatt der Generalkommission der Gewerkschaften Deutschlands"; s. als Einzelbeispiel etwa Paul Umbreit, Die gegnerischen Gewerkschaften in Deutschland, 2. Aufl. Berlin 1907.

Das Vorhandensein von im Konfliktfall mächtigen Organisationen zwingt auch die Gegenseite zu regelhaftem Verhalten.

3. ist damit der Aspekt der sozialen Disziplinierung und Kontrolle, also der innerverbandlichen Mitgliedschaftserziehung durch eine möglichst rationale Konfliktstrategie gemeint. Das Konfliktkalkül muß sich der Mitgliedschaft mitteilen, sonst opponiert sie, sieht sich nicht länger vertreten. Organisiertheit rationalisiert das Konfliktverhalten. Gerade dieser Aspekt hat eine gewichtige Kehrseite, weil er gewissermaßen einen Teil des eigentlichen industriellen Konflikts in die Organisation selbst verlagert, dort Reibungen erzeugt, die oft genug auf Verbandstagen der Gewerkschaften ausgetragen werden. Typischer Ausdruck solcher Reibungen waren vor 1914 die Masse-Führer-Diskussion und das Hadern mit der sogenannten, tatsächlich nicht so imponierenden Gewerkschaftsbürokratie[31] sowie das Aufkommen syndikalistischer Tendenzen besonders seit 1910 auf der Grundlage der älteren lokalistischen Traditionen.[32]

So ergibt sich, zusammenfassend, die merkwürdige Beobachtung, daß der enge Zusammenhang von Konflikt und Organisation als Lernprozeß sowohl die Gewerkschaftsbildung ermöglicht und angeleitet hat, wie er andererseits in der stabilen Verbandsphase seine Ursache, den Konfliktherd, zurückzudrängen bestrebt war. Auf einer langen Wegstrecke haben die Gewerkschaften, und sie in allererster Linie, das „Monster" des industriellen Konflikts zu bändigen versucht und letztlich damit Erfolg gehabt — um so mehr, als die überkommenen Gewalten unter Einschluß der Unternehmerschaft die infolge der kapitalistischen Arbeitsorganisation unvermeidlichen Konflikte bis 1914 nicht eben zu regeln, sondern gemeinhin zu vermeiden und jedenfalls niederzukämpfen strebten. Aus letzterem folgt das ungemein wirksame Störpotential, das den repressiven Eingriffen von Staat und Unternehmerschaft in den Prozeß der Interessenartikulation aus im Konflikt verdichteten Lernprozessen anhaftete: Jede Versammlungsauflösung und jede massive Streik-Gegenwehr bis hin zum Einsatz von Militär, die öffentliche Unternehmeragitation und die insgeheime oder schamlos offene Zusammenarbeit von Unternehmern und Polizeibehörden in der Streikabwehr, nicht zuletzt auch die konservativen oder manchesterliberalen Initiativen zur gesetzlichen Beschränkung, gar faktischen Abschaffung des Koalitionsrechts von den Kontraktbruch-Diskussionen der 1870er Jahre über die Zuchthausvorlage 1899 bis zur neuerlichen Auseinandersetzung über das „Streikpostenstehen" in den Jahren vor Kriegsausbruch[33] — all dies zielte letztlich auf Störung des Ineinander von Konflikt und Organisation, auf Unterbindung notwendiger, rationale Konfliktregelung erst ermöglichender Lernprozesse. So sehr der obrigkeitlichen Marginalisierung und Ausschließung der Arbeiterschaft und ihrer Organisationen im Kaiserreich natürlich globale Perspektiven der Systemerhaltung und Herrschaftsstabilisierung unterlagen, so konkret manifestierten sie sich in der nahezu alltäglichen Konfliktpraxis.

In diesem Beitrag wurde, um die grundsätzliche Wechselwirkung von Konflikt und Organisation in der Gewerkschaftsgeschichte bis 1914 zu illustrieren, mit Richard Seidel eine Autorität zitiert, deren wissenschaftliches Ansehen zugegebenermaßen etwas ergraut

---

31 Ausführlich: Schönhoven. S. 221 ff.

32 Vgl. mit weiteren Hinweisen Klaus Tenfelde, Linksradikale Strömungen in der Ruhrbergarbeiterschaft 1905 bis 1919, in: Glück auf, Kameraden! Die Bergarbeiter und ihre Organisationen in Deutschland, hrsg. von Hans Mommsen und Ulrich Borsdorf, Köln 1979, S. 199—223.

33 Mit reichen Beispielen: Klaus Saul, Staat, Industrie, Arbeiterbewegung im Kaiserreich. Zur Innen- und Sozialpolitik des Wilhelminischen Deutschland 1903—1914, Düsseldorf 1974.

ist. Dies ist kein Zufall. Wichtige Erkenntnisse können im Verlauf weiterer Forschung verlorengehen oder in den Hintergrund gedrängt werden.

Dies ist im wesentlichen ein Problem der Sichtweise, in diesem Fall: der verbands- und parteiengeschichtlichen, im Kern auf politikhistorische und organisationssoziologische Fragestellungen konzentrierten Sichtweite, die in der Bundesrepublik, seitdem sich hier Historiker intensiv mit der Arbeiterbewegungsgeschichte beschäftigen, mindestens anfänglich stark überwogen hat. Ein ähnliches gilt, aus ganz anderen Gründen, auch für die DDR-Forschung. Streikgeschichte ist überaus selten betrieben worden — in der DDR nach zaghaften Ansätzen möglicherweise nicht länger, weil man sich der zweifelhaften geschichtspropagandistischen Wirkung von Streikgeschichte innegeworden war, was die Entwicklung in Polen in jüngster Zeit unterstreicht; in der Bundesrepublik wahrscheinlich nicht, weil der Organisationsaspekt überwucherte und das Feld der Sozialgeschichte zunächst gering bestellt blieb. So folgt aus meinen Überlegungen, mehr dezidierte Sozialgeschichte des Konflikts, mehr soziale Konfliktgeschichte zu betreiben, um die Prozesse organisatorischer und politischer Konstitution in ihrer Abgeleitetheit und Vermitteltheit besser zu verstehen. Darin wird keineswegs irgendeinem ökonomischen Determinismus das Wort geredet; so müßte beispielsweise für die Weimarer Zeit das Verhältnis von Konflikt und Organisation gegenüber dem hier Vorgetragenen völlig neu bestimmt werden.

In der Entwicklung der Konflikte zeigt die Geschichte der Industrialisierung als grundlegenden Trend den schrittweisen Übergang von der ursprünglich breiten Motivations- und Ursachenvielfalt des sozialen Protests gegen Statusverluste und Anpassungsdruck hin zu einer industriewirtschaftlichen Spezifizierung der Motive und Ursachen auf den in die Gesellschaft weit ausstrahlenden Interessen- und Verteilungskonflikt, der im Streik manifest wird. So empfiehlt es sich, den Arbeitskampf und insbesondere den Streik als eine heute bereits hochgradig formalisierte Sonderform des sozialen Konflikts zu definieren.[34] Der soziale Konflikt ist mithin die umfassendere Kategorie; alle Gesellschaften tragen interne soziale Konflikte aus, mehr noch, sozialer Konflikt ist — an diesen Gedanken muß man sich gelegentlich noch gewöhnen — eine notwendige Konsequenz der Vergesellschaftung überhaupt. Wenn sich nun in der Konfliktgeschichte der Industrialisierung die ursprüngliche Vielfalt der Konfliktursachen verliert bzw. hin zum Streik kanalisiert, so daß dieser mehr und mehr das Konfliktgeschehen dominiert, schließt das selbstverständlich das Auftreten neuer Konfliktherde — so bereits in der Phase der Hochindustrialisierung: ethnische oder generationelle Auseinandersetzungen innerhalb der Arbeiterschaft u. a. — nicht aus.

Deshalb wird man auch in der Protest- und Streikursachenforschung mit verschiedenen Annahmen operieren müssen. Lange Zeit hat in der Motivforschung dabei die „Entwurzelungstheorie", wonach sich die Protestbereitschaft aus den Erfahrungen der Entwurzelung und Heimatlosigkeit infolge von Fernwanderung und Anpassungszwang vor allem in der ersten, frühesten Generation der Industriearbeiter erklärt, eine wichtige Rolle gespielt. Bis heute gerade im außerwissenschaftlichen Verständnis überaus einflußreich ist das, was man als „Verelendungstheorie" des Konfliktverhaltens bezeichnen könnte: Immer mehr immer ärmere Arbeiter protestieren gegen Armut und Verarmung, mehr noch, die Arbeiterbewegung ist überhaupt aus dem kollektiven Aufbegehren gegen Not und Verelendung wie Phönix aus der Asche entstanden. Für die Alltagsagitation

34 Hierzu Tenfelde/Volkmann, Einleitung.

vortrefflich geeignet, hat diese Argumentation über Jahrzehnte hinweg die Geschichte der Arbeiterbewegung begleitet. Ihr widerspricht, daß es, wie die neuere Forschung immer wieder gezeigt hat, eben nicht die Ärmsten der Armen, sondern üblicherweise die „well-to-do"-Arbeiter gewesen sind, die am frühesten zum geregelten Konfliktaustrag im Streik und über solchermaßen kollektive Lernprozesse zur Einübung eines Kampfarsenals vor der Streikschwelle mit Hilfe schlagkräftiger Organisationen gelangten.[35] Andererseits gehört beispielsweise der Heimarbeiterprotest gegen Not und Verarmung ebenso zur frühen Konfliktgeschichte, wie auch die „Entwurzelungstheorie" nicht voreilig beseite geschoben werden sollte.[36] In der Phase des entfalteten Industriekapitalismus verspricht hingegen die „Verteilungstheorie" überzeugendere Erklärungen, insoweit sie vor allem das Streikverhalten im konjunkturellen Aufschwung zu deuten geeignet ist: Mit dem Wachstum wird der Kuchen größer, aus dem sich jede Seite ihren Teil zu schneiden versucht.

Diese und andere ursachen- und motivationstheoretischen Ansätze sagen jedoch nichts über das Typische im Streikverlauf, sie erfassen nicht oder nur am Rande den Zusammenhang von Konflikt und Organisation. Eine langfristige Verlaufstheorie hat bisher einzig Heinrich Volkmann unter dem Schlagwort von der „Rationalisierung" des Konfliktverhaltens hin zum Streikverhalten vorgelegt.[37] Darunter wird im wesentlichen die letztlich erfolgreiche, wenngleich zeitweise zurückgedrängte Strategie der Vermeidung offener Konflikte, deren soziale und wirtschaftliche Kosten immens sein können, verstanden. Dieser bisher überwiegend aus der quantitativen Evidenz der Streikstatistik seit der Jahrhundertwende — und teilweise aufgrund verstreuter Quellen auch früher — gewonnenen Argumentation lassen sich meine Feststellungen über den Zusammenhang von Konflikt und Organisation noch am ehesten zuordnen: nicht nur die Streik- und Organisationsstatistik, gleichsam die Langen und Kurzen Wellen der Streikkonjunktur, sondern jede einzelne Kampfaktion zeigt stets aufs neue eine Verdichtung der Lernsituation, in deren Konsequenz zu höheren Formen der Organisiertheit, insbesondere zu einem allein durch Oganisationen gewährleisteten interessenpolitischen Kalkül fortgeschritten wird. Wie der Streik als Austragsform des industriekapitalistischen Arbeitskonflikts ausstrahlende Wirkungen noch auf die entferntesten Felder sozialer Interaktion gezeitigt hat, so führte die zunehmend rationale industrielle Konfliktregelung die industriekapitalistischen Gesellschaften zu anhaltend fortgeschritteneren Stufen der Organisiertheit — eine Entwicklung, die ihre Opfer und Kosten hatte, die bis in die Gegenwart Rückschläge erlitten hat und im Resultat, denkt man an die Krisensymptome auch und gerade der modernen Arbeitsmärkte, keineswegs gesichert erscheint.

35 Vgl. etwa, mit weiterer Literatur, Kocka, S. 179—188.

36 Zur Diskussion s. u. a. David F. Crew, Town in the Ruhr. A Social History of Bochum. 1860—1914, New York 1979, S. 159—194.

37 Heinrich Volkmann, Modernisierung des Arbeitskampfes? Zum Formwandel von Streik und Aussperrung in Deutschland 1864—1975, in: Hartmut Kaelble u. a., Probleme der Modernisierung in Deutschland. Sozialhistorische Studien zum 19. und 20. Jahrhundert, Opladen 1978, S. 110—170.

Klaus Schönhoven

# Die Freien Gewerkschaften zwischen Reichsgründung und Weltkrieg: Organisationsentwicklung, Strukturprobleme und Programmatik

Ein Überblick über die Geschichte der deutschen Gewerkschaften im Kaiserreich muß sich notwendigerweise darauf beschränken, einige zentrale Aspekte und Probleme dieses Themas zu beleuchten, ohne den Anspruch zu erheben, die wechselvolle Gewerkschaftsgeschichte für einen Zeitraum von über vierzig Jahren in allen Einzelheiten auszuleuchten. Der Akzent der folgenden Ausführungen soll auf drei Themenbereichen liegen: auf der organisatorischen Entfaltung der Gewerkschaftsbewegung; auf binnenorganisatorischen Strukturproblemen einzelner Gewerkschaftsverbände und auf den programmatischen Perspektiven der Gewerkschaften und ihrem Verhältnis zur parteipolitischen Arbeiterbewegung. Alle drei Themenbereiche können nur knapp und thesenartig zusammengefaßt werden; im Zentrum der Behandlung stehen ferner die Freien Gewerkschaften, also die sozialdemokratische Gewerkschaftsrichtung, die an Mitgliederzahl und Einfluß die christlichen und liberalen Dachverbände weit übertraf.

## 1. *Organisatorische Entfaltung der Gewerkschaften in Deutschland*

Die Anfangsphase der deutschen Arbeiterbewegung und damit auch die Gründungsphase der deutschen Gewerkschaftsbewegung liegt in der Zeit der 40er bis 60er Jahre des 19. Jahrhunderts. Neuere Untersuchungen[1] zur Gewerkschaftsgeschichte haben eindringlich verdeutlicht, daß der Prozeß der gewerkschaftlichen Organisationsbildung in engem Zusammenhang mit den jeweils gegebenen politischen und konjunkturellen Rahmenbedingungen gesehen werden muß. Die Formierung von Gewerkschaftsverbänden war abhängig von der lokalen und regionalen Gewerbestruktur, von gesamtgesellschaftlichen Konfliktdispositionen, vom wirtschaftlichen Wachstum und vom sozialen Wandel, vom Rhythmus der Konjunktur und der Situation auf dem Arbeitsmarkt, von der konkreten Lage der Lohnabhängigen im Betrieb und von ihren außerbetrieblichen Lebensverhältnissen. Dieses Bündel von Faktoren wirkte auf die einzelnen Berufsgruppen und Gewerbezweige in unterschiedlicher Weise ein, wobei betont werden muß, daß zunächst kein einheitliches Klassenbewußtsein innerhalb der Arbeiterschaft bestand, das sie zur Organisationsbildung anregte, sondern daß vielmehr die Binnendifferenzierungen innerhalb der abhängig Beschäftigten groß waren und sie allenfalls ein gemeinsames Berufsbewußtsein — vor allem in den handwerklich geprägten Berufsgruppen — besaßen. Zu diesem

1 Vgl. vor allem Jürgen Kocka, Lohnarbeit und Klassenbildung. Arbeiter und Arbeiterbewegung in Deutschland 1800—1875, Berlin-Bonn 1983; Ulrich Engelhardt, „Nur vereinigt sind wir stark". Die Anfänge der deutschen Gewerkschaftsbewegung 1862/63 bis 1869/70, 2 Bde., Stuttgart 1977; Willy Albrecht, Fachverein — Berufsgewerkschaft — Zentralverband. Organisationsprobleme der deutschen Gewerkschaften 1870—1890, Bonn 1982; Gerhard A. Ritter/Klaus Tenfelde, Der Durchbruch der Freien Gewerkschaften Deutschlands zur Massenbewegung im letzten Viertel des 19. Jahrhunderts, in: Vom Sozialistengesetz zur Mitbestimmung. Zum 100. Geburtstag von Hans Böckler, hrsg. von Heinz Oskar Vetter, Köln 1975, S. 61—120.

Berufsbewußtsein kam aber spätestens seit der Mitte des 19. Jahrhunderts ein sich immer schärfer ausbildendes Krisenbewußtsein hinzu, dessen Ausformung sich unter dem Eindruck des technisch-industriellen Strukturwandels beschleunigte. Spezifische Voraussetzungen für die Entwicklung gewerkschaftlicher Arbeiterorganisationen waren deshalb:

1. Die im Zuge der Industrialisierung wachsenden Umstellungs- und Anpassungsschwierigkeiten der gewerblichen Berufe mit zünftiger oder unzünftiger Vergangenheit, deren tradierte Berufsinhalte durch technologische Neuerungen und maschinelle Fertigungsmethoden verändert wurden und deren berufliche Zukunft im Handwerk durch die Einführung der Gewerbefreiheit und die Entstehung der kapitalistischen Konkurrenzwirtschaft gefährdet oder ruiniert war.
2. Dies löste einen Bewußtseinswandel bei denjenigen Handwerksgesellen aus, denen nun der Aufstieg zu einer Meisterstelle versagt war und die sich mit dem Schicksal lebenslänglicher Lohnarbeit abfinden mußten und zwar oft in einem Status, in dem ihr in einer handwerklichen Fachausbildung erworbenes Wissen nicht gefragt war. Sie wollten ihre „Berufsehre" und ihre „Menschenwürde" — zwei zentrale Begriffe der Zeit — gewahrt wissen, wollten ihre materielle Lage verbessern und größere soziale Sicherheit erreichen. Aus diesem Streben erwuchs der Gedanke organisierter Selbsthilfe mit der Perspektive, durch solidarisches Handeln und durch kollektive Interessenvertretung die eigene Position auf dem Arbeitsmarkt zu stärken.
3. Die Gewerkschaftsbildung vollzog sich in einem über Jahre ablaufenden Lernprozeß, der von Erfolgen und Rückschlägen geprägt war. Organisatorische Keimformen der Gewerkschaften wurden berufliche oder betriebliche Unterstützungskassen für Krankheit, Invalidität und Tod, für wandernde und arbeitslose Berufskollegen, ferner örtliche Bildungs- und Geselligkeitsvereine, deren Gründer oft aus der Kirche oder dem Bürgertum kamen, sowie Restformen zünftiger Organisationen, deren Gebräuche und Gewohnheiten übernommen und dann schrittweise verändert wurden. Zu diesen institutionalisierten Beziehungen kamen informelle kommunikative Bindungen hinzu, die ebenfalls die Gewerkschaftsbildung förderten. Zu nennen sind hier nachbarliche Kontakte im Wohnbereich oder der kollegiale Zusammenhalt am Arbeitsplatz, wo man den Widerspruch von Kapital und Arbeit sowie die Notwendigkeit gemeinsamer Interessenwahrnehmung erfuhr.
4. Beschleunigt wurde der gewerkschaftliche Lernprozeß vor allem von Arbeitskonflikten, wobei die Gewinnung und Erhaltung von Streikfähigkeit von den beruflichen und betrieblichen, konjunkturellen und politischen Rahmenbedingungen entscheidend beeinflußt wurde. Streiks waren komprimierte Lernprozesse, in denen sich jahrelang gesammelte und erlittene Erfahrungen zu kollektiver Konfliktbewußtheit[2] verdichteten. Gewerkschaftsgründungen waren also sehr oft die Folge eines Streiks, so daß man — mit Blick auf die Gewerkschaften — vom „konstitutiven Charakter des sozialen Konflikts"[3] sprechen kann. Gleichzeitig muß man aber auch betonen, daß Streiknie-

2 Vgl. dazu den Beitrag von Klaus Tenfelde in diesem Band.
3 Vgl. dazu ausführlich: Ulrich Engelhardt, Zur Entwicklung der Streikbewegungen in der ersten Industrialisierungsphase und zur Funktion von Streiks bei der Konstituierung der Gewerkschaftsbewegung in Deutschland, in: IWK 15 (1979), S. 547—569; ders., Zur Verhaltensanalyse eines sozialen Konflikts, dargestellt am Waldenburger Streik von 1869, in: Soziale Innovation und sozialer Konflikt, hrsg. von Otto Neuloh, Göttingen 1977, S. 69—94; s. auch die einzelnen Beiträge in dem von Klaus Tenfelde und Heinrich Volkmann hrsg. Sammelband: Streik. Zur Geschichte des Arbeitskampfes in Deutschland während der Industrialisierung, München 1981.

derlagen zur Erschütterung oder Zerschlagung ungefestigter Organisationen führen konnten.

Nach diesen thesenartig komprimierten Feststellungen zu den Grundlagen der Gewerkschaftsbildung sollen im folgenden in einem knappen Abriß die einzelnen Etappen der gewerkschaftlichen Organisationsentwicklung im Kaiserreich skizziert werden.

Die deutsche Gewerkschaftsbewegung entstand nach einigen berufsorientierten Vorläuferverbänden, die in der Revolution von 1848/49 gegründet worden waren, aber die polizeistaatliche Verfolgungszeit der Reaktionsdekade der 50er Jahre nicht überlebt hatten, vor allem seit dem Ende der 1860er Jahre. Gefördert wurde der gewerkschaftliche Gründungsprozeß durch den starken wirtschaftlichen Aufschwung in den Jahren nach 1868, durch Streikbewegungen, die sich in dieser konjunkturellen Schönwetterphase sprunghaft vermehrten, und durch die Liberalisierung des Koalitionsrechts, das ab 1869 die Bildung von Gewerkschaften erlaubte. Die junge Gewerkschaftsbewegung breitete sich in den Jahren nach der Reichsgründung vor allem in handwerklichen Berufen (Bildhauer, Buchdrucker, Maurer, Stellmacher, Tischler) aus, erfaßte aber auch schon Lohnarbeiter, die in industriell geprägten Betriebsformen tätig waren (Berg- und Hüttenarbeiter, Manufakturarbeiter, Metallarbeiter). Der gewerkschaftliche Aufschwung führte zwar noch nicht zu einer Massenbewegung mit Hunderttausenden von Mitgliedern, doch kann man die entstandenen Berufsverbände als durchaus schlagkräftige und lebensfähige Interessenvertretungen ansehen, die einer gesicherten organisatorischen Zukunft entgegenblickten. Diese Ansätze zerstörte das Sozialistengesetz 1878, das bis auf wenige Ausnahmen alle Gewerkschaften zerschlug und damit rund 70.000 Arbeitern den gewerkschaftlichen Zusammenhalt raubte.

Während der Dauer des Sozialistengesetzes von 1878 bis 1890 gelang jedoch bereits der Wiederaufbau und die Neuformierung der Gewerkschaftsbewegung. Seit 1880/81 entstanden unter den Bedingungen der sozialistengesetzlichen Illegalität bereits wieder vielfältige Organisationsformen, die als örtliche Fachvereine bestimmter Berufsgruppen, als eingeschriebene Hilfskassen oder als allgemeine Arbeitervereine die Lücken des Gesetzes virtuos ausnutzten und die Kontinuität der Arbeiterbewegung ermöglichten. Neben diesen lokalorientierten Zusammenschlüssen bildeten sich dann ab 1883/84 auch neue zentrale Organisationen in einzelnen Berufsfeldern, deren Hauptzweck es war, Arbeitskämpfe zu koordinieren, das gewerkschaftliche Unterstützungswesen auf eine finanziell tragfähige Basis zu stellen und die äußerst mobile Arbeiterschaft möglichst reichsweit zu erfassen und zu betreuen. Begünstigt wurde dieser gewerkschaftliche Reorganisationsprozeß, der in den großen Streikkämpfen von 1889/90 seinen Höhepunkt erreichte, durch die konjunkturellen Zwischenhochs von 1881/82, 1885/86 und 1888/90, in denen die Streik- und Versammlungstätigkeit der Arbeiterschaft stark anschwoll. Die sozialistengesetzlichen Verfolgungsmaßnahmen prallten nicht nur an der Sozialdemokratie ab, die in dieser Zeit ihre Stimmen bei Reichstagswahlen verdreifachte, sie erwiesen sich auch auf die Gewerkschaftsbewegung als weitgehend wirkungslos: 1890, als das Gesetz aufgehoben wurde, waren in den sozialdemokratisch orientierten Gewerkschaftsverbänden fast 300.000 Mitglieder organisiert; dazu kamen 50.000 Gewerkschaftsmitglieder in Lokalvereinen und 60.000 Arbeiter, die sich den liberalen Hirsch-Dunckerschen Gewerkvereinen angeschlossen hatten. Im Vergleich zu 1878 waren also in Deutschland jetzt fast sechsmal soviel Arbeiter gewerkschaftlich organisiert.

Die Jahre von 1890 bis 1895 waren jedoch von einem Entwicklungsbruch gekennzeichnet, der durch die schlechte Wirtschaftskonjunktur und schwere Streikniederlagen von mitgliederstarken Verbänden bedingt wurde.[4] Die Buchdrucker- und Tabakarbeiterverbände gerieten nach verlorenen Streiks an den Rand des finanziellen Ruins; der 1889 während des Bergarbeiterstreiks entstandene Verband der Bergleute brach in der Wirtschaftskrise fast völlig auseinander, und viele andere, eben erst neugegründete Verbände schrumpften auf wenige hundert Mitglieder zusammen. Die Organisationseuphorie, mit der man unter dem Sozialistengesetz die gewerkschaftliche Verbandsbildung begonnen hatte, wich nun einem tiefen Pessimismus.

Diese Phase der Stagnation und des Niedergangs endete 1895 und wurde seitdem abgelöst von einer atemberaubenden Expansionsbewegung. In einer Zeit günstiger wirtschaftlicher Konjunktur, die nur kurzfristig durch Krisen in den Jahren 1901/2 und 1907/8 unterbrochen wurde, gelang es den Gewerkschaften, ihren Mitgliederbestand fast zu verzehnfachen. Weit an der Spitze standen 1914 die sozialdemokratischen Gewerkschaften mit 2,5 Millionen Mitgliedern; ihnen folgten die erst in der Mitte der 90er Jahre gegründeten Christlichen Gewerkschaften mit rund 350.000 Mitgliedern und schließlich die stagnierenden Hirsch-Dunckerschen Gewerkvereine, die bei Kriegsbeginn etwas mehr als 100.000 Mitglieder zählten.

Dieser Durchbruch zur gewerkschaftlichen Massenbewegung, hinter dem die sozialdemokratischen Mitgliederzahlen deutlich zurückblieben, vollzog sich jedoch nicht in allen Branchen und Berufsgruppen im gleichen Umfang. Als gewerkschaftsresistent erwies sich vor allem das Heimgewerbe, das seine Selbstausbeutung hinter dem Schleier einer seiner Lage nicht angemessenen „Unternehmerideologie" betrieb; nicht organisierbar waren ferner die Landarbeiter und die Dienstboten, die der Gesindeordnung unterworfen waren, die Staatsarbeiter in den Eisenbahnbetrieben, für die gewerkschaftliche Koalitionsverbote bestanden, sowie Gesellen in Kleinbetrieben, die noch im Meisterhaushalt lebten und dort einer strikten sozialen Kontrolle unterworfen waren. Schwer zu organisieren waren ferner die Frauen, die 1907 35,8 % der Erwerbstätigen stellten, aber 1913 nur 8,8 % der Gewerkschaftsmitglieder ausmachten, und Arbeiter der Großindustrie, die von einer Vielzahl von gewerkschaftsfeindlichen Maßnahmen der Unternehmerschaft bedroht wurden. Die Tatsache, daß die Gewerkschaftsbewegung nur bis an die Tore der Großindustrie vordrang, ohne in Konzernen der Schwerindustrie, der Elektroindustrie und der Chemie richtig Fuß fassen zu können, verdient besonders hervorgehoben zu werden, denn die namentlich in den letzten Vorkriegsjahren hier errichteten Blockaden bedrohten nicht nur die weitere Expansion der Gewerkschaften, sondern stellten gleichzeitig ihre Existenz grundsätzlich in Frage: Blieb die Großindustrie gewerkschaftlich nicht organisierbar, so war die ganze Bewegung gescheitert, das war das Fazit, das man 1914 trotz der fast unglaublichen Organisationserfolge in den beiden vorangegangenen Jahrzehnten in den Reihen der gewerkschaftlichen und politischen Arbeiterbewegung zog.

4 Vgl. zur Geschichte der sozialdemokratischen Gewerkschaftsbewegung in den letzten zweieinhalb Jahrzehnten des Kaiserreichs: Klaus Schönhoven, Expansion und Konzentration. Studien zur Entwicklung der Freien Gewerkschaften im Wilhelminischen Deutschland 1890 bis 1914, Stuttgart 1980; dort sind die im folgenden skizzierten Entwicklungen breiter behandelt.

## 2. *Binnenorganisatorische Strukturprobleme*

In den zweieinhalb Jahrzehnten zwischen 1890 und 1914 wuchsen die deutschen Gewerkschaften nicht nur zu einer Millionenbewegung und zur mitgliederstärksten Massenorganisation der deutschen Arbeiterschaft an, in diesem Vierteljahrhundert wurden auch auf organisatorischem Gebiet zukunftsweisende Weichenstellungen vorgenommen, die bis heute den Verbandsaufbau und das Gefüge der Gewerkschaftsbewegung prägen.[5] Im folgenden Abschnitt soll deshalb der organisationsgeschichtliche Hintergrund der gewerkschaftlichen Expansion näher beleuchtet werden und danach gefragt werden, in welchen Verbandsformen sich das Gruppenbewußtsein der Arbeiter manifestierte und ihr solidarischer Zusammenhalt festigte. Gleichzeitig ist einzugehen auf die Problemzonen der innerverbandlichen Willensbildung in Massenorganisationen, die Entscheidungskompetenzen zentralisierten, repräsentativ gestufte Formen der Mitgliederbeteiligung einführten und von basisdemokratischen Modellen der Interessenfindung Abschied nahmen.

Am Ende des Sozialistengesetzes boten die bestehenden gewerkschaftlichen Zusammenschlüsse organisatorisch ein buntes und uneinheitliches Bild. Es gab isolierte und nur sporadisch miteinander in Kontakt tretende Lokalvereine, es gab örtliche Fachgruppen von hochqualifizierten Gesellen, die Ungelernte ausschlossen, und es gab reichsweit zentralisierte Verbände, die allen Arbeitern eines Berufszweiges offen standen. Eindeutig dominant war der Typus des Berufsverbandes, der sich darauf konzentrierte, ein handwerklich definiertes Berufsfeld organisatorisch zu erfassen. Die in diesen Verbänden vertretenen hochqualifizierten Gesellenarbeiter lebten noch im Vorfeld der Industrialisierung und arbeiteten größtenteils in wenig mechanisierten Produktionsbereichen, in denen Berufserfahrung und Berufsfertigkeiten gefragt waren. Obwohl die industrielle Wirklichkeit und ihre Dequalifikationserscheinungen sie also persönlich noch nicht erfaßt hatte, brachen sie mit überlieferten Traditionen und entschieden sich für den gewerkschaftlichen Zusammenschluß.

Allerdings vollzog sich die Trennung von handwerklichen Überlieferungen nicht als radikaler Bruch, sondern in mehreren Lernschritten, die in den einzelnen Gewerbezweigen unterschiedlich lange Zeiträume beanspruchten. Vorerst, daß heißt zu Beginn der 1890er Jahre, verließen die meisten Gewerkschaftsverbände noch nicht den vertrauten berufsständigen Boden. Die Mehrzahl der Verbände hielt an der Berufstradition fest und nahm nur gelernte Facharbeiter auf. Diesen engen Berufsbegriff erweiterten fast alle Verbände in den Jahrzehnten bis zum Kriegsbeginn, indem sie ihre Organisation auch auf die angelernten und nichtgelernten Beschäftigten des gleichen Sektors ausdehnten. Die fortschreitende Mechanisierung der Betriebe, die Einführung arbeitsteiliger Fertigungstechniken und der stetige Vormarsch der Fabrikindustrie veränderten tradierte Berufsinhalte, verschoben Berufsgrenzen und schliffen Qualifikationsunterschiede zwischen den verschiedenen Arbeitergruppen ab.

Innerhalb der freien Gewerkschaftsbewegung wurde der ökonomische Strukturwandel und seine organisatorischen Folgeprobleme seit dem Fall des Sozialistengesetzes heftig und kontrovers diskutiert. Dabei standen sich hauptsächlich zwei Meinungen gegenüber: einmal die Verfechter eines überberuflichen gewerkschaftlichen Organisationssystems, die alle Arbeiter eines Industriezweiges in einem Verband organisieren

5 Vgl. dazu ausführlich Schönhoven, S. 261 ff.

wollten, und zum anderen die Verfechter der gewerkschaftlichen Berufsorientierung, die für jede größere Berufsgruppe einen eigenen Gewerkschaftsverband konstituieren wollten. Zum Verbandstyp des Industrieverbandes bekannten sich vor allem die Metallarbeiter, die 1891 die erste überberufliche Großorganisation gegründet hatten, und die Holzarbeiter, die 1893 dem Beispiel der Metallarbeiter gefolgt waren. Alle anderen Verbände hielten zunächst an der überkommenen Berufseinteilung fest.

In den Jahren bis 1914 änderte sich jedoch das Verbandsgefüge der Freien Gewerkschaften schrittweise, wobei die branchenspezifischen Verwerfungen des Industrialisierungsprozesses sich in den organisatorischen Konzentrationsbewegungen widerspiegelten und letztlich zu einer recht uneinheitlichen Situation führten. Im Jahr 1914 gab es in der sozialdemokratischen Gewerkschaftsbewegung insgesamt 46 selbständige Zentralverbände, an deren Spitze der Deutsche Metallarbeiterverband mit über 500.000 Mitgliedern stand; mehr als 100.000 Mitglieder umfaßten ferner die Industrieverbände in der Baubranche, im Bergbau, in der Holz- und Textilindustrie sowie im Transportgewerbe. Dazu kam der Fabrikarbeiterverband, dessen Rekrutierungsgebiet sich nach und nach auf nahezu 100 Berufe ausgedehnt hatte, in denen überwiegend angelernte und ungelernte Arbeiter beschäftigt waren.

Neben diesen sieben Industrieverbänden, die zusammen 1,7 Millionen Mitglieder zählten, bestand aber 1914 noch eine Vielzahl von Berufsorganisationen, in denen handwerklich ausgebildete Facharbeiter dominierten, deren Gewerkschaftsinteresse eng mit ihrem Berufsbewußtsein verknüpft war (Buchbinder, Buchdrucker, Bildhauer, Böttcher, Hutmacher, Kupferschmiede, Schneider, Zimmerer). Auf diese insgesamt 39 Verbände verteilten sich 780.000 Gewerkschaftsmitglieder, wobei die Spannweite der Mitgliederzahlen in den einzelnen Organisationen von wenigen hundert Mitgliedern (Notenstecher, Xylographen) bis über 50.000 Mitglieder (Buchdrucker, Zimmerer) reichte.

Die sieben multiberuflichen Massenverbände verkörperten zweifellos die modernste Organisationsform der deutschen Gewerkschaftsbewegung. Sie hatten bestehende Binnendifferenzierungen zwischen ungelernten, angelernten und gelernten Arbeitern abgebaut und die Organisation auch für Frauen geöffnet — was in einigen handwerklich orientierten Verbänden ausdrücklich in den Satzungen ausgeschlossen war; die Großverbände verfügten über ein dichtes Netz von Verwaltungsstellen und eine hauptamtliche Administration; sie besaßen genügend Geldmittel, um kostspielige und langandauernde Arbeitskämpfe durchzustehen, und sie waren für den Dauerkonflikt zwischen Arbeit und Kapital besser gerüstet als die mitgliederschwachen Kleinverbände.

Diese unbestreitbaren Vorzüge von Massenorganisationen sollten aber nicht den Blick für die Schwierigkeiten verstellen, die in bürokratisierten und zentralisierten Gewerkschaftsstrukturen auftraten. Da die gewerkschaftlichen Großverbände nicht in der Lage waren, die aktive Beteiligung ihrer Mitglieder in allen anstehenden Fragen durch direktdemokratische Mitwirkungsformen zu gewährleisten, mußten sich Problemzonen der innerverbandlichen Willensbildung und Entscheidungsfindung herauskristallisieren. Der Übergang von der lokalen Versammlungsbewegung, die vom Prinzip der spontanen Interessenartikulation und direktdemokratischer Entscheidung gelebt hatte, zu zentralistischen Organisationsformen, die mehrstufige Delegiertensysteme benötigten und ihre organisatorischen Binnenbeziehungen verrechtlichten, führte zwangsläufig zu einer Beschneidung der unmittelbaren Kompetenzen und Möglichkeiten der Mitglieder. Verbandsinterne Konflikte über die Vertretungspolitik der Vorstände und Funktionäre, insbesondere bei der Einleitung und Durchführung von Arbeitskampfmaßnahmen, waren bei dieser Ausgangslage nicht zu vermeiden. Vor allem in den letzten Vorkriegsjahren, als sich der Handlungsspielraum der Gewerkschaften verengte und die Verteilungskämpfe erbitterter geführt wurden, kam es zu Spannungen zwischen Gewerkschaftsbasis und Gewerkschaftsbürokratie, die unter der Überschrift „Führer und Massen" zu einem Generalthema der Gewerkschaftspresse wurden.

Die Auswirkungen dieser verbandsinternen Spannungen auf den organisatorischen Zusammenhalt der Zentralverbände sollte man allerdings nicht überschätzen. In keinem Gewerkschaftsverband kam es zu einer generellen Vertrauenskrise zwischen Verbandsleitung und Verbandsmitgliedern, die über eine zeitweise Fraktionsbildung von unzufriedenen Mitgliedern hinausgegangen wäre und im Zerfall einer Organisation gemündet hätte. Allerdings lassen sich eine Reihe von Indikatoren benennen, die signalisierten, daß in der Arbeiterschaft und bei den Gewerkschaftsmitgliedern die Vertretungspolitik der Vorstände auf Kritik stieß. Sie reichten vom Desinteresse, sich überhaupt gewerkschaftlich zu organisieren, über die Versammlungs- und Beitragsmüdigkeit von Mitgliedern bis zu spontanen Streikaktionen der Gewerkschaftsbasis, mit denen man gegen die statuarisch diktierte Arbeitskampfdisziplin protestierte.

Aus diesem Dilemma der organisationsinternen Spannungen gab es jedoch keinen gangbaren Ausweg. Die schon von zeitgenössischen Kritikern scharf gegeißelte Oligarchisierung und Bürokratisierung der Gewerkschaftsinstitutionen[6] muß vor dem Hintergrund der Organisationsrealität der Verbände gesehen werden. Dazu gehörte aber auch, daß die gewerkschaftliche Mobilisierung der Arbeiterschaft stets von einer immensen Mitgliederfluktuation begleitet gewesen war, die die Organisationsarbeit der Verbände zeitweise zu einer Sisyphusarbeit machte, weil Mitgliedereintritte und Mitgliederverluste sich im Jahresdurchschnitt fast die Waage hielten. So traten — um ein Beispiel herauszugreifen — in den Metallarbeiterverband zwischen 1892 und 1913 2,1 Millionen Arbeiter und Arbeiterinnen einmal oder mehrfach ein, 1,6 Millionen verließen den Verband in diesem Zeitraum wieder, dem als Ergebnis dieser riesigen Fluktuationsbewegung ein Mitgliederplus von 500.000 blieb. Die Absenkung dieses immensen Fluktuationsniveaus setzte aber den forcierten Ausbau von Verwaltungsstäben voraus, die vor allem die neueinströmenden Mitglieder zu einem dauerhaften Gewerkschaftsengagement bewegen mußten.[7]

Ebensowenig haben die Kritiker die gewerkschaftsfeindlichen Rahmenbedingungen des deutschen Kaiserreichs genügend gewichtet, die auf die organisationsinterne Politik der Verbände zurückwirken mußten. Die Konfliktstrategie des Klassenkampfs von oben ließ in der wilhelminischen Ära ein soziales Klima entstehen, das man in den Gewerkschaften als Kriegsklima empfand. Man betonte deshalb sehr stark den „Kampfcharakter der Gewerkschaften innerhalb einer Welt von Feinden"[8] und appellierte an die Disziplin der Mitglieder. Für die sozialdemokratischen Gewerkschaftsführer der wilhelminischen Zeit, die in der Verfolgungszeit der Arbeiterbewegung unter dem Sozialistengesetz die junge Generation der gewerkschaftlichen Organisationsgründer gestellt hatten, gehörten

6 Besondere Beachtung fand in der wissenschaftlichen Diskussion die Kritik von Robert Michels, die dieser nach der Jahrhundertwende zunächst in Zeitschriftenaufsätzen formulierte und dann in seinem Hauptwerk nochmals bündelte: Zur Soziologie des Parteiwesens in der modernen Demokratie. Untersuchungen über die oligarchischen Tendenzen des Gruppenlebens, Stuttgart 1957 (Neuausgabe der 2. Aufl. von 1925).

7 Vgl. dazu Schönhoven, S. 150—198.

8 So Adolf Braun in einem 1910 veröffentlichten Artikel über Gewerkschaftliche Verfassungsfragen, in: ders., Die Gewerkschaften, ihre Entwicklung und Kämpfe. Eine Sammlung von Abhandlungen, Nürnberg 1914, S. 75—84, Zitat S. 80.

diese zwölf Jahre der Illegalität noch zur eigenen Lebensrealität und waren nicht ferne Vergangenheit. Vor dem Hintergrund der eigenen politischen Sozialisation beeindruckte sie das auch noch nach der Jahrhundertwende herrschende gewerkschaftsfeindliche Klima in Staat und Gesellschaft besonders stark. Ihre Verbandspolitik bewegte sich deshalb auf einer Diagonale zwischen Risikoscheu und Kampfbereitschaft. Dagegen interpretierte man aus der Perspektive der an der Mitgliederbasis sehr zahlreich vertretenen nächsten Organisationsgeneration die Vorsicht der Verbandsführer als Überängstlichkeit, während diese ihrerseits den ungestümen Eifer der jungen Kollegen tadelten. Die Gewerkschaftsführer wollten die von ihnen gegründeten und mühsam aufgebauten Organisationen nicht leichtfertig einer erneuten polizeistaatlichen Verbotsattacke ausliefern, waren aber andererseits dazu entschlossen, einen Anschlag des Staates auf das das Koalitionsrecht der Arbeiter mit allen ihnen zur Verfügung stehenden Abwehrmitteln zu beantworten. Dazu gehörte vor allem der Generalstreik, der in den strategischen Überlegungen der sozialdemokratischen Arbeiterbewegung in der Vorkriegszeit eine zentrale Rolle spielte.

## 3. *Programmatische Perspektiven der sozialdemokratischen Gewerkschaftsbewegung und ihr Verhältnis zur politischen Arbeiterbewegung*

Die Beziehungen zwischen der politischen und der gewerkschaftlichen Arbeiterbewegung erlebten seit der parallelen Konstituierung beider Organisationssysteme in den 60er Jahren des 19. Jahrhunderts ein wechselvolles Schicksal, in dem die Frage der parteipolitischen Dominanz immer wieder im Mittelpunkt der Diskussionen stand. Dabei handelte es sich zum einen um Grundsatzkontroversen, die sich an den theoriegeschichtlich bedeutsamen Begriffen Revisionismus, Reformismus und Revolution entzündeten, zum anderen ging es um die spezifische Rolle der Gewerkschaften im Emanzipationskampf der Arbeiterbewegung. Im Laufe dieses jahrzehntelang andauernden Meinungsbildungsprozesses, in dem die Bevormundung der Gewerkschaften durch die Sozialdemokratie schrittweise zurückgedrängt und das Prinzip der Gleichberechtigung durchgesetzt wurde, kristallisierte sich auch eine arbeitsteilige Strategie heraus, die einerseits die gemeinsamen Ziele von politischer und gewerkschaftlicher Bewegung betonte und andererseits beiden Organisationszentren besondere Aufgaben zuwies.

Die sich autonom entfaltende Gewerkschaftsbewegung, deren Trägergruppen gegen den im Zuge der forcierten Industrialisierung ständig wachsenden Deklassierungsdruck das Prinzip der kollektiven Selbsthilfe mobilisierten, wurde schon in ihrer Gründungsphase in die richtungspolitischen Auseinandersetzungen der sozialdemokratischen und liberaldemokratischen Parteien verwickelt. Da der Gewerkschaftsgedanke innerhalb der Arbeiterschaft sofort auf große Resonanz gestoßen war, mußten die Repräsentanten der Parteien den Gewerkschaften besonderes Augenmerk schenken. Im Konkurrenzkampf der politischen Lager gewann der bürgerliche Liberalismus zunächst einen Organisationsvorsprung, den er aber bereits am Ende der 1860er Jahre wieder eingebüßt hatte: Die unter linksbürgerlicher Protektion entstandenen Gewerkvereine verloren nach schweren Streikniederlagen 1868/69 viele ihrer Anhänger, scheiterten aber auch an der Weigerung des liberalen Wirtschaftsbürgertums, sich konsequent für die soziale und politische Emanzipation der Lohnarbeiter einzusetzen.[9]

9 Vgl. dazu Engelhardt, Nur vereinigt, Bd. 2, S. 1071 ff.; s. auch den Beitrag von Hans-Georg Fleck in diesem Band.

Die 1863 mit dem von Lassalle gegründeten ADAV ins Leben getretene parteipolitische Arbeiterbewegung ignorierte zunächst die parallel entstehenden Gewerkschaftsverbände und optierte ausschließlich für politische Lösungsmodelle der sozialen Frage. Diese bis zur strikten Gewerkschaftsfeindlichkeit verhärtete Position der Lassalleaner lockerte sich zwar unter dem Eindruck der gewerkschaftlichen Erfolge des Linksliberalismus, doch zu einem Kurswechsel kam es erst, als August Bebel und Wilhelm Liebknecht 1868/69 zur Formierung einer zweiten Arbeiterpartei schritten und dabei die gewerkschaftliche Bewegung sofort in ihr politisches Kalkül einbezogen. Beide miteinander rivalisierenden Arbeiterparteien adaptierten nun das Gewerkschaftsprinzip und schalteten sich in die innergewerkschaftlichen Diskussionen um Organisationsaufbau und Organisationsziele ein. Die Intervention der sich erbittert befehdenden Arbeiterparteien wirkte sich aber auf die Entwicklung der Gewerkschaftsbewegung in vieler Hinsicht negativ aus: die Stabilisierung der Verbände wurde verzögert, weil richtungspolitische Zerwürfnisse ihre ohnehin nur schwache Durchschlagskraft minderten. Der Versuch der parteipolitischen Mediatisierung der Gewerkschaften war also ein Störfaktor, der deren Entfaltungsspielraum einschränkte, ihre Konsolidierung hemmte und den solidarischen Zusammenhalt der Arbeiterschaft bei Auseinandersetzungen auf dem Arbeitsmarkt beeinträchtigte.[10]

Die Gewerkschaftsideologien, die von beiden Fraktionen der politischen Arbeiterbewegung für ihre konkurrierenden Organisationsbestrebungen ins Feld geführt wurden, waren allerdings in ihrer praktischen Wirkung nicht so unterschiedlich, daß von daher der Streit der zwei Parteien erklärt werden könnte. Weder der ADAV noch die SDAP schätzten die Erfolgsaussichten der gewerkschaftlichen Bewegung besonders hoch ein. Unter der von den Lassalleanern behaupteten Herrschaft des ehernen Lohngesetzes konnte die Gewerkschaftstätigkeit letztlich nur ein Kampf „gegen Windmühlenflügel"[11] sein, eine Sisyphusarbeit um höhere Löhne, deren Ertrag von der demographischen Entwicklung determiniert war. Für die SDAP, die die Gewerkschaftsfrage mit dem von Marx und Engels entwickelten theoretischen Instrumentarium behandelte, hatten die Gewerkschaften eine defensive Funktion im Emanzipationsprozeß des Proletariats, solange sie nur als „Sammelpunkte des Widerstands gegen die Gewalttaten des Kapitals" kämpften. Zwar sollten sie sich nach der Auffassung von Marx nicht darauf beschränken, einen systemimmanenten „Kleinkrieg gegen die Wirkungen des bestehenden Systems zu führen", sondern ihre Kraft „zur endgültigen Abschaffung des Lohnssystems" einsetzen[12], doch das hieß nicht, daß die Gewerkschaften die revolutionären Aufgaben der politischen Bewegung zu übernehmen hatten. Marx und Engels betonten also den Primat der politischen Aktion und wiesen — wie die Nachfolger Lassalles — den Gewerkschaften den Part zu, als Schule des Proletariats zu fungieren. Als Konsequenz ergab sich für den

---

10 Dieser Aspekt wird beispielsweise von der DDR-Geschichtsschreibung weitgehend ausgeklammert, die ganz darauf abgestellt ist, die theoretisch-ideologische „Pionierarbeit" der Eisenacher Partei zu thematisieren; vgl. etwa: Wolfgang Schröder, Die Gewerkschaftsbewegung in der Konzeption der revolutionären Sozialdemokratie 1869 bis 1891, in: Marxismus und deutsche Arbeiterbewegung. Studien zur sozialistischen Bewegung im letzten Drittel des 19. Jahrhunderts, Berlin 1970, S. 103 bis 217.

11 So Hans-Josef Steinberg, Die Entwicklung des Verhältnisses von Gewerkschaften und Sozialdemokratie bis zum Ausbruch des Ersten Weltkrieges, in: Vom Sozialistengesetz zur Mitbestimmung, S. 121—134, Zitat S. 122.

12 Karl Marx, Lohn, Preis und Profit, in: Karl Marx/Friedrich Engels, Werke, Bd. 16, Berlin 1973, S. 103—152, Zitate S. 152.

ADAV wie für die SDAP aus dieser Rollenbestimmung der Gewerkschaften, daß beide Parteien die gewerkschaftliche Arbeit programmatisch zu dirigieren suchten.

Inwieweit sich die gewerkschaftlich organisierten Arbeiter dieser ideologischen Vormundschaft der Parteien unterwarfen, ist für die 70er Jahre des 19. Jahrhunderts noch nicht ausreichend erforscht.[13] Ob die sozialrevolutionären Ziele der marxistischen Theorie den Partizipationserwartungen und Emanzipationshoffnungen dieser Arbeiter entsprachen, ist ebensowenig geklärt wie die Frage, welche Auswirkungen der lassalleanische Gewerkschaftspessimismus auf ihre Bewußtseinsstrukturen hatte. Dem Bestreben, die Gewerkschaften parteipolitisch einzuhegen, waren jedoch Grenzen gesetzt. Zum einen entwickelte sich die gewerkschaftliche Bewegung in der Zeit der Reichsgründung in einem spontanen Organisationsprozeß, der Erfolg in Streikkämpfen und die Solidarität aller gewerkschaftswilligen Arbeiter voraussetzte; zum anderen konnten die miteinander rivalisierenden Parteien schon aus taktischen Rücksichten ihre Prinzipien nicht zu rigoros vertreten, denn viele Wortführer der Gewerkschaften hatten für richtungspolitische Kontroversen wenig Verständnis. Ihr Hauptaugenmerk galt der organisatorischen Konsolidierung der Verbände und nicht den ideologischen Konflikten im sozialistischen Parteienlager.

Als 1873/74 der konjunkturelle Boom der Gründerzeit zu Ende ging und von Jahren tiefer wirtschaftlicher Depression abgelöst wurde, mehrten sich die Stimmen, die eine Beendigung der Fraktionskämpfe in der gewerkschaftlichen und politischen Arbeiterbewegung forderten, zumal neben den ökonomischen Krisenerscheinungen polizeistaatliche Unterdrückungsmaßnahmen die Bewegungsfreiheit der Arbeiterorganisationen mehr und mehr einschränkten und ihre weitere Existenz gefährdeten. Vor dem Hintergrund dieser bedrohlichen Klimaverschlechterung verblaßten die Differenzen zwischen Lassalleanern und Eisenachern. Es entstand angesichts der gemeinsam erfahrenen Isolierung und Verfolgung ein Zusammengehörigkeitsgefühl, das den Annäherungsprozeß von SDAP und ADAV beschleunigte[14].

Der parteipolitischen Verständigung im Mai 1875 folgte dann unmittelbar auch die Vereinigung der beiden Gewerkschaftsrichtungen, die auf einer Resolution basierte, in der es als „Pflicht der Gewerkschaftgenossen" bezeichnet wurde, „aus den Gewerkschaftsorganisationen die Politik fernzuhalten". Gleichzeitig verlangte die Resolution, daß sich die Gewerkschaftsmitglieder der neugegründeten Sozialistischen Arbeiterpartei anschließen müßten, „weil nur diese die politische und wirtschaftliche Stellung der Arbeiter in vollem Maße zu einer menschenwürdigen zu machen vermag"[15]. Auch wenn der Resolutionstext auf die zeitgenössische Vereinsgesetzgebung abgestimmt war, deren parteipolitisches Neutralitätspostulat für Gewerkschaften unterlaufen werden sollte, hatte man doch eine Aufgabenteilung zwischen gewerkschaftlicher und politischer Arbeiterbewegung konzipiert, die zwar theoretisch den dialektischen Zusammenhang von Partei- und Gewerkschaftsarbeit im Marxschen Sinne reflektierte, praktisch aber kaum zu handhaben war. Denn die ambivalenten Zielsetzungen der Gewerkschaftsbewegung, die

13 Auf diese Probleme geht die organisationsgeschichtlich ausgerichtete Untersuchung von Albrecht nicht ein; die DDR-Historiographie überzeichnet den Einfluß des Marxismus und rückt die Gewerkschaften als soziale Bewegung nicht ins Blickfeld.

14 Vgl. dazu Georg Eckert, Die Konsolidierung der sozialdemokratischen Arbeiterbewegung zwischen Reichsgründung und Sozialistengesetz, in: Sozialdemokratie zwischen Klassenbewegung und Volkspartei, hrsg. von Hans Mommsen, Frankfurt 1974, S. 35—51.

15 Zitiert nach: Hermann Müller, Die Organisationen der Lithographen, Steindrucker und verwandten Berufe, Nachdruck, Berlin-Bonn 1978, S. 382.

mit reformerischem Pragmatismus für die soziale Besserstellung breiter Arbeiterschichten kämpfte, gleichwohl aber auch deren revolutionäres Bewußtsein wecken sollte, ließen sich allenfalls programmatisch vermitteln, nicht aber in der Realität widerspruchsfrei verwirklichen. Die späteren Konflikte in der deutschen Arbeiterbewegung um die Funktion der Gewerkschaften wurden also bereits in dieser Resolution von 1875 vorgeprägt.

Nachdem die politische und gewerkschaftliche Arbeiterbewegung im Herbst 1878 durch die Verfolgungsmaßnahmen des Sozialistengesetzes nahezu völlig in die Illegalität gedrängt worden war[16], rückten ideologische Differenzen naturgemäß in den Hintergrund. Unter den Bedingungen des Ausnahmezustandes lag es im beiderseitigen Interesse von Partei und Gewerkschaften, das organisatorische Überleben der Arbeiterbewegung zu sichern und es nicht durch Rivalitäten in den eigenen Reihen zu gefährden. Die ab 1880/81 entstehenden vielfältigen gewerkschaftlichen Organisationsformen, die als eingeschriebene Hilfskassen, berufsbezogene Fachverbände und lokalorientierte Arbeitervereine den Zusammenhalt der Arbeiterschaft ermöglichten, konstituierten sich häufig als ökonomische und als politische Zentren der verbotenen Arbeiterbewegung und übernahmen damit eine Schlüsselrolle im Reorganisationsprozeß der Gewerkschaften wie der Partei. Ihre Hauptaufgabe war es zunächst, den Zerfall alter solidarischer Bindungen zu verhindern und neue kommunikative Kontakte herzustellen. Für Grundsatzdebatten über die zukünftige Strategie des Sozialismus oder über das Verhältnis von Partei und Gewerkschaft bestand kein Anlaß, solange die polizeistaatliche Repression jede politische Regung der Arbeiterschaft unnachgiebig verfolgte.

Neben diesen restriktiven organisatorischen und rechtlichen Rahmenbedingungen, die für Flügelkämpfe der Arbeiterbewegung wenig Raum ließen, muß aber auch beachtet werden, daß die Jahre des Sozialistengesetzes die Periode waren, in der der Marxismus zur offiziellen Ideologie der Sozialdemokratie wurde.[17] In der Gettosituation, in die Staat und Gesellschaft die sozialistisch orientierte Arbeiterschaft gezwungen hatten, formte sich der Charakter der Sozialdemokratie als Klassenbewegung aus und gewann die Konfliktorientierung auch in den Gewerkschaften an Realitätsgehalt. Die Ausnahmegesetzgebung gegen die Arbeiterorganisationen bestätigte aus der Sicht der Betroffenen die marxistische Sozialanalyse, wonach der bürgerliche Staat als Klassenstaat handelte und zur Unterdrückung des Proletariats schritt, wenn sich dieses als Emanzipationsbewegung formierte, um seine politischen und ökonomischen Interessen gegen das Kapital zu vertreten. Die seit 1874 schwelende Wirtschaftskrise, die zur Verschärfung sozialer Spannungen, zum Anstieg der Arbeitslosigkeit und zur Verhärtung der Positionen in Verteilungskämpfen geführt hatte, belegte auch für die gewerkschaftlich aktiven Arbeiter die Plausibilität der marxistischen Anschauungen und trug entscheidend dazu bei, daß diese in den 1880er Jahren zur konkurrenzlosen programmatischen Doktrin der gesamten sozialdemokratischen Bewegung wurden.

Der Aufschwung der gewerkschaftlichen Organisationstätigkeit, der in den Streik- und Agitationswellen von 1889/90 gipfelte[18], mußte nach dem Fall des Sozialistengesetzes

16 Vgl. dazu ausführlich Albrecht, S. 281 ff.

17 Vgl. dazu Hans-Josef Steinberg, Sozialismus und deutsche Sozialdemokratie. Zur Ideologie der Partei vor dem I. Weltkrieg, Hannover 1967, S. 27 ff.; Gerhard A. Ritter, Die Arbeiterbewegung im Wilhelminischen Deutschland. Die sozialdemokratische Partei und die freien Gewerkschaften 1890 bis 1900, 2. durchges. Aufl., Berlin 1963, S. 10 ff.

18 Die Zahl der organisierten Gewerkschafter, die 1878 vor dem Verbot 56.275 betragen hatte, war von 111.245 (1888) über 174.608 (1889) auf 294.551 (1890) angestiegen; vgl. Ritter/Tenfelde, Tabellenanhang.

und der Rückkehr der Sozialdemokratie in die Legalität auch theoretisch verarbeitet werden. Mit der Neukonstituierung der Partei im Herbst 1890 endete die ausnahmerechtliche Situation, in der ein enger organisatorischer Konnex zwischen politischer und gewerkschaftlicher Arbeiterbewegung bestanden hatte, die Konkurrenz der beiden Organisationssysteme ausgeschaltet gewesen war und lokale Gewerkschaftszusammenschlüsse oft die Kontinuität der Sozialdemokratie gewährleistet hatten. Das Verhältnis von Partei und Gewerkschaften stand jetzt wieder zur Diskussion, galt es doch, die jeweiligen tagespolitischen Aufgabenfelder voneinander abzugrenzen und ihren Stellenwert bei der Verwirklichung der Zukunftsperspektiven des Sozialismus zu definieren.

Das 1891 verabschiedete Erfurter Programm der SPD bekräftigte erneut den Primat der Partei und betonte, „der Kampf der Arbeiterklasse gegen die kapitalistische Ausbeutung" sei „notwendigerweise ein politischer Kampf".[19] Diese Aussage, die die Gewerkschaften der Partei unterordnete und ihnen die Rolle der Rekrutenschule zuwies, fand auch die Zustimmung der führenden Repräsentanten der sozialdemokratischen Gewerkschaftsbewegung, die allerdings anmerkten, daß die Masse der Arbeiter für die sozialistische Idee durch „den wirtschaftlichen Kampf in der heutigen bürgerlichen Gesellschaft" gewonnen werden müsse.[20] Hinter der scheinbar erzielten Verständigung über eine Arbeitsteilung von Partei und Gewerkschaften verbargen sich aber grundsätzliche Auffassungsunterschiede, die über das Tempo des kapitalistischen Entwicklungsprozesses und die Nähe des Zusammenbruches der existierenden Gesellschaftsordnung bestanden. Dies wurde 1892/93 deutlich, als sich der angesammelte Konfliktstoff zunächst in polemischen Pressekampagnen und dann in einer spektakulären Auseinandersetzung auf dem Kölner Parteitag der Sozialdemokratie entzündete.

Die Gewerkschaften wurden in diese Grundsatzkontroverse zu einem denkbar schlechten Zeitpunkt verwickelt. Zwar hatte man sich nach 1890 innerhalb der Gewerkschaftsbewegung über grundlegende Organisationsprinzipien verständigt und mit der Generalkommission ein überverbandliches Koordinationsgremium geschaffen, das auch als Sprachrohr nach außen dienen sollte, gleichzeitig hatte man aber auch drastische Mitgliederverluste abbuchen müssen. Die in dem konjunkturellen Zwischenhoch von 1889/90 erzielten Zuwächse waren wieder verloren gegangen; finanzstarke Organisationen hatten schwere Streikniederlagen erlitten; neugegründete Verbände mußten nach anfänglichen Organisationserfolgen in der wirtschaftlichen Stockungsphase ab 1891 so empfindliche Einbußen hinnehmen, daß ihre weitere Existenz mehr als fraglich zu sein schien. In dieser Situation kam es auch in den Gewerkschaften zu einem Stimmungsumschwung. Selbst prominente Gewerkschaftsführer äußerten sich wenig hoffnungsfroh über die Zukunft der Gewerkschaftsbewegung, und der kämpferische Optimismus, mit dem sie den Neuaufbau der Verbände in Angriff genommen hatten, wich einem tiefen Pessimismus.[21]

---

19 Zitiert nach: Programmatische Dokumente der deutschen Sozialdemokratie, hrsg. und eingel. von Dieter Dowe und Kurt Klotzbach, Berlin 1973, S. 177.

20 Correspondenzblatt der Generalkommission der Gewerkschaften Deutschlands, Nr. 13 vom 23. 5. 1891. In diesem von Carl Legien, dem Vorsitzenden der Generalkommission verfaßten Artikel wurde weiterhin betont: „Wir wissen ganz genau, daß eine endgültige Besserung in der Lage der Arbeiterklasse, daß die Beseitigung der Lohnarbeit, die Erringung des vollen Ertrages der Arbeit nur auf politischem Wege erzielt werden können. Andererseits aber muß die Masse der Arbeiter für diese Ideen gewonnen werden, gewonnen werden durch den wirtschaftlichen Kampf in der heutigen bürgerlichen Gesellschaft".

21 Vgl. Schönhoven, S. 25 ff.

In der Partei beobachtete man den Niedergang der Gewerkschaften mit gelassener Gleichgültigkeit und verwies auf die eigenen Erfolge bei den Reichstagswahlen von 1890 und 1893, in denen 1,4 bzw. 1,7 Millionen Stimmen für die SPD abgegeben worden waren. Der eigene Aufschwung und die Krise der Gewerkschaften schienen die Meinung zu bestätigen, daß nur der politische Kampf erfolgreich sein werde und daß die Gewerkschaftsbewegung keine großen Zukunftschancen besitze. Versuche von Carl Legien, die erschütterte Position der Gewerkschaften dadurch zu festigen, daß den Parteigenossen die Mitgliedschaft in den Gewerkschaften zur Pflicht gemacht werden sollte, fanden weder 1892 auf dem Berliner Parteitag der SPD noch im nächsten Jahr auf dem Kölner Parteitag die Unterstützung einer Mehrheit der Delegierten. Seine Anträge wurden jedesmal klar abgelehnt, in Köln mit dem niederschmetternden Ergebnis von 169 gegen 29 Stimmen. Der deprimierende Eindruck dieses Votums konnte durch eine gleichzeitig vom Parteitag beschlossene unverbindliche Sympathieerklärung für die Gewerkschaften kaum gemildert werden.[22]

Dieses demonstrative Desinteresse der SPD an den Schwierigkeiten der Gewerkschaften kann mit persönlichen Spannungen zwischen den Partei- und Gewerkschaftsführern nicht hinreichend erklärt werden. Obwohl an der Spitze der Gewerkschaftsbewegung sich in den 80er Jahren ein Generationenwechsel vollzogen hatte, während die Partei noch von den Politikern angeführt wurde, die sie bereits in der Reichsgründungszeit gelenkt hatten, sollte man die zwischen beiden Gruppen in Erscheinung getretenen Animositäten nicht überbewerten. Ungeschicklichkeiten und Gereiztheiten im persönlichen Umgang belasteten die Atmosphäre zusätzlich, waren aber nicht der Kern des Konflikts. Grundsätzliche Meinungsverschiedenheiten bestanden über zwei Fragenkomplexe, zum einen über die organisatorischen Entwickungsmöglichkeiten der Gewerkschaften und zum anderen über ihre Rolle bei der Verwirklichung des sozialistischen Zukunftsstaates. Zu beiden Themen bezog Bebel Stellung, der auf dem Kölner Parteitag und in einer anschließend im „Vorwärts“ ausgetragenen Kontroverse gegen die Gewerkschaften das Wort ergriff und seine Autorität als Parteivorsitzender wirkungsvoll zur Geltung brachte. Die von Bebel vorgetragenen Argumente waren aber in sich widersprüchlich, denn er warnte einerseits vor einer Überschätzung der Gewerkschaftsbewegung, die gegen das sich immer mehr konzentrierende Kapital kaum noch etwas ausrichten könne und deshalb der Partei in dem näherrückenden Kampf um die politische Macht das Feld räumen müsse; andererseits attackierte er die gewerkschaftlichen Reformer „in der sozialdemokratischen Löwenhaut“[23], deren praktische Tätigkeit für die prinzipielle Entwicklung der sozialdemokratischen Bewegung gefährlich werden könne. Die Hoffnung auf den baldigen Zusammenbruch des Kapitalismus — hier teilte Bebel den vulgärmarxistischen Optimismus vieler seiner Zeitgenossen — und Bedenken gegen eine auf Reformerfolge im Gegenwartsstaat ausgerichtete Gewerkschaftskonzeption, die den klassenkämpferischen Charakter der Sozialdemokratie nach seiner Meinung verwässern mußten, prägten also Bebels Äußerungen in dieser Kontroverse.

Die Gewerkschaftsführer, die sich an den Diskussionen beteiligten, wollten 1892/93 in einer schwierigen Entwicklungsphase hauptsächlich die Unterstützung der Sozialdemokratie für die organisatorische Konsolidierung ihrer in die Krise geratenen Verbände

22 Vgl. dazu Ritter, S. 125 ff.; Steinberg, Entwicklung, S. 128 ff.

23 Vorwärts, Nr. 273 vom 19. 11. 1893; weitere Artikel Bebels zur Gewerkschaftsfrage veröffentlichte der Vorwärts, Nr. 262 vom 7. 11. 1893; Nr. 263 vom 8. 11. 1893; Nr. 267 vom 12. 11. 1893; Nr. 272 vom 18. 11. 1893; Nr. 293 vom 14. 12. 1893; Nr. 294 vom 15. 12. 1893.

gewinnen. Schon aus taktischen Erwägungen stellten sie die politische Vormundschaft der Partei nicht in Frage und wurden nicht müde, die Gewerkschaften als „Vorschule“ der Sozialdemokratie und als „Palliativmittel“ innerhalb der bürgerlichen Gesellschaft zu bezeichnen. Aber — darüber bestand kein Zweifel — sie teilten die herrschende Parteimeinung nicht, die sie für wirklichkeitsfremd hielten. Weder Bebels Aussagen über das rasante Tempo der Kapitalkonzentration noch seine auf die unmittelbare Zukunft ausgerichteten sozialrevolutionären Visionen fanden ihre Zustimmung. Bereits 1891 hatte Legien in einem programmatischen Artikel festgestellt: „Die Zeit der gewaltsamen Umwälzungen ist vorüber. In klarer Erkenntnis der Sachlage führen wir heute unsere Kämpfe, wissend, daß ein auf gewaltsamem Wege erreichter Vorteil nicht auf die Dauer zu halten ist, daß vielmehr nur durch systematisches Vorgehen eine Umgestaltung der Verhältnisse erreicht werden kann. Mit dieser veränderten Kampfesweise sind auch die Kampfmittel geändert“.[24]

Ähnliche Äußerungen, die für eine Strategie der kleinen Schritte innerhalb des kapitalistischen Systems plädierten und die Revolutionsperspektive durch Reformbestrebungen ergänzt sehen wollten, finden sich in der Gewerkschaftspresse der Zeit in großer Zahl. Allerdings wurde ebensowenig verschwiegen, daß die Gewerkschaften der bürgerlichen Gesellschaft und der privatkapitalistischen Produktionsweise ablehnend gegenüberstanden. Der gewerkschaftliche Beitrag zum Emanzipationskampf der Arbeiterbewegung, der — auch das betonte man unermüdlich — nicht ohne die Partei zu führen war, sollte darin geleistet werden, „durch die Organisation die Kraft und Widerstandsfähigkeit der Arbeiterklasse zu heben“[25] und das Proletariat „gegen die unmäßige Ausbeutung durch den Kapitalismus zu schützen“.[26]

Diese Leitmotive wurden von den Gewerkschaftsführern in der Folgezeit immer wieder angeschlagen. Je mehr die Zusammenbruchstheorie, die den baldigen Kollaps des kapitalistischen Wirtschaftssystems erwartete, an Wahrscheinlichkeit verlor, desto stärker konzentrierten sich die Gewerkschaften auf ihre systemimmanenten Aufgaben, vor allem auf den Kampf im Lohnsystem für die Verbesserung der sozialen Lage der Arbeiterschaft. Gleichzeitig rückten in ihren Reihen die Revolutionshoffnungen immer mehr an die Peripherie ihres strategischen Denkens. Nach den Auseinandersetzungen mit der Sozialdemokratie in den Jahren 1892/93, in denen diese die Gewerkschaften in ihrer organisatorischen Bedrängnis wenig ermutigt hatte, besann man sich in der Gewerkschaftsbewegung auf die eigene Kraft und widmete alle Aufmerksamkeit dem Ausbau der eigenen Verbände. Dies sollte sich organisatorisch und politisch für die Freien Gewerkschaften auszahlen, wie die Entwicklung nach der Jahrhundertwende zeigte.

Fünfzehn Jahre nach den Kontroversen von Köln veröffentlichte die „Neue Zeit“ einen Artikel, der das inzwischen völlig veränderte Verhältnis von Sozialdemokratie und Gewerkschaften folgendermaßen charakterisierte: „Nunmehr, nach anderthalb Jahrzehnten, da die Gewerkschaften im Glanze ihrer Erfolge sich sonnen, wird der Spieß umgedreht. Jetzt begegnen wir Gewerkschaftspraktikern, die, in ihrer Denkweise ebenso doktrinär versteift und beschränkt wie die [. . .] Parteipraktiker vom Jahre 1893, alles, was bisher in der deutschen Arbeiterbewegung geschah, nur noch als Vorstufe zu der Gewerkschaftsbewegung gelten lassen. Das sozialrevolutionäre Ziel der Sozialdemokratie erscheint ihnen ebenso als überwundener Standpunkt wie den Parteidoktrinären von

24 Correspondenzblatt, Nr. 8 vom 28. 3. 1891.
25 Ebda., Nr. 7 vom 4. 4. 1892.
26 Ebda., Nr. 14 vom 3. 7. 1893.

damals der gewerkschaftliche Kampf. [. . .] So gehen denn diese Gewerkschaftsdoktrinäre darauf hinaus, die Sozialdemokratie noch viel schlimmer den Gewerkschaften zu unterordnen als jemals jemand in den Reihen der Sozialdemokratie die Gewerkschaft dieser hat unterordnen wollen. Aus der politischen Organisation des Proletariats soll eine parlamentarische Vertretung der Gewerkschaften werden".[27]

Klammert man polemische Überzeichnungen aus, so beschrieb dieses Stellungnahme das erstarkte Selbstbewußtsein der Gewerkschaftsführer ganz zutreffend. Die Gewerkschaftsbewegung hatte ihren organisatorischen Tiefpunkt längst überwunden und war seit 1895 während einer nur kurzfristig unterbrochenen Hochkonjunkturphase in atemberaubendem Tempo zu einer Massenbewegung angewachsen, die auf einem soliden finanziellen Fundament stand, über weit verzweigte Unterstützungseinrichtungen verfügte und sich in den Ortskrankenkassen und in ihren Arbeitersekretariaten mit großem Engagement für sozialpolitische Reformen einsetzte. Die Mitgliederrelation zwischen Partei und Gewerkschaften hatte sich in diesem Zeitraum völlig verschoben: 1904 überschritten die Gewerkschaften die Millionengrenze und 1906 standen den 384.000 Sozialdemokraten bereits 1,6 Millionen Gewerkschaftsmitglieder gegenüber, d. h., den freigewerkschaftlichen Verbänden gehörten fast fünfmal soviel Mitglieder an wie der SPD.[28] Der Organisationsvorsprung der Gewerkschaften, die nun nicht mehr auf die Schrittmacherdienste der Sozialdemokratie angewiesen waren, mußte sich natürlich auch auf die Beziehungen zwischen politischer und wirtschaftlicher Arbeiterbewegung auswirken.

Die wichtigsten Stationen auf dem Weg zu einer Neubestimmung des Verhältnisses der beiden Massenorganisationen der Arbeiterschaft waren die Neutralitätsdebatte in den Jahren um die Jahrhundertwende sowie die Massenstreikdebatte, die ab 1903 auf Partei- und Gewerkschaftstagen geführt wurde und 1906 im Mannheimer Abkommen ihren Abschluß fand. Verlauf und Ergebnisse beider Debatten, die in der zeitgenössischen Presse auf ein lebhaftes Echo stießen und vielfältig kommentiert wurden, sind schon oft beschrieben und analysiert worden, ohne daß sich eine einheitliche Auffassung über ihren Stellenwert in der Geschichte der Vorkriegssozialdemokratie herausgebildet hätte.[29] Die Spannweite der Urteile reicht von Formulierungen, die den „Sieg des gewerkschaftlichen Reformismus", die „Kapitulation der Partei vor den Gewerkschaften", die „Vergewerkschaftung" oder gar „Versumpfung" der Sozialdemokratie betonen bis zu Einschätzungen, die von einer „Anerkennung der gewerkschaftlichen Gleichberechtigung" sprechen und das „Prinzip der Mitbestimmung" oder die „Arbeitsteilung" zwischen Partei und Gewerkschaften verwirklicht sehen. Die konzeptionellen Widersprüche, die innerhalb der sozialdemokratischen Arbeiterbewegung über die eigene Strategie und Taktik bestanden, spiegeln sich auch in der Forschung wider, sobald diese versucht, die in der Vorkriegszeit vorhandenen ideologischen Auffassungsunterschiede nachträglich zu bewältigen.

27 Parvus, Gewerkschaftliche Illusionen, in: Die Neue Zeit 26 (1907/08), Bd. 2, S. 509—514, Zitat S. 510.

28 Vgl. Schönhoven, S. 125 ff.; s. auch ders., Selbsthilfe als Form von Solidarität. Das gewerkschaftliche Unterstützungswesen im deutschen Kaiserreich bis 1914, in: AfS 20 (1980), S. 147—193.

29 Vgl. etwa Ritter, S. 171 ff.; Steinberg, Verhältnis, S. 130 ff.; Dirk H. Müller, Probleme gewerkschaftlicher Organisation und Perspektiven im Rahmen eines arbeitsteiligen Organisationskonzepts, in: IWK 15 (1979), S. 569—580. Zur Position der DDR-Geschichtsschreibung s. zusammenfassend: Dieter Fricke, Auf dem Weg nach Mannheim. Zum Verhältnis zwischen der Sozialdemokratischen Partei Deutschlands und den freien Gewerkschaften zu Beginn der Epoche des Imperialismus, in: ZfG 25 (1977), S. 430—450; vgl. auch: Einheitsgewerkschaft und Parteipolitik. Zum 75. Jahrestag des Mannheimer Abkommens zwischen der Sozialdemokratischen Partei Deutschlands und den Freien Gewerkschaften von 1906, hrsg. von Erich Matthias, Düsseldorf 1982.

Die Konflikte um die Funktionsteilung oder den Führungsanspruch in der Arbeiterbewegung waren nicht nur der Ausdruck einer handfesten Rivalität zwischen Partei und Gewerkschaften. In den Auseinandersetzungen seit der Jahrhundertwende ging es auch um die Suche nach einer gemeinsamen Strategie für die von beiden Fraktionen der Arbeiterbewegung angestrebte sozialistische Umwälzung. Nachdem sich alle Spekulationen und Hoffnungen auf einen baldigen Zusammenbruch des bestehenden politischen und ökonomischen Systems als falsch erwiesen hatten und auch die Sozialdemokratie sich auf einen längeren Weg bis zur Verwirklichung des Endzieles einrichten mußte, stand spätestens seit dem Revisionismusstreit nicht mehr allein in den Gewerkschaften zur Diskussion, ob durch reformerische Alltagsarbeit eine Veränderung der Machtverhältnisse angebahnt werden könnte. Die damit in den Vordergrund rückenden praktischen Probleme von Organisation und Aktion mußten von beiden Flügeln der Arbeiterbewegung gelöst werden. Die Gewerkschaften brauchten die Unterstützung der Partei, um auf parlamentarischer Ebene sozialpolitische Forderungen vertreten zu können; die Partei brauchte die Gewerkschaften als Mitglieder- und Wählerreservoir.

Über diese wechselseitige Abhängigkeit der beiden Hauptorganisationen der sozialdemokratischen Arbeiterbewegung hatte man sich in der Neutralitätsdebatte verständigt, in der die bis dahin gängige Auffassung, wonach die Gewerkschaften unter dem Oberkommando der Partei als Rekrutenschulen zu wirken hätten, fallengelassen wurde. Neben Bebel revidierte auch der Parteitheoretiker Karl Kautsky diese These, als er folgendes Resümee aus der Neutralitätsdebatte zog: „Ist der Wahlkampf die ausgiebigste und vollendetste Form der Propaganda in den proletarischen Massen, so ist die Gewerkschaft die einzige Form, jene Schichten des Proletariats, die überhaupt kampffähig und organisierbar sind, in Masse zu organisieren. Die politischen Organisationen des Proletariats werden stets nur eine kleine Elite umfassen; Massenorganisationen können nur die Gewerkschaften bilden. Eine sozialdemokratische Partei, deren Kerntruppen nicht die Gewerkschaften bilden, hat daher auf Sand gebaut. Die Gewerkschaften müssen außerhalb der Partei bleiben; das gebietet nicht bloß die Rücksicht auf unsere Vereinsgesetze, sondern auch die Rücksicht auf die besonderen Aufgaben dieser Organisationen. Aber die Sozialdemokratie hat stets dahin zu trachten, daß die Mitglieder der gewerkschaftlichen Organisationen von sozialistischem Geiste erfüllt sind. Die sozialistische Propaganda unter den Gewerkschaftern hat Hand in Hand zu gehen mit der Propaganda für die Gewerkschaften in der Parteiagitation“.[30]

Hatte die Partei in der Neutralitätsdebatte ihren Primatsanspruch aufgegeben und die gewerkschaftliche Autonomie im ökonomischen Aktionsbereich anerkannt, so ging es in der Massenstreikdebatte darum, die gemeinsame Verantwortung für einen politisch motivierten Generalstreik der Arbeiterschaft zu regeln. Die von Parteivorstand und Generalkommission getroffenen Abmachungen, die 1906 auf dem Mannheimer Parteitag sanktioniert wurden, legten fest, daß die Zentralleitungen der beiden Organisationen „bei Aktionen, die die Interessen der Gewerkschaften und der Partei gleichmäßig berühren, ein einheitliches Vorgehen herbeizuführen“ hätten.[31] Damit anerkannte die Partei die realen Machtverhältnisse, denn ohne die organisatorische und finanzielle Unterstützung der Gewerkschaften war ein politischer Massenausstand nicht durchführbar. Aber auch die Gewerkschaftsführer hatten Zugeständnisse gemacht, indem sie konzedierten, daß der

30 Karl Kautsky, Zum Parteitag, in: Die Neue Zeit 21 (1902/03), Bd. 2, S. 729—739, Zitat S. 738.

31 Protokoll der Verhandlungen des Parteitages der sozialdemokratischen Partei Deutschlands. Abgehalten zu Mannheim vom 23. bis 29. September 1906, Berlin 1906, S. 473.

von ihnen favorisierte Weg der ruhigen Entwicklung, der das Revolutionsrisiko vermeiden wollte, nicht der einzige Königsweg zum Sozialismus war.

In den letzten Vorkriegsjahren bildete das Mannheimer Abkommen die Basis für die Beziehungen von Partei und Gewerkschaften. Von der 1906 vereinbarten Formel rückte keine der beiden Seiten ab. Solange man in der Sozialdemokratie das Hauptaugenmerk auf die praktische Parlamentspolitik richtete und sich sozialreformerisch profilierte — über eine revolutionäre Erschütterung des bestehenden Herrschaftsgefüges wurde nur in Programmpapieren des linken Parteiflügels diskutiert —, so lange stand die eigentliche Belastungsprobe des Abkommens noch aus. In den Reihen der Partei- wie der Gewerkschaftsführer stimmte man darin überein, daß der politische Massenstreik eine defensive Waffe war, die man erst dann einsetzen wollte, wenn alle anderen Handlungsmöglichkeiten ausgeschöpft waren. Diese Konfliktlinie wurde aber bis zum Kriegsbeginn nicht erreicht.

Zwar verschlechterte sich die Erfolgsbilanz der Gewerkschaftsbewegung, die in Großbetrieben gegen den massiven Widerstand des Unternehmerlagers vergeblich ankämpfte und in den letzten Vorkriegsjahren in mehrere bedrohliche Massenaussperrungen verwickelt wurde[32], doch diese und andere Anzeichen einer zunehmenden Polarisierung deutete man in Gewerkschaftskreisen nicht als eine völlige Blockierung des Reformismus. Diese Auffassung deckte sich mit den strategischen Perspektiven der Parteipraktiker in den Parlamenten, die das unkalkulierbare Risiko einer Revolution ebenso zu vermeiden suchten wie ihre Kollegen in den Gewerkschaftsleitungen. Als im Sommer 1914, vier Wochen vor Kriegsbeginn, der letzte Gewerkschaftskongreß im Kaiserreich zusammentrat, wies ein Sprecher der Generalkommission nachdrücklich darauf hin, wann für die Gewerkschaftsbewegung das Ende des legalistischen Kurses gekommen sei: „Die Gewerkschaften haben den Weg der Gesetzlichkeit nicht verlassen. Werden sie aber unter ein Ausnahmegesetz gestellt, verlassen die herrschenden Klassen den Boden des gleichen Rechts, dann ist auch für uns die Grundlage dieser Taktik verschoben".[33] Nicht anders hätte ein Führer der Sozialdemokratie am Vorabend des Ersten Weltkrieges die Marschroute der Partei beschrieben.

Der das politische Denken und Handeln der Vorkriegssozialdemokratie bestimmende Dualismus von reformerischer Praxis und revolutionärer Ideologie konnte nach Kriegsbeginn nicht mehr länger die strategische Leitlinie der deutschen Arbeiterbewegung sein. Partei und Gewerkschaften standen jetzt vor der Frage, diese ambivalente Position zu räumen und den existierenden Widerspruch zwischen radikaler Theorie und systemimmanenter Alltagsarbeit aufzulösen. Die grundsätzliche Entscheidung fiel bereits in den ersten Augusttagen des Jahres 1914, als sich zunächst die Gewerkschaften am 2. August für die Kooperation mit der kaiserlichen Regierung aussprachen, bevor die Reichstagsfraktion der SPD zwei Tage später im Parlament die Kriegskredite bewilligte und sich damit ihrerseits auf eine Politik des Burgfriedens festlegte. Die Abgeordneten der Sozialdemokratie, die fast zur Hälfte wichtige Funktionen in den Gewerkschaftsorganisationen ausübten, waren zwar nicht an Weisungen der Gewerkschaftsvorstände gebunden, doch hatten diese mit ihrem Votum vom 2. August die Initiative ergriffen, ohne die im

32 Vgl. dazu Klaus Schönhoven, Arbeitskonflikte in Konjunktur und Rezession. Gewerkschaftliche Streikpolitik und Streikverhalten der Arbeiterschaft vor 1914, in: Tenfelde/Volkmann, S. 177—193.

33 So Robert Schmidt; Protokoll der Verhandlungen des neunten Kongresses der Gewerkschaften Deutschlands. Abgehalten zu München vom 22. bis 27. Juni 1914, Nachdruck, Berlin-Bonn 1980, S. 210.

Mannheimer Abkommen vorgesehene Konsultation von Parteivorstand und Generalkommission abzuwarten.

Welche situationsbedingten Überlegungen und Befürchtungen die Beschlußfassung der Partei- und Gewerkschaftsgremien bei Kriegsbeginn beeinflußten, kann hier nicht ausgeführt werden. Welche Erwartungen man in der sozialdemokratischen Arbeiterbewegung mit der Burgfriedenspolitik verband, soll abschließend nur mit einigen Strichen skizziert werden[34]. Die Befürworter der Kriegskredite verfolgten keine strategielose Anpassungspolitik an den kaiserlichen Obrigkeitsstaat, wie ihnen von ihren innerparteilichen Kritikern und Gegnern immer wieder vorgeworfen wurde. Sie wollten vielmehr die durch den Kriegsbeginn völlig veränderten innenpolitischen Rahmenbedingungen nutzen, um die Arbeiterbewegung aus der Isolierung herauszuführen und ihr die Gleichberechtigung in Staat und Gesellschaft zu sichern. Die Verfechter dieser Politik einer nationalen Integration erwarteten also, daß die Reichsregierung die von der Sozialdemokratie mit der Bewilligung der Kriegskredite erbrachten patriotischen Vorleistungen honoriere, die bisherige Diskriminierung von Partei und Gewerkschaften beseitige und eine Parlamentarisierung des Regierungssystems ermögliche. Man hoffte auf verfassungs- und sozialpolitische Konzessionen der Monarchie und wünschte, daß Staat, Justiz und Verwaltung sich aus der innenpolitischen Frontstellung gegen die Arbeiterbewegung zurückzögen, nachdem man selbst die alten Feindmarkierungen bereits abgebaut hatte. Diese Hoffnungen sollten aber während der Kriegsjahre nur zum Teil erfüllt werden, in denen sich der Obrigkeitsstaat als zu wenig reformfähig erwies und die Revolutionsbereitschaft auch in den Reihen der sozialdemokratischen Arbeiterbewegung wuchs.

34 Vgl. dazu ausführlich Dieter Groh, Negative Integration und revolutionärer Attentismus. Die deutsche Sozialdemokratie am Vorabend des Ersten Weltkrieges, Frankfurt-Berlin-Wien 1973, S. 653 ff.; Susanne Miller, Burgfrieden und Klassenkampf. Die deutsche Sozialdemokratie im Ersten Weltkrieg, Düsseldorf 1974, S. 31 ff., 179 ff.; s. auch den Beitrag von Heinrich Potthoff in diesem Band.

Dirk H. Müller
# Der Syndikalismus in der deutschen Gewerkschaftsbewegung vor 1914

Der Titel dieses Beitrags scheint mehrfach ungenau oder falsch formuliert zu sein: Denn innerhalb einer historischen Typologie der europäischen Gewerkschaftsbewegung rangiert die deutsche auf der entgegengesetzten Seite des Syndikalismus, der ursprünglich in Frankreich beheimatet, später auch in anderen, vornehmlich den romanischen Ländern anzutreffen war. Darüber hinaus wird die Existenz eines eigenständigen deutschen Syndikalismus vor 1914 von Zeitgenossen unterschiedlicher politischer Standorte, unter ihnen Anhänger syndikalistischer Ideen, verneint. Auch in der wissenschaftlichen Literatur, die sich vor allem mit dem Syndikalismus der Weimarer Republik beschäftigt, gelten die früheren Zeitabschnitte allenfalls als die Epochen syndikalistischer Vorläufer, wie sie in der Gewerkschaftsopposition der „Lokalisten" erblickt werden.[1] Wenn in der Überschrift dieses Beitrags nicht von einem Syndikalismus neben, sondern von dem Syndikalismus in der deutschen Gewerkschaftsbewegung gesprochen wird, so keinesfalls allein deshalb, weil die Gewerkschaftsbewegung konzeptionell vielfältiger war als die Praxis der großen Richtungsorganisationen. Mit der Überschrift soll darauf aufmerksam gemacht werden, daß einige der Definitionskriterien des Syndikalismus auch für die frühe Gewerkschaftsbewegung gelten, sieht man von den Hirsch-Duncker'schen Gewerkvereinen einmal ab. Diese Übereinstimmung ist zwar nur in der Zeit der 1860er und 70er Jahre zu beobachten, sie gilt jedoch sowohl für die Organisationsform als auch für die Streiktaktik sowie für Aspekte der gewerkschaftlichen Zukunftsperspektive, soweit eine solche formuliert wurde.[2]

---

1 Vgl. hierzu Hans Manfred Bock, Syndikalismus und Linkskommunismus von 1918—1923. Zur Geschichte und Soziologie der Freien Arbeiter-Union Deutschlands (Syndikalisten), der Allgemeinen Arbeiter-Union Deutschlands und der Kommunistischen Arbeiter-Partei Deutschlands. Meisenheim am Glan 1969.

2 In der frühen Gewerkschaftsbewegung des sozialdemokratischen Lagers galt die genossenschaftliche Produktion als unumstrittene Zukunftsperspektive, für die sie jedoch weder ein organisationsgeschichtliches noch ein parteipolitisches Monopol beanspruchen konnte. Die Konzeption einer genossenschaftlich organisierten Wirtschaft hatte ihren Platz nicht nur in zahlreichen programmatischen Erklärungen, sondern auch in einigen Gewerkschaftsstatuten. Anfangs konkret und mitunter praktiziert, wurde die Idee genossenschaftlicher Produktion bald von der gewerkschaftlichen Praxis abgekoppelt, wobei die Gewerkschaften nur das nachvollzogen, was auf parteipolitischer Ebene bereits vorformuliert, aber erst im Erfurter Programm festgeschrieben wurde. Anders als in der Partei wurde der Genossenschaftssozialismus von sozialdemokratischen Gewerkschaftern unterschiedlichster Richtung vor dem Ersten Weltkrieg immer wieder als mögliche Zukunftsperspektive ausgegeben. Vgl. Alfred Förster, Die Gewerkschaftspolitik der deutschen Sozialdemokratie während des Sozialistengesetzes vom Wydener Parteikongreß 1880 bis zum Parteitag von St. Gallen 1887, Berlin 1971, S. 181; Shlomo Na'aman, Die Konstituierung der deutschen Arbeiterbewegung 1862/63. Unter Mitwirkung von H.-P. Harstick, Assen 1975, S. 36 f.; Fritz Paeplow, Die Organisation der Maurer Deutschlands 1869—1899. Ein Beitrag zur Geschichte der deutschen Maurerbewegung, Hamburg 1900, S. 38; Hermann Müller, Geschichte der deutschen Gewerkschaften bis zum Jahre 1878, Berlin 1918, S. 209 ff.; ders., Die Organisation der Lithographen, Steindrucker und verwandten Berufe, Bd. 1, Berlin 1917 (Repr. Berlin-Bonn 1978), S. 456; Gerhard Beier, Schwarze Kunst und Klassenkampf, Bd. 1: Vom Geheimbund zum königlich-preußischen Gewerkverein, Frankfurt/M 1966, S. 286 ff.; S. 378 ff. und

## 1. *Die syndikalistischen Anfänge der gewerkschaftlichen Aktion in Deutschland*

Beide, die frühe Gewerkschaftsbewegung des sozialdemokratischen Lagers, wie die syndikalistischen Vorläufer, die diesem Lager entstammten, waren organisatorisch durch das Nebeneinander von diskontinuierlichen Streikkoalitionen und örtlichen Berufsvereinen gekennzeichnet. Die einen Streik bezweckende Koalition der von Arbeitskonflikten Betroffenen hatte die organisatorische Form der befristeten Versammlungsbewegung.[3] Diese Form bot sich aus zweierlei Gründen an: Zum einen gehörten den örtlichen Gewerkschaftsvereinen — sofern solche überhaupt vorhanden waren — nur sehr wenige Kollegen an. Die Proklamierung eines Streiks aber war nur bei der Beteiligung der überwiegenden Mehrzahl der Betroffenen sinnvoll. Zum zweiten standen die früheren Gewerkschaftsvereine personell in der Tradition der zünftigen Gesellenorganisationen. Daher waren ihre ausschließlich männlichen Mitglieder qualifizierte Angehörige eines eng umgrenzten Berufsfeldes, das in der Zeit der handwerklichen Produktion definiert worden war. Die Aufhebung des Zunftzwanges und die beginnende Industrialisierung hatten die Produktions- und Unternehmungsformen derart verändert, daß eine örtliche Organisation — selbst wenn die Mehrzahl der qualifizierten Berufsangehörigen ihres Bereiches Vereinsmitglieder gewesen wären — nur in wenigen Fällen alle von einem Arbeitskonflikt Betroffenen hätte vertreten können, wie etwa die Ungelernten, die Frauen oder die Kollegen anderer Berufe. In der zeitlich begrenzten lokalen Streikkoalition der von einem beruflichen oder betrieblichen Arbeitskonflikt Betroffenen war ihre Generalversammlung die oberste Instanz, deren Delegierte keine Entscheidungs-, sondern nur Verhandlungsbefugnisse hatten.

So flexibel die sporadische Organisierungsform der Versammlungsbewegung und so demokratisch ihre Kommunikations- und Entscheidungsstrukturen auch gewesen sein mochten, ihre schwerwiegenden Schwächen waren offenkundig. Bevor sie sich entfalten konnte, mußte zur Realisierung ihrer Öffentlichkeit ein Raum gefunden und eine polizeiliche Genehmigung eingeholt werden, wenn sie nicht unter ungesicherten örtlichen und zeitlichen Verhältnissen stattfinden sollte. Am Arbeitsplatz konnten während der Arbeitszeit, in den Pausen oder unmittelbar nach Arbeitsschluß allenfalls Parolen ausgegeben werden. Als Landpartien waren Streikversammlungen nur unter besonderen Bedingungen zu arrangieren. Schon hier — in der Vorphase der öffentlichen Versammlungsbewegung — zeigt sich, daß ihre Initiierung die Aktivität einer wie auch immer organisierten und legitimierten Gruppe voraussetzte. Hatte eine ökonomische Versammlungsbewegung — nachdem die friedlichen Verhandlungen gescheitert waren — mit der Vorbereitung eines Streiks begonnen, so konnten sich aus ihrem notwendig öffentlichen Charakter weitere Nachteile ergeben. Die Stimmung der Streikwilligen wie ihre Absichten blieben den Kontrahenten ebensowenig verborgen, wie die Ausstattung ihrer Kasse. Obwohl die Einrichtung einer Kasse den Streikbeginn um Monate verzögern konnte und den Unter-

S. 386 f.; Carl Legien, Ziele und Mittel der deutschen Gewerkschaftsbewegung, in: Sozialistische Monatshefte, 4, (1900), S. 109—116, hier S. 110, und die Ausführungen von Adolph v. Elm, in: Protokoll über die Verhandlungen des Parteitages der Sozialdemokratischen Partei Deutschlands. Abgehalten zu Hannover vom 9.—14. Oktober 1899, Berlin 1899, S. 190 f.

3 Für den politischen Zweig der Arbeiterbewegung vgl. hierzu Na'aman, S. 125; für die Gewerkschaftsbewegung: Dirk H. Müller, Versammlungsdemokratie und Arbeiterdelegierte in der deutschen Gewerkschaftsbewegung vor 1918. Ein Beitrag zur Geschichte des Lokalismus, des Syndikalismus und der entstehenden Rätebewegung. MS. (erscheint 1984).

nehmern damit die Gelegenheit für Präventivmaßnahmen gegeben war, gehörte die Vorbereitung der Streikfinanzierung, sofern es sich nicht um Verzweiflungsstreiks handelte, zum festen Bestandteil der ökonomischen Versammlungsbewegung. Eine gefüllte Kriegskasse war neben anderen externen Faktoren eine der wichtigsten Voraussetzungen für eine lange Streikdauer und erhöhte die Erfolgsaussichten der Ausständigen, die auf sich allein gestellt meist nicht über die notwendigen Ressourcen verfügten. Auf die Unterstützung durch andere konnte zwar gehofft werden, einem streiktaktischen Plan fehlte jedoch jede sichere finanzielle Basis, zumal die solidarischen Sammlungsaktionen erst begannen, wenn der Streik ins Werk gesetzt und nicht bereits dann, wenn die bloße Streikabsicht kundgetan worden war. Mit dem Erfolg einer siegreichen ökonomischen Versammlungsbewegung war sie meist zugleich auch beendet. Dadurch wurden ihre Errungenschaften in Frage gestellt, denn nach der Demobilisierung folgte nicht selten die Zurücknahme der errungenen Zugeständnisse durch die Arbeitgeber.[4]

Konnte dieser Schwäche der sporadischen Organisierung durch eine dauerhafte Organisierung begegnet werden, so legten die überörtlichen Solidaritätsaktionen überlokale Organisationsstrukturen nahe. Aus der Erfahrung, daß lokale Arbeitskämpfe leichter oder allein mit überregionaler Unterstützung zu gewinnen waren, zogen die „Zentralisten" die organisatorische Konsequenz, die örtlichen, mitunter nur sporadischen Gewerkschaftsorganisationen einem zentralen Finanz- und Streikreglement zu unterwerfen. Die „Lokalisten" hingegen vertrauten bei der Lösung dieses Problems auf die „freie Solidarität" autonomer Gruppen. Als permanente Organisation bot sich der Zusammenschluß auf beruflicher Ebene an, der durch die jahrhundertealte Tradition der zünftigen Gesellschaften vorgegeben und in der Frühzeit der Gewerkschaftsbewegung auch in vielen Bereichen noch ökonomisch sinnvoll war. Die zünftige Tradition wirkte darüber hinaus im Bereich der sozialen Aktivitäten der entstehenden Gewerkschaftsvereine fort, die von Beginn an Versicherungskassen unterschiedlicher Sparten etablierten. Sofern eine gesellschaftliche Utopie in den frühen Gewerkschaftsorganisationen formuliert wurde, stand die genossenschaftliche — und das hieß eine durch die Gewerke betriebene — Produktion im Mittelpunkt. Selbst die Perspektive hatte also einen traditionellen Charakter, denn die selbstverwaltete Normierung und Kontrolle der Produktion, der Materialien, der Werkzeuge, der Arbeitszeit, der Qualität und Quantität der Waren, der Preise und der Arbeitskräfte hatten zu den Aufgabenbereichen der Zünfte gehört. Die Utopie galt mithin eher der Lösung der sozialen Widersprüche innerhalb des Arbeitsbereiches und nicht dem gesellschaftlichen Verhältnis der verschiedenen Produktionsbereiche untereinander.[5]

Wenn die deutsche Gewerkschaftsbewegung der 60er und 70er Jahre trotz ihrer syndikalistischen Merkmale — versammlungsdemokratische Entscheidungs- und Delegationsstrukturen, örtlich und beruflich begrenzter Organisationsrahmen, genossenschaftliche Experimente und Zukunftsperspektiven — in der Literatur nicht zum Syndikalismus gerechnet wurde, so deshalb, weil zum einen vom französischen Syndikalismus erst seit 1884, also seit der Aufhebung des nach der Zerschlagung der Pariser Kommune verhängten Assoziationsverbotes gesprochen werden kann.[6] Zum anderen unterschieden sich die

4 Leo Neuburger, Die Geschichte des Streikreglements der freien Gewerkschaften Deutschlands, Heidelberg, phil. Diss. 1939, S. 28 ff., S. 33 ff. und S. 162.

5 Paul Kampffmeyer, Die Bedeutung der Gewerkschaften für die Taktik des Proletariats. Ein Beitrag zur Entwicklungsgeschichte der Gewerkschaften, Berlin 1892, S. 28.

6 Richard Müller, Die freie Gewerkschaftsbewegung in Frankreich mit besonderer Berücksichtigung der Zeit von 1918—1938, Luzern 1941, S. 10 f.

Gewerkschaftsbewegungen beider Länder in ihrem Verhältnis zum Parlamentarismus und den politischen Parteien. Während die deutschen Gewerkschaftsorganisationen Richtungsgewerkschaften waren, sich also durch eine engere Kooperation mit einer Partei — in unserem Falle den beiden sozialistischen Parteien und ab 1875 der SDAP — auszeichneten und eine parlamentarische Demokratie anstrebten, wandte sich die entstehende Gewerkschaftsbewegung Frankreichs nach 1884 von dem geschäftstüchtigen Parlamentarismus und den untereinander zerstrittenen Arbeiterparteien ab.

Das gewerkschaftliche Verhältnis zum Parlamentarismus und den politischen Parteien gilt als wichtigeres Kriterium bei der Beurteilung der Frage, ob eine Gewerkschaftsbewegung zum Syndikalismus zu rechnen ist, als ihre Streiktaktik und ihre Organisationsform. Aus diesem Grunde wird diejenige gewerkschaftliche Opposition Deutschlands, die sich am Ende der 80er Jahre aus Protest gegen die Zentralisierung der Gewerkschaften als eigenständige Organisation herausbildete, lediglich zu den Vorläufern des deutschen Syndikalismus gerechnet. Denn obwohl ihre gewerkschaftlichen Organisations- und Aktionsformen syndikalistische Merkmale trugen, galt und gilt sie vor allem als antizentralistische, mithin lokalistische Gewerkschaftsbewegung.[7] Die Lokalisten wollten den mit der gewerkschaftlichen Zentralisierung verbundenen Verlust der örtlichen Streikautonomie nicht hinnehmen. Der Aufbau nationaler Organisationen aber war mit der Formulierung eines allgemein gültigen Streikreglements verknüpft, d. h. es war nicht mehr die Generalversammlung der Betroffenen, die innerverbandlich das Recht hatte, einen Streik zu proklamieren, sondern der nationale Verbandsvorstand. Die gewerkschaftliche Zentralisierung war mithin zugleich mit der Einführung eines anderen Delegationsprinzips verbunden, das dem repräsentativen des Parlamentarismus auf staatlicher Ebene entsprach.

## 2. *Die oktroyierte Alternative: Politische Lokalgewerkschaft oder unpolitischer Zentralverband*

Die Lokalisten dehnten ihren Vorbehalt gegen das repräsentative Delegationsprinzip zunächst jedoch nicht auf die politische Praxis aus, im Gegenteil. Ihr Plädoyer für die Beibehaltung der lokalen Organisationsstruktur sollte der 1878 verbotenen Sozialdemokratie die örtlichen Gewerkschaftsvereine als legale Ersatzorganisationen der Partei erhalten. Dieser eigentümliche Widerspruch hatte seine Ursache nicht nur im Sozialistengesetz, sondern vor allem im deutschen Vereinsrecht und seiner Auslegung durch die zeitgenössische Klassenjustiz, die sich gegen die Zentralisierung politischer Vereine richteten. Als politisch wurde das Verhältnis des Staatsbürgers zum Staat definiert. Schon die Diskussion politischer Fragen — etwa der gesetzlichen Regelung der Arbeitszeit — galt als politische Tätigkeit. Politischen Vereinigungen aber war es verboten, miteinander in Verbindung zu treten. Da — zwar nicht im Gesetz selbst, so doch in der Rechtssprechung — auch Unterorganisationen von nationalen Gewerkschaften als „Vereinigungen" galten, hätten nationaler Vorstand und Ortsvereine nicht in Verbindung treten können, wenn einer dieser Gruppierungen nachgewiesen werden konnte, politisch tätig gewesen zu sein.

---

7 Vgl. hierzu Robert Michels, Eine syndikalistisch gerichtete Unterströmung im deutschen Sozialismus (1903—1907), in: Festschrift für Carl Grünberg zum 70. Geburtstag, Leipzig 1932, S. 361 f.

Die Gewerkschaften standen also vor der Alternative, lokale Streiks mit den vom Verbandsvorstand verwalteten Mitteln der zentralen Streikkasse effektiver zu führen und sich jeder politischen Diskussion zu enthalten, oder weiterhin die Unterstützung örtlicher Arbeitskonflikte dem Zufall freiwilliger Sammlungsaktionen zu überlassen, dafür aber die Freiheit der politischen Aktion besitzen. Eine Reihe von Gründen spricht jedoch dafür, daß die hier skizizierte Alternative, die von den Zentralisten und Lokalisten unterschiedlich beurteilt wurde, nicht als einziger Grund für die Spaltung der sozialdemokratischen Gewerkschaftsbewegung anzusehen ist. Denn weder die Legalisierung der Partei durch das Ende des Sozialistengesetzes 1890, noch die Aufhebung des Verbindungsverbotes für politische Vereine durch die Novellierung des Vereinsrechtes im Jahre 1899 waren für die Lokalisten ausreichende Anlässe, ihr Organisationskonzept zu verändern. Andererseits haben sich weder die zentralisierten Gewerkschaften, noch ihre Dachorganisation, die Generalkommission, an das strikte Verbot politischer Stellungnahmen gehalten. Der Organisationsstreit war vielmehr Reflex der taktischen Widersprüche innerhalb der gesamten sozialdemokratischen Arbeiterbewegung.

## 3. *Das vermeintliche Dilemma: Gewerkschaftlicher Erfolg als politische Niederlage*

Die Lokalisten befürchteten, die Befriedigung der materiellen Interessen der Arbeiterklasse könne ihren Elan für die primär politisch gedachte Revolution schwächen. So erklärte das publizistische Organ der Opposition 1893, ein Jahr nachdem die Lokalisten mit dem Halberstadter Gewerkschaftskongreß die sogenannte freigewerkschaftliche Bewegung verlassen hatten: „Glückte die gewerkschaftliche Bewegung, würde sie den von den Arbeitern gehofften und gewünschten Erfolg haben . . ., dann wäre der Beweis erbracht, daß auf dem Boden der heutigen Ordnung der Arbeiter sich zu seiner Zufriedenheit einrichten könnte, damit wäre die Notwendigkeit der sozialen Revolution hintenangestellt, der heutige Staat geschützt . . . Die gewerkschaftliche Bewegung wirkt eben revolutionär, indem sie ihre praktische Unzulänglichkeit offenbart. Sie entsteht, um zu vergehen, sie kann nie Zweck, sondern nur Mittel sein. Sie wirkt revolutionär, indem sie Hoffnungen erweckt, die sie nicht erfüllen kann. Sie klärt auf. Ihre Erfolglosigkeit ist ihre agitatorische Kraft . . . Wer von der gewerkschaftlichen Bewegung eine große Wirkung erwartet, wird mit Recht sie als eine möglichst schwere und massive Waffe ausbauen wollen. Wer ihr nur eine Wirkung aus zweite Hand . . . zuweist, wird sie leicht und beweglich hinstellen wollen.“[8] Daß es sich hierbei nicht um eine einmalige Äußerung handelte, zeigt die folgende — elf Jahre später geschriebene — Passage eines ebenfalls der Feder des lokalistischen Mentors Gustav Keßler stammenden Artikels: „Wir sind der Ansicht, daß die Gewerkschaft . . . im besten Fall ein leider zu duldendes Hindernis für die Aufgaben der Sozialdemokratie ist.“[9] Aus demselben Grunde lehnten die Lokalisten die Einrichtung gewerkschaftlicher Versicherungskassen ab, auch weil diese eine zentralisierende Wirkung hatten und den Aufbau bürokratischer Strukturen erforderten.[10]

---

8 Der Bauhandwerker, Nr. 37 vom 16. 9. 1893.

9 Einigkeit, Nr. 26 vom 25. 6. 1904.

10 Klaus Schönhoven, Expansion und Konzentration. Studien zur Entwicklung der Freien Gewerkschaften im Wilhelminischen Deutschland 1890—1914, Stuttgart 1980, S. 221—260.

Mit ihren syndikalistischen Organisations- und Aktionsformen sowie dem Primat der Politik vertraten die Lokalisten eine traditionelle Gewerkschaftskonzeption, wie sie in der Eisenacher Richtung anzutreffen gewesen war. Der gewerkschaftliche Zentralismus der Lassalleaner war einer noch größeren —mit Malthus biologisch begründeten — Skepsis gegenüber dem ökonomischen Wert von Arbeitskämpfen geschuldet: Eine Verbesserung der Lage der Arbeiterklasse würde die Lebenserwartung der Arbeiter vergrößern, mithin das Arbeitskräfteangebot erhöhen, wodurch die Löhne langfristig wieder sinken würden.

## 4. *Die Freie Vereinigung deutscher Gewerkschaften*

Wenn sich die Lokalisten nach ihrer organisatorischen Verselbständigung Ende der 80er Jahre zwei Jahrzehnte lang in der Sozialdemokratischen Partei halten konnten, so lag dies nicht allein daran, daß sie zu den bewährtesten Genossen während der Zeit des Ausnahmegesetzes gezählt hatten. Die Existenz zweier konkurrierender — und sich nicht nur mit propagandistischen Haken und Ösen bekämpfender — gewerkschaftlicher Richtungen im sozialdemokratischen Lager hatte ihre Ursache vor allem in der uneinheitlichen Gewerkschaftskonzeption der Partei, die hier nicht näher dargestellt werden kann. Den Lokalisten gelang es nicht, einen relevanten Teil jener zahllosen örtlichen Fachvereine zusammenzuschließen, die nach der Zentralisierung vieler Gewerkschaften und der Gründung der Generalkommission weiter existierten. Die ab 1897 unter der Firma „Freie Vereinigung deutscher Gewerkschaften" versammelten Lokalisten kamen nie über eine minoritäre Position hinaus und hatten um die Jahrhundertwende mit 20.000 Organisierten ihre höchste Mitgliederzahl zu verzeichnen, als die der Generalkommission angeschlossenen Verbände bereits mehr als eine halbe Million Organisierte aufweisen konnten.[11]

Der regionale Schwerpunkt der „Freien Vereinigung deutscher Gewerkschaften" lag in Berlin, ihr sozialer im Baugewerbe, genauer gesagt bei den Maurern und Zimmerern der Reichshauptstadt. Hier konnte die frühgewerkschaftliche, dem Syndikalismus verwandte Arbeitskampftaktik aus mehreren Gründen eine längere Wirkungsdauer entfalten. Die Berliner Gewerkschaften hatten unter den Augen der Berliner Polizei, die keine lokale, sondern eine königlich-preußische war, die größte Virtuosität in der Praxis informeller Organisierungsformen erlangt, allen voran die Mauerer und Zimmerer, die mit dem „Platzdeputierten" ein traditionelles betriebliches Vertretungsorgan und damit die Vorstufe für eine informelle — vereinsunabhängige — Organisationsform besaßen.[12] Da ihre Gewerbezweige einerseits von der Industrialisierung kaum berührt worden waren, andererseits Berlin jahrzehntelang als die größte Baustelle des Reiches galt, waren sowohl die strukturellen wie die konjunkturellen Voraussetzungen dafür gegeben, an den überlieferten handwerklichen Aktionsformen festzuhalten. Die hohe lokale Mobilität der Bauhandwerker war ein weiterer Faktor, der die versammlungsdemokratische Aktions-

11 Vgl. hierzu Gerhard A. Ritter/Klaus Tenfelde, Der Durchbruch der Freien Gewerkschaften Deutschlands zur Massenbewegung im letzten Viertel des 19. Jahrhunderts, in: Vom Sozialistengesetz zur Mitbestimmung. Zum 100. Geburtstag von Hans Böckler, hrsg. von Heinz Oskar Vetter, Köln 1975, S. 61—120.

12 Zur Rolle des Platzdeputierten bei der Konstituierung der Gewerkschaft der Zimmerer vgl. Dirk H. Müller, Binnenstruktur und Selbstverständnis der „Gesellschaft" der Berliner Zimmerer im Übergang von der handwerklichen zur gewerkschaftlichen Interessenvertretung, in: Handwerker in der Industrialisierung, hrsg. von Ulrich Engelhardt, Stuttgart 1984, S. 627—636.

form der saisonalen Organisierung nahelegte. Die hochqualifizierten Maurer und Zimmerer waren durch Angehörige anderer Berufsgruppen nicht zu ersetzen. Das immobile Produkt ließ die Vergabe von Streikarbeit andernorts nicht zu. Der überwiegende Teil der Baufirmen galt als Kleinunternehmen mit geringer Kapitaldecke, außerdem konnten längere Streiks die Fertigstellung des Auftrages verzögern und damit Konventionalstrafen bewirken.[13] Darüber hinaus gab es im Berliner Bauhauptgewerbe zur Jahrhundertwende keine einheitliche Arbeitgeberorganisation. Dadurch waren schnelle, streikbedingte Lohnabschlüsse mit einzelnen Unternehmern möglich.

## 5. *Die Formalisierung der öffentlichen Gewerkschaften und das Scheitern der freien Solidarität*

Da in den 80er und 90er Jahren etwa ein Drittel der Berliner Maurer und Zimmerer nur zur Bausaison in die Reichshauptstadt kamen, knüpften die bauhandwerklichen Lokalisten bei Arbeitskämpfen bewußt an das mittelalterliche Instrument des „Verrufs" an. Ihre Streiks waren oft von einem großen Exodus der lokal mobilen Kollegen begleitet. Beim Berliner Maurerstreik von 1889 verließen fast zwei Drittel der 19.000 Kollegen das Streikgebiet.[14] Ihnen wurden die für alle gleichen Beiträge zum öffentlichen Streikfonds nur durch Fahrkarten und geringe Spesen rückvergütet. Diese Taktik hatte jedoch auch Kehrseiten, welche die „freie Solidarität" auch als Umschreibung für Lokalpatriotismus erscheinen ließ: Das durch den „Verruf" verursachte große Arbeitskräfteangebot in der Nähe Berlins hatte dort — etwa in Potsdam — zu Lohnreduzierungen geführt.[15]

Auf die Mitte der 90er Jahre geführten Streiks der Lohnkommission der Berliner Maurer und Zimmerer ist der Begriff der ökonomischen (Berufs-) Versammlungsbewegung nur noch beschränkt anwendbar. Diese hatte sich im Laufe der Zeit zu einer saisonalen, öffentlichen Gewerkschaft gewandelt, die nicht nur die kurzfristig ansässigen, sondern auch diejenigen Kollegen integrierte, die in den lokalen Fachvereinen oder den Filialen der Berufszentralisationen organisiert waren. Die an der öffentlichen Gewerkschaft teilnehmenden Arbeiter besaßen Karten, die auf ihren Namen ausgestellt waren. In diese Karten wurden wöchentlich die vom Platzdeputierten vertriebenen Beitragsmarken geklebt sowie die erhaltene Reise- oder Streikunterstützung durch Stempelabdruck verzeichnet, den die während eines Streiks in Berlin verbleibenden Kollegen zweimal täglich bei der Lohnkommission einholen mußten. Dieses System hatte sich bei einer Reihe von Berliner Streiks bewährt. Ein weiterer, externer Faktor für das lang andauernde Nebeneinander von zentralisierten Gewerkschaften — in denen allein der Verbandsvorstand das Recht hatte, einen Streik zu proklamieren und zu beenden — und der versammlungsdemokratischen Form der Willensbildung war die Weigerung vieler Unternehmer, mit Organisationsvertretern statt mit „ihren" Arbeitern zu verhandeln. Die seit der Jahrhundertwende veränderte Praxis der Unternehmer, die Gewerkschaftsfunktionäre, also die Gewerkschaften, als Unterhändler anzuerkennen, bedrohte die frühgewerkschaftlichen Aktionsformen und schränkten damit das gewerkschaftliche Aktionsfeld der Lokalisten

13 Wolfgang Renzsch, Handwerker und Lohnarbeiter in der frühen Arbeiterbewegung. Zur sozialen Basis von Gewerkschaften und Sozialdemokratie im Reichsgründungsjahrzehnt, Göttingen 1980, S. 35—69.

14 Berliner Volksblatt, Nr. 123 vom 28. 5. 1889 und Nr. 129 vom 5. 6. 1889.

15 Berliner Volksblatt, Nr. 124 vom 29. 5. 1889.

ein, die sich zuvor als Gegner von Tarifverträgen erklärt hatten. Ihr streikpolitische Wirkung war trotz des Zusammenschlusses in der „Freien Vereinigung deutscher Gewerkschaften“ außerhalb des Berliner Bauhauptgewerbes kaum von Bedeutung gewesen. Das Kernstück der lokalistischen Gewerkschaftskonzeption, die „freie Solidarität“ unter den autonomen örtlichen Berufsgruppen, hatte sich als unpraktikabel erwiesen: entweder waren die Unterstützungsaktionen zu schwerfällig und kamen daher meist zu spät, oder die Geschäftskommission der Freien Vereinigung mußte ein streikpolitisches Mandat an sich reißen. Versuche mit einem föderalistischen Streikreglement scheiterten mehrfach, zumal die Lokalisten vor größeren Schwierigkeiten standen als die Zentralverbände, da sie als überberufliche Organisation nicht nur die regionalen Unterschiede innerhalb einer Branche, sondern auch die Widersprüche zwischen den unterschiedlichen Gewerbezweigen finanziell ausbalancieren mußten.

## 6. *Die vergebliche Propaganda des deutschen Syndikalismus*

Als mehrere Versuche der SPD gescheitert waren, die zerstrittenen Gewerkschaften zu verschmelzen, beschloß der Parteitag von 1908 die Unvereinbarkeit einer gleichzeitigen Mitgliedschaft in der Sozialdemokratischen Partei und in der Freien Vereinigung.[16] Dieser Unvereinbarkeitsbeschluß spaltete den kleineren syndikalistischen von dem größeren sozialdemokratischen Zweig der Lokalisten ab, die aus der Freien Vereinigung austraten, ohne daß diese nunmehr eine einheitliche Konzeption präsentieren konnte. Die syndikalistische Orientierung der Lokalisten war einmal mit der Rezeption des Anti-Parlamentarismus und den individualistischen Gedanken verbunden, wie sie von der Parteiopposition der Jungen am Anfang der 90er Jahre vertreten, von den damaligen Lokalisten aber noch nicht aufgegriffen worden waren, weil sie sich noch als Rekrutenschule der parlamentarisch agierenden Partei verstanden. Parallel zu dieser innerdeutschen Rezeption wurden Ideen des revolutionären Teils des französischen Syndikalismus übernommen. Mit dem Anti-Parlamentarismus übertrugen die Lokalisten ihre bislang ausschließlich gewerkschaftsintern vertretene Kritik am repräsentativen Vertretungssystem auf die politische Ebene. Mit gleicher Konsequenz war nunmehr die Erziehung zum autonomen Individuum Ausgangspunkt ihrer Praxis, denn autonome Gruppen waren ihrer Ansicht nach nur dann innerlich herrschaftsfrei, wenn sie durch autonome Individuen konstituiert wurden. Der „historische Materialismus“ der Sozialdemokratie sollte durch den „historischen Psychismus“ abgelöst werden. Dieser war gegen den Kampf um die Befriedigung materieller Interessen gerichtet, die für die Lokalisten einer politischen Befriedigung gleichkam.[17]

Auch die Geschichte der lokalistischen Rezeption von Ideen des französischen Syndikalismus macht ihre Abkehr von einer sich primär politisch verstehenden Gewerkschaftsbewegung, die den Kampf für die materiellen Interessen zwar führte, ihn aber als sekundär erachtete, zu einer kompromißlosen Propagandaorganisation deutlich. Anfang der 90er Jahre hatten die lokalistischen Bauhandwerker die Vorläuferorganisation der Berliner Gewerkschaftskommission verlassen, um in Anlehnung an die Pariser Arbeits-

16 Protokoll über die Verhandlungen des Parteitages der Sozialdemokratischen Partei Deutschlands. Abgehalten zu Nürnberg vom 13.—19. 9. 1908, Berlin 1908, S. 108 und S. 229—257.

17 Vgl. Raphael Friedeberg, Weltanschauung und Taktik des Proletariats, in: Einigkeit, Nr. 37 vom 16. 9. 1905; Nr. 38 vom 23. 9. 1905; Nr. 39 vom 30. 9. 1905 und Nr. 40 vom 7. 10. 1905.

börse (nicht Arbeiterbörse!) eine Arbeitsvermittlung für kommunale Bauaufträge an genossenschaftlich organisierte Arbeiter einzurichten.[18] Zwar kam dieser Versuch nicht über das Gründungsstadium hinaus,[19] er zeigt jedoch, daß der Lokalismus sich nicht nur als Organisationsform einer gegenwärtigen Gewerkschaftsbewegung verstand, sondern daß die Stadt oder Gemeinde auch als gesellschaftliche Grundeinheit eines föderativen Kommunalsozialismus angesehen wurde. Die Lokalisten überließen die Lösung des Problems, welchem System von Regeln die föderierten Gemeinden unterliegen sollten, ebenso der Zukunft, wie die Beantwortung der Frage, ob die politische Leitung der bereits vielerorts entstandenen Großkommunen in Form der direkten Versammlungsdemokratie bewerkstelligt werden könnte.

Mit der von den Lokalisten nunmehr vertretenen Propaganda der direkten Aktion, die sie dem französischen Syndikalismus entlehnten, paßten sie ihre Taktik ihrer Kritik am repräsentativen Vertretungssystem und den zentralistischen Organisationen an. Ihrer Ansicht nach bedurften die unterschiedlichen Formen der direkten Aktion — der Dienst nach Vorschrift (nach dem aus England stammenden Begriff gocanny genannt), die Sabotage (schlechte Arbeit für schlechten Lohn), der Boykott und schließlich der Generalstreik — keiner Organisation, sondern lediglich der freien Vereinbarung unter den Arbeitern. Allein durch deren Autonomie und nicht durch Verhandlungen hinter verschlossenen Türen sei zum Beispiel eine Arbeitszeitverkürzung dadurch zu erreichen, daß die Arbeiter nach der unter ihnen vereinbarten Zeitspanne ihre Arbeitsplätze verließen.

In Deutschland blieb es aber bei der organisierten Propaganda für die syndikalistische Tat. Insofern hatten jene eingangs erwähnten Zeitgenossen recht, wenn sie die Existenz eines realen Syndikalismus vor dem Ersten Weltkrieg verneinten. Auch dem Lager der „Freien Vereinigung deutscher Gewerkschaften" blieb seine Erfolglosigkeit nicht verborgen.[20] Diese Einsicht begünstigte bei den einen autoritative und elitäre Schlußfolgerungen und bei den anderen allgemeine Resignation. Der Versuch, eine syndikalistische Internationale zu gründen, kam über den Londoner Kongreß von 1913 nicht hinaus. Die große Bandbreite der organisatorischen und taktischen Konzeptionen ließ lediglich abstrakte Resolutionen und eine halbherzige internationale Koordinierung zu. Daß die französischen Syndikalisten — ob revolutionär oder nicht — dem Londoner Kongreß fernblieben, weil sie ihre Verbindung zur Zweiten Internationale nicht verlieren wollten, hat die Kongreßteilnehmer und die übrigen Syndikalisten stark verbittert.[21]

Zu Beginn des Ersten Weltkrieges wurde die Zeitung der Freien Vereinigung, nicht jedoch ihre Geschäftskommission verboten, deren „Mitteilungsblätter" bzw. „Rundschreiben" erst im Februar 1917 ihr Erscheinen einstellen mußten. Der 12. Kongreß der „Freien Vereinigung deutscher Gewerkschaften" vom Dezember 1919 war zugleich der Gründungskongreß der Freien Arbeiter-Union in Deutschland (Syndikalisten). Die FAUD(S) war jedoch nicht die einzige überregionale syndikalistische Organisation der Zwischenkriegszeit.

---

18 Zu den französischen Bourses du Travail vgl. Peter Schöttler, Die Entstehung der „Bourses du Travail". Sozialpolitik und französischer Syndikalismus am Ende des 19. Jahrhunderts, Frankfurt — New York 1982.

19 Der Bauhandwerker, Nr. 10 vom 11. 3. 1893 und Nr. 18 vom 6. 5. 1893.

20 Der Pionier, Nr. 16 vom 16. 4. 1910.

21 Wayne Westergard-Thorpe, Towards a Syndikalist International: The 1913 London Congress, in: International Review of Social History, XXIII, (1978), S. 33—78.

## 7. *Der unpolitische Lokalismus der Berliner Metallarbeiter*

Schon ihre Vorläuferorganisation, die Freie Vereinigung deutscher Gewerkschaften, konnte nicht alle lokalistischen Gewerkschaften der Wilhelminischen Ära vereinen. Trennten sich die lokalen Berufsorganisationen der Kleinindustrie der Solinger Region um die Jahrhundertwende von der Freien Vereinigung,[22] so gingen die lokalistischen Metallarbeiter Berlins von Anfang an ihre eigenen Wege. Während der Lokalismus der Freien Vereinigung und der der Solinger Region ihre soziale Basis in nicht-industrialisierten Gewerbezweigen hatten, in denen die Organisations- und Aktionsformen handwerklicher Interessenvertretung eine längere Wirkungsdauer entfalten konnten, zeigt der strikte Lokalismus der Berliner Metallarbeiter, daß eine ausschließlich sozialgeschichtlich orientierte Interpretation dieses Phänomens allenfalls hinreichend ist. Obwohl die Berliner Metallindustrie Produktionsformen aufwies, die sowohl zu den modernsten wie vielfältigsten zählten, hielten die Metallarbeiter der Reichshauptstadt an ihrer frühgewerkschaftlichen Versammlungsbewegung fest. Die Entstehungsgeschichte des Lokalismus in der Berliner Metallindustrie verweist auf die besonders aufmerksame und hartnäckige Verfolgung der Gewerkschaften durch die königlich-preußische Polizei. Allein, die häufigen Verbote der gewerkschaftlichen Vereinigungen während der Zeit des Sozialistengesetzes erklären noch nicht, warum die informelle Organisierung durch die am Arbeitsplatz gewählten Vertrauensleute auch in der Berliner Metallindustrie nach 1890 weitere zehn Jahre praktiziert wurde.

Hatte das Vertrauensmänner-System im monoberuflichen und vorindustriellen Baugewerbe eine lange Tradition, so war es die hohe Flexibilität dieser informellen Organisierungsform, die ihre längere Wirkungsdauer in der Berliner Metallindustrie nach dem Ende des Sozialistengesetzes begünstigte. Der am Arbeitsplatz gewählte Vertrauensmann fungierte einmal innerbetrieblich als Vertrauensmann seiner Werkstatt, das andere Mal als Berufsvertrauensmann seines Betriebes und traf sich mit seinen Kollegen in überbetrieblichen Branchenkommissionen. Durch diese duale Struktur entgingen die Berliner Metallarbeiter den Streitigkeiten über gewerkschaftliche Zuständigkeitsbereiche, wie sie zwischen den freigewerkschaftlichen Zentralverbänden an der Tagesordnung waren. Gegenüber den Berufs (bzw. Industrie)-Wohnbereichs-Gewerkschaften konnten sich die auf den Arbeitsplatz zentrierten Berliner Organisationen der Vielfalt wie dem ständigen Wandel der multiberuflichen Betriebsstrukturen besser anpassen. Die vereinsähnlichen und die versammlungsdemokratischen Organisationen waren parallel konstruiert. Die versammlungsdemokratische wurde in den 90er Jahren soweit formalisiert, daß von einer saisonalen, öffentlichen Gewerkschaft gesprochen werden kann, die jedoch ausschließlich auf den Arbeitskampf im engeren Sinne konzentriert war. Mit dem Institut des von allen Kollegen einer Werkstatt gewählten Vertrauensmannes konnte die Kluft zwischen den Organisierten und den Unorganisierten überbrückt werden. Die Konflikte zwischen einzelnen Berufsgruppen und der Gesamtheit der Berliner Metallarbeiter machen deutlich, daß die Wahrnehmung der Streikautonomie der unmittelbar betroffenen — betrieblich oder beruflich definierten — Gruppen innerhalb des lokalistischen Lagers keinesfalls problemlos war. Bei der Aussperrung der Berliner Former von 1897 diktierte eine allgemeine Berliner Metallarbeiter-Versammlung den Formern die Annahme eines von

---

22 Zum Solinger Lokalismus vgl. Rudolf Boch, Solinger Lokalgewerkschaften und Deutscher Metallarbeiter-Verband. Eine Fallstudie zur krisenhaften Ablösung alter durch neue Arbeiterschichten 1871 bis 1919, phil. Diss. Bielefeld 1983.

diesen abgelehnten Spruches des Schiedsgerichtes mit dem Argument, eine „einzelne Branchengruppe allein dürfe nicht über die Existenz von vielen Tausenden entscheiden".[23] Nach der Auflösung der öffentlichen Gewerkschaft (1900) besaßen die Berliner Metallarbeiter der Reichshauptstadt in der Ortsverwaltung Berlin des Deutschen Metallarbeiter-Verbandes eine — wenn auch eingeschränkte — Streikautonomie der von einem Konflikt Betroffenen, denn die Berliner Metallarbeiter-Gewerkschaft war 1897 — dem Gründungsjahr der Freien Vereinigung — bei ihrer Integration in den nationalen Verband nicht dem zentralen Streikreglement unterworfen worden. Dies geschah erst 1907, nachdem im Jahre 1905 der Streik von 150 Drehern bei Siemens, in dessen Verlauf 30.000 Metallarbeiter ausgesperrt worden waren, die finanziellen Grenzen der Streikautonomie aufgezeigt hatte. Die Generalversammlung des Deutschen Metallarbeiter-Verbandes von 1907 kassierte daraufhin das Berliner Privileg der örtlichen Streikautonomie beruflich oder betrieblich definierter Gruppen, untersagte seinen Vertrauensmännern, irgendein streikpolitisches Mandat — von welcher Versammlung auch immer — anzunehmen, und stellte es seinen Ortsverwaltungen anheim, die lokalen Generalversammlungen nicht mehr als Mitglieder-, sondern als Vertrauensmännerversammlungen abzuhalten.[24] Die externe Voraussetzung hierzu war die inzwischen erfolgte Anerkennung der Gewerkschaftsvertreter als Verhandlungspartner der Unternehmer, die bislang ausschließlich „ihre" Arbeiter, und das hieß deren am Arbeitsplatz gewählten Vertreter akzeptiert oder gemaßregelt hatten.

Wenn hier über den politischen Lokalismus als Vorläufer des deutschen Syndikalismus der Weimarer Zeit auf die längere Tradition der gewerkschaftlichen Autonomie bei den Berliner Metallarbeitern hingewiesen wird, so deshalb, weil in den Auseinandersetzungen nach dem Ersten Weltkrieg Streikbewegungen, die unabhängig von den etablierten Freien Gewerkschaften oder gar gegen deren Absicht stattfanden, von den Zeitgenossen oft als syndikalistisch gefeiert oder denunziert und von den Historikern mitunter entsprechend klassifiziert wurden. Dabei blieb oft der eingangs skizzierte Widerspruch unberücksichtigt, der — unabhängig von konzeptionellen Kontroversen — zwischen einem punktuellen Streik und der Verwaltung des zentralen, von einem großen Personenkreis aufgebrachten Zentralfonds existiert. Nicht jede praktische Kontroverse zwischen Streikenden und den in ihrem Bereich vorhandenen Gewerkschaften kann daher als ein Konflikt zwischen syndikalistischer und zentraler Gewerkschaftsbewegung bezeichnet werden. Der deutsche Syndikalismus der Weimarer Zeit entwickelte sich aus dem politischen Lokalismus, der in der Tradition der frühen Gewerkschaftsbewegung stand. Erst mit der Massenstreikdebatte nach der Jahrhundertwende, als die Freie Vereinigung deutscher Gewerkschaften ihre Ablehnung des repräsentativen Delegationsmodus auf die politische Ebene ausdehnte und auch andere Prinzipien des revolutionären Syndikalismus Frankreichs übernahm, kann von einem deutschen Syndikalismus gesprochen werden. Am Vorabend des Ersten Weltkrieges war die Freie Vereinigung jedoch keine gewerkschaftlich praktizierende Organisation mehr, sondern ein Verband von Diskutier- und Propagandavereinigungen. Mit ihrer im Dezember 1919 in die Freie Arbeiter-Union Deutschlands (Syndikalisten) umgewandelten Organisation stellten die ehemaligen Lokalisten neben der Allgemeinen Arbeiter-Union Deutschlands (AAUD) und der Allgemeinen Arbeiter-Union Einheitsorganisation (AAUE) nur einen Teil des konzeptionell

23 Deutsche Metallarbeiter Zeitung, Nr. 42 vom 16. 10. 1897.

24 Die achte ordentliche General-Versammlung des Deutschen Metallarbeiter-Verbandes. Abgehalten vom 20.—25. 5. 1907 in den Zentralsälen in München, Stuttgart o. J., S. 25, S. 192 und S. 260.

und organisatorisch vielfältigen Syndikalismus der Weimarer Zeit dar. Dieser führte nicht nur die traditionelle Debatte über die optimale Organisationsform und das Verhältnis zum Parlamentarismus wie den politischen Parteien fort, er war weiterhin auch von dem Widerspruch gekennzeichnet, Reformen abzulehnen und sich dennoch in den alltäglichen ökonomischen und politischen Kämpfen behaupten zu müssen.

Es wäre jedoch verfehlt, aus der historischen Vergeblichkeit des Syndikalismus auf die mangelnde Aktualität verwandter Bewegungen zu schließen. Durch die technische Anfälligkeit und die soziale Instabilität bürokratisierter Industriegesellschaften, die unter anderem auf die zunehmende ökonomische Unselbständigkeit und die legitime Verantwortungslosigkeit durch repräsentative Delegation zurückzuführen sind, hat die Auseinandersetzung mit föderativen und auf Selbstverwaltung basierenden Gesellschaftsmodellen nicht nur historische Bedeutung.

Michael Schneider

# Die nicht-sozialdemokratische Alternative: Die Christlichen Gewerkschaften im Kaiserreich[1]

Über kaum einen Zweig der deutschen Arbeiterbewegung gibt es so kontroverse Ansichten wie über die Christlichen Gewerkschaften: Waren sie in der von August Erdmann maßgeblich geprägten sozialdemokratischen Sicht ein „Erzeugnis politischer und kirchlicher Berechnung“ zur Spaltung der Arbeiterbewegung[2], so galten sie ihren Befürwortern im christlich-sozialen Lager angesichts der — wie es hieß — marxistisch beeinflußten und damit „irreligiösen“ und „unchristlichen“ Freien Gewerkschaften als voll gerechtfertigte Antwort auf die Herausforderungen von Sozialdemokratie und sozialer Frage[3]. Wie tief gerade die Abneigung bei sozialdemokratischen Arbeitern saß, zeigen die Beschimpfungen der Christlichen Gewerkschaften nach dem Bergarbeiterstreik 1912 als „Eiterbeulen am Nacken der Arbeiter“, die „mit einer glühenden Stange [. . .] weggebrannt werden“ müßten.[4]

## 1. *Zur neueren Literatur*

Zwar lassen sich nicht ganz so scharfe, dennoch aber eindeutig polarisierte Beurteilungen der Christlichen Gewerkschaften auch in der neueren wissenschaftlichen Literatur finden[5], doch es wächst die Zahl der Arbeiten, in denen der eigenständige Beitrag der Christlichen Gewerkschaften zur Entwicklung der deutschen Arbeiterbewegung zu würdigen versucht wird, ohne in den Fronten des früheren weltanschaulich-politischen Streits zwischen Christlichen Gewerkschaften, Zentrum und Volksverein für das katholische Deutschland einerseits und Freien Gewerkschaften und Sozialdemokratischer Partei andererseits zu verharren. Auch wenn hier nicht ein Forschungsüberblick geboten werden kann und soll, seien doch einige dieser Arbeiten genannt, so die „Vorgeschichte“ der Christlichen Gewerkschaften“ von Karl Heinz Schürmann[6], die Analyse der Hinter-

1 Der Beitrag fußt auf meinem Aufsatz über die Christlichen Gewerkschaften 1894—1933. Ein Überblick, in: Gewerkschaftliche Monatshefte 12 (1981), S. 709—728.

2 August Erdmann, Die Christlichen Gewerkschaften. Inbesondere ihr Verhältnis zu Zentrum und Kirche, Stuttgart 1914, S. 5 f.; vgl. ders., Die Schwarzgelben. Eine Kritik der christlichen Gewerkschaften, Vortrag vom 4. 12. 1910, Düsseldorf 1911.

3 Carl Jansen, Christliche Gewerkschaften, in: Internationales Handwörterbuch des Gewerkschaftswesens, hrsg. von Ludwig Heyde, Bd. 1, Berlin 1931, S. 301—304, hier S. 301 f.; Otto Müller, Die christliche Gewerkschaftsbewegung Deutschlands mit besonderer Berücksichtigung der Bergarbeiter- und Textilarbeiterorganisationen, Karlsruhe 1905.

4 Polizeibericht vom 28. 12. 1913 über eine Bergarbeiterversammlung vom selben Tage in Datteln (Staatsarchiv Münster, Regierung Münster VII, 46/2).

5 Siehe z. B. Heinrich Gellings, Geschichte der deutschen Gewerkschaftsbewegung, Kevelaer 1953, S. 17; Norbert Blüm, Gewerkschaften zwischen Allmacht und Ohnmacht. Ihre Rolle in der pluralistischen Gesellschaft, Stuttgart 1979, S. 29. Siehe demgegenüber: Herbert Gottwald, Der Gesamtverband der christlichen Gewerkschaften Deutschlands 1901 bis 1933, in: Die bürgerlichen Parteien in Deutschland. Handbuch, hrsg. von Dieter Fricke, 2 Bde., Leipzig 1968 und 1970, hier Bd. 2, S. 113—145, z. B. S. 113.

6 Karl Heinz Schürmann, Zur Vorgeschichte der christlichen Gewerkschaften, Freiburg 1958.

gründe des Gewerkschaftsstreits von Rudolf Brack[7], die Geschichte der Lohnpolitik von Albrecht Siegler[8], die Untersuchungen zur politischen Arbeit der Christlichen Gewerkschaften von Michael Berger[9] und Eric Dorn Brose[10], die Beleuchtung der berufsständischen Programmatik von George M. Dill[11], die Regionalanalyse von Hans Dieter Denk für Bayern[12] und die Geschichte der Christlichen Gewerkschaften[13] des Verfassers der hier vorgelegten Skizze.

## 2. *Zur Vorgeschichte: Christliche Soziallehre im 19. Jahrhundert*[14]

Die Christlichen Gewerkschaften knüpften in ihrer Programmatik bewußt an die Tradition der christlichen, speziell der katholischen Soziallehre des 19. Jahrhunderts an. Auf deren Prinzipien sei hier kurz eingegangen, um damit zugleich die Grenzen der Kontinuität — berücksichtigt man nur den Aspekt organisatorischer Unabhängigkeit der Arbeiterorganisationen — deutlich zu machen.

Sowohl die katholischen Arbeitervereine als auch die zumeist aus ihnen hervorgegangenen Christlichen Gewerkschaften wuchsen auf dem Boden der im 19. Jahrhundert ausgebildeten und mit der Enzyklika „Rerum novarum" 1891 in verbindliche Form gebrachten katholischen Soziallehre. Schon früh — seit den 30er und 40er Jahren — wurden die sozialen Folgen der Industrialisierung kritisiert, doch die traditionellen Mittel der Caritas und vor allem ein — durch Seelsorge unterstützter — Gesinnungswandel bei Arm und Reich schienen als Ausweg ausreichend zu sein.Selbst da, wo die Industrialisierung als gegeben akzeptiert wurde, meinte man die Lösung der dadurch entstandenen sozialen Probleme in einer Rückkehr zu ständischen Modellen eines romantisch verklärten Mittelalters sehen zu können. Im „Stand" glaubte man dabei nicht nur ein Kriterium funktionaler Gliederung erkennen zu können, sondern zugleich hoffte man, durch die Standesidee der Arbeiterschaft ein wertbezogenes Selbstbewußtsein zu verleihen, das die Basis einer gesamtgesellschaftlichen Neuordnung unter Auflösung der Klassenspaltung bilden könnte. Insgesamt verbanden sich in der katholischen Soziallehre: Romantisierung des Mittelalters, seelsorgerisch-patriarchalische und karitative Motive und der Wille, der aufkommenden Sozialdemokratie Widerstand entgegenzusetzen. War das drittgenannte Motiv gewiß bei den ersten Organisationsgründungen von konfessionellen Gesellen- und Arbeitervereinen Ende der 40er Jahre des 19. Jahrhunderts noch nicht handlungsorientierend, so trat es seit den 60er Jahren zunehmend stärker hervor.

7 Rudolf Brack, Deutscher Episkopat und Gewerkschaftsstreit 1900—1914, Köln—Wien 1976. Vgl. weitere Literaturangaben unten Anm. 20.

8 Albrecht Siegler, Die Lohnpolitik der Christlichen Gewerkschaften Deutschlands (1894—1933), Diss. Mannheim 1978.

9 Michael Berger, Arbeiterbewegung und Demokratisierung. Die wirtschaftliche, politische und gesellschaftliche Gleichberechtigung des Arbeiters im Verständnis der katholischen Arbeiterbewegung im Wilhelminischen Deutschland zwischen 1890 und 1914, Freiburg i. Brsg. 1971.

10 Eric Dorn Brose, Christian Labor and the Politics of Frustration in Imperial Germany, Diss. Columbia 1978.

11 George Marshall Dill, The Christian Trade Unions and Catholic Corporatism in Germany 1916—1924, Diss. Harvard 1949.

12 Hans Dieter Denk, Die christliche Arbeiterbewegung in Bayern bis zum Ersten Weltkrieg, Mainz 1980.

13 Michael Schneider, Die Christlichen Gewerkschaften 1894—1933, Bonn 1982.

14 Vgl. dazu bes. Schürmann.

Für die Initiativen der 60er Jahre genannt seien hier nur Wilhelm Emanuel von Kettelers Schrift „Die Arbeiterfrage und das Christentum" (1864) sowie seine Reden auf der Liebfrauenheide und auf der Fuldaer Bischofskonferenz (1869). Schon zu dieser Zeit zeichneten sich charakteristische Unterschiede zwischen evangelischer und katholischer Kirche ab, sich mit den Problemen der sozialen Frage aktiv auseinanderzusetzen. Lutherisch-obrigkeitsstaatliches Denken, Staatskirchentum und das Bekenntnis zu Monarchie und Vaterland begünstigten bei der evangelischen Kirche eine prinzipielle Anerkennung der bestehenden Verhältnisse, die durch die Betonung des nur-seelsorgerischen Auftrages der Kirche legitimiert wurde.

Demgegenüber waren die 70er Jahre für die katholische Seite gekennzeichnet durch eine breite Diskussion der sozialen Frage, durch die Herausbildung sozialer Initiativen des politischen Katholizismus, speziell des Zentrums, und durch die Gründung katholischer Arbeitervereine in größerem Umfange. Auftrieb erhielten diese Bestrebungen durch die Aktivitäten des 1890 gegründeten Volksvereins für das katholische Deutschland und vor allem durch die Enzyklika „Rerum novarum" (1891). Unter Anerkennung der kapitalistischen Wirtschaftsordnung wurde hier das Konzept einer durch Gesinnungwandel zu berufsständischer Harmonie geführten Gesellschaftsordnung entwickelt. Trotz aller von Jenseitsbezogenheit und Caritas-Tradition geprägten Zurückhaltung in der Arbeitskampf- und damit Gewerkschaftsfrage wurde hier der Weg zu (konfessionellen) Berufsverbänden gewiesen, ohne daß interkonfessionelle Vereine eindeutig ausgeschlossen worden waren. Ausgebaut wurden indessen zunächst die katholischen Arbeitervereine.

Bald setzte sich jedoch die Erkenntnis durch, daß die katholischen Arbeitervereine nicht zur Verhinderung eines weiteren Anwachsens der Sozialdemokratie taugten, was darauf zurückgeführt wurde, daß sie keine wirtschaftliche Interessenvertretung leisteten; so legte Franz Hitze vom Volksverein 1894 Leitsätze für die Gründung von Fachabteilungen in den Arbeitervereinen vor, nach denen diese die Fachbildung fördern, über soziale Gesetze aufklären und Anregungen zur Verbesserung der sozialen Lage der Arbeiter entwickeln sollten. Diese Idee fand zunächst rasche Verbreitung, wurde aber dann bald von der Gründung Christlicher Gewerkschaften überholt, die — unter Mithilfe von Volksvereins-Mitarbeitern und Ortsgeistlichen — dann zumeist aus katholischen Arbeitervereinen oder Fachabteilungen hervorgegangen sind. Nur am Rande sei erwähnt, daß noch bis 1906 „Arbeiterschutzvereine", eine Art Ortskartell der unterschiedlichen lokalen Fachabteilungen, auf den Kongressen der Christlichen Gewerkschaften vertreten waren.

## 3. *Indirekter Geburtshelfer: die Sozialdemokratie*

Fragt man nach den Gründen für die Entstehung der Christlichen Gewerkschaften, so kann man nicht an der Sozialdemokratie vorbeigehen. Nicht zuletzt unter dem Druck der seit 1890 — nach dem Fall des Sozialistengesetzes — stark expandierenden Sozialdemokratie muß wohl die Bereitschaft insbesondere von Vertretern der katholischen Kirche gesehen werden, über die kirchlicher Weisung unterstehenden Fachabteilungen hinaus auch Christliche Gewerkschaften zu unterstützen. Die Sozialdemokratie spielte dabei in zweifacher Weise eine Rolle: zum einen als Gegner, gegen den die christlichen Arbeiter durch organisatorische Zusammenfassung immunisiert werden sollten; zum zweiten aber auch als Vorbild, folgte man mit der Gewerkschaftsgründung doch auch dem Prinzip einer kämpferischen Vertretung von Arbeiterinteressen durch unabhängige Arbeiterorganisationen. Gerade die antikirchliche Orientierung der Sozialdemokratie — zu denken ist an August Bebels immer wieder zitierte Parole „Christentum und Sozialismus stehen sich gegenüber wie Feuer und Wasser" (1874)[15] — hinderte nicht nur gläubige Arbeiter am Beitritt zu SPD und auch Freien Gewerkschaften, sondern führte zu einer Mobilisierung der kirchlichen Abwehr, in die auch die Christlichen Gewerkschaften — ob sie wollten oder nicht — eingebunden waren.

## 4. *Zur Gründungsgeschichte*[16]

Bis auf die weltanschauliche und politische Ablehnung der Sozialdemokratie bei entschiedener Anerkennung der Notwendigkeit, selbstbestimmende Arbeiterorganisationen schaffen zu müssen, wird man kaum genaue Angaben für die Gründe machen können, aus denen Christliche Gewerkschaften entstanden. Vielmehr kann nur quasi-tautologisch davon ausgegangen werden, daß die Entscheidung für die Christlichen Gewerkschaften — wenn man angesichts der vorgängigen sozialisationsbedingten religiösen Prägung überhaupt von „Entscheidung" sprechen kann — Indiz für die Verhaftung weiter Kreise der Arbeiterschaft in einem religiös geprägten Milieu war. Die Mitgliedschaft im konfessionellen (katholischen) Arbeiterverein, in der Christlichen Gewerkschaft, die Wahl der Zentrumspartei — all das zeigte die Leitfunktion nicht nur der Religion, sondern wohl auch der Kirche bis in die 20er Jahre des 20. Jahrhunderts. Doch daß das christliche Moment in der Programmatik der Christlichen Gewerkschaften schon bald nach der Jahrhundertwende durch Elemente nationaler Ideologien ergänzt wurde, daß auch der Anteil der das Zentrum wählenden Katholiken stetig abnahm, zeigte andererseits den Schwund der kirchlichen Einflußmöglichkeiten an.

Das Modell für die meisten weiteren Gründungen von Christlichen Gewerkschaften bildete der zunächst für den Oberbergamtsbezirk Dortmund zuständige „Gewerkverein christlicher Bergarbeiter", der im Oktober 1894 unter führender Beteiligung des Bergmannes August Brust (1862 bis 1924) geschaffen worden war. Dieser Modellcharakter galt vor allem für die in § 2 des Statuts angesprochene Zielsetzung: „Zweck des Gewerkvereins ist die Hebung der moralischen und sozialen Lage der Bergarbeiter auf christlicher und gesetzlicher Grundlage und Anbahnung und Erhaltung einer friedlichen Übereinkunft zwischen Arbeitgebern und Arbeitnehmern." Überdies wurde betont: „Der Verein steht treu zu Kaiser und Reich und schließt die Erörterung konfessioneller und politischer Parteiangelegenheiten aus." Ebenso wie das Problem der „parteipolitischen und konfessionellen Neutralität", das einen wichtigen Konfliktpunkt — mit den Textilarbeitern des Aachener Raums — bei den Vorbereitungen zur Gründung eines Gesamtverbandes bildete, war auch die Bestimmung des § 8, nach dem sich durch den „Eintritt in den Gewerkverein [. . .] jeder als Gegner der sozialdemokratischen Grundsätze und Bestrebungen" bekenne, innerhalb der Christlichen Gewerkschaftsbewegung umstritten.

15 Christentum und Sozialismus. Eine religiöse Polemik zwischen Herrn Kaplan Hohoff in Hüffe und A. Bebel, Agitationsausgabe, Berlin 1906, S. 16.

16 Dazu detailliert Schneider, Die Christlichen Gewerkschaften, S. 51 ff., basierend auf Jahrbuch der christlichen Gewerkschaften 1908, Cöln 1908, S. 46—181; Geschichte und Entwicklung der christlichen Gewerkschaften Deutschlands nebst Protokoll des III. Christlichen Gewerkschafts-Kongresses zu Krefeld (26.—29. Mai 1901), M. Gladbach 1901.

Wirkte der Gewerkverein auch deutlich auf die Formulierung der Grundprinzipien der Christlichen Gewerkschaften — ‚Interkonfessionalität' und ‚parteipolitische Neutralität' —, so setzte sich doch seine streng zentralisierte Organisationsform nicht durch; sie wurde denn auch 1905 durch einen demokratischeren Aufbau abgelöst. Zu erwähnen ist, daß auch konfessionelle Rücksichten ihren Niederschlag im Statut (§ 13) fanden, wurde doch die konfessionell paritätische Besetzung von Vorstand und Ehrenrat festgelegt.

Hier kann nicht auf die (Gründungs-)Geschichte der einzelnen Gewerkschaften eingegangen werden, die sich bis in das erste Jahrzehnt des 20. Jahrhunderts, also bis in die Zeit nach Bildung des Gesamtverbandes hinzog. Vielmehr seien hier nur die Gemeinsamkeiten betont: So wurden die Einladungen zu den frühen Gründungsversammlungen Christlicher Gewerkschaften zumeist von Geistlichen, später dann auch von etablierten Gewerkschaften ausgesprochen; vielfach bildeten Geistliche die Hauptredner, allen voran auch die Mitarbeiter des Volksvereins. Demgemäß entstanden die Christlichen Gewerkschaften in den Gegenden Deutschlands, in denen es bereits ein ausgebildetes katholisches Arbeitervereinswesen gab. Dies gilt insbesondere für den Aachener Raum, das niederrheinische Industriegebiet (M. Gladbach, Krefeld), das Ruhrrevier und die süddeutschen Gebiete um München und Stuttgart. Allein der starke Druck der Arbeitgeber und der katholischen Oberhirten in Breslau und Trier verhinderten (zunächst) eine Ausbreitung der Christlichen Gewerkschaften in Oberschlesien und im Saarrevier. Daraus resultierte die unausgewogene regionale Verteilung der Christlichen Gewerkschaftsmitglieder: 1903 wohnten 77 % aller Christlichen Gewerkschafter in Rheinland und Westfalen[17], 1911 betrug dieser Anteil immer noch 53 %.[18]

## 5. *Der Weg zum Gesamtverband*

Wie gesagt, waren noch keineswegs für alle Berufszweige Christliche Gewerkschaften gegründet, als sich die Vertreter der bestehenden Verbände Pfingsten (21./22. Mai) 1899 in Mainz zu ihrem ersten Kongreß trafen; sowohl auf diesem als auch auf den nächsten beiden Kongressen wurde der Anstoß zur Vereinigung von lokalen bzw. regionalen Berufsorganisationen zu Zentralverbänden gegeben. Seine Bedeutung erhält der Mainzer Kongreß jedoch vor allem durch die Verabschiedung der „Mainzer Leitsätze", in denen Interkonfessionalität und parteipolitische Neutralität als Grundprinzipien der Christlichen Gewerkschaften festgeschrieben wurden:[19]

„Die Gewerkschaften sollen interkonfessionell sein, das heißt, Mitglieder beider christlicher Konfessionen umfassen, aber auf dem Boden des Christentums stehen. Die Erörterung konfessioneller Fragen ist strengstens auszuschließen. Die Gewerkschaften sollen ferner unparteiisch sein; das heißt, sich keiner bestimmten politischen Partei anschließen. Die Erörterung parteipolitischer Fragen ist fernzuhalten, aber die Herbeiführung gesetzlicher Reformen auf dem Boden der bestehenden Gesellschaftsordnung zu erörtern."

17 S. Wilhelm Troeltsch/Paul Hirschfeld, Die deutschen sozialdemokratischen Gewerkschaften. Untersuchungen und Materialien über ihre geographische Verbreitung 1896—1903, 2., unveränderte Aufl., Berlin 1907, S. 86 f.

18 S. Zentralblatt der christlichen Gewerkschaften Deutschlands Nr. 20, 1912, S. 314.

19 Zitate aus den „Mainzer Leitsätzen", nach: Geschichte und Entwicklung der christlichen Gewerkschaften, S. 10 f.

Weiter wurden hier Grundsätze für den Organisationsaufbau der Einzelgewerkschaften festgelegt: Danach sollte die aus Delegierten der Ortsgruppen gebildete Generalversammlung aus ihrer Mitte die Zentralleitung wählen, die sich aus zwei Vorsitzenden, zwei Schriftführern, zwei Kassierern und Beisitzern zusammensetzen sollte. Dabei blieb es der einzelnen Gewerkschaft überlassen, ob sie — wie er Bergarbeiterverband — „unter Beiziehung von Nichtmitgliedern einen Ehrenrat bilden und wie weit sie die Befugnisse desselben ausgestalten will." Aufgefordert wurde dazu, „bei der Wahl von Delegierten, Mitgliedern der Zentralleitung und des Ehrenrats [...] beide Konfessionen angemessen zu berücksichtigen." Damit hatte sich auf der ganzen Linie das Modell des Gewerkvereins der Bergarbeiter durchgesetzt, dessen Führer denn auch zum ersten Vorsitzenden des Ausschusses des Gesamtverbandes gewählt wurde.

Gerade die Erfahrung, daß auch der Christliche Bergarbeiterverband keineswegs ‚friedlich' seine Ziele zu realisieren vermocht hatte, trug mit dazu bei, daß neben Erhebungen über die soziale Lage der Arbeiter, neben Vorträgen, Verhandlungen und Eingaben auch der Streik — wenn auch als letztes Mittel — erwähnt wurde, als es um die Klärung der Taktik ging:

„Es ist nicht zu vergessen, daß Arbeiter und Unternehmer gemeinsame Interessen haben; darauf beruhend, daß beide Teile nicht allein als zusammengehörige Faktoren der Arbeit der letzteren Recht auf angemessene Entlohnung gegenüber dem Kapital, sondern vor allem die Interessen der Erzeugung von Gütern gegenüber dem Verbrauch derselben zu vertreten haben.

Beide Teile beanspruchen mit Recht eine größtmöglichste Verzinsung ihres in der Erzeugung von Gütern enthaltenen Kapitals, der Unternehmer seines Kapitals und der Arbeiter seiner Arbeitskraft. Ohne beides, Kapital und Arbeitskraft, keine Produktion.

Darum soll die ganze Wirksamkeit der Gewerkschaften von versöhnlichem Geiste durchweht und getragen sein. Die Forderungen müssen maßvoll sein, aber fest und entschieden vertreten werden. Der Ausstand darf nur als letztes Mittel und wenn Erfolg verheißend angewandt werden."

Ob und inwiefern sich diese Grundsätze in der gewerkschaftlichen Tagesarbeit niederschlugen, wird — im Blick auf das Arbeitskampfverhalten — gleich zu beleuchten sein. Hier sei zunächst noch der Weg zur organisatorischen Konsolidierung nachgezeichnet.

Nachdem Adam Stegerwald (1874 bis 1945) zum 1. Januar 1903 das Generalsekretariat der Christlichen Gewerkschaften in Köln übernommen hatte, schritt der Ausbau dieser Institution rasch voran, so daß man insgesamt sagen kann, daß die Christlichen Gewerkschaften — lokal, regional und zentral — um 1906 konsolidiert waren. Sie verfügten über ein reichhaltiges Pressewesen, über Gewerkschaftsbeamte und über ein ausgebautes Unterstützungswesen. Dementsprechend waren auch die Beitragssätze von Jahr zu Jahr drastisch erhöht worden. Der trotz einiger Rückschläge — aufgrund innerorganisatorischer Querelen (1902) und konjunktureller Einbrüche (1907 bis 1909 und 1913) — insgesamt stetige Migliederanstieg (vgl. Tabelle im Anhang dieses Bandes) indiziert diesen Prozeß der Stabilisierung, der sicherlich durch die insgesamt günstige konjunkturelle Entwicklung seit 1894 unterstützt worden ist. Hervorgehoben sei, daß die Christlichen Gewerkschaften — entgegen ihrer eigenen berufsständischen Orientierung — die Entwicklung von Berufsgruppengewerkschaften und dann Industrieverbänden rasch vorantrieben; allerdings blieb die Berufsgewerkschaft die vorherrschende Organisationsform der Vorkriegszeit; dies gilt auch für die Freien Gewerkschaften, die noch 1910 53 Einzelverbände zählten.

## 6. *Der Gewerkschaftsstreit*

Mit der organisatorischen Konsolidierung waren jedoch keineswegs alle Gefahren für den Bestand der Christlichen Gewerkschaften gebannt. Waren sie auch aus dem Streit um „paritätische“ Gewerkschaften, d. h. um die Möglichkeit eines (zukünftigen) Zusammengehens mit den Freien Gewerkschaften, ebenso gestärkt hervorgegangen wie aus dem Zollstreit, in dessen Verlauf es den Einzelgewerkschaften freigestellt wurde, sich mit den Aspekten der Zollfrage zu befassen, die sie direkt „beruflich“ betrafen, so bedeutete der „Gewerkschaftsstreit“ eine tiefgehende Bedrohung. Zwar hatte auch der Zollstreit 1902 zum vorübergehenden Ausschluß Franz Wiebers und des Christlich-sozialen Metallarbeiterverbandes geführt und damit — bis zur Einigung 1903 — eine Schwächung der Organisation heraufbeschworen (vgl. Tabelle im Anhang dieses Bandes), doch konnte demgegenüber der Streit um die Frage der Interkonfessionalität und um das Einspruchsrecht der katholischen Geistlichkeit zentrifugale (konfessionelle) Kräfte innerhalb der Gewerkschaftsbewegung stärken, die ein Auseinanderbrechen der gesamten Organisation zu bewirken drohten.

Kaum ein Problem aus der Geschichte der Christlichen Arbeiterbewegung hat denn auch so breite historiographische Beachtung gefunden wie der Gewerkschaftsstreit.[20] Ausgangspunkt des Gewerkschaftsstreits war die Frage, ob die Christlichen Gewerkschaften durch ihre Interkonfessionalität die Glaubenstreue ihrer katholischen Mitglieder gefährden, sie zum Indifferentismus oder gar zur Sozialdemokratie führen würden. Diese Befürchtungen wurden für integralistisch orientierte Katholiken dadurch noch bestärkt, daß die Christlichen Gewerkschaften es ablehnten, sich geistlicher Leitung oder Mitsprache zu unterstellen, und zudem eingestanden, die Bezeichnung „christlich“ bedeute für sie eigentlich nur: nicht-sozialdemokratisch; demgemäß stellten sie sich nicht „positiv“ auf den Boden eines konfessionell bestimmten Christentums, sondern versprachen nur, sie würden (im Gegensatz zu den Freien Gewerkschaften) bei der Vertretung der „rein wirtschaftlichen“ Interessen der Arbeiter alles unterlassen, was der religiösen Überzeugung ihrer katholischen und evangelischen Mitglieder widersprechen könnte; für die religiöse und sittliche Bildung seien indessen die konfessionellen Arbeitervereine zuständig. Vor allem die Ankündigung, gegebenenfalls in absehbarer Zeit auch mit den Freien Gewerkschaften — so sich diese parteipolitisch und weltanschaulich neutral verhielten — zusammengehen zu wollen, forderte den Widerstand der Integralisten heraus, der sich mit Veröffentlichung einer Broschüre Franz von Savignys (Arbeitervereine und Gewerkschaftsorganisationen im Lichte der Enzyklika ‚Rerum novarum‘, Berlin 1900) in den „Katholischen Arbeitervereinen, Sitz Berlin“ formierte. Unterstützung fanden diese Arbeitervereine, die mit ihren unter geistlicher Leitung stehenden Fachabteilungen einen wirtschaftsfriedlichen Gewerkschaftsersatz zu bieten meinten, beim Fürstbischof von Breslau (Georg Kardinal Kopp) und beim Bischof von Trier (Michael Felix Korum); diese beharrten auf dem geistlichen Führungsanspruch gegenüber der katholischen Arbeiter-

20 Ernst Deuerlein, Der Gewerkschaftsstreit, in: Theologische Quartalsschrift, Nr. 139 (1959), S. 40—81; Lucian Kudera, Der Gewerkschaftsstreit der deutschen Katholiken in der Publizistik (1900—1914), phil. Diss., Münster 1957; Oswald von Nell-Breuning, Der deutsche Gewerkschaftsstreit um die Jahrhundertwende, in: Festschrift für Otto Brenner zum 60. Geburtstag, hrsg. von Peter von Oertzen, Frankfurt 1967, S. 19—32; Hermann Josef Wallraff, Die Belastung einer Gewerkschaft durch ideologische Differenzen. Spannungen innerhalb der christlichen Gewerkschaftsbewegung in den Jahren 1900—1914, in: Vom Sozialistengesetz zur Mitbestimmung. Zum 100. Geburtstag von Hans Böckler, hrsg. von Heinz Oskar Vetter, Köln 1975, S. 135—152. S. bes. die Arbeit von Brack (Anm. 7).

bewegung, ließen sich doch ihrer Meinung nach wirtschaftliche keinesfalls von religiösen Fragen trennen; daß sie diesen Standpunkt z. B. gegenüber den Organisationen von Landwirten und Unternehmern nicht vertraten, wurde paternalistisch — wenn überhaupt — damit begründet, die Arbeiter bedürften besonderer Schulung und Hilfe.

Vor allem auf Kopps Wirken war es zurückzuführen, daß der deutsche Episkopat die erste Chance, den sich gerade abzeichnenden Konflikt einzudämmen, mit dem Fuldaer Pastorale von 1900 vertat, wurden hier doch die „Katholischen Arbeitervereine, Sitz Berlin" belobigt, die Christlichen Gewerkschaften indessen gar nicht ausdrücklich erwähnt. Damit waren die verschiedenartigsten Interpretationen des Willens der Bischofskonferenz möglich; und auch die folgenden Äußerungen des deutschen Episkopats sowie die von Papst Pius X., der bald in die Auseinandersetzungen mit hineingezogen wurde, waren durch das kaum verschleierte Bemühen gekennzeichnet, sich nicht eindeutig festzulegen. Dies ist um so verwunderlicher, als die Mehrheit des deutschen Episkopats — speziell die Oberhirten von Köln, Antonius Fischer (Juli 1912 gest.) und Felix Hartmann, Erzbischof Thomas Nörber von Freiburg und die Bischöfe Karl Joseph Schulte von Paderborn und Adof Johannes Bertram von Hildesheim — den Christlichen Gewerkschaften durchaus wohlwollend gegenüberstand, sich jedoch im Willen zu geschlossenem Auftreten von Kopp und Korum immer wieder unter Druck setzen ließ. Auch als Pius X. schließlich mit der Enzyklika „Singulari quadam" (1912) nunmehr offiziell in den Gewerkschaftsstreit eingriff, blieben seine Äußerungen über die Christlichen Gewerkschaften, die „geduldet werden könnten", mehrdeutig. Nicht zuletzt darauf und auf die intransigente Haltung Kopps war es zurückzuführen, daß der Streit auch nach Veröffentlichung der Enzyklika weiterging; erst Kopps Tod (4. März 1914) und der Beginn des Ersten Weltkriegs ließen diese Frage an Bedeutung verlieren. Zu einer (oberflächlichen) Einigung kam es jedoch erst 1919; offizielle Billigung fanden die Christlichen Gewerkschaften dann schließlich durch Pius XI. mit der Enzyklika „Quadragesimo anno" (1931). Nicht unwichtig für die Einschätzung der Christlichen Gewerkschaften ist es zu wissen, daß die deutsche Regierung — trotz aller Befürchtungen, diese könnten die Arbeiter den Freien Gewerkschaften zuführen — beim Vatikan zugunsten der Christlichen Gewerkschaften intervenierte. 1910 bis 1912 bemühte sich neben Kirchenfürsten und Zentrumspolitikern auch der preußische Gesandte beim Vatikan, ein Verbot der Christlichen Gewerkschaften zu verhindern. Diese Bemühungen wird man auch vor dem Hintergrund der Rolle der Christlichen Gewerkschaften sehen müssen, die sie für die Bildung der christlich-nationalen Sammlungsbewegung der „Deutschen Arbeiterkongresse" — erstmals abgehalten 1903 — hatten, in der sich anti-sozialdemokratische und nationale Orientierung verbanden. Diese spezifische Mischung war vor allem — bezogen auf das Arbeitskampfverhalten — beim Ruhrstreik 1912 deutlich geworden. Wer jedoch nur aufgrund dieses Streiks die Christlichen Gewerkschaften beurteilen wollte, griffe zu kurz.

## 7. *Zum Streikverhalten*[21]

Schon in der Gründungsphase sahen sich die Christlichen Gewerkschaften in zahlreiche Arbeitskämpfe verwickelt, die zum Teil — etwa mit Aussperrungen verbunden — dazu

21 S. dazu Schneider, Die Christlichen Gewerkschaften, bes. S. 283 ff.

dienten, die jungen Organisationen zum Zusammenbruch zu bringen, an denen sich die Christlichen Verbände jedoch vor allem beteiligten, um dem Ruf entgegenzuwirken, wirtschaftsfriedliche „Unternehmer-“ bzw. „Kirchenknechte“ zu sein. Bezogen auf die (geringen) Unterstützungsausgaben — die Beiträge waren aus Werbegründen zunächst sehr niedrig — überstieg der Anteil der Ausgaben für Arbeitskämpfe den der Freien Gewerkschaften. Erst nach 1905/06 — in der Konsolidierungsphase — pendelten sich Beiträge und Ausgaben für Unterstützungswesen und Arbeitskämpfe in etwa auf dem Niveau der Freien Gewerkschaften ein, wenngleich der Anteil der Christlichen Gewerkschaftsmitglieder, die an Arbeitskämpfen beteiligt waren, zunehmend deutlicher hinter dem der Freien Gewerkschaften zurückblieb. Insgesamt läßt sich sagen, daß in der Zeit von 1903 bis 1913 der Anteil der Streik- und Gemaßregeltenunterstützung an den Gesamtunterstützungsausgaben der Christlichen Gewerkschaften mit durchschnittlich 51,5 % den der Freien Gewerkschaften von 47,2 % überstieg, jedoch der Anteil der an Arbeitskämpfen beteiligten Personen bezogen auf die Mitgliederzahl mit durchschnittlich 9,2 % hinter dem entsprechenden Wert der Freien Gewerkschaften von 12,9 % zurückblieb. Diese Zurückhaltung im Arbeitskampf gehorchte zum einen der auf Verhandlungen angelegten Ideologie, zum zweiten der existenzbedrohenden Situation des Gewerkschaftsstreits und drittens der eigenen organisatorischen Schwäche. Insbesondere letztere ließ es vielfach angeraten scheinen, sich auf den Weg der Petition, Eingabe usw. zu verlassen, der im übrigen auch bei den Freien Gewerkschaften keineswegs unüblich war.

Die von den Christlichen Gewerkschaften immer wieder präzisierten Stellungnahmen zum Problem des Streiks erfuhren ihre deutlichste Interpretation durch die gewerkschaftliche Praxis. In der Tat, so wird man sagen müssen, war der Streik für die Christlichen Gewerkschaften das „letzte Mittel“ in der Interessenauseinandersetzung. Der Katalog von Vorbedingungen, die für die Durchführung eines erfolgreichen Arbeitskampfes erfüllt sein müßten, war so umfangreich, daß nur in den seltensten Fällen alle Anforderungen zu erfüllen waren; wäre der Ausgang eines Arbeitskampfes zugunsten der Gewerkschaften so sicher zu prognostizieren wie von den Christlichen Gewerkschaften gefordert, so wäre der Beginn des Kampfes schon deswegen unnötig, weil sich die Arbeitgeber — pointiert gesagt — keinerlei Chancen hätten ausrechnen können, ihre Forderungen durchzusetzen. Geht man davon aus, daß es zu einem Arbeitskampf regelmäßig nur dann kommt, wenn das Ergebnis eben nicht schon vorher aufgrund der Stärkeverhältnisse absolut eindeutig festliegt, so wird man sagen müssen, daß die Christlichen Gewerkschaften — vergleicht man sie mit den Freien — vielfach übervorsichtig waren.

Allerdings wird man akzeptieren müssen, daß die Christlichen Gewerkschaften darauf bestanden, sowohl an Verhandlungen als auch an Streikvorbereitungen gleichberechtigt bzw. ihrer Stärke entsprechend beteiligt zu werden; daß sie darüber verbittert waren, daß dies nicht geschah, kann man ihnen ebensowenig verdenken wie die Ansicht, in einem Streik, den man von Anfang an abgelehnt habe, könne man nicht als Streikbrecher gelten, wenn man weiter arbeite. Andererseits durften sich auch die Freien Gewerkschaften zu Recht oftmals von dem Mangel an Solidarität der Christlichen Verbände betroffen zeigen, die mehrmals frühzeitig aus gemeinsam begonnenen Aktionen ausstiegen.

Beiden großen Richtungsgewerkschaften gemeinsam war im übrigen die Erwartung, durch wachsende Organisation eine verbesserte Kampfkraft zu erreichen und durch den Arbeitskampf zugleich die Organisation zu stärken. Der zweite Aspekt wurde von den Freien, der erste — mit dem Ziel, durch eindrucksvolle Drohgebärde den Streik weitgehend überflüssig zu machen — von den Christlichen Gewerkschaften betont, ohne daß jedoch der jeweils andere Aspekt außer Acht gelassen worden wäre. Die Christlichen Gewerkschaften konnten, auch dies darf nicht übersehen werden, auf den Streik jedoch nicht zuletzt deswegen oftmals verzichten, weil sie an der Glaubwürdigkeit der Drohgebärde, die durch die Freien Gewerkschaften aktualisiert wurde, indirekt partizipierten.

Der reale Einfluß in Lohnbewegungen kann keineswegs in Mark und Pfennig quantifiziert werden. Als sicher kann nur gelten, daß es bereits vor dem Ersten Weltkrieg nahezu unmöglich war, in bestimmten Regionen und Branchen, in denen die Christlichen Gewerkschaften stark waren, gegen den Willen dieser Organisation — mit Erfolg — zu streiken. Die Einsicht in diese Tatsache dürfte einen mäßigenden Einfluß auf die Freien Gewerkschaften ausgeübt haben. Gerade darauf wiesen die Christlichen Gewerkschaften, nicht zuletzt wohl zum Beweis ihres „nationalen“ Verantwortungsbewußtseins, oft und gerne hin.

Im übrigen legten die Christlichen Gewerkschaften Wert darauf, sich vom Kampfcharakter der Freien Gewerkschaften zu distanzieren. So wurde bemängelt, die Freien Gewerkschaften beriefen ihre Mitglieder unvorbereitet in aussichtslose Auseinandersetzungen; sie seien leichtfertig und unverantwortlich; sie ergriffen nicht die Hand der Christlichen Gewerkschaften, wenn es darum gehe, in Verhandlungen durch vereintes Auftreten die Forderungen durchzusetzen. Schließlich hätten die oftmals mageren Ergebnisse, die durch Streiks erreicht worden seien, mit weniger Kosten auch auf friedlichem Wege erreicht werden können. Insgesamt beharrten die Christlichen Gewerkschaften in ihren Schriften darauf, sie würden — im Gegensatz zu den Freien Gewerkschaften — wirklich den Streik nur als letztes Mittel der Konfliktaustragung betrachten. Dabei zeigten sich die Christlichen Gewerkschaften im Hinblick auf ihr Arbeitskampfverhalten als ein durchaus eigenständiger Zweig der Arbeiterbewegung, der kaum ohne Einfluß auf die Politik der Freien Gewerkschaften bleiben konnte. Das gilt im übrigen auch für die sozialreformerischen Initiativen, die über die parteipolitischen Ansprechpartner im Reichstag lanciert wurden, hier indessen ebensowenig wie einzelne Arbeitskämpfe detailliert nachgezeichnet werden können. So sei nur auf das Problem der parteipolitischen Bindung kurz eingegangen.

## 8. *Zur parteipolitischen Bindung*[22]

Während sich die Freien Gewerkschaften ganz eindeutig — und in der Vorkriegszeit relativ unproblematisch — der SPD anschlossen, war dies für die Christlichen Gewerkschaften bzw. die Mitglieder kaum so klar. Einig war man sich vor allem in der Ablehnung der Sozialdemokratie, so daß von daher der Anspruch ‚parteipolitischer Neutralität‘ ohnehin auf einem eingeengten Spektrum basierte. Das Schwergewicht des parteipolitischen Engagements Christlicher Gewerkschafter lag ohne Zweifel im Zentrum, dem auch Johannes Giesberts (1865 bis 1938) angehörte, der erste Christliche Gewerkschafter, der, 1905, in den Reichstag einzog. 1907 erhöhte sich die Zahl der Reichstagsmitglieder aus den Reihen der Christlichen Gewerkschaften auf 6; 5 davon beim Zentrum, einer in der Wirtschaftlichen Vereinigung; 1912 schließlich gehörten von den 7 Christlichen Gewerkschaftern im Reichstag 5 dem Zentrum, einer der Christlich-sozialen Partei (die aus der Wirtschaftlichen Vereinigung entstanden war) und einer der Nationalliberalen Partei an.

---

22 S. dazu Ludwig Frey, Die Stellung der Christlichen Gewerkschaften zu den politischen Parteien, Berlin 1931.

Die sich aus der unterschiedlichen parteipolitischen Orientierung der Führer und Mitglieder der Christlichen Gewerkschaften ergebenden Probleme wurden erst in der Weimarer Zeit vollends deutlich.

## 9. *Im Ersten Weltkrieg*

Im Zuge der Zusammenarbeit mit bürgerlichen Parteien und Verbänden, deutlich vor allem im „Deutschen Arbeiterkongreß", dem auch der Deutschnationale Handlungsgehilfenverband (DHV) angehörte, zeichnete sich im ersten Jahrzehnt des 20. Jahrhunderts eine wachsende Intensität in der Propagierung der nationalen Komponente des Programms der Christlichen Gewerkschaften ab. Nicht zuletzt vor dem Hintergrund dieser Programmatik wurde die Situation des Kriegsbeginns im Sommer 1914 für die Christlichen Gewerkschaften nicht zum politischen Problem. Zwar litten sie — wie die Freien Gewerkschaften — unter Mitgliederschwund, doch für das Bekenntnis zu „Burgfrieden" und „Landesverteidigung" bedurfte es keiner innerorganisatorischen Diskussionen. Nicht von ungefähr kam es, daß Theodor Brauer (1880 bis 1942), der führende Theoretiker der Christlichen Gewerkschaften, 1915 den Krieg „mit seinen Begleiterscheinungen" als „eine grandiose, in ihrer Art überwältigende Bestätigung [der] Grundsätze" dieses Teils der Arbeiterbewegung einschätzte.[23]

Vor allem die beginnende Einbeziehung der Gewerkschaften in die Zusammenarbeit mit staatlichen Stellen und der Unternehmerschaft sowie die Einrichtung von Arbeiterausschüssen in den Betrieben, schließlich auch der „Vaterländische Hilfsdienst" — alles das wurde als auf der Linie der eigenen Bestrebungen liegend begrüßt. Dabei war die Position der Christlichen Gewerkschaften jedoch keineswegs grundsätzlich von der der Freien Gewerkschaften unterschieden, mit denen sie ja auch seit Herbst 1917 im „Volksbund für Freiheit und Vaterland" zusammenarbeiteten; die Politik beider großen Richtungsgewerkschaften war von dem Willen gekennzeichnet, die „Landesverteidigung" nicht an durch innere Unruhe verursachten wirtschaftlichen Schwierigkeiten scheitern zu lassen; die Sprache der Christlichen Gewerkschaften mag allenfalls als deutlicher gelten können, wenn Adam Stegerwald für die „rücksichtslose Fortsetzung des Krieges" plädierte[24], den aber auch manch Freier Gewerkschafter nicht ohne Zugewinne für das Deutsche Reich beenden mochte.

Es entsprach der Grundposition der Christlichen Gewerkschaften, daß sie gegen jede Streikaktion während des Krieges — so z. B. anläßlich der April-Streiks 1917 und der Januar-Streiks 1918 — Stellung bezogen. Auch die Bemühungen um eine Arbeitsgemeinschaft mit der organisierten Arbeitgeberschaft wurden von den Christlichen Gewerkschaften demgemäß entschieden unterstützt. Während also die Weltkriegszeit kaum eine programmatisch-politische Belastungsprobe für die Christlichen Gewerkschaften wurde, sahen sie sich in der Novemberrevolution vor größere ideologische Probleme gestellt, glaubten sie sich doch genötigt, „manche der revolutionären Erfolge [. . .] aus Gewissenspflicht heraus [zu] bekämpfen."[25]

---

23 Theodor Brauer, Der Krieg und die christlichen Gewerkschaften, M. Gladbach (1915), S. 5.

24 Adam Stegerwald, Arbeiterschaft und Kriegsentscheidung. Vortrag, gehalten auf dem 4. Deutschen Arbeiterkongreß, 28.—30. Oktober 1917 in Berlin, Köln 1917, S. 17.

25 Jahrbuch der Christlichen Gewerkschaften für das Jahr 1921, Köln o. J., S. 17.

## 10. *Ausblick: Die Christlichen Gewerkschaften in der Weimarer Republik*

Als deutlich war, daß an einen Fortbestand der Monarchie nicht zu denken war, gehörten die Christlichen Gewerkschaften zu denjenigen, die auf die baldige Einberufung einer „konstituierenden Deutschen Nationalversammlung" drängten. Dies bedeutete jedoch nicht, daß die Christlichen Gewerkschaften sich insgesamt zur Idee der parlamentarischen Republik bekehrt hätten; vielmehr stellten sie sich auf den Boden der gegebenen Situation, um — wie es hieß — durch positive Mitarbeit das „Schlimmste" zu verhüten. Kanalisierung der Rätebewegung, Verzögerung und schließlich Verhinderung der Sozialisierung einerseits, Zusammenarbeit mit den Arbeitgebern in der Zentralarbeitsgemeinschaft andererseits, das waren Grundlinien der Politik (nicht nur) der Christlichen Gewerkschaften.

Um ihren Einfluß verstärkt geltend zu machen, schlossen sich — nach dem Muster des Allgemeinen Deutschen Gewerkschaftsbundes — auch die nichtsozialistischen Gewerkschaften in einem Dachverband zusammen, dessen Orientierung sich nach dem Ausscheiden der Hirsch-Dunckerschen Gewerkvereine mit der Integrationsformel „christlich-national" bezeichnen läßt. Im 1919 gegründeten „Deutschen Gewerkschaftsbund" (DGB) vereinigten sich der „Gesamtverband der christlichen Gewerkschaften" als Zusammenfassung der „Arbeitergewerkschaften", der Gesamtverband deutscher Angestelltengewerkschaften und der Gesamtverband deutscher Beamtengewerkschaften.

Während die Mitglieder der Christlichen Gewerkschaften auch in den 20er Jahren zu etwa 80 % katholisch waren und mehrheitlich der Zentrumspartei zuneigten, überwog im DGB der Anteil der protestantischen Konfession, und das Spektrum der parteipolitischen Orientierung reichte — nicht zuletzt dank des Umschwenkens des Deutschnationalen Handlungsgehilfenverbandes 1929/30 — bis zur NSDAP. Die daraus erwachsenden Probleme für die Geschlossenheit der Organisation wurden dadurch verschärft, daß überdies der Anteil der katholischen Mitglieder in den Christlichen Gewerkschaften rückläufig war, gelang es den Christlichen Gewerkschaften doch — nach dem Ende des Gewerkschaftsstreites — nach und nach in den protestantisch dominierten Regionen Mittel- und Ostdeutschlands Fuß zu fassen. Die Sprengkraft dieser parteipolitischen Differenzen zu entschärfen und zugleich den politischen Einfluß der Gewerkschaften zu bündeln, das waren wohl die Ziele der Parteigründungsinitiative Adam Stegerwalds auf dem Kongreß der Christlichen Gewerkschaften 1920. Die Gründung einer christlich-nationalen Volkspartei wurde angekündigt — scheiterte indessen an dem geringen Widerhall, den diese Idee bei den zumeist parteipolitisch fest verankerten Gewerkschaftern fand.

Die heterogene konfessionelle und vor allem parteipolitische Struktur der Christlichen Gewerkschaften — reichte das Spektrum doch vom republikbejahenden Anhänger des linken Zentrumflügels bis zum Monarchieverehrer in der DNVP — wirkte sich in der Folgezeit, speziell in den 30er Jahren als Handlungsbarriere aus, wenn es etwa um die Verteidigung der parlamentarischen Republik oder aber um die Auseinandersetzung mit dem Nationalsozialismus ging.

Zwar kam es im politischen Tageskampf, in der Kritik an der Notverordnungspolitik Brünings und erst recht Papens immer wieder zu gemeinsamen Stellungnahmen der Richtungsgewerkschaften, auch wandte man sich gemeinsam gegen den „Preußenschlag" am 20. Juli 1932, und schließlich protestierten die Gewerkschaften am 31. Januar 1933 gemeinsam gegen die Machtübernahme Hitlers; doch gerade an die Adresse der Christlichen Gewerkschaften wird man die Frage richten müssen, ob sie nicht durch die bewußt nationale Pointierung ihrer Programmatik und durch die Propagierung berufsständischer und volksgemeinschaftlicher Ideen zur Schwächung der parlamentarischen Demokratie beigetragen haben. Auch den Christlichen Gewerkschaften nützte ihre Anpassung an den „neuen Staat“ nichts; nach der Zerschlagung der Freien Gewerkschaften am 2. Mai 1933 unterstellten sich die Christlichen Gewerkschaften am 3. Mai dem „Aktionskomitee zum Schutz der Deutschen Arbeit“; die Gewerkschaftshäuser der Christlichen Gewerkschaften wurden dann am 24. Juni 1933 von der Nationalsozialistischen Betriebszellenorganisation übernommen. Über diesem Ende der Christlichen Gewerkschaften sei jedoch nicht vergessen, daß auch Mitglieder dieser Organisationen — auch um den Preis des eigenen Lebens — ihre Gegnerschaft zum Nationalsozialismus in Emigration und Widerstand bewiesen.

## Hans-Georg Fleck
# Soziale Gerechtigkeit durch Organisationsmacht und Interessenausgleich.
## Ausgewählte Aspekte zur Geschichte der sozialliberalen Gewerkschaftsbewegung in Deutschland (1868/69 bis 1933)

### 1. *Sozialer Liberalismus und Gewerkschaftsbewegung*

Dem spannungsreichen, von beiderseitigen Vorurteilen und Unkenntnis belasteten Verhältnis von Gewerkschaften und organisiertem politischen Liberalismus in Deutschland nach 1945 kommt ein maßgeblicher Anteil an der Zurückdrängung, wenn nicht gar intellektuellen Verdrängung eines für die Geschichte der deutschen Gewerkschaftsbewegung konstitutiven Traditionsstranges zu: der Verbindung von liberalem und gewerkschaftlichem Gedankengut in der sozialliberalen Gewerkschaftsbewegung, die sich vor allem in den sogenannten „Hirsch-Dunckerschen Gewerkvereinen" (HD-GV) und ihrer Dachorganisation, dem „Verband der Deutschen Gewerkvereine (Hirsch-Duncker)" (VDG) manifestierte. Zwischen 1868 und 1933 hat die sozialliberale Gewerkschaftsbewegung in besonderer Weise an der Verbreitung des Gewerkschaftsgedankens in Deutschland, an der Formulierung und Ausformung gewerkschaftlicher Tätigkeitsfelder, an der Propagierung einer auf parteipolitischer und konfessioneller Unabhängigkeit basierenden gewerkschaftliche Einheitsbewegung mitgewirkt.

Erste prägende Ansätze einer auf gesellschaftlicher Gleichberechtigung und individueller Freiheit gründenden Sozialreform sind mit dem Namen Schulze-Delitzsch verbunden, der für Jahrzehnte gleichsam ein Synonym für eine sozial orientierte Spielart des deutschen Liberalismus war. Die von Schulze propagierten Selbsthilfe-Einrichtungen der Handwerker, Gewerbetreibenden und Arbeiter auf genossenschaftlicher Grundlage trugen der Einsicht Rechnung, daß eine rechtliche und letztlich auch politische Gleichberechtigung aller Staatsbürger — neben der Verbesserung der allgemeinen Bildungsvoraussetzungen — einer Hebung der sozialen und wirtschaftlichen Lage des „Vierten Standes" bedurfte. Allerdings blieben die Schulze'schen Genossenschaften ebenso wie die große Mehrzahl der vom liberalen Bürgertum initiierten Handwerker- und Arbeiterbildungsvereine der 1850er und 1860er Jahre an einer frühindustriellen gesellschaftlichen Entwicklungsstufe und dem Leitbild einer bürgerlichen Gesellschaft wirtschaftlich unabhängiger Existenzen orientiert, das der geistigen, sittlichen und ökonomischen Hebung der unteren Schichten Priorität vor politischer Partizipation einräumte, Partizipation, die ohnehin nur als Teilhabe an den Emanzipationsbestrebungen des Bürgertums gedacht wurde.

Erst die raschen sozioökonomischen und technischen Wandlungen der Prosperitätsperiode Mitte des 19. Jahrhunderts gaben der „Sozialen Frage" eine neue, in Deutschland bisher unbekannte Brisanz. Sie resultierten insbesondere aus der Entwicklung einer mit der existentiellen Notwendigkeit lebenslanger Lohnabhängigkeit konfrontierten Industriearbeiterschaft und den sich in verschiedenen Handwerksberufen durch technische und produktionsstrukturelle Innovationen abzeichnenden Krisentendenzen, die den tradierten Sozialstatus oder die Berufsausübung überhaupt gefährdeten.

Der diesen neuen sozialen Herausforderungen differenziert begegnende, parteipolitisch bereits gespaltene Liberalismus sah sich mit politischen Partizipationsforderungen und Manifestationen wirtschaftlicher Interessenartikulation konfrontiert, die sich nicht länger in Genossenschaften und Bildungsvereinen einbinden ließen. Das offensichtliche Scheitern dieser Integrationsbemühungen, die Separierungstendenzen der Arbeiterschaft vom Bürgertum, das diese bisher lediglich als Juniorpartner der eigenen Emanzipationsbestrebungen betrachtet hatte, das unter den Bedingungen der freien Lohnarbeit steigende Bedürfnis assoziativer Interessenvertretung der abhängig Beschäftigten, deren Forderungen das bestehende gesellschaftliche System zunehmend zu transzendieren begannen: all dies verschaffte der Einrichtung wirtschaftlicher Berufsinteressenvertretungen zusätzliche Aufmerksamkeit bei einem Teil der Liberalen. Durch ihr Eintreten für die Aufhebung der Koalitionsverbote in der Gewerbeordnung des Norddeutschen Bundes von 1869 hatte die linksliberale „Deutsche Fortschrittspartei" (DFP) nicht unmaßgeblichen Anteil an der Schaffung eines rechtlichen Freiraums für die neue Form kollektiver Interessenartikulation und -wahrnehmung, an deren erfolgreichem Durchbruch zur Massenbewegung Sozialliberale wie der engagierte Vertreter der Arbeiterbildungsvereinsbewegung, Max Hirsch, und der junge Nationalökonom Lujo Brentano durch ihr publizistisches und wissenschaftliches Oeuvre entscheidend mitwirkten.

Es entwickelte sich so eine auf den Liberalismus rekurrierende Gewerkschaftstheorie, die in der kollektiven Interessenvertretung der Arbeiter ein organisches Korrelat und notwendiges soziales Korrektiv sah zum System des freien Arbeitsvertrages in einer privatkapitalistisch organisierten Marktwirtschaft, die vor den liberalen Postulaten der Selbstverwirklichung des Individuums und des größten Glückes der größtmöglichen Zahl bestehen wollte. Parallel dazu formierte sich eine sozialliberale Gewerkschaftsbewegung, die die Verbesserung der wirtschaftlichen und sozialen Lage der unteren Schichten innerhalb des bestehenden Systems intendierte. Sie rekrutierte sich für Jahrzehnte nahezu ausschließlich — sieht man ab von der unterschiedlichen Entwicklungstendenzen unterworfenen Organisation der Buchdrucker — aus den im VDG zusammengeschlossenen Gewerkvereinen. Erst Anfang des 20. Jahrhunderts orientierten sich auch andere, bisher eher berufsständisch ausgerichtete Interessenverbände auf das sozialliberale Gewerkschaftskonzept. So umfaßte die sozialliberale Gewerkschaftsbewegung nach dem Ersten Weltkrieg neben dem VDG eine Vielzahl mehr oder minder bedeutender Angestellten- und Beamtenverbände. Unter diesen kam der großen Angestelltenorganisation, dem „Gewerkschaftsbund der Angestellten" (GDA) — neben dem VDG als Arbeiterorganisation — besondere Bedeutung zu. Bis 1933 waren die sozialliberalen Gewerkschaftsorganisationen, ungeachtet ihrer quantitativ eher rückläufigen Bedeutung, ein respektierter, dritter Partner neben der zahlenmäßig übermächtigen sozialdemokratischen und der aufstrebenden christlichen Gewerkschaftsbewegung.

Im folgenden gilt das Augenmerk primär der ältesten Gliedorganisation der sozialliberalen Gewerkschaftsbewegung, den HD-GVen, die hinsichtlich Organisationsstruktur, Programmatik und — mit Abstrichen — politischer und sozialer Verortung Vorbildcharakter für die anderen sozialliberalen Gewerkschaften besaßen.

## 2. *Gründung und Aufbau des VDG*

Im September des Jahres 1868 wurden Grundlinien für die weitere Entwicklung der deutschen Arbeiterbewegung abgesteckt. In Berlin tagte ein von der Führung des „Allgemeinen Deutschen Arbeitervereins" (ADAV) initiierter „Allgemeiner Arbeiterkongreß", an dem sich auch eine Delegation der Berliner Maschinenbauer beteiligte, die als Bastion des Sozialliberalismus innerhalb der Berliner Arbeiterschaft galten. Kopf dieser Delegation war Max Hirsch, der gerade von einer mehrwöchigen Informationsreise über das britische Genossenschaftswesen zurückgekehrt war. Während dieser Reise hatte Hirsch in der — in Arbeiterkreisen weit verbreiteten — Berliner „Volkszeitung" des Verlegers und DFP-Abgeordneten Franz Duncker eine Serie sogenannter „Sozialer Briefe" publiziert, in denen er u. a. auf die Institution der britischen „Trade Unions" hinwies, die — ohne zuvor in Deutschland in informierten Kreisen unbekannt zu sein — so einer breiteren Öffentlichkeit vorgestellt wurden.

Auf einer Versammlung der Berliner Maschinenbauer am 20. September trug Hirsch sein Konzept einer gewerkschaftlichen Interessenvertretung der Arbeiter nach britischem Vorbild vor; er attackierte den Aufruf zum Arbeiterkongreß, in dem von der Bildung einer umfassenden Arbeiterorganisation „zum Zwecke des Voranschreitens vermittels der Arbeitseinstellungen"[1] die Rede war. Demgegenüber wies Hirsch auf den — nach seiner Interpretation — lediglich auf sozialen Interessenausgleich, friedliche Konfliktregelung und parteipolitische Unabhängigkeit gerichteten Charakter der „Trade Unions" hin. In einer weiteren Versammlung sprachen sich die Maschinenbauer auf Antrag Hirschs für die Gründung von „Gewerkvereinen nach englischem Muster zum Schutze und zur Förderung aller berechtigten Interessen der Arbeitnehmer auf dem Boden der Selbsthilfe"[2] aus.

Bereits zu Beginn des Arbeiterkongresses kam es dann zum Eklat: die Maschinenbauer--Delegierten, die Vorbehalte in Geschäftsordnungsfragen angemeldet hatten, wurden als „bezahlte Agitatoren der reaktionären Geldmacht"[3] gewaltsam aus der Versammlung entfernt, ohne daß eine inhaltliche Diskussion der unterschiedlichen Gewerkschaftskonzepte erfolgen konnte. Hier wurde erstmalig mit aller Deutlichkeit ein späterhin vielfach wiederholter Vorwurf an die Adresse der sozialliberalen Gewerkschaftsbewegung erhoben: sie sei von Vertretern der DFP lanciert, um die Arbeiterbewegung zu spalten und für die Interessen der DFP zu instrumentalisieren. Unzweifelhaft hatten die Liberalen begründeten Anlaß, angesichts der wachsenden Erfolge der sozialdemokratischen Strömungen um ihren noch verbliebenen Einfluß auf Teile der Arbeiterschaft zu fürchten. Von einer Generalstabsaktion der DFP konnte jedoch keine Rede sein; nur wenige linksliberale Politiker erkannten überhaupt die Dringlichkeit einer institutionellen Innovation, um der sich abzeichnenden Trennung von Bürgertum und klassenbewußter Arbeiterschaft entgegenzuwirken.

Die Kongreß-Delegation der Berliner Maschinenbauer, mit der sich Delegierte anderer Berufe solidarisiert hatten, berief eine „allgemeine Arbeiterversammlung" ein, die die von Hirsch vorgelegten „Grundzüge für die Konstituierung der Deutschen Gewerkvereine" einer Redaktionskommission als Beratungsgrundlage für die Erstellung von „Musterstatuten" überwies. Diese Arbeiterversammlung vom 28. September 1868 galt von nun an in der sozialliberalen Gewerkschaftsbewegung als „Gründungsstunde der Deutschen Gewerkvereine".[4]

Die Statutenkommission unter Vorsitz Franz Dunckers, die sich durch Kooptation auf über 70 Mitglieder verschiedenster Berufe erweiterte, bestand mehrheitlich aus „manuell Erwerbstätigen [. . .] im Grenzbereich von kleingewerblichem Handwerk und Fabrikindu-

---

1 Vgl. Hermann Müller, Geschichte der deutschen Gewerkschaften bis zum Jahre 1878. Berlin 1916, S. 76.

2 Vgl. Wilhelm Gleichauf, Geschichte des Verbandes der Deutschen Gewerksvereine (Hirsch-Duncker), Berlin-Schöneberg 1907, S. 3.

3 Vgl. Alfred Czieslik, Deutsche Gewerkvereine (H.-D.), in: Internationales Handwörterbuch des Gewerkschaftswesens, Bd. 1, Berlin 1931, S. 337.

4 Gleichauf, S. 5.

strie".[5] Sie publizierte nach Fertigstellung der „Musterstatuten der Deutschen Gewerkvereine (Hirsch-Duncker)" am 1. November 1868 einen Gründungsaufruf an „die deutschen Arbeiter aller Berufszweige".[6] Hierin wurde zunächst die Notwendigkeit einer Interessenorganisation der Arbeiter betont: „Die nackte Freiheit [. . .], welche der konzentrierten Macht des Kapitals die Arbeitskraft nur in vereinzelten Individuen gegenüberstellt, sie führt [. . .] notwendig zu einem ungleichen Kampfe und zur Abhängigkeit und Erniedrigung der Schwächeren, der Arbeiter". Eine solche „Freiheit der Arbeit" sei nur „die Zügellosigkeit des sozialen Faustrechts". Konsequenz hieraus sei aber weder die Rückkehr zur vorindustriellen Zwangsordnung noch die staatliche Kontrolle des Wirtschaftsprozesses. Vielmehr gelte es, eine freiheitliche Ordnung zu schaffen, die „die Gegensätze vermittelt, die Schwachen durch Vereinigung stärkt, die Interessen des Kapitals und der Arbeit, der Produktion und der Konsumation harmonisch verbindet". Die Gewerkvereine seien „die Organisation der Arbeiter nach Berufsarten um Zwecke der Regelung und Besserung aller Arbeitsverhältnisse und der gesamten sozialen Lage [. . .]. Gleichberechtigung — Vereinbarung — Schiedsgericht — sind unser Wahlspruch und erst im Notfall, aber dann mit Wucht und Entschiedenheit, schreiten wir zum letzten Mittel, zur Arbeitseinstellung". Die „Musterstatuten" waren weit mehr als ein Organisationsstatut: sie bildeten — mit Korrekturen im Detail — für vier Jahrzehnte die programmatische Richtschnur der sozialliberalen Gewerkschaften.

Berlin war Ausgangspunkt und Zentrum der jungen Gewerkschaftsbewegung. Im November 1868 konstituierte sich hier mit dem „Gewerkverein der Berliner Maschinenbauer" der erste Ortsverein auf der Grundlage der Musterstatuten. Die Maschinenbauer blieben Vorreiter der Bewegung: Ende Dezember gründeten sie den „Gewerkverein der deutschen Maschinenbauer und Metallarbeiter (H-D)" (GV-MM), die erste nationale Gewerkvereinsorganisation, die allerdings erst wenige Mitgliedsvereine in Mittel- und Ostdeutschland umfaßte. 1869 setzte eine rasche Expansion ein; auf einem Gewerkvereins-Kongreß Ende März bezifferte Hirsch die Gesamtzahl der auf der Basis der Musterstatuten bestehenden Ortsvereine auf 120, die 20.000 Mitglieder umfaßten.[7]

Die Konstituierung der Dachorganisation, des „Verbandes der Deutschen Gewerkvereine (H-D)" vollzog sich im Mai 1869 unter der Beteiligung von acht Gewerkvereinen und sieben selbständigen Ortsvereinen. Ad hoc schlossen sich die Gewerkvereine der Maurer, der Zimmerer, der Tischler, der Schuhmacher und Lederarbeiter, der Stahlarbeiter sowie der Fabrik- und Handarbeiter dem Dachverband an, während die größte Gliedorganisation, der GV-MM, erst nach internen Diskussionen im Juli folgte. Im Laufe des Jahres setzte sich der Expansionsdrang ungebrochen fort. Die Gewerkvereine der Schneider, der Gold- und Silberarbeiter, der Bergarbeiter und der Schiffszimmerer stießen zum VDG, der so Ende des Jahres mehr als 250 Ortsvereine mit ca. 30.000 Mitgliedern vertrat.

Zu diesem Aufschwung hatte nicht zuletzt der überragende Organisierungserfolg unter den niederschlesischen Bergleuten beigetragen. Im Waldenburger Steinkohlenrevier gelang es binnen weniger Monate, zwei Drittel der 8000köpfigen Grubenbelegschaften für den Gewerkverein der Bergarbeiter zu gewinnen. Die junge Organisation hatte von Beginn an mit der strikten Ablehnung jeglicher Koalitionsbestrebungen seitens der Arbeitgeber zu kämpfen. Mit großem Selbstvertrauen formulierte sie — der Form nach höchst moderat

5 Vgl. Ulrich Engelhardt, „Nur vereinigt sind wir stark". Die Anfänge der deutschen Gewerkschaftsbewegung 1862/63—1869/70, Bd. 1, Stuttgart 1977, S. 626 f.
6 Zit. nach Czieslik, S. 337.
7 Vgl. Volks-Zeitung, Berlin, Nr. 76 vom 2. 4. 1869, S. 3 f.

— eindeutige „Bitten“ nach Verbesserung der Lohn- und Arbeitsverhältnisse. Die Grubenrepräsentanten antworteten mit ultimativen Aufforderungen zum Austritt aus dem Gewerkverein unter der Androhung von Entlassungen. Auf diesem Hintergrund begann am 1. Dezember 1869 der „erste im engeren Sinne organisierte und überlokale Massenstreik der deutschen Gewerkschaftsbewegung“.[8] Der vor allem finanziell unzureichend vorbereitete Streik von anfänglich 7.000 Bergleuten brach angesichts eines kaum verhüllten Zusammenspiels von Grubenverwaltungen und staatlichen Aufsichtsbehörden, das einerseits aus wirtschaftlichen Repressalien (u. a. Maßregelungen, Kündigungen von Werkswohnungen, Androhung des Verlustes von Knappschaftsrechten), andererseits aus einer breiten Palette behördlicher Schikanen und Drohgebärden bestand, binnen zweier Monate völlig zusammen. Die Grubenverwaltungen hatten ihr primäres Kampfziel erreicht: die Zerschlagung der Arbeiterkoalition. In ähnlicher Weise verlief auch der Tuchmacherstreik in der Niederlausitzer Textilindustrie um Forst im Frühjahr 1870, der eine weitere, gravierende Niederlage für die sozialliberale Gewerkschaftsbewegung brachte. Diese erlitt jedoch noch einen dritten, für die organisatorische Entwicklung nicht minder schweren Rückschlag: der Deutsch-französische Krieg 1870/71 führte zum Rückgang der Mitgliederzahl auf ca. 6.000, zum Stillstand der Tätigkeit ganzer Gewerkvereine und zur Auflösung zahlreicher Ortsvereine.

Vor allem die Umstände der Streikniederlagen 1869/70 haben in der Gewerkschaftsgeschichtsschreibung nachhaltige Aufmerksamkeit gefunden und zu grundlegenden Interpretationsversuchen Anlaß gegeben. Die Ereignisse von Waldenburg und Forst wurden — und werden — gedeutet: als „Schlag“ gegen die sozialliberale Gewerkschaftsbewegung, von der sie sich „nie mehr erholt“[9] habe, als Bankrott der sozialliberalen Gewerkschaftskonzeption überhaupt[10] oder — argumentativ stringenter abgesichert — als Peripethie einer sozialen Reformbewegung, die an der unzureichenden Respektierung und Reflexion gesellschaftlicher Wandlungen und Konfliktpotentiale sowie den sich daraus entwickelnden Widersprüchen zwischen ideologischem Anspruch und gesellschaftlicher Realität gescheitert sei.[11] Durchweg handelt es sich hier um Fehl- oder zumindest Überinterpretationen punktueller historischer Ereignisse, nicht selten belastet durch ideologisch begründete Vor-Urteile.

Die lähmende Wirkung der Streikniederlagen auf die organisatorische Entwicklung und ideelle Entfaltung der Gewerkvereine ist evident; sie wurde von den Akteuren selbst — voran Max Hirsch — auch konzediert. Zweifellos war die sozialliberale Gewerkschaftsbewegung seit Waldenburg bei einem Großteil der Arbeiterschaft diskreditiert. Sie blieb nichtsdestotrotz für Jahrzehnte zumindest in einzelnen Regionen Deutschlands eine ernstzunehmende gewerkschaftliche Konkurrenz. Ihr weiterer Entwicklungsgang war jedoch nicht von der vermeintlichen Falsifikation der sozialliberalen Gewerkschaftskonzeption durch die Streikniederlagen und deren Umstände bestimmt, sondern durch eine — in der Folgezeit einsetzende — dogmatische Verhärtung und gesellschaftliche Wandlungsprozesse ignorierende, ängstliche Verengung, die in einer von Differenzierung, Kon-

8 Vgl. Engelhardt, Bd. 2, S. 1070.

9 Vgl. Hermann Müller, Die Organisation der Lithographen, Steindrucker und verwandten Berufe, Berlin 1917, S. 163.

10 So Wilhelm Schröder/Peter Haferstroh, Verband der Deutschen Gewerkvereine (H.-D.) 1869—1933, in: Die bürgerlichen Parteien in Deutschland. Handbuch der Geschichte der bürgerlichen Parteien und anderer bürgerlicher Interessenorganisationen vom Vormärz bis zum Jahre 1945, Bd. 2, Leipzig 1970, S. 684—710, hier S. 688.

11 So der — hier notwendig verkürzte — interpretatorische Ansatz Engelhardts.

frontation und Polarisierung der Interessen sozialer Klassen gekennzeichneten historischen Epoche ein gravierendes, letztlich wohl entscheidendes Handicap darstellte.

## 3. *Zur Organisationsstruktur*

Grundlage der Organisationsstruktur bildeten die Statuten der Gewerkvereine und das Verbandsstatut des VDG, die trotz zahlreicher Detailmodifizierungen ihre Gültigkeit behielten.

Die Basiseinheit der HD-GVe stellte der von einem 3 bis 5-köpfigen „Ausschuß" geführte Ortsverein dar. Fünf Ortsvereine desselben Berufszweiges konnten sich zu einem Gewerkverein zusammenschließen. In der Gründungsphase der Gewerkverein-Bewegung kam dabei der Institution des „Vorortes" große Bedeutung zu. Der Delegiertentag eines Gewerkvereins wählte unter primär pragmatischen Gesichtspunkten (Mitgliederstärke, Zentralität) einen Ortsverein zum Vorort, dessen Mitgliederversammlung den Gewerkvereins-Generalrat (später: Hauptvorstand) bestellte, der sich im Regelfall aus folgenden Funktionsträgern zusammensetze: Vorsitzender, Stellvertreter, Schatzmeister, Generalsekretär (oder Hauptschriftführer), Generalkontrolleur sowie einer variierenden Zahl von Beisitzern. Die Wahl des Generalrates ging jedoch allmählich in die Zuständigkeit der Delegiertentage über. Seit der Aufbauphase wechselte die Vorortfunktion häufig. Ende 1869 hatten fünf der zwölf bestehenden Gewerkvereine ihren Sitz außerhalb Berlins (1900: 7 von 16 Gewerkvereinen). Nach der Fertigstellung des Verbandshauses 1905 erfolgte ein Zentralisierungsschub, wobei u. a. der Gewerkverein der Fabrik- und Handarbeiter (GV-FH), seinen Sitz von Burg (bei Magdeburg) in die Hauptstadt verlegte.

Neben den Gewerkvereinen gab es vor allem in den 1870er Jahren eine Reihe „selbständiger Ortsvereine" unterschiedlicher Berufszweige, die sich z. T. nach neuen Ortsvereins-Gründungen im Laufe der Jahre zu Gewerkvereinen weiterentwickelten.

Je nach Mitgliederstärke wählten die Gewerkvereine und die selbständigen Ortsvereine Delegierte zum VDG-Verbandstag und entsandten Vertreter in den Zentralrat (ZR), ein in der Regel monatlich mehrmals in Berlin tagendes, 20 bis 30köpfiges Gremium, das die eigentliche, demokratisch legitimierte Spitze der Gesamtorganisation darstellte. Der Verbandstag wählte die (hauptamtlichen) „Verbandsbeamten": den Kassierer, den Kontrolleur und den Redakteur des Verbandsorgans. Die Institution des Verbandsanwalts, der — nach Vorbild der Schulze'schen Genossenschaften — eine umfassende Repräsentations- und Beratungsfunktion für alle Organisationsgliederungen ausübte, blieb an die Person Max Hirsch gebunden. Nach dessen Tode wählte der Verbandstag 1907 erstmalig einen Verbandsvorsitzenden.

Schon 1869 gab es Ansätze zur Einführung mittlerer Organisationsebenen innerhalb der Gewerkvereine, die jedoch aufgrund der sinkenden Mitgliederzahlen und Widerständen der Generalräte folgenlos blieben. Erst nach der Jahrhundertwende gelang es vor allem dem GV-MM ein dichteres organisatorisches Netz zu knüpfen; man installierte ca. 30 Bezirksverbände, die seit 1905 z. T. von hauptamtlichen Bezirksleitern geführt wurden.

Das 1869 verabschiedete Verbandsstatut sah auch eine untere Ebene der Gesamtorganisation vor: die Ortsverbände, als Zusammenschluß der Ortsvereine aller Gewerkvereine an einem Ort. Neben der Förderung der Solidarität zwischen den Gewerkvereinen sollten die Ortsverbände der Effektivierung von Mitgliederwerbung und innerverbandlicher Bildungsarbeit dienen. In der Wahrnehmung der Mitgliederinteressen in Rechtsschutzfragen sowie beim Arbeitsnachweis wuchsen ihnen weitere Aufgaben zu. Der 1871 beschlossene obligatorische Beitritt der Ortsvereine zu Ortsverbänden führte zu endlosen Querelen, die die Arbeit des hierfür zuständigen Zentralrates über Jahrzehnte zu einem erheblichen Teil belasteten. Während die kleinen Gewerkvereine in Übereinstimmung mit der Verbandsspitze an der strikten Einhaltung des Obligatoriums interessiert waren, sträubten sich große Gewerkvereine vielfach gegen die von ihnen als zusätzliche finanzielle und personelle Belastung empfundenen Ortsverbände. Bildeten die meist organisationsegoistischen Erwägungen der Ortsvereine resp. Gewerkvereine das Haupthindernis für die gedeihliche Entwicklung der Ortsverbände, so standen der zieladäquaten Entfaltung der Agitations- oder Ausbreitungsverbände, die als regionale Zusammenschlüsse der Ortsvereine aller Berufe zum primären Zwecke der Mitgliederwerbung und Außendarstellung gegründet worden waren, die Widerstände der Verbandsführung, z. T. auch der Generalräte entgegen. Man fürchtete Kompetenzverluste der in den Gründungsstatuten mit eindeutigem Übergewicht ausgestatten Zentralen an untere Organisationsebenen. So blieben die Ausbreitungsverbände lediglich durch Sonderbeiträge ihrer Mitglieder getragene, freiwillige Institutionen ohne gesicherte Finanzausstattung durch VDG oder Gewerkvereine, was ihre Wirkung schnell auf ein Minimum reduzierte. Wie das Wirken des „Rheinisch-westfälischen Ausbreitungsverbandes" nach der Jahrhundertwende zeigte, boten die Ausbreitungsverbände dabei durchaus cinen Ansatzpunkt zur Verbreiterung der Mitgliederbasis und Aktivierung der Mitgliedschaft vor Ort.

Der Aufbau eines hauptamtlichen Funktionärsapparates begann an der VGD-Spitze und setzte sich nur sehr zögernd in den Gewerkvereinen fort. Die Funktionen des Schatzmeisters, der ein weitgefächertes Unterstützungswesen zu verwalten hatte, und des Generalsekretärs, der mit Einführung von Gewerkverein-Presseorganen auf breiterer Linie seit Mitte der 80er Jahre meist mit dem jeweiligen Redakteur identisch war, wurden zuerst hauptamtlich besetzt. Erst nach 1900 begann eine zielstrebige Ausdehnung des Organisationsapparates durch die Einführung von Bezirksleitern und Arbeitersekretären. Nahezu ausnahmslos rekrutierten sich diese Kräfte aus — oft altgedienten — Mitgliedern der Gewerkvereine; sie entstammten meist traditionellen Handwerks- oder Facharbeiterberufen. Vor allem nach 1910 gingen den Gewerkvereinen zahlreiche hauptamtliche Nachwuchskräfte an den parteipolitisch organisierten Linksliberalismus verloren, wo sie als regionale Parteisekretäre fungierten. Die Zahl der hauptamtlichen HD-Funktionäre lag 1875 bei nur vier, erweiterte sich bis 1890 auf ca. 25, um nach 1900 und erneut nach 1919 substantiell anzusteigen. Anfang der 20er Jahre verfügte allein der GV-MM über ca. 80 hauptamtliche Bedienstete von der Ortsvereins- bis zur Gewerksvereins-Ebene.

Die Finanzierung der Organisation basierte auf den von den Ortsvereinen erhobenen Mitgliedsbeiträgen: der „Gewerkvereinsgroschen" bildete über Jahrzehnte das finanzielle Gerüst der Gewerkvereins-Bewegung. Obwohl man die unveränderte Beitragsgestaltung bald als Hemmnis für die Ausbreitung der Organisation und die Differenzierung der gewerkschaftlichen Tätigkeitsbereiche empfand, scheute man nicht zuletzt aus Furcht vor Mitgliederverlusten bis Ende der 1880er Jahre vor Beitragserhöhungen zurück. Nach Abgeltung von Verwaltungskosten, Aufwandsentschädigungen und Zuführungen für Bildungs- und Notlagenfonds führten die Ortsvereine zwischen 30 und 80 % ihrer Einnahmen an die Gewerkvereins-Zentrale ab, die damit ihren Verwaltungsapparat und — in späterer Zeit — vor allem das Presseorgan finanzierte. Durch auf die Mitgliederstärke bezogene Beiträge unterhielten wiederum die Gewerkvereine den Dachverband.

Die Statuten beließen den Gliedorganisationen des VDG ein hohes Maß an organisatorischer Eigenständigkeit, über die die jeweiligen Gewerkvereins-Vorstände mit Argwohn wachten. Das Spannungsverhältnis von Eigeninteresse der Gewerkvereine und

— vor allem programmatisch begründeten — Interessen der Gesamtorganisation setzte immer wieder Zentrifugalkräfte innerhalb des VDG frei, denen häufig nur die persönliche Autorität Hirschs wehren konnte. Das ständige Ringen um ein Maximum an eigenorganisatorischer Verwirklichung der Gewerkvereine neben und im VDG und das Bemühen der Verbandsspitze um eine gedeihliche Kooperation aller Untergliederungen im Interesse des Ausbaus der Gesamtorganisation führte zu permanentem, hohem Kräfteverschleiß, der die Arbeitsfähigkeit der VDG-Führungsorgane nachhaltig belastete. Zumal in Organisationsfragen konnte von einer „Diktatur“[12] des Verbandsanwalts, von einem Übermaß an Zentralisation keine Rede sein. Dem widersprechen auch nicht die ständigen Querelen zwischen VDG-Führung und Gewerkvereinen in Fragen der außerverbandlichen Agitation und der innerverbandlichen Kommunikation. Nur in diesen Bereichen konnte der Dachverband seine Richtlinienkompetenz auf längere Zeit wahren. Hinsichtlich der agitatorischen Außenwirkung führte dies zur vielbeklagten Lähmung der Kräfte vor Ort, die von der zentral gelenkten Bewilligung finanzieller Mittel abhängig blieben. Die innerverbandliche Kommunikation vollzog sich primär durch das Verbandsorgan „Gewerkverein“, dessen Redakteure sich stets als Wächter gesamtverbandlicher Interessen gerierten. Vergeblich bemühte sich die VDG-Führung, den obligatorischen Bezug des „Gewerkvereins“ für alle Mitglieder zu statuieren. Dies lief den Bestrebungen der Einzelorganisationen entgegen, selbständige Kommunikationsstrukturen aufzubauen und sich somit der Einflußnahme seitens der Zentrale auch hier zu entziehen. Demzufolge beobachtete die VDG-Führung den allmählichen Ausbau von Presseorganen der einzelnen Gewerkvereine mit Reserve, zeigte sich jedoch, daß diese Organe, z. B. das des Gewerkvereins der Schuhmacher („Der Lederarbeiter“) und des GV-MM („Der Regulator“) nicht nur die organisatorische Eigenständigkeit betonten, sondern auch einer größeren programmatischen Offenheit Freiraum verschafften, wie sie das dogmatisch auf die „Gewerkvereinsideologie“ festgelegte Verbandsorgan mit seinem Hang zur Verdrängung und Verkleisterung von Konfliktpotentialen nicht bieten konnte.

Die Außenwirkung der Gewerkvereins-Presse, deren Auflageziffern im Laufe der Jahrzehnte erheblichen Schwankungen ausgesetzt waren (1905: „Regulator“ 50.000, „Gewerkverein“ 25.000 Exemplare) blieb aufgrund des strikten Festhaltens am Prinzip allgemeinpolitischer Abstinenz gering. Das stets beklagte Defizit an Tageszeitungen, die eindeutig die Position der Gewerkvereins-Bewegung vertraten, ließ Pläne zur Gründung einer verbandseigenen Tagespresse mit allgemeinpolitischer Kommentierung aufkeimen, die sich jedoch infolge finanzieller Probleme niemals realisieren ließen. Man blieb auf das Wohlwollen von Teilen der liberalen Presse angewiesen.

Für das Verhältnis der Gewerkvereine untereinander bedeutete die berufsfeldbezogene Abgrenzung und die jeweilige berufsstrukturelle Ausrichtung eine Hauptbelastungsprobe. Die Musterstatuten orientierten sich an einem weitgehend dem britischen Vorbild entlehnten Berufsverbandsprinzip, wobei allerdings durch den GV-FH, der eine Vielzahl von an- und ungelernten Berufstätigen umfaßte, bereits Konzessionen an neue, produktionsbedingte Berufsstrukturen gemacht wurden. Die Diskrepanz zwischen dem Anspruch auf möglichst homogene Interessenvertretung durch den Berufsverband, der sich an einem handwerklich-vorindustriellen Berufsethos ausrichtete, und den sich durch die Veränderungen der Produktions- und Betriebsstrukturen wandelnden beruflichen Tätigkeitsbereiche führte zu ständigen „Grenzstreitigkeiten“ zwischen einzelnen Gewerk-

---

12 So Schröders strittige Interpretation, s. Schröder/Haferstroh, S. 690.

vereinen. Gerade die quantitative Schwäche der Gewerkvereins-Bewegung machte Kompromisse notwendig, um möglichst viele Mitglieder — wenn auch „berufsfremd" — organisatorisch zu erfassen. Sie erleichterte das allmähliche Abrücken vom Berufsverbandsprinzip hin zu einer dem Industrieverband angenäherten Organisationsform, da so die geringe, verstreute und strukturell differenzierte Mitgliedschaft am einfachsten unter einem organisatorischen Dach versammelt werden konnte. Der Übergang zum Industrieverbandsprinzip, wie er sich am deutlichsten bei den Gewerkvereinen der Bau- und metallverarbeitenden Berufe vollzog, entsprach somit zwar einem allgemeinen gewerkschaftlichen Trend zur Konzentration, resultierte jedoch vornehmlich aus der Erkenntnis, daß nur so dem wachsenden Übergewicht der konkurrierenden Gewerkschaftsrichtungen hinlänglich Paroli geboten werden konnte.

Die Mitgliederentwicklung der HD-Gewerkvereine verlief keineswegs kontinuierlich. Der starke Mitgliederschwund 1870/71 konnte erst zu Beginn der 80er Jahre kompensiert werden. Eine sprunghafte Expansion vollzog sich nach Verabschiedung des Krankenversicherungsgesetzes, das den Gewerkvereinen, vermittelt durch ihre freien Hilfskassen, zahlreiche neue Mitglieder zuführte (1885: ca. 50.000 Mitglieder). Einem zweiten Mitgliederschub Ende der 1890er Jahre (1901: ca. 100.000 Mitglieder) folgte eine Pause der Stagnation, z. T. sogar von Mitgliederverlusten; diese Entwicklung konnte erst nach 1918 umgekehrt werden: 1922 wurde mit 230.000 Mitgliedern die größte Mitgliedszahl überhaupt erreicht. Bis 1933 sank sie dann wieder bis auf unter 150.000. Die Tendenzen der Mitgliederentwicklung sind damit — wenn auch auf unterschiedlichen quantitativem Niveau — mit den Entwicklungsschüben der deutschen Gewerkschaftsbewegung insgesamt kongruent, wobei die Gesamtentwicklung der Gewerkvereins-Bewegung angesichts eines steigenden gewerkschaftlichen Organisierungsgrades als stagnierend bis rückläufig zu taxieren ist.

Der Aufbau einer flächendeckenden Organisation im gesamten Reich gelang den HD-GVen nicht. Nord-, Süd- und große Teile des (vornehmlich katholischen) Westdeutschland blieben Diaspora. Die Zentren lagen von Gründung der Organisation an auf preußischem Territorium, insonderheit in Mittel- und Ostdeutschland (Provinzen Sachsen, Brandenburg und Schlesien). Hier blieben die Gewerkvereine bis in die 1920er Jahre eine auch zahlenmäßig relevante Konkurrenz der sozialdemokratischen Gewerkschaften.

Basieren die Aussagen über Entwicklung und regionale Verteilung der Mitgliedschaft auf gesichertem statistischen Material, so lassen sich deren Alters-, Berufs- und Sozialstruktur nur hypothesenartig erfassen. Versucht man den Typus des HD'schen Gewerkschafters der 1870er und 1880er Jahre zu charakterisieren, so handelte es sich um einen Handwerksgesellen oder Facharbeiter handwerklicher Provenienz zwischen 20 und 35 Jahren, der in einem Klein- oder Mittelbetrieb handwerklichen oder kleinindustriellen Zuschnitts der industrialisierten (weitgehend evangelischen) Gebiete Mittel- und Ostdeutschlands tätig war. Die relativ geringe Mitgliederfluktuation bei den Gewerkvereinen, zu einem Teil bedingt durch das vielschichtige Unterstützungswesen, bei gleichzeitigem verzögertem Mitgliederzustrom, führte tendenziell zur Überalterung der Organisation. Die Funktionärsschicht rekrutierte sich altersmäßig, nach Ablösung der Gründergeneration (Geburtsjahrgänge 1830 bis 1848) im ersten Jahrzehnt des 20. Jahrhunderts, vor allem aus Repräsentanten der Geburtsjahrgänge 1865 bis 1880, die in der Regel bis zur Auflösung des VDG 1933 den Führungskern bildeten. Sie entsprachen ihrer sozialen und beruflichen Herkunft nach dem oben skizzierten Typus des HD-Gewerkschafters. Die handwerklich orientierten Gewerkvereine, z. B. die der Schneider, Schumacher oder Bauhandwerker, wiesen einen relativ hohen Anteil an selbständigen Meistern, Kleinmeistern, Werkführern, Polieren o. ä. auf. Die HD-GVe waren jedoch nie — wie sie bisweilen interpretiert wurden — nur eine Organisation der nach Selbständigkeit strebenden Handwerksgesellen oder gar der durch die ökonomische Entwicklung deklassierten Handwerksmeister. Obwohl es den HD-GVen nur partiell gelang, in die Schicht der Angelernten oder Ungelernten vorzudringen, was nicht zuletzt ihr eigentlich entscheidendes Entwicklungsdefizit ab den 1890er Jahren erklärt, stellten sie stets eine Organisation der abhängig Beschäftigten mit Handwerker- oder Facharbeiterqualifikation dar.

## 4. *Zur Programmatik*

Die Musterstatuten von 1868 wiesen den Deutschen Gewerkvereinen folgende Aufgaben „zum Schutz und zur Förderung der Rechte und Interessen der Mitglieder auf gesetzlichem Wege“ zu: Entwicklung eines vielfältigen Unterstützungswesens, Gewährung finanzieller Hilfen bei Aussperrung, Maßregelung und im Streikfalle, Erstellung einer Arbeitsstatistik und darauf aufbauende Arbeitsvermittlung, Förderung der allgemeinen und fachspezifischen Bildung, Interessen- und Rechtsschutzvertretung gegenüber Arbeitgebern, Öffentlichkeit und Behörden sowie Gründung und Unterstützung von wirtschaftlichen, insbesondere Produktivgenossenschaften.[13] Neben dieser Zweckbestimmung der Organisation enthielten die Musterstatuten lediglich ein knappes gewerkschaftliches Aktionsprogramm zur kurz- und mittelfristigen Verbesserung der Arbeitsbedingungen.

Über nahezu vier Jahrzehnte — bis zum Programm von 1907 und den Leitsätzen von 1908 — verfügte die sozialliberale Gewerkschaftsbewegung über kein grundsatzprogrammatisches Dokument verbindlichen Zuschnitts. Das sich hier andeutende Theoriedefizit mußte der gedeihlichen Entwicklung der Gewerkverein-Bewegung in einer historischen Entwicklungsphase, in der die gesellschaftliche Interessenpolarisierung zu offensiver Artikulation des eigenen programmatischen Standpunktes drängte, hinderlich sein. Dabei besaß die Gewerkverein-Bewegung, vor allem durch die Schriften des Organisationsgründers Hirsch, durchaus ein schlüssiges Gewerkschaftskonzept und programmatische Grundkonstanten, die ihr ein unverwechselbares Gepräge über die tagespolitischen Wandlungen hinaus verliehen.

Das die sozialliberale Gewerkschaftsbewegung konstituierende Gewerkschaftskonzept entsprach in großen Zügen der, in Reflektion des britischen Trade-Unionismus und seiner gesellschaftlichen Funktion entwickelten, klassischen oder liberalen Gewerkschaftstheorie, wie sie in Deutschland vor allem von den Nationalökonomen Lujo Brentano und Heinrich Herkner vertreten wurde. Ausgehend von der Kritik am bestehenden System des freien Arbeitsvertrages, das dem schwächeren Partner, dem Arbeiter, lediglich eine formale Vertragsfreiheit gewähre und so die herrschenden sozialen Mißstände mit verursacht habe, postulierten die liberalen Gewerkschaftstheoretiker Koalitionsrecht und kollektiven Arbeitsvertrag als organische, systemkonforme Ergänzungen, um dem Faktor ‚Arbeit‘ durch Interessenorganisierung eine gleichberechtigte Markt- resp. Vertragsposition zu sichern. Diese kollektive Interessenvertretung in möglichst alle Arbeiter eines Berufs- oder Wirtschaftszweiges umfassenden Gewerkschaften auf gesamtnationaler Ebene diente primär der Realisierung ökonomischer Forderungen (Lohn- und Arbeitszeitfragen, sonstige Arbeitsbedingungen); zusätzlich sollten die

13 Abdruck der Musterstatuten, zit. nach Müller, Organisation, S. 431 ff.

Gewerkschaften jedoch eine soziokulturelle Funktion erfüllen: das bestehende Herrschaftsverhältnis zwischen Arbeitgebern und Arbeitnehmern sollte durch ein größere Entfaltungsmöglichkeiten für die abhängig Beschäftigten sicherndes System vertraglicher Beziehungen und eine allgemeine „kulturelle Hebung der Arbeiterschaft", die deren Anteil an den Segnungen einer als unaufhaltsam verstandenen Tendenz kulturellen Fortschritts gewährleisten sollte, überwunden werden. Zwecks möglichst effektiver Interessenvertretung postulierte man die parteipolitische Unabhängigkeit und weltanschauliche Neutralität der Gewerkschaften.

Das so skizzierte Gewerkschaftsmodell erfuhr erst durch Implikamente der liberalen Gesellschafts- und Wirtschaftstheorie seine richtungsspezifische Ausprägung. Ausgehend vom traditionellen Verständnis der Trennung von Staat und Gesellschaft billigten die Gewerkvereine der Staatsautorität vorderhand nur eine untergeordnete, der Normierung der Rechtsbeziehungen gesellschaftlicher Gruppen dienende Funktion im Rahmen der Wirtschafts- und Sozialordnung zu, insbesondere einem Staat, dessen politischer Führung und herrschenden Eliten man mit tiefstem Mißtrauen gegenüberstand. Im zeitgenössischen Begriffsraster lautete die Kurzformel: Priorität der Selbsthilfe vor Staatshilfe. Der Anspruch der Gewerkvereine, als Institutionen der Selbsthilfe zu agieren, manifestierte sich in doppelter Weise. Einerseits vertrauten die Gewerkvereine auf die Annahme, daß man die soziale Sicherung der Mitglieder und damit potentiell aller Arbeiter in eigener Regie durch das verbandseigene Unterstützungwesen auf dem Versicherungswege regeln könne; staatliche Eingriffe wurden prinzipiell als freiheitswidrig und bevormundend zurückgewiesen. Andererseits strebte man freie, vertragliche Vereinbarungen zur Besserung der Arbeitsbedingungen mit dem Kapitaleignern auf der Grundlage völliger Gleichberechtigung an. Hier sollte der Staat lediglich für die Einhaltung der Koalitionsfreiheit und den Aufbau einer Schutzgesetzgebung für von ökonomischer Ausbeutung besonders eklatant betroffene gesellschaftliche Gruppen eintreten. Das Zutrauen der Gewerkvereine in die vernunftgemäße, auf Interessenausgleich gründende Gestaltung der Arbeitsmarktbeziehungen zwischen den Arbeitsmarktparteien basierte auf zwei ideologischen Prämissen. Zum einen versuchte die sozialliberale Gewerkschaftsbewegung in ihrem Wirkungskreis den Ablösungsprozeß der Arbeiterschaft vom liberalen Bürgertum aufzuhalten, weil sie nur in der Kooperation dieser gesellschaftlichen Gruppen die Chance zum Aufbau einer freiheitlichen, die unterschiedlichen sozialen Interessen angemessen berücksichtigenden, demokratischen Gesellschaft in der Tradition der Revolutionen von 1789 und 1848 sah. Die zweite in ihren Konsequenzen weiterreichende Prämisse war die sozialliberale Deutung des Interessengegensatzes zwischen Kapital und Arbeit. Dem sozialdemokratischen Modell antagonistischer Klasseninteressen stellte man die Auffassung von der letztlichen Harmonie der Interessen von Kapital und Arbeit entgegen: die *richtig* verstandenen und wahrgenommenen Interessen seien „solidarisch und harmonisch".[14] Wie der Arbeiter auf den Faktor „Kapital" zu Aufbau und Fortentwicklung wirtschaftlicher Produktion angewiesen sei, so sei der Kapitalist von der Arbeits- und Leistungskraft, aber auch der Konsumfähigkeit des Arbeiters abhängig. Nur ein gesunder, leistungsfähiger Arbeiter könne Produktives leisten, nur ein auskömmlich entlohnter Arbeiter durch Konsum die Produktion anregen. Insofern müßten Arbeiter und Kapitalist an der Entwicklung einer wirtschaftlichen Ordnung mit hoher Produktivität und hohem Lohnniveau interessiert sein. Diese Interpretation der von den Gewerkvereinen

14 Vgl. Max Hirsch, Was bezwecken die Gewerkvereine? 2. erw. Aufl., Berlin 1880, S. 7.

nie geleugneten, alltäglichen Interessendivergenzen zwischen Kapital und Arbeit ließ sozialreformerische Gewerkschaftsarbeit innerhalb des bestehenden Wirtschaftssystems sinnvoll erscheinen: wo „Kampf bis aufs Messer" herrschte, war kein Platz für rational begründeten Interessenausgleich gleichberechtigter Parteien. Die Deutung der bestehenden Interessengegensätze als letztlich auflösbar bestimmte auch die Form der Auseinandersetzung der sozialliberalen Gewerkschaftsbewegung mit den Arbeitsmarktkontrahenten. Eindeutiger Vorrang sollte der friedlichen Konfliktregelung mittels eines Vertragssystems von Schiedsgerichten und Einigungsämtern zukommen. Der Streik wurde lediglich als Defensivwaffe, als „ultima ratio" gewerkschaftlicher Kampfmittel betrachtet, dessen Einsatz einer Notwehrhandlung gleichkam.

Das sozialliberale Gewerkschaftskonzept im Kontext der gesellschaftlichen Bedingungen des sich organisierenden Kapitalismus: hier gab es vielfältige Friktionen und Enttäuschungen, Entwicklungen, die zur Modifizierung der eigenen Position zwangen. Einerseits waren weder die — sich häufig als liberal bezeichnenden — Arbeitgeber bereit, sich in das von den Gewerkvereinen entworfende Szenarium schiedsgerichtlicher Konfliktregelung gleichberechtigter Arbeitsmarktparteien ohne Not einzufügen, es sei denn eine kampfstarke und -willige Interessenorganisation hätte sie dazu gezwungen. Andererseits gelang es angesichts verschärfter Verteilungskämpfe seit Mitte der 1870er Jahre und der erfolgreichen sozialdemokratischen Agitation nicht, die Arbeiter für ein Konzept allmählicher, letztlich begrenzter sozialer Reformen ohne euphorische Zukunftsvision in dem Maße zu mobilisieren, wie es gerade eine gewerkschaftliche Organisation bedurft hätte, die parteipolitische Unabhängigkeit und religiöse Neutralität als Voraussetzung von Massenmobilisierung auf ihr Panier geschrieben hatte. Entlang dieser Bruchlinien zwischen programmatischem Anspruch und gesellschaftlicher Realität entwickelten sich vor allem seit Ende des 19. Jahrhunderts innovative Tendenzen der Gewerkvereins-Bewegung. Eine erste, vorsichtige Korrektur vollzog sich im Zusammenhang mit den Fortwirkungen der staatlichen Sozialversicherungsgesetzgebung und den Anfängen einer konstruktiven Arbeiterschutzgesetzgebung. Das Verhältnis zwischen Selbst- und Staatshilfe wurde neu definiert; man dränge den Staat zu aktivem sozialpolitischen Eingreifen. Die Wechselbeziehung zwischen staatlicher Wirtschafts- und Fiskalpolitik und der sozioökonomischen Lage der Arbeiterschaft nötigte zu aktiver Interessenvertretung auch bei politischen Wahlen, bei denen sich die Gewerkvereine meist krampfhaft bedeckt gehalten hatten. Ein Dilemma tat sich auf, das die Gewerkvereins-Bewegung für zwei Jahrzehnte intensiv beschäftigte, ohne daß es letztlich einer zufriedenstellenen Lösung hätte zugeführt werden können: zur Umsetzung sozialpolitischer Zielsetzungen bedurfte es eines politischen Ansprechpartners. Die Annahme, man könne durch sachbezogene Politik Zustimmung von verschiedenen Seiten gewinnen, mußte sich spätestens angesichts der klaren Ausrichtung der konkurrierenden Gewerkschaftsrichtungen auf SPD und Zentrumspartei als Illusion erweisen. Das Bekenntnis zu einer der liberalen Parteien wurde aber prinzipiell erschwert, nicht nur durch deren keineswegs den Intentionen der Gewerkvereine in hinreichendem Maße Rechnung tragendes Verhalten in sozialpolitischen Fragen. Dem Bekenntnis stand die zentrale programmatische Maxime der parteipolitischen Unabhängigkeit entgegen, die die Gewerkvereine gerade zwecks Abgrenzung gegenüber den sozialdemokratischen Gewerkschaften nicht opfern konnten. Versuche, das Dilemma durch Gründung einer eigenen, sozialliberalen Arbeiterpartei zu lösen, wie sie die innerverbandliche Opposition vor allem nach 1900 propagierte, scheiterten im Ansatz.

Diese innerverbandliche Opposition, die sich — ausgehend vom Ortsverband Düsseldorf — im „Rheinisch-westfälischen Ausbreitungsverband" (gegr. 1901) ein festes organisatorisches Rückgrat gegeben hatte, intendierte neben der politischen Öffnung eine schärfere gewerkschaftliche Profilierung und programmatische Akzentuierung der sozialliberalen Gewerkschaftsbewegung. Nachdem die Versuche der VDG-Führung, diesen oppositionellen Bestrebungen mit administrativen Repressivmitteln (Auflösung von Untergliederungen, Mitgliederausschlüsse, z. B. des Redakteurs des Oppositonsorgans, A. Erkelenz) zu begegnen und sie somit zu neutralisieren, gescheitert waren, bewegten sich beide Lager, gedrängt von jüngeren Funktionären in den Generalräten, aufeinander zu. Der Berliner Verbandstag 1907 mit seinen Programmberatungen markierte den erfolgreichen Abschluß des neuen, integrativen Kurses, indem die innerverbandliche Opposition sowohl sachlich als auch personell Berücksichtigung fand.

Das Programm des VDG von 1907 definierte die politische Linie mit dem Terminus „volkstümlich-freiheitlich" nur undeutlich. Prägend wurde dagegen Erkelenz' Formel von der „Freiheitlich-nationalen Arbeiterbewegung"[15], deren Speerspitze der VDG bilden sollte. Wenn die „Prinzipiellen Leitsätze"[16] neben den Idealen der sozialen Gerechtigkeit, der mitmenschlichen Solidarität, der geistigen und politischen Freiheit und Selbstverantwortung sowie der sittlichen Vervollkommnung des Individuums im Interesse der Solidargemeinschaft stärker als zuvor das „nationale Ideal" betonten, so erwies man hiermit einerseits dem Zeitgeist seine Referenz, andererseits benötigte man die nationale Komponente zur Abgrenzung von den sozialdemokratischen Gewerkschaften, mit denen die Gemeinsamkeiten in der gewerkschaftlichen Praxis ständig zunahmen.

Die Gewerkvereine verstanden sich nun ohne Zaudern als Glied der „liberalen Weltanschauung"[17], allerdings „ohne Einzwängung in den engen Rahmen einer Partei". De facto ergaben sich — zumal nach Fusionierung des Linksliberalismus — Möglichkeiten zu effektiverer Kooperation zwischen Gewerkvereinen und liberalen Parteien, die in der Weimarer Republik ihre deutlichste Ausformung fand.

Es ist nicht verwunderlich, daß die skizzierte Zwangslage zwischen programmatischem Anspruch und realpolitischem Gestaltungsbedürfnis und der tendenzielle Rücktritt gegenüber den konkurrierenden Gewerkschaftsrichtungen gerade für die soziallibérale Gewerkschaftsbewegung die Frage einer einheitlichen Gewerkschaftsorganisation über alle politischen Richtungen hinweg immer wieder aktuell machte. Von ihrem programmatischen Anspruch her verstanden sich die Gewerkvereine dabei ja eigentlich bereits als die überparteiliche Gewerkschaftsorganisation par excellence, die als Ausgangsbasis für die Überwindung der Spaltung der Richtungsgewerkschaften dienen konnte. Wiederholt kamen von HD'scher Seite Anregungen zur engeren Kooperation, wobei die Sozialliberalen auch von ihrer Mittlerstellung zwischen sozialdemokratischen und christlichen Gewerkschaften profitierten.

Eine für die gewerkschaftliche Praxis weit bedeutsamere Veränderung vollzogen die Gewerkvereine hinsichtlich der Bewertung gewerkschaftlicher Tätigkeitsfelder und Kampfmittel, auch hier beeinflußt von Anregungen der innerverbandlichen Opposition. Die Konzentration früherer Jahre auf Auf- und Ausbau des Unterstützungswesens, die die Gewerkvereine tendenziell ihres gewerkschaftlichen Charakters zu berauben drohte, und sie zu bloßen „Kassenvereinen" degenerieren ließ, wich dem kompromißloseren

15 Vgl. Anton Erkelenz, Die freiheitlich-nationale Arbeiterbewegung, München 1910.

16 Abdruck der „Prinzipiellen Leitsätze" in: Karl Goldschmidt, Das Programm des Verbandes der Deutschen Gewerkvereine und die Forderungen der einzelnen Gewerkvereine, Berlin 1910, S. 11 f.

17 Vgl. Karl Goldschmidt, Weltanschauung und Arbeiterbewegung, Berlin 1908.

Einsatz für die konkrete Verbesserung der Arbeitsbedingungen der Mitgliedschaft. Dies schloß den Streik als wirksames Kampfmittel bewußt ein, wenn auch die friedliche Konfliktregelung, jetzt mittels Tarifverträgen, vornehmstes Ziel blieb. Die an die Burgfriedenspolitik während des Ersten Weltkrieges anknüpfende, in der Anfangsphase der Weimarer Republik praktizierte Zusammenarbeit von Arbeitgeber- und Arbeitnehmerorganisationen fand bei den sozialliberalen Gewerkschaften konsequenterweise ebenso Unterstützung wie Bestrebungen zu einer wirtschaftsdemokratischen Neuordnung der Gesellschaft.

Aufgrund der hier nur in großen Zügen dargestellten programmatischen Wandlungen und Anpassungen verfügte die sozialliberale Gewerkschaftsbewegung, gestärkt durch die erfolgreichen Angestelltenorganisationen, in den 20er Jahren so über ein schärferes gewerkschaftliches Profil, breitere politische Gestaltungsmöglichkeiten und bessere organisationsstrukturelle Voraussetzungen als je zuvor. Die Entwicklung der deutschen Gewerkschaftsbewegung insgesamt hatte aber den Spielraum für eine sozialliberale Variante gewerkschaftlich beeinflußter Sozialreform allzusehr verengt, um den von den Gewerkvereinen erhofften Aufstieg Realitiät werden zu lassen.

## 5. *Zur gewerkschaftlichen Praxis*

Erste „leitende Grundsätze" formulierten die Musterstatuten und die auf ihnen fußenden Statuten der einzelnen Gewerkvereine für die gewerkschaftliche Arbeit, insbesondere zu Lohn-, Arbeitszeit- und Arbeitsschutzfragen. Dieser im Laufe der Entwicklung vielfach modifizierte Katalog gewerkschaftlicher Forderungen zur konkreten Verbesserung der Arbeitsbedingungen steckte einen zentralen Bereich originärer gewerkschaftlicher Tätigkeitsfelder ab. Einen zweiten, für die Gewerkvereins-Bewegung zeitweilig vorrangigen Aktionsbereich stellten Schaffung und Ausbau gewerkschaftlicher Selbsthilfeeinrichtungen dar. Beide Aufgabenbereiche wurden in erheblichem Maße durch Aktivitäten staatlicher Sozialpolitik beeinflußt.

Die in den ersten Gewerkvereins-Statuten niedergelegte Forderung nach einem Arbeitslohn, der der auskömmlichen Unterhaltssicherung des Arbeiters und seiner Familie „mit Einschluß der Versicherung gegen jede Art von Arbeitsunfähigkeit, sowie der nötigen Erholung und humanen Bildung"[18] Rechnung zu tragen habe, blieb auf Dauer Richtschnur der HD'schen Lohnpolitik. Die in den sozialdemokratischen Gewerkschaften lange Zeit kursierende Lohnfondstheorie, die gewerkschaftliche Reformarbeit im Ansatz lahmlegte, wurde von den HD-Gewerkvereinen stets als irrig erkannt und zurückgewiesen. Der Lohnpolitik kam im HD'schen Gewerkschaftsverständnis zentrale Bedeutung zu. Sie sollte die Voraussetzung für eine gleichberechtigte Teilnahme der Arbeiter am wirtschaftlichen und gesellschaftlichen Fortschritt schaffen: nicht staatliche oder private Kompensationsleistungen, sondern allein der zur privaten Verfügung stehende Lohn sollte Ausgangspunkt der gesellschaftlichen Gleichberechtigung sein. In diesem Sinne wurden staatliche Zugriffe auf den Lohn über Zwangsbeiträge zu staatlichen Versicherungseinrichtungen als Versuche zur Beschneidung gewonnener individueller Gestaltungsmöglichkeiten für den Arbeiter zurückgewiesen. Insofern stellte die Ablehnung der Bismarckschen Sozialgesetzgebung durch die sozialliberale Gewerkschaftsbewegung kein

18 Statut des GV-MM, zit. nach K. Brämer, Organisation und Ausdehnung der deutschen Gewerkvereine nach Hirsch-Dunckerschen Grundsätzen, in: Der Arbeiterfreund 9 (1871), S. 96 ff.

bloßes dogmatisches Festhalten an überholten Selbsthilfe-Vorstellungen dar, sondern sie entsprach einer tieferen Einsicht in die durch ein staatliches Zwangsversicherungssystem und seine Folgen nachhaltig geschmälerten Chancen zur selbstverantwortlichen Mitgestaltung gesellschaftlicher Entwicklungen durch Individuen und kollektive Interessenorganisationen, die in Warnungen vor Tendenzen zur „Sozialdisziplinierung" und deren paralysierenden Wirkungen auf die politische Partizipationsfähigkeit der Staatsbürger immer wieder ihren Ausdruck fand.[19]

Daß die Lohnpolitik trotz ihrer konzeptionell prioritären Bedeutung in der gewerkschaftlichen Praxis der Gewerkvereins-Bewegung bis in die späten 1890er Jahre hinter dem Ausbau der Selbsthilfeeinrichtungen zurücktrat, weist eine auf der skizzierten Bruchlinien zwischen programmatischem Anspruch und realen gesellschaftlichen Machtverhältnissen hin.

Anders als die sozialdemokratischen Gewerkschaften, die von Gründung an den gesetzlich normierten achtstündigen Arbeitstag als Zielsetzung verfochten, vertraten die HD-Gewerkvereine modifizierte und moderate Forderungen. 1868 erstrebte man den 12stündigen Maximalarbeitstag mit zweistündiger Arbeitspause. Nachdem sich in den 1880er Jahren auch einzelne Gewerkvereine auf den Achtstundentag zubewegten, setzte in den 1890er Jahren eine verbandsinterne Diskussion über die Arbeitszeitfrage ein. Nur unter hinhaltendem Widerstand rückten Hirsch und die Mehrheit der Gewerkvereins-Führungen von alten Positionen ab. Man differenzierte dabei jetzt zwischen einem achtstündigen Arbeitstag für gesundheitlich besonders belastende Berufe („sanitärer Maximalarbeitstag") und dem neunstündigen Maximalarbeitstag für alle sonstigen abhängig Beschäftigten. Die „Sozialpolitischen Leitsätze" von 1908[20] schließlich unterschieden zwischen Forderungen an den Staat (u. a. achtstündiger Maximalarbeitstag für Arbeiter der Schwer- und chemischen Industrie sowie Büroberufe) und der Forderung an die Unternehmer nach tarifvertraglich zu vereinbarenden Arbeitszeitverkürzungen bis auf längstens acht Stunden. Diese Zielsetzung blieb bis zur Einführung des Achtstundentages 1918 unverändert. Die „Sozialpolitischen Leitsätze" visierten auch in der Lohnpolitik neue Ufer an: erstmalig postulierte man die tarifvertraglich gesicherte Festsetzung eines Mindestlohnes, die über die bisherige Formulierung der auskömmlichen Entlohnung deutlich hinausgriff; außerdem wurde die Forderung nach gleicher Entlohnung von Mann und Frau sowie nach einer jährlichen Urlaubsregelung unter Lohnfortzahlung erhoben.

Die Musterstatuten enthielten bereits detaillierte Arbeitsschutzforderungen, so die weitgehende Abschaffung der Sonntags- und Nachtarbeit und die Beschränkung der gewerblichen Arbeit von Kindern und Jugendlichen. Die nach Bismarcks Sturz einsetzende staatliche Arbeiterschutzgesetzgebung stellte die sozialliberale Gewerkschaftsbewegung vor ein Dilemma: einerseits präferierte man die frei vereinbarte Regelung der Arbeitsmarktparteien ohne staatliche Intervention, andererseits konnte man sich dem gesetzlichen Regelungsbedarf der Problemfelder Kinder-, Frauen-, Sonntags- und Nachtarbeit nicht entziehen.

---

19 Dieser Aspekt liberaler Kritik an der Bismarckschen Sozialversicherungsgesetzgebung ist in der historischen Forschung hinter der Nebelwand des — nicht unbegründeten — Vorwurfes, dem „Manchestertum" verhaftet gewesen zu sein, eindeutig zu kurz gekommen. Zur Funktion der staatlichen Sozialversicherung s. vor allem Gerhard A. Ritter, Staat, Arbeiterschaft und Arbeiterbewegung in Deutschland. Vom Vormärz bis zum Ende der Weimarer Republik, Berlin-Bonn 1980, S. 9 ff. und S. 43 ff.

20 Vgl. Goldschmidt, Programm, S. 16 f.

Der Verbandsanwalt Hirsch trat während der verschiedenen Phasen seiner Reichstagszugehörigkeit immer wieder für die rechtliche Sicherung der gewerkschaftlichen Arbeit ein. Hierzu gehörte die Abwehr von Angriffen auf das Koalitionsrecht und die Freizügigkeit der Arbeiter, z. B. durch die wiederholten Bestrebungen zur obligatorischen Einführung von Arbeitsbüchern für alle gewerblich Beschäftigten. Ohne Erfolg trugen die Gewerkvereine über die Jahre ihr Begehren nach Anerkennung der Rechtsfähigkeit der Berufsvereine (d. h. Arbeitgeber- und Arbeitnehmerorganisationen) vor, um die in einem gesetzlichen Freiraum staatlicher Willkür letztlich ungeschützt ausgesetzten Gewerkschaften vor behördlichem Zugriff, z. B. auf das Kassenwesen, zu sichern. In gleicher Weise befürworten die Gewerkvereine auch ein staatliches Normativgesetz für Schiedsgerichte und Einigungsämter, in späterer Zeit für das Tarifvertragswesen.

Zur Durchsetzung ihrer gewerkschaftlichen Forderungen stand den HD-GVen nur ein begrenztes Instrumentarium zur Verfügung. Die Selbsthilfeeinrichtungen dienten der Stärkung der Organisation wie der Absicherung der Mitglieder gegenüber individuellen oder sozialen Notlagen und Übergriffen von Unternehmerseite. Mittels organisationseigener Arbeitsstatistiken und darauf aufbauender Arbeitsnachweise auf nationaler Ebene sollten die Mitglieder vor regionalen Arbeitsmarktproblemen geschützt werden.

Trotz der programmatischen und ideologischen Vorbehalte gegenüber dem Streik als extremem gewerkschaftlichen Kampfinstrument wurde die sozialliberale Gewerkschaftsbewegung bereits in ihren Anfängen durch die Streikaktionen von Waldenburg und Forst zur Reflexion ihrer Position gezwungen. Nachdem Versuche zur gütlichen Einigung gescheitert waren, hatte man dort die — zuvor theoretisch bezogene — Linie der rückhaltlosen moralischen und finanziellen Unterstützung der betroffenen Kollegen verfolgt. Die Streikniederlagen führten zu einer Generaldebatte über die Funktion des Streiks. Dabei änderte sich die prinzipielle Einschätzung nicht, obwohl Stimmen laut wurden, die zukünftige Streiks gänzlich ausschließen wollten.[21] Das Streikreglement des VDG von 1873 blieb bei der Version des Streiks als „ultima ratio", statuierte jedoch ein strengeres Procedere, das von den Streikunterstützungen beantragenden Untergliederungen dem Verband gegenüber einzuhalten war. Auf diese Weise sollten Streiks ohne hinreichende sachliche Begründung, Vorbereitung und finanzielle Ausstattung die Unterstützung des VDG verlieren; diese wurde außerdem von dem vorherigen Versuch gütlicher Einigung abhängig gemacht. Obwohl das Streikreglement also — trotz gewisser bürokratischer Perfektionierungen, die Streiks tendenziell erschwerten — den Streik als Kampfmittel bejahte, wurde dieser von der sozialliberalen Gewerkschaftsbewegung ab Mitte der 1870er Jahre bis gegen Ende des Jahrhunderts praktisch nicht mehr eingesetzt, es sei denn im Anschluß an andere Organisationen, wobei man jedoch auf der gleichberechtigten Beteiligung an den Streikvorbereitungen als Voraussetzung soliden Zusammenwirkens insistierte. Erst nach 1900 nahmen die Gewerkvereine wieder in nennenswertem Umfang an Streik teil resp. organisierten selbständig Streikaktionen. Die langwährende Streikabstinenz hat der Glaubwürdigkeit des sozialliberalen Gewerkschaftskonzepts innerhalb der Arbeiterschaft zweifelsohne einen Bärendienst erwiesen und den

21 Max Hirsch verwarf die prinzipielle Ablehnung des Streiks als „unsinnig", solange es noch Arbeitgeber gebe, die selbst „wirtschaftlich und menschlich berechtigte Forderungen der Arbeiter" trotz gütiger Einigungsversuche ablehnten — wie solle da der Arbeiter ohne Streik zu seinem Recht kommen? Vgl. Protokoll des 2. Verbandstages, Berlin 1873, S. 50 f. Schröders Interpretation des Streikreglements (S. 688) bedeutet eine irreführende Verzeichnung seines Inhalts und der Sachdiskussion auf dem Verbandstag.

VDG — letztlich zu Unrecht — in den Geruch der Wirtschaftsfriedlichkeit gebracht, zumal die von den Gewerkvereinen als „Streikersatz“ propagierte Einrichtung paritätisch besetzter, von Arbeitgebern und Arbeitnehmern eines Berufs oder einer Branche frei gewählter Schiedsgerichte, die zusätzlich die Funktion eines Einigungsamtes im Konfliktfalle erfüllen sollten, nur an wenigen Orten mit meist nur sehr kurzer Lebensdauer und geringem praktischen Erfolg realisiert werden konnten. Sie scheiterten primär an der Weigerung der Arbeitgeber, mit der kollektiven Interessenvertretung der Arbeiter zu verhandeln, aber auch am Fehlen eines institutionalisierten Einigungszwanges. Das Verdienst, dem Tarifvertragsgedanken in Deutschland zum Durchbruch verholfen zu haben, konnte die sozilliberale Gewerkschaftsbewegung so trotz jahrzehntelangen Bemühens nicht für sich in Anspruch nehmen, sondern mußte dies der Buchdruckergewerkschaft überlassen.

Als „Hauptmittel“[22] zur Erreichung der Organisationsziele propagierten die Gewerkvereins-Statuten die Errichtung eines differenzierten Unterstützungswesens. Während die Schaffung von Kranken-, Begräbnis-, Alters- und Invalidenkassen sowie Unterstützungsfonds für Streiks, Aussperrung oder außerordentliche Notlagen sofort in Angriff genommen werden sollte, wurde die Einrichtung einer Arbeitslosenunterstützung als „zukünftige Aufgabe“ der Gewerkvereine bezeichnet, die, „sobald die Kassenverhältnisse es erlauben“, realisiert werden sollte.

Die Krankenkassen der Gewerkvereine unterschieden sich von bestehenden Institutionen, insbesondere den Zwangskassen der einzelnen Gewerke, in der völligen Selbstverwaltung durch die Mitglieder und dem nationalen Bezugsrahmen, der erst Mobilität erlaubte ohne das Risiko, des Versicherungsschutzes und der geleisteten Beiträge verlustig zu gehen. Das Hilfskassengesetz von 1876 gab den Gewerkvereins-Krankenkassen einen rechtlichen Rahmen und unterstellte sie als „eingeschriebene Hilfskassen“ der versicherungstechnischen Aufsicht des Staates. Die Gewerkvereins-Kassen erfuhren jedoch dadurch eine erhebliche Aufwertung, daß die Mitgliedschaft in ihnen nun offiziell von der Mitgliedschaft in sonstigen (Zwangs-)Kassen entband. Das Leistungsniveau der selbstverwalteten Kassen lag durchschnittlich höher als das der Konkurrenzkassen, obwohl die Beiträge hier nur von den Arbeitern aufgebracht wurden, während die anderen Kassen durch die Arbeitgeber mitfinanziert und daher auch maßgeblich mitbestimmt wurden. Die freien Hilfskassen waren jedoch immer wieder behördlichen Schikanen ausgesetzt; viele Arbeitgeber zwangen ihre Beschäftigten, die freien Kassen zu verlassen oder sich zusätzlich der Betriebskasse anzuschließen. Entsprechend gering war der Erfolg des Hilfskassensystems nach 1876, ein zentrales Argument der Befürworter einer staatlichen Zwangsversicherung. Die Einführung des Versicherungszwanges durch das Krankenversicherungsgesetz von 1883 brachte den Gewerkvereinen zahlreiche neue Mitglieder, die sich durch Eintritt in eine freie Hilfskasse von der Beitrittspflicht zu einer der neu errichteten Zwangskassen befreien wollten. Die Novellierungen des Krankenversicherungsgesetzes führten Anfang der 1890er Jahre dazu, daß die freien Kassen, die aufgrund verschiedener staatlicher Auflagen nicht mehr mit den Zwangskassen konkurrieren konnten, ihren Charakter zu reinen Zuschußkassen veränderten.

Eine zweite, von der Bismarckschen Sozialversicherungsgesetzgebung ins Mark getroffene Selbsthilfeinstitution bildeten die Invalidenkassen des VDG. Von Anfang an krankte die „Verbandskasse für Invaliden der Arbeit“ an unzureichenden versicherungs-

22 Vgl. Statut des GV-MM, S. 96 f.

technischen Erfahrungen, die — bei einem hohen Anteil älterer Mitglieder aus der Gründungsphase der Kasse — zu ständigen Revisionen des Leistungs- und Beitragsniveaus zwangen. Die Kasse umfaßte auch in besten Zeiten lediglich 50 % der Gesamtmitgliedschaft, da Bestrebungen zu ihrer obligatorischen Einführung wiederholt scheiterten. Durch ihren Pioniercharakter und das eifrige agitatorische Wirken Hirschs für die „Perle der Deutschen Gewerkvereine“[23], aber auch durch die 1883 erfolgte zeitweilige behördliche Beschlagnahme der Kassenbücher erfuhr die Invalidenkasse eine weit über ihre tatsächliche Bedeutung hinausreichende Publizität. Aufgrund rückläufiger Mitgliedszahlen und Überalterung waren die Grundlagen der Kasse schon stark in Mitleidenschaft gezogen, als das Alters- und Invalidenversicherungsgesetz ihr 1889 den letzten Stoß versetzte. Die separate Invalidenkasse des GV-MM löste sich 1893 ebenfalls auf.

Während die Unterstützungsleistungen im Falle von Maßregelung, Aussperrung oder Streik meist aus den laufenden Etats der Gewerkvereine bewilligt wurden — der Aufbau von Streikfonds wurde auch aus grundsätzlichen Erwägungen nur zögerlich angefangen —, baute man seit Beginn der 1880er Jahre in den einzelnen Gewerkvereinen systematisch Selbsthilfeeinrichtungen für konjunkturell bedingte Arbeitslosigkeit auf. Hierzu gehörte zunächst die Fortzahlung von Mitglieds- und Kassenbeiträgen für arbeitslose Mitglieder, die Unterstützung Arbeitssuchender und Hilfe zur Übersiedlung an den neuen Arbeitsort. Bis in die 1890er Jahre hatten alle Gewerkvereine ein z. T. vielgestaltiges System der Arbeitslosenunterstützung etabliert, dessen Finanzierung — da allein auf den Mitgliedsbeiträgen beruhend — die ohnehin knappe Finanzdecke der Gliedorganisationen in erheblichem Maße belastete und oft direkten Anlaß zur Erhöhung der Beiträge gab. In den „Sozialpolitischen Leitsätzen“ befürwortete der VDG den Ausbau der auf Selbsthilfe basierenden Arbeitslosenunterstützung durch kommunale Finanzzuschüsse an die Arbeiterorganisationen („Genter System“). Erst der Verbandstag 1922 sprach sich für ein System staatlicher Arbeitslosenversicherung aus.

Auf die ambivalente Haltung der sozialliberalen Gewerkschaftsbewegung gegenüber staatlichen Interventionen im Bereich der Wirtschafts- und Sozialpolitik wurde bereits mehrfach verwiesen. Zum einen forderte man die extensive Ausschöpfung der staatlichen Rahmenkompetenz hinsichtlich einer Regelung der Rechtsbeziehungen zwischen den Arbeitsmarktparteien, sei es durch die Gewerbeordnung, ein zu schaffendes Gesetz über die Rechtsfähigkeit der Berufsvereine oder die Schaffung eines einheitlichen Arbeitsrechts, das den Arbeitsvertrag — nach der Formulierung des Frankfurter Sozialpolitikers Karl Flesch — aus der Sphäre eines Gewaltverhältnisses in ein reines Rechtsverhältnis überführen sollte.[24] Nach anfänglicher Zurückhaltung stand man auch der staatlichen Arbeiterschutzgesetzgebung und ihren Aufsichtsinstitutionen positiv gegenüber; die Einführung obligatorischer Gewerbe- und Kaufmannsgerichte unter kommunaler Leitung wurde begrüßt, nachdem die Versuche zum Aufbau eines nur die Arbeitsmarktparteien umfassenden Schiedsgerichtswesens so kläglich gescheitert waren.

Anders war die Haltung der sozialliberalen Gewerkschaftsbewegung zur staatlichen Sozialpolitik in allen Fragen, in denen man eine Einschränkung der Bewegungs- und Gestaltungsfreiheit der Gewerkschaften von staatlicher Seite befürchtete.[25] Die prinzipielle Skepsis der HD-Gewerkvereine gegenüber der Bismarckschen Sozialversicherungsge-

23 So der Titel einer Schrift Hirschs von 1880 über die versicherungstechnischen Grundlagen und die Leistungen der VDG-Invalidenkasse.
24 Vgl. Protokoll des 17. Verbandstages, Berlin 1910, S. 76 ff.
25 Vgl. Gewerkverein, Nr. 27 vom 2. 7. 1880, S. 105: „Die deutschen Gewerkschaften und die Neuzeit“.

setzgebung konnte wegen ihrer weitergreifenden gesellschaftspolitischen Perspektive auch von deren offensichtlichen Erfolgen nicht tangiert werden. Unter Anpassung an die neuen Bedingungen traten die Gewerkvereine nun für eine Stärkung der Selbstverwaltungsorgane der Sozialversicherung und deren Lösung von jeder staatlichen Reglementierung ein. Auch wenn sich die HD-GVe nach 1918 auf ein weit gefächertes System staatlicher Sozialleistungen einstellten, versuchten sie den Gedanken genossenschaftlicher Selbsthilfe und selbstverantworteter sozialer Sicherung dauerhaft fruchtbar zu halten.

## 6. *Zur soziopolitischen Verortung*

Das zur soziopolitischen Verortung der sozialliberalen Gewerkschaftsbewegung erforderliche Koordinatensystem wird von zwei Faktoren bestimmt: dem programmatischen Anspruch auf parteipolitische Unabhängigkeit und religiöse Neutralität als einer rein wirtschaftlich-sozialen Reformbewegung und der ideologischen Verankerung im Umkreis eines sozialorientierten Liberalismus. Aus diesem Spannungsverhältnis bestimmen sich die Beziehungen der HD-Gewerkvereine zu anderen gesellschaftlichen Gruppen, Parteien und Interessenorganisationen.

Zum HD'schen Selbstverständnis gehörte stets die Betonung der gemeinsamen geistigen Wurzeln von Genossenschaftsbewegung, Arbeiterbildungsvereinen und Gewerkvereins-Bewegung. Die Gewerkvereine verstanden sich als notwendige Ergänzung zu Genossenschaften und Arbeiterbildungsvereinen, denn die Erfahrung der bestehenden sozialen Mißstände hatte erwiesen, daß Bildung und wirtschaftliche Assoziation allein als Basis gesellschaftlicher Reformen nicht ausreichten. Den bürgerlichen Initiatoren der Arbeiterbildungsvereine wurden zwar beste Absichten konzediert, man kritisierte aber ihre Abstinenz in sozioökonomischen und politischen Fragen, die erst das Aufkommen konkurrierender, sozialdemokratischer Bestrebungen ermöglicht habe. Gründung und Unterstützung von wirtschaftlichen Genossenschaften gehörte zu den statuarisch verankerten Zwecken der Gewerkvereins-Bewegung. Insonderheit in den 1870er Jahren wurden aus den HD-Ortsvereinen heraus Rohstoff-, Einkaufs- und Produktivgenossenschaften sowie Spar- und Konsumvereine gegründet, denen allerdings meist nur kurzfristiger Erfolg und Lebensdauer beschieden war. Bereits zu Lebzeiten des Verbandsanwalts der „Erwerbs- und Wirtschaftsgenossenschaften", Schulze-Delitzsch, lockerten sich die Bindungen zwischen Genossenschafts- und Gewerkvereins-Bewegung, da die konkreten wirtschaftlichen Zielsetzungen zunehmend differierten, je mehr sich die schon in ihren Ursprüngen angelegte Tendenz der Genossenschaften zu Organisationen des gewerblichen Mittelstandes verstärkte und je schärfer sich die Gewerkvereine als Konsumentenorganisationen zu profilieren suchten.

In dem als Organisation der liberalen Minorität des Nürnberger VDAV-Verbandstages 1868 gegründeten „Deutschen Arbeiterbund" (DAB) versuchten die HD-Gewerkvereine, sich die noch vorhandenen liberalen Arbeiterbildungsvereine zur Ausweitung ihrer Organisation, speziell im süddeutschen Raum, zunutze zu machen. Der rasche Niedergang des DAB 1871/72 zeigte auch die konzeptionelle Schwäche der liberalen Arbeiterbildungsvereine an, die die Gewerkvereine dazu zwang, sich als „Volksbildungs- und Volkserziehungsinstitute" verstärkt auch mit Bildungsfragen zu beschäftigen.

Ein zweiter Versuch zur organisatorischen Formierung der sozialreformerischen Kräfte des Liberalismus in Bildungsvereinen, Genossenschaften und liberalen Parteien stellte die Gründung des „Deutschen Arbeiterkongresses" (DAK) 1877 dar. Der DAK verstand sich als Speerspitze einer sich von „Sozialismus und Staatssozialismus" distanzierenden Sozialreform auf liberaler Grundlage; er unterstützte sozialpolitische Tagesforderungen, die weitgehend der Aktionsprogrammatik des VDG entlehnt waren. Die Ereignisse des Jahres 1878 lähmten den DAK jedoch schon in seiner Aufbauphase, indem er selbst — trotz scharfer, grundsätzlicher Kritik am Sozialistengesetz — durch übereifrige Versicherung seiner antisozialdemokratischen Grundhaltung seine Aktionsfähigkeit und Attraktivität schmälerte, ohne sich in weiten Teilen des liberalen Bürgertums vom Geruch sozialdemokratischen Sympathisantentums befreien zu können.

Erst im 20. Jahrhundert gab es erneute, erfolgreiche Ansätze zu einer Verbreiterung der organisatorischen Basis und Verstärkung der politisch-gesellschaftlichen Wirksamkeit der sozialliberalen Gewerkschaftsbewegung. Die Gründung des „Reichsvereins liberaler Arbeiter und Angestellter" 1912 markierte den ersten Versuch zum Aufbau einer „freiheitlich-nationalen Arbeiterbewegung"; erstmalig schlossen sich Vertreter verschiedener Arbeiter- und Angestelltenorganisationen mit — mehr oder minder — sozialliberaler Grundhaltung in einer Organisation zusammen. Im „Reichsverein" wurden private und interorganisatorische Kontakte angebahnt, die über den 1917 gegründeten „Freiheitlich-nationalen Arbeiter- und Angestelltenausschuß" im November 1920 zum „Freiheitlich-nationalen Gewerkschaftsring deutscher Arbeiter-, Angestellten- und Beamtenverbände (FNG)" führten.[26] Der Versuch einer Fusion mit den Christlichen Gewerkschaften im „Deutsch-demokratischen Gewerkschaftsbund" war 1919 nach wenigen Monaten gescheitert, so daß nun — neben dem ADGB und dem Gesamtverband der Christlichen Gewerkschaften — eine dritte, sozialliberale Säule innerhalb der deutschen Gewerkschaftsbewegung bestand. Sie umfaßte neben dem VDG vor allem die 1919 im GDA zusammengefaßten, traditionsreichen Angestelltenverbände mit ca. 300.000 Mitgliedern und verschiedene kleinere Angestellten- und Beamtenverbände mit (1930) ca. 100.000, insgesamt also knapp 600.000 Mitgliedern.

Die Maxime parteipolitischer Neutralität hinderte die Gewerkvereine stets, sich rückhaltlos zu den ihnen ideologisch zweifellos am nächsten stehenden Parteien des Linksliberalismus zu bekennen.[27] Von Anfang an mit dem Odium belastet, eine Schöpfung der DFP zur Spaltung der deutschen Arbeiterbewegung zu sein, war die sozialliberale Gewerkschaftsbewegung als wirtschaftlich-sozialer Interessenverband um Distanz zu den politischen Parteien bemüht. Andererseits waren führende Gewerkvereins-Repräsentanten aktive Mitglieder linksliberaler Parteien. Das Interesse der linksliberalen Parteiführungen an den Gewerkvereinen war bis nach der Jahrhundertwende relativ gering, lediglich in Wahlzeiten gelang es den HD-Gewerkvereinen, durch örtliche Wahlkomitees auf sich aufmerksam zu machen. Die den Gewerkvereinen entstammenden linksliberalen Wahlkandidaten kamen vor 1918 — mit Ausnahme Hirschs — bei Reichtagswahlen nicht zum Zuge. Dem preußischen Abgeordnetenhaus gehörte neben Hirsch zeitweilig auch der langjährige Verbandsredakteur Karl Goldschmidt an. Die Mißerfolge der Gewerkvereine im Zusammenwirken mit den linksliberalen Parteien, die von vielen Gewerkvereins-Mitgliedern mit Mißtrauen verfolgte Fusion der DFP mit den nationalliberalen Sezessionisten zur „Deutsch-freisinnigen Partei" und die manchesterliberalen Tendenzen in der

26 Zur Geschichte des FNG liegt bisher nur ein höchst tendenziöser Handbuchbeitrag von Günter Hanisch vor, in: Die bürgerlichen Parteien, Bd. 2, S. 46—52.

27 Zur Einführung in das Verhältnis des VDG zu den politischen Parteien s. Anton Erkelenz, Die deutschen Gewerkvereine und die Parteien, in: Internationales Handwörterbuch des Gewerkschaftswesens, Bd. 2, Berlin 1931, S. 1234—1241.

Richter'schen „Freisinnigen Volkspartei" weckten immer wieder Kräfte innerhalb der HD-Gewerkvereine, die eine politische Um- und Neuorientierung forderten. Abgesehen von aus örtlichen Gegebenheiten motivierten Wahlbündnissen mit der Sozialdemokratie, bevorzugten diese Kritiker jedoch eine Neuorientierung innerhalb des Liberalismus, z. B. durch Kooperation mit der durch den Naumann'schen „Nationalsozialen Verein" erweiterten „Freisinnigen Vereinigung", oder die Gründung einer sozialliberalen Arbeiterpartei.

Große Hoffnungen setzte man in die Fusion der linksliberalen Parteien zur „Fortschrittlichen Volkspartei" (FVP) 1910, die auch zu einer stärkeren sozialpolitischen Öffnung des Linksliberalismus führte. Zu dem von FVP-Sozialpolitikern geforderten offenen Bekenntnis zur Partei konnte sich der VDG jedoch mit Rücksicht auf das Prinzip der parteipolitischen Neutralität nicht bereitfinden. Die Umsetzungsmöglichkeiten für gewerkschaftliche Zielsetzungen in den Parteigremien blieben so überaus gering; auch der als Bindeglied zwischen FVP und Gewerkschaften gedachte „Sozialpolitische Ausschuß" führte ein Schattendasein.[28] Um das schmerzlich empfundene Fehlen einer parlamentarischen Repräsentanz auszugleichen, verstanden sich die Gewerkvereine 1917 zur Berufung eines „Parlamentarischen Syndikus" in Gestalt des Naumann-Mitarbeiters und Reichstagsabgeordneten F. Weinhausen. Erst nach 1918 gelang es der sozialliberalen Gewerkschaftsbewegung innerhalb der DDP, parlamentarisch in entsprechender Weise repräsentiert zu sein. In der Nationalversammlung saßen vier VDG-Vertreter und der GDA-Vorsitzende. Bis zum Juni 1933 gehörte dem Reichstag — mit einer kurzen Unterbrechung — stets zumindest ein Vertreter der sozialliberalen Gewerkschaftsbewegung als Mitglied der linksliberalen Fraktion an, zuletzt der Generalsekretär des FNG, E. Lemmer. Über den „Reichsarbeitnehmerausschuß" versuchte die sozialliberale Gewerkschaftsbewegung mit wechselndem Erfolg, Einfluß auf die Wirtschafts- und Sozialpolitik der DDP zu nehmen. Auch nach 1918 gab es so in Gewerkvereins-Kreisen vielerlei Enttäuschungen über die mangelnde Arbeitnehmerfreundlichkeit der nahestehenden Partei. Zu einer gänzlichen Abwendung kam es jedoch selbst nach dem 1930 mit Gründung der „Deutschen Staatspartei" vollzogenen Rechtsschwenk nicht.

Vielgestaltig und nicht widerspruchsfrei entwickelten sich die Beziehungen der sozialliberalen Gewerkschaftsbewegung zu ihren gewerkschaftlichen Konkurrenzorganisationen. Das Verhältnis zu den sozialdemokratischen Gewerkschaften läßt sich grob in drei Phasen untergliedern. Die erste (1868/69 bis ca. 1890) war bestimmt von grundsätzlichen ideologischen Differenzen, wobei die HD-Gewerkvereine sich einerseits bemühten, die Freien Gewerkschaften als sozialrevolutionär hinzustellen, andererseits jede reformistische Regung mit Beifall bedachten und als Beleg für die Richtigkeit der eigenen, sozialreformerischen Gewerkschaftsstrategie taxierten. Der Versuch der Abschottung gegenüber sozialdemokratischer „Infiltration" mittels der sogenannten Revers erwies sich bald als untauglich und kontraproduktiv; letzterer wurde im einzelnen Gewerkvereinen bereits vor 1890 revidiert. Die zweite Phase (1890 bis 1914) kennzeichnet das Ringen des VDG um Selbstbehauptung in der konkreten Gewerkschaftsarbeit neben einer sprunghaft expandierenden sozialdemokratischen Gewerkschaftsbewegung. Den HD'schen Vorwurf der Hegemonial- und Verdrängungsbestrebungen beantworteten die „Freien" mit dem Vorwurf mangelnder Solidarität und Unzuverlässigkeit bei Arbeitskämpfen. Die

28 Dies bezeugen die Akten des „Sozialpolitischen Ausschusses", Zentrales Staatsarchiv Potsdam, Parteiakten der FVP, Nr. 45 und 46.

Konfliktursachen zwischen beiden Organisationsrichtungen verlagerten sich aus der Ebene programmatischer Differenzen hin zur Organisationskonkurrenz an der Mitgliederbasis. Fortschreitende programmatische Annäherung und Kooperation auf allen Organisationsebenen kennzeichnet die dritte Phase (1918 bis 1933).

Die Entwicklung der Christlichen Gewerkschaften betrachteten die HD-Gewerkvereine mit Argwohn, verstanden sie sich doch als die parteiunabhängige Alternative zu den sozialdemokratischen Gewerkschaften, deren vorgebliches Fehlen die „Christlichen" zur Rechtfertigung ihrer Existenz ins Felde führten. Der VDG sah in letzteren daher vielfach bloß ein Werkzeug der katholischen Zentrumspartei und von Teilen des Klerus. Das beiderseitige Bekenntnis zu systemimmanenter Sozialreform und die weitgehende Übereinstimmung in sozialpolitischen Tagesfragen legte eine engere Kooperation nahe, die jedoch, wie die Vorgänge um die „Nationalen Arbeiterkongresse" von 1903 und 1907 zeigten, wegen verbleibender ideologischer Differenzen und inter-organisatorischer Statusfragen nicht dauerhaft realisiert werden konnte. Movens auch zukünftiger Kooperationsansätze blieb vorderhand die Sorge um die übermächtige sozialdemokratische Konkurrenz, eine — wie die Episode des „Deutsch-demokratischen Gewerkschaftsbundes" erwies — durchaus unzureichende Basis der Zusammenarbeit.

Grundsätzliche Ablehnung charakterisiert die HD'sche Einschätzung der konfessionellen Arbeitervereine, soweit sich diese als Ersatz-Gewerkschaften zu gerieren versuchten, wie alle Bestrebungen zum Aufbau „gelber", wirtschaftsfriedlicher oder sogenannter vaterländischer Arbeiter- und Werkvereine. Letztere wurden als „widerwärtige Erscheinung" der deutschen Arbeiterbewegung, als „Afterorganisation und Schutztruppe der Unternehmer" gebrandmarkt.[29]

Auffällig ist die Übereinstimmung aller Konkurrenzorganisationen in der Bewertung der sozialliberalen Gewerkschaftsbewegung als „Wurmfortsatz" des Linksliberalismus, eine propagandistische Leerformel, die allzu häufig die sachliche Reflexion HD'-scher Programmatik und gewerkschaftlicher Arbeit ersetzte, jedoch die Grundkonstante der sozialpolitischen Verortung der sozialliberalen Gewerkschaftsbewegung reflektierte, nämlich deren — oft selbst nicht hinreichend problematisiertes — Verhältnis zum organisierten politischen Liberalismus.

## 7. *Der VDG in Weltkrieg, Revolution und Weimarer Republik – Ausblick und Zusammenfassung*

Hatte sich der VDG im Vorweltkriegsjahrzehnt durch Pflege internationaler Kontakte, speziell zur britischen Gewerkschaftsbewegung, um Verständigung und Konfrontationsabbau bemüht, so reihte er sich im August 1914 — wenn auch mit moderaten Tönen — ein in die nationale Einheitsfront, die den Verteidigungscharakter des Krieges beschwor.[30] Trotz ihrer pazifistischen Traditionen blieben auch die Kommentare der Gewerkvereins-Presse mit Fortdauer des Weltkrieges nicht frei von chauvinistischer Überheblichkeit und Anmaßung.

Die Burgfriedenspolitik wurde von der sozialliberalen Gewerkschaftsbewegung grundsätzlich unterstützt und als „glatte Anerkennung unserer Grundsätze"[31] interpre-

29 Vgl. Gewerkverein, Nr. 50 vom 1. 7. 1908, S. 197: „Verführer und Verführte".
30 Vgl. die Erklärung von Zentralrat und Geschäftsführendem Ausschuß des VDG zum Kriegsausbruch, in: Gewerkschaft, Nr. 62 vom 5. 8. 1914, S. 237.
31 Vgl. Protokoll des 19. Verbandstages, Berlin 1916, S. 136.

tiert. Auch in Friedenszeiten müsse und werde die aus dem gemeinsamen Kriegserlebnis erwachsende soziale Verständigung Auswirkungen auf die gesellschaftliche Ordnung haben. In der staatlichen Anerkennung der Arbeiterorganisationen sahen die HD-GVe ebenso einen Ausdruck der gesellschaftlichen Veränderung wie in der Bildung von Arbeitsgemeinschaften zwischen Arbeitnehmer- und Arbeitgeberorganisationen. Der Burgfrieden zwischen den Gewerkschaften sollte Ausgangsbasis einer gewerkschaftlichen Einheitsorganisation in Friedenszeiten werden.[32]

Der VDG, der große Erwartungen in die Oktoberreform des Jahres 1918 gesetzt hatte, betrachtete die revolutionären Ereignisse der Folgezeit mit ambivalenten Gefühlen. Man unterstützte die Bemühungen um die unverzügliche Wahl einer Nationalversammlung als Legislativorgan, beteiligte sich aber auch an Arbeiter- und Soldatenräten. Aufgrund der traditionell demokratischen Ausrichtung fiel es dem VDG nicht schwer, sich zum neuen politischen System zu bekennen. Durch Beteiligung am Generalstreik gegen die Kapp-Lüttwitz-Putschisten wirkte der VDG im März 1920 bei der Verteidigung der demokratischen Ordnung mit. Das Zentralarbeitsgemeinschafts (ZAG)-Abkommen vom 15. November 1918, das die faktische Anerkennung der Gewerkschaften durch die Arbeitgeberorganisationen brachte, begrüßte der VDG als Realisierung der alten Gewerkvereins-Forderung nach Gleichberechtigung der Arbeitsmarktparteien und ihrer Organisationen. Die spätere Aufkündigung des Abkommens durch die sozialdemokratischen Gewerkschaften wurde vom VDG weniger im Hinblick auf die Institution ZAG bedauert, sondern weil man den Gedanken der Arbeitsgemeinschaft zwischen Arbeitgebern und Arbeitnehmern weiterhin für lebensfähig und fruchtbar hielt.[33] Angesichts der sich gegen Ende der 20er Jahre verschärfenden sozioökonomischen Verteilungskämpfe bemühten sich die HD-Gewerkvereine — eingedenk einer weitgehend stagnierenden Mitgliedschaft — um Intensivierung der gewerkschaftlichen Zusammenarbeit. Die Massenarbeitslosigkeit zu Beginn der 30er Jahre traf den VDG ebenso hart wie die anderen Gewerkschaftsrichtungen und lähmte seine politische Aktionskraft in der Krise des politischen Systems von Weimar. Man stemmte sich vergeblich gegen die Radikalisierungstendenzen auf den politischen Flügeln. Die Regierungsübernahme durch die Nationalsozialisten bewertete der VDG schließlich als das Erreichen der Ziele der „sozialen Reaktion".[34] Im Mai 1933 beendeten die Nationalsozialisten durch die Gleichschaltung in der „Deutschen Arbeitsfront" die 75jährige Geschichte der sozialliberalen Gewerkschaftsbewegung in Deutschland.

Die Geschichte der sozialliberalen Gewerkschaften weist vielfältige Parallelen zu der des deutschen Liberalismus auf. Hier interessiert folgender Aspekt: der Durchsetzung und zunehmenden Realisierung der politischen Ziele des Liberalismus korrespondiert seine sinkende politische Potenz; konkurrierende politische Grundströmungen machen sich liberales Gedankengut in modifizierter Form zu eigen. Gleiches gilt für die sozialliberale Gewerkschaftsbewegung und ihr Gewerkschaftskonzept: auf parteipolitischer Unabhängigkeit und weltanschaulicher Neutralität basierende Organisationsmacht sowie eine soziale Reformpolitik innerhalb des bestehenden Wirtschaftssystems, auf der Grundlage der tarifvertraglich geregelten Beziehungen der Arbeitsmarktparteien als gleichbe-

32 Vgl. Der Regulator, Nr. 12 vom 19. 3. 1915, S. 89 f.

33 Vgl. H. Landmann, Die Entwicklung der Hirsch-Dunckerschen Gewerkvereine nach dem Kriege, staatswiss. Diss. Freiburg i. Br. 1925, S. 95 ff.

34 Vgl. Der Fabrik- und Handarbeiter (Organ des Gewerkvereins der Fabrik- und Handarbeiter), Nr. 6 vom 5. 2. 1933, S. 31.

rechtigte Kontrahenten in einer pluralistischen Gesellschaft. Diese Grundforderungen sozialliberaler Gewerkschaftspolitik sind heute gesellschaftliche und gewerkschaftliche Realität. Wenn auch Max Hirschs Diktum vom 20. Jahrhundert als dem „Jahrhundert der Gewerkvereine“ nicht so eine Erfüllung gefunden hat, wie es der Wortschöpfer intendierte, gültig bleibt, daß die Geschichte der deutschen Gewerkschaftsbewegung in ihrer Entwicklung zur Einheitsgewerkschaft ohne die sachgerechte Würdigung gerade des sozialliberalen Anteils nicht geschrieben werden kann.

Heinrich Potthoff

# Gewerkschaften in Weltkrieg und Revolution: Kontinuität und Wandel

Die Übergangsphase vom Kaiserreich zur Weimarer Republik ist seit Jahren zu einem bevorzugten Gegenstand der zeitgeschichtlichen Forschung geworden. Die gängigen, vorrangig an verfasungsgeschichtlichen und außenpolitischen Aspekten orientierten historischen Standardwerke behandeln Weltkriegsende und Novemberrevolution in der Regel als Zäsur. In neueren, mehr auf sozial- und strukturgeschichtliche Prozesse zielenden Forschungen treten demgegenüber Elemente der Kontinuität im wirtschaftlichen und politischen System stärker in den Vordergrund. Das Problem von Kontinuität oder Wandel stellt sich auch für die Gewerkschaften, die als Organisationen Weltkrieg und Novemberumsturz ungebrochen überdauerten, aber in einer sich politisch-gesellschaftlich verändernden Umwelt agierten.

In dem Zeitraum vom Ausbruch des Ersten Weltkrieges bis zum Ausklingen der revolutionären Umbruchperiode im Jahr 1920 wuchsen die deutschen Gewerkschaften in eine für das soziale und politische System maßgebende Rolle hinein.[1] In der Sache standen damals weniger die klassischen Felder der gewerkschaftlichen Tätigkeit, also die unmittelbare Ausgestaltung der Lohn- und Arbeitsbedingungen, im Vordergrund. Die eigentlichen zentralen Probleme betrafen vielmehr die Bedingungen gewerkschaftlichen Handelns in einer durch politische Umwälzungen veränderten Umwelt. Die drei herausragenden Aktionen der Gewerkschaften in dieser Zeit, der Schritt zum Burgfrieden bei Beginn des Krieges 1914, das Bündnis mit der Unternehmerschaft durch die Zentralarbeitsgemeinschaft vom November 1918 und der Generalstreik beim Kapp-Putsch von 1920 markieren jede für sich Stationen eines Weges, auf dem sie zwar formal eigenständige Entscheidungen trafen, das Gesetz des Handelns aber Mächte und Ereignisse außerhalb ihrer Wirkungsbereiche bestimmten. Es ist offenkundig, daß in dem Zeitraum von 1914 bis 1920 die politischen Faktoren dominierten und sie auch in bezug auf die Gewerkschaften die entscheidenden Anstöße gaben. Gleichzeitig vollzogen sich hinter den politischen Kulissen wirtschaftliche und soziale Wandlungsprozesse, welche die Handlungsbedingungen der Gewerkschaften beeinflußten und veränderte Lösungsansätze erforderten.

1 Die Entwicklung der Gewerkschaften im Weltkrieg und revolutionärer Umbruchperiode wird ausführlich behandelt bei Hans-Joachim Bieber, Gewerkschaften in Krieg und Revolution. Arbeiterbewegung, Industrie, Staat und Militär in Deutschland 1914—1920, Teil I und II, Hamburg 1981 und Heinrich Potthoff, Gewerkschaften und Politik zwischen Revolution und Inflation, Düsseldorf 1979. Über die christlichen Organisationen informiert Michael Schneider, Die Christlichen Gewerkschaften 1894 bis 1933, Bonn 1982, Teil C und D. Für einzelne Verbände s. Manfred Dörnemann, Die Politik des Verbandes der Bergarbeiter Deutschlands von der November-Revolution 1918 bis zum Osterputsch 1921 unter besonderer Berücksichtigung der Verhältnisse im rheinisch-westfälischen Industriegebiet. Ein Beitrag zur gewerkschaftlichen Auseinandersetzung mit den linksradikalen Strömungen nach dem Sturz des Kaiserreichs, Diss. Bochum 1966; Fritz Opel, Der deutsche Metallarbeiterverband während des ersten Weltkrieges und der Revolution, Hannover — Frankfurt 1957; Thomas von der Vring, Der Verband der Deutschen Buchdrucker im Ersten Weltkrieg, in der Revolution und der Inflationszeit 1914—1924. Die Geschichte einer Gewerkschaft während zehn Krisenjahren, Diss. Hannover 1965.

## I. *Im Zeichen des Burgfriedens und organisatorischer Schwäche*

### 1. Die Entscheidung zum Burgfrieden

Bis zum Ausbruch des Ersten Weltkrieges hatten sich die grundlegenden politischen und sozialen Rahmenbedingungen für die Gewerkschaften über Jahrzehnte nur wenig geändert. Die Lage der Arbeiterschaft und ihrer Organisationen wurde geprägt durch das Nebeneinander allmählicher materieller Verbesserungen und weitgehender politisch-gesellschaftlicher Recht- und Einflußlosigkeit. Trotz großer organisatorischer Fortschritte der Gewerkschaften und erster Ansätze zur kollektiven Mitsprache konnten sie mit der Entfaltung der Unternehmermacht nur schwer Schritt halten: Die antigewerkschaftliche Fronde aus der Großindustrie setzte kompromißlos ihren „Herr-im-Hause"-Standpunkt durch. Gestützt auf ihre große ökonomische Macht errichteten diese Schwerindustriellen an den Werkstoren eine Mauer organisationshemmender Barrieren und trugen mit dafür Sorge, daß die staatlichen Restriktionen nicht gelockert, sondern zur Zähmung ihrer Sozialkontrahenten extensiv ausgeschöpft wurden.[2] Ein Ausbruch aus dem Gewerkschaftsturm vornehmlich handwerklich geprägter Arbeiter der gewerblichen Klein- und Mittelbetriebe stand am Vorabend des Ersten Weltkrieges nicht in Sicht. Von der bürgerlichen Gesellschaft abgeschottet, vom Staat verfemt, vom Bündnis von Schlotbaronen und Großagrariern bekämpft und ohne Aussicht auf ein durchgreifende Änderung schlitterte die deutsche Arbeiterbewegung in die entscheidungsträchtige Situation beim Ausbruch des Ersten Weltkrieges.

Es konnte kaum überraschen, daß sich die Christlichen und die liberalen Hirsch-Dunckerschen Gewerkschaftsorganisationen[3] nahtlos in die nationale Front einreihten. Ein solches Verhalten lag in der Konsequenz ihrer dezidiert patriotischen Ausrichtung. Hingegen kam die Entscheidung der Sozialdemokratie und der ihr nahestehenden Freien Gewerkschaften vom August 1914 für ihre Zeitgenossen unerwartet. Die Bewilligung der Kriegskredite und der „Burgfrieden" sind bis heute heftig umstritten. Zwar erfolgten in der Vorphase der Krise Demonstrationen für den Frieden. Ein ernsthafter Versuch, den Ausbruch des Krieges durch Massenaktionen zu stoppen, wurde jedoch nicht unternommen und von den Freien Gewerkschaften nicht einmal erwogen. Doch weder die Überzeugung von der zu geringen Macht der Organisationen der Arbeiterbewegung noch die Sorge um ihren Bestand, weder die nationale Euphorie des August 1914 noch die Abneigung gegen den russischen Zarismus erklären und rechtfertigen allein, warum sich die Gewerkschaften der Kriegsfurie nicht entschiedener entgegenstemmten.

Schon im Frieden kündigte sich an, daß die Freien Gewerkschaften das „Vaterland" verteidigen würden. Auch sie standen in einer nationalen Tradition.[4] Trotz aller Vorbehalte und Kritik erschien der sozialistischen Arbeiterbewegung das Wilhelminische Reich doch als der Boden ihrer Existenz und unabdingbare Basis für eine Hebung der materiel-

---

2 Verwiesen sei dafür auf die grundlegende Arbeit von Klaus Schönhoven, Expansion und Konzentration. Studien zur Entwicklung der Freien Gewerkschaften im Wilhelminischen Deutschland 1890 bis 1914, Stuttgart 1980.

3 Eine umfassende Darstellung dieser liberalen Richtung für den behandelten Zeitraum fehlt bisher; vgl. den Beitrag von Hans-Georg Fleck in diesem Band.

4 So soll Legien während des Kongresses der belgischen Gewerkschaften am 25. Juli 1914 intern geäußert haben: „Wir werden uns unserer Haut wehren", zit. nach John A. Moses, Carl Legiens Interpretation des demokratischen Sozialismus. Ein Beitrag zur sozialistischen Ideengeschichte, phil. Diss. Erlangen —Nürnberg 1965, S. 124.

len und ideellen Lage der deutschen Arbeiterklasse, zu der die Arbeiterbewegung viel beigetragen hatte und was sie nicht aufs Spiel setzen wollte. Eine grundsätzliche Bereitschaft zu der sogenannten Politik des August 1914 war also vorhanden.[5] Psychologisch und faktisch erleichtert wurde diese Entscheidung dadurch, daß die herrschenden Mächte des Reichs nicht zu den erwarteten Repressionsmaßnahmen gegen Sozialdemokratie und Gewerkschaften griffen, sondern die Regierung signalisierte, sie denke nicht an ein Verbot, sondern rechne auf die Mithilfe der „großen Organisationen der Arbeiterklasse". Am 2. August 1914 faßten die Vertreter der Verbandsvorstände der Freien Gewerkschaften den Beschluß, den Weg der Kooperation zu beschreiten und sich in den Dienst der kriegswirtschaftlichen Erfordernisse zu stellen.[6]

Diese Vorgänge stellten die Weichen für die Dauer des Krieges. In einer Art ungeschriebenen Vereinbarung kam ein Burgfrieden zwischen den wirtschaftlichen Organisationen der Arbeiterschaft und politischen Führungskräften des Reiches zustande, dem am 3./4. August die Sozialdemokratische Partei folgte. Er setzte eine Entwicklung in Gang, die zu einer moralischen und allmählich auch zu einer rechtlichen Anerkennung der Gewerkschaften führte, aber zunächst dadurch gebremst wurde, daß die Unternehmer nicht in gleicher Weise mitzogen. Da sie die Entscheidung der Gewerkschaften, auf Lohnkämpfe für die Dauer des Krieges zu verzichten, nicht in gleicher Weise honorierten, bedeutete der Burgfrieden eine Vorleistung der organisierten Arbeiterschaft im Vertrauen auf spätere Kompensationen.

## 2. Organisatorische Wirkungen des Krieges

Für die Gewerkschaften als Massenorganisation und Solidargemeinschaft begann mit dem Krieg eine Phase des Niedergangs. Mitgliederverluste, Lähmung der Organisation und ihrer traditionellen Aktivitäten, mangelnde Attraktivität und rapide schwindende Finanzkraft kennzeichnen ihre Situation in den ersten Kriegsjahren.

Die unmittelbar nach Kriegsausbruch einsetzende große Arbeitslosigkeit[7] belastete ihre Unterstützungskassen derart, daß schon allein aus finanziellen Gründen an Arbeitskämpfe kaum zu denken war. Zusätzliche finanzielle Lasten bürdeten sie sich durch die Beihilfen auf, die sie an die Familien gewerkschaftlich organisierter Kriegsteilnehmer zahlten. Besonders hart betroffen waren die Organisationen aus den nicht kriegswichtigen Branchen. Durch die hohen Einberufungsquoten, Arbeitslosigkeit und Abwanderungen in kriegswichtige Industriebetriebe gerieten sie an den Rand der Existenzfähigkeit, während Gewerkschaften, die vorrangig Beschäftigte in kriegswichtigen Industrien erfaßten, weniger tangiert wurden. Durch ein im August 1914 beschlossenes Verbot von Übertrit-

5 Zum Kontext vgl. Dieter Groh, Negative Integration und revolutionärer Attentismus. Die deutsche Sozialdemokratie am Vorabend des Ersten Weltkrieges, Frankfurt — Berlin — Wien 1973, bes. S. 577 ff., S. 678 ff., und Susanne Miller, Burgfrieden oder Klassenkampf. Die deutsche Sozialdemokratie im Ersten Weltkrieg, Düsseldorf 1978, S. 31 ff.

6 Ausführlich dargestellt bei Bieber, Teil I, S. 75 ff.

7 Schon am 8. 8. 1914 waren 18,5 % aller Gewerkschaftsmitglieder, Anfang Sept. 1914 21,2 % arbeitslos; Correspondenzblatt der Generalkommission der Gewerkschaften Deutschlands Nr. 35 vom 29. 8. 1914, S. 513 und Nr. 40 vom 3. 10. 1914, S. 562; vgl. dazu Gerhard Bry, Wages in Germany 1871—1945, Princeton 1960, S. 192.

ten während der Kriegszeit[8] suchte die Vorständekonferenz wenigstens innergewerkschaftlich einen Ausgleich zu schaffen und dem Ruin leistungsschwacher Verbände durch Mitgliederwechsel zu stärkeren Verbänden entgegenzuwirken.

Mit der Ankurbelung der Rüstungsproduktion nahm die Arbeitslosigkeit rasch ab und lag schon im Juli 1915 mit 2,6 % unter dem vergleichbaren Vorkriegsstand. In den kriegswichtigen Industrien fanden neben Frauen, ausländischen Arbeitern und Kriegsgefangenen vor allem Arbeitnehmer neue Beschäftigung, die in den Friedensindustrien freigestellt wurden. So übten beispielsweise von den Ende 1915 zum Holzarbeiterverband gehörenden 92.000 Mitgliedern ca. 20.000 eine berufsfremde Tätigkeit aus. Es gab einzelne Großbetriebe, in denen die Zahl der branchenfremden Organisierten die der Mitglieder aus den eigentlich zuständigen Organisationen überwog.[9] In den expandierenden Kriegsindustrien lag also der gewerkschaftliche Organisationsgrad höher, als es die Daten der entsprechenden Berufs- und Industriegewerkschaften besagen.

Trotz des Rückgangs der Arbeitslosigkeit setzte sich der Mitgliederschwund der Gewerkschaften bis 1916 fort. Während aber die Christlichen und Hirsch-Dunckerschen Organisationen — verglichen mit dem Vorkriegsstand — insgesamt nur jeweils weniger als die Hälfte ihrer Mitglieder einbüßten (von 343.000 auf 174.000 bzw. 107.000 auf 58.000), schrumpften die Freien Gewerkschaften von 2.574 Millionen auf 967.000, also auf weniger als zwei Fünftel.[10] Als Interessenvertretung zur Erzielung besserer Einkommens- und Arbeitsbedingungen verloren alle Richtungen an Attraktivität, weil sich die materielle Lage der Arbeiterschaft durchgängig verschlechterte, wenn auch in den kriegswichtigen Industrien weit weniger krass als in den ins Hintertreffen geratenen Friedensgewerben. Zusätzlich schlug bei den Freien Gewerkschaften noch durch, daß sie gesellschaftlich weit weniger akzeptiert waren als die christlichen und liberalen Organisationen, deshalb weit überproportional von den Abgängen verunsicherter Mitglieder betroffen wurden und die Organisationsscheu neu in die Fabriken eintretender Arbeitskräfte ihnen gegenüber besonders stark ausgeprägt war.

Das innergewerkschaftliche Leben, soweit es die untere und selbst die mittlere Ebene anbetraf, kam infolge des Mitgliederschwundes, der Burgfriedenspolitik und der Behinderungen durch den Belagerungszustand praktisch zum Erliegen. Selbst Gewerkschaftskongresse und Generalversammlungen fanden bis auf wenige Ausnahmen[11] nicht mehr statt. Der Krieg wurde zur Stunde der „Instanzen". „Wie die Dinge heute liegen" so konstatierte Carl Legien als Vorsitzender der Generalkommission nach Kriegsausbruch, „hört die Demokratie in den Gewerkschaften auf; jetzt haben die Vorstände auf eigene

---

8 Protokolle der Konferenzen von Vertretern der Zentralverbandsvorstände, Geschäftsperiode 1914 bis 1917, 1.—7. Konferenz (Juni 1914—Juli 1915), o. J., S. 42; aufgehoben wurde das Verbot erst wieder am 3. Dez. 1918.

9 S. dazu Jürgen Kocka, Klassengesellschaft im Krieg. Deutsche Sozialgeschichte 1914—1918, Göttingen 1973, S. 12 ff. (mit weiterführender Literatur) und Siegfried Nestriepke, Die Gewerkschaftsbewegung, 2. Bd., 2. Aufl., Stuttgart 1923, S. 20.

10 Detaillierte Daten und Aufstellungen zur Mitgliederentwicklung in: Correspondenzblatt, Statistische Beilage Nr. 3 vom 8. 11. 1919. Die Gewerkschaftsorganisationen im Deutschen Reich im Jahre 1918, bes. S.46, 48 ff., 72 f., 76 und Korrespondenzblatt des Allgemeinen Deutschen Gewerkschaftsbundes, Statistische Beilage Nr.4 vom 30. 10. 1919, Die Gewerkschaftsorganisationen im Jahre 1919; s. auch Tabellen im Anhang dieses Bandes.

11 Beim Metallarbeiterverband fanden allerdings sogar zwei Generalversammlungen 1915 und Juni 1917 statt. Erst im letzten Kriegsjahr wurden Verbandstage wieder häufiger abgehalten, so beim Fabrikarbeiterverband im Dezember 1917, bei den Kürschnern Februar 1918, den Bäckern im Mai 1918, den Schuhmachern im Juli 1918.

Verantwortung zu entscheiden, und zwar so, wie sie es vor ihrem Gewissen verantworten können."[12] Der Krieg verstärkte schon vorhandene oligarchische Tendenzen und führte, nicht zuletzt durch die Suspendierung der innergewerkschaftlichen Demokratie und die mangelhafte Rückkoppelung zwischen Basis und Führung, zu einer wachsenden Diskrepanz zwischen der unruhig werdenden Mitgliedschaft in den Großbetrieben und der in die Kriegspolitik eingebundenen, weitgehend verselbständigten Gewerkschaftsbürokratie.

## 3. Aufgabenwandel und Partnersuche

Mit dem Krieg vollzog sich ein einschneidender Wandel in den Inhalten und Methoden der gewerkschaftlichen Aktivitäten. Der traditionelle Bereich der gewerkschaftlichen Tätigkeit, das Aushandeln und Auskämpfen von Lohn- und Arbeitsbedingungen, trat zurück. Das hatte Rückwirkungen auf das innergewerkschaftliche Leben. Mit der Burgfriedenspolitik versperrten sich die Gewerkschaftsspitzen den Weg, Mitglieder und mögliche Anhänger durch die Austragung von Tarifkonflikten zu mobilisieren und die Führung vor der Basis zu profilieren. Zweifellos fühlten sie sich nach wic vor den spezifischen materiellen Belangen der Arbeitnehmerschaft verpflichtet. Davon zeugten ihr beharrlicher Einsatz für eine Besserung der Ernährungsverhältnisse durch eine organisierte Lebensmittelversorgung, ihre Schritte gegen den physischen Raubbau in den Betrieben und den Reallohnverfall. Da sie aber auf die Waffe des Streiks verzichtet hatten und Wohlverhalten demonstrierten, blieb ihnen nur die Möglichkeit, durch Appelle an Arbeitgeber und staatliche Organe die Interessen ihrer Klienten zu Gehör zu bringen bzw. sich befreundeter Parteien als Mittler zu bedienen. Den Freien Gewerkschaften kam dabei zugute, daß sich mit ihrer Entscheidung für eine nationale Einheitsfront zur „Vaterlandsverteidigung"[13] ein Klimawechsel bei staatlichen Institutionen und politisch maßgebenden Kräften abzeichnete und sich durch die gemeinsamen konkreten sozialen Interessen allmählich eine Kooperation mit den christlichen und Hirsch-Dunckerschen Organisationen anbahnte.

Die antigewerkschaftliche Repressionspolitik des Staates wurde gelockert, einengende Vorschriften zum Teil aufgehoben oder zumindest nicht mehr extensiv gehandhabt.[14] Regierung, staatliche Bürokratie und militärische Führung öffneten nun den Gewerkschaftsführern bisher verschlossene Türen. Die soziale Ächtung schien überwunden und die Einbeziehung in einem gewissen Grad schon gelungen, auch wenn sich die Konzessionen in Grenzen hielten und noch keine wirklich grundlegende Neuorientierung erkennen ließen. Denn diese resultierte weniger aus einer grundlegend gewandelten Haltung, sondern aus dem Zwang, daß man die Gewerkschaften für die Wahrung des inneren Friedens und das Funktionieren der Kriegswirtschaft brauchte.

An der grundsätzlichen Gegnerschaft maßgebender Teile der Großindustrie und Großagrarier gegenüber den Organisationen der Arbeiterbewegung hatte sich durch den

12 In der Vorständekonferenz vom 2. Aug. 1914; Protokolle der Konferenzen, S. 22; auch zitiert bei Nestriepke, Bd. 2, S. 24.

13 Diese Entscheidung erfolgte in der Vorständekonferenz vom 17. Aug. 1914, Protokoll S. 42 f.

14 Beispiele bieten die Handhabung und Novellierung des Reichsvereinsgesetzes (am 5. 6. 1916 vom Reichstag verabschiedet) und die Einräumung des Koalitionsrechts für Staatsarbeiter, ausführlich dargestellt bei Bieber, Teil I, S. 168 ff. und 176 ff.

Krieg zunächst nur wenig geändert. Zwar existierte zwischen den Sozialkontrahenten eine gewisse Identität der Interessen, weil beide auf das reibungslose Funktionieren der Wirtschaft setzten und die Gewerkschaften die Interessen der Arbeiterschaft „unlösbar mit denen der deutschen Industrie“ verbunden sahen.[15] Zunächst fand ihr Appell, durch Arbeitsgemeinschaften zwischen den Verbänden von Arbeitnehmern und Arbeitgebern gemeinsam die sozialen Kriegsfolgeprobleme anzugehen, bezeichnenderweise nur in solchen Gewerbezweigen Resonanz, in denen vor dem Kriege schon Tarifverträge bestanden hatten; wo die Unternehmer vergleichsweise schwach, die gewerkschaftlichen Organisationen stark waren. Insgesamt bestanden am Vorabend des Ersten Weltkrieges für ca. 2 Millionen Beschäftigte, vor allem in den Klein- und Mittelbetrieben, tarifvertragliche Regelungen. Ausgespart von diesem System kollektiver Arbeitgeber-Arbeitnehmer-Beziehungen blieb die Schwerindustrie, in der sich die Unternehmer rigoros weigerten, überhaupt in Verhandlungen mit den Gewerkschaften einzutreten.

Die Machtposition der gewerkschaftsfeindlichen Schwerindustriellen wurde durch die Ankurbelung der Rüstungsproduktion noch gestärkt, im Unterschied zu den unter Auftragseinbußen und Materialmangel leidenden Konsumgüterbranchen. Dort fiel „das Interesse der Unternehmer an öffentlichen Aufträgen zur Weiterführung der Betriebe mit dem Interesse der Gewerkschaften an der Erhaltung der Arbeitsplätze zusammen“[16] und schuf so ein günstigeres Klima für die von Gewerkschaftsseite propagierten Arbeitsgemeinschaften. Im Holz-, Bau- und Baunebengewerbe, in Druck- und Lederindustrie wurden im Laufe der Jahre 1914/15 entsprechende Vereinbarungen getroffen. Mit dem Kriegsausschuß für die Metallbetriebe Groß-Berlins kam es im Februar 1915 erstmals auch in der Metallindustrie zu einer Regelung, die eine Parität von Arbeitgebern und Gewerkschaften vorsah.[17] Den Ausschlag für den Einbruch in die bisher von den Metallindustriellen beharrlich verteidigten Bastionen gab der von den obersten militärischen Reichsbehörden — insbesondere dem preußischen Kriegsministerium — ausgeübte Druck. Dort suchte man die Kooperation mit den Gewerkschaften, um sie für eine Steigerung der Rüstungsproduktion einzuspannen.

Die Gewerkschaften nahmen beim Kriegsausschuß in Kauf, daß die Freizügigkeit des Arbeiters entscheidend beeinträchtigt wurde. Für sie war letztlich entscheidend, daß dieses Abkommen über die Berliner Metallindustrie einen Präzedenzfall für die Montanindustrie schuf. Die Hoffnung, damit weiteren Arrangements auf paritätischer Basis den Weg zu ebnen, hat sich zunächst nicht erfüllt. Erst als sich die militärische Lage zuspitzte, Streikbewegungen und aufkommende Opposition gegen die Kriegspolitik der SPD-Führung und der Gewerkschaften von einer Erschütterung der „Heimatfront“ kündeten, begannen sich die Bedingungen für eine entgegenkommendere Haltung der Unternehmerschaft zu verbessern.

15 So als charakteristisches Beispiel für viele gleichgerichtete Aussagen Wilhelm Jansson (Hrsg.), Arbeiterinteressen und Kriegsergebnis. Ein gewerkschaftliches Kriegsbuch, Berlin 1915, S. 152 ff.

16 Bieber, Teil I, S. 126.

17 S. dazu die grundlegende Studie von Gerald D. Feldman, Army, Industry and Labor in Germany 1914—1918, Princeton 1966, S. 73 ff.

## II. *Vom Hilfsdienstgesetz zur Zentralarbeitsgemeinschaft*

### 1. Das Hilfsdienstgesetz und die Anerkennung der Organisationen

Die Gewerkschaften aller drei Richtungen — Hirsch-Dunckersche, Christliche und Freie Organisationen — verschlossen sich nicht der Einsicht, daß eine zwangswirtschaftliche Organisation der Kriegswirtschaft zu staatlichen Eingriffen auf dem Arbeitsmarkt führte, die einem Arbeitszwang nahe kamen. Als Kompensation für diese Beschneidung von Arbeiterrechten erwarteten sie: die Anerkennung ihrer Organisationen; die Streichung weiter bestehender organisationshemmender Vorschriften der Reichsgewerbeordnung von 1869,[18] des Reichsvereinsgesetzes von 1908 und spezieller Ländergesetze; sozialpolitische Verbesserungen und die Einführung paritätisch besetzter Arbeitsvermittlungsstellen und gewerblicher Schlichtungseinrichtungen. Ungeachtet eher marginaler Differenzen bestand im Grundsätzlichen eine Identität der Interessen aller drei Richtungsgewerkschaften. Die Novellierung des Vereinsgesetzes bescherte ihnen im Juni 1916 einen ersten Erfolg. Auf Initiative der Freien Gewerkschaften verständigten sich die drei Partner und wichtige Angestelltenorganisationen auf einen gemeinsamen Forderungskatalog an den Gesetzgeber, für den sie die Unterstützung der ihnen nahestehenden politischen Parteien — von der Sozialdemokratie über das Zentrum und die Fortschrittliche Volkspartei bis zum progressiven Flügel der Nationalliberalen — gewannen. Sie verlangten darin die Einrichtung von Arbeiter- und Angestelltenausschüssen in allen kriegswichtigen Betrieben mit mehr als 20 Beschäftigten, die Bildung von paritätischen Einigungsämtern, ein unbeschränktes Koalitionsrecht, eine Gewährleistung des Arbeitsplatzwechsels beim Angebot erheblich besserer Konditionen und die Einsetzung eines parlamentarischen Beirats zur Überwachung dieser Maßnahmen. In dem am 2. Dezember 1916 vom Reichstag verabschiedeten „Gesetz über den vaterländischen Hilfsdienst" fanden ihre Forderungen weitgehende Berücksichtigung.

Die Hinter- und Beweggründe des Arrangements von Regierung und Gewerkschaften und die Art, wie sich widersetzende Industrielle und widerstrebende Regierungsvertreter überfahren wurden, sind eingehend untersucht und dokumentiert worden.[19] Reichskanzler Bethmann Hollweg und General Groener als Chef des neugeschaffenen Kriegsamtes setzten darauf, durch rechtzeitig gewährte Konzessionen die Gewerkschaften fest in die bestehende staatliche Ordnung einzubinden und sie als Transmissionsriemen zur Pazifizierung der Arbeiterschaft zu benutzen. Bezogen auf die intendierten unmittelbaren kriegswirtschaftlichen Ziele, die Mobilisierung aller physischen und materiellen Reserven, war die Wirkung des Gesetzes beschränkt. Seine eigentliche Bedeutung lag darin, daß das Herr-im-Haus-System der Großindustrie im Grundsatz durchbrochen und die Gewerkschaften de facto anerkannt wurden. Denn ihre gesetzlich geregelte Beteiligung bei der Besetzung der Schlichtungsausschüsse und der sogenannten Feststellungsausschüsse (zur

---

18 Der umstrittene § 153 bedrohte jeden Ansatz zu einem Koalitionszwang mit Gefängnisstrafen bis zu drei Monaten; er wurde erst am 22. Mai 1918 aufgehoben.

19 So neben Feldman, S. 179 ff., und Bieber auch Wilhelm Deist (Bearb.), Militär und Innenpolitik im Weltkrieg 1914—1918, 2 Teile, Düsseldorf 1970, S. 459 ff.; Deutschland im Ersten Weltkrieg. Von einem Autorenkollektiv unter Leitung von Fritz Klein, Bd.2, Berlin 1968, S. 470 ff.; Heinz Josef Varain, Freie Gewerkschaften, Sozialdemokratie und Staat. Die Politik der Generalkommission unter der Führung Carl Legiens (1890—1920), Düsseldorf 1956, S. 89 ff., und Wilhelm Groener, Lebenserinnerungen. Jugend, Generalstab, Weltkrieg, hrsg. von Frhr. Hiller von Gaertringen, Göttingen 1957, der auf S. 346 von dem „Kuhhandel" spricht.

Entscheidung darüber, welche Betriebe als kriegswichtig galten) brachte ihnen eine offizielle Anerkennung durch den Staat, und sie beinhaltete auch, daß die Arbeitgeber, mit denen sie gemeinsam in den gleichen Gremien saßen, formal ihre Gleichberechtigung hinnehmen mußten. Das Hilfdienstgesetz schuf die Basis für das Wiedererstarken der gewerkschaftlichen Organisationen, ihr Eindringen in die Großindustrie und die Staatsbetriebe, ein erwachendes Selbstbewußtsein der Arbeiter in kriegswichtigen Industrien, und es festigte darüber hinaus den Zusammenhalt zwischen den Richtungsgewerkschaften und förderte die Tendenzen zur Herausbildung einer neuen Reichstagsmehrheit.

## 2. Betriebsvertretungen — Ansätze und Tendenzen

Mit der Einführung der Arbeiterausschüsse in allen dem Gesetz unterliegenden privaten und staatlichen Betrieben mit mehr als 50 Beschäftigten ging die Ära der „monarchischen" Betriebsverfassungen zu Ende. Abgesehen von den mit dem Berggesetz von 1892 für den Bergbau grundsätzlich zugestandenen Arbeiterausschüssen fehlte es bis in den Weltkrieg an einer betrieblichen Arbeitnehmervertretung. Dieses Manko wog angesichts der eklatanten Schwächen der Gewerkschaften in den Großbetrieben besonders schwer. In der Schwerindustrie, den hochentwickelten Großbetrieben der Chemie und Elektroindustrie und bei den Staatsbetrieben stießen sie auf beinahe unüberwindliche organisationshemmende Barrieren. Unter Ausnutzung seiner starken ökonomischen Machtpositionen verstand es das großindustrielle Unternehmertum durch ein Bündel scharfer Restriktionen — wie die berüchtigten schwarzen Listen —, den Gewerkschaften die Werkstore zu versperren und die Belegschaften durch ein System betrieblicher Sozialfürsorge in Form von Treueprämien, Werkswohnungen und -läden äußerlich gegen die gewerkschaftliche Verlockung zu immunisieren. Weitere Ursachen lagen in den unterschiedlichen sozialen Strukturen der Arbeiterschaft und im Organisationssystem der Gewerkschaften, das vorrangig auf den erlernten Beruf und nicht auf die Arbeitsstätte angelegt war. Zwar bemühte sich der besonders tangierte Metallarbeiterverband um eine Besserung der Basisorganisation und schuf mit der Einführung des Vertrauensmännersystems eine wichtige Voraussetzung für eine bessere Erschließung der Betriebe. Über bescheidene Erfolge kam dieser Versuch bis zum Vorabend des Krieges jedoch nicht hinaus.[20] Der Weg über ein System offiziell anerkannter Vertrauensleute, also eine betriebliche Gewerkschaftsvertretung ähnlich den „shop stewards", blieb verbaut.

Die im Hilfsdienstgesetz vom 2. Dezember 1916 getroffene Regelung sah eine betriebliche Repräsentation der Belegschaft — also nicht nur der gewerkschaftlich organisierten — für Betriebe mit mehr als 50 Beschäftigten vor, allerdings getrennt in einen Arbeiter- bzw. Angestelltenausschuß. Arbeitnehmer aus kleineren Betrieben konnten sich dagegen nur an einen regionalen von Arbeitgebern und Gewerkschaften beschickten Schlichtungsausschuß wenden, der unter dem Vorsitz eines vom Kriegsamt ernannten „Neutralen" stand.[21] Obwohl diese Bestimmungen wesentlichen Forderungen der Gewerkschaf-

20 S. dazu Elisabeth Domansky-Davidsohn, Der Großbetrieb als Organisationsproblem des Deutschen Metallarbeiter-Verbandes vor dem Ersten Weltkrieg, in: Arbeiterbewegung und industrieller Wandel. Studien zu gewerkschaftlichen Organisationsproblemen im Reich und an der Ruhr, hrsg. von Hans Mommsen, Wuppertal 1980, S. 95—116, hier S. 103.

21 Zu den inhaltlichen Bestimmungen s. den Text des Gesetzes im Reichsgesetzblatt Jg. 1916, S. 1333 ff.; auch abgedruckt in: Correspondenzblatt Nr. 51 vom 16. 12. 1916, S. 523 ff.

ten entgegenkamen, bedeuteten sie noch keine grundlegende Umorientierung ihrer Organisationsstrategie in dem Sinne, daß nun dem betrieblichen Sektor von ihnen ein wirkliches Eigenleben konzediert worden wäre. Die klassischen gewerkschaftlichen Tätigkeitsgebiete blieben weiter den Verbänden vorbehalten. Die Arbeiterausschüsse besaßen nur bescheidene Mitsprachefunktionen in rein innerbetrieblichen sozialen Angelegenheiten.

Negativ belastet durch den mit dem Hilfsdienstgesetz eingeführten partiellen Arbeitszwang und die offenkundige Pazifizierungsfunktion der Auschüsse im Dienst der Kriegswirtschaft konnte diese Neuerung nicht reifen und schien zunächst im Strudel der revolutionären Umwälzung unterzugehen. Eine Konkurrenz ist den Gewerkschaften aus den in ein enges Korsett gezwängten Arbeiterausschüssen nicht erwachsen. Nicht sie waren das Sprachrohr der aufkommenden Unruhe, sondern andere Organe. Es war symptomatisch, daß sich gewerkschaftliche Vertrauensleute, die zuvor hauptsächlich als Vertreter der Zentrale fungierten, unter dem Druck der aufbegehrenden Arbeitskollegen in den Großbetrieben zu stärker betriebsverankerten Sprechern zu wandeln begannen. Aus ihren Reihen kamen die sogenannten Revolutionären Obleute um Emil Barth und Richard Müller, dem späteren Hauptprotagonisten eines Rätesystems in den Gewerkschaften. Parallel zu dieser Bewußtseins- und Funktionsveränderung lief die Entstehung neuartiger Gremien, die sich auf ein autonomes, aus der Belegschaft abgeleitetes Recht gründeten. Unter der dem russischen Wort „Sowjet" entlehnten Bezeichnung Arbeiterräte traten sie erstmalig in den Streiks von April 1917 und beim großen Januarstreik von 1918 in Erscheinung. Sie waren die Vorläufer der Arbeiter- und Soldatenräte der revolutionären Umbruchsituation.

### 3. Aufschwung der Organisationen und Formierung der Opposition

Nach der de-facto-Anerkennung der Gewerkschaften durch das Hilfsdienstgesetz setzte ein Zulauf zu ihren Organisationen ein. Die Christlichen und Hirsch-Dunckerschen Verbände überschritten noch vor der Novemberrevolution ihren Vorkriegsstand, während die trotz der Auflockerungstendenzen noch immer etwas suspekten Freien Gewerkschaften bis 1918 um über 1 Million (43,6 %) hinter ihrem Stand von 1913/14 zurückblieben.[22] Der überproportionale Zustrom von Ungelernten, Jugendlichen und Frauen veränderte nicht nur die soziale Zusammensetzung der Gewerkschaften, sondern schlug sich auch in einem Wandel der Bewußtseinslage und potentieller Aktionsformen nieder. Diese bisher unorganisierten neuen Mitglieder erfuhren ihre Sozialisation nicht wie die alten Kämpen der Arbeiterbewegung durch eine langjährige Lehrlingsausbildung und ein allmähliches Hineinwachsen in die gewerkschaftliche Organisation und Disziplin. Prägend für sie wurde die Situation und die Solidargemeinschaft der Arbeitenden in den expandierenden Betrieben der Rüstungsproduktion und die Kriegsatmosphäre mit Hunger, Verbitterung und Not. Zwischen ihnen und der während des Krieges weitgehend verselbständigten traditionsgeprägten Gewerkschaftsbürokratie entstand eine Kluft. Während sich diese mehrheitlich in ihrer Kriegspolitik dem Durchhalteprinzip verschrieben hatte, die nationale Schicksalsgemeinschaft beschwor und durch die Kooperation mit den staatlichen Stellen beinahe voll in Anspruch genommen wurde, zeichneten sich an der Basis gegenläufige Tendenzen ab.

22 Zu der Mitgliederentwicklung s. die oben in Anm. 10 genannten Belege.

Eine Opposition in der sozialistischen Arbeiterbewegung gegen die Kriegspolitik ihrer Führungsinstanzen bildete sich zuerst in der Sozialdemokratischen Partei. Der Streit um die Kriegskredite, verschärft durch die starr gehandhabte Parteidisziplin, führte über den Bruch in der Fraktion (März 1916) im April 1917 schließlich zur Spaltung der Partei. In diesem dezidiert politischen Konflikt nahmen die Leitungsgremien der Freien Gewerkschaften einseitig Partei und intervenierten unter Führung Legiens wiederholt zugunsten der Mehrheitsrichtung in der SPD. Als Mitglieder ihrer Reichstagsfraktion, dem entscheidenden Führungsgremium der SPD während des Krieges, drängten Carl Legien und andere Gewerkschaftsabgeordnete auf eine Trennung der Partei von Karl Liebknecht und anderer Sozialdemokraten, die sich gegen die Mehrheit auflehnten. Durch ihr Eingreifen in politische Kontroversen, die nicht eigentlich gewerkschaftliche Belange betrafen, trugen sie mit dazu bei, daß sich die oppositionelle Strömung in ihren Organisationen entfaltete. Die geographischen Schwerpunkte der Gewerkschaftsopposition deckten sich weitgehend mit denen der parteipolitischen Opposition. Sie lagen in den industriellen Ballungszentren und den traditionellen Rekrutierungsgebieten der sozialistischen Arbeiterbewegung. Als Kristallisationskerne dieser Protestbewegung erwiesen sich die expandierenden Kriegsindustrien, daneben aber auch vom Krieg besonders hart betroffene Gewerbebranchen.[23]

In den Aprilstreiks von 1917, die sich zunächst an der geplanten Kürzung der Brotrationen entzündeten, kündigte sich an, daß die Gewerkschaftsführer an Einfluß auf die Arbeiterschaft zu verlieren begannen. In den Januarstreiks von 1918, als vor allem in Berlin Arbeiter gegen Hunger, für Frieden und mehr innere Freiheiten demonstrierten, zeigte sich das noch weit stärker. Diese Streiks brachen ohne Zutun und gegen den erklärten Willen der Generalkommission und der Verbandsvorstände aus. Sie wurden unter Ausschaltung der Gewerkschaftsinstanzen durch die von unten gebildeten Streikleitungen geführt. Die Streiks blieben zwar ohne praktischen Erfolg; doch sie waren ein Symptom wachsenden Protestes gegen die Kriegspolitik der Gewerkschaften und das Ausbleiben innenpolitischer Reformen, des mächtiger werdenden Drängens nach besseren materiellen Lebensverhältnissen und baldigem Frieden. Für die Gewerkschaftsführung lag das Bedrohliche in den sich über ihre Köpfe hinweg vollziehenden eigenständigen Aktionen von Teilen der Arbeiterschaft und in dem Aufkommen neuartiger Organisationskerne. Die Aktivitäten der Betriebsvertrauensleute des Metallarbeiterverbandes, die Tätigkeit der Revolutionären Obleute, die aus den Betrieben heraus entstehenden Streikleitungen und die ersten Ansätze zu Arbeiterräten zeugten von der Anziehungskraft einer betriebsbezogenen, gegen den Krieg und die Instanzen gewandten Konkurrenz.[24] Aus ihr rekrutierte sich der harte Kern der innergewerkschaftlichen Opposition, die sich nach der Spaltung der SPD politisch an die (im April 1917) gegründete USPD anlehnte.

Seit der Generalversammlung des Metallarbeiterverbandes von 1917 war offenkundig, daß sich aus der Protestbewegung gegen die Politik der Vorstände eine zwar in sich noch heterogene, im Grundsatz aber weitgehend geschlossen auftretende Gegenphalanx zu formieren begann. Sie verwarf jede Kooperation mit der Regierung und erst recht die

23 Zur Formierung der Opposition vor allem Gerhard Laubscher, Die Opposition im Allgemeinen Deutschen Gewerkschaftsbund (ADGB) 1918—1923, Frankfurt 1979, S. 87 ff.; für den Metallarbeiterverband auch Opel, S. 47 ff.

24 Vgl. Heinrich Potthoff, Probleme gewerkschaftlicher Organisation in Weltkrieg, Revolution und Republik, in: Arbeiterbewegung und industrieller Wandel, S. 140—158, hier S. 146 ff.

mit der Unternehmerschaft, befürwortete eine klassenkämpferische Konfliktstrategie und tendierte zur direkten Aktion im Betrieb und auf der Straße.

## 4. Konzeption und Funktion der Zentralarbeitsgemeinschaft

Die Streikbewegungen und das Anwachsen einer Opposition veranlaßten die Gewerkschaftsführungen während des Krieges nicht zu einer grundlegenden Wende in ihrer Politik. Sie nutzten diese nur als taktische Instrumente, um ihren Forderungen nach sozialen Reformen und innerer Neuorientierung mehr Gehör zu verschaffen, und aktivierten zugleich ihre tariflichen Instrumentarien, um ihre Bedeutung als wirtschaftliche Interessenvertretung der Arbeitnehmerschaft sichtbar zu dokumentieren. Wie die Reaktionen der politisch maßgebenden Instanzen und der Sozialkontrahenten der Arbeitnehmerschaft zeigten, wirkten diese Alarmsignale offenkundig bei ihnen sogar stärker als bei den Gewerkschaften. Für die Militär- und Zivilbehörden machten die wachsenden Unruhen und Proteste „die Zusammenarbeit mit der SPD und den Gewerkschaften mehr und mehr zum zentralen Kalkül ihrer Befriedungspolitik und ihrer gesamten Innenpolitik“.[25] Die zu einer Konfrontationspolitik neigenden Kräfte verloren demgegenüber an Einfluß und Gewicht. Ähnliche Entwicklungen vollzogen sich bei der Unternehmerschaft, als mit dem Scheitern der Offensive von 1918 ein „Siegfrieden“ völlig illusorisch wurde. Unter dem Eindruck der sich abzeichnenden Niederlage und des Autoritätsverfalls des Staates mit seiner überbordenden Wirtschaftsbürokratie gaben nun selbst die Schwerindustriellen ihren Widerstand gegen ein Arrangement mit den Gewerkschaften auf und lösten sich von ihrer Allianz mit den Junkern. Im Oktober 1918 verständigten sich die Gewerkschaftsführungen mit den Vertretern der Unternehmerschaft über die Grundsätze einer Übereinkunft, die als Basis des formal erst nach der Revolution am 15. November 1918 unterzeichneten Abkommens über die Zentralarbeitsgemeinschaft (ZAG) diente.[26]

Mit dieser paritätisch zusammengesetzten autonomen Institution zur Regelung sozialer und wirtschaftlicher Fragen wurde zwar etwas Neues geschaffen; in der Sache aber markierte sie für die Gewerkschaften eher den Schlußpunkt einer Entwicklung zur gleichberechtigten, formalisierten Mitsprache, wie sie mit den Tarifverträgen eingeleitet wurde. Sie lag für ihre Befürworter in der Konsequenz ihrer Vision von einer vollen Gleichberechtigung der Arbeiterklasse, die für sie nur über den Mittler zentraler Organisationen denkbar und durchführbar schien.

---

25 Zitat nach Bieber, Teil I, S. 469, zum Kontext S. 456 ff. sowie Feldman, S. 197 ff.

26 Zur Entstehungsgeschichte und Bedeutung der ZAG vgl. neben den entsprechenden Abschnitten bei Bieber, Teil II, S. 595 ff. Gerald D. Feldman, Die Freien Gewerkschaften und die Zentralarbeitsgemeinschaft 1918—1924, in: Vom Sozialistengesetz zur Mitbestimmung. Zum 100. Geburtstag von Hans Böckler, hrsg. von Heinz Oskar Vetter, Köln 1975, S. 229 ff.; ders. German Business between War and Revolution: The Origins of the Stinnes-Legien Agreement, in: Entstehung und Wandel der modernen Gesellschaft. Festschrift für Hans Rosenberg zum 65. Geburtstag, hrsg. von Gerhard A. Ritter, Berlin 1970, S. 312 ff.

## III. *Im Zeichen der revolutionären Umwälzung*

### 1. Politische Neuordnung, aber keine soziale Revolution

Der Zusammenbruch der bisherigen Staatsordnung unter dem Druck der revolutionären Welle kam für die Gewerkschaften überraschend. Nicht nur die Christlichen und Hirsch-Dunckerschen Organisationen, sondern auch die als sozialistisch eingeschätzten Freien Gewerkschaften setzten auf Kontinuität und Reformen, nicht auf Umsturz. Die mit den Verfassungsreformen von Oktober 1918 eingeleitete politische Neuordnung reichte den Christlichen Gewerkschaften, die voll dem Bismarckschen System des monarchischen Obrigkeitsstaates verpflichtet gewesen waren, völlig aus.[27] Doch selbst die in einer demokratischen Tradition stehenden Freien Gewerkschaften sahen damit das Ziel einer parlamentarischen Demokratie schon erfüllt; die Frage des monarchischen Staatsoberhauptes erschien ihnen als nebensächlich.

Auch nach dem revolutionären Umsturz blieben die Freien Gewerkschaften dem Grundsatz einer parlamentarischen Demokratie treu, drängten auf die Einberufung einer verfassunggebenden Nationalversammlung und erteilten jedem Gedanken an eine soziale Revolution und eine „Diktatur des Proletariats" eine unzweideutige Absage[28]. Ordnung, harte Arbeit und Ankurbelung der Wirtschaft galten allen drei Gewerkschaftsrichtungen als erste Bürgerpflicht. In diesem Sinne wirkten die Freien Gewerkschaften durch ihre Mittelsmänner und Vertrauensleute auch auf die Räte ein. Christliche wie Freie Gewerkschaften sahen in ihnen anfänglich nur revolutionäre Übergangsorgane, deren Aufgabe mit der Herstellung geordneter demokratischer Verhältnisse durch die Nationalversammlung erfüllt sei und die danach zu verschwinden hätten.[29] Erst recht verwahrten sie sich gegen jedwede Eingriffe der Räte in den Bereich, den sie als ihre Domäne ansahen: die wirtschaftliche Vertretung der Arbeitnehmerinteressen. Eine grundlegende Veränderung der Wirtschaftsordnung durch eine Sozialisierung der Produktionsmittel, wie sie über Jahrzehnte in der sozialistischen Arbeiterbewegung propagiert worden war, wurde von den Gewerkschaftsführungen in dieser Phase weder erwogen noch überhaupt ernsthaft debattiert. Gerade in der Situation des Zusammenbruchs glaubten sie, auf den hochgeschätzten Sachverstand der „bewährten Fachkräfte" nicht verzichten zu können. Sie selbst trauten sich eine Bewältigung der schwierigen Wirtschaftsprobleme nicht zu — und erst recht nicht den Räten. Dem Staat allein aber mochten sie auch nicht die Wirtschaft überantworten. Nach den Erfahrungen mit der bürokratischen Kriegswirtschaft und dem abschreckenden Beispiel Sowjetrußlands hatte er bei ihnen an Kredit verloren. Die

---

27 Dazu Schneider, S. 498 ff.; ferner Rolf Thieringer, Das Verhältnis der Gewerkschaften zu Staat und Parteien in der Weimarer Republik. Die ideologischen Verschiedenheiten und taktischen Gemeinsamkeiten der Richtungsgewerkschaften. Der Weg zur Einheitsgewerkschaft, phil. Diss. Tübingen 1953/54, S. 55 und 58 f.

28 Vgl. dazu den charakteristischen Artikel des Correspondenzblattes Nr. 45 vom 9. 11. 1918, S. 407 f.

29 Zum Problemkomplex Gewerkschaften-Rätebewegung vgl. vor allem Peter von Oertzen, Betriebsräte in der Novemberrevolution. Eine politikwissenschaftliche Untersuchung über Ideengehalt und Struktur der betrieblichen und wirtschaftlichen Arbeiterräte in der deutschen Revolution 1918/19, Düsseldorf 1963, bes. S. 247 ff; Potthoff, Gewerkschaften, S. 34 ff. und 123 ff. Typisch für die Haltung der Christlichen Gewerkschaften die Artikel in: Zentralblatt der Christlichen Gewerkschaften Deutschlands Nr. 24 vom 18. 11. 1918, S. 193 f. und Westdeutsche Arbeiterzeitung vom 27. 2. 1919, S. 21; für die Hirsch-Dunckerschen: Gewerkverein Nr.61/62 vom 30. 11. 1918, S. 123, Nr.65/66 vom 28. 12. 1918, S. 129, Nr. 13/14 vom 5. 4. 1919, S. 26 f.

anfängliche Begeisterung über die als ein Stück Sozialismus gefeierte Kriegswirtschaft kehrte sich in Skepsis gegenüber zentralwirtschaftlichen monopolartigen Lösungen um.

Die Grenze des für sie vermeintlich Machbaren lag in der paritätischen Mitbestimmung ihrer Organisationen auf zentraler Ebene, also dem System der ZAG. In diesem „wirtschaftlichen Parlament Deutschlands" verkörperte sich für sie die „wirtschaftliche Demokratie".[30] Sie übersahen dabei, daß die „Parität", dieses „A und O unserer Tätigkeit"[31] keineswegs so gesichert war und eine Ausweitung ihrer Mitsprache in der ferneren Zukunft ebenso wenig gewährleistet wurde. Denn die Macht des Unternehmertums war in Folge des verlorenen Krieges und des revolutionären Umsturzes nur erschüttert, aber nicht gebrochen. Seine Bereitschaft zu Konzessionen resultierte im Kern nicht aus Einsicht oder ökonomischen Zwängen, sondern aus einer vorübergehenden Notlage, in der man die Gewerkschaften als Bundesgenossen gegen revolutionäre Massenbewegungen und zur Abwehr bürokratischer Staatseingriffe brauchte. Nach der Restabilisierung der Unternehmermacht spitzten sich die sozialen Konflikte wieder zu und führten nach einer Phase schleichender Agonie im Winter 1923/24 zum endgültigen Bruch in der „Arbeitsgemeinschaft".

## 2. Der Mitgliederzustrom und seine Tendenzen

Während der Kriegszeit vermochten die Gewerkschaften ihre Stellung in Staat und Gesellschaft auszubauen, ohne daß dies bei den Freien schon zu einer entsprechenden Verbreiterung ihrer Mitgliederbasis führte. Erst mit der revolutionären Umwälzung öffneten sich wirklich die Tore. Nun setzte ein explosionsartiger Zulauf zu den Organisationen ein. Von ihm profitierten in erster Linie die Freien, weil sie unter den Gewerkschaften am ehesten die mit der Revolution hochgeschwemmten „sozialistischen" Erwartungen verkörperten. Mit über 8 1/2 Millionen Mitgliedern erreichten sie im Sommer 1920 ihren Gipfel.

Einen prozentual ebenfalls rapiden Aufschwung — auf absolut beinahe 2 Millionen — nahmen auch die Christlichen, während die Hirsch-Dunckerschen sich nur ungleich weniger, auf ca. 1/2 Millionen zu steigern wußten. Von diesen waren über die Hälfte Angestellte, ca. ein Zehntel Beamte und nur ca. zwei Fünftel Arbeiter. Bei den Christlichen entfielen ca. 58 % (= 1,1 Millionen) auf den Gesamtverband der christlichen Gewerkschaften Deutschlands, ca. 18 % auf den Gesamtverband deutscher Beamten- und Angestelltengewerkschaften und ca. 24 % auf den Gesamtverband deutscher Angestelltengewerkschaften (Gedag) mit dem DHV (Deutschnationaler Handlungsgehilfen-Verband) in seinen Reihen. Von den im Bund der Freien Gewerkschaften organisierten Arbeitnehmern rechneten im Sommer 1920 über 90 % (= 8 Millionen) zu den Arbeitergewerkschaften und nur 8% zu den Angestelltenorganisationen. Beamte fanden sich zunächst kaum in ihren Reihen. Dem Aufbau einer eigenen Beamtenorganisation zog die Führung der Freien Gewerkschaften ein vertrauensvolles Verhältnis zum Deutschen

30 So Correspondenzblatt Nr. 50 vom 14. 12. 1918, S. 463 ff.; Legien sprach in der Vorständekonferenz vom 1./2. 2. 1919, (Protokoll in Restakten des ADGB, z. Zt. bei der Historischen Kommission in Berlin: HiKo, NB 529/022, S. 87) von einem „Industrieparlament".

31 So der Referent Adolf Cohen in: Protokoll der Verhandlungen der Kongresse der Gewerkschaften Deutschlands, 10. Kongreß in Nürnberg 1919, Berlin 1919, S. 464, 483, 487, 492; mit gleicher Tendenz ein Beschluß des Leipziger Kongresses 1922 in: Protokoll . . . 11. Kongreß in Leipzig 1922 (1. Bundestag des ADGB), Berlin 1922, S. 37 f.

Beamtenbund vor, der im Dezember 1918 offiziell als neutrale Standesvertretung auf gewerkschaftlicher Basis gegründet worden war.[32]

Insgesamt gehörten 1920 ca. 12.530.000 Arbeiter, Angestellte und Beamte gewerkschaftlichen und gewerkschaftsähnlichen Organisationen an. Das entsprach etwa einem Organisationsgrad von fast 40 %, am niedrigsten mit ca. einem Viertel bei den Angestellten, mit Abstand am höchsten bei den Beamten. Unter den Arbeitern waren ca. zwei Drittel gewerkschaftlich organisiert, davon beim ADGB allein ca. 55 %.[33]

Dieser Drang in die Gewerkschaften kontrastierte mit den „wilden" Massenbewegungen, die das Bild der Umbruchperiode so nachhaltig prägten und von der Abkehr unzufriedener Arbeitnehmer von den traditionellen Organisationen zeugten, die teilweise bis zum Austritt ging. In Berlin, Mitteldeutschland und im rheinisch-westfälischen Industriegebiet begehrten die Industriearbeiter und Bergleute gegen die überkommenen Herrschaftsstrukturen in Betrieben und Wirtschaft auf, personifiziert durch die Bergherren und Schlotbarone. Neben den der sozialistischen Bewegung nahestehenden Arbeitern schlossen sich früher Nichtorganisierte, ehemalige Gelbe und große Teile der christlichen Bergarbeiterschaft diesen Massenbewegungen an. Bei dieser zweiten Rätebewegung verbanden sich Sozialisierungsforderungen mit dem Streben nach einem rätedemokratischen Wirtschaftssystem. Sie spielte sich vorrangig in den Regionen ab, die zum einen schon früher gewerkschaftlich durchsetzt und zum anderen durch eine starke Expansion der Industrie gekennzeichnet waren.[34]

Die höchsten Zugewinne erzielten die Gewerkschaften demgegenüber in Gebieten, in denen sie früher schwach oder kaum vertreten waren: flaches Land und Kleingemeinden, Industriereviere mit einem hohen Anteil von Staatsbetrieben, die früher keine gewerkschaftlich Organisierten zuließen — wie das Saarland — und Städte mit Dienstleistungscharakter. Soziologisch gesehen rekrutierten sich die Neumitglieder vor allem aus Industriearbeitern der privaten Großindustrie, Bergleuten der Staatszechen, Gemeinde- und Staatsbediensteten aus Eisenbahn, Verkehr und Verwaltung, ungelernten Arbeitskräften aus den verschiedensten Branchen und — mit einer deutlichen zeitlichen Verzögerung — aus Landarbeitern und berufstätigen Frauen.[35]

Eine unmittelbare Korrelation zwischen dem Zulauf und der oppositionellen Ausrichtung gewerkschaftlicher Organisationsgliederungen bestand nicht. Die Masse der Neumitglieder in der Provinz war eher kleinbürgerlichen Zuschnitts, gewerkschaftlich rückständig und alles andere als radikal. Dagegen verstärkten die aus den bisherigen Bindungen gerissenen, durch den Krieg entwurzelten, durch Krieg und Revolution zu Selbstbewußtsein gelangten Neuzugänge in den industriellen Ballungsgebieten das opponierende Potential und engagierten sich in den Massenbewegungen der revolutionären

32 Zur Mitgliederentwicklung neben den schon in Anm. 10 angeführten Belegen die weiteren Statistischen Beilagen des Correspondenzblattes 1919 und der Korrespondenzblätter 1920/21 sowie das Jahrbuch der Berufsverbände im Deutschen Reich, hrsg. vom Reichsamt für Arbeitsvermittlung (= 25. Sonderheft zum Reichsarbeitsblatt), Jg. 1922, Berlin 1922, S. 12 ff., 21 ff., 44 ff., 52 ff., 80 ff., 94 ff.

33 Eigene Berechnungen auf der Basis der Mitgliederzahlen für 1920 und der Angaben über die Berufsgliederung der Bevölkerung nach der Reichsstatistik 1925. Die Quoten können wegen der unterschiedlichen Erhebungsjahre nur Annäherungswerte sein.

34 Über diese Erscheinungen u. a. Reinhard Rürup/Eberhard Kolb/Gerald D. Feldman, Die Massenbewegungen der Arbeiterschaft in Deutschland am Ende des Ersten Weltkrieges (1917—1920), in: PVS 13 (1972), S. 84—105; Wolfgang J. Mommsen, Die deutsche Revolution 1918—1920. Politische Revolution und soziale Protestbewegung, in: GuG 4 (1978), S. 362—391; Oertzen, S. 109 ff.

35 S. dazu Potthoff, Gewerkschaften, S. 42 ff.

Umbruchzeit. Vor allem die jungen unverheirateten Arbeitnehmer zeigten eine ausgeprägte Bereitschaft zu Streik und Protest und tendierten in den Gewerkschaften überproportional zur Opposition.[36] Auf der anderen Seite neigten die älteren, für Frau und Kinder verantwortlichen Familienväter zu größerer Vorsicht und bevorzugten die friedliche Verständigung. Sie waren dadurch die gegebene Stütze für die Führungsgarnitur der Freien Gewerkschaften in ihrem Ringen mit der oppositionellen Herausforderung, die nach dem Krieg auf fast allen Verbandstagen und Kongressen auftrat.

### 3. Die Entwicklung der Organisationsstruktur

Von den gewerkschaftlich organisierten Arbeitern, Angestellten und Beamten gehörten am Jahresende 1920 allein 85,7 % den drei großen Richtungsgewerkschaften — Freien, Christlichen und Hirsch-Dunckerschen — an.[37] Den Rest teilten sich der Deutsche Beamtenbund,[38] die nach dem Krieg zunächst völlig unbedeutenden wirtschaftsfriedlichen „Gelben",[39] Splittergruppen, wie die „Polnische Berufsvereinigung" sowie syndikalistische, unionistische und linkskommunistische Organisationen, die mit der Revolution einen starken Auftrieb erhielten, 1920 schon mehr Arbeiter in ihren Reihen hatten als die Hirsch-Dunckerschen (247.000 gegenüber 226.000) und in der Inflationskrise von 1923 ihren Höhepunkt an Attraktivität erreichten. Sie rekrutierten sich aus bisher Unorganisierten und radikal eingestellten ehemaligen Mitgliedern der Freien Gewerkschaften, die diesen den Rücken gekehrt hatten oder aus ihren Verbänden herausgedrängt worden waren.[40]

Von allen Gewerkschaften erforderte es schon große organisatorische Leistungen, die neuen Mitgliedermassen administrativ zu erfassen und notdürftig zu betreuen. Über den bisherigen Stamm an Funktionären hinaus, deren Reihen überdies durch die Übernahme

36 S. dazu die Aufschlüsselungen in der preußischen Streikstatistik für 1919 im Wirtschaftsjahrbuch für das Ruhrgebiet, Essen 1921, S. 387, Tabelle 5, sowie Korrespondenzblatt, Statistische Beilage Nr. 5 vom 18. 12. 1920: Die Lohnbewegungen, Streiks und Aussperrungen im Jahre 1919, S. 105 ff. Für die Veränderungen der Altersstruktur der Gewerkschaftsmitglieder: Der deutsche Metallarbeiterverband im Jahre 1919. Jahr- und Handbuch für Verbandsmitglieder, Stuttgart 1920, S. 161. Entsprechende Parallelen im politischen Verhalten werden analysiert von Robert E. Wheeler, USPD und Internationale. Sozialistischer Internationalismus in der Zeit der Revolution, Frankfurt — Berlin — Wien 1974, S. 248 ff., bes. S. 252 f.; ferner Richard Hunt, German Social Democracy 1918—1933, New Haven 1964, S. 106; Richard Comfort, Revolutionary Hamburg, Stanford 1966, S. 134 ff., 163; Dieter Baudis/Hermann Roth, Berliner Opfer der Novemberrevolution 1918/19, in: Jahrbuch für Wirtschaftsgeschichte (1968), Bd. III, S. 73—149, hier S. 102.

37 Jahrbuch der Berufsverbände 1922 (Anm. 32), S. 18.

38 Eine Studie über die Beamtenbewegung ist ein Desiderat der Forschung; angekündigt ist von Andreas Kunz eine Dissertation „Civil Servants and Civil Servants Organizations in World War I and the Weimar Republic".

39 Zu den „Gelben" s. Klaus Mattheier, Die Gelben. Nationale Arbeiter zwischen Wirtschaftsfrieden und Streik, Düsseldorf 1973, für die Nachkriegszeit S. 294 ff. und 304 ff.

40 Dazu Hans Alfred Bock, Syndikalismus und Linkskommunismus von 1918—1923. Zur Geschichte und Soziologie der Freien Arbeiterunion Deutschlands (Syndikalisten), der Allgemeinen Arbeiterunion Deutschlands und der Kommunistischen Arbeiterpartei Deutschlands, Meisenheim a. Glan 1969, passim; ferner auch Jahrbuch der Berufsverbände, (1922), S. 18 ff. und 68 f. Ihre steigende Attraktivität in der Inflationskrise spiegelt sich in den für sie guten Ergebnissen bei Betriebsrätewahlen; s. Bernd Weisbrod, Schwerindustrie in der Weimarer Republik. Interessenpolitik zwischen Stabilisierung und Krise, Wuppertal 1978, Tabellen auf S. 128 f.; Gewerkschafts-Zeitung Nr. 24 vom 11. 6. 1925, S. 341.

öffentlicher Ämter und Mandate gelichtet wurden, bestand deshalb ein großer Bedarf an haupt- und nebenamtlichen Mitarbeitern. Das galt umso mehr, als sich auch ihre Aufgaben durch den Aufbau und Ausbau des Arbeitsrechts, der Sozialpolitik, des Tarifvertrags- und des Betriebsrätesystems ungeheuer ausgeweitet hatten. Die übergroße Zahl der Funktionäre stand dabei im Dienst der einzelnen Verbände, bei denen der Schwerpunkt der eigentlichen gewerkschaftlichen Tätigkeit lag: das Aushandeln der Lohn- und Arbeitsbedingungen und die Durchführung des Unterstützungswesens. An ihrer weitgehenden Autonomie änderte sich im Grundsatz auch nichts durch die Schaffung eines kompakteren Überbaus, der nach dem Krieg bei den Freien Gewerkschaften an die Stelle der bisherigen lockeren Verbindung unter dem Dach der Generalkommission trat. Auf dem Nürnberger Kongreß von 1919 gaben sie sich ein neues Statut und vollzogen nun den Zusammenschluß zu einem Bund.[41] Dieser Allgemeine Deutsche Gewerkschaftsbund (ADGB), dessen Vorsitz der langjährige bewährte Vorsitzende der Generalkommission, Carl Legien, übernahm, baute weitgehend auf den gewachsenen Strukturen auf. Von den 52 im Sommer 1919 im ADGB zusammengeschlossenen Gewerkschaften verkörperte die Mehrzahl typische Berufsorganisationen mit z. T. wenigen Hundert bis zu über 100.000 Mitgliedern. Nur wenige Verbände — die der Bau-, Bergbau-, Holz-, Metall-, Textil-, Transportarbeiter sowie der Fabrikarbeiterverband für die Chemie — konnten mit Einschränkungen als Industriegewerkschaften gelten; diese stellten allerdings die übergroße Mehrheit der Mitglieder. Dazu kamen noch Gewerkschaften wie der Gemeinde- und Staatsarbeiterverband und der Eisenbahnerverband, die auf dem „Regieprinzip" basierten. Erst ab 1922, als sich der ADGB im Grundsatz auf das Industrieverbandssystem als Organisationsprinzip der Zukunft festlegte, kam es im Zuge ökonomischer Krisen zu Verschmelzungen, die bis 1933 die Zahl der Verbände auf 28 reduzierten.

Stärkere strukturelle Änderungen vollzogen sich in der Kriegs- und Revolutionszeit dagegen bei der organisierten Angestelltenbewegung. In der 1917 gegründeten Arbeitsgemeinschaft freier Angestelltenverbände — sie ging aus der seit 1913 bestehenden Arbeitsgemeinschaft für ein einheitliches Angestelltenrecht hervor — arbeiteten der Generalkommission angeschlossene Angestelltengewerkschaften mit anderen „freien" Angestelltenverbänden zusammen. Diese „AfA" wurde in der Nachkriegszeit (im November 1920) in den Allgemeinen freien Angestelltenbund (AfA) umgeformt. Der Vorsitz lag in den Händen von Siegfried Aufhäuser, der — bezeichnend für die dominierende Stimmung in den freigewerkschaftlichen Angestelltenorganisationen — seine politische Heimat in der USPD hatte.[42]

Die mit den Freien Gewerkschaften konkurrierenden Christlichen und Hirsch-Dunckerschen Organisationen, die sich unmittelbar nach der Revolution eine gemeinsame Spitze gegeben hatten (Deutsch-Demokratischer Gewerkschaftsbund, seit März 1919 Deutscher Gewerkschaftsbund, DGB) gingen seit Ende 1919 organisatorisch wieder getrennte Wege. Der DGB fungierte unter seinem Vorsitzenden Adam Stegerwald nur

41 Eingehende Informationen und Texte dazu bei Salomon Schwarz, Handbuch der deutschen Gewerkschaftskongresse (Kongresse des Allgemeinen Deutschen Gewerkschaftsbundes), Berlin 1930, S. 99 ff.; Gewerkschaftskongreß 1919 (Anm. 31), S. 37 ff., 64 ff., 503 ff., Nestriepke, Bd. 2, S. 121 ff.

42 Zur Entwicklung der AfA s. Siegfried Aufhäuser, Die freie Angestellten- und Arbeiterbewegung, in: Schriften des Bundes der technischen Angestellten und Beamten, H. 3, Berlin 1920; ders., Allgemeiner Freier Angestelltenbund, in: Internationales Handwörterbuch des Gewerkschaftswesen, hrsg. von Ludwig Heyde, Bd. 1, S. 31 ff. Nachdem sich der Deutsche Beamtenbund gespalten hatte, kam es am 18. Juni 1922 auch zur Gründung eines eigenständigen freigewerkschaftlichen „Allgemeinen deutschen Beamtenbundes (ADB)".

mehr als Dachverband der Christlichen Gewerkschaften und einiger dezidiert nationaler Angestelltenverbände wie dem DHV,[43] während die in der liberalen Hirsch-Dunckerschen Tradition stehenden Organisationen 1920 ihren eigenen Bund, den „Gewerkschaftsring deutscher Arbeiter-, Angestellten- und Beamtenverbände" gründeten. Die organisatorischen Grundstrukturen der deutschen Gewerkschaftsbewegung hatten somit Krieg und Revolution überdauert. Auch die im Weltkrieg angebahnte Kooperation der drei Richtungen setzte sich trotz einiger, sich aus dem Konkurrenzverhältnis ergebenden Reibereien fort. Sie spielte vor allem eine wichtige Rolle bei den Tarifverhandlungen, in den Arbeitsgemeinschaften und im Vorläufigen Reichswirtschaftsrat[44] sowie in dem weiten Bereich der Sozialpolitik. Die drei Bünde trugen durch ihr Zusammenwirken dazu bei, den politischen Zusammenhalt der Weimarer Koalition in der kritischen Anfangsphase der Republik zu gewährleisten.

## 4. Die Wirkung der revolutionären Phase auf Strategie und Programmatik

Die Umstrukturierung des politischen Systems, die Rätebewegung und die großen Streiks, die Massen der Neumitglieder und das Anwachsen der Opposition waren Faktoren, die jeder für sich und alle zusammen Rückwirkungen auf die Rolle der Gewerkschaften zeitigten. Um nicht ins Abseits zu geraten, mußten sie bisherige Positionen modifizieren. Die von Legien zu Beginn der Revolution eingeschlagene Taktik des Beschwichtigens und Abwartens verfing nicht mehr. Elastischer operierte eine Gruppe von vornehmlich jüngeren Gewerkschaftsführern um Theodor Leipart. Sie forcierten zunächst ganz bewußt das Instrument der Tarifpolitik, um damit die Gewerkschaften auch in der Revolutionsphase zu profilieren, und begannen Anfang des Jahres 1919 damit, eine umfassende Integrationsstrategie zu konzipieren. Den Strömungen der Zeit, wie sie in den Räte- und Sozialisierungsbewegungen zum Ausdruck kamen, hofften sie durch eine radikalere Tonart und Programmatik den Wind aus den Segeln zu nehmen und sie so in ein ruhigeres und den Gewerkschaften genehmeres Fahrwasser zu leiten.[45]

Die Fortdauer der Massenbewegungen mit dem zweiten Höhepunkt im März 1919, die Bereitschaft von Regierung und Koalitionsparteien, diesen in Form des Art. 34 a — des späteren Art. 165 der Weimarer Verfassung — Konzessionen zu machen, und der Druck der innergewerkschaftlichen Opposition sorgten dafür, daß diese Ansätze nicht verkümmerten. Aus dem Integrationskurs, der von dieser Gruppierung um Leipart seit Anfang Februar 1919 durchgedrückt worden war, erwuchsen die programmatischen „Richtlinien"[46] der Freien Gewerkschaften, die im Frühsommer 1919 von ihrem Nürnberger Kongreß verabschiedet wurden. Sie bildeten — zusammen mit den Richtlinien für die

43 Dazu Schneider, S. 486 ff.

44 Eingerichtet im Juni 1920 aufgrund einer am 19. April 1920 erlassenen und am 4. Mai 1920 in Kraft getretenen Verordnung (Reichsgesetzblatt 1920, S. 858 ff.). Zu seiner Struktur und Funktion s. Harry Hauschild, Der Vorläufige Reichswirtschaftsrat 1920—1926, Berlin 1926; W. Fritzner, Der Vorläufige Reichswirtschaftsrat 1920—1926, Berlin 1926; Günther Papperitz, Geschichte und Problematik des Reichswirtschaftsrates, jur. Diss. Mainz 1965.

45 Über den Verlauf der innergewerkschaftlichen Diskussion in der Führungsspitze informieren detailliert die Protokolle der Konferenz der Vertreter der Verbandsvorstände vom 3. Dez. 1918 und 1./2. Febr. 1919, HiKo, NB 1, 0011 bzw. NB 529, 021/22; Konferenz der Vertreter der Verbandsvorstände, Sitzung vom 25. April 1919 (als Manuskript gedruckt).

46 „Richtlinien für die künftige Wirksamkeit der Gewerkschaften", abgedruckt u. a. in: Gewerkschaftskongreß 1919, S. 59 f.

Betriebsräte[47] und der sogenannten Resolution Paeplow[48], mit der sie das Mannheimer Abkommen von 1906 mit der SPD aufkündigten und die Neutralität im Parteienstreit bekundeten — so etwas wie ein Grundsatzprogramm.

Die Gewerkschaftsopposition übte auf die Ausgestaltung dieser programmatischen Aussagen zwar mittelbar — durch ihre Existenz und den von ihr ausgehenden Druck —, unmittelbar hingegen kaum Einfluß aus. In den maßgebenden Führungsgremien war sie in diesem Zeitraum personell kaum vertreten[49] — einen entscheidenden Durchbruch erzielte sie erst im Oktober 1919 mit ihrem Sieg auf dem Verbandstag der Metallarbeiter — und auf dem Gewerkschaftskongreß stellte sie nur eine jederzeit zu überstimmende Minderheit der Delegierten. Eine weitere Ursache für die geringen Einwirkungsmöglichkeiten lag in ihrer eigenen inneren Zerrissenheit und taktischen Schwäche. Ihre Hauptparolen — gegen die Burgfriedenspolitik und die Zentralarbeitsgemeinschaft, Zurückführung der Gewerkschaften auf den Boden des revolutionären Klassenkampfes — waren rückwärts gewandt und vorwiegend negativ bestimmt. Als es auf dem Gewerkschaftskongreß um die Festschreibung der Zukunftsperspektiven ging, überließ die Opposition das Wort Richard Müller und seinen Freunden, deren Modell einer proletarischen Rätedemokratie selbst in ihren eigenen Reihen nicht konsensfähig war. Zu einem derartigen Bruch mit dem bisherigen Verständnis von Demokratie und der Rolle der Gewerkschaften in der Gesellschaft gab sich der gemäßigte Flügel der Opposition von Joseph Simon bis Robert Dißmann nicht her. Sie wollten keine Abschaffung der parlamentarischen Demokratie, sondern nur ihre Ergänzung durch eine wirtschaftliche Demokratie. Vor allem aber dachten sie nicht daran, die Gewerkschaftsorganisationen zugunsten eines Rätesystems zu opfern. Ihre Oppositionshaltung resultierte im wesentlichen aus dem politischen Streit des Weltkrieges, in der gewerkschaftlichen Praxis unterschieden sie sich kaum von der Mehrheit.[50]

Über das Erfordernis autonomer Gewerkschaftsorganisationen in der Gegenwart stimmten Mehrheit und gemäßigte Opposition überein. Die auch innerhalb der Mehrheit umstrittene Frage nach der Funktion der Gewerkschaften in einem sozialistischen System war für die Wirklichkeit in der Weimarer Republik irrelevant. Zur Klärung des Selbstverständnisses und der theoretischen Fundierung der Freien Gewerkschaften aber leisteten die Debatten einen wichtigen Beitrag. Zumindest die tonangebenden Kräfte lösten sich von überkommenen Sozialismus-Begriffen und interpretierten Sozialismus nun als einen dynamischen Prozeß des stetigen Strebens nach Gleichheit und Gerechtigkeit und größtmöglicher demokratischer Partizipation.

## IV. *Die Rolle der Gewerkschaften in Staat und Gesellschaft der Republik*

### 1. Gewerkschaften als Tarifparteien

Den Gewerkschaften brachte das Revolutionsgeschehen bei der Wahrnehmung ihrer wichtigsten Aufgaben, dem Streben nach besseren Lohn- und Arbeitsbedingungen, sichtbare Fortschritte. Die von der Revolutionsregierung verfügten sozialpolitischen Maß-

47 „Bestimmungen über die Aufgaben der Betriebsräte", ebd., S. 61 ff.

48 Ebd., S. 56; zu ihrer Auslegung S. 379 f. (Jansson).

49 In der Generalkommission war kein Oppositioneller zu finden; in der Vorständekonferenz — dem späteren Bundesausschuß — vertrat nur Joseph Simon, der Vorsitzende des Schuhmacherverbandes und Reichstags- bzw. Nationalversammlungsabgeordnete der USPD, die Opposition.

50 Zu den Vorstellungen der Opposition s. vor allem Laubscher, S. 40 ff. und 53 ff.

nahmen schufen die flankierenden Grundlagen für die tarifvertraglichen Regelungen, die jetzt voll zum Duchbruch kamen. Mit dem Abkommen über die Zentralarbeitsgemeinschaft, den Gesetzesverordnungen der Regierung der Volksbeauftragten über Tarifverträge und schließlich durch die Weimarer Verfassung wurde das Tarifvertragssystem dreifach verbürgt. Statt für 2 Millionen Beschäftigte im letzten Vorkriegsjahr existierten 1922 für 14 Millionen tarifliche Abmachungen mit Arbeitnehmer wie Arbeitgeber bindenden Rechten und Pflichten. Aus einem vielfach der Willkür der Unternehmermacht und der Macht des Staates ausgelieferten Objekt waren die Arbeiter und Angestellten durch ihre gewerkschaftlichen Organisationen zu Mitgestaltern eines weitgehend autonomen Arbeitsrechts geworden.[51]

Das vielzitierte Wort, die Revolution sei in eine „große Lohnbewegung" ausgelaufen,[52] weist zutreffend auf die mit der Revolution geweckten materiellen Erwartungen und die hohe Bedeutung von Löhnen und Arbeitszeit für die Massenaktionen hin. Diese Faktoren drückten auch der gewerkschaftlichen Tarifpolitik ihren Stempel mit auf, ohne sie allerdings in der Grundtendenz zu verändern. Denn trotz der ausgeprägten Streikbereitschaft in den Großbetrieben blieben die Gewerkschaften ihrer Linie der überbetrieblichen und überregionalen Solidarität der Berufskollegen treu, wie es die Zunahme der Reichs- und Bezirkstarifverträge zu Lasten der vor dem Krieg dominierenden Firmen- und Ortstarifverträge zeigte. Dabei bemühten sie sich, durch friedliche Verständigung ohne Streiks zu Vereinbarungen zu kommen.[53] Beinahe noch wichtiger als die Schonung der eigenen Kassen war den leitenden Gewerkschaftsgremien, der durch Krieg und Zusammenbruch erschütterten Wirtschaft weitere Störungen zu ersparen und im Interesse der Arbeiterschaft ihren Wiederaufbau zu erleichtern. Die überraschend schnelle Belebung der Konjunktur erfolgte auf der Basis einer Allianz von Staat, Unternehmerschaft und Arbeitnehmerorganisationen mit dem Ziel, vorrangig die produktiven Kräfte der Wirtschaft zu fördern und die Konsolidierung der Finanzen zurückzustellen. Das von den Sozialpartnern praktizierte System des do ut des — Preiserhöhungen gegen Lohnerhöhungen und umgekehrt — und die anhaltende Defizitfinanzierung der staatlichen Ausgaben trieben zwar den inflationären Prozeß voran. Dieser aber förderte zugleich „Wachstum und Vollbeschäftigung" in einer Zeit, „als depressive Einflüsse von der Weltkonjunktur 1920/21 ausgingen".[54]

Bezogen auf das Realeinkommen stiegen die Stundenverdienste nach dem Krieg zunächst rasch wieder an. Das traf vor allem auf die ungelernten Arbeiter zu, deren Stundenlöhne zum Teil über den Vorkriegsstand kletterten, weniger auf die gelernten, so daß es insgesamt zu einer Abflachung des Lohngefälles kam. Da dank der von den

51 Vgl. Heinz Potthoff, Die Einwirkung der Reichsverfassung auf das Arbeitsrecht, Leipzig und Erlangen 1925, S. 6; Edgar Tatarin-Tarnheyden, Berufsverbände und Wirtschaftsdemokratie. Ein Kommentar zu Artikel 165 der Reichsverfassung, Berlin 1930, S. 34.

52 Dieses von dem Volksbeauftragten Emil Barth gebrauchte Wort (Die Regierung der Volksbeauftragten 1918/19. Eingel. von Erich Matthias, bearb. von Susanne Miller unter Mitwirkung von Heinrich Potthoff, Erster Teil, Düsseldorf 1969, S. LXXVIII f.) wurde aufgenommen vom Korrespondenzblatt, Statistische Beilage Nr. 5 vom 18. 12. 1920, S. 105.

53 S. dazu Georg Flatow, Zur Statistik des kollektiven Arbeitsrechts, in: Die Arbeit 6 (1929), S. 430 f.; Fritz Tarnow, Wandlungen im Tarifwesen, in: Die Arbeit 6 (1929), S. 10 f.; Adolf Weber, Der Kampf zwischen Kapital und Arbeit. Gewerkschaften und Arbeitgeberverbände in Deutschland, 6. Aufl., Tübingen 1954, S. 299 sowie die entsprechenden statistischen Beilagen des Korrespondenzblattes.

54 Zitat: Carl-Ludwig Holtfrerich, Die deutsche Inflation 1914—1923. Ursachen und Folgen in internationaler Perspektive, Berlin — New York 1980, S. 329; ausführlicher seine Argumentation auf S. 197 ff., 205 ff., 219.

Volksbeauftragten verfügten und zusätzlich im Abkommen über die ZAG vereinbarten Einführung des 8-Stundentages die wöchentliche Arbeitszeit im Vergleich zu 1913 stark zurückging (ca. 20 % für ungelernte, ca. 12 % für Facharbeiter), blieben allerdings die Wochenreallöhne bei allen Arbeitern weit hinter dem Vorkriegsstand zurück.[55] Sie bzw. der Verdienst im Monat oder Jahr aber bestimmten über das tatsächlich verfügbare Einkommen. Die Einbußen im Materiellen wurden zum Teil durch den Zuwachs an immateriellen Gütern — insbesondere die Verkürzung der Arbeitszeit — kompensiert.[56] Bei der Realisierung dieser alten Forderung der sozialistischen Arbeiterbewegung befanden sich Gewerkschaften und Volksbeauftragte offenkundig durchaus im Einklang mit den Werktätigen; der 8-Stunden-Tag galt ihnen in der Weimarer Republik als die revolutionäre Errungenschaft schlechthin. Als im Herbst 1923 Teile der Unternehmerschaft diese „Errungenschaft" offen zu attackieren begannen, war das ein Signal für den brüchig gewordenen Konsens von Arbeitnehmern und Arbeitgebern und den Beginn einer Phase verschärfter sozialer Konflikte.

## 2. Betriebsräte, betriebliche Organisationen und wirtschaftliche Demokratie

Als die zunächst vornehmlich politisch geprägte Rätebewegung in der revolutionären Umbruchperiode immer deutlichere Züge einer sozialen Protestbewegung annahm, gewann das Problem der wirtschaftlichen Demokratie eine neue Qualität. Mit ihren Forderungen nach Sozialisierung und Partizipation zielten diese Massenaktionen auf eine in den Betrieben wurzelnde, stufenweise nach oben erweiterte Wirtschaftsdemokratie.[57]

Unter ihrem Druck kamen im März/April 1919 nicht nur die sogenannten Sozialisierungsgesetze und der bekannte Art. 165 der Weimarer Verfassung zustande, sondern rangen sich gleichzeitig auch die Freien Gewerkschaften zu einem Mitbestimmungskonzept durch, in dem sie rätedemokratische Elemente aufgriffen und sie mit ihren ursprünglichen Ansätzen verknüpften. Nun beschränkten sie sich nicht mehr auf die gleichberechtigte Mitsprache ihrer Organisationen im Rahmen der ZAG, sondern verlangten eine allumfassende Mitbestimmung, angefangen vom einzelnen Betrieb über regionale Zwischenstufen bis in die höchsten Spitzen der Wirtschaft.[58]

Das dabei zu lösende Kernproblem betraf die Gestaltung des Verhältnisses von demokratischer Kontrolle durch die Belegschaft und der übergeordneten Kontroll- und Steuerungsfunktion der Gemeinschaft. Das gewerkschaftliche Konzept sah einen gangbaren Weg in einem Dualismus von „wirtschaftlicher" Demokratie und gesonderter innerbetrieblicher Mitbestimmung — der Betriebsdemokratie —, wie sie weitgehend im Sinne der Gewerkschaften mit dem Betriebsrätegesetz von 1920 offiziell sanktioniert wurde.[59] Mit Hilfe der entschärften Betriebsräte hofften sie — wie schon bei den 1916

55 Zur Lohnentwicklung s. vor allem Bry, S. 56, 75 ff., 214 ff.

56 Dieser Faktor wird von Holtfrerich, S. 228 ff., bes. S. 245, stark betont. Es kommt daher zu einer positiveren Bewertung der ersten Nachkriegsjahre für die Arbeitnehmerschaft als z. B. Bry.

57 Vgl. dazu Mommsen, (Anm. 34), S. 362 ff.; Oertzen, Betriebsräte, S. 110 ff.; Dörnemann, S. 32 ff.

58 Vgl. die in Anm. 46 zitierten „Richtlinien" sowie Vorständekonferenz vom 25. April 1919 (Anm. 45), S. 38 f.

59 Im Unterschied zu den Bestimmungen des Betriebsrätegesetzes, das gesonderte Arbeiter- und Angestelltenräte vorsah (Betriebsrätegesetz, Teil II „Aufbau der Betriebsvertretungen Betriebsrat/Arbeiter- und Angestelltenrat"), befürworteten die Freien Gewerkschaften einen einheitlichen Betriebsrat. Für Kleinbetriebe wünschten sie ferner, abweichend von der Regelung des Gesetzes, daß dort „der

eingeführten Arbeiterausschüssen — ihre frühere Schwäche in den Großbetrieben zu überwinden. Dazu erschien es ihnen notwendig, daß diese bei der Wahrnehmung und Durchsetzung ihrer Rechte auf die Gewerkschaften angewiesen waren und die gesetzlichen Regelungen Raum für tarifliche Zusatzvereinbarungen boten. Das eröffnete ihnen die Chance, sich nach dem Abklingen der revolutionären Umbruchstimmung als Sachwalter weitergehender Aspirationen der Arbeiterschaft zu profilieren und durch Schulung, technisch-organisatorische Hilfestellung und Einwirkung auf Wahlen die Betriebsräte für eigene Zwecke einzuspannen. Aus einer zunächst in der Revolutionsphase mit Mißtrauen betrachteten Konkurrenz wurden die legalisierten und entschärften Betriebsräte zu einem in der Großindustrie — trotz einzelner Reibungsflächen — unentbehrlichen Partner.[60]

Die Akzentuierung des Betriebsrätesystems und die Propagierung einer wirtschaftlichen Demokratie, die von den Räten Impulse erhalten hatte, zeugten davon, daß sich die an die Zentralarbeitsgemeinschaft geknüpften Erwartungen nicht erfüllten. Die Widerstände der gewerkschaftlichen Opposition, Blockierungsversuche seitens einzelner Unternehmerkreise, die vom Staat auf den Weg gebrachte Gründung von Gemeinwirtschaftskörpern — wie dem Reichskohlenrat — und die von den Freien Gewerkschaften zunächst für den Bergbau wiederbelebte alte Forderung nach einer Arbeiterkammer[61] höhlten das System der Arbeitsgemeinschaft aus. Die ZAG, die zuvor als zentraler Faktor wirtschaftlicher Demokratie ausgegeben wurde, galt der Führungselite der Freien Gewerkschaften im Frühjahr 1919 nur mehr als ein Element der Wirtschaftsdemokratie, die nun umfassender begriffen und interpretiert wurde. Sie verstanden darunter das gesamte Spektrum der überbetrieblichen Partizipation der Arbeiterschaft in der Wirtschaft. Die Formen dieser Mitsprache und Mitbestimmung in und über die Wirtschaft umgriffen eine Vielzahl außerhalb des Betriebes bestehender bzw. neu zu schaffender Gremien und Institutionen: Arbeitsgemeinschaften, Arbeitskammern, lokale und regionale Arbeiterräte, paritätisch aufgebauter Reichswirtschaftsrat sowie das Parlament als das berufene Organ des Volkswillens. Die Stoßrichtung dieser „Wirtschaftsdemokratie" zielte auf die Verhinderung monopolartiger Macht in Unternehmerhand und Staat sowie die Ausbalancierung divergierender Interessen durch ein vielgestaltiges System demokratischer Mitsprache bei größtmöglicher Flexibilität und Effizienz. Die tonangebenden Kräfte in den Freien Gewerkschaften zogen damit auch die Konsequenzen aus den Erfahrungen mit der bürokratischen Zwangswirtschaft des Krieges, der für sie abschreckenden Zentralverwaltungswirtschaft Sowjetrußlands und den Konflikten zwischen Regierung und Arbeiterschaft in der Umbruchperiode.[62]

---

Vertrauensmann der Gewerkschaft die Stelle des Betriebsrates mit allen diesem zustehenden Rechten" wahrnehmen sollte. S. Punkt 1 der „Bestimmungen" (Anm. 47), S. 61. Vgl. ferner Gewerkschaftskongreß 1919, S. 429 (Ausführungen Leiparts).

60 Vgl. dazu Heinrich Potthoff, Betriebsräte und Gewerkschaften, in: Protokoll der Verhandlungen des Ersten Reichskongresses der Betriebsräte Deutschlands. Abgehalten vom 5.—7. Oktober 1919 zu Berlin. Erster Reichsbetriebsrätekongreß für die Metallindustrie. Abgehalten vom 5.—7. Dezember 1921 in Leipzig. Nachdrucke mit einem Anhang . . . Hrsg. von Dieter Dowe mit einer Einleitung von Heinrich Potthoff, Berlin — Bonn 1981, S. 19 und 21 ff.

61 Dazu Vorständekonferenz 1./2. Febr. 1919, HiKo, NB 529, 0022, S. 71 ff. und 80 ff. In der letzten Sitzung beschloß die Volksbeauftragtenregierung noch eine Verordnung über die „Errichtung von Arbeitskammern im Bergbau", s. Regierung der Volksbeauftragten, Teil II, S. 364; Reichsgesetzblatt 1919 vom 8. 2. 1919, S. 202 ff.

62 Zum Kontext Potthoff, Gewerkschaften, S. 115 ff.

Für sich selbst strebten die Gewerkschaften weder eine unmittelbare Mitsprache in der betrieblichen Produktion noch im Unternehmensbereich an[63]. Sie befürchteten, sich sonst — durch eine institutionelle Einbindung — bei der „Vertretung reiner Arbeiterinteressen" die Hände zu fesseln. Die Bedeutung der Unternehmensebene für den wirschaftlichen Entscheidungsprozeß hatten sie noch nicht erkannt, wie sie auf der anderen Seite anfänglich ihre Möglichkeiten im Rahmen der ZAG und die Chancen zu einer allmählichen Fortentwicklung einer sozialen Demokratie überschätzten. Nach der Niederwerfung der Massenbewegung konsolidierte sich die nur zeitweise bedrohte, aber nicht gebrochene Unternehmermacht. Ohne eine durchgreifende Änderung der Wirtschaftsstrukturen, die von den Gewerkschaften in der Situation des Zusammenbruchs mit verhindert wurde, stand die ihnen eingeräumte Parität auf schwachen Füßen. Das mußten sie und die Arbeiterschaft schmerzlich erfahren, als seit etwa 1922 der Angriff auf die sozialen Errungenschaften der Novemberrevolution begann.

## 3. Stütze der demokratischen Republik

Die Weimarer Republik eröffnete den Gewerkschaften eine Vielfalt von Mitwirkungsmöglichkeiten im politischen und gesellschaflichen Geschehen. In der Verfassung wurden ihre Organisationen ausdrücklich anerkannt und mit wichtigen Funktionen betraut.[64] Gerade die schon im Kaiserreich dezidiert dem demokratischen Prinzip verpflichteten Freien Gewerkschaften verstanden sich in ihrer Mehrheit als eine tragende Säule des neuen Staates und identifizierten ihr eigenes Geschick mit dem der parlamentarischen Demokratie.[65] Diese positive Stellung zur neuen demokratischen Republik wurde auch von der gewerkschaftlichen Opposition, abgesehen von den Verfechtern eines politischen und ökonomischen Rätesystems um Richard Müller, nicht grundsätzlich in Frage gestellt.[66] Sie legte nur einen starken Akzent auf eine Ergänzung und soziale Fundierung durch Sozialisierung und eine an die Räte angelehnte wirtschaftliche Demokratie zur Brechung der Unternehmermacht. Ihre unverhohlene Skepsis, es entstehe „bestenfalls eine demokratische, vielleicht sogar stark plutokratische Republik"[67], erfaßte seit Frühjahr 1919 allmählich auch Teile der Mehrheitsrichtung bis hin zu Legien und Leipart. Das positive Votum der Führungsspitze der Freien Gewerkschaften für den Weimarer Staat wurde von vornherein durch die Enttäuschung und Verbitterung breiter Arbeitnehmerschichten belastet. Sie erlebten die junge Republik weniger als eine freiheitlich-soziale Demokratie, sondern als einen mit militärischen Machtmitteln operierenden Ordnungs- und Obrigkeitsstaat, der Eigeninitiativen und Strukturreformen in Wirtschaft und Staat abblockte. Ihrem von der innergewerkschaftlichen Opposition tatkräftig artikulierten Unmut über die regierende Sozialdemokratie trug die Gewerkschaftsführung Rechnung, als sie auf dem Nürnberger Kongreß mit der Aufkündigung des Mannheimer Abkommens die offizielle Bindung an die SPD löste. Die Spaltung der politischen Arbeiterbewe-

63 So u. a. in Punkt 11 der „Richtlinien", (Anm. 46), S. 61.

64 Grundlegend dazu Franz Neumann, Koalitionsfreiheit und Reichsverfassung. Die Stellung der Gewerkschaften im Verfassungssystem, Berlin 1932.

65 Exemplarisch dafür Leiparts Ausführungen auf dem Gewerkschaftskongreß 1919, S. 494, und Korrespondenzblatt Nr. 16 vom 17. 4. 1920, S. 295.

66 Vgl. besonders Robert Dißmanns Referat auf dem Parteitag der USPD vom 2. bis 6. März 1919.

67 So Joseph Simon in der Vorständekonferenz vom 1./2. Febr. 1919 (Anm. 30), S. 8.

gung und die übersteigerten Erwartungen, die sich an die äußerlich einigen, zahlenmäßig starken Gewerkschaftsorganisationen knüpften,[68] förderten den Trend zu einer betont eigenständigen Rolle der Freien Gewerkschaften im politischen Geschehen der ersten Nachkriegsjahre. Sie verstanden diese als Auftrag, spezifische Arbeiterinteressen gegenüber den politischen und gesellschaftlichen Institutionen und Organisationen verstärkt und unmittelbar im Namen der Arbeiterschaft zur Geltung zu bringen. Gegenüber der an der Spaltung krankenden politischen Arbeiterbewegung gewannen sie an Profil und Einfluß und avancierten in den eigenen programmatischen Bekundungen zum „Brennpunkt der Klassenbestrebungen des Proletariats".[69] Darüber hinaus bemühten sie sich nach Kräften um eine Stabilisierung der politischen und sozialen Fundamente der Republik und eine breite, zuverlässige Front staatstragender Demokraten.

Seit dem Kapp-Putsch von 1920 aber wurde offenkundig, daß weder die ZAG eine Hilfeleistung der Unternehmerschaft für die gefährdete Demokratie verbürgte, noch eine gemeinsame kämpferische Abwehrfront aller Richtungsgewerkschaften und demokratischen Parteien selbstverständlich war. Indem sich die Freien Gewerkschaften unter Führung Legiens und Aufhäusers mit dem Generalstreik an die Spitze einer Massenbewegung stellten und ihre Forderungen aufnahmen, vermochten sie zwar eine breite Front der Linken hinter sich zu bringen, die Putschisten zum Rückzug zu zwingen und den Regierungsparteien Konzessionen abzuringen. Mit Blick auf die Folgen glich das jedoch einem Pyrrhussieg. Der blutige Bürgerkrieg an der Ruhr weckte lang nachwirkende Ängste, die demokratische Mitte schrumpfte zusammen und es gewannen die Kräfte die Überhand, die die Zurückdrängung der in der Abwehr des Putsches aktiven Kräfte betrieben und eine Antigewerkschaftskampagne entfesselten.[70] Das Endergebnis war eine Destabilisierung statt der angestrebten Stabilisierung der Republik — der Beginn einer Entpolitisierung der Gewerkschaften und eines Verlustes an kämpferischem Elan für die demokratische Republik.

## *Bilanz*

Das Jahr 1920 markiert für Deutschland den Abschluß einer Phase revolutionärer Erschütterungen. Nach außen hin standen die Gewerkschaften scheinbar glänzend da. Ihre Mitgliederzahlen erreichten den Zenit; unter den Landarbeitern hatten sie reüssiert, bei den Angestellten gute Erfolge erzielt und die Großbetriebe für sich erschlossen. Aus von Unternehmern und Staat verfemten und in ihrer Entfaltung behinderten Organisationen waren „befestigte" Gewerkschaften geworden.[71] Das System der Tarifverträge, das

68 Vgl. dazu die bezeichnende Rückschau von Leipart, in: Protokoll . . ., 12. Kongreß in Breslau 1925 (2. Bundestag des ADGB), Berlin 1925, S. 112 f. und 121.

69 So die Formulierung der Resolution Peaplow; Gewerkschaftskongreß 1919, S. 56.

70 Zur Bedeutung des Kapp-Putsches und seiner Nachwirkungen für die Gewerkschaften s. Hans H. Biegert, Gewerkschaftspolitik in der Phase des Kapp-Lüttwitz-Putsches, in: Industrielles System und politische Entwicklung in der Weimarer Republik, hrsg. von Hans Mommsen, Dietmar Petzina und Bernd Weisbrod, Düsseldorf 1974, S. 190—205; Johannes Erger, Der Kapp-Lütwitz-Putsch. Ein Beitrag zur deutschen Innenpolitik 1919/20, Düsseldorf 1967, bes. S. 300 ff.; Potthoff, Gewerkschaften, S. 261 ff., bes. S. 280 ff.; Susanne Miller, Die Bürde der Macht. Die deutsche Sozialdemokratie 1918—1920, Düsseldorf 1978, S. 401 ff.

71 Vgl. dazu Norbert Eickhof, Eine Theorie der Gewerkschaftsentwicklung, Stabilität und Befestigung, Tübingen 1973, S. 62 ff. und 149 ff.

Herzstück ihrer eigentlichen Tätigkeit, hatte sich durchgesetzt; der 8-Stunden-Tag, für den sie Jahrzehnte gefochten hatten, nun durch Vertrag und Gesetzesverordnung verbürgt, war in der Praxis weitgehend realisiert. Die Reallöhne stiegen nach dem kriegsbedingten Rückgang wieder deutlich an — sichtbarer Ausdruck eines fruchtbaren Zusammenspiels der produktiven Volkskräfte — Arbeitnehmer und Unternehmer — und der staatlichen Finanz-, Sozial- und Wirtschaftspolitik. Bei der Ausgestaltung des sozialen Netzes, im Arbeitsrecht und in der Betriebsverfassung wurden die gewerkschaftlichen Vorstellungen berücksichtigt. Aus den „Rekrutenschulen" der Sozialdemokratie waren selbstbewußte, als eigenständige politische Kraft auftretende Organisationen geworden, die mit Erfolg die sozialdemokratische politische Bewegung als „Transmissionsriemen" nutzten.[72] Ihr Eingreifen beim Kapp-Putsch-Geschehen bezeugte ihren Willen und ihre Fähigkeit zu einer wirkungsvollen großen Machtdemonstration zur Verteidigung der Republik und ihrer Errungenschaften.

Ein solcher politischer Generalstreik entsprach weder der Tradition der Gewerkschaften noch begründete er — ungeachtet mancher öffentlicher Bekenntnisse zum Generalstreik als letztem Mittel im Fall äußerster Not und Gefahr — eine neue Tradition. Er markierte eher den Höhepunkt und den Abschluß einer Phase, in der die Freien Gewerkschaften unter dem Druck der revolutionären Strömungen und Geschehnisse — verglichen mit ihrer traditionellen Reformstrategie — für sie „revolutionäre" Züge zeigten und tatsächlich eine Art „Bewegung" verkörperten. Beflügelt von einem Gefühl wachsender Stärke und zur Integration divergierender Strömungen genötigt, vorangetrieben durch die hochgesteckten Erwartungen der Basis und die Massenbewegungen, setzten die Freien Gewerkschaften auf die Autonomie und übernahmen eine Rolle, die sie in der Praxis der Weimarer Republik überforderte.

In der Geschichte der deutschen Gewerkschaften bedeutete der Weltkrieg keinen Bruch, sondern eine Fortführung und Fortbildung bisheriger Verhaltensformen und Strategien unter für sie vermeintlich günstigeren Bedingungen. In den Staat des Kaiserreiches waren sie trotz aller Restriktionen und Verfemungen längst hineingewachsen. Er erschien ihnen als Boden ihrer Existenz und bewahrungswürdige Wirkungsstätte. Seine Wertmuster Ordnung, Organisation, Staatsfixiertheit und Autoritätsgläubigkeit wurden weitgehend rezipiert und schufen die Voraussetzung, daß sich auch die Freien Gewerkschaftsorganisationen 1914 beinahe reibungslos in das Kriegssystem einfügten. Mit dem Entgegenkommen des Staates und der sich allmählich anbahnenden Kooperationsbereitschaft der Unternehmer schienen sich lang gehegte Sehnsüchte zu erfüllen. Mehr als Anerkennung und Parität, Aufnahme in die Volksgemeinschaft und bescheidene soziale und demokratische Reformen hatten sie ernsthaft nicht erhofft und nicht wirklich erstrebt. Das zeigte sich überdeutlich in den Tagen des Novemberumsturzes, als sich die Tore zu einer Verwirklichung sozialistischer Zielsetzungen zu öffnen schienen.

Die Gewerkschaften verkörperten von der Friedenszeit über den Weltkrieg hinweg bis in die Tage der Revolution ein Element der Kontinuität und der Beharrung. Sie verpaßten damit die Chancen zu einer sozialen Fundierung der Demokratie durch eine Brechung der Unternehmermacht und verspielten damit auch die Basis für eine wirkliche Parität. Als sie sich schließlich gegen den Widerstand der Konservativen in ihren Reihen zu einer neuen, die revolutionären Impulse aufnehmenden Strategie aufrafften, war es zu spät. Die

72 Das von Friedrich Engels gebrauchte Wort aufnehmend hat diese These besonders vertreten Henryk Skrzypczak, Gewerkschaften und Parteien. Das Beispiel Freie Gewerkschaften und Sozialdemokratie 1890—1933, in: Gewerkschaftliche Monatshefte, 33 (1982), S. 466.

Weichen waren gestellt und ließen sich bei der Abwehr des Kapp-Putsch nicht mehr umstellen. Die Entwicklung verlief nicht, wie sie glaubten, in Richtung auf einen allmählichen, schrittweisen Ausbau der sozialen Demokratie, sondern sie kehrte sich um, als der Druck der revolutionären Massenbewegungen schwand. Die vordergründigen Erfolge der Gewerkschaften im wirtschaftlich-sozialen Bereich überdeckten, daß die eigentlichen Profiteure des technisch-industriellen Wandlungsprozesses und der ZAG die Großunternehmen waren.

Damit stand die 1919 in den Vordergrund gerückte Autonomie auf tönernen Füßen. Schon ein Jahr später gerieten die Gewerkschaften politisch und sozial zusehends in die Defensive. Sie verfielen wie andere gesellschaftliche Institutionen und Organisationen der Weimarer Republik auch wieder in überkommene, nur geringfügig modifizierte und modernisierte Handlungsschemata des Kaiserreichs.

Michael Ruck
# Von der Arbeitsgemeinschaft zum Zwangstarif. Die Freien Gewerkschaften im sozialen und politischen Kräftefeld der frühen Weimarer Republik

## I. *Einleitung*

Das von Ruhrkampf und Inflation geprägte Krisenjahr 1923 bildete den Kulminationspunkt eines jahrelangen Erosionsprozesses gewerkschaftlicher Macht- und Einflußpositionen; zugleich war es aber auch Ausgangspunkt einer folgenschweren „Politisierung der Industriebeziehungen"[1], die nicht unerheblich dazu beitrug, den Weimarer Versuch schließlich scheitern zu lassen. Der organisierten Arbeitnehmerschaft brachte es eine tiefgreifende Schwächung ihrer Position im sozialen und politischen Kräftefeld, welche bis zum Beginn der Weltwirtschaftskrise nur verdeckt, nicht aber wirklich überwunden werden konnte. Dies war zugleich ein entscheidender Schritt auf dem Weg zu einer „anderen" Republik, der zentrale Strukturelemente ihrer Ausgangskonstruktion abhanden gekommen waren — so auf sozialer Ebene vor allem die autonome Regelung der Lohn- und Arbeitsbedingungen durch die Organisationen von Arbeit und Kapital.

Zwei Hauptproblemen sahen sich die Gewerkschaften seit dem Ende der nachrevolutionären Phase in der ersten Jahreshälfte 1920 gegenübergestellt: Zum einen galt es, die 1918/19 gewonnene Parität mit den Unternehmern zu sichern und gleichzeitig die stockende Entwicklung der bürgerlich-demokratischen Republik in Richtung soziale Demokratie voranzutreiben. Im Vordergrund stand dabei zunächst das Bestreben, die sogenannten „sozialen Errungenschaften der Revolution" — allen voran den Achtstundentag — dauerhaft gesetzlich abzusichern und die wirtschaftsdemokratischen Ansätze der Reichsverfassung inhaltlich auszufüllen. Zum anderen galt es, die enormen inneren und äußeren Kriegs- und Kriegsfolgelasten nicht einseitig der deutschen Arbeitnehmerschaft aufbürden zu lassen.

Bei der Verfolgung dieser beiden — eng miteinander verknüpften — Ziele wurden die Gewerkschaftsleitungen sehr bald gezwungen, ihren angestammten Aufgabenbereich — die Regelung der Lohn- und Arbeitsbedingungen sowie die Sozialpolitik — immer wieder zu verlassen, um sich politisch zu engagieren und zu exponieren. Dabei ging es ihnen zuvörderst darum, günstige Rahmenbedingungen für die Realisierung ihrer zentralen Zielsetzungen zu erhalten bzw. zu schaffen. Nach innen folgte daraus das wiederholte Eintreten für Republik und Demokratie sowie eine stärkere Beteiligung an der wirtschafts- und finanzpolitischen Diskussion. Diesen Kampf hatten sie vor dem Hintergrund der nicht ohne ihr Zutun über die Revolutionsmonate hinweggeretteten Machtstrukturen in Wirtschaft, Gesellschaft und Staat zu bestehen. Mit wachsendem zeitlichen Abstand zum Umsturz erwies sich dies als zunehmend schwierigeres Unterfangen. Nicht zuletzt deshalb waren die Gewerkschaften unablässig darum bemüht, die alliierten Repa-

1 Gerald D. Feldman/Irmgard Steinisch, Die Weimarer Republik zwischen Sozial- und Wirtschaftsstaat. Die Entscheidung gegen den Achtstundentag, in: AfS 18 (1978), S. 353—439, hier: S. 439; s. sinngemäß schon Ludwig Preller, Sozialpolitik in der Weimarer Republik, Stuttgart 1949, unveränd. Nachdr. Kronberg — Düsseldorf 1978, S. 173.

rationsforderungen auf ein erträgliches Maß zu reduzieren. Denn nur so konnte der innere Konflikt um deren Aufbringung und der von ihnen ausgehende Druck auf die Sozialpolitik wie auf den Lebensstandard ihrer Klientel wirksam entschärft werden. Dieses Engagement auf verschiedenen Feldern der Politik ist ein Hauptcharakteristikum der gewerkschaftlichen Politik in der frühen Weimarer Republik. Das Jahr 1923 sollte den Höhepunkt, aber auch den vorläufigen Abschluß dieser Entwicklung bringen.

## II. *Der Prozeß gewerkschaftlichen Machtverlustes bis Ende 1922*

### 1. Die Neuformierung der Unternehmer

Unter dem Druck von militärischer Niederlage und revolutionärer Unruhe lösten sich selbst diejenigen Gruppen des Unternehmertums, welche bisher ihren „Herr-im-Haus"-Standpunkt besonders starr verteidigt hatten, aus ihrer Abwehrstellung. Im ZAG-Abkommen vom 15. November 1918 akzeptierten auch die westdeutschen Schwerindustriellen und Zechenherren die Gewerkschaften als berufene Vertretung der Arbeiterschaft und als gleichberechtigte Kontrahenten bei der Regelung der Lohn- und Arbeitsbedingungen. Nach der staatlichen Anerkennung durch das Hilfsdienstgesetz vom 5. Dezember 1916 hatten die Arbeitnehmerorganisationen damit ihr zweites großes Ziel erreicht: die Parität mit dem sozialen Gegenspieler.[2]

Selbstgesetzte Aufgabe der Arbeitsgemeinschaft war über die Ordnung der Lohn- und Arbeitsverhältnisse hinaus „die gemeinsame Lösung aller die Industrie und das Gewerbe Deutschlands berührenden Fragen sowie aller sie betreffenden Gesetzgebungs- und Verwaltungsangelegenheiten."[3] Dieser umfassende Autonomieanspruch ließ sich angesichts der raschen Regeneration des parlamentarischen Systems und der Staatsgewalt allerdings nicht durchsetzen. Damit aber wurde der ZAG, kaum daß sie gegründet war, schon eine wichtige Voraussetzung entzogen.[4] Für die Unternehmerseite indes hatte das Abkommen seine erste Funktion bereits erfüllt: die Gewinnung der Gewerkschaften als Bündnispartner für die notwendige Übergangsphase bis zum Aufbau eines den veränderten Rahmenbedingungen angepaßten Systems industrieller Interessenwahrnehmung. Zwar verharrten ihre Exponenten 1919 noch in der Defensive; doch wurde mit der Reorganisation ihrer Verbände, dem Ausbau vor allem der DVP zur Vertretung auf politischer Ebene und der Unterstützung gegenrevolutionärer Formationen der Boden für die Durchsetzung ihrer Hauptziele bereitet.[5] Dies waren erstens: kurzfristig Stopp der großen Lohnbewegungen der ersten Jahreshälfte, längerfristig Umkehrung des Vertei-

2 Literaturhinweise zum ZAG-Abkommen s. Gerald D. Feldman, Die Freien Gewerkschaften und die Zentralarbeitsgemeinschaft, in: Vom Sozialistengesetz zur Mitbestimmung. Zum 100. Geburtstag von Hans Böckler, hrsg. von Heinz O. Vetter, Köln 1975, S. 229—252, hier: S. 229 f., Anm. 2 u. 3. Zum Hilfsdienstgesetz und seiner Bedeutung für die Gewerkschaften s. Hans-Joachim Bieber, Gewerkschaften in Krieg und Revolution. Arbeiterbewegung, Industrie, Staat und Militär in Deutschland 1914 bis 1920. Bd. 1, Hamburg 1981, S. 296 ff.

3 § 1 der ZAG-Satzung vom 12. 12. 1919, abgedr. in: Heinrich Kaun, Die Geschichte der Zentralarbeitsgemeinschaft der industriellen und gewerblichen Arbeitgeber und Arbeitnehmer Deutschlands. Jena 1938, S. 128 ff.

4 Feldman, Die Freien Gewerkschaften, S. 243.

5 Zur DVP s. Peter Wulf, Hugo Stinnes. Wirtschaft und Politik 1918—1924, Stuttgart 1979, S. 231 et passim; Preller, S. 173. Zur Unterstützung der gegenrevolutionären Organisationen s. Wulf, S. 143 f.

lungskampfes zu ihren Gunsten; zweitens: kurzfristig Verhinderung der gesetzlichen Festschreibung, längerfristig Beseitigung der sozialen Errungenschaften der Revolution; und drittens: Blockierung der in der Verfassung enthaltenen wirtschaftsdemokratischen Optionen, allen voran der Sozialisierung.[6]

Der Verlauf des großen Tarifkonflikts in der Berliner Metallindustrie von Juni bis November 1919 enthüllte erstmals unübersehbar die bereits wieder gefestigte Position der Arbeitgeber. Mit ihrer unnachgiebigen Haltung zwangen sie den finanziell schließlich völlig erschöpften Deutschen Metallarbeiterverband (DMV), der zuletzt 160.000 Arbeiter in den Ausstand gerufen hatte, einen gänzlich unbefriedigenden Schiedsspruch hinzunehmen. Der ADGB sparte daraufhin nicht mit herber Kritik an der Kampfführung der oppositionellen Streikleitung, erkannte aber auch: „Das Ganze ist ein schwerer Schlag für die Arbeiterbewegung, der uns noch viel Schwierigkeiten bereiten wird."[7] Die Beilegung von Tarifauseinandersetzungen durch Schiedssprüche, welche unter maßgeblicher Mithilfe staatlicher Schlichtungsinstanzen zustande gekommen waren, entwickelte sich in der Folgezeit mehr und mehr zum Regelfall[8] — Symptom für das Fehlen eines gefestigten Grundkonsenses über die Notwendigkeit einer autonomen Regelung der industriellen Beziehungen auf paritätischer Grundlage. Einflußreiche Gruppen der Arbeitgeberschaft, so vor allem die rheinisch-westfälischen Bergwerksbesitzer und Schwerindustriellen, machten nur wenig Hehl aus ihrer Ablehnung der Tarifpartnerschaft, die sie unverkennbar lediglich als temporär unvermeidliche, politisch-taktisch motivierte Konzession betrachteten.[9] Im Ruhrbergbau bedurfte es denn auch Monate schwierigster Verhandlungen, bevor im Oktober 1919 der erste Tarifvertrag in diesem Bereich überhaupt unterzeichnet werden konnte — der einzige zugleich, der dort ohne Intervention staatlich bestellter Schlichter zustande kommen sollte.[10]

---

6 Im folgenden muß darauf verzichtet werden, auf die teilweise äußerst kontroversen Entscheidungsprozesse einzugehen, welche die Politik „der Unternehmer", mit der sich die Gewerkschaften auseinanderzusetzen hatten, jeweils bestimmten; s. dazu ausführlich Gerald D. Feldman, Iron and Steel in the German Inflation 1916—1923, Princeton/N. J. 1977; ders./Heidrun Homburg, Industrie und Inflation. Studien und Dokumente zur Politik der deutschen Unternehmer 1916—1923, Hamburg 1977; Wulf.

7 A. K[noll], Der Streik in der Berliner Metallindustrie, in: Correspondenzblatt der Generalkommission der Gewerkschaften Deutschlands, Nr. 48 vom 29. 11. 1919, S. 541 ff.; Nr. 49 vom 6. 12. 1919, S. 558 ff., hier: S. 560. Zu Vorgeschichte und Ablauf der Bewegung, die nach Auskunft des ADGB-Vorstandsekretärs in ganz Deutschland „ungeheures Aufsehen" erregt hatte (ebd., S. 541), s. auch Hans-Hermann Hartwich, Arbeitsmarkt, Verbände und Staat 1918—1933. Die öffentliche Bindung unternehmerischer Funktionen in der Weimarer Republik, Berlin 1967, S. 81 ff. Wegen nicht verifizierbarer Zitate und Quellenangaben unbrauchbar ist die kurze Passage bei Bernhard Bußmann, Die Freien Gewerkschaften während der Inflation. Die Politik des Allgemeinen Deutschen Gewerkschaftsbundes und die soziale Entwicklung in den Jahren 1919—1923, phil. Diss. Kiel 1965, S. 73 f. Diese Arbeit löst im übrigen auch sonst nicht annähernd ein, was ihr Titel verspricht.

8 Hans Mommsen, Sozialpolitik im Bergbau, in: Industrielles System und politische Entwicklung in der Weimarer Republik, hrsg. von Hans Mommsen, Dietmar Petzina und Bernd Weisbrod, Düsseldorf 1974, S. 314.

9 Ebd., S. 310 f.; vgl. Wulf. S. 94 ff. Die von Feldmann/Steinisch, S. 438, konstatierte „oft betonte Schlüsselrolle der rheinisch-westfälischen Schwerindustrie in der Prägung des Verhältnisses zwischen Arbeitgebern und Arbeitnehmern" wird in der Darstellung von Wulf durchgehend bestätigt.

10 Mommsen, Sozialpolitik, S. 311; Hans Mommsen, Soziale und politische Konflikte an der Ruhr 1905—1924, in: ders. (Hrsg.), Arbeiterbewegung und industrieller Wandel. Studien zu gewerkschaftlichen Organisationsproblemen im Reich und an der Ruhr, Wuppertal 1980, S. 62—94, hier: S. 66. Zum Abschluß des Tarifvertrages s. auch Correspondenzblatt, Nr. 47 vom 22. 11. 1919, S. 537 f.

## 2. Der Achtstundentag als Prüfstein

Auch gegen den Achtstundentag wurden auf Unternehmerseite schon Mitte 1919 erste Vorbehalte laut.[11] Seit Jahrzehnten hatte die internationale Arbeiterbewegung am 1. Mai dafür demonstriert. Unter dem Eindruck der Revolution hatten die Gewerkschaften dann seine Aufnahme in das ZAG-Abkommen erzwingen können — mit dem geheimen Vorbehalt seiner internationalen Einführung allerdings, die auf sich warten ließ.[12] Durch einen Aufruf der Volksbeauftragten und verschiedene Demobilmachungsverordnungen war diese Übereinkunft auch staatlich sanktioniert worden — jedoch nur vorläufig und befristet.[13] Damit war der Achtstundentag von Beginn an auf eine bloße „Maßnahme der Arbeitsstreckung aus arbeitsmarktpolitischen Gründen" reduziert und seine Beibehaltung von den Opportunitätserwägungen künftiger parlamentarischer Mehrheiten abhängig gemacht worden.[14] Für weite Teile der Arbeitnehmerschaft und ihrer Organisationen hingegen bedeutete er das Symbol für die Errungenschaften der Revolution schlechthin. Er entwickelte sich daher nicht nur abstrakt zum entscheidenden „Prüfstein [. . .] für zwei gegensätzliche und miteinander konkurrierende Konzeptionen über die relative Gewichtung sozialer und wirtschaftlicher Faktoren in der Gestaltung der Industriebeziehungen"[15]; an seinem Schicksal wurde höchst konkret die Fähigkeit der Gewerkschaften gemessen, die Interessen ihrer Klientel noch erfolgreich zu vertreten. Sein Verlust drohte mithin auch schwerwiegende Konsequenzen für den Massenrückhalt und die Geltung der Arbeitnehmerorganisationen nach sich zu ziehen.

Praktisch wurde die Arbeitszeitfrage erstmals im Kohlenbergbau, dem wirtschaftlichen Schlüsselsektor, aufgeworfen. Hier galt seit den Frühjahrsstreiks 1919 die Siebenstundenschicht. Unter dem Druck alliierter Sanktionsdrohungen einigten sich Zechenverband und Bergarbeiterorganisationen Mitte Februar 1920 darauf, bezahlte Sonderschichten zu verfahren, um den im Friedensvertrag festgelegten Lieferverpflichtungen gegenüber den Siegermächten nachkommen zu können. Nur gegen erhebliche materielle Zugeständnisse hatten die Gewerkschaften dem Drängen von Regierung und Unternehmern nachgegeben und diesem ersten Überschichtenabkommen, das in modifizierter Form mit Unterbrechungen bis Anfang 1923 gültig blieb, schließlich zugestimmt. Neben Vertrauenseinbußen bei der Arbeitnehmerschaft, die tatsächlich nicht ausblieben, fürchteten sie, den Unternehmern damit eine Rechtfertigung für deren Forderung nach allge-

11 Feldman/Steinisch, S. 359.

12 Punkt 8 des ZAG-Abkommens vom 15. 11. 1918, abgedr. in: Kaun, S. 53 ff.; Preller, S. 53 f. Zum geheimen Vorbehalt s. Kaun, S. 104 f.; vgl. Feldman/Steinisch, S. 358.

13 S. den Aufruf des Rates der Volksbeauftragten vom 12. 11. 1918, abgedr. in: Ursachen und Folgen. Vom deutschen Zusammenbruch 1918 und 1945 bis zur staatlichen Neuordnung der Gegenwart. Eine Urkunden- und Dokumentensammlung zur Zeitgeschichte, hrsg. und bearb. von Herbert Michaelis/ Ernst Schraepler unter Mitwirkung von Günter Scheel, Bd. 3: Der Weg in die Weimarer Republik, Berlin o. J. [1961], Dok. 533; ferner die vom Reichsamt bzw. -ministerium für die wirtschaftliche Demobilmachung hrsg. „Anordnung über die Regelung der Arbeitszeit gewerblicher Arbeiter" vom 23. 11. 1918 (Reichsgesetzblatt, S. 1334 ff.) und „Verordnung über die Regelung der Arbeitszeit der Angestellten während der Zeit der wirtschaftlichen Demobilmachung" vom 18. 3. 1919 (ebd., S. 315 ff.); vgl. Preller, S. 232. Durch die „Verordnung über die Beendigung der wirtschaftlichen Demobilmachung" vom 18. 2. 1921 verlängerte die Reichsregierung diese Regelungen bis zum 31. 3. 1922 (ebd., S. 189 f.), durch Gesetz vom 30. 3. 1922 um ein weiteres Jahr (ebd., Bd. 1, S. 285 ff.).

14 Preller, S. 232.

15 Feldman/Steinisch, S. 353; vgl. Preller, S. 270.

meiner Rückkehr zur Vorkriegsarbeitszeit zu liefern.[16] In der Tat diente der im Laufe des Jahres zu verzeichnende Anstieg der Kohlenförderung der Industrie von nun an als zentraler Beleg für ihre These, die wirtschaftliche Gesundung Deutschlands sei angesichts der drückenden Reparationslast nur über eine Verlängerung der Arbeitszeit zu erreichen. Insofern stellte das Überschichtenabkommen einen vorentscheidenden Sieg der Arbeitgeberauffassung dar, die Regelung der Arbeitszeit habe sich vornehmlich an wirtschaftlichen Notwendigkeiten und erst nachrangig an sozialen Gesichtspunkten zu orientieren.[17] Ihm folgte zudem bald eine Fülle weiterer Ausnahmeregelungen, die den Achtstundentag zusätzlich unterminierten.[18]

## 3. Zum politischen Machtverlust der sozialistischen Arbeiterbewegung

Der sozialen folgte Mitte 1920 auch die politische Machtverschiebung: Nach den Juniwahlen konnte sich die Industrie über die DVP wichtige Einflußpositionen im rein bürgerlichen Kabinett Fehrenbach sichern. Dieser Umstand war für die Freien Gewerkschaften besonders schmerzlich, weil ihnen die Entwicklung seit der Abwehr des Rechtsputsches im März gerade schonungslos vor Augen geführt hatte, daß sie durch selbständige Interventionen im politischen Raum ihre Stellung gegenüber den erstarkenden sozialreaktionären Kräften allein nicht zu behaupten vermochten.[19] Denn keine ihrer zunächst akzeptierten Bedingungen für den Abbruch des Generalstreiks gegen Kapp und Lüttwitz wurde erfüllt.[20] Weder kam die Sozialgesetzgebung voran[21], noch wurde die 1918/19 unterlassene durchgreifende Demokratisierung von Staatsapparat, Justiz und Reichswehr nachgeholt. Daran vermochten auch die von den Freien Gewerkschaften initiierten Republikschutzkampagnen der Jahre 1921 und 1922 nichts zu ändern.[22] Und die Forderung, den Arbeitnehmerorganisationen künftig entscheidenden Einfluß auf die

---

16 Zu Vorgeschichte und Abschluß des Überschichtenabkommens vom 18. 2. 1920 s. Gerald D. Feldman, Arbeitskonflikte im Ruhrbergbau. Zur Politik von Zechenverband und Gewerkschaften in der Überschichtenfrage, in: VfZ 28 (1980), S. 168—223, hier: S. 171 ff.; ferner Manfred Dörnemann, Die Politik des Verbandes der Bergarbeiter Deutschlands von der Novemberrevolution 1918 bis zum Osterputsch 1921 unter besonderer Berücksichtigung der Verhältnisse im rheinisch-westfälischen Industriegebiet, Bochum 1966, S. 131 ff.; Preller, S. 247 ff.

17 Feldman/Steinisch, S. 362; ebenso schon früher Preller, S. 249.

18 Preller, S. 146.

19 Zur Rolle der Freien Gewerkschaften während und nach dem Putsch s. Hans H. Biegert, Gewerkschaftspolitik in der Phase des Kapp-Lüttwitz-Putsches, in: Industrielles System, S. 190—205; Heinrich Potthoff, Gewerkschaften und Politik zwischen Revolution und Inflation, Düsseldorf 1979, S. 261 ff.; Heinz J. Varain, Freie Gewerkschaften, Sozialdemokratie und Staat. Die Politik der Generalkommission unter der Führung Carl Legiens, Düsseldorf 1956. S. 172 ff.

20 In seinem Bericht an den Leipziger Gewerkschaftskongreß konstatierte der Bundesvorstand des ADGB denn auch Mitte 1922 lakonisch, das Wahlergebnis vom Juni 1920 habe eine politische Situation eintreten lassen, welche die „Verwirklichung der acht Punkte vom 20. März auf legislatorischem Wege in immer weitere Fernen“ gerückt habe; s. Protokoll der Verhandlungen des elften Kongresses der Gewerkschaften Deutschlands (1. Bundestag des ADGB), abgehalten zu Leipzig vom 19.—24. 6. 1922, Berlin 1922, S. 116 (im folgenden zit. als ADGB-Kongreß 1922); vgl. Varain, S. 172 ff.

21 Zum Stillstand der Sozialpolitik seit 1921 s. Preller, S. 253 ff.

22 Zur Republikschutzkampagne nach der Ermordung Erzbergers Ende August 1921 s. Korrespondenzblatt des Allgemeinen Deutschen Gewerkschaftsbundes, Nr. 36 vom 3. 9. 1921, S. 497 ff.; zur Kampagne nach dem Rathenau-Mord Ende Juni/Anfang Juli 1922 s. Potthoff, S. 306 ff.

wirtschafts- und sozialpolitische Gesetzgebung einzuräumen, bewirkte letztlich nur das Gegenteil; mußte sie doch dazu herhalten, eine angesichts der deutlich werdenden Machtverhältnisse nachgerade grotesk anmutende Debatte über den vermeintlichen „Gewerkschaftsstaat“ zu entfachen, die zur weiteren Schwächung der sozialistischen Arbeiterbewegung beitrug.[23] Mit dem Versanden der Sozialisierungsinitiative 1920/21 schließlich schlug auch der — allerdings ohnehin nur halbherzig betriebene — Versuch fehl, nunmehr doch noch gerade diejenigen Teile des Unternehmertums ihrer ökonomischen Machtgrundlage zu berauben, welche besonders nachdrücklich auf eine Rückkehr zu den Vorkriegsverhältnissen hinarbeiteten.[24]

Was dem ADGB angesichts dessen blieb, war das Bemühen, über eine Intensivierung der Verbindungen zu den ihm nahestehenden sozialdemokratischen Parteien seinen mittelbaren Einfluß auf die Gestaltung der Wirtschafts- und Sozialgesetzgebung zu verstärken und damit nachzuholen, was die Gegenseite längst begonnen hatte.[25] Dem Erfolg dieses Unternehmens standen indes nicht allein die Mehrheitsverhältnisse im Reichstag entgegen; es wurde zusätzlich erschwert durch die aus der Kriegszeit herrührende politische Spaltung der Arbeiterbewegung in Mehrheitssozialdemokraten und Unabhängige. Ihnen gegenüber hatten sich 1919 Generalkommission und ADGB für neutral erklären müssen, um zumindest ihre eigene Einheit zu wahren.[26] Bei jeder sich bietenden Gelegenheit drängte die Führung des ADGB daher auf eine Regierungsbeteiligung der USPD als Vorstufe zur dringend herbeigesehnten Wiedervereinigung. Doch selbst, nachdem dieser Schritt im Herbst 1922 endlich vollzogen worden war, ließ sich der politische Einfluß der — durch die Konkurrenz der Ende 1920 zur Massenpartei aufgestiegenen KPD ohnehin geschwächten — sozialistischen Arbeiterbewegung nicht steigern — im Gegenteil, die bürgerlichen Parteien drängten die VSPD mit ihrer ultimativen Forderung aus der Regierung, sich an einer großen Koalition unter Einschluß der DVP zu beteiligen.[27] Das nachfolgende Kabinett Cuno aber konnte seine industrielle Ausrichtung kaum verleugnen. Im politischen Raum waren damit Ende 1922 die Erfolgschancen für einen umfassenden Angriff auf die Stellung der Gewerkschaften und den von ihnen verteidigten sozialen Besitzstand der Arbeitnehmerschaft, zu dem die Unternehmer unverkennbar rüsteten, so günstig wie nie zuvor seit der Revolution.

Doch der Kapp-Lüttwitz-Putsch und sein Nachspiel offenbarten nicht nur die faktische Machtlosigkeit der numerisch so imponierenden Gewerkschaftsbewegung; sie desavouierten auch endgültig jene „unpolitische Konzeption der Arbeitgeber-Arbeitnehmer-Beziehungen“, welche der ZAG anfangs zugrunde gelegen hatte.[28] Während nämlich die Freien Gewerkschaften sich unzweideutig zur demokratischen Republik als der unverzichtbaren Grundlage ihrer Wirksamkeit bekannt hatten, konnten maßgebliche Kreise der Industrie nicht verbergen, daß sie den Putsch allein aus taktischen Erwägungen nicht

23 Vgl. Potthoff, S. 278 ff., 284 ff.

24 S. dazu Bußmann, S. 121 ff.; Wulf, S. 221 ff.

25 Bußmann, S. 133. 167 ff.; Wulf, S. 221 ff.

26 Zur Kündigung des sogen. Mannheimer Abkommens zwischen Vorstand der SPD und Generalkommission von 1906 s. Potthoff, S. 352 ff.; Varain, S. 160 f.

27 S. dazu Günther Arns, Regierungsbildung und Koalitionspolitik in der Weimarer Republik 1919 bis 1924, phil. Diss. Tübingen 1971, S. 136 ff.; Alfred Kastning, Deutsche Sozialdemokratie zwischen Koalition und Opposition 1919—1923, Paderborn 1970, S. 105 ff.

28 Feldman, Die Freien Gewerkschaften, S. 245.

direkt unterstützt hatten.[29] Die gegenseitige Entfremdung nahm nun rasch zu. Im Lager der Freien Gewerkschaften wuchs die Zahl der Gegner der Arbeitsgemeinschaft; verschiedene Verbände folgten dem Beispiel des oppositionellen DMV, welcher der ZAG schon im Oktober 1919 den Rücken gekehrt hatte.[30] Auf dem Leipziger Gewerkschaftskongreß schließlich gelang es dem Bundesvorstand nur mit äußerster Anstrengung, einen Austrittsbeschluß abzuwenden.[31] Das einzige, was die Organisationen der Arbeitgeber und Arbeitnehmer offenkundig noch zusammenhielt, war ihr gemeinsames Interesse an einer Lohn- und Preispolitik, die Produktionssteigerung und Vollbeschäftigung auch auf Kosten der Geldwertstabilität zu gewährleisten suchte.[32]

## 4. Die Gewerkschaften in der Inflation

Seit dem Beginn der Erfüllungspolitik Mitte 1921 verfiel der Außenkurs der Mark schneller als ihr Binnenwert. Der deutschen Wirtschaft eröffnete sich damit die Chance zu einer großangelegten Exportoffensive. Die Produktion zog an, die Beschäftigtenzahlen folgten.[33] Nicht nur die eigenen Erfahrungen mit der steigenden Erwerbslosigkeit der vorausgegangenen Monate relativer Währungsstabilität, auch die besorgniserregenden Auswirkungen der im Ausland von hoher Arbeitslosigkeit begleiteten „Weltwirtschaftskrise“ von 1920/21 auf die Kampfkraft der dortigen Arbeiterbewegungen[34] ließen die Gewerkschaften in dieser Situation die inflationsinduzierte Konjunkturbelebung der anderenorts verfolgten Stabilisierungspolitik vorziehen. Vor allem der exportorientierten Großindustrie fiel es leicht, ihre Beschäftigten mit hohen Nominallöhnen abzufinden, um den Boom ungestört nutzen zu können.[35] Die steigenden Lohnkosten, deren relative Bedeutung überdies ständig zurückging, wurden ohnehin jeweils unverzüglich an die Verbraucher weitergegeben — und zwar nicht selten mit Billigung der Gewerkschaften.[36] Das Preis-Lohn-Karussell begann sich immer schneller zu drehen. Der Industrie, die über nicht wertbeständige Darlehen mit billigem Betriebskapital versorgt wurde, konnte dies nur recht sein, zumal sie selbst sich bereits frühzeitig durch Gold- und Devisenrechnung von der Teuerung abzukoppeln wußte. Auf der Verliererseite standen zwar die Bezieher

29 Zur Haltung der Industrie während des Kapp-Lüttwitz-Putsches s. Gerald D. Feldmann, Big Business and the Kapp-Putsch, in: Central European History 5 (1971), S. 99—130; ferner ders., Die Freien Gewerkschaften, S. 245; Wulf, S. 158 ff.

30 Feldman, Die Freien Gewerkschaften, S. 244 f; Potthoff, S. 182 f.

31 S. dazu das Protokoll der 13. Sitzung des Ausschusses des Allgemeinen Deutschen Gewerkschaftsbundes. [I. Geschäftsperiode], abgehalten vom 16.—18. 8. 1921 im Berliner Gewerkschaftshaus, Berlin 1921, S. 23 ff. (im folgenden zit. als ADGB-BA); ADGB-Kongreß 1922, S. 465 ff., 573 ff.; vgl. Kaun, S. 97 ff.

32 Feldman, Die Freien Gewerkschaften, S. 247 f.

33 Peter Czada, Große Inflation und Wirtschaftswachstum, in: Industrielles System, S. 386—395; Carl-Ludwig Holtfrerich, Die deutsche Inflation 1914—1923, Berlin — New York 1980, S. 197 ff.

34 Czada, S. 390.

35 Feldman, Die Freien Gewerkschaften, S. 247 f.

36 Nachdem sich bereits am 11. 5. 1921 der Verband des AfA-Bundes mit dem Appell an die Gewerkschaftsvertreter in den gemeinwirtschaftlichen Selbstverwaltungskörperschaften gewandt hatte, sich nicht dazu zu verleiten lassen, „ihre Entscheidungen lediglich vom Produzentenstandpunkt zu treffen“, sondern „vor allem auch die Konsumenteninteressen (zu) wahren“ (Korrespondenzblatt, Nr. 23 vom 4. 6. 1921, S. 325), sah sich der ADGB-Vorsitzende Leipart ein Vierteljahr später ebenfalls veranlaßt, die gleiche Mahnung an seine Verbandsvorstände zu richten; s. ADGB-BA I./13., 16.—18. 8. 1921, S. 13; vgl. auch Feldman, Die Freien Gewerkschaften, S. 246 f.

fester Einkommen und die Unterstützungsempfänger an erster Stelle, doch zunehmend gerieten auch die Arbeitnehmereinkommen in den Strudel der Inflation.[37] Das unausgesprochene Bündnis der Produzenten gegen die Konsumenten erwies sich als Fehlspekulation der Gewerkschaften; denn die von ihnen in immer kürzeren Abständen ausgehandelten Tarifanhebungen wurden regelmäßig von den Lebenshaltungskosten überholt. Die bereits frühzeitig diskutierte „gleitende Lohnskala", bei der Löhne und Gehälter an einen Lebenshaltungsindex gekoppelt werden sollten, lehnten die Gewerkschaften gleichwohl ab.[38] Neben technischen Bedenken wurden sie dabei offensichtlich von der Sorge geleitet, im Falle einer automatischen Lohnregulierung vielen Arbeitnehmern die Notwendigkeit ihrer Existenz nicht mehr recht einsichtig machen zu können, gaben sich aber auch in völliger Verkennung der inflationären Mechanismen lange Zeit der Hoffnung auf eine baldige Stabilisierung hin.[39] Vergeblich mühten sich ihre Unterhändler in Ende 1922 schließlich wöchentlich stattfindenden Tarifrunden, die Einkommen ihrer Klientel wenigstens vor dem schlimmsten Verfall zu bewahren: Unbeschadet aller temporären, branchen-, regionen- und gruppenspezifischen Abweichungen — spätestens seit Anfang 1922 hatten die deutschen Arbeitnehmer im Durchschnitt fortgesetzte Realeinkommensbußen zu beklagen; gegen Ende des Jahres war die Kaufkraft von Löhnen und Gehältern weit unter den Vorkriegsstand abgesunken.[40]

---

37 Zu den Auswirkungen der Inflation s. die differenzierten Bemerkungen von Charles S. Maier, Recasting Bourgeois Europe. Stabilization in France, Germany, and Italy in the Decade after World War I, Princeton/N. J. 1975, S. 358 ff.

38 S. dazu eine Niederschrift des dritten Vorsitzenden des ADGB, Adolf Cohen, über eine Besprechung zur Frage der gleitenden Lohnskala im Reichsarbeitsministerium am 6. 1. 1920; s. Historische Kommission zu Berlin, Gewerkschaftliche Restakten NB 593/5 (im folgenden zit. als HiKo NB); vgl. Korrespondenzblatt, Nr. 4 vom 24. 1. 1920, S. 37. Der Bundesausschuß des ADGB gelangte ebenfalls zu keiner positiven Bewertung der vom sozialdemokratischen Reichswirtschaftsminister Robert Schmidt, bis 1918 Mitglied der Generalkommission, wie auch von Reichsarbeitsminister Alexander Schlicke, bis zum Herbst 1919 Vorsitzender des DMV, empfohlenen Systems der automatischen Teuerungsanpassung von Löhnen und Gehältern; s. das Beschlußprotokoll der 4. Sitzung vom 24./25. 2. 1920, in: Beschlüsse der 1. bis 12. Sitzung des Ausschusses des Allgemeinen Deutschen Gewerkschaftsbundes. 1. Geschäftsperiode. Auszug aus den ungedruckten Protokollen der Ausschußsitzungen von Juli 1919 bis März 1921, Berlin 1928, S. 13—20, hier: S. 17. Noch fast drei Jahre später bekräftigte die Verbandsvorstände diese Haltung; s. ADGB-BA II./3., 27./28. 11. 1922, S. 20 ff.

39 Bußmann, S. 137 ff.; Potthoff, S. 194 f., bes. Anm. 79.

40 Gerhard Bry, Wages in Germany 1871—1945, Princeton/N.J. 1960, Abb. 30, S. 228, u. Tab. 46, S. 455. Zur Reallohnentwicklung während der Inflationsjahre s. auch Holtfrerich, S. 228 ff.; Werner Abelshauser, Verelendung der Handarbeiter? Zur sozialen Lage der deutschen Arbeiter in der großen Inflation der frühen zwanziger Jahre, in: Vom Elend der Handarbeit. Probleme historischer Unterschichtenforschung, hrsg. von Hans Mommsen und Winfried Schulze, Stuttgart 1981, S. 445; ferner — mit Schwerpunkt auf der Realeinkommensentwicklung der Beamten und Angestellten im öffentlichen Dienst — Andreas Kunz, Verteilungskampf oder Interessenkonsensus? Einkommensentwicklung und Sozialverhalten von Unternehmergruppen in der Inflationszeit 1914—1924, in: Die deutsche Inflation — eine Zwischenbilanz, hrsg. von Gerald D. Feldmann, Carl-Ludwig Holtfrerich, Gerhard A. Ritter und Peter-Christian Witt, Berlin — New York 1982, S. 345—384. Die von Abelshauser geäußerten Zweifel an der bisherigen Annahme sinkender Realeinkommen der Arbeitnehmerschaft in der Inflation sind umstritten und erscheinen unzureichend empirisch abgesichert. Überdies vernachlässigt dieser Autor gänzlich die — für die Ausformung von individuellen wie kollektiven Verhaltensdispositionen maßgebliche — Ebene der Perzeption des inflationären Prozesses und seiner Rückwirkungen durch die Betroffenen. Zu den vergeblichen Bemühungen der Gewerkschaften, sich der skizzierten Entwicklung entgegenzustemmen, s. etwa die Eingabe der gewerkschaftlichen Spitzenverbände aller Richtungen an den Reichskanzler, sämtliche Reichsministerien und alle im Reichstag vertretenen Parteien vom 31. 10. 1922; s. BA Koblenz, R 43 I/2434, Bl. 129—133; Durchschlag s. HiKo NB 9/3; abgedr. in: Korrespondenzblatt, Nr. 43 vom 4. 11. 1922, S. 597 f.

Für die Gewerkschaften hatte diese Entwicklung fatale Konsequenzen. Auch ihre Rücklagen und Einnahmen blieben von der Inflation nicht verschont; und der hauptamtliche Apparat wurde durch die quasi permanenten Tarifgespräche immer stärker absorbiert.[41] Vor allem aber führte das intern ratlos eingestandene Versagen ihrer bisherigen lohnpolitischen Einsichten und Strategien[42] zu empfindlichen Legitimitätsverlusten der Organisationsleitungen. Wilde Lohnbewegungen lokaler Gliederungen, denen man erst mit Appellen an die gewerkschaftliche Disziplin, dann mit einem rigiden Streikreglement vergebens beizukommen versuchte, wachsende kommunistische Opposition innerhalb der Verbände sowie steigende Resonanz kommunistischer und syndikalistischer Agitation bei den Arbeitnehmern waren eine deutliche Warnung.[43] Zu Massenaustritten kam es zwar vorerst noch nicht. Vielmehr erreichte die Gesamtmitgliederzahl des ADGB erst zum Ende des dritten Quartals 1922 mit 8.068.938 seinen absolut höchsten Stand; und im Jahresdurchschnitt konnte nochmals eine leichte Steigerung verbucht werden.[44]

Hinter diesen Globalzahlen verbargen sich indes schon Anzeichen des drohenden Niedergangs, die von den Gewerkschaftsführern sehr wohl mit unverhohlener Sorge registriert wurden:[45] Erstens kehrte sich die bislang aufwärts gerichtete Tendenz im letzten Quartal deutlich um; 247.000 Mitglieder, das waren gut 3 %, verließen in dieser Zeit die ADGB-Gewerkschaften.[46] Und zweitens zeigten sich Schwächesymptome gerade in Regionen und Branchen von zentraler Bedeutung. So verlor der Bezirk Rheinland-Westfalen-Lippe, wo die skizzierten Entwicklungen besonders früh und deutlich zutage traten, bereits 1922 rund 40.000 Mitglieder — ein Rückgang von immerhin 3,5 %, der vor

---

41 S. die in Anm. 40 zit. Eingabe vom 31. 10. 1922 sowie die Ausführungen des Dachdeckervorsitzenden Theodor Thomas aus Frankfurt/M. im Bundesausschuß; s. ADGB-BA II./3., 27./28. 11. 1922, S. 8.

42 ADGB-BA II./2., 29. 9.—1. 10. 1922, S. 11 (Faaß), 17 (Thomas, Plettl); II./6., 17./18. 4. 1923, S. 18 (Graßmann).

43 Nachdem der Vorstand in den beiden ersten Nummern seiner „Bundes-Mitteilungen für die Ortsausschüsse des Allgemeinen Deutschen Gewerkschaftsbundes" vom 24. 8. und 9. 9. 1921 (HiKo NB 79/1 u. 2) vergeblich daran erinnert hatte, daß Lohnbewegungen ausschließlich in die Zuständigkeit der Verbandsvorstände fielen, beauftragte der Ausschuß eine Kommission, ein Streikreglement zu entwerfen; s. ADGB-BA I./15., 24. 1. 1922, S. 9 f. Diese Vorlage wurde in den folgenden Monaten im Ausschuß und auf dem Gewerkschaftskongreß intensiv diskutiert und schließlich am 30. 9. 1922 endgültig verabschiedet; s. ADGB-BA II./2., 29. 9.—1. 10. 1922, S. 30 ff.; abgedr. in: Salomon Schwarz, Handbuch der Gewerkschaftskongresse, Berlin 1930, S. 30 ff. Gleichwohl sah sich der Bundesvorstand wenig später gezwungen, eine weitere Mahnung an seine Ortsausschüsse zu richten; s. Bundes-Mitteilungen, Nr. 11 vom 15. 12. 1922 (HiKo NB 79/11). Überdies versagte mit dem DMV u. a. der wichtigste Zentralverband dem Reglement hartnäckig seine Zustimmung; s. ADGB-BA II./5., 16./17. 2. 1923, S. 22 (Reichel), 24 (Dißmann); Protokoll des 16. ordentlichen Verbandstages des Deutschen Metallarbeiter-Verbandes in Kassel 1924, Stuttgart 1924, S. 280 f. Zur Entwicklung der kommunistischen Gewerkschaftsopposition s. Freya Eisner, Das Verhältnis der KPD zu den Gewerkschaften in der Weimarer Republik, Köln — Frankfurt 1977; Lore Heer-Kleinert, Die Gewerkschaftspolitik der KPD in der Weimarer Republik, Frankfurt — New York 1983; Rudolf Rettig, Die Gewerkschaftsarbeit der Kommunistischen Partei Deutschlands von 1918 bis 1925 unter besonderer Berücksichtigung der Auseinandersetzungen mit den freien Arbeitergewerkschaften, phil. Diss. Hamburg 1954; Eva Cornelia Schöck, Arbeitslosigkeit und Rationalisierung. Die Lage der Arbeiter und die kommunistische Gewerkschaftspolitik 1920—1928, Frankfurt — New York 1977.

44 Jahrbuch des Allgemeinen Deutschen Gewerkschaftsbundes 1923, Berlin 1924, S. 137 (im folgenden zit. als ADGB-Jb).

45 ADGB-BA II./3., 27./28. 11. 1922, S. 7 (Dißmann).

46 ADGB-Jb 1923, S. 137.

allem aus überdurchschnittlichen Verlusten der beiden größten Organisationen, Bergarbeiterverband und DMV, herrührte.[47]

Während also die Gewerkschaften im Laufe der Inflation zusehends an Durchsetzungskraft und Massenrückhalt einbüßten, konnte insbesondere die für die Entwicklung der Arbeitgeber-Arbeitnehmer-Beziehungen ausschlaggebende Großindustrie ihre Machtposition im wirtschaftlichen Bereich ausbauen. Aus dieser gestärkten Position heraus fanden die Arbeitgeber seit Anfang 1922 in den Tarifverhandlungen zu einer spürbar härteren Haltung. Angesichts dessen sah der ADGB-Vorsitzende Leipart schon im Frühjahr ahnungsvoll eine „Periode der Abwehrkämpfe der Gewerkschaften" aufziehen, in der es mehr denn je darauf ankommen werde, die schwindenden Kräfte besonders überlegt und haushälterisch einzusetzen.[48] Und am Jahresende konstatierte der Bergarbeiterverband mit Blick auf die Unterstützung, welche den „gelben", wirtschaftsfriedlichen Verbänden aus Unternehmerkreisen unter klarer Mißachtung des ZAG-Abkommens wieder gewährt wurde, unverblümt eine „Verschiebung des Kräfteverhältnisses zwischen Unternehmern und Arbeiterschaft".[49] Auf dem Lohnsektor ging zu diesem Zeitpunkt nahezu nichts mehr: Unter Führung der westdeutschen Schwerindustrie, die ihre internationalen Kostenvorteile in dem Maße schwinden sahen, wie sich die Schere zwischen Kursverfall und sinkendem Binnenwert der Mark zu schließen begann, verweigerten die Arbeitgeber auf breiter Front die Teuerungsanpassung von Löhnen und Gehältern nach bisheriger Übung. Im Bergbau rüsteten die Unternehmer zur entscheidenden Auseinandersetzung um Arbeitszeitverlängerung und Lohnsenkung, die sie im Januar zu eröffnen gedachten.[50]

## 5. Sachwertbelastung versus Revision der Sozialpolitik

Mit der Wendung zur Erfüllungspolitik rückte die Frage der inneren Verteilung der Reparationslasten endgültig zum beherrschenden Problem der deutschen Politik auf. SPD und Freie Gewerkschaften verlangten im Sommer 1921, über die sogenannte „Sachwertbelastung" die inflationsbegünstigten Eigner von Produktionsmitteln, Haus- und Grundbesitz zur Aufbringung der Verpflichtungen aus dem Londoner Zahlungsplan heranzuziehen. Die Regierungskoalition erwies sich in dieser Frage jedoch als handlungsunfähig. Der einzige Ausweg schien deshalb darin zu liegen, die Großindustrie dazu zu bewegen, freiwillig ihren Kredit in den Dienst der Erfüllungspolitik zu stellen. Dort indes konnten sich die Verfechter einer harten Linie um Stinnes und Hugenberg weitgehend durchsetzen; die Zusage des RDI vom 5. November 1921 wurde an Bedingungen geknüpft, welche für Sozialdemokratie und Gewerkschaften völlig unanehmbar waren: So sollten erstens das Prinzip der Freiwilligkeit ausdrücklich anerkannt werden; zweitens Staatsunternehmen, allen voran die Reichsbahn, privatisiert werden; und drittens Reichsregierung und Parteien sich dazu verpflichten, „das Wirtschaftsleben von allen die freie

47 Bericht des Düsseldorfer ADGB-Bezirkssekretariats Rheinland-Westfalen-Lippe für 1922; s. Korrespondenzblatt, Nr. 21 vom 26. 5. 1923, S. 236 f.; vgl. die diesbezüglichen Ausführungen des DMV-Vorsitzenden Dißmann und des Bergarbeitervertreters Waldhecker im ADGB-BA II./3., 27./28. 11. 1922, S. 7, 13, sowie den Jahresbericht 1922 der Bezirksleitung des Bergarbeiterverbandes für das Ruhrgebiet, in: Verband der Bergarbeiter Deutschlands. Jahrbuch 1922, Bochum 1923, S. 292.

48 ADGB-BA I./16., 28./29. 3. 1922, S. 4.

49 Bergarbeiter-Zeitung, Nr. 52 vom 30. 12. 1922.

50 Feldmann/Steinisch, S. 384 f.

Betätigung und Entwicklung schädigenden Fesseln (zu) befreien."[51] Diese Formel umschrieb nur das kompromißlose Verlangen nach Liquidierung der sozialen Errungenschaften, insbesondere des Achtstundentages; und die Privatisierungsforderung lief darauf hinaus, an Stelle des privaten den öffentlichen Sachbesitz zu belasten, was die Machtstellung der Industrie nur noch steigern mußte.[52]

ADGB und AfA-Bund antworteten auf diese „Provokation der gesamten werktätigen Bevölkerung"[53] alsbald mit ihren „Zehn Forderungen" zur Steuer- und Finanzpolitik. Deren Kernpunkte waren die entschädigungslose Enteignung bzw. Belastung aller Wirtschaftsunternehmen in Höhe von einem Viertel ihres Kapitals, die sofortige Sozialisierung des Kohlebergbaues sowie verschiedene Maßnahmen zur steuerlichen Erfassung von Inflations- und Spekulationsgewinnen.[54] Doch dieser Vorstoß war in erster Linie taktisch motiviert; denn über die politische Durchsetzbarkeit ihres Programms hegten die Gewerkschaftsführer mehrheitlich von Beginn an keinerlei Illusionen. Wie schon im Fall der „Zehn Forderungen" zur Bekämpfung der Arbeitlosigkeit vom Februar 1921[55] war es ihnen erneut hauptsächlich darum zu tun, zumindest den Eindruck tatkräftiger Interessenvertretung zu erwecken, um den Kommunisten kein Terrain zu überlassen. Den Einsatz außerparlamentarischer Kampfmittel aber, wie ihn die Linke um den DMV-Vorsitzenden Dißmann nicht zum ersten Mal empfahl, lehnten der Bundesvorstand und die meisten Verbandsleitungen kategorisch ab. Zu genau erinnerte man sich noch des Schicksals der „Acht Punkte" vom März 1920 und der seinerzeit besonders im Ruhrgebiet außer Kontrolle geratenen Streikbewegung gegen den Kapp-Lüttwitz-Putsch.[56] Auf dem Gewerkschaftskongreß wurde der politische Massenstreik denn auch wenige Monate später nochmals ausdrücklich Situationen vorbehalten, in denen es zweifelsfrei darum gehe, „entweder dem Hungertode zu entgehen oder den Sieg der erstarkten Reaktion zu

---

51 Akten der Reichskanzlei. Weimarer Republik, hrsg. von Karl Dietrich Erdmann und Hans Booms, Die Kabinette Wirth I und II, bearb. von Ingrid Schulze-Bidlingmaier, Boppard 1973, Bd. 2, Dok. 368 (im folgenden zit. als AdR); zur Vorgeschichte s. eingehend Wulf, S. 272 ff.

52 So der Holzarbeitervorsitzende Tarnow, in: ADGB-BA I./14., 13.—17. 12. 1921, S. 28; zur Position Stinnes' s. Wulf, S. 187, 189.

53 Protesterklärung von ADGB und AfA-Bund, die am 11. 11. 1921 dem Reichskanzler übermittelt (BA Koblenz, R 43 I/2449, Bl. 230 f.) und gleichzeitig veröffentlicht wurde; s. Vorwärts, Nr. 533 vom 11. 11. 1921; Korrespondenzblatt, Nr. 47 vom 19. 11. 1921, S. 664.

54 ADGB und AfA-Bund an Reichskanzler Wirth, 21. 11. 1921, abgedr. in: AdR Wirth, Bd. 1, Dok. 150; dazu und zum folgenden s. mit weiteren Hinweisen Potthoff, S. 295 ff.; zu den Auseinandersetzungen um die Sachwertbelastung s. auch Maier, S. 254 ff., 269.

55 ADGB an Reichskanzler Fehrenbach, 26. 2. 1921, abgedr. in: AdR. Das Kabinett Fehrenbach, bearb. von Peter Wulf, Boppard 1972, Dok. 184; Dokumente und Materialien zur Geschichte der deutschen Arbeiterbewegung, hrsg. vom Institut für Marxismus-Leninismus beim ZK der SED, Bd. VII/1, Berlin (DDR) 1966, Dok. 186; dazu die Debatte in der 12. Ausschußsitzung des ADGB am 22./23. 3. 1921 (Beschlüsse, S. 69—77, hier: S. 76), ein Rundschreiben des Bundesvorstandes an die Vorstände der Zentralverbände vom 5. 3. 1921 (HiKo NB 595/34) sowie die Stellungnahme des ADGB zu Vorwürfen der KPD, man habe die als „Arbeitsgemeinschaftsprodukt" denunzierten Forderungen erst unter dem Druck von ihr inszenierter Demonstrationen herausgegeben und seitdem nichts zu ihrer Durchsetzung unternommen, in: Korrespondenzblatt, Nr. 14 vom 2. 4. 1921, S. 186 f.

56 Zu den Ereignissen im Ruhrgebiet Ende März/Anfang April 1920 s. George Eliasberg, Der Ruhrkrieg von 1920, Bonn 1974; Erhard Lucas, Märzrevolution im Ruhrgebiet. Vom Generalstreik gegen den Militärputsch zum bewaffneten Arbeiteraufstand. März-April 1920, Frankfurt 1970. Skrzypczak betont, diese Erfahrung habe noch in der Endphase der Weimarer Republik das Denken und Handeln der Gewerkschaftsführer maßgeblich bestimmt; s. ders., Zur Strategie der freien Gewerkschaften in der Weimarer Republik, in: Vom Sozialistengesetz zur Mitbestimmung, S. 201—227, hier: S. 218.

verhindern."[57] Damit war dieses Instrument einmal mehr zur ultima ratio der organisierten Arbeitnehmerschaft erklärt worden, untauglich als Waffe im Tageskampf.

## 6. Die Gewerkschaften in der Defensive

Einer Offensive der Unternehmer hätten die Gewerkschaften, das hatten die Auseinandersetzungen um die Sachwertbelastung bewiesen, schon Anfang 1922 nur noch wenig entgegenzusetzen gehabt. Gleichwohl schätzten die Unternehmer ihre Position zu diesem Zeitpunkt noch nicht so stark ein, daß sie ohne Billigung der Regierung ihre Vorstellungen zur Produktivitätssteigerung durch Sozialabbau im Frontalangriff durchsetzen zu können glaubten. Dort neigten zwar die bürgerlichen Kräfte vielfach ihrer Auffassung zu, scheuten jedoch davor zurück, dies offen kundzutun. Sie fürchteten um den ohnehin äußerst labilen sozialen Frieden und suchten überdies alles zu vermeiden, was zu einer Stärkung der parlamentarischen Linken hätte beitragen können.[58] Angesichts dieser Pattsituation[59] bewegte sich 1921/22 in der Sozialpolitik allgemein, wie speziell in der Arbeitszeitfrage praktisch nichts mehr: Die Demobilmachungsverordnungen wurden Mal um Mal verlängert; im Reichswirtschaftsrat trugen sich Arbeitgeber und Arbeitnehmer in endlosen Debatten ihre unvereinbaren Auffassungen vor.[60]

Die Arbeitgeber konzentrierten sich währenddessen neben verbalen Attacken gegen den vermeintlichen „Schematismus" der geltenden Bestimmungen auf deren volle Ausschöpfung, also die ausnahmslose Durchsetzung der 48-Stunden-Woche. In einem beiderseits erbittert geführten Arbeitskampf, bei dem zum ersten Mal seit der Revolution wieder in großem Stil zur Aussperrung gegriffen wurde, gelang es den süddeutschen Metallindustriellen im Frühjahr 1922, die in ihrem Tarifgebiet seit 1919 geltende 46-Stunden-Woche zu beseitigen.[61] Auch in der Berliner Metallindustrie wurde daraufhin die 48-Stunden-Woche eingeführt. Bezeichnenderweise gelang es dort dem DMV nicht einmal mehr, seine Mitglieder für einen Abwehrstreik zu mobilisieren.[62]

Wie schon beim Überschichtenabkommen im Bergbau hatten wiederum ökonomische gegenüber sozialen Gesichtspunkten die Oberhand behalten. Der Ausgang des süddeutschen Metallkonflikts kann deshalb in der Tat als Beleg für die „Umkehrung der seit der Revolution bestehenden Machtverhältnisse und politischen Prioritäten" und als „Auftakt zum Großangriff der Industrie auf den Achtstundentag" gelten.[63]

Mit dem Einsetzen der Hyperinflation Mitte 1922 rückte die Stabilisierungskrise näher. Nun konnte die Entscheidung, wer in Deutschland die Zeche für den verlorenen Krieg würde zahlen müssen, nicht länger hinausgeschoben werden. Die Industrie gab jetzt

---

57 ADGB-Kongreß 1922, S. 403 (Leipart).
58 Feldman/Steinisch, S. 363 f.
59 Vgl. Preller, S. 293 et passim.
60 Zur Verlängerung der Demobilmachungsverordnungen s. Anm. 13; ferner Preller, S. 292. — Zum Verlauf der Debatten über die verschiedenen Entwürfe eines Arbeitszeitgesetzes s. ebd., S. 269 ff.; ferner Feldman/Steinisch, s. 363.
61 Zum Verlauf des süddeutschen Metallkonflikts, auf dessen Höhepunkt nahezu 200.000 Arbeitnehmer ausgesperrt waren, s. eingehend Feldman/Steinisch, S. 364 ff.; danach zusammenfassend Michael Schneider, Aussperrung. Ihre Geschichte und Funktion vom Kaiserreich bis heute, Köln 1980, S. 89 ff.; s. ferner Lothar Wentzel, Inflation und Arbeitslosigkeit. Gewerkschaftliche Kämpfe und ihre Grenzen am Beispiel des Deutschen Metallarbeiterverbandes 1919—1924, Hannover 1981, S. 129 ff.
62 Hartwich, S. 99 f.; Feldman/Steinisch, S. 382; Wentzel, S. 143 f.
63 Feldman/Steinisch, S. 381.

ihre bislang geübte relative Zurückhaltung auf und verlangte die Rückkehr zur Vorkriegsarbeitszeit — und zwar ohne Lohnausgleich. Nachdem der Ruhrindustrielle August Thyssen bereits vier Wochen zuvor an den Reichskanzler geschrieben hatte, verkündete Hugo Stinnes diese Forderung ausgerechnet am 9. November in einem spektakulären Auftritt vor dem Reichswirtschaftsrat.[64] Die Freien Gewerkschaften reagierten hierauf wie auf die parallel inszenierte publizistische Kampagne zwar hell empört;[65] tatsächlich indes hatten sie bereits signalisiert, man werde sich mit tarifvertraglich geregelter Mehrarbeit abfinden, sofern nur das kommende Arbeitszeitgesetz am Achtstundentag im Grundsatz festhalte.[66] Als sie Mitte Dezember selbst mit diesem Vorschlag im Reichswirtschaftsrat scheiterten,[67] waren auch die Aussichten, den Verlust des Symbols der sozialen Errungenschaften der Revolution wenigstens auf dem Papier noch abwenden zu können, endgültig auf dem Nullpunkt angelangt.

Zur Jahreswende 1922/23 sah sich die organisierte Arbeitnehmerschaft also dem entscheidenden Angriff der Unternehmer ausgesetzt. Die Aussichten, weiteren Reallohneinbußen und der drohenden Demontage des sozialen Besitzstandes noch wirksam entgegentreten zu können, waren denkbar gering. Im März sollten die Demobilmachungsverordnungen unwiderruflich ablaufen. Es stand zu erwarten, daß die neue Reichsregierung die jahrelange Pattsituation in der Arbeitszeitfrage zugunsten der Arbeitgeber auflösen würde. Die Auswirkungen eines solchen Schrittes auf die Gewerkschaften konnten gar nicht pessimistisch genug eingeschätzt werden: „Meine Ansicht bezüglich des Achtstundentages geht dahin", hatte der ADGB-Vorsitzende schon Ende November unwidersprochen im Bundesausschuß festgestellt, „daß ich bei seiner Preisgabe durch die Gewerkschaften an der Möglichkeit der Weiterführung der Gewerkschaftsbewegung zweifle."[68]

---

64 Der Wortlaut der Rede vor dem Wirtschafts- und dem Finanzpolitischen Ausschuß des Vorläufigen Reichswirtschaftsrates wurde als Broschüre verbreitet; s. Hugo Stinnes, Markstabilisierung und Arbeitsleistung. Rede von Hugo Stinnes gehalten am 9. November 1922 im Reichswirtschaftsrat, Berlin 1922; s. dazu Lothar Erdmann, Die Gewerkschaften im Ruhrkampfe. Im Auftrage des Allgemeinen Deutschen Gewerkschaftsbundes, Berlin 1924, S. 39 f.; Feldman/Steinisch, S. 383 f; Wulf, S. 433 f. Thyssens Brief an die Reichskanzler Wirth vom 14. 10. 1922 (BA Koblenz, R 43 I/1132, Bl. 359—361; vgl. Erdmann, S. 38 f.) gelangte rasch an die Öffentlichkeit; s. Schultheß' Europäischer Geschichtskalender 1922, München 1927, S. 130.

65 Preller, S. 210; Wulf, S. 434. Zur Pressekampagne gegen den Achtstundentag s. Preller, S. 208 ff.

66 Diese Position hatten die Freien Gewerkschaften bereits im September 1922 im Sozialpolitischen Ausschuß des Vorläufigen Reichswirtschaftsrates eingenommen; s. Korrespondenzblatt, Nr. 51 vom 23. 12. 1922, S. 670 f. In einer Unterredung mit Reichsarbeitsminister Brauns bekräftigten sie ihre Haltung; s. ebd., Nr. 44 vom 11. 11. 1922, S. 606 f. S. dazu auch ADGB-BA II./3., 27./28. 11. 1922, S. 17 f; ferner Feldman/Steinisch, S. 384; Erdmann, S. 40 ff.; Uwe Oltmann, Reichsarbeitsminister Heinrich Brauns in der Staats- und Wirtschaftskrise 1923/24. Die Bedeutung der Sozialpolitik für die Inflation, den Ruhrkampf und die Stabilisierung, phil. Diss. Kiel 1968, S. 195.

67 Korrespondenzblatt, Nr. 51 vom 23. 12. 1922, S. 670 ff.; ADGB-Jb 1922, S. 63.

68 ADGB-BA II./3., 27./28. 11. 1922, S. 19 f.

## III. *Die Freien Gewerkschaften in der Krise des Jahres 1923*

### 1. Der passive Widerstand gegen die Ruhrbesetzung

Am 11. Januar 1923 begannen belgische und französische Truppen in das entmilitarisierte Ruhrgebiet, Herzstück der deutschen Wirtschaft, vorzurücken. Offizieller Auftrag: einer Ingenieurkommission Schutz bei ihrem Bemühen zu bieten, das Industrierevier als produktives Reparationspfand nutzbar zu machen. Obwohl seit geraumer Zeit absehbar, hatte Berlin für diese Situation keinerlei Vorsorge getroffen. Erst unmittelbar vor dem Einmarsch erörterten Kanzler und Reichspräsident mit Vertretern der Arbeitnehmer- und Arbeitgeberorganisationen mögliche Abwehrmaßnahmen. Dabei zeigte sich der ADGB nicht weniger überrascht und unvorbereitet. Nach einigem Zögern erklärten sich seine Sprecher schließlich bereit, zumindest einen kurzen Proteststreik im besetzten Gebiet zu organisieren. Außerdem nahmen sie widerspruchslos die geplante Verlegung des Rheinisch-Westfälischen Kohlensyndikats von Essen nach Hamburg zur Kenntnis — der erste Schritt auf dem Weg in den „Ruhrkampf".[69]

Nach ruhigem Verlauf der ersten Tage eskalierten die Ereignisse im Revier nahezu schlagartig. Treibende Kraft dieser Entwicklung waren neben der nationalistischen Rechten und auch den Christlichen Gewerkschaften in erster Linie maßgebliche Kräfte innerhalb der westdeutschen Schwerindustrie unter Führung von Hugo Stinnes. Sie suchten jetzt die Konfrontation mit Frankreich in der Hoffnung, eine ihren Vorstellungen entsprechende Lösung des Reparationsproblems durchsetzen zu können. Indem sie die zunächst unentschlossene Reichsregierung dazu veranlaßten, sämtliche Reparationslieferungen einzustellen und den deutschen Beamten jegliche Kooperation mit den Besatzungsbehörden zu untersagen, lösten die rheinisch-westfälischen Wirtschaftsmagnaten bewußt jenen Kreislauf von Verweigerung und Repression aus, der nun begann. An den Freien Gewerkschaften lief die Entwicklung in dieser entscheidenden Phase der Eskalation weitgehend vorbei; ihnen bot sich keine Möglichkeit, mäßigend auf die richtungsweisenden Entscheidungen von Unternehmern und Regierung einzuwirken. Gemeinsam mit der SPD propagierten sie nun den „passiven Widerstand", die Verweigerung aller Arbeiten, welche den Invasoren ihre Aufgabe zu erleichtern geeignet schienen. Denn darin erblickten sie den einzig noch gangbaren Weg zwischen der unmöglich gewordenen Beschränkung auf verbale Proteste, dem von den Kommunisten angestrebten Generalstreik und der auf nationalistischer Seite verfolgten Linie gewaltsamer Konfrontation. In der Folgezeit bemühte sich der Bundesvorstand des ADGB in Zusammenarbeit mit den hauptsächlich beteiligten Zentralverbänden, die Organisation des Widerstands unter seine Kontrolle zu bekommen. Die Reichsregierung unterstützte ihn dabei durch die Institutionalisierung regelmäßiger Kontakte auf Spitzenebene und die Bereitstellung

69 Zur Politik der Freien Gewerkschaften in der Phase des Ruhrkampfes und seines Nachspiels s. Michael Ruck, Burgfrieden oder Notgemeinschaft? Die Freien Gewerkschaften im Ruhrkampf 1923, phil. Diss. Mannheim 1983 (erscheint 1985 als Veröffentlichung der Historischen Kommission zu Berlin im Colloquium-Verlag, Berlin); dort auch Belege für das folgende; vgl. die gewerkschaftsoffiziöse Darstellung von Erdmann sowie Potthoff, S. 317 ff. Bußmanns Arbeit (S. 200 ff.) ist allein schon von der Materialgrundlage her überholt; Manfred Buhl, Sozialistische Gewerkschaftsarbeit zwischen programmatischen Anspruch und politischer Praxis. Der ADGB und die freien Gewerkschaften in der Stabilisierungsphase der Weimarer Republik (1923/24 — 1927/28), Köln 1923, S. 40 ff., vermag in seinem kursorischen, vorgegebenen Deutungsschemata folgendem Überblick kaum etwas zum Verständnis der Entwicklung des Jahres 1923 beizutragen.

erheblicher Mittel zur Finanzierung der gewerkschaftlichen Abwehrarbeit. Es entwickelte sich eine enge Kooperation zwischen Regierung, Behörden und Gewerkschaften aller Richtungen. Letztere trugen die organisatorische Hauptlast des passiven Widerstands und unterstützten die deutsche Propaganda im In- und Ausland.

## 2. Burgfrieden oder Notgemeinschaft?

Die Freien Gewerkschaften spielten also bei der Entfesselung des deutschen Widerstands, der keineswegs so „spontan" entstanden war, wie seither immer wieder behauptet, nur eine weitgehend reaktive Rolle; sie beteiligten sich dann aber mit ganzer Kraft an seiner Aufrechterhaltung. Neben der Befürchtung, anderenfalls von der selbst konstatierten „nationalen Welle" überrollt zu werden, und dem Bestreben, nicht jeglichen Einfluß auf den weiteren Gang der Entwicklung zu verlieren, lagen die Motive dafür auf drei Ebenen:

Zum ersten hatte die nationale Integration der sozialistischen Arbeiterbewegung — markiert durch die Stationen Burgfrieden, Hilfsdienstgesetz und Revolution — längst die rituell weiter beschworene internationale Klassensolidarität hinter der nationalen Loyalität zurücktreten lassen. Die Beteiligung an der als zweifelsfreie Aggression gewerteten Pfandnahme erschien daher nur konsequent. Diese vorrangig nationale Orientierung beschränkte sich im übrigen nicht allein auf die deutschen Organisationen. Daran scheiterte auch die internationale Gewerkschaftsbewegung, die sich — wie 1914 — vergeblich darum bemühte, eine gemeinschaftliche Aktion gegen die Ruhrbesetzung zustande zu bringen.

Zum zweiten erblickten die Freien Gewerkschaften seit langem in der offensichtlich auf wirtschaftliche Schwächung und territoriale Zersplitterung des Deutschen Reiches gerichteten Reparations- und Sanktionspolitik Frankreichs eine akute Gefährdung der demokratischen Republik samt ihres sozialpolitischen Inventars — damit aber mittelbar auch einen Anschlag auf ihre eigenen Existenzgrundlagen. ADGB und AfA-Bund hatten aus diesem Grunde seit 1919 alle Regierungen in ihrem Bemühen unterstützt, eine Revision des Friedensvertrages und der daraus abgeleiteten Forderungen zu erreichen. Der Versuch, die als ebenso ungerechtfertigt wie bedrohlich empfundene Besetzung mit Hilfe des passiven Widerstands zu einem Mißerfolg werden zu lassen, lag mithin durchaus auf der Linie ihrer bisherigen Politik.

Zum dritten war der Prozeß der Machtverschiebung zwischen Arbeit und Kapital bis zur Jahreswende 1922/23 bereits so weit vorangeschritten, daß auf seiten der Gewerkschaften kaum noch die Hoffnung bestand, sich des bevorstehenden Angriffs der Unternehmer allein wirksam erwehren zu können. Nur staatliche Unterstützung, das wurde intern offen eingestanden, konnte sie in dieser Lage noch vor dem Schlimmsten bewahren. Mit ihrer Einreihung in die „nationale Einheitsfront" gegen den gewaltsamen Übergriff der Reparationsgläubiger suchten sich die Gewerkschaftsführer dieses Rückhalts zu versichern und zugleich die Offensive des übermächtigen sozialen Gegenspielers zu blockieren. Im Schutze des — nicht so genannten — Burgfriedens hoffte man, vor allem in der Arbeitszeitfrage doch noch vollendete Tatsachen schaffen zu können. Aber die Entscheidung darüber wurde vertagt; und in der Lohnpolitik wurde das kurzfristige taktische Einlenken der Arbeitgeber schon im Februar von einem kompromißlosen Kurs abgelöst, der auch die Unterstützung wichtiger Kräfte innerhalb der Reichsregierung genoß.

## 3. Der Zerfall der nationalen Einheitsfront

Nicht nur die mangelnde Konzessionsbereitschaft von Regierung und Unternehmern in Kernanliegen der organisierten Arbeitnehmerschaft ließ die quasi-burgfriedliche Politik des ADGB mit einem Fehlschlag enden; auch in den eigenen Reihen formierte sich breiter Widerstand gegen die Einheitsfront mit dem Klassengegner. Er entzündete sich insbesondere an der „Ruhrhilfe“, einer von der ZAG gegründeten Sammlung zur Unterstützung der Arbeitnehmer im besetzten Gebiet. Der Bundesvorstand sah in der gleichberechtigten Verwaltung dieses Hilfsfonds durch Gewerkschaften und Unternehmer eine letzte Chance, diese doch noch einmal auf das bereits unverhohlen in Frage gestellte paritätische Prinzip festzulegen. Der Opposition hingegen, angeführt von Metallarbeitern und Berliner Gewerkschaftskommission, erschien das Festhalten am Konzept der Arbeitsgemeinschaft nach den Erfahrungen des vorangegangenen Jahres mehr denn je obsolet. Ihr folgte darin die überwältigende Mehrzahl der Gewerkschaftsmitglieder; das Unternehmen geriet zum Mißerfolg auf ganzer Linie.

Zwar ließ sich der passive Widerstand zunächst recht erfolgreich an; doch schon bald gelang es den Invasoren, die Infrastruktur des besetzten Gebietes schrittweise unter Kontrolle zu bekommen. Durch seine Abschnürung unterbrachen sie überdies den lebenswichtigen Güter- und Rohstoffaustausch zwischen dem Reich und seinem wichtigsten Industriezentrum. Eine rasch steigende Zahl von Betrieben beiderseits der von ihnen errichteten Zollgrenze mußte daraufhin ihre Produktion einstellen. Wachsende Arbeitslosigkeit war die Folge. Um den Widerstand unter diesen Umständen überhaupt aufrecht zu erhalten, mußte die Reichsregierung schließlich die Lohnfortzahlung für alle arbeitslosen oder unproduktiv weiterbeschäftigten Arbeitnehmer im besetzten Gebiet übernehmen. Diese gewaltig anschwellenden Aufwendungen wurden nun nicht etwa über die von den Freien Gewerkschaften neuerlich geforderte Sachwertbesteuerung, sondern unter Zuhilfenahme der Notenpresse finanziert. Die Inflation begann sich nun zu überschlagen, insbesondere, nachdem Mitte April die Markstützungsaktion der Reichsbank — nicht ohne Zutun der Industrie — zusammengebrochen war. Löhne, Gehälter und Unterstützungen vermochten der Teuerung nicht mehr annähernd zu folgen; auch ihre im Sommer vollzogene Koppelung an den Lebenshaltungsindex brachte keine Besserung. Erschwerend hinzu traten immer häufiger Stockungen bei der Versorgung mit Gütern des täglichen Bedarfs, ja selbst mit Zahlungsmitteln. Die soziale Lage der Arbeitnehmerschaft nicht nur im besetzten Gebiet gewann mehr und mehr katastrophale Züge. Unruhen, die sich Ende Mai im Ruhrgebiet und August reichsweit zuspitzten, waren die eine Konsequenz; eine dramatische Erosion des Massenrückhalts der Gewerkschaftsführungen die andere.

Unter dem Eindruck dieser frühzeitig absehbaren Entwicklung drängten die Freien Gewerkschaften seit Ende Februar die Reichsregierung Mal um Mal, zur rechten Zeit mit einem ernstzunehmenden Reparationsangebot einer Entspannung des Ruhrkonflikts den Weg zu ebnen. Sie waren jedoch nicht imstande, ihrem Verlangen den nötigen Nachdruck zu verleihen. So scheiterte im April der ADGB-Vorsitzende Leipart mit seinem Vorschlag, den passiven Widerstand einseitig durch einen gemeinsamen Versöhnungsaufruf aller Gewerkschaftsrichtungen abzubrechen und damit zugleich die Ablösung des glücklos operierenden Kabinetts Cuno durch eine Regierung der großen Koalition unter Führung des DVP-Vorsitzenden Stresemann zu erzwingen. Nicht nur die Christlichen Gewerkschaften versagten sich diesem Ansinnen; auch die in der Koalitionsfrage uneinige SPD lehnte den Plan kategorisch ab. Sie fürchtete um ihre wiedergewonnene Einheit und erwartete überdies von drohenden Neuwahlen nichts Gutes. Vor allem aber war die Partei — und mit ihr die große Mehrheit der Verbandsvorstände — nicht gewillt, die politische Verantwortung für den Abbruch des aussichtslosen Kampfes zu übernehmen und sich damit eine zweite Dolchstoßlegende aufzuladen.

Sowohl die dilettantische Reparationsnote vom 2. Mai als auch die Unterstützung des von SPD und Freien Gewerkschaften heftig verurteilten „aktiven Widerstands" nationalistischer Sabotagetrupps im Westen durch die Reichsregierung offenbarten den unüberbrückbaren Zielkonflikt zwischen der sozialdemokratischen Arbeiterbewegung und einem Kabinett, das sich mittlerweile in eine ausweglose „Alles-oder-nichts"-Position manövriert hatte. Und das Garantieangebot des RDI vom 25. Mai, dessen Tenor fatal demjenigen der Kreditofferte unseligen Angedenkens glich,[70] bewies nur einmal mehr, daß maßgebliche Kräfte im Unternehmerlager nicht daran dachten, von ihren weitreichenden Zielen abzulassen. Die nationale Einheitsfront hatte sich damit für die Freien Gewerkschaften endgültig als folgenschwerer Mißerfolg erwiesen. Wenn die Führung des ADGB gleichwohl allen ihren Einfluß mobilisierte, um den zeitweise dem Zusammenbruch nahen Widerstand ihrer Organisationen im Westen selbst gegen ihre eigene Überzeugung aufrecht zu halten, so war dies nicht zuletzt auch eine Folge ihrer wachsenden Abhängigkeit von den Alimentationen der Reichsregierung. Denn Inflation und Arbeitslosigkeit stürzten die Gewerkschaften nun unaufhaltsam in den völligen Bankrott. In dieser verzweifelten Situation erhielten die erheblichen Summen, welche ihnen formal als Vergütung ihrer Auslagen im Ruhrkampf aus der Staatskasse zuflossen, zunehmend lebenswichtige Bedeutung.

Erst als die soziale Unruhe im August revolutionäre Dimensionen anzunehmen drohte, gab die SPD ihren Widerstand gegen die große Koalition auf. Die Partei folgte damit nicht zuletzt auch dem wochenlangen Drängen der Gewerkschaftsführer, die sich — von wenigen Ausnahmen abgesehen — nichts von einer Arbeiterregierung versprachen, wie sie von den Kommunisten propagiert und auf dem äußersten linken Parteiflügel goutiert wurde. Als nun auch das neue Kabinett in vergeblicher Hoffnung auf eine rettende britische Intervention zögerte, den ruinösen Widerstand bedingungslos aufzugeben, waren zwar sie es wiederum, die dringend mahnten, den längst überfälligen Schritt endlich zu tun; selbst das Signal zum Abbruch zu geben, wagte man allerdings auch jetzt noch nicht, obwohl man am eigenen Leibe spürte, wie die wirtschaftliche und soziale Krise die Arbeiterschaft den Kommunisten scharenweise in die Arme trieb.

## 4. Der Fall des Achtstundentages

Nach der Einstellung des passiven Widerstands am 26. September waren die Gewerkschaften weniger denn je imstande, den Gang der Entwicklung aktiv mitzugestalten. In die Verhandlungen zwischen Ruhrindustriellen und Besatzungsmächten, die am 23. November zum Abschluß des MICUM-Abkommens über die künftig zu erbringenden Reparationsleistungen führten,[71] wurden sie niemals ernsthaft einbezogen. Schon zu Beginn dieser Gespräche versuchten die westdeutschen Bergwerksbesitzer überdies, die Kosten der Niederlage den Arbeitnehmern aufzubürden. Unter eklatanter Mißachtung

70 RDI an Reichskanzler Cuno, 25. 5. 1923, abgedr. in: AdR. Das Kabinett Cuno, bearb. von Karl-Heinz Harbeck, Boppard 1968, Dok. 168.

71 Benannt nach der „Mission interalliée de contrôle des usines et des mines".

gesetzlicher Bestimmungen und gültiger Tarifvereinbarungen verkündeten sie am 8. Oktober einseitig die Rückkehr zur Vorkriegsarbeitszeit.[72] Dieser Vorstoß scheiterte zwar am Widerstand der Gewerkschaften, ausbleibender Unterstützung durch die Besatzungsbehörden und vor allem der preußischen Regierung; doch daß der Achtstundentag nun nicht mehr zu halten sein würde, stand allseits außer Zweifel. Nach zähen Verhandlungen gelang es Reichsarbeitsminister Brauns Ende November, Zechenverband und Bergarbeiterorganisationen auf eine Vereinbarung festzulegen, welche für das besetzte Gebiet die Möglichkeit einer tariflich geregelten Verlängerung der Arbeitszeit vorsah. Angesichts der aktuellen Kräfteverhältnisse — die Arbeitgeber hatten zum Ablauf des Monats ihre gesamten Belegschaften entlassen — bedeutete dies praktisch die Rückkehr zur Vorkriegsarbeitszeit. Andererseits jedoch war damit der Versuch gescheitert, die Gewerkschaften durch die Wiedereinführung von Einzelarbeitsverträgen als gleichberechtigte Tarifkontrahenten auszuschalten. Aus dieser Überlegung heraus stimmten die ohnehin kampfunfähigen Bergarbeiterverbände Mitte Dezember der Übertragung des Abkommens auf das gesamte Reichsgebiet zu. Gleichzeitig wurde in der Metallindustrie eine Vereinbarung unterzeichnet, die dort ebenfalls die Vorkriegszustände wiederherstellte.

Nachdem das Kernstück der sozialen Errungenschaften in den beiden Schlüsselbranchen hatte preisgegeben werden müssen, stand seiner allgemeinen Liquidierung nichts mehr im Wege. Die am 21. Dezember erlassene Arbeitszeitverordnung hielt zwar im Grundsatz am Achtstundentag fest, ließ jedoch die Möglichkeit offen, durch Tarifverträge oder behördliche Ausnahmegenehmigungen den Zehnstundentag und das Zweischichtensystem wieder einzuführen. Auf dieser Grundlage konnten die Arbeitgeber in den folgenden Monaten Arbeitszeitverlängerungen bis hin zur 60-Stunden-Woche gegen die geschwächten Gewerkschaften durchsetzen.[73] Parallel dazu vollzog sich mit Unterstützung des Arbeitsministeriums ein spürbarer Lohnabbau.[74]

## 5. Die Gewerkschaften auf dem Tiefpunkt

Den Gedanken, diese Niederlage mit einem Generalstreik abzuwenden zu versuchen, hatten die Führer der Freien Gewerkschaften schon im Oktober nahezu einhellig als realitätsfern und gefährlich verworfen.[75] Zum einen schienen ihnen dafür die äußeren Bedingungen — Massenarbeitslosigkeit, Ausnahmezustand und die Drohung eines Rechtsputsches — denkbar widrig; zum anderen hatten sich ihre Organisationen mittlerweile in aktionsunfähige „Trümmerhaufen"[76] verwandelt: finanziell auf dem Nullpunkt, mußten sie eine große Zahl hauptamtlicher Funktionäre entlassen, ihre Presse drastisch einschränken, ja sogar zeitweise die satzungsmäßigen Unterstützungszahlungen an ihre Mitglieder einstellen.[77] Schwerwiegender noch war der katastrophale Vertrauensverlust bei der Arbeitnehmerschaft. Er verlieh der kommunistischen Opposition weiteren Auf-

---

72 Zur Arbeitszeitoffensive der rheinisch-westfälischen Schwerindustrie im Herbst 1923 s. eingehend Feldman/Steinisch, S. 388 ff.; danach auch das folgende; vgl. Buhl, S. 68 ff.; Wentzel, S. 168 ff.

73 Preller, S. 305 f.

74 Vgl. ebd., S. 317.

75 ADGB-BA II./10., 16. 10. 1923, S. 3 ff. Diese Debatte läßt im übrigen sehr deutlich werden, wie gering die Führer der Freien Gewerkschaften zu diesen Zeitpunkt ihre Durchsetzungskraft gegenüber Unternehmern und Regierung noch einschätzten.

76 Verband der Bergarbeiter Deutschlands. Jahrbuch 1923, Bochum o. J. [1924], S. 77.

77 ADGB-BA II./8. u. 9., 7./8. 9. u. 2. 10. 1923, hier: II./9., S. 23 ff.

trieb und löste einen beispiellosen Massenexodus der Mitglieder aus: Allein im letzten Quartal 1923 verließ nahezu jedes fünfte von ihnen — insgesamt etwa 1,3 Millionen — den ADGB.[78] Erst 1926 kam diese Abwärtsbewegung gänzlich zum Stillstand. In diesem Jahr erreichte die Gesamtmitgliederzahl des freigewerkschaftlichen Dachverbandes mit 4 Millionen gerade noch die Hälfte des Standes von 1922.[79]

Die ZAG, deren Niedergang das Debakel der Ruhrhilfe nur noch einmal unterstrichen hatte, überlebte das alles nicht. Nachdem ihr im Laufe der zweiten Jahreshälfte bereits eine Anzahl freier Zentralverbände sowie der Hirsch-Dunckersche Gewerkschaftsring der Angestellten den Rücken gekehrt hatten, folgten Anfang 1924 auch ADGB und AfA-Bund.[80] Damit war dieser aus der gemeinsamen Abwehrstellung gegen die revolutionäre Bedrohung geborene Versuch einer autonomen Regelung der Lohn- und Arbeitsbedingungen durch die Partner des kollektiven Tarifrechts unwiederbringlich gescheitert.

## IV. *Ausblick*

Das nationale Engagement der Freien Gewerkschaften im Ruhrkampf — nicht zuletzt auch der Versuch, die sozialen Errungenschaften der Revolution zu retten und die eigene Position im sozialen und politischen Kräftefeld zu bewahren — hatte ihren Niedergang also eher noch beschleunigt. Daß es nicht zum vollständigen Zusammenbruch kam, verdankten sie in erster Linie der Intervention des Staates, der die Arbeitnehmerorganisationen als sozialen Ordnungsfaktor nicht missen wollte.[81] Vor allem mit Hilfe des Instituts der Zwangsschlichtung trug der Staat überdies dazu bei, daß es den Gewerkschaften gelang, im Laufe des folgenden Jahrfünfts Löhne und Gehälter allmählich zu steigern; auch die Arbeitszeit konnte schrittweise wieder reduziert werden. Dies blieb nicht ohne positive Auswirkungen auf ihre Organisationen: Der rasante Sturz der Mitgliederzahlen konnte abgefangen und eine gewisse Erholung eingeleitet werden, ohne allerdings auch nur annähernd die absolute Stärke und den Organisationsgrad der ersten Nachkriegsjahre wieder zu erreichen. Mit dieser Konsolidierung auf niedrigerem Niveau, der nach den vorausgegangenen extremen Pendelausschlägen sicherlich auch ein Moment der Normalisierung innewohnte, ging eine spürbare Stärkung des gewerkschaftlichen Einflusses auf die Sozialpolitik der bürgerlichen Kabinette dieser Periode einher.

Die Jahre der Weltwirtschaftskrise sollten jedoch den labilen Charakter dieses Regenerationsprozesses aufdecken, welcher in der latent weiterbestehenden Asymetrie des Kräfteverhältnisses in den Arbeitgeber-Arbeitnehmer-Beziehungen seine Ursache hatte. Denn das organisierte Unternehmertum — gestärkt durch Rationalisierung und Konzentration — betrieb seit 1928 energisch die Beseitigung der staatlichen Abstützung des sozialen Widerparts. Darin sah man — wohl zu Recht — das einzig wirklich ernstzunehmende Hindernis auf dem Weg zur angestrebten Revision der republikanischen Sozialpolitik und zur Abwälzung der Reparationslasten auf die Schultern der Arbeitnehmerschaft. Der

78 ADGB-Jb 1923, S. 137.
79 ADGB-Jb 1926, S. 143.
80 Zum Zerfall der ZAG s. Kaun, S. 109 ff.
81 Die Funktion der Gewerkschaften als sozialer Ordnungsfaktor im Kalkül der politisch Verantwortlichen wird überaus deutlich in einem Schreiben des sozialdemokratischen preußischen Innenminister Severing an Reichsarbeitsminister Brauns vom 4. 10. 1923 (BA Koblenz, R 43 I/2023, Bl. 293—296) und der Antwort des den Christlichen Gewerkschaften nahestehenden Zentrumspolitikers vom 25. 10. 1923 (ebd., Bl. 300).

Ruhreisenstreit 1928/29, der Sturz der großen Koalition im Frühjahr 1930, die Brüningschen Notverordnungen und schließlich die Zerschlagung zentraler Elemente der Weimarer Sozialverfassung mitsamt wichtiger Grundlagen gewerkschaftlicher Wirksamkeit durch Papen markieren die Hauptetappen des Erfolges dieser Politik. Allerdings sollte auch die demokratische Republik, und mit ihr die Gewerkschaften, die offene Aufkündigung des de facto spätestens 1923 zerbrochenen sozialen Grundkonsenses — kollektiver Interessenausgleich auf paritätischer Basis — nicht überleben.

Horst-Albert Kukuck

# Der Wiederaufschwung der Gewerkschaftsbewegung 1924 bis 1929

## 1. *Zur Fragestellung*

In der deutschen Wirtschafts- und Sozialgeschichte wird gerade in jüngster Zeit mit besonderem Nachdruck die Frage gestellt, ob die „goldenen zwanziger Jahre", die sogenannte Stabilitätsphase der Weimarer Republik, die zeitlich in etwa mit dem hier zur Debatte stehenden Abschnitt der Gewerkschaftsgeschichte übereinstimmt, wirklich als Jahre eines echten wirtschaftlichen Aufschwungs bezeichnet werden dürfen. Von jenen, die das verneinen, wird faktisch die alte These von der — vorwiegend durch Auslandsgelder bewirkten — vorübergehenden „Scheinblüte" neu belebt, einer Scheinblüte, die dem politischen System der parlamentarischen Demokratie nur eine Verschnaufpause verschafft habe, bevor es in den Turbulenzen der 1929 auch über Deutschland hereinbrechenden Weltwirtschaftskrise zunächst in ein autoritäres und später in das totalitäre Herrschaftssystem des Nationalsozialismus abgeglitten sei.

Auch die Beurteilung des ‚Wiederaufschwungs der Gewerkschaftsbewegung' in den Jahren 1924 bis 1929 ist umstritten. Handelt es sich dabei lediglich um einen relativen Aufschwung, gemessen an der überaus desolaten Lage der deutschen Gewerkschaften im Krisenjahr 1923 und muß man deshalb auch in bezug auf die Gewerkschaftsbewegung von einer bloßen „Scheinblüte" sprechen? War ihr 1923 tatsächlich das Rückgrat gebrochen worden und konnte sie infolgedessen nur noch mit den Krücken massiver staatlicher Unterstützung als ebenbürtiger Gegenspieler der Arbeitgeberseite hochgehalten werden, der sie tatsächlich längst nicht mehr war? Oder durfte man in dieser Phase wirklich wieder von einem Machtgleichgewicht zwischen Gewerkschaften und Unternehmern reden, wobei sich die Waagschale — wie das in westlichen Demokratien mit einem kapitalistischen Wirtschaftssystem üblich ist — je nach der Wirtschaftslage einmal stärker zu einen und dann wieder zur anderen Seite neigte?

Eng verbunden mit dieser Frage ist jene nach dem Verhältnis von Gewerkschaften und Staat, wobei vor allem die politischen Parteien in ihrer Rolle als Vermittler zu berücksichtigen sind. Auch hier geht es um die Bewertung von Einfluß und Stärke der Gewerkschaftsbewegung: Kann der Staat ihr gegenüber weitgehend autonom handeln oder ist er gezwungen, wesentliche Forderungen der Gewerkschaften in seine Entscheidungen einfließen zu lassen oder sie gar zum Bestandteil seiner eigenen Politik zu machen? Weiter ist zu fragen, wie der gewerkschaftliche Einfluß auf den Staat in Relation zum entsprechenden Unternehmereinfluß einzuschätzen ist. Diese Probleme bilden den Hintergrund der folgenden Ausführungen.

## 2. *Politische und ökonomisch-soziale Rahmenbedingungen*

Zu Beginn des Jahres 1924 sahen sich die politischen und gesellschaftlichen Kräfte in Deutschland mit einer gegenüber 1923 völlig veränderten Situation konfrontiert. Der Abbruch des Ruhrkampfes und die Überwindung des Chaos der Hyperinflation durch die Stabilisierung der Mark hatten das Ende einer Periode extremer politischer und ökonomischer Instabilität signalisiert, in der die Republik nur wie durch ein Wunder überleben konnte. Doch die Krisenzeit hatte tiefe Spuren hinterlassen, die den Übergang zur Nomalität beschwerlich und dornenvoll gestalten mußten. Um die neue Währung vor erneutem Verfall zu schützen, verfolgte der Staat eine extreme Sparpolitik, die sich besonders hart im Sozialetat auswirkte. Die Wirtschaft, die sich zwar in der Inflationszeit teilweise entschuldet und durch Investitionen ihr Anlagevermögen vermehrt hatte, hatte mit großen Schwierigkeiten zu kämpfen, als sie sich wieder auf eine rentable Produktion unter normalen Marktverhältnissen umstellen mußte. Entlastend wirkte dabei das Auslaufen der Demobilisierungsbestimmungen, denn nun konnte sie sich von den nicht mehr benötigten Arbeitskräften trennen und sich entsprechend von der Kostenseite her entlasten. Die Kehrseite der Medaille war ein sprunghaftes Ansteigen der Arbeitslosigkeit mit seinen unvermeidlichen sozialen Folgen.

Die Lage der Gewerkschaftsbewegung kann zu diesem Zeitpunkt nur als desolat bezeichnet werden. Nach ihrem bis zum Äußersten gehenden politischen und materiellen Engagement im Ruhrkampf war sie finanziell ausgeblutet und stand nach der Währungsstabilisierung nahezu mittellos da. Sie war zu einem rigorosen Personalabbau gezwungen und mußte alle Aktivitäten drastisch einschränken. Die üblichen Leistungen an die Mitglieder konnten entweder überhaupt nicht mehr oder nur noch zu einem kleinen Bruchteil aufrechterhalten werden. Somit waren die Gewerkschaften nicht mehr fähig, den Tendenzen zur Arbeitszeitverlängerung und zum Druck auf die Löhne und Sozialleistungen wirkungsvoll entgegenzutreten. Das Fehlen jeglicher Kampffonds gestattete das ebensowenig wie die schwindende Kampfbereitschaft ihrer durch zahllose Nöte und Entbehrungen geschwächten Mitgliedschaft. Diese stellte vielmehr in zunehmendem Maße Überlegungen darüber an, ob es sich überhaupt noch lohne, organisiert zu sein. Massenaustritte von gewaltigem Ausmaß bedeuteten eine zusätzliche Schwächung der Organisationen. Wenn die Arbeitnehmer dennoch nicht einem Lohn- und Arbeitszeitdiktat der Unternehmerseite ausgeliefert waren, so lag das an zwei Verordnungen, mit denen sich der Staat ein entscheidendes Eingriffsrecht auf diesem Sektor gesichert hatte. Die Angriffe aus der Schwerindustrie gegen das Tarifsystem als ganzes und der Versuch der Arbeitgeber des Ruhrbergbaus, unter Bruch gesetzlicher wie tariflicher Bestimmungen einseitig die Rückkehr zur Vorkriegsarbeitszeit durchzusetzen, hatten die Reichsregierung am 30. Oktober 1923 zum Erlaß einer neuen Schlichtungsordnung bewegt. Diese sah regionale Schlichtungsausschüsse vor, deren Vorsitzende zwar richterliche Unabhängigkeit besaßen, dennoch aber an bestimmte Richtlinien des Reichsarbeitsministeriums gebunden blieben. Entscheidend war die Möglichkeit, die ergangenen Schiedssprüche für verbindlich zu erklären und somit dem Staat das Instrument der Zwangsschlichtung in die Hand zu geben. Die zweite einschneidende Maßnahme der Reichsregierung war der Erlaß der Arbeitszeitverordnung vom 21. Dezember 1923, die das von den Arbeitnehmern als höchste Revolutionserrungenschaft zäh verteidigte Achtstundentagsprinzip zwar formal aufrechterhielt, tatsächlich aber durch weitgehende Ausnahmemöglichkeiten durchlöcherte. Mehrarbeit, wie sie weithin für unverzichtbar gehalten wurde, konnte danach nur in geringem Umfang autonom vom Arbeitgeber angeordnet werden und war im wesentlichen an eine freie tarifliche Vereinbarung oder eine behördliche Ausnahmeregelung gebunden. Wenn es zu keiner Einigung der Tarifparteien kam, lag somit auch hier das Gesetz des Handelns direkt beim Staat oder bei den staatlichen Schlichtungsbehörden. Damit hatte das ursprünglich ganz auf der Parität autonomer „Sozialpartner“ aufgebaute System des kollektiven Arbeitsrechts eine entscheidende Änderung erfahren: Der Staat war als dritter Partner hinzugetreten. Das gefährdete Tarifvertragssystem als solches war damit — wenn auch mit den gekennzeichneten entscheidenden Modifikationen — vom Reich garantiert und damit der Disposition der überlegenen Arbeitgeberseite entzogen worden.

1924 bis 1929 waren die Gewerkschaften mit einer Reihe bürgerlicher Kabinette unter dem Zentrumspolitiker Wilhelm Marx und dem parteilosen, der Deutschen Volkspartei nahestehenden Hans Luther, sowie ab Juni 1928 mit dem Kabinett der Großen Koalition unter dem Sozialdemokraten Hermann Müller konfrontiert. Während es sich bei den rein bürgerlichen Regierungen teils um Minderheitskabinette der Parteien der Mitte, teils um Bürgerblockregierungen unter Einschluß der konservativen DNVP handelte, waren in der Großen Koalition mit SPD und DVP jene beiden Flügelparteien vereinigt, in denen der Einfluß der Gewerkschafts- bzw. der Unternehmerinteressen massiv und ungebrochen zum Ausdruck kam. Wirtschafts- und sozialpolitische Konflikte waren mithin in diesem Kabinett von vornherein angelegt, zu dessen Bildung nach dem großen Wahlsieg der SPD in den Reichstagswahlen vom Mai 1928 keine mehrheitsbildende Alternative mehr vorhanden war. Außenpolitisch wurde die Periode geprägt durch die Kontinuität der Stresemann'schen Politik; die Wirtschafts- und Finanzpolitik ließ — wohl nicht zuletzt aufgrund des häufigen Ressortwechsels — keine einheitliche Linie erkennen; eine klare Konzeption lag dagegen der Politik des mit den unmittelbaren Gewerkschaftsinteressen am stärksten verknüpften Reichsarbeitsministeriums zugrunde, für die zwei Politiker verantwortlich zeichneten, die der Arbeiterbewegung eng verbunden waren: in der Zeit der bürgerlichen Kabinette der den Christlichen Gewerkschaften nahestehende, dem linken Zentrumsflügel angehörende Heinrich Brauns, und in der Periode der Großen Koalition der aus den Freien Gewerkschaften hervorgegangene Sozialdemokrat Rudolf Wissell.

Nicht nur die politische, sondern auch die ökonomische Entwicklung verläuft in den Jahren 1924 bis 1929 vergleichsweise stabil. Mit der Belebung der Wirtschaft nehmen auch Einfluß und Kampfkraft der Gewerkschaften erheblich zu. Die Konjunktur nimmt im Anschluß an die nachinflationäre Konsolidierung auf einem äußerst niedrigen Niveau bereits Anfang 1924 einen ersten Aufschwung, der im Winter 1925/26 von einer kurzen, aber um so heftigeren Rezession, der sogenannten „Reinigungskrise“ abgelöst wird. Von Herbst 1926 bis Anfang 1928 folgt eine Boomphase, die dann in eine Periode der Stagnation und des leichten Abschwungs übergeht. Im Winter 1929/30 beschleunigt sich im Gefolge der Weltwirtschaftskrise der Abwärtstrend und mündet schließlich in jener allgemeinen Depression, von der sich die Weimarer Republik nicht mehr erholen sollte. Zu den herausragenden Merkmalen der Wirtschaftsentwicklung im Untersuchungszeitraum gehören ein starker Konzentrationsprozeß in Form von Unternehmenszusammenschlüssen und Kartellen, ein gewaltiger Rationalisierungsschub, der zahlreiche Arbeitskräfte freisetzt und Überkapazitäten entstehen läßt, und die sich ständig verschärfende Arbeitslosenfrage. Auf diese Probleme wird ebenso zurückzukommen sein wie auf die These von der bereits in der Stabilitätsphase der Republik zutiefst kranken Wirtschaft.[1]

1 Vgl. dazu Knut Borchardt, Zwangslagen und Handlungsspielräume in der großen Wirtschaftskrise der frühen dreißiger Jahre. Zur Revision eines überlieferten Geschichtsbildes, in: Bayerische Akademie der Wissenschaften, Jahrbuch 1979, S. 87—132; ders., Trend, Zyklus, Strukturbrüche, Zufälle: Was bestimmt die deutsche Wirtschaftsgeschichte des 20. Jahrhunderts?, in: VSWG 64 (1977), S. 145—178; ders., Die Deutsche Katastrophe. Wirtschaftspolitische Anmerkungen zum 30. 1. 1933, in: Frankfurter Allgemeine Zeitung vom 29. 1. 1983, S. 13.

## 3. *Die organisatorische Entwicklung der Gewerkschaften*

Die wohl auffälligste Veränderung im Organisationsbereich stellt für den Zeitraum 1924 bis 1929 der gegenüber der vorhergehenden Periode starke Rückgang des Organisationsgrades dar. Verglichen mit der Vorkriegszeit, in der ca. 20 % der Arbeitnehmer organisiert waren, war der Anteil der Gewerkschaftsmitglieder in den ersten Nachkriegsjahren auf über 50 % emporgeschnellt. Im Untersuchungszeitraum pendelte er sich auf einem Niveau ein, das mit 30 bis 35 % ziemlich genau zwischen dieser Rekordmarke und den Vorkriegszahlen lag. Die Gewerkschaften verloren damit einen großen Teil der ihnen ab 1919 zugeströmten, bis dahin organisatorisch unerfahrenen und ungeschulten Massen, die mit ihrer Mitgliedschaft teils unerfüllbare Erwartungen verbunden hatten. Es blieb ein Bestand an zuverlässigen, vom Wert ihrer Organisation überzeugten Mitgliedern, der (bei erheblichen Abweichungen von Verband zu Verband) zahlenmäßig bis weit in die Krise hinein erstaunlich stabil blieb. Am Verhältnis zwischen den drei großen Gewerkschaftsrichtungen, dem sozialdemokratisch orientierten Freien Gewerkschaften, dem christlichnationalen Deutschen Gewerkschaftsbund (DGB) und dem freiheitlich-nationalen Gewerkschaftsring, dessen Kern die Hirsch-Duncker'schen Gewerkvereine bildeten, änderte sich insgesamt nur wenig. Setzt man die Mitgliedschaft dieser fast 90 % der organisierten Arbeitnehmer umfassenden Richtungen gleich 100, so entfallen 1928 auf die Freien Gewerkschaften knapp 75 %, auf den DGB etwas über 17 %, auf den Gewerkschaftsring ca. 8 %. Unter den Arbeiterverbänden dominierte der freigewerkschaftliche ADGB zur gleichen Zeit mit fast 85 %, während auf die Christlichen Gewerkschaften ca. 13 %, auf die Hirsch-Duncker'schen Verbände etwa 3 % entfielen. Bei den Angestelltenorganisationen, die bis auf den freigewerkschaftlichen AfA-Bund nach der Inflationszeit bei weitem nicht so dramatische Mitgliederverluste hinnehmen mußten wie die Arbeitergewerkschaften, sahen die Verhältnisse 1928 ganz anders aus: Dem AfA-Bund gehörte etwa ein Drittel der in den drei Richtungsgewerkschaften organisierten Angestellten an; der zum DGB zählende Gesamtverband deutscher Angestelltengewerkschaften, dem auch der Deutschnationale Handlungsgehilfenverband (DHV) angeschlossen war, kam auf knapp 40 %, wohingegen die im Gewerkschaftsring vereinigten Angestelltenverbände es auf über 25 % brachten.[2] Während der AfA-Bund sein absolutes Mitgliedertief nach der Revolutionszeit erst 1927 erreichte, konnten die nichtsozialistischen Verbände seit 1924 eine kontinuierliche Aufwärtsbewegung verzeichnen, die das Kräfteverhältnis nachdrücklich zu ihren Gunsten veränderte. Hatten sie 1922 mit etwa 55 % wenig mehr als die Hälfte der organisierten Angestellten in ihren Reihen, so waren es 1928 bereits zwei Drittel. Auf die organisierten Beamten, die meist nicht den genannten Richtungsgewerkschaften angehörten und die weit mehr noch als die Angestelltenverbände eine Sonderrolle in der Gewerkschaftsbewegung spielten, soll hier nicht näher eingegangen werden.[3]

Da es in diesem Rahmen unmöglich ist, die komplexen organisatorischen Probleme der verschiedenen Einzelgewerkschaften oder Gesamtverbände auch nur zu umreißen, empfiehlt sich im folgenden eine paradigmatische Vorgehensweise. Nahezu von selbst

---

2 S. dazu die zahlreichen Angaben in M. Bergmann / F. Schleiter / H. Wickel, Handbuch der Arbeit. Die deutsche Arbeiterklasse in Wirtschaft und Gesellschaft, III. Abteilung: Die Koalitionen, Jena 1931; Dietmar Petzina/Werner Abelshauser/Anselm Faust, Sozialgeschichtliches Arbeitsbuch, Band III: Materialien zur Statistik des Deutschen Reiches 1914—1945, München 1978, S. 111 ff.; Jahrbuch 1931 des Allgemeinen Deutschen Gewerkschaftsbundes, Berlin 1932, S. 298 ff. (im folgenden zit. als ADGB-Jb).

3 Vgl. Bergmann/Schleiter/Wickel, S. 281 ff.

bietet sich hierfür der bei weitem stärkste deutsche Dachverband, der freigewerkschaftliche ADGB, an, in dem 1928 knapp 5 von insgesamt 8 Millionen Gewerkschaftsmitgliedern organisiert waren.[4] In den Jahren 1920 bis 1922 war er allein mitgliedermäßig an die 8-Millionen-Grenze herangekommen, war dann 1924 auf 4,5 Millionen zusammengeschrumpft, hatte 1926 ein Tief von unter 4 Millionen Mitgliedern durchschritten, um bis 1929 wieder an die 5-Millionen-Grenze heranzukommen. Damit repräsentierte der ADGB 1929 etwa 30 % der deutschen Arbeiter.

Bereits im Laufe des Jahres 1924 konnten die schmerzlichsten Lücken in dem 1923 rigoros dezimierten Personalbestand des ADGB wieder geschlossen werden. Von den 13 Bezirkssekretariaten, die bis auf eines aufgelöst worden waren, wurden bis zum Jahresende acht wieder eingerichtet, drei weitere 1925, das letzte in dem schwach organisierten Ostpreußen 1928.[5] Auch die Zahl der Vorstandsangestellten erreichte bis 1925 durch Neubesetzungen in den Abteilungen Recht, Jugend, Wirtschaft, Sozialpolitik, Bauarbeiterschutz und Gewerbehygiene wieder die alte Höhe. Selbstbewußt heißt es im ADBG-Jahrbuch 1925: „Für die gesunde Grundlage der Gewerkschaftsbewegung spricht nichts mehr als die Tatsache, daß die furchtbaren Rückschläge der Inflationszeit, trotz der kurzen Zeitperiode seit Einführung der festen Währung, so gut wie überwunden sind.“[6] In den Folgejahren wurde die Bundesverwaltung systematisch weiter ausgebaut, nicht zuletzt, um den Arbeitgeberverbänden in Sachfragen besser Paroli bieten und den wachsenden Aufgaben in der sozialen Selbstverwaltung gerecht werden zu können. Dabei gab es immer wieder Interessendivergenzen zwischen den großen und kleinen Verbänden, die besonders im Bundesausschuß, in dem die Vorsitzenden der Einzelgewerkschaften saßen, aufeinanderprallten. Die kleinen waren stets für den Ausbau der Bundeseinrichtungen, während die großen, die über einen eigenen Apparat verfügten, hier lieber sparen wollten. So scheiterte etwa 1927 ein großzügiges Vorstandskonzept zur reichsweiten Einstellung von 35 gut geschulten gewerkschaftlichen Prozeßvertretern bei den neu eingerichteten Arbeitsgerichten.[7] Der Verbesserung der wissenschaftlichen Grundlagen der Gewerkschaftsarbeit diente 1925 der Beitritt des ADGB zum Institut für Konjunkturforschung, dessen Berichte die lückenhafte Konjunkturberichterstattung der Verbände ergänzen und einer kritischen Überprüfung zugänglich machen sollten. Im gleichen Jahr erfolgte die Gründung der gewerkschaftlichen Forschungsstelle für Wirtschaftspolitik. Nicht nur bei der Verwaltungsspitze in Berlin, sondern im ganzen Lande stieg sowohl bei den Dachverbänden wie auch den Einzelorganisationen die Nachfrage nach Spezialisten für die zahlreichen Selbstverwaltungsaufgaben, sei es in den Schlichtungsbehörden, den Arbeitsämtern oder den Arbeitsgerichten. Die unumgängliche Bürokratisierung der Gewerkschaftsapparate, in deren Verlauf auch zahlreiche Akademiker in führende Positionen einrückten, trug erheblich zu den oft beklagten Entfremdungserscheinungen zwischen Gewerkschaftsführung und Mitgliederbasis bei.

Die neuen Anforderungen an die Gewerkschaftsfunktionäre machten es notwendig, ihrer Schulung ein besonderes Augenmerk zu widmen. Die großen Einzelverbände besaßen meist eigene, gute Bildungseinrichtungen, während die kleinen weitgehend auf

4 Zur Mitgliederbewegung des ADGB und der angeschlossenen Verbände s. ADGB-Jb. 1929, S. 366 f., 368 f. Da der AfA-Bund unter 10, der ADB unter 3 % der Mitglieder des ADGB besaß, waren die sogen. „drei Säulen der Gewerkschaftsbewegung“ von extrem unterschiedlicher Größe.

5 ADGB-Jb 1924, S. 197 f.; 1925, S. 220 f.; 1928, S. 227.

6 ADGB-Jb 1925, S. 219. Die Entwicklung der Bundesverwaltung läßt sich anhand der Jahrbücher gut verfolgen.

7 S. unten, Kap. 8, mit Anm. 64.

die staatlich unterstützten Wirtschaftsschulen Berlin und Düsseldorf, auf die Frankfurter Akademie der Arbeit und die Heimvolkshochschule Tinz angewiesen waren. Letztere unterstützten daher auch am entschiedensten den Plan des Bundesvorstandes, eine neue Bundesschule zu errichten. Zur Koordinierung der Bildungsaufgaben des Bundes wurde 1927 ein Bildungssekretär eingestellt; ein Jahr später begannen die Bauarbeiten an der Bundesschule in Bernau, die 1930 ihren Betrieb aufnehmen konnte.[8]

Die Gewerkschaftspresse nahm nach den rigiden Mittelkürzungen der unmittelbaren Inflationszeit bereits ab 1924 wieder einen erfreulichen Aufschwung. Die zahllosen Blätter der Einzelgewerkschaften, die ihr Erscheinen oft reduziert oder ganz eingestellt hatten, konnten größtenteils zum normalen Lieferungsmodus zurückkehren. Die große Wochenzeitung des ADGB, die „Gewerkschafts-Zeitung", die Anfang 1924 durch die Zusammenlegung des „Korrespondenzblatts" mit der „Betriebsrätezeitung" und der „Frauenzeitung" entstanden war, wurde um die Jahresmitte stark erweitert. Zur gleichen Zeit startete der ADGB sein theoretisches Organ „Die Arbeit", das die inner- wie außergewerkschaftliche Diskussion außerordentlich befruchtete. Auch die Frauenzeitung konnte schließlich wieder erscheinen, und 1928 ging aus der zuletzt immer umfangreicher gewordenen Arbeitsrechtsbeilage der „Gewerkschafts-Zeitung" die neue Zeitschrift „Arbeitsvermittlung und Arbeitslosenversicherung" hervor, deren Redaktion der Leiter der Rechtsabteilung, Clemens Nörpel, übernahm.[9] Besondere Anstrengungen des ADGB-Bundesvorstandes galten der Erschließung des neuen Mediums Rundfunk für die Gewerkschaftsarbeit. Doch schlugen die gemeinsam mit dem AfA-Bund unternommenen Versuche, eigene Sendefrequenzen oder eine Beteiligung an bestehenden Sendern zu erwerben, fehl. Es wurde folglich die Parole ausgegeben, alles zu tun, um den Gewerkschaftsstandpunkt durch eigene Vorträge und gute Kontakte zu den Rundfunkredakteuren in den bestehenden Sendeanstalten zur Geltung zu bringen.[10]

Zur Entwicklung der großen Gewerkschaftsunternehmen, von denen hier nur der Verband sozialer Baubetriebe, die Deutsche Wohnungsfürsorge AG (Dewog), die Volksfürsorge-Versicherung und die Arbeiterbank erwähnt werden sollen, ist anzumerken, daß sie in der zweiten Hälfte der zwanziger Jahre so gut prosperierten, daß von prominenter Seite der Illusion entgegengetreten werden mußte, es entwickelte sich hier ein ökonomisches Potential, das dem Kapitalismus gefährlich werden könnte.[11]

Im Untersuchungszeitraum hat sich an der dezentralen Grundstruktur der Dachverbände nur wenig verändert. Die großen Einzelorganisationen blieben weitgehend souverän. Auf die Politik des ADGB nahmen dessen Mitgliedsverbände vor allem durch den Bundesausschuß beachtlichen Einfluß. Während bis 1928 die Regelung galt, daß ein Verband erst ab dem 500.000 Mitglied einen zweiten Vertreter in den Ausschuß entsenden durfte, was nur für den DMV zutraf, beschloß der Hamburger Kongreß, daß es bei Überschreitung der Zahlen 300.000, 600.000, 900.000 usw. je ein weiteres Ausschußmitglied geben sollte. Dem DMV fielen damit vier Sitze, fünf weiteren Verbänden je zwei

8 Zum gewerkschaftlichen Bildungswesen s. ADGB-Jb 1924, S. 180 ff.; 1925, 208 ff.; 1926, S. 186 ff.; 1927, S. 213 ff.; 1928, S. 171 ff.; 1929, S. 257 ff.

9 Eine gute Statistik über die Verbandspresse findet sich in ADGB-Jb 1927, S. 264 ff. Weitere Angaben enthalten sämtliche Jahrbücher.

10 Zur Rundfunkpolitik des ADGB vgl. Historische Kommission zu Berlin, Gewerkschaftliche Restakten, NB 452 (im folgenden zit. als HiKo NB).

11 Zu den Gewerkschaftsunternehmen s. Die wirtschaftlichen Unternehmungen der Gewerkschaftsbewegung, Berlin 1928; ADGB-Jb 1928, S. 307 ff.

Sitze zu.[12] Diese Änderung signalisiert am augenfälligsten eine Gewichtsverlagerung zu den mitgliederstärksten und finanzkräftigsten Organisationen. Sie erwies sich schon deshalb als unumgänglich, weil die Tendenz zur Konzentration innerhalb der ADGB-Verbände laufend zunahm und der an sich wünschenswerte Zusammenschluß zu schlagkräftigen Einheiten nicht durch Nachteile in der Vertretung auf Bundesebene bestraft werden sollte. Daß die Zahl der Verbände des ADGB 1924 bis 1929 von 40 auf 33 zurückging, war nicht unbedingt auf eine Durchsetzung des Industrieverbandsprinzips zurückzuführen, für das sich der Leipziger Kongreß 1922 mit starker Mehrheit ausgesprochen hatte.[13] Die Berufsvereine konnten ihre Position um so eher behaupten, als die Umstrukturierung durch den Bundesvorstand faktisch nicht gefördert wurde. Dieser sah durchaus realistisch, daß sein Einfluß eher auf den kleinen Berufsverbänden als auf den selbstbewußten, mit erheblichen Ressourcen ausgestatteten großen Industrieverbänden beruhte. Außerdem fürchtete er unangenehme Auseinandersetzungen, wenn nicht gar den Austritt ganzer Verbände für den Fall, daß der Übergang zum Industrieverbandsprinzip forciert durchgesetzt werden sollte. Wohl aus dem gleichen Grunde schwächten die Kongresse in Breslau (1925) und Hamburg (1928) den Leipziger Beschluß ab, indem sie die Freiwilligkeit der Umstrukturierung betonten.[14]

Die weitgehende Interessenidentität zwischen Bundesvorstand und kleinen Verbänden zeigte sich u.a. am Widerstand beider gegen den Versuch der großen Einzelgewerkschaften, ihren direkten Einfluß im Bundesvorstand durch die Zuwahl eigener Kandidaten zu vergrößern. So setzte sich 1924 der vom Vorstand präsentierte Hermann Müller mit großer Mehrheit gegen den DMV-Kandidaten durch, als der Bundesausschuß die Position des 3. Bundesvorsitzenden zu besetzen hatte. Auf der anderen Seite wurde es jedoch für opportun gehalten, den grollenden DMV dadurch versöhnlich zu stimmen, daß man ihm die ebenfalls vakante Sekretärstelle geradezu aufnötigte.[15] Während im Untersuchungszeitraum unter den sieben besoldeten Vorstandsmitgliedern eine starke Kontinuität herrschte, fand unter den acht unbesoldeten Mitgliedern ein großes Revirement statt: 1928 konnten sich die Großverbände aufgrund wechselseitiger Absprachen mit eigenen Kandidaten in der Vorstandswahl durchsetzen. Dennoch brachte auch der alte Vorstand einige seiner Wunschkandidaten von den kleineren Verbänden durch.[16]

Die Unabhängigkeit des Bundesvorstandes und besonders die seiner besoldeten Mitglieder, die regelmäßig in der Berliner Zentrale Dienst taten, ist vor allem auf ihre Beherrschung des Apparates zurückzuführen, die ihnen einen erheblichen Wissens- und Informationsvorsprung sicherte. Im Ausschuß wurden zwar die wichtigsten Grundsatzentscheidungen getroffen, doch im wesentlichen folgte er hierbei den Initiativen des

---

12 Protokoll der Verhandlungen des 13. Kongresses der Gewerkschaften Deutschlands (3. Bundestag des ADGB), abgehalten in Hamburg vom 3.—7. 9. 1928, Berlin 1928, S. 34, 308 f., (im folgenden zit. als ADGB-Kongreß 1928).

13 Vgl. Protokoll der Verhandlungen des 11. Kongresses der Gewerkschaften Deutschlands (1. Bundestag des ADGB), abgehalten in Leipzig vom 19.—24. 6. 1922, Berlin 1922, S. 534 f.; 559 f.

14 Zur Diskussion der Organisationsfrage im ADGB s. Salomon Schwarz, Handbuch der Gewerkschaftskongresse, Berlin 1930, S. 272 ff.

15 Vgl. Protokoll der 12. Sitzung des Ausschusses des Allgemeinen Deutschen Gewerkschaftsbundes, II. Geschäftsperiode, abgehalten am 18. und 19. 3. 1924 in Berlin, Berlin 1924, S. 15 f. (im folgenden zit. als ADGB-BA); ADGB-BA II./13., 16. 5. 1924, S. 3; II./14., 21./22. 7. 1924, S. 8.

16 Die sieben besoldeten Vorstandsmitglieder setzten sich zusammen aus dem Vorsitzenden, zwei Stellvertretern, einem Redakteur, dem Kassierer und zwei Sekretären. Zu den Vorstandswahlen 1928 s. ADGB-BA III./15., 1. 9. 1928, S. 9 f.; ADGB-Kongreß 1928, S. 301 ff., 327.

Vorstandes, der die entscheidenden Weichen stellte und nur selten zu Kurskorrekturen gezwungen wurde. Seine eigentliche Bedeutung lag einmal in der Dokumentation der Geschlossenheit aller ADGB-Gewerkschaften nach außen und damit im optimalen Einsatz ihres Druckpotentials, zum andern in der demonstrativen Bindungswirkung seiner Beschlüsse gegenüber den Einzelverbänden, als drittes in einer möglichen Vetoposition gegenüber Teilen der Vorstandspolitik. Das Gewicht des Bundesausschusses wurde auch dadurch unterstrichen, daß stets ein Vertreter des AfA-Bundes und zuweilen auch des ADB mit beratender Stimme an seinen Sitzungen teilnahm. Ab 1925 wurde auch wieder ein Mitglied des SPD-Parteivorstandes zu den Beratungen hinzugezogen.[17]

Was hier für den ADGB herausgearbeitet wurde, gilt in seinem allgemeinen Tenor auch für die übrigen großen Dachverbände und ihre Einzelorganisationen. Es ist dabei natürlich zu berücksichtigen, daß der ADBG aufgrund seiner Größe bessere infrastrukturelle Möglichkeiten besaß als die anderen Gewerkschaftszusammenschlüsse. Insgesamt läßt sich konstatieren, daß alle drei Richtungsgewerkschaften und ihre Untergliederungen in der Untersuchungsperiode eine beachtliche organisatorische Stabilisierung erreichen konnten, die auch darin ihren Ausdruck fand, daß die materiellen Voraussetzungen für das Durchstehen größerer Arbeitskämpfe im Gegensatz zur Schwächeperiode 1923/24 in weitem Umfang wieder als gegeben angesehen werden durften.

## 4. *Das veränderte Kräftefeld zwischen Gewerkschaften, Arbeitgebern und Staat*

Das gewerkschaftliche Denken in den ersten Nachkriegsjahren war bestimmt vom Prinzip der Autonomie der sozialen Gegenspieler auf der Basis der Parität. In selbstbewußtem Vertrauen auf die eigene Kraft suchte vor allem die mächtig wachsende freie Gewerkschaftsbewegung zusammen mit den Unternehmern einen möglichst breiten Raum, der neben den Arbeitsbedingungen auch weite Teile der Sozialpolitik und selbst die Wirtschaftspolitik umfassen sollte, aus dem staatlichen Bereich auszugrenzen und eigenverantwortlich zu gestalten. Die Konzeption der Zentralarbeitsgemeinschaft (ZAG) entsprach ganz dieser weitgehenden Autonomievorstellung. Für die Gewerkschaftsseite barg diese Art der Zusammenarbeit zunächst nur geringe Risiken, da die Unternehmermacht gering und die Staatsmacht stark sozialdemokratisch orientiert war. Doch schon 1920, als die Unternehmer aus ihrer Defensive heraustraten und die SPD aus der Reichsregierung ausschied, konnte von gewerkschaftlicher Überlegenheit keine Rede mehr sein. 1923 aber wurde, wie bereits erwähnt, die völlige Dominanz der Arbeitgeber nur durch drastische staatliche Eingriffe verhindert.

Die Idee einer umfassenden Zusammenarbeit zwischen Gewerkschaften und Unternehmern, deren Realisierung stets viel zu wünschen übrig gelassen hatte, wurde endgültig im Januar 1924 zu Grabe getragen. Die offene Infragestellung des Tarifvertragssystems durch den Ruhrbergbau wurde vom Bundesausschuß des ADGB mit dem sofortigen Austritt aus der ZAG beantwortet, nachdem sich der Bundesvorstand mit seinem Vorschlag eines dilatorischen Vorgehens nicht durchzusetzen vermochte. Doch noch die Austrittsentschließung des Ausschusses belegt, daß man keineswegs alle Brücken zur Gegenseite abbrechen wollte: Nicht die Arbeitgeber allgemein, sondern nur „weite Kreise der Unternehmer" wurden darin beschuldigt, wirtschaftlich und sozial eine Haltung

17 Vgl. Anm. 28.

einzunehmen, die „mit dem Geist und den Vereinbarungen der Arbeitsgemeinschaft unvereinbar“ sei.[18] Am allerwenigsten wollten die Gewerkschaften die tarifliche Kooperation mit den Arbeitgebern gefährden. Wiederholt setzte sich der Ausschuß — zumindest verbal — für die Abschaffung der Zwangsschlichtung in ihrer damaligen Form und die Rückkehr zur vollen Autonomie der Tarifparteien ein. Erst als der ADGB immer wieder vor konkreten Schritten in dieser Richtung zurückschreckte und auch die politischen Kräfte von sich aus nicht aktiv wurden, zeigte es sich, daß mit der Schlichtungsordnung von 1923 nicht nur eine vorübergehende, sondern auch dauerhafte Beteiligung des Staates an der Regelung tariflicher Fragen geschaffen und damit das alte Tarifvertragssystem radikal verändert worden war.

Auch vom politischen Anspruch der Gewerkschaften her ist seit 1924 ein Wandel zu verzeichnen. Hatten speziell die Freien Gewerkschaften bis dahin in allen wichtigen Fragen des politischen Lebens direkt mitreden, wenn nicht gar mitregieren wollen, so besannen sie sich nach einer Serie von Fehlschlägen, besonders aber nach ihrer katastrophalen Schwächung durch ihr Engagement im Ruhrkampf, wieder stärker auf die Grenzen ihres Auftrages bei der Vertretung der Arbeitnehmerinteressen. Selbstkritisch reflektierte Leipart auf dem Breslauer ADGB-Kongreß 1925, zu Beginn der Republik seien die Gewerkschaften quasi als Krisenfeuerwehr „in Aufgaben hineingedrängt“ worden, die ihnen „eigentlich fernliegen“, und man habe sie anschließend für alle Übel im Staate verantwortlich gemacht. In Zukunft werde man sich nur noch in Ausnahmefällen am politischen Kampf beteiligen und sich wieder stärker den „eigentlichen gewerkschaftlichen Aufgaben“ zuwenden, „die bei ihrem stark erweiterten Umfang ohnedies alle unsere Kräfte in höchstem Maße in Anspruch nehmen“. Gerade durch ihre allgemein-politische Zurückhaltung hätten die Gewerkschaften seit 1924 wieder so schnell an Stärke gewinnen können.[19] Die Probe aufs Exempel war 1926 der Volksentscheid zur Fürstenenteignung. Um sein Zustandekommen sicherzustellen, vermittelte zwar der ADGB zwischen SPD und KPD, stellte erhebliche Mittel bereit und aktivierte schließlich seine Mitglieder für die Abstimmung. Trotz seiner klaren Stellungnahme aber vermied er die direkte politische Aktion. In einer einstimmig angenommenen Entschließung des Bundesausschusses vom 8. Februar 1926 hieß es dementsprechend: „Der Ausschuß erkennt an, daß es sich hierbei um eine politische Angelegenheit handelt, deren Führung den politischen Parteien obliegt. [. . .] Für die Aufbringung der erforderlichen Mittel empfiehlt der Bundesausschuß den Parteien die Einleitung von Sammlungen, an denen sich zu beteiligen der Ausschuß allen Gewerkschaftsmitgliedern zur Pflicht macht“.[20]

Wenn sich die Gewerkschaften seit 1924 erneut stärker auf ihre Rolle als „pressure group“ zur Vertretung spezifischer Arbeitnehmerinteressen besannen, so schloß das natürlich nicht aus, daß sie einzeln oder gemeinsam beim Reichskanzler oder seinen Fachministern durch Eingaben intervenierten oder um Unterredungen nachsuchten. Dabei ging es jedoch fast immer um sozial- und wirtschaftspolitische Sachprobleme und kaum um allgemeinpolitische Fragen. Als Mittler zwischen Gewerkschaften und Staat aber wurden die politischen Parteien wieder zunehmend wichtiger.

---

18 ADGB-BA II./11., 15./16. 1. 1924, S. 24; vgl. ebd., S. 4 ff.

19 Protokoll der Verhandlungen des 12. Kongresses der Gewerkschaften Deutschlands (2. Bundestag des ADGB), abgehalten in Breslau vom 31. 8.—4. 9. 1925, Berlin 1925, S. 111 ff.

20 ADGB-BA III./2., 8. 2. 1926, S. 7; vgl. ebd., S. 4 ff.

## 5. *Gewerkschaften und politische Parteien*

Während die Freien Gewerkschaften eng mit der Sozialdemokratie verbunden waren und die Verbände des Gewerkschaftsringes der DDP nahestanden, wirkte der DGB in verschiedene bürgerliche Parteien hinein, wobei die Bindung der Christlichen Gewerkschaften an das Zentrum die wichtigste und stärkste Klammer darstellte.

Seit der Wiedervereinigung der SPD mit der Rest-USPD im Jahre 1922 war für die Freien Gewerkschaften faktisch — wenn auch nicht formal — das Mannheimer Abkommen von 1906 erneut wirksam geworden. Hatte die KPD 1923 noch einen erheblichen, regional und branchenmäßig häufig sogar einen entscheidenden Einfluß ausüben können, der von den Spitzen- und Einzelverbänden auf das heftigste bekämpft wurde, so klang dieser bereits 1924 merklich ab und blieb in den Folgejahren — insgesamt betrachtet — ein Problem von untergeordneter Bedeutung. Da die Kommunisten als „Befehlsempfänger Moskaus" und „Gewerkschaftsspalter" selbst innerorganisatorisch als Gegner eingestuft wurden,[21] unterstützten die Freien Gewerkschaften, für deren Führungselite die SPD als *die* Arbeiterpartei schlechthin galt, ausschließlich diese Partei in den Reichstags- und Landtagswahlkämpfen. Auf dem Breslauer Kongreß 1925 erklärte Leipart offen, daß es dem ADGB in wachsendem Maße unmöglich werde, „vor den politischen Wahlen passiv zu bleiben", und Jäckel glaubte, die hohen politischen Ziele der Gewerkschaften am besten durch eine noch intensivere Zusammenarbeit mit der SPD fördern zu können.[22]

Die enge Verbindung der beiden Organisationen ließ es als selbstverständlich erscheinen, daß die Freien Gewerkschaften nach dem Wahlsieg der SPD von 1928 über den einzuschlagenden Kurs der Partei ein gewichtiges Wort mitzureden hatten. So nahm Leipart an jener vom preußischen Ministerpräsidenten Otto Braun einberufenen Besprechung sozialdemokratischer Spitzenpolitiker teil, in der die Konditionen für eine Regierungsbeteiligung der SPD zur Debatte standen. Der ADGB-Vorsitzende erleichterte der Partei die kommenden Koalitionsverhandlungen besonders dadurch, daß er ausdrücklich erklärte, seine Organisation habe gegen eine Übernahme des Reichsarbeitsministers Brauns (Zentrum) und des Reichswirtschaftsministers Curtius (DVP), mit denen die Gewerkschaften schon bisher gut zusammengearbeitet hatten, in das neue Kabinett nichts einzuwenden.[23] Die Regierungsbeteiligung der SPD und schließlich ganz konkret die Bildung der Großen Koalition unter Hermann Müller wurden von den Freien Gewerkschaften als Fortschritt begrüßt, da sie sich hiervon größere Einflußmöglichkeiten versprachen als von einer sozialdemokratischen Oppositionspolitik.[24] Auf dem Hamburger ADGB-Kongreß vom September 1928 versicherte Leipart einerseits, daß der ADGB die SPD-Minister nach Möglichkeit unterstützen werde, verknüpfte diese Zusage aber mit der hochgespannten Erwartung, daß sie eine „sozialistische" Politik betreiben möchten. Andererseits betonte er, daß sich die Gewerkschaften durch die sozialdemokratische Regierungsbeteiligung „in keiner Weise gebunden" fühlten. Sie müßten die Regierung „ohne jede Rücksicht" überall kritisieren, wo sie es „im Interesse der Arbeiter für notwendig hielten."[25] Diese Feststellung bedeutete jedoch keine Distanzierung von der

---

21 ADGB-BA II./11., 15./16. 1. 1924, S. 18 ff.; II./12., 18./19. 3. 1924, S. 5 ff.; ADGB-Kongreß 1925, S. 114, 125 ff.; 1928, S. 211.
22 Vgl. ADGB-Kongreß 1925, S. 111, 215 f.
23 ADGB-BA III./12., 4./5. 6. 1928, S. 3 f.
24 ADGB-Kongreß 1928, S. 80 (Leipart).
25 Ebd.

Partei, sondern ist offensichtlich als Rückenstärkung für die Sozialdemokratie gegenüber den bürgerlichen Koalitionspartnern zu verstehen.

Im Gegensatz zu diesem Bild der Partnerschaft scheint eine Äußerung des „Vorwärts"-Chefredakteurs Stampfer vom Mai 1929 zu stehen. In einem Diskussionsbeitrag auf dem Magdeburger SPD-Parteitag hatte dieser den möglichen Fall antizipiert, daß seine Partei in einer wichtigen Frage einmal zwischen der Regierung auf der einen und den Gewerkschaften auf der anderen Seite entscheiden müsse. Dann werde es keinen Zweifel geben: „Partei und Regierung sind zwei, aber Partei und Gewerkschaften sind eins."[26] Denkt man diesen Gedankengang zu Ende, dann wird hier eine Abhängigkeit der Partei von den Gewerkschaften, zumindest aber eine Vetomacht der letzteren unterstellt, die diese selbst nie gefordert hatten. Doch Stampfer ging es wahrscheinlich gar nicht um die fragwürdige Alternative „Regierung oder Gewerkschaften", die er hier konstruierte, sondern um eine Verbeugung vor dem Gewerkschaftsflügel seiner Partei, um diesen als innerparteilichen Bündnispartner gegen die Politik Reichskanzler Müllers und der Mehrzahl der sozialdemokratischen Minister zu gewinnen. Die demonstrierte Distanz von der Reichsregierung entsprang somit taktischem Kalkül. Ohne jede Frage war es legitim, daß die Gewerkschaften in der Partei für ihren Standpunkt warben und ihn innerparteilich durchzusetzen versuchten. Der von Friedrich Stampfer postulierte Folgezwang der SPD war schlicht unakzeptabel. Gerade weil der ADGB auf seine eigene Unabhängigkeit Wert legte, mußte er sich auch für die der Partei einsetzen: Tatsächlich wurden sowohl auf dem Breslauer wie auf dem Hamburger ADGB-Kongreß auf Vorschlag des Bundesvorstandes alle Anträge abgelehnt, die entweder den Gewerkschaftseinfluß auf die SPD nach englischem Vorbild durch einen korporativen Anschluß der gewerkschaftlichen Organisationen an die Partei institutionell zu verankern suchten oder aber formelle Garantien für einen bestimmten Gewerkschaftsanteil an den sozialdemokratischen Mandaten — man dachte an ein Drittel — durchsetzen wollten. Die große Mehrheit der Delegierten war sich darin einig, daß sich die bisherige, eher informelle, enge Zusammenarbeit gut bewährt habe, und vertraute darauf, daß die SPD auch weiterhin in Personal- wie Sachfragen die Gewerkschaftsinteressen gebührend berücksichtigen werde.[27] Es entsprach diesem Vertrauensverhältnis, daß ad hoc Spitzengespräche zwischen Partei- und Gewerkschaftsführern anberaumt wurden, wenn besondere Probleme auftauchten. Im übrigen erwies es sich als sehr konsensfördernd, daß — gemäß einer Regelung von Ende 1925 — stets ein ADGB-Vorstandsmitglied an den Sitzungen des Parteiausschusses teilnahm und ein Mitglied des SPD-Parteivorstandes an den Ausschußsitzungen des ADGB.[28]

Zur Begründung der These, daß es eine Dominanz der Freien Gewerkschaften über die SPD gegeben habe, wird auch häufig angeführt, daß die Wirtschafts- und Sozialpolitik der Partei faktisch von den Gewerkschaftsführern bestimmt und in den Parlamenten vertreten worden sei. Es sei bezeichnend, daß die Redner immer wieder betont hätten, daß sie für die Millionen von Gewerkschaftsmitgliedern sprächen.[29] Doch allein die Tatsache, daß gewerkschaftliche Mandatsträger sich hierdurch innerparteilich wie auch in der Öffentlichkeit zusätzliche Legitimation und zusätzlichen Einfluß zu verschaffen suchten,

---

26 Protokoll über die Verhandlungen des Sozialdemokratischen Parteitages in Magdeburg 1929, unveränd. Nachdr. Berlin 1974, S. 173 f.

27 ADGB-Kongreß 1925, S. 74; ADGB-Kongreß 1928, S. 35 f., 311 f.

28 Vgl. Schwarz, S. 312. Vertreter der SPD im ADGB-BA war Otto Wels. Der 2. Vorsitzende des ADGB, Peter Graßmann, wurde dafür in den Parteiausschuß der SPD entsandt.

29 Die Grundthese stammt wohl von Rolf Thieringer, Das Verhältnis der Gewerkschaften zu Staat und Parteien in der Weimarer Republik, phil. Diss. Tübingen 1954.

spricht noch keineswegs für die Dominanz-These. Ein Beispiel mag das belegen. In einem Brief an die sozialdemokratische Reichstagsfraktion schrieb der soeben in den Reichstag gewählte zweite ADGB-Vorsitzende Peter Graßmann am 13. Juni 1924, daß es einer Brüskierung seiner Organisation gleichkomme, wenn man ihn weder in den Fraktionsvorstand noch in die von ihm gewünschten Reichstagsausschüsse gewählt habe.[30] Gleichgültig, wie die Fraktion auf diese Beschwerde reagierte, es läßt wohl kaum auf ein Abhängigkeitsverhältnis der Partei schließen, daß diese es sich leisten konnte, zunächst einmal völlig über die Wünsche des zweiten Mannes in der ADGB-Hierarchie hinwegzugehen. Sicherlich wurden von der Partei, speziell im sozial- und wirtschaftspolitischen Bereich, gelegentlich gewerkschaftliche Wünsche akzeptiert und zur eigenen Position erklärt, von denen man selbst nicht überzeugt war; doch auf der anderen Seite steckten auch die Gewerkschaften in Teilfragen zurück, um der SPD entgegenzukommen. Das Bewußtsein eines außerordentlich weiten Feldes identischer Interessen erhöhte auf beiden Seiten die Bereitschaft zum Kompromiß.

Für die Dominanz-These wird weiterhin gelegentlich ins Feld geführt, daß 1925 eine knappe, aber entschiedene schriftliche Intervention Leiparts ausgereicht habe, um die Partei zur sofortigen Änderung des Entwurfs zum Heidelberger Programm zu veranlassen. Tatsächlich hatte sich der ADGB-Vorsitzende nur gegen einige mißverständliche Formulierungen verwahrt, die als Führungsanspruch der politischen Arbeiterbewegung gegenüber den Gewerkschaften und mithin als Infragestellung der Mannheimer Vereinbarung von 1906 gedeutet werden konnten. Eine entsprechende Korrektur des Programmtextes war mithin eine Selbstverständlichkeit. Im übrigen wies Leipart in diesem Zusammenhang ausdrücklich noch einmal auf die Selbständigkeit und Unabhängigkeit von Partei und Gewerkschaften hin.[31]

Auch der Bruch der Großen Koalition wurde der Partei keineswegs von den Gewerkschaften aufgezwungen. Die entsprechende Entscheidung der SPD-Reichstagsfraktion erfolgte nicht durch Fremdbestimmung von außen, sondern durch einen inneren Willensbildungsprozeß, in den der gewerkschaftliche Standpunkt völlig legitimerweise einfloß.

Aus den dargelegten Argumenten ergibt sich die These, daß in der Stabilitätsphase der Republik ein ausgewogenes Verhältnis kooperativer Partnerschaft zwischen SPD und Freien Gewerkschaften bestand, das trotz gelegentlicher Mißverständnisse und Schwierigkeiten zu keiner Zeit ernsthaft bedroht war.

Interessant ist die Erkenntnis, daß der ADGB, trotz seiner engen Bindung an die Sozialdemokratie, aufgrund seines gesellschaftlichen Eigengewichts offenbar eine besonders aufmerksame Behandlung durch die führenden politischen Kräfte, auch aus dem bürgerlichen Lager, erwartete. Noch 1928 stellte es Leipart als ein nachahmenswertes Beispiel hin, daß Reichswirtschaftsminister Curtius, der Ende 1926 mit dem Versuch einer Regierungsbildung beauftragt worden war, im Rahmen seiner Konsultationen auch die Gewerkschaften zu einer offiziellen Besprechung gebeten hatte.[32]

Für den DGB und die Christlichen Gewerkschaften war die Idee einer ständisch und national interpretierten Volksgemeinschaft die ideologische Brücke, die ihren Zusammenhalt trotz der Anbindung ihrer Mitglieder und Funktionäre an verschiedene politische Parteien gewährleistete. Im Zentrum und erst recht in den übrigen bürgerlichen

---

30 HiKo NB 471/1.

31 Leipart an den SPD-Vorsitzenden Hermann Müller, 12. 9. 1925 (HiKo NB 468/28).

32 ADGB-Kongreß 1928, S. 79.

Parteien hatten sie stets nur Minderheitspositionen inne und führten deshalb häufig Klage über ihren zu geringen personellen und inhaltlichen Einfluß in den jeweiligen Parlamentsfraktionen. Obwohl der Grundsatz der parteipolitischen Neutralität für DGB-Gewerkschaften eine Überlebensfrage war, herrschte doch über das Ausmaß des erlaubten parteipolitischen Engagements der Spitzenfunktionäre ein erheblicher Dissens, der zu erbitterten Auseinandersetzungen, vor allem auf den Kongressen der Christlichen Gewerkschaften, führte. Mit dem Argument, daß Vertreter der Organisation in der Regel sowohl dem Regierungslager als auch der Opposition angehörten, wurde zunehmend stärker Zurückhaltung auf diesem Sektor gefordert: Die Christlichen Gewerkschaften sollten sich nicht zum Stimmenfang für die Parteien instrumentalisieren lassen, sondern im Gegenteil in den Parteien als Anwälte ihrer Gewerkschaftsorganisationen auftreten.[33] Die sozialpolitischen Erfolge der IV. Regierung Marx wurden gern auf die letztgenannte Vorgehensweise zurückgeführt.

Einen unschätzbaren Aktivposten der Christlichen Gewerkschaften stellte der aus ihren Reihen hervorgegangene und auch von den Freien Gewerkschaften hoch geachtete Reichsarbeitsminister Brauns dar. Während seiner Amtszeit gelang es den „Christen", ihren Einfluß auf das Ministerium — häufig über die Zentrumspartei — personalpolitisch abzusichern und sich einen privilegierten Informationszugang zu verschaffen. Interessanterweise lehnten die Freien Gewerkschaften eine ähnliche Vorgehensweise strikt ab, als mit Rudolf Wissell 1928 ein ihnen nahestehender Sozialdemokrat zum Reichsarbeitsminister berufen wurde. Sie waren ängstlich darauf bedacht, nicht den Eindruck der Kumpanei entstehen zu lassen.

Während die mit der DDP verbundenen, sozialliberalen Hirsch-Duncker'schen Gewerkschaften meist den Freien Gewerkschaften folgten, vertraten DGB und Christliche Gewerkschaften oftmals eine eigenwillige Politik. Bei ihnen wurden häufig Überlegungen darüber angestellt, ob man seine privilegierten Beziehungen zur Bürokratie nutzen sollte, um separate Vorteile zu erlangen, oder ob man die anderen Richtungsgewerkschaften mit ins Spiel bringen sollte, mit der Konsequenz, daß dann die Federführung beim ADGB als der stärksten Organisation lag. Obwohl es gelegentlich zu Verstimmungen kam, funktionierte die Zusammenarbeit der Spitzenorganisationen in der Regel recht gut, wie die zahlreichen gemeinsamen Aktionen deutlich machen. Vor allem zur Zeit der bürgerlichen Regierungen spielte sich eine Arbeitsteilung derart ein, daß der DGB seine Beziehungen zu den bürgerlichen Parteien und zur Ministerialbürokratie zum Nutzen aller einsetzte, während die Freien Gewerkschaften das Gewicht ihrer Mitgliedermassen in die Waagschale warfen. Die Kooperation aller Richtungen wird am eindrucksvollsten durch das Zustandekommen des Gesetzes über Arbeitsvermittlung und Arbeitslosenversicherung (AVAVG) belegt, das vom ADGB entworfen, im Reichsarbeitsministerium überarbeitet und schließlich für die Regierungsparteien vom Zentrumsabgeordneten Esser im Reichstag eingebracht wurde.[34] Ganz generell läßt sich feststellen, daß die Unterschiede zwischen den drei Gewerkschaftsrichtungen weniger im sozialen als im ideologischen Bereich angesiedelt waren.

Einen direkten Einfluß — ohne Parteienvermittlung — übten die Gewerkschaften im Vorläufigen Reichswirtschaftsrat aus, dessen zweite Abteilung mit einem Drittel der Sitze

33 Vgl. Thieringer, S. 81 f.; Ludwig Preller, Sozialpolitik in der Weimarer Republik, unveränd. Nachdr., Düsseldorf 1978, S. 187 ff; Michael Schneider, Die christlichen Gewerkschaften 1894—1933, Bonn 1982, S. 626 ff.; bes. S. 645 f.

34 Vgl. Anm. 60.

ausschließlich von ihnen gestellt wurde. Die Tätigkeit dieses Gremiums beschränkte sich seit der Inflation weitgehend auf die Erstellung von Gutachten im Auftrage der Reichsregierung. Darunter befanden sich solide sozial- und wirtschaftspolitische Analysen, die für die Politik der Exekutive sowie des Reichstags und seiner Fraktionen nicht ohne Bedeutung waren. Bei brisanten Themen allerdings konnte zwischen Arbeitgebern und Gewerkschaften oft keine Einigung erzielt werden; es kam zu Zufallsvoten durch Absprachen mit Mitgliedern der dritten Abteilung und zu Minderheitsgutachten. Die Gewerkschaften machten sich — auch im Rahmen der Wirtschaftsdemokratiediskussion — offenbar Illusionen über die Möglichkeiten eines endgültigen Reichswirtschaftsrates, über den seit 1925 immer wieder beraten wurde, der aber niemals zustandekam. Dabei war klar, daß die Parteien des Reichstags sich durch ein von ihnen unabhängiges „Wirtschaftsparlament" niemals in ihren Kompetenzen einengen lassen würden. Da ein Konsens zwischen Unternehmern und Gewerkschaften auch künftig kaum zu erwarten war, konnten letztere eine Besserung des status quo eigentlich nur von einer Überparität der Arbeitnehmer oder einer staatlicherseits für sie günstiger zusammengesetzten dritten Abteilung erwarten. Beides war kaum zu erwarten. Doch es ging den Gewerkschaften wohl auch um die Erhaltung einer geschätzten Möglichkeit öffentlichskeitswirksamen Auftretens, denn schließlich verlieh die Berufung ihrer Vertreter in ein anerkanntes Verfassungsorgan den eigenen Organisationen einen quasi-offiziellen Charakter.[35]

Nachdem somit ein Überblick über die Rahmenbedingungen, die Grundstrukturen und die Hauptentwicklungslinien der deutschen Gewerkschaftsbewegung von 1924 bis 1929 gegeben worden ist, soll nunmehr auf die wichtigsten Einzelprobleme eingegangen werden.

## 6. *Die Zwangsschlichtung*

Die Problematik der Zwangsschlichtung führt hinein in das Zentrum der Beziehungen zwischen Gewerkschaften, Unternehmern und Staat. Nach der bereits erwähnten Schlichtungsordnung von 1923 konnten die regionalen Schlichtungsausschüsse, die aus dem unparteiischen Vorsitzenden und einer gleichen Zahl von Gewerkschafts- und Arbeitgeberbeisitzern bestanden, im Falle öffentlichen Interesses auch ohne Anrufung durch eine der Tarifparteien tätig werden. Die 2. Durchführungsverordnung vom 29. Dezember 1923 schuf die Möglichkeit von „Einmannschiedssprüchen" durch den Vorsitzenden der Schlichtungskammer, die auch bei Ablehnung durch beide Seiten ergehen und für verbindlich erklärt werden konnten.

Es versteht sich von selbst, daß Ende 1923/Anfang 1924 das massive Eingreifen des Staates zur Stützung der dem Zusammenbruch nahen Gewerkschaftsseite im Arbeitgeberlager auf wenig Gegenliebe stieß. Die Vereinigung der Deutschen Arbeitgeberverbände (VDA) wehrte sich gegen jede Form der Zwangsschlichtung, die ein freiwilliges tarifliches Schiedsverfahren von vornherein obsolet mache, wie auch gegen die Möglichkeit des Staates, überhaupt Tarifverträge zu erzwingen. Noch weiter gingen die radikalen Kräfte der Schwerindustrie, die auf eine Abkehr vom Tarifvertragssystem, die weitere Schwächung der Gewerkschaften und den Übergang zu Betriebsvereinbarungen, in

35 S. dazu jetzt Walter Euchner/Maurice Stockhausen, SPD, Gewerkschaften und Reichswirtschaftsrat. Referat, gehalten auf der Tagung der Deutschen Vereinigung für politische Wissenschaft in Berlin 1982, unveröff. Manuskript; s. ferner Preller, S. 324 ff.; 346 ff.; 481 ff.

denen das freie Spiel der Kräfte zwischen Unternehmern und Belegschaften entscheiden sollte, abzielten. Emil Guggenheimer als Repräsentant dieser Kräfte im Vorstand des Reichsverbandes der Industrie (RDI) publizierte Mitte Januar 1924 einen Aufsatz im „Arbeitgeber“, in dem er für die Unternehmer das Recht auf Notwehr selbst gegen staatliche Erlasse reklamierte, wenn es zur Rettung der Wirtschaft, ja des Volkes notwendig sei.[36] Diese ungeheuerliche Drohung mit der Gehorsamsverweigerung gegenüber der Staatsgewalt blieb jedoch folgenlos, da das Reich sich als stark genug erwies, die widerstrebenden Unternehmerkreise zur Raison zu bringen.

Auch bei den Freien Gewerkschaften gab es starke Bedenken gegen die staatliche Zwangsschlichtung, von der man befürchtete, daß sie die Streikwaffe stumpf machen würde. Der lohnpolitische Ausschuß des ADGB handelte deshalb mit den Unternehmerverbänden den Entwurf eines Abkommens aus, dessen Ziel es war, die Staatseingriffe durch frei vereinbarte Schiedsstellen der Tarifparteien weitgehend überflüssig zu machen. Das Vertrauen der Einzelverbände des ADGB in die eigene Kraft war jedoch so schwach, daß sie mehrheitlich das geplante Abkommen zu Fall brachten. Ein prominentes Mitglied des Bundesausschusses äußerte mit entwaffnender Offenheit: „Wir sind der Meinung, daß die Gewerkschaften zum Abschluß von Tarifverträgen einen staatlichen Zwang nicht entbehren können.“[37] Für die offizielle Begründung reichte allerdings der Hinweis auf die tariffeindlichen Unternehmerstimmen aus, um eine so weitgehende Zusammenarbeit mit der Gegenseite als unzumutbar erscheinen zu lassen. Der Bundesausschuß einigte sich am 18. März 1924 auf eine rein deklamatorische Entschließung, die die Unverzichtbarkeit des Streikrechts betonte und die Zwangsschlichtung als mit den gewerkschaftlichen Interessen unvereinbar ablehnte. In der Folgezeit blieb es bei der Widersprüchlichkeit der Argumentation, d. h. bei den verbalen Attacken gegen die Einengung von Koalitionsfreiheit und Streikrecht durch den Staat bei gleichzeitiger Weigerung, ernsthafte Schritte zur Änderung des bestehenden Zustandes zu unternehmen.

Die Arbeitgeber aber setzten ihren Kampf gegen die Staatsschlichtung unvermindert fort, taktierten jedoch 1925 so ungeschickt, daß sie nur eine Festigung des status quo bewirkten. Im Verlauf der sogenannten Meissinger-Affäre versicherte Reichsarbeitsminister Brauns den Gewerkschaften, weder die Praxis noch die rechtlichen Grundlagen der Verbindlicherklärung sollten eine Änderung erfahren. Natürlich gebühre der freien Vereinbarung der Verbände der Vorzug; wo sie jedoch nicht möglich sei oder wo der Schutz des wirtschaftlich Schwächeren es erfordere, werde der Staat auch weiterhin intervenieren.[38] Es folgten erneute Versuche der Arbeitgeber, zu einer freien Vereinbarung mit den Gewerkschaften zu kommen, die jedoch im Sande verliefen, nachdem das Angebot des RDI-Vorstandsmitglieds Silverberg vom September 1926, mit SPD und Freien Gewerkschaften auf der Basis des bestehenden Wirtschaftssystems zusammenzuarbeiten, zu scharfen Auseinandersetzungen im Unternehmerlager geführt hatten.[39]

---

36 Emil Guggenheimer, Die neue Arbeitszeitverordnung, in: Der Arbeitgeber, Nr. 2 vom 15. 1. 1924, S. 17 ff.

37 ADGB-BA II./12., 18./19. 3. 1924, S. 13 (Schumann); für das folgende s. ebd., S. 11 ff.; bes. S. 12 f. (Entschließung); vgl. auch ADGB-BA II./11., 15./16. 1. 1924, S. 17 f.

38 Gewerkschaftszeitung (im folgenden zit. als GZ), Nr. 41 vom 10. 10. 1925, S. 586 ff; weitere Dokumente zur Meissinger-Affäre sind u. a. abgedruckt ebd., Nr. 39 vom 26. 9. 1925, S. 561 f.

39 S. dazu Bernd Weisbrod, Schwerindustrie in der Weimarer Republik, Wuppertal 1978, S. 246 ff.; 407. Dort werden allerdings Silverbergs Vorbehalte überbewertet.

In der Hochkonjunkturphase 1927/28 nahm die Gewerkschaftskritik an der Staatsschlichtung erheblich zu. Nicht nur im DMV, sondern auch in vielen anderen Verbänden herrschte Erbitterung darüber, daß die Schlichter die Gewerkschaften daran hinderten, ihre starke Marktposition zu kräftigen Lohnsteigerungen auszunutzen. In dieser Phase bestand wohl die größte Bereitschaft in den Reihen der Freien Gewerkschaften, ihre Situation grundsätzlich zu überdenken und im Vertrauen auf die eigene Kampfkraft eine erneute Hinwendung zum Autonomiekonzept zu wagen. In einer Grundsatzdiskussion im ADGB-Ausschuß vom 24. November 1927 setzten sich vor allem Spliedt und Tarnow für einen weitgehenden Verzicht auf die staatlichen Machtmittel ein, da diese die Kampffreiheit der Tarifparteien immer mehr aushöhlten. Es sei zu bedenken, ob die Gewerkschaften durch das bestehende System nicht geschwächt würden, da die Verbindlicherklärung nur allzu häufig die tariflichen Vorteile über die Gewerkschaftsmitglieder hinaus verallgemeinere und damit den Arbeitnehmern das Gefühl für die Notwendigkeit ihrer Organisationen nehme. Außerdem sei es gefährlich, bedingungslos auf den Staat zu setzen, nur weil man unter Reichsarbeitsminister Brauns einigermaßen gut gefahren sei. Obwohl auch Leipart dafür plädierte, mit den Unternehmern über ein System tariflicher Schiedsstellen zu verhandeln, zeigte sich in der Debatte, daß die Mehrheit der Verbände auch jetzt nicht die Risiken einer Abkehr vom staatlichen Zwang tragen mochte. Selbst der DMV wollte sich — wohl im Hinblick auf seine schwache Position in der Ruhr-Schwerindustrie — letztlich nicht festlegen. Leicht ironisch konnte Tarnow die Ausschußmeinung so zusammenfassen, daß man trotz aller anderslautenden Verlautbarungen die Zwangstarife erhalten wolle und folglich den Primat gewerkschaftlicher Kampffreiheit nicht mehr uneingeschränkt vertrete. Damit entfalle auch ein echtes Mandat, um mit den Unternehmern über eine Änderung der Schlichtungsordnung zu verhandeln. Leipart relativierte in seinem Schlußwort zwar diese Folgerung, paßte sich jedoch umgehend der Mehrheitsmeinung an, indem er die Rückkehr zur Autonomie auf die lange Bank schob. Sie sei ein „Idealzustand", der heute noch nicht erreichbar sei, auf den aber hingearbeitet werden solle.[40] Damit war faktisch eine Übereinstimmung mit den Christlichen Gewerkschaften hergestellt, die sich aus grundsätzlichen ideologischen Erwägungen stets für weitgehende staatliche Eingriffsrechte stark gemacht hatten.

Bei den Unternehmern lief die Entwicklung in die entgegengesetzte Richtung. Um den Druck der radikalen schwerindustriellen Minderheit um Paul Reusch aufzufangen, die auf Konfrontation abzielte und den Kampf gegen die Zwangsschlichtung als Hebel zur Aufweichung des Tarifprinzips und der gesamten Weimarer Sozialordnung einzusetzen trachtete, mußte die Berliner VDA-Spitze aktiv werden. Sie verlangte jetzt drei entscheidende Änderungen der bisherigen Zwangsschlichtungspraxis: 1. ihre Einschränkung auf jene Fälle, die die Lebensmöglichkeiten der Bevölkerung bedrohen; 2. die Schaffung einer unpolitischen und neutralen Reichsschiedsstelle, die über die Berechtigung der Verbindlicherklärung entscheiden solle; 3. die definitive Erklärung der Verbindlichkeit durch die gesamte Reichsregierung und nicht allein durch den Reichsarbeitsminister.[41] Die Gewerkschaften und der seit Mitte 1928 im Amt befindliche sozialdemokratische Reichsarbeits-

40 S. die Debatte in: ADGB-BA III./10., 24./25. 11. 1927, S. 13 ff., 19 ff.

41 So die Eingabe der VDA vom 2. 11. 1928 (BA Koblenz, NL Silverberg 228, Bl. 268 ff.), welche die am 16. 10. 1928 in der Besprechung bei Reichsarbeitsminister Wissell vertretene Position präzisiert. Vgl. auch Weisbrod, S. 405 ff.; 409 ff.; Gerald D. Feldman/Irmgard Steinisch, Notwendigkeit und Grenzen sozialstaatlicher Intervention. Eine vergleichende Fallstudie des Ruhreisenstreits in Deutschland und des Generalstreiks in England, in: AfS 20 (1980), S. 57—118.

minister Wissell lehnten diese rechtliche Einschränkung des Zwangstarifs und die Kompetenzverlagerung zu einer politisch nicht verantwortlichen Expertenkommission entschieden ab. Sie sprachen sich zwar ebenfalls für eine Reduktion der Zwangsschlichtung aus, wollten jedoch keine Beschneidung des Instrumentariums in Kauf nehmen.[42] Obwohl damit die VDA-Initiative erfolglos blieb, ließen sich die Unternehmerverbände nicht von den Ruhrindustriellen ins Schlepptau nehmen, als diese auf eigene Faust und unter fadenscheinigen rechtlichen Vorwänden einen staatlichen Zwangsschiedsspruch vom 31. Oktober 1928 mit der Aussperrung von über 200.000 Arbeitern beantworteten und damit bewußt und provokativ die Staatsgewalt herausforderten. VDA und RDI, die dieses Vorgehen mißbilligten, hielten sich auffällig lange zurück und unterstützten die Ruhrkonzerne erst, nachdem das Reich und Preußen beschlossen hatten, den Ausgesperrten mit öffentlichen Mitteln beizuspringen. Wenn auch der Staat nicht in der Lage war, seine Rechtsposition gegenüber den Ruhrindustriellen durchzusetzen, und sich zu einer Sonderschlichtung bereitfinden mußte, so endete der Ruhreisenstreit doch keineswegs mit einem Sieg der schwerindustriellen Scharfmacher. Reusch konnte seine harte Linie nicht durchhalten, da selbst seine Kollegen von der Ruhr auf einen Kompromiß zusteuerten, und war darüber so deprimiert, daß er den Rücktritt von allen seinen Verbandspositionen anbot.[43] So läßt sich die These, der Ruhreisenstreit markiere die Wende der Unternehmerpolitik zur offenen Konfrontation gegenüber Gewerkschaften und Staat, so nicht aufrechterhalten. Allerdings zeigte sich hier erneut, was auch in den vorhergehenden Jahren immer wieder beobachtet werden konnte: Die in den großen Industriellenverbänden weitaus am stärksten vertretenen „modernen" Industrien erwiesen sich als unfähig, die von ihnen in der Regel verfochtene gemäßigte Linie in eine konsequente Strategie umzusetzen und damit eine klare Führerrolle im Unternehmerlager zu übernehmen. Aus Angst um die Einheit der Arbeitgeber wagten sie es nicht, die Extravaganzen der Schwerindustrie zu unterbinden, sondern räumten ihr im Gegenteil eine permanente Vetoposition ein.[44] Hierin lag zweifellos eine Gefahr für die politische und soziale Entwicklung der Republik.

Im Anschluß an den Ruhreisenstreit änderte sich die Rechtslage in der Schlichtungsfrage insoweit, als das Reichsarbeitsgericht den Einmannschiedsspruch für rechtswidrig erklärte und somit der Klage der Unternehmer von Arbeit Nordwest partiell stattgab. Diese Entscheidung nahm den Schlichtern die Möglichkeit, einen Schiedsspruch auch gegen den Willen beider Parteien durchzusetzen und erschwerte somit eine ausgewogene Spruchpraxis. Das System als ganzes aber wurde hierdurch nicht nennenswert tangiert.

Wichtiger war, daß der Angriff der Schwerindustrie auf die Grundlagen der Schlichtung, wenn nicht gar des ganzen Tarifwesens, in den Gewerkschaften endgültig die Position jener Kräfte festigte, die die staatliche Zwangsschlichtung für unverzichtbar hielten. Schon 1927 und 1928 hatten die Abteilungsleiter im ADGB-Bundesvorstand, Nörpel und Broecker, publizistisch die These propagiert, daß die Gewerkschaften ihre Stellung zum Staat überdenken müßten. Sie stünden schließlich nicht mehr dem autoritä-

---

42 Weisbrod, S. 410 f.; Feldman/Steinisch, Grenzen, S. 101 ff.; Ursula Hüllbüsch, Koalitionsfreiheit und Zwangstarif. Die Stellungnahme des Allgemeinen Deutschen Gewerkschaftsbundes zu Tarifvertrag und Schlichtungswesen in der Weimarer Republik, in: Soziale Bewegung und politische Verfassung. Beiträge zur Geschichte der modernen Welt. Festschrift für Werner Conze, hrsg. von Ulrich Engelhardt, Volker Sellin und Horst Stuke, Stuttgart 1976, S. 599—652, hier: S. 620 ff.

43 Vgl. Weisbrod, S. 415 ff., 442 ff.; Feldman/Steinisch, Grenzen, S. 622 ff.

44 So Weisbrod, u. a. S. 17 f. Es handelt sich hier um eine von ihm ständig neu belegte Grundthese des Autors.

ren Obrigkeitsstaat gegenüber, sondern einem demokratischen Staatswesen, das sie voll anerkenne und ihnen eine verantwortungsvolle Position in zahlreichen Selbstverwaltungsorganen zuweise. Es gelte folglich, die Stellung des Staates gegenüber den Unternehmern zu stärken und ihm auch das Recht einzuräumen, zum Wohle der Allgemeinheit die Aktionsfreiheit der sozialen Gegenspieler einzugrenzen.[45] In der Sitzung des ADGB-Bundesausschusses vom 27. März 1929 wurde deutlich, daß die große Mehrheit der Anwesenden diesen Auffassungen zu folgen bereit war, die ein Festhalten an der bisherigen Praxis der Zwangsschlichtung nicht nur als pragmatische Notwendigkeit, sondern als Teil einer Offensivstrategie im Sinne der Wirtschaftsdemokratie erscheinen ließen. Da der Einfluß der organisierten Arbeitnehmer auf den Staat notwendig zunehmen werde, bestehe kein Anlaß, ihn in seinen Kompetenzen zu beschneiden.[46] Mit dieser Wendung hatten die Gewerkschaften endgültig eine Entwicklung akzeptiert, die das auf der freien Entscheidung autonomer Parteien beruhende Tarifvertragssystem von Grund auf verändert hatte: Die 1923 als vorübergehende Notmaßnahme gedachte Einsetzung des Staates als letzte und definitive Entscheidungsinstanz in Tarifkonflikten war zur Dauerregelung geworden.

Zu recht ist darauf hingewiesen worden, daß bereits lange vor dem politischen Notstandsregiment der Präsidialkabinette mit der Zwangsschlichtung eine Notstandsregelung auf dem wirtschaftlich-sozialen Sektor praktiziert wurde. Daß die Zwangstarife nur einen Bruchteil der abgeschlossenen Tarifverträge ausmachten, ist kein Gegenargument, denn zweifellos konnte der Staat durch wenige Grundsatzschiedssprüche den Rahmen der Tarifentwicklung weitgehend abstecken. Auch als unausgesprochene Drohung genügten die Sanktionsmittel der Zwangsschlichtung, um die Tarifparteien auf den vorgezeichneten Weg zu bringen.[47] Zuzugeben ist allerdings, daß die staatlichen Schlichter in ihren Entscheidungen nicht völlig frei waren. Sie mußten sich stets eng an der Wirtschafts- und Arbeitsmarktlage ausrichten, so daß die Zwangstarife — wenn auch gedämpft — immer noch die Machtkonstellation zwischen den Tarifparteien widerspiegelten. Da dem Staat zudem nur unzulängliche Mittel zur Durchsetzung seiner Entscheidungen zur Verfügung standen, fürchteten die Schlichtungsinstanzen nichts so sehr wie die offene Mißachtung des verbindlichen Zwangstarifs, mit dem beide Seiten zeitweise drohten. Das Reichsarbeitsministerium verzichtete in solchen Fällen häufig auf die Verbindlicherklärung eines Schiedsspruches, um nicht die Autorität des Staates unnötig aufs Spiel zu setzen, oder es kam dem Drohenden, der seine momentan starke Marktstellung ausreizte, weit entgegen.[48] Dennoch verfügte der Staat über ein genügend großes Eigengewicht, um die Arbeitsbedingungen langfristig in einer bestimmten Richtung beeinflussen zu können. Mit seiner Hilfe dürfte die Arbeitnehmerseite 1924 bis 1929 insgesamt bessere Konditionen erzielt haben, als das bei einer freien Auseinandersetzung mit den Arbeitgebern möglich gewesen wäre.

Gerade deshalb suchten die Unternehmer seit 1924 immer wieder, den Staat aus der Tarifpolitik zurückzudrängen und ließen sich, als das nicht gelang, notwendig auf einen

45 Vgl. dazu die zahlreichen Artikel und Aufsätze beider Autoren, u. a. in: Die Arbeit 1927, S. 855 ff.; 1928, S. 144 ff., 213 ff., 508 ff.; 1929, S. 141 ff.; GZ, Nr. 38 vom 22. 9. 1928, S. 595 ff.; Nr. 24 vom 15. 6. 1929, S. 374 ff.

46 S. die Debatte in: ADGB-BA IV./2., 26./27. 3. 1929, S. 44 ff.

47 Das erkannte Tarnow schon 1927; s. ADGB-BA III./10., 25. 11. 1927, S. 21.

48 Zum vorsichtigen Taktieren während der Überlegenheit der Unternehmerseite 1923/24 s. etwa Preller, S. 304 ff., 310 ff.; zu den Erwägungen während der starken Stellung der Gewerkschaften s. Feldman/Steinisch, Grenzen, S. 90 f., 93, 96.

Wettlauf mit den Gewerkschaften um den größten Einfluß auf die maßgeblichen staatlichen Schaltstellen ein. Vor allem nach der Bildung der Großen Koalition glaubten die Gewerkschaften, in diesem Wettlauf die Nase vorn zu haben, und Teile der Unternehmerschaft reagierten 1928 wohl deshalb besonders aggressiv, weil sie den gleichen Eindruck hatten.

Für die Gewerkschaftsseite brachte das allzu große Vertrauen in die Aktivität des Staates vielfältige Gefahren mit sich. Passivität und Desinteresse der Mitglieder und der potentiellen Mitglieder wurden dadurch verstärkt, daß wichtige Tarifentscheidungen nicht mehr von den Organisationen selbst verantwortet wurden. Die Kampfkraft der Gewerkschaften litt zweifellos darunter, daß auf den Streik als letztes Mittel im Tarifkonflikt häufig verzichtet werden mußte. Die Abhängigkeit vom Staat ließ sich nicht kurzfristig rückgängig machen, so daß ein Folgezwang gegenüber jeder denkbaren Regierung, wie er sich bei den Präsidialkabinetten tatsächlich ergab, vorgezeichnet war. Auch aus staatspolitischer Sicht war das Verharren der Gewerkschaften im status quo kritisch zu beurteilen. Die Möglichkeit des Zwangstarifs gab den Gewerkschafts- wie den Unternehmerfunktionären die bequeme Chance, sich der Verantwortung für einen mutigen Tarifkompromiß immer wieder zu entziehen und die Enttäuschung der eigenen Klientel auf den staatlichen Schlichter abzulenken. Indem man den Staat zum Sündenbock für jeden schlechten Abschluß stempelte, wurden einfache tarifpolitische Fragen in hochbrisante politische Probleme verwandelt. Borchardt hat sicher recht mit seiner These[49], daß der Zwangstarif Anfang der dreißiger Jahre erheblich zur Staatsverdrossenheit und zum Haß gegen das politische System beitrug. Er geht davon aus, daß Arbeitskämpfe in beiden Tarifparteien den Sinn für das Machbare schärfen und in ihnen die Fähigkeit fördern, auch mit Niederlagen fertigzuwerden, ohne gleich die Legitimität und die Autorität des gesamten Staatswesens in Frage zu stellen. Die Autonomie der Tarifparteien schütze damit den modernen Staat vor einer untragbaren Überlastung. In der Weimarer Situation dagegen hätten Gewerkschaften und Arbeitgebervertreter ungestraft zu hohe Erwartungen bei ihren Anhängern wecken und die unvermeidlichen Frustrationen über die tatsächlich erzielten Ergebnisse auf den Staat ableiten können, den man dann auch noch der Kumpanei mit dem Gegner bezichtigt habe. In der Tat waren die Arbeitnehmer oft der Meinung, daß ihnen vom Schlichter angemessene Löhne vorenthalten würden, obwohl die Lohnquote in diesen Jahren die für eine kapitalistische Wirtschaft üblichen Margen weit überstieg. Die Unternehmer aber lasteten der Republik an, daß durch überhöhte, „politische" Lohn- und Lohnnebenkosten ihre Chancen für eine rentable und gewinnträchtige Produktion unzumutbar reduziert, wenn nicht ganz beseitigt worden seien. Daß andere Demokratien, denen es in der Weltwirtschaftskrise kaum besser ging als Deutschland, politisch überlebten, führt Borchardt u. a. darauf zurück, daß die sozialen Konflikte dort nach wie vor im wesentlichen durch das Kräftemessen der Tarifparteien geregelt wurden.

Natürlich darf diese erwägenswerte These nicht dazu verführen, den am Zwangstarif festhaltenden Gewerkschaften ein Übermaß an Schuld für den Untergang der Republik zuzuweisen. Doch zeigt sich hier eine Parallele zur Fehlentwicklung der politischen Parteien, die sich ebenfalls lieber aus der Verantwortung zurückzogen, als unpopuläre Kompromisse einzugehen, und so die Stabilität des Gesamtsystems gefährdeten. Während sich die bisherige Argumentation ausschließlich auf die instrumentelle Seite des

49 Vgl. zum folgenden Borchardt, Die deutsche Katastrophe.

Lohnfindungsprozesses und ihre sozialpsychologischen Konsequenzen bezog, ist im folgenden auf die konkreten Arbeitsbedingungen und ihre ökonomische, soziale und ethische Bewertung einzugehen.

## 7. *Die Lohn- und Arbeitszeitpolitik der Gewerkschaften*

Wenn auch die Schlichtungsordnung und die Arbeitszeitverordnung von 1923 ausschließlich dem Zweck dienten, die schwer angeschlagenen Gewerkschaften zu stützen und damit das Tarifvertragssystem als solches zu retten, so blieb doch dem Staat im Winter 1923/24 angesichts der kritischen Wirtschaftslage und der Überlegenheit der Unternehmerseite nichts anderes übrig, als den Arbeitgebern weit entgegenzukommen und für die Arbeitnehmer das Schlimmste zu verhüten. Die Gewerkschaften mußten zusehen, wie die Löhne nach der Währungsstabilisierung äußerst niedrig angesetzt und der seit 1918 festgeschriebene Achtstundentag durch zahlreiche Ausnahmebedingungen durchlöchert wurde. In Hochofenwerken, Kokereien und Hüttenwerken kehrte man vom Drei- zum Zweischichtsystem, d. h. zur 10-Stunden-Schicht zurück. Doch der bis in die zweite Hälfte des Jahres 1925 dauernde Konjunkturanstieg ermöglichte es den allmählich wieder erstarkenden Gewerkschaften in heftigen Arbeitskämpfen, das Lohnniveau aus der Talsohle herauszuführen und mit Unterstützung der staatlichen Schlichtung die Durchschnittslöhne von 57 auf 87 Pfennige pro Stunde zu steigern.[50] Die Politik des Reichsarbeitsministeriums und seiner Schlichtungsinstanzen zielte darauf ab, durch diese Lohnerhöhungen den dringenden sozialen Bedürfnissen der Massen entgegenzukommen und gleichzeitig die Massenkaufkraft wie den sozialen Frieden zu sichern. In der Arbeitszeitfrage waren die Gewerkschaften weit weniger erfolgreich. Reichsarbeitsminister Brauns suchte auf diesem Sektor dem Unternehmerinteresse an einer Verbilligung der Produktion und einer Steigerung der internationalen Wettbewerbsfähigkeit Deutschlands entgegenzukommen. Er konnte dabei auf eine bis in sozialdemokratische und Gewerkschaftskreise hineinreichende Volksstimmung verweisen, die besagte, daß das verarmte Deutschland nur durch Mehrarbeit wieder zu wirtschaftlich stabilen Verhältnisse und zu allgemeinem Wohlstand gelangen könne.[51] So blieb es häufig bei einer Arbeitszeit von 54 und mehr Stunden in der Woche, wobei in der Regel nicht einmal Überstundenzuschläge gezahlt wurden. Bereits Anfang 1924 wurde deshalb im ADGB die Möglichkeit eines Volksentscheides über den Achtstundentag diskutiert. Die Idee fand zahlreiche Anhänger, wurde jedoch nach dem Sieg der Rechten bei den Reichspräsidentenwahlen vom April 1925 fallengelassen, obwohl bereits Sonderbeiträge zur Durchführung des Plebiszits von den Mitgliedern erhoben worden waren.[52]

Die im Herbst 1925 einsetzende und ungefähr ein Jahr andauernde scharfe „Reinigungskrise" der deutschen Wirtschaft, die innerhalb weniger Monate die Arbeitslosenzahl auf über zwei Millionen hochtrieb und damit verzehnfachte, schwächte erneut die Position der Gewerkschaften. Dennoch konnten mit Hilfe der staatlichen Schlichtung die

---

50 Preller, S. 319.

51 S. dazu u. a. die Rede Leiparts auf dem ADGB-Kongreß 1925, S. 122; ferner Preller, S. 210; Gerald D. Feldman/Irmgard Steinisch, Die Weimarer Republik zwischen Sozial- und Wirtschaftsstaat. Die Entscheidung gegen den Achtstundentag, in: AfS 18 (1978), S. 353—439, hier: S. 384, 405.

52 Vgl. ADGB-BA II./12., 18./19. 3. 1924, S. 4, 6 ff.; II./14., 21./22. 7. 1924, S. 4, 10 ff., 13 ff.; II./16., 18. 3. 1925, S. 29 ff.; ADGB-Kongreß 1925, S. 20 f., 123 f., 180; vgl. auch Schwarz, S. 88 f.

Löhne und Arbeitszeitregelungen in etwa gehalten werden. Allerdings fanden die Appelle der Gewerkschaften an ihre Mitglieder, auf Überstunden zu verzichten, um die Einstellung arbeitsloser Kollegen zu erreichen, nur wenig Widerhall.[53] Nachdem die Krise durch massive Hilfe des Staates für die Wirtschaft in Form von direkten Subventionen, Steuerentlastungen, Exportförderungsmaßnahmen, Arbeitsbeschaffungsprogrammen, sowie ferner durch die zusätzlichen Kohleabsatzmöglichkeiten infolge des über ein halbes Jahr dauernden britischen Bergarbeiterstreiks überwunden worden war, brachte Ende 1926 ein Wirtschaftsboom die Gewerkschaften in eine günstige Ausgangslage. Langfristige Tarifverträge verhinderten zunächst, daß die im Konjunkturaufschwung durchschlagenden Rationalisierungserfolge nicht nur zu kräftigen Gewinnsteigerungen, sondern auch zu ebensolchen Lohnsteigerungen führten. Im Frühjahr 1928, als sich die Konjunktur schon wieder abgeschwächt hatte, kam es mit dem Auslaufen zahlreicher Tarifverträge zu schweren Lohnkämpfen, in denen die Gewerkschaften, trotz mäßigender Eingriffe der staatlichen Schlichtung, beachtliche Erfolge erzielen konnten. Insgesamt stieg das tarifliche Lohnniveau auch in der beginnenden Rezession noch bis Anfang 1930 an, doch scheinen die übertariflichen Lohnbestandteile schon vorher in gewissem Umfang abgebaut worden zu sein.

Hinzuweisen ist in diesem Zusammenhang auf eine bereits 1927 einsetzende schärfere Gangart bei den Arbeitgebern der Ruhr-Schwerindustrie, die selbst moderate Lohnanhebungen der staatlichen Schiedsinstanzen nur noch widerwillig akzeptierten und erkennbar massive Kampfvorbereitungen trafen. Ihre Propaganda führte die Schwierigkeiten der Branche einseitig auf „überhöhte" Löhne und Sozialleistungen zurück, obwohl diese in ihrer Kostenstruktur eine vergleichsweise geringe Rolle spielten. In einer selbst im Arbeitgeberlager heftig kritisierten „Politik mit der Brechstange" versuchten sie, in dem Ende 1928 provozierten Ruhreisenstreit einen Durchbruch zu erzwingen, der sich keineswegs nur auf Löhne und Arbeitszeiten beschränken sollte, sondern offen auf eine nachhaltige Schwächung der Gewerkschaften, die Beseitigung der Zwangsschlichtung und eine Reduzierung der staatlichen Sozialleistungen abzielte. Die Gewerkschaften konnten schließlich nur mit staatlicher Hilfe eine bescheidene Anhebung der Löhne durchsetzen.[54]

Was die Arbeitszeit betrifft, so war bereits 1925 für über die Hälfte der deutschen Arbeitnehmer der Achtstundentag wieder erreicht. Im Herbst 1926, also nach der schweren Wirtschaftskrise, verlangten die Freien Gewerkschaften auf einer gemeinsamen Kundgebung ein Notgesetz zur Wiederherstellung der 48-Stunden-Woche und den drastischen Abbau von Überstunden als wirksamstes Mittel gegen die katastrophale Arbeitslosigkeit. Das Arbeitszeitnotgesetz vom April 1927, das auf Druck des Zentrums als Kompromißvorlage der Regierungsparteien verabschiedet wurde, erlaubte zwar immer noch erhebliche Mehrarbeit, legte aber einen gesetzlichen Überstundenzuschlag von 25 %

53 S. dazu Preller, S. 349 ff.; Weisbrod, S. 329; Fritz Blaich, Die Wirtschaftskrise 1925/26 und die Reichsregierung, Kallmütz 1977, S. 84 ff.

54 Zum Ruhreisenstreit s. Weisbrod, S. 120, 301 ff., 333 ff., 375 ff., 415 ff.; Ernst Fraenkel, Der Ruhreisenstreit 1928/29 in historisch-politischer Sicht, in: Staat, Wirtschaft und Politik in der Weimarer Republik. Festschrift für Heinrich Brüning, hrsg. von Ferdinand A. Hermens/Theodor Schieder, Berlin 1967, S. 97—117; Ursula Hüllbüsch, Der Ruhreisenstreit in gewerkschaftlicher Sicht, in: Industrielles System und politische Entwicklung in der Weimarer Republik, hrsg. von Hans Mommsen, Dietmar Petzina und Bernd Weisbrod, Kronberg — Düsseldorf 1974, S. 271—284; Michael Schneider, Auf dem Weg in die Krise. Thesen und Materialien zum Ruhreisenstreit 1928/29, Wentorf 1974; Feldman/Steinisch, Weimarer Republik, S. 57 ff.

fest. Im Gegensatz zu den Christlichen Gewerkschaften, die mit dieser Regelung voll einverstanden waren, übten die Freien Gewerkschaften hieran verschärfte Kritik, da sie Überstunden nicht verbiete.[55] Der Erfolg gab allerdings den Befürwortern der Zuschlagslösung recht, denn die nunmehr empfindlich verteuerte Mehrarbeit ging drastisch zurück, was zweifellos zur Entlastung des Arbeitsmarktes beitrug. Nachdem schon 1925 für Hochofenwerke und Kokereien die Rückkehr zum Dreischichtsystem verfügt worden war, setzte das Reichsarbeitsministerium 1927 das gleiche gegen den vehementen Protest der Großeisenindustrie für alle gesundheitsgefährdenden Betriebe und damit auch für die Hüttenwerke durch.[56] Damit war die Arbeitszeitbilanz am Ende der Stabilitätsepoche der Weimarer Republik durchaus positiv, obwohl das Washingtoner Abkommen von Deutschland immer noch nicht ratifiziert worden war. Auf dem Hamburger Kongreß des ADGB standen 1928 bereits Überlegungen im Vordergrund, wie eine über den Achtstundentag hinausgehende Arbeitszeitverkürzung durchgesetzt werden könnte, um damit wirksam auf die Rationalisierung und die mit ihr einhergehende Dauerarbeitslosigkeit zu reagieren.[57]

In der Lohndiskussion der Jahre 1924 bis 1929 spielte der Vergleich mit der Vorkriegszeit stets eine dominierende Rolle. Unternehmer wie Gewerkschaften arbeiteten mit allen statistischen Kniffen: Während die ersteren vorzugsweise die Stundenlöhne heranzogen, die stark gestiegenen Sozialleistungen hinzuaddierten und häufig „vergaßen", die Nominalwerte um die Preissteigerungen zu bereinigen, rechneten die letzteren gern mit den Wochenverdiensten, ließen die Sozialleistungen beiseite und bezogen die Arbeitslosen mit in die Durchschnittsermittlung ein. Je nach der Berechnungsart waren dann die Vorkriegslöhne bereits 1925 wieder überschritten oder selbst 1928/29 noch kaum erreicht. Selbstverständlich sagt ein Vergleich mit dem Jahre 1913 gar nichts darüber aus, welche Lohnbelastung für die Wirtschaft im Jahre 1928 ökonomisch adäquat oder auch nur zumutbar war. Dennoch beeinflußte er stark die Erwartungshaltung beider Seiten. Die Unternehmer glaubten, daß nach einem Weltkrieg, dem Revolutionschaos, dem Versailler Vertrag und der Inflation eine Orientierung an den Vorkriegslöhnen ein faires Angebot an die Gegenseite darstelle. Die Gewerkschaften wiederum gingen davon aus, daß eine Rückkehr zu den sozialen Verhältnissen des Obrigkeitsstaates einen unzumutbaren Rückschritt bedeute, einen Betrug der Arbeitnehmer um die Früchte der Revolution und der Republik. Einen anderen typischen Fall, in dem Gerechtigkeitsvorstellungen sich an den ökonomischen Bedingungen der Zeit stießen, stellte die Betrachtung der Löhne unter dem Aspekt der Verteilung der Kriegsfolgelasten dar. Es fiel den Gewerkschaften äußerst schwer zu begreifen, daß die Löhne in einer kapitalistischen, weltoffenen Wirtschaft nur sehr bedingt als Mittel der Vermögensverteilung eingesetzt werden konnten, ohne deren Funktionsbedingungen nachhaltig zu stören. Die versäumte Sozialisierung ließ sich über die Tarifpolitik nun einmal nicht nachholen.

Neben den Vorkriegslöhnen war auch die Vorkriegsarbeitszeit mit positiven oder negativen Wertvorstellungen befrachtet. Während speziell die Ruhrindustriellen 1923/24 verkündeten, daß ihre Wiedereinführung die unerläßliche Bedingung für die Gesundung der deutschen Wirtschaft sei, erschien den Gewerkschaften ein Zurückgehen hinter den Achtstundentag als eine Zumutung ohnegleichen.

55 Zur Haltung des ADGB s. Schwarz, S. 95 f.; ADGB-Jb 1926, S. 66 ff.
56 Preller, S. 351 f., 400 ff.
57 Vgl. ADGB-Kongreß 1928, S. 18, 87 ff., 105, 160.

## 8. *Probleme der Sozialpolitik*

Da die Sozialversicherung am Ende der Inflationszeit faktisch bankrott war, mußten die Arbeitnehmer zunächst drastische Leistungsminderungen in Kauf nehmen. Doch sukzessive gelang es mit Hilfe der Gewerkschaftsachse und der verständnisvollen Politik des Reichsarbeitsministeriums, beachtliche Erhöhungen und Erweiterungen im Versichertenkreis bereits in den bürgerlichen Regierungen durchzusetzen. Quasi als Entschädigung für die erlittenen Inflationsverluste flossen der Versicherung erhebliche Staatszuschüsse zu, deren Höhe ebenso wie die der Versicherungsbeiträge und -leistungen bei Gewerkschaften und Arbeitgebern höchst umstritten waren. Während die ersteren den sozialen Aspekt betonten, stellten die Unternehmer die Kosten für die Wirtschaft in den Vordergrund. Da sie die Hälfte der Beiträge aufbringen mußten, waren sie daran interessiert, diese niedrig zu halten; statt der Staatszuschüsse hätten sie lieber eine Ausdehnung der unmittelbaren staatlichen Wirtschaftsförderung gesehen. Wie vor allem auf dem Hamburger Kongreß 1928 deutlich wurde, setzte sich der ADGB für eine grundlegende Reform der gesetzlichen Sozialversicherung in Richtung auf eine umfassende Einheitsversicherung ein. Darüber hinaus verlangte er eine überparitätische Vertretung der Arbeitnehmerkreise in den Aufsichtsgremien der Versicherung und die Reduktion des Staatseinflusses auf bloße Kontrollbefugnisse. Das Recht der Versicherten auf Selbstverwaltung verlange eine „Befreiung von der Vormundschaft der Arbeitgeber und der behördlichen Bürokratie".[58] Eigene Machtinteressen spielten fraglos bei der Forderung mit, auf direkte Wahlen zur Sozialversicherung zu verzichten und die Versicherten — wie bei der neu geschaffenen Arbeitslosenversicherung — durch die Arbeitnehmerorganisationen vertreten zu lassen. Die nichtsozialistischen Gewerkschaften konnten sich mit diesen Plänen allerdings nicht identifizieren. Sie erhofften sich durch die Beteiligung der Nichtorganisierten an den direkten Sozialwahlen Vorteile gegenüber der sozialistischen Konkurrenz. Besonders wehrten sie sich natürlich gegen eine Einheitsversicherung, die ihren ständischen Vorstellungen widersprach und in deren Gremien zudem eine Dominanz der Freien Gewerkschaften voraussehbar war. Für die bürgerlichen Angestelltenverbände wäre es einer Selbstaufgabe gleichgekommen, wenn sie auf ihre spezifischen Angestelltenkassen hätten verzichten müssen. Während das soziale Netz zwischen 1924 und 1929 erheblich sicherer wurde, schlugen alle Versuche einer stärkeren Systematisierung und Vereinheitlichung der Sozialversicherung fehl.[59]

Besondere Bedeutung kam im Untersuchungszeitraum dem Problem der Arbeitslosenversicherung zu. Als im Oktober 1923 das reine Fürsorgeprinzip in der Erwerbslosenunterstützung durch ein Mischsystem mit Arbeitnehmer- und Arbeitgeberbeteiligung ersetzt wurde, reagierten besonders die Freien Gewerkschaften noch schroff ablehnend, da sie die Sorge für die Arbeitslosen für die selbstverständliche Pflicht der Allgemeinheit hielten. Bereits 1924 jedoch nahmen sie die Forderung nach dem vollen Übergang zum Versicherungsprinzip unter Fortfall der bis dahin üblichen Bedürftigkeitsprüfungen in ihr Programm auf. Der Beitragspflicht sollte ein Recht auf Unterstützung im Falle der

58 ADGB-Kongreß 1928, S. 27; vgl. — auch für das folgende — ebd., S. 227 ff., 250; Preller, S. 460; Schwarz, S. 389 ff.

59 Vgl. Preller, S. 331, 389 f., 460.

Arbeitslosigkeit entsprechen.[60] Der Breslauer Kongreß des ADGB forderte darüber hinaus eine Zusammenfassung von Arbeitslosenversicherung und Arbeitsvermittlung in einer Großorganisation der paritätischen Selbstverwaltung. Die Arbeiten an dem Gesetz wurden vom ADGB maßgeblich beeinflußt; ein von ihm ausgearbeiteter Entwurf konnte schließlich nach einigen Änderungen mit einer von der SPD bis zur DNVP reichenden Mehrheit im Reichstag verabschiedet werden. Über die Gewerkschaftsachse war es gelungen, Regierung und Opposition zu einer beispiellosen Kooperation zu veranlassen. Das Gesetz über Arbeitsvermittlung und Arbeitslosenversicherung, das am 1. Oktober 1927 in Kraft trat, war getragen von der optimistischen Erwartung, daß sich Gewerkschaften und Arbeitgeber auch ohne den Staat auf eine sachadäquate Arbeitsmarktpolitik einigen könnten. Die neue Einrichtung versprach ein interessanter Testfall für das Funktionieren einer staatsfreien tariflichen Schlichtung zu werden.

Bislang hatte sich die Arbeitslosigkeit stets mit den konjunkturellen Schwankungen bewegt, so daß in einer Hochkonjunkturphase annähernde Vollbeschäftigung eintrat. Das war auch nach dem Tief von 1923/24 so gewesen. Erstmals blieb nach der „Reinigungskrise" von 1926 ein Sockel nicht mehr vermittelbarer Dauerarbeitsloser bestehen, der sich vor allem aus Rationalisierungsopfern zusammensetzte. Da das Phänomen zunächst nicht erkannt wurde, waren in der falschen Hoffnung auf eine baldige Besserung der Beschäftigungslage die Beiträge zur Arbeitslosenversicherung zu niedrig angesetzt worden, so daß das System trotz erheblicher staatlicher Zuschüsse in eine schwere Krise geriet. Während die Unternehmerseite nach Leistungsabbau rief, forderte der ADGB angesichts der sozialen Notlage der Langzeitarbeitslosen, die nach ihrer Aussteuerung auf die äußerst niedrige gemeindliche Sozialhilfe angewiesen waren, eine Ausdehnung der Leistungen, vor allem durch die unbegrenzte Ausdehnung der Krisenfürsorge.[61] Mitte 1929 erklärte sich der Bundesausschuß des ADGB dafür zu einer Erhöhung der Versicherungsbeiträge um ein Drittel bereit, die die Arbeitgeber aus Kostengründen ebenso ablehnten wie die ständige Mehrbelastung des ohnehin mit einer scharfen Haushaltskrise kämpfenden Reiches. Im ADGB wurden bereits jetzt Stimmen laut, die sich für einen starken Druck in dieser Frage auf die SPD aussprachen und selbst ein Scheitern der Regierung Müller in Kauf zu nehmen bereit waren. Auch Leipart plädierte dafür, trotz der Widerstände der bürgerlichen Parteien und der deutlichen Zurückhaltung der anderen Richtungsgewerkschaften auf einer weiteren Heraufsetzung der Reichsmittel für die Arbeitslosenversicherung zu bestehen.[62] Den Gewerkschaften war klar, daß die Leistungen an die Arbeitslosen gerade beim Abflauen der Konjunktur die wichtigste Stütze für eine Aufrechterhaltung des Lohnniveaus darstellte, da sie den Konkurrenzdruck um die Arbeitsplätze in Form von Lohnunterbietungen in Grenzen hielt. Auch die Unternehmer sahen natürlich diesen Zusammenhang und bestanden um so nachdrücklicher auf einem Leistungsabbau der Versicherung. Die immer stärkere Beanspruchung des Staates drängte auch in diesem Bereich die paritätische Selbstverwaltung der Arbeitsmarktparteien, die unter den gegebenen Umständen nicht mehr funktionieren konnte, zurück und machte die Konditionen der Arbeitslosenversicherung zu einem hochpolitischen Problem, an dem schließlich die Regierung der Großen Koalition zerbrach.

---

60 Zur Arbeitslosenversicherung s. ADGB-BA II./12., 18./19. 3. 1924, S. 9 f.; II./16., 17. 3. 1925, S. 25 ff; ADGB-Kongreß 1925, S. 29, 272 ff., 293 f., 280 f.; ADGB-Jb 1926, S. 51 ff.; 1927, S. 67 ff.; ferner die einschlägigen Artikelserien in: GZ 1925; vgl. Preller, S. 363 ff., 369 ff., bes. S. 372; Schwarz, S. 143 ff.; Michael Stürmer, Koalition und Opposition in der Weimarer Republik, Düsseldorf 1967, S. 210 ff.

61 Vgl. ADGB-Kongreß 1928, S. 19, 86 f., 143 ff.

62 Vgl. — auch für das vorhergehende — ADGB-BA IV/3., 30./31. 7. 1928, S. 65 ff.; Preller, S. 418 ff.

In der Frage der Wohnungsmieten konnten die Gewerkschaften 1924 bis 1929 nur partielle Erfolge erzielen. Immerhin erreichten sie mit Unterstützung des Reichsarbeitsministeriums gegen den starken Widerstand der Hausbesitzerlobby in den bürgerlichen Parteien, daß die Freigabe des stark reglementierten Wohnungsmarktes unterblieb und somit die große Wohnraumknappheit nicht voll auf die Preise durchschlagen konnte. Da jedoch die öffentlichen Mittel nicht im entferntesten ausreichten, um dem Mangel abzuhelfen, der private Wohnungsbau aber unrentabel blieb, wurde die Wohnungsnot zum Dauerproblem.[63]

Zu erwähnen bleibt noch die auf Drängen der Gewerkschaften mit Gesetz vom 1. Juli 1927 durchgesetzte eigene Arbeitsgerichtsbarkeit. Die neuen Gerichte bestanden aus dem vorsitzenden Richter und einer gleichen Zahl von Beisitzern der Gewerkschafts- und der Arbeitgeberseite mit dem Titel „Arbeitsrichter". Die Organisationen der Arbeitnehmer wie der Arbeitgeber waren bei Arbeitsgerichten parteifähig; ihre Rechtsbeistände hatten volles Vertretungsrecht, während freie Anwälte von Arbeitsprozessen ausgeschlossen blieben. Für die Gewerkschaften hatte die neue Einrichtung erhebliche Folgeprobleme. Sie mußten nicht nur qualifizierte Arbeitsrichter stellen, sondern ebenso versierte Prozeßvertreter, damit ihre Mitglieder ihre berechtigten Ansprüche vor den Gerichten auch durchsetzen konnten. Der Bundesvorstand des ADGB schlug deshalb vor, Schulung und Prozeßvertretung zu vereinheitlichen und 35 gut ausgebildete Fachleute in den Bezirkssekretariaten einzustellen, damit auch die kleineren Verbände und die ländlichen Räume adäquat und zu annehmbaren Kosten versorgt würden. Der Plan scheiterte am Widerstand vor allem der großen Einzelverbände, die die Prozeßvertretung selbst in die Hand nehmen wollten. Als Kompromiß setzte sich schließlich die Lösung durch, daß eine begrenzte Zahl von Prozeßvertretern des Bundes eingestellt wurde und daß die Vertreter der großen Einzelgewerkschaften auch den kleinen Verbänden zur Verfügung gestellt wurden.[64]

## 9. *Die gewerkschaftliche Wirtschaftspolitik*

Den Gewerkschaften wurde häufig der Vorwurf gemacht, sie hätten sich um die ökonomischen Grundlagen ihrer Politik zu wenig gekümmert und sich damit begnügt, ein Maximum an Lohnerhöhungen, Arbeitszeitsverkürzungen und Sozialleistungen durchzusetzen. Dabei sei einer stark geschwächten Wirtschaft das Äußerste abverlangt worden, so daß ihr keine Mittel mehr zur Kapitalbildung blieben, die sie zur Stabilisierung und Zukunftsicherung so dringend gebraucht hätte. Nach diesem Deutungsmuster, das sich die Unternehmer und zahlreiche Ökonomen der Weimarer Zeit zu eigen machten, wäre nach der Inflationszeit eine längere Phase niedriger Löhne und langer Arbeitszeiten angezeigt gewesen, um die Wirtschaft wieder gesund und wettbewerbsfähig zu machen. Auch in der modernen Forschung hat diese These ihre Anhänger, doch wird heute in der Regel das politische Umfeld in die Betrachtung einbezogen. Geht man jedoch davon aus, daß die Massen wesentlich schlechtere soziale Bedingungen als die tatsächlich gegebenen ebensowenig hingenommen hätten wie eine noch stärkere Umverteilung des Volksein-

63 Zur Mietfrage s. Preller, S. 332 ff., 384 ff., 483 ff.; Schwarz, S. 436 ff.; ADGB-Jb 1926, S. 192 ff.; ADGB-Kongreß 1925, S. 23.

64 Zur Arbeitsgerichtsbarkeit s. ADGB-BA III./12., 4./5. 6. 1928, S. 10 ff.; III./13., 29. 6. 1928, S. 6 ff.; ADGB-Kongreß 1928, S. 30, 35, 96 ff., 134 ff., 164 f.; Preller, S. 341 ff., 509.

kommens zugunsten der Kapitaleigner, so kommt man unweigerlich zu dem Schluß, daß es eine reale Chance, von der mit Auslandskrediten finanzierten ökonomischen „Scheinblüte“ zur wirklichen Stabilität zurückzufinden, in der von Wählervoten abhängigen Weimarer Demokratie nicht gegeben habe.[65]

Natürlich konnten die Gewerkschaften nicht dulden, daß die bedrückende Einkommenssituation der Arbeitnehmer nach der Inflation für längere Zeit festgeschrieben wurde. So ist es verständlich, daß sich ihre Argumentation zunächst an sozialen und verteilungspolitischen Kriterien oder an Vergleichen mit der Vorkriegszeit orientierte. Erst langsam begannen sie, ihre Forderungen nach Wiedereinführung des Achtstundentages und nach höheren Löhnen auch wirtschaftstheoretisch zu untermauern: Sie folgerten aus der Tatsache, daß mehr als 80 % der deutschen Produktion auf dem Binnenmarkt abgesetzt wurden, daß die allseits gewünschte Ankurbelung der Wirtschaft in erster Linie von einem verstärkten Inlandsabsatz ausgehen müsse. Zwar sei in der Bevölkerung ein großer Bedarf an Gütern vorhanden, doch fehle es an der kaufkräftigen Nachfrage, die nur durch höhere Löhne zu schaffen sei. Die gestiegenen Personalkosten der Unternehmen aber sollten nun keineswegs die Produktion verteuern, sondern durch den gewaltigen Rationalisierungsschub, in dem sich die deutsche Wirtschaft gerade befinde, mehr als kompensiert werden. Die Gewerkschaften waren fasziniert von den ungeahnten Möglichkeiten der technischen und organisatorischen Rationalisierung. Delegationen wurden in die USA entsandt und schwärmten nach ihrer Rückkehr von den Segnungen der Massenproduktion, die gleichzeitig hohe Löhne für die Arbeitnehmer und niedrige Preise für die Verbraucher möglich mache. In der allgemeinen Euphorie wurde allerdings häufig übersehen, daß die Möglichkeiten der Rationalisierung von Branche zu Branche ganz verschieden waren. Wenn die großen Gewerkschaften die Forderung nach Rationalisierung voll zu der ihren machten und dabei die zeitweise Freisetzung von Arbeitskräften bewußt in Kauf nahmen, so war es klar, daß diese positive Einstellung an Bedingungen geknüpft sein mußte.[66]

Zunächst einmal sollte sichergestellt sein, daß die Betroffenen durch eine gute Arbeitslosenversicherung aufgefangen und daß alle Anstrengungen zu ihrer Wiedereingliederung in den Arbeitsprozeß unternommen würden. Diese Voraussetzung wurde zumindest teilweise 1927 mit der Schaffung des Gesetzes über die Arbeitsvermittlung und Arbeitslosenversicherung erfüllt. Anders verhielt es sich nach Meinung der Gewerkschaften mit den geforderten Lohnsteigerungen und den Arbeitszeitverkürzungen, die sie infolge der größeren Monotonie und Intensität der Arbeit in den rationalisierten Betrieben für nötiger denn je hielten. Den Widerstand der Unternehmer hiergegen sahen sie als unverständlich und kurzsichtig an. Ihre scharfe Kritik galt auch der Tatsache, daß die durch die Rationalisierung ermöglichten Kostensenkungen — trotz der groß angekündigten Preissenkungsaktionen der Reichsregierung — nicht in Form niedrigerer Preise an die Verbraucher weitergegeben wurden. Der Versuch der Arbeitgeber, alle Rationalisierungsvorteile allein zur Erhöhung ihrer Gewinne in Anspruch zu nehmen, sei nicht nur unsozial, sondern berge zudem die Gefahr schwerer wirtschaftlicher Fehlentwicklungen. Durch zu

65 Vgl. hierzu die in Anm. 1 genannten Arbeiten Borchardts.

66 Zur Kaufkrafttheorie und zur Rationalisierung s. an zeitgenössischen Publikationen Wilhelm Eggert, Rationalisierung und Arbeiterschaft, Berlin 1927; Fritz Tarnow, Warum arm sein? Berlin 1928; Gegenwartsaufgaben deutscher Wirtschaftspolitik (Denkschrift der freigewerkschaftlichen Spitzenverbände vom Februar 1926), Berlin 1926; zum folgenden s. ADGB-BA III./7., 15./16. 2. 1927, S. 12; ADGB-Kongreß 1925, S. 36 ff.; ADGB-Kongreß 1928, S. 80 ff., 185 ff.

hohe Preise und zu niedrige Löhne fehle die für ein kräftiges Wachstum notwendige Binnenkaufkraft, so daß eine Überproduktionskrise und mit ihr noch mehr Arbeitslosigkeit drohe. Es sei deshalb geradezu die Pflicht der Gewerkschaften, starke Lohnsteigerungen durchzusetzen, damit die unterlassenen Preissenkungen wenigstens zum Teil kompensiert werden könnten. Tarnow nannte das die „Entfesselung des Massenkonsums" über den Arbeitslohn.[67] Obwohl aus der Sicht der Gewerkschaften der eigentliche Sinn der Rationalisierung, die allgemeine Wohlstandssteigerung, infolge der verfehlten Unternehmerpolitik pervertiert wurde und obwohl sie mit ihrer Forderung nach Mitbestimmung der Arbeitnehmer über konkrete Rationalisierungsmaßnahmen nicht durchdrangen, waren sie sich doch dessen bewußt, daß es eine echte Alternative zur Rationalisierungspolitik nicht gab. Die Aufforderung der Kommunisten zum offenen Kampf gegen die Rationalisierung wurde daher von ihnen als moderne Maschinenstürmerei zurückgewiesen: Ein Verzicht auf modernste Produktionsanlagen träfe im Endeffekt die arbeitende Bevölkerung, da sie die deutsche Konkurrenzfähigkeit unterminiere und die Verbraucherpreise negativ beeinflusse.[68]

In einem anderen Punkt aber blieb die als verfehlt eingeschätzte Unternehmerpolitik bei den Gewerkschaften nicht ohne Konsequenzen. Sie führte zu einer Überprüfung ihres Standpunkts zur Unternehmenskonzentration und Kartellbildung. Hatten speziell die Freien Gewerkschaften früher wirtschaftliche Zusammenschlüsse als Mittel einer rentableren Produktion, als Schritte zu einer höheren und rationaleren Form der Wirtschaft mit der Tendenz zur planmäßigen Produktionsgestaltung und zur Stabilisierung des Konjunkturverlaufs allzu vorbehaltlos begrüßt, so sahen sie in ihnen jetzt zunehmend Instrumente einer verbraucherfeindlichen Hochpreispolitik. Durch künstliche Angebotsverknappung und durch Preisbindungen würden die konsumentenfreundlichen Wirkungen der Rationalisierung in ihr Gegenteil verkehrt. Da die verfügbaren gesetzlichen Möglichkeiten gegen diesen Mißbrauch nicht ausreichten, forderten die Gewerkschaften ein Kartellaufsichtsamt mit weitgehenden Untersuchungs- und Handlungskompetenzen bis hin zur Zwangsauflösung monopolartiger Wirtschaftsformen.[69] Eine Realisierung dieser Pläne erwies sich jedoch als politisch undurchsetzbar.

Das große Engagement, das die Gewerkschaften im Untersuchungszeitraum in der Steuer- und Zollpolitik erkennen ließen, hatte neben dem sozial- und verteilungspolitischen ebenfalls einen wirtschaftspolitischen Hintergrund. Ausgangspunkt der Steuerdiskussion war die Feststellung des internationalen Daweskomitees von 1924, „daß die reicheren Klassen in Deutschland in den letzten Jahren von dem in Kraft befindlichen Steuersystem nicht in angemessener Weise erfaßt worden seien, weder in einem Maße, das sich mit Rücksicht auf die Besteuerung der arbeitenden Klassen rechtfertigen würde, noch in einem Maße, das mit der Belastung der reicheren Klasse in anderen Ländern vergleichbar wäre".[70] Die Gewerkschaften machten sich die Folgerung des Komitees, daß der Besitz stärker heranzuziehen und auch die Möglichkeit einer Besteuerung der Inflationsgewinne zu überprüfen sei, voll zu eigen. Um so größer war die Enttäuschung, als die Steuervorlage der Reichsregierung von 1925 unter dem Einfluß des RDI im Gegenteil eine weitere

67 Tarnow, S. 71.

68 Vgl. bes. Eggert, S. 7 f., 22 ff.

69 Zum Konzentrationsproblem s. bes. ADGB-Jb 1927, S. 18 f.; Gegenwartsaufgaben, S. 31 ff.; Eggert, S. 17 ff., 21; Tarnow, S. 60 f.; ferner Rosemarie Leuschen-Seppel, Zwischen Staatsverantwortung und Klasseninteresse. Die Wirtschafts- und Finanzpolitik der SPD zur Zeit der Weimarer Republik, Bonn 1981, S. 190 ff.

70 ADGB-Jb 1925, S. 47 f.

Senkung der Unternehmens- und Besitzsteuern ankündigte. Die Begründung mit der schwierigen Lage zahlreicher Unternehmen und mit der Notwendigkeit einer verstärkten Eigenkapitalbildung ließ sich, wie auch die folgende „Reinigungskrise" zeigte, nicht leicht vom Tisch wischen. Doch auf der anderen Seite waren die bedenklichen sozial- und verteilungspolitischen Auswirkungen dieser Steuerpolitik unübersehbar, die die Freien Gewerkschaften zu Proteststürmen veranlaßten. Die Einsetzung einer Steuerkommission, die in einem groß angelegten Gutachten das beispiellose „Steuerunrecht" nachzuweisen versuchte und damit die Grundlage für eine umfangreiche Agitation lieferte, konnte letztlich doch nicht verhindern, daß sich die bürgerlichen Parteien mit ihrem Konzept des Abbaus „wirtschaftshemmender" und „produktionsverteuernder" Steuern durchsetzten. Der Druck der Öffentlichkeit war jedoch so stark, daß in der Folge auch Arbeitnehmer und Verbraucher steuerlich entlastet wurden; doch auch die Besitzenden konnten weitere Zugeständnisse erwirken. In der kritischen Haushaltslage 1928 und 1929 kam es zu einer neuen Verschärfung der Steuerdiskussion, wobei sich die Gewerkschaften gegen die Erhöhung der Massensteuern zur Wehr setzten, während die Unternehmer zusätzliche Steuersenkungen für sich selbst und einen Abbau der staatlichen Sozialleistungen zum Zwecke des Budgetausgleiches verlangten.[71]

Einen ähnlich harten Kampf wie gegen die Steuervorlagen führten die Gewerkschaften 1925 auch gegen die sogenannte „kleine Zollvorlage", die nach offizieller Begründung dem Schutz der nationalen Landwirtschaft und Industrie dienen sollte. Der ADGB unterstrich seine entschiedene Ablehnung dieser Vorlage durch den Beschluß seines Bundesausschusses, allen Mitgliedern einen Sonderbeitrag zum Abwehrkampf gegen die Zollgesetze abzufordern und eine Zollabwehrstelle zu schaffen, die den Gewerkschaftsstandpunkt wissenschaftlich untermauern sollte. Eine publizistische Großkampagne in den Gewerkschaftsblättern wurde begleitet von Hunderten von Protestversammlungen im ganzen Reich: Zölle auf Nahrungsmittel und industrielle Massenverbrauchsgüter seien gegen die Lebensinteressen der Bevölkerung gerichtet, da sie zusammen mit den überhöhten Massensteuern die Lebenshaltungskosten jedes einzelnen in die Höhe trieben und damit zu einer drastischen Reallohnsenkung führten. Mit besonderem Nachdruck wurde auf die ökonomischen Folgen dieser Politik verwiesen: Deutschland als Exportland habe ein vitales Interesse am Freihandel. Umgebe es sich selbst mit Zollmauern, so beschwöre es die Gefahr eines weltweiten Protektionismus herauf und gefährde damit Arbeitsplätze. Schlimmer noch aber sei die Wirkung auf den Inlandsmarkt zu beurteilen: Wie die Massensteuern, so schwächten auch die Zölle die Massenkaufkraft, und es entstehe ein zusätzlicher Faktor, der eine den Produktionsmöglichkeiten entsprechende Güternachfrage unterbinde. Die Folge seien weitere Wohlstandsverluste durch Produktionsbeschränkungen oder Überproduktion mit der Tendenz zu noch mehr Arbeitslosigkeit.[72]

Obwohl die Kaufkrafttheorie prinzipiell von allen Gewerkschaftsrichtungen vertreten wurde, gab es in der scharfen Ablehnung der Steuer- und Zollpolitik der Reichsregierung

71 Zum Steuerproblem s. Gegen das Steuerunrecht. Untersuchungen der Steuerkommission des ADGB, des AfA-Bundes und des ADB, Berlin 1925; ADGB-BA II./16., 17. 3. 1925, S. 19 ff., 24 f; ADGB-Jb 1925, S. 46 ff.; 1926, S. 57 ff.; 1927, S. 48 ff.; 1928, S. 65 ff.; 1929, S. 79 ff.; ferner Blaich, S. 89, 109, 112, 117, 121, 151, 172; Leuschen-Seppel, S. 119 ff., 126 ff., 134 ff., 211 ff., 217 ff.; Weisbrod, S. 226 f., 240.

72 Zur Zollfrage s. Um die Handelspolitik. Schutzzoll oder Freihandel? Hrsg. vom ADGB, Berlin 1925; Tarnow, S. 61 ff.; Gegenwartsaufgaben, S. 28 f.; ADGB-BA II./18., 12./13. 6. 1925, S. 22 ff.; ADGB-Jb 1925, 16 ff.; 1926, S. 15 ff.; 1929, S. 67 ff.

nicht die gleiche Einigkeit. Die DGB-Gewerkschaften waren in diesen Fragen kompromißbereit und trugen die Regierungsvorlagen weitgehend mit.[73]

Als Argumentationsmuster gewann die Kaufkrafttheorie weit über die Gewerkschaftskreise hinaus Bedeutung. Sie wurde nicht selten von der Reichsregierung und insbesondere vom Reichsarbeitsministerium herangezogen, wenn es um die Begründung von Lohnzugeständnissen in Zwangsschlichtungsverfahren, um den weiteren Ausbau des Sozialstaates oder die Senkung von Massensteuern ging. Doch selbst bei den Gewerkschaften kam niemand auf den Gedanken, diese Theorie zu verabsolutieren und etwa die eigenen Lohnforderungen nicht mehr an der aktuellen Wirtschaftslage, sondern am zusätzlichen Kaufkraftbedarf auszurichten. Man wußte also, daß sie ebensowenig wie das konkurrierende, von den Produktionskosten ausgehende Modell das perpetuum mobile eines gleichmäßigen und dauerhaften Wirtschaftsaufschwungs in Gang zu setzen vermochte. Sie war vielmehr ein pragmatisches Instrument, das den Gewerkschaften einmal den Vorteil bot, auch für den einfachen Bürger plausibel und einprägsam zu sein, und sie zum andern in die Lage versetzte, ihre sozialpolitischen Forderungen auch wirtschaftstheoretisch zu legitimieren und damit den Vorwurf mangelnder ökonomischer Kompetenz zu entkräften. Für die innergewerkschaftliche Bewußtseinsbildung leistete die Kaufkrafttheorie einen wichtigen Beitrag, indem sie den Zusammenhang zwischen ökonomischer Entwicklung und sozialem Fortschritt Mitgliedern wie Funktionären gleichsam ins Bewußtsein hob.

## 10. *Das Programm der Wirtschaftsdemokratie*

Die geistige Situation der deutschen Gewerkschaften zu Beginn der Stabilitätsphase der Weimarer Republik wurde vor allem durch zwei Erfahrungen bestimmt: Einmal hatten sich die an Revolution und politische Demokratie geknüpften Hoffnungen auf eine sozialistische Umgestaltung als illusionär erwiesen und zum anderen waren die eigenen Organisationen aus Ruhrkampf und Inflation mutlos und aufs äußerste geschwächt hervorgegangen. Vor allem im ADGB wurden deshalb recht bald Gedanken darüber angestellt, wie man die Bewegung durch ein zukunftsweisendes Programm, durch ein die Massen begeisterndes Ideal aus der drohenden Perspektivlosigkeit der Routinearbeit herausführen könnte. Fritz Tarnow drückte auf dem Breslauer Kongreß 1925 die Überzeugung vieler Delegierter in den klassischen Sätzen aus: „Wir brauchen in der Gewerkschaftsbewegung nicht eine Sonne am Firmament, sondern ein Ziel, das auf Erden zu verwirklichen ist, dessen Verwirklichung wir uns immer mehr nähern, so daß jeder sehen kann: Es kommt einmal die Zeit, wo es anders wird, wir schreiten immer vorwärts dem Ziel entgegen. Da ist die ungeheure Werbekraft, die in der Idee liegt, daß wir das Endziel, die Umformung der Wirtschaft und damit der Gesellschaft, im täglichen Kampfe Schritt für Schritt erreichen können."[74]

Damit war das Programm der Wirtschaftsdemokratie umrissen, das in Breslau nur andiskutiert und später durch eine vom Bundesvorstand eingesetzte Kommission, der u. a. Arons, Baade, Broecker, Erdmann, Hilferding, Marschak, Naphtali, Nölting, Sinzheimer und Tarnow angehörten, im einzelnen ausgearbeitet wurde. Das schließlich vom

73 Vgl. Leuschen-Seppel, S. 170 f.

74 ADGB-Kongreß 1925, S. 231; vgl. ebd., S. 33 ff., 186 ff., 202 ff., 217 ff.

Hamburger Kongreß 1928 akzeptierte Konzept[75] basierte auf der Einsicht, daß die politische Demokratie nicht zur Beseitigung der autoritären Strukturen des organisierten Kapitalismus geführt habe und es deshalb notwendig sei, sich durch schrittweise Reformen auf dem ökonomischen Sektor dem Modell einer Wirtschaftsdemokratie anzunähern. Wie Naphtali in der Programmschrift des ADGB ausführt, seien Sozialismus und Wirtschaftsdemokratie im Endziel untrennbar miteinander verknüpft: „Es gibt keine vollendete Wirtschaftsdemokratie ohne sozialistisches Wirtschaftssystem, und das Ideal des Sozialismus ist ohne demokratischen Aufbau der Wirtschaftsführung nicht zu verwirklichen."[76] Bis zur Erreichung des Endziels aber gelte die Erkenntnis, „daß der Kapitalismus, bevor er gebrochen werde, auch gebogen werden könne".[77] Mit Hilfe der Arbeiterbewegung seien bereits in der Vergangenheit wichtige Stufen auf dem Wege zu einer Demokratisierung der Wirtschaft erreicht worden. Diese Entwicklung gelte es zu forcieren, teils durch Maßnahmen der Gewerkschaften selbst, teils durch die entsprechende Beeinflussung der Staatsmacht. Zunächst einmal gelte es, das Bildungsmonopol der herrschenden Schichten zu durchbrechen, um der Arbeitnehmerseite die für Reformen notwendigen ökonomischen Kenntnisse im breiteren Umfang als bisher zu vermitteln. Auf tarif- und sozialpolitischem Sektor könne man unmittelbar an die bislang errungenen Erfolge anknüpfen, durch die die kapitalistische Ausbeutung bereits spürbar eingeschränkt worden sei. Angesichts der sich immer stärker beschleunigenden Konzentration der Wirtschaft und der damit verbundenen, zunehmenden Mißbrauchsmöglichkeiten sei die gesellschaftliche Kontrolle monopolartiger Unternehmen unabweisbar. Die Gewerkschaften meldeten den Anspruch an, nicht nur in den staatlichen Überwachungsorganen, sondern als Wahrer des Allgemeininteresses auch in der Geschäftsleitung der entsprechenden Unternehmen oder Unternehmenszusammenschlüsse vertreten zu sein. Des weiteren gelte es, den expandierenden Sektor der öffentlichen Wirtschaft gezielt weiter auszubauen und gleichzeitig die Selbsthilfeeinrichtungen der Arbeitnehmerschaft, wie etwa Konsumgenossenschaften und gewerkschaftliche Eigenbetriebe, nachdrücklich zu fördern, so daß immer größere Teile der Volkswirtschaft der kapitalistischen Ratio entzogen würden. Der herkömmlichen Mitbestimmung durch Betriebsräte wurde hinsichtlich der Demokratisierung der Wirtschaft keine allzu große Bedeutung zugemessen; eine wirksame Kontrolle der Betriebsführung sei nur durch direkte Gewerkschaftsbeteiligung zu erreichen. Hier wie auch im überbetrieblichen Bereich wurde Demokratisierung faktisch mit paritätischer Mitbestimmung durch die Gewerkschaften gleichgesetzt. Die angestrebten gemeinwirtschaftlichen Elemente sollten durch regionale, branchenmäßige und übergreifende soziale Selbstverwaltungskörper entscheidend verstärkt werden, die weitgehende Mitspracherechte in der Wirtschaftspolitik unter Anerkennung der staatlichen Oberhoheit erhalten sollten. U. a. ging es darum, die in Artikel 165 der Weimarer Verfassung vorgesehenen Zwischeninstanzen auf Bezirksebene endlich einzusetzen. Durch all diese Maßnahmen sollte sich das öffentliche Interesse gegenüber dem privatwirtschaftlichen immer stärker durchsetzen, so daß die Elemente einer geplanten Wirt-

75 S. zum folgenden Fritz Naphtali, Wirtschaftsdemokratie. Ihr Wesen, Weg und Ziel, 4. Aufl., Frankfurt 1977 (zuerst 1928); ADGB-Kongreß 1928, S. 20 ff., 170 ff., 190 ff; ADGB-Jb 1928, S. 54 ff.; Theodor Leipart, Auf dem Wege zur Wirtschaftsdemokratie, Berlin 1928; Preller, S. 184 f.; Leuschen-Seppel, S. 114 ff.; Rudolf Kuda, Das Konzept der Wirtschaftsdemokratie, in: Vom Sozialistengesetz zur Mitbestimmung. Zum 100. Geburtstag von Hans Böckler, hrsg. von Heinz O. Vetter, Köln 1975, S. 253—274.

76 Naphtali, S. 16.

77 Ebd., S. 19.

schaft schließlich so stark dominierten, daß aus dem kapitalistischen Unternehmer ein gesellschaftlich beauftragter und gebundener Wirtschaftsführer würde, der über die Produktionsmittel nur noch unter dem Gesichtspunkt des Gemeininteresses verfügen dürfe. Erst wenn dieser Prozeß abgeschlossen sei, könne von wahrer Wirtschaftsdemokratie die Rede sein.

Zweifellos gibt Naphtali die Intentionen der ADGB-Kommission richtig wieder, wenn er feststellt, der Ruf nach Wirtschaftsdemokratie ändere nichts am Endziel des Sozialismus, und die von ihm herausgegebene Programmschrift diene primär der Klärung des Weges dorthin. Dennoch muß seine Warnung am Schluß des Buches aufhorchen lassen, die empfohlene Methode der kleinen Schritte dürfe weder Anlaß zur selbstzufriedenen Untätigkeit noch zur Resignation bezüglich der Erreichung des Endzieles werden.[78] In der Tat mochte das neue Programm zu einer allzu optimistischen Sicht der tatsächlichen Entwicklung verleiten und eine systemüberwindende Dynamik des gewerkschaftlichen Kampfes vortäuschen, die mit der Realität nichts mehr zu tun hatte. Es stellte mithin wohl auch ein Stück Rechtfertigungsideologie für die überalterte und keineswegs besonders aktive Führungsschicht des ADGB dar, vor allem im Hinblick auf die kommunistischen Feuerköpfe in den eigenen Reihen.

Sicher war nicht nur die hereinbrechende Weltwirtschaftskrise daran schuld, daß die Hoffnung auf eine Mobilisierung der Massen durch das neue Programm sich nicht erfüllte. Der in ihm zum Ausdruck kommende ungebrochene Fortschrittsglaube und das durch die sozialdemokratische Regierungsbeteiligung noch verstärkte Vertrauen in die sozialpolitische Reformbereitschaft des Staates konnten die Massen ebensowenig begeistern wie die nachlassende Leuchtkraft des in weite Ferne gerückten sozialistischen Endziels.

Auch die Christlichen und Hirsch-Dunckerschen Gewerkschaften plädierten für Wirtschaftsdemokratie und für eine paritätische Mitbestimmung der Arbeitnehmer bei allen wichtigen Wirtschaftsvorgängen. Dabei ging es ihnen jedoch nicht um die Überwindung, sondern um eine Modifizierung des kapitalistischen Systems. Die Christlichen Gewerkschaften betonten im Gegensatz zum ADGB stärker den sittlichen als den Machtaspekt bei der Überwindung der Wirtschaftsautokratie. Sie plädierten für den Ausbau ständisch orientierter Berufsvertretungen. Diese sollten in ein System paritätischer Wirtschaftskammern integriert werden, als dessen Spitze der endgültige Reichswirtschaftsrat oder gar ein „Reichstag der Arbeit“ als gesetzgebende zweite Kammer vorgesehen war. Um die Arbeitnehmer zu Miteigentümern von Wirtschaftsunternehmen zu machen, plädierte man für einen Ausbau des Genossenschaftswesens und der gewerkschaftlichen Eigenbetriebe. Die Hirsch-Dunckerschen Gewerkschaften hatten noch weniger als die Christlichen Gewerkschaften ein geschlossenes Konzept. Für sie bedeutete Wirtschaftsdemokratie vor allem mehr Freiheit und Entfaltungsmöglichkeit für das Individuum. Leistung dürfe nicht im Kollektivismus ersticken, und der öffentliche Sektor dürfe sich nicht übermäßig ausdehnen.[79]

78 Ebd., S. 189 f.

79 Vgl. Johannes Herzig, Die Stellung der deutschen Arbeitergewerkschaften zum Problem der Wirtschaftsdemokratie, Jur. Diss. Jena 1933; Walter Weddigen, Stichwort „Wirtschaftsdemokratie“, in: Internationales Handwörterbuch des Gewerkschaftswesens, hrsg. von Ludwig Heyde, Bd. 2, Berlin 1932, Sp. 2073 f.; Thieringer, S. 125 f.; Schneider, Gewerkschaften, S. 554 ff.

Eine starke Wirkung hatte die Diskussion über die Wirtschaftsdemokratie im Unternehmerlager.[80] Das in seinen Zielsetzungen so radikal klingende ADGB-Programm, das die sukzessive Entmachtung der Kapitalbesitzer forderte, schien bei oberflächlicher Betrachtung unter den politischen Verhältnissen des Jahres 1928 durchaus gewisse Durchsetzungschancen zu haben. Reichskanzler war der Sozialdemokrat Hermann Müller; Rudolf Hilferding, der neue Finanzminister, hatte die Konzeption der Wirtschaftsdemokratie selbst mit ausgearbeitet; der aus dem ADGB hervorgegangene Reichsarbeitsminister Rudolf Wissell verwaltete das für Sozialpolitik und Schlichtungsfragen zuständige Ressort. Hatte man schon jahrelang gegen die „kalte Sozialisierung“ durch Staatseingriffe zugunsten der Arbeitnehmerseite in der Tarif- wie in der Sozialpolitik polemisiert, so schien nun endgültig der „Gewerkschaftsstaat“ zu drohen, der die Wirtschaftlichkeit der Unternehmen vollends zerstörte, um sie sozialisierungsreif zu machen. In diese Richtung ging jedenfalls die Argumentation der radikalen Speerspitze der Unternehmerschaft aus dem schwerindustriellen Lager, in deren Polemik gegen die Wirtschaftsdemokratie und den übermäßigen Staatseinfluß sich zunehmend antidemokratische und antiparlamentarische Töne mischten. Wenn man an die Jahre 1923/24 zurückdenkt, so war das im Grunde nichts Neues; bedenklich war nur, daß viele Unternehmer das Schreckgespenst der Wirtschaftsdemokratie auch dann noch ernst zu nehmen schienen, als sich die mangelnde Durchsetzungsfähigkeit der SPD in der Großen Koalition längst erwiesen hatte. Die tariflichen Auseinandersetzungen und der Kampf gegen den nach Arbeitgebermeinung viel zu großen Staatseinfluß in der Schlichtungs-, der Sozial- und der Wirtschaftspolitik wurden ideologisch überhöht und intensiviert durch das Bewußtsein, damit gleichzeitig die Verwirklichung der unternehmerfeindlichen „Wirtschaftsdemokratie“ zu konterkarieren. So trug das ADGB-Programm realpolitisch betrachtet erheblich zur Radikalisierung der Arbeitgeberposition bei.

## 11. *Fazit*

In der Schlußzusammenfassung soll versucht werden, die Lage der Gewerkschaften am Ende der Periode 1924 bis 1929 aus der Zeit heraus zu beurteilen, d. h. ohne in eine retrospektive Sichtweise zu verfallen, die schon die Stabilitätsphase der Republik unter dem Blickwinkel des politischen und ökonomischen Verfalls und damit der Wegbereitung für die Hitler-Diktatur betrachtet. Gewiß waren auch für die Gewerkschaften die Krisenzeichen in der Wirtschaft unverkennbar. Die Produktionseinbrüche, die sprunghaft steigende Arbeitslosigkeit, die prekäre Haushaltslage des Reiches waren deutliche Warnsignale. Doch es sprach vieles dafür, daß es sich dabei um einen für kapitalistische Wirtschaften nicht ungewöhnlichen Konjunktureinbruch handelte, der selbst im Krisenwinter 1929/30 noch keineswegs die Dimensionen der Krisen von 1923 oder 1926 angenommen hatte. Wenn die Gewerkschaften bei den Sanierungsversuchen für die Arbeitslosenversicherung die zu erwartenden Erwerbslosenzahlen viel zu niedrig ansetz-

80 Vgl. Heinrich A. Winkler, Unternehmer und Wirtschaftsdemokratie in der Weimarer Republik, in: Probleme der Demokratie heute. Tagung der Deutschen Vereinigung für Politische Wissenschaft in Berlin. Herbst 1969, Opladen 1971 (PVS 11/1970, Sonderheft 2), S. 308—328; Michael Schneider, Unternehmer und Demokratie. Die freien Gewerkschaften in der unternehmerischen Ideologie der Jahre 1918—1933, Bonn-Bad Godesberg 1975, S. 149 ff.; Weisbrod, S. 204, 412 f.; Thieringer, S. 128; Carl Böhret, Aktionen gegen die „kalte Sozialisierung“ 1926—1930, Berlin 1966, S. 129 ff.

ten, so zeigte das, das sie Ende 1929 mit einer baldigen Wiederbelebung der Wirtschaft rechneten. Nicht nur für die Zeitgenossen, sondern auch für den analysierenden Wissenschaftler der Gegenwart gab bzw. gibt es keine sicheren Kriterien dafür, daß die Wirtschaft am Ende der Stabilisierungsperiode der Republik wirklich totkrank und dem Zusammenbruch nahe war. Internationale oder historische Vergleiche sagen nur bedingt etwas darüber aus, welche Investitionsquote oder welches Eigenkapital eine gesunde Wirtschaft benötigt oder welche Lohnquote und welche Sozial- und Steuerlasten sie verkraften kann. Sicher waren die Arbeitslosenzahlen im Vergleich zur Vorkriegszeit außerordentlich hoch; doch selbst 1929 blieben sie im Jahresdurchschnitt unter der 10 % -Marke, die heute von führenden westlichen Industrienationen laufend überschritten wird. Außerdem ließ sich die hohe Erwerbslosigkeit zumindest teilweise auf zeitbedingte Faktoren zurückführen: das Zusammentreffen der Rationalisierungswelle mit den auf den Arbeitsmarkt drängenden geburtenstarken Jahrgängen, die die Zahl der Arbeitssuchenden, aber auch der Beschäftigten gewaltig nach oben drückten.

Mit Hilfe der Gewerkschaften und einer sozial engagierten Schlichtungsbürokratie waren die Löhne in der Stabilitätsphase ständig angehoben worden und hatten 1929 ihren Höchststand erreicht. Der Achtstundentag war längst wieder zur Norm geworden. Leistungsverbesserungen in der Sozialversicherung hatten das soziale Netz sicherer gemacht. Vor allem die 1927 eingeführte Arbeitslosenversicherung milderte, zumindest bei kurz- und mittelfristiger Erwerbslosigkeit, die Probleme der Betroffenen spürbar ab und trug zudem dazu bei, den Druck der Arbeitslosen auf die Tariflöhne zu vermindern.

Das weit verbreitete Gefühl relativer Stabilität wurde 1929 auch von den Gewerkschaften noch weitgehend geteilt. Doch bei allen tarif- und sozialpolitischen Erfolgen war es mehr als ein Schönheitsfehler, daß sie sich auf ihrem ureigensten Sektor, der Lohn- und Arbeitszeitpolitik, immer stärker von der Hilfe des Staates abhängig gemacht und ihre zunehmende organisatorische Kraft nicht zur Stärkung ihrer Unabhängigkeit benutzt hatten. In der Hochkonjunkturphase 1927/28 wurde endgültig der Absprung zur Wiederherstellung einer echten Autonomie der Tarifparteien verpaßt. Die Gewerkschaften unterschätzten die Gefahren einer solchen Politik, die es den Arbeitnehmer- und Arbeitgeberorganisationen auch weiterhin gestattete, sich vor unangenehmen Kompromissen zu drücken und dem Staat die gesamte Verantwortung für die Lohnpolitik aufzubürden, indem sie die Leitentscheidungen dem staatlichen Schlichter überließen. Durch diese Politisierung der Verteilungskonflikte mußte die Tendenz gefördert werden, aus Wirtschaftskrisen Staatskrisen entstehen zu lassen.

In der Literatur wird häufig die Meinung vertreten, daß die Position der Gewerkschaften und auch die des Staates im Ruhreisenstreit entscheidend geschwächt worden seien. Dem ist nicht zu folgen. Zwar ist eine zeitweise Autoritätseinbuße des Staates, der seinen ersten Schiedsspruch nicht durchzusetzen vermochte, unleugbar. Doch immerhin machten staatliche Maßnahmen, wie etwa die Unterstützung der Ausgesperrten, einen Sieg der radikalen Unternehmer unmöglich und zwangen sie zum Einlenken. Für die Gewerkschaften bedeutete die Erfahrung einer Großaussperrung sicher einen Schock; eine dauerhafte Schwächung ihrer Position war damit nicht verbunden. Prekär war allerdings ihre Entscheidung sich nach den Erfahrungen des Ruhreisenstreits noch stärker auf die Hilfe des Staates zu verlassen. Auch das Urteil des Reichsarbeitsgerichts vom Januar 1929, das Einmannschiedssprüche künftig untersagte, beeinträchtigte weder die staatliche noch die gewerkschaftliche Position entscheidend. Der Kern der Zwangsschlichtung blieb davon unberührt. Es kann auch keine Rede davon sein, daß 1928/29 das Unternehmertum bereits zum entscheidenden Schlag gegen die Arbeiterbewegung und den demokratischen Staat ausgeholt habe. Wenn die Unternehmer in einer sich verschlechternden Wirtschaftslage den Einfluß des Staates zurückzudrängen versuchten, der ihnen nicht nur hohe Löhne, sondern auch erhebliche Soziallasten aufzwang, so entsprach das ihrem Interessenstandpunkt. Die Forderung nach Aufhebung des Tarifzwangs ist sicher nicht als radikaler einzustufen als das Verlangen der Gewerkschaften, im Zuge der Demokratisierung der Wirtschaft die Unternehmer zu entmachten und zu reinen Treuhändern der Allgemeinheit zu machen. Die antidemokratischen Eskapaden bestimmter Unternehmerkreise waren nicht neu, wirkten also auch 1929 nicht besonders beunruhigend. Immerhin gab es noch 1930 vielversprechende Kontakte zwischen Gewerkschaften und Unternehmern, die zur Formulierung eines Übereinkommens führten. Dieses wurde nicht etwa von den Arbeitgebern zu Fall gebracht, sondern auf Beschluß der Verbandsvorstände des ADGB, die sich damit gegen den Bundesvorstand durchsetzten.[81]

Natürlich bewirkten die radikalen Töne aus dem Unternehmerlager — und insbesondere von seiten der Schwerindustrie — eine Klimaverschlechterung im sozialen Streit, doch die Gewerkschaften waren offenbar nicht sonderlich alarmiert und rechneten auch nicht mit einem grundsätzlichen Kurswechsel der Gegenseite, der von der Masse der Unternehmer zumindest zu diesem Zeitpunkt auch nicht geplant war. Entsprechend verhielt sich der ADGB gegenüber der SPD und der Regierung der Großen Koalition: Seine harte Position in der Frage der Arbeitslosenversicherung und die Bereitschaft, die Regierung Müller notfalls stürzen zu lassen, spiegeln neben der (berechtigten) Sorge um die Folgebereitschaft der Mitgliedschaft durchaus auch Vertrauen in das eigene Machtpotential. Man hatte keineswegs das Gefühl, an einem Abgrund zu stehen. Die guten Erfahrungen mit den bürgerlichen Kabinetten Marx und Luther und der Glaube, daß ein weiterer Ausbau des Sozialstaates, wie er in der Theorie der Wirtschaftsdemokratie vorausgesagt wurde, eine notwendige Entwicklung darstelle, mögen die Freien Gewerkschaften in der Annahme bestärkt haben, daß auch kommende bürgerliche Regierungen es sich nicht leisten könnten, über die Belange der Arbeitnehmer und ihrer Organisationen hinwegzuschreiten. Außerdem waren sie — im Gegensatz zu 1923/24 — auch im Hinblick auf die Unternehmerposition wieder ein ernstzunehmender Faktor geworden, der trotz der Massenarbeitslosigkeit auch größere Arbeitskämpfe durchzustehen vermochte. Daß das für eine flächendeckende Großaussperrung nicht gelten konnte (und faktisch niemals gelten kann), spricht nicht gegen die These vom relativen Machtgleichgewicht. Kampfformen dieser Art berühren stets den staatlich-politischen Bereich, und ein Eingreifen der Exekutive wie möglicherweise auch der Parlamente ist in diesem Falle wohl kaum vermeidbar. Wenn den Gewerkschaften ein Vorwurf zu machen ist, so der, daß sie das Risiko einer Auseinandersetzung mit den Unternehmern auch dort scheuten, wo sie ihnen machtmäßig durchaus gewachsen waren, daß sie also staatliche Hilfe weit mehr als nötig in Anspruch nahmen.

Trotz dieses Fehlverhaltens läßt sich abschließend feststellen, daß 1929 nicht nur für Staat und Gesellschaft, sondern auch für die Gewerkschaftsbewegung die Situation durchaus offen war, und zwar ebenso von einer objektivierenden Lagebeurteilung aus betrachtet wie aus der Sicht der Zeitgenossen selbst. Zwar gab es bedenkliche Entwicklungen, die ernsthafte Gefahren signalisierten. Eine erneute Festigung des bestehenden politischen, ökonomischen und sozialen Systems und eine Stabilisierung der Gewerkschaftsposition aber konnten zu diesem Zeitpunkt keinesfalls als unwahrscheinlich angesehen werden.

---

81 Vgl. ADGB-BA IV./10., 14./15. 12. 30, S. 218 ff.

Dieter Schiffmann

# Die Freien Gewerkschaften und das Scheitern der Regierung Müller 1930

Die Rolle der Freien Gewerkschaften beim Sturz der letzten parlamentarischen Regierung der Weimarer Republik, der Großen Koalition unter dem sozialdemokratischen Reichskanzler Hermann Müller (Franken), ist beinahe schon ein klassisches Thema der zeitgeschichtlichen Forschung und ein zentraler Baustein vieler wissenschaftlicher Interpretationen des Scheiterns der Republik.[1] Die Griffigkeit mancher interpretatorischer Formeln steht dabei manchmal jedoch nicht nur bei historisch interessierten politischen und gewerkschaftlichen Akteuren,[2] sondern auch bei Fachhistorikern[3] in keinem rechten Verhältnis zur Kenntnis der komplexen historischen Vorgänge.

Von diesem Hintergrund erscheint es durchaus angebracht, in groben Zügen die wesentlichen Ereignisse um jenen ominösen 27. März 1930 zu rekapitulieren, bevor das Verhalten der Freien Gewerkschaften untersucht wird.[4]

---

1 Die Kommission für die Geschichte des Parlamentarismus und der politischen Parteien begann ihre renommierte Schriftenreihe mit dem heute zwar von der Quellenlage überholten, aber mangels einer neueren Gesamtdarstellung 1982 unverändert wieder aufgelegten Werk von Helga Timm, Die deutsche Sozialpolitik und der Bruch der Großen Koalition im März 1930, Düsseldorf 1952 (ND Düsseldorf 1982). Die Untersuchung des DDR-Historikers Klaus Mammach, Der Übergang des deutschen Finanzkapitals zur Vorbereitung seiner offenen, terroristischen Diktatur. Ursachen und Anlaß des Sturzes der sozialdemokratisch geführten Regierung der Großen Koalition im März 1930, Diss. Berlin 1963, wurde nicht veröffentlicht. Einen Teil seiner Ergebnisse publizierte Mammach in seinem Aufsatz: Der Sturz der großen Koalition im März 1930, in: ZfG 16 (1968), S. 565—585.

2 Vgl. die nebulöse Formulierung in einem Referat des ehemaligen DGB-Vorsitzenden Heinz Oskar Vetter: „Damals — ich denke an das Jahr 1930 — hat sich die Regierungspartei SPD drängen lassen, die Integrationsleistung der freien Gewerkschaften zu überfordern. Es ging zwar nur um ein halbes Prozent Erhöhung der Beiträge zur Arbeitslosenversicherung. Doch mit diesem halben Prozent waren — bei steigender Arbeitslosigkeit und sinkenden Mitgliederzahlen — die Gewerkschaften in ihrer Glaubwürdigkeit tief getroffen." In: Einheitsgewerkschaft und Parteipolitik. Zum 75. Jahrestag des Mannheimer Abkommens zwischen der Sozialdemokratischen Partei Deutschlands und den Freien Gewerkschaften von 1906, hrsg. von Erich Matthias, Düsseldorf 1982, S. 23.

3 Hagen Schulze, Weimar. Deutschland 1917—1933, Berlin 1982. Kennzeichnend für die nicht nur in den Wertungen fragwürdige, sondern auch in den Fakten über weite Strecken falsche Darstellung (S. 315): „Nun konzentrierte sich alles auf die Reform der Arbeitslosenversicherung, und prinzipiell war man sich mittlerweile darin einig geworden, daß eine Anhebung der Beiträge notwendig sei, doch während die Sozialdemokratie sich auf die bisherige Beitragshöhe von 3,5 % festgelegt hatte [sic!], hielten die übrigen Koalitionsparteien eine Erhöhung um mindestens 4 % für notwendig."

4 Zum Ablauf der politischen Ereignisse im März 1930 vgl. Schultheß' Europäischer Geschichtskalender 1930, S. 59 ff.; Timm, S. 166 ff.; Martin Vogt, Die Stellung der Koalitionsparteien zur Finanzpolitik 1928—1930, in: Industrielles System und politische Entwicklung in der Weimarer Republik, hrsg. von Hans Mommsen, Dietmar Petzina und Bernd Weisbrod, Düsseldorf 1974, S. 439—462; Ilse Maurer, Reichsfinanzen und Große Koalition. Zur Geschichte des Reichskabinetts Müller (1928—1930), Bern-Frankfurt 1973, S. 113 ff.

## 1. *Hermann Müller gegen Hermann Müller?*

Der 12. März 1930 brachte der Regierung der Großen Koalition unter dem sozialdemokratischen Reichskanzler Hermann Müller-Franken den größten Erfolg ihrer bis dahin 21monatigen Geschichte. In dritter Lesung billigte der Reichstag mit 270 gegen 192 Stimmen bei 3 Enthaltungen die Gesetze über den Young-Plan und die Ergebnisse der Haager Nachfolgekonferenzen. Gegenüber den Regelungen des bis dahin gültigen Dawes-Plans brachte der sogenannte Neue Plan für Deutschland eine Minderung seiner jährlichen Reparationsverpflichtungen um ca. 750 Millionen RM, die Beseitigung aller Kontrollen durch den Reparationsagenten und andere alliierte Instanzen und die Wiederherstellung der vollen Souveränität durch die auf den 30. Juni 1930 terminierte völlige Räumung des besetzten Rheinlandes. Das alles stellte einen innen-, außen- und finanzpolitischen Erfolg dar, wie ihn keine andere Regierung der Weimarer Republik bis dahin hatte aufweisen können.

Der Erfolg wurde dadurch komplettiert, daß der Reichstag am selben Tage auch das äußerst heikle deutsch-polnische Liquidationsabkommen annahm, und einen Tag später der Reichspräsident, der greise Generalfeldmarschall von Hindenburg, 1925 als Kandidat der Rechten gewählt, die Young-Plan-Gesetze ausfertigte, obwohl seine Bundesgenossen von einst großenteils gemeinsam mit den Nationalsozialisten eine wüste Kampagne gegen all diejenigen inszeniert hatten, die dieses „Versklavungsgesetz“ unterzeichnen würden.

Auch im Bereich der Wirtschafts-, Finanz- und Sozialpolitik schien nun vorübergehend die Koalition wieder gefestigt, die kurz zuvor einmal mehr am Rande des Auseinanderbrechens gestanden hatte. Die führenden Vertreter der Deutschen Volkspartei, die sich scharf gegen die Deckungsvorschläge des Kabinetts vom 5. März 1930 für den Haushalt 1930/31 ausgesprochen hatten und an dem nur leicht davon abweichenden Kompromiß der übrigen Regierungsparteien vom 11. März gar nicht erst beteiligt worden waren, schlugen auf dem Mannheimer Parteitag ihrer Partei am 22. März erstaunlich moderate und realistische Töne an. Der Parteiführer Scholz erklärte dort, „wer mit den Verhältnissen rechne, wie sie nun einmal seien, und Realpolitik treibe, müsse zumindest zur Zeit feststellen, daß ein Regieren gegen oder auch ohne die Sozialdemokratie auf die Dauer kaum möglich“ sei[5]. Damit schien es, als ob die politische Vertretung der Schwer- und der übrigen Großindustrie, die lange Zeit jeglichen Kompromiß der Koalitionspartner unmöglich gemacht und sich selbst isoliert hatte, zu einem Ausgleich mit der politischen Vertretung der demokratisch gesinnten Arbeiterschaft bereit sei.

Fünf Tage später hatte sich die Situation dramatisch gewandelt. In erneuten Besprechungen der Führer der Koalitionsfraktionen, die seit dem 25. März fast in Permanenz tagten, rückten die Vertreter des Zentrums und der Deutschen Demokratischen Partei zusehends von dem zwei Wochen zuvor mit der SPD erreichten Finanzkompromiß über die Steuererhöhungen und die Sicherung der Arbeitslosenversicherung (ALV) ab. Der Vorsitzende der Zentrumsfraktion, Heinrich Brüning, legte schließlich gemeinsam mit dem DDP-Abgeordneten Meyer einen Vorschlag vor, der als Kompromiß scheinbar die Entscheidung zwischen der DVP-Forderung nach Abbau der Versicherungsleistungen

5 Vgl. Schultheß', Jg. 1930, S. 85.

der ALV und der von der SPD befürworteten Beitragserhöhung von 3 1/2 auf 4 % des versicherungspflichtigen Lohnes vertagte[6].

Nachdem sich die Fraktionen von Zentrum und DDP sowie mit knapper Mehrheit auch die der DVP (mit 25 zu 16) für diesen Kompromiß ausgesprochen hatten, kam alles auf die Haltung der SPD an. Der Chefredakteur des SPD-Zentralorgans „Vorwärts", Friedrich Stampfer, hat den Verlauf der entscheidenden Sitzung anschaulich überliefert:

„Die Minister mußten bald wieder zurück zur Kabinettssitzung, man sprach nur kurz und erregt. Die Entscheidung war eigentlich schon gefallen, als einige der Fraktion angehörende Gewerkschaftsführer den Saal betraten und aus ihrer Mitte heraus Hermann Müller-Lichtenberg das Wort verlangte. Dieser zweite Hermann Müller der Fraktion war Mitglied des Bundesvorstandes des Allgemeinen Deutschen Gewerkschaftsbundes und ein ausgezeichneter Sozialpolitiker. Sein Ruhm wurde durch die Namensgleichheit mit dem Reichskanzler sehr verdunkelt. Nun stand Hermann Müller gegen Hermann Müller. Der Redner der Gewerkschaften erklärte in diktatorischem Ton, daß das Kompromiß über die Arbeitslosenversicherung völlig unannehmbar sei. Sollte die Fraktion zu einer anderen Auffassung kommen, so würden die Gewerkschaften es sich nicht nehmen lassen, ihren abweichenden Standpunkt im Reichtstag, in der Presse und in der Partei nachdrücklich geltend zu machen. Diese Erklärung war um so unglücklicher, als sie vollkommen überflüssig war. Tatsächlich war die Entscheidung schon so gut wie gefallen. Man beschloß fast einstimmig, das Kompromiß abzulehnen."[7]

Als in der anschließenden Kabinettssitzung Reichskanzler Müller den Ministern den Vorschlag unterbreitete, die Regierung solle ohne Rücksicht auf den Dissens der Koalitionsparteien mit der Kabinettsvorlage vom 5. März, die überdies inzwischen vom Reichsrat mit Mehrheit angenommen worden war, vor das Parlament treten, um gegebenenfalls wenigstens in offener Feldschlacht zu fallen, oder aber die Deckungsvorlage gestützt auf den Artikel 48 und das Notverordnungsrecht des Reichspräsidenten in Kraft zu setzen, erklärte sich der DVP-Finanzminister Moldenhauer außerstande, jetzt noch seine alte Vorlage vertreten zu können. Damit war eine einheitliche Willenserklärung des Kabinetts nicht mehr möglich, und eine Minderheitsregierung der Weimarer Koalition kam für das Zentrum ohnehin nicht mehr in Betracht. Das Kabinett erklärte daraufhin seine Gesamtdemission.

## 2. *Nicht 30. Januar 1933, sondern 27. März 1930?*

Die ungewöhnlich rasch vollzogene Bildung der Regierung Brüning-Schiele „über den Parteien", gestützt auf das außerparlamentarische Notstandsinstrumentarium des Art. 48 der Weimarer Verfassung und das präsidiale Parlamentsauflösungsrecht, hob schon in den Augen aufmerksamer Zeitgenossen den Sturz der Regierung Müller aus der langen Reihe der bis dahin erlebten Regierungskrisen heraus. Wie meist bei Konjunkturen historischen Interesses bedurfte es äußerer Anstöße, bevor sich eine breitere Öffentlichkeit außerhalb der Fachhistorie nach Jahrzehnten erneut für die Problematik dieses Ereignisses zu interessieren begann. Im Gefolge der verstärkten öffentlichen Diskussion

6 Der Wortlaut des Kompromisses Brüning-Mayer ist abgedruckt in: Akten der Reichskanzlei. Das Kabinett Müller II. 28. Juni 1928 bis 27. März 1930. Bearb. von Martin Vogt, Boppard am Rhein 1970, Bd. 2, S. 1604 f., (zit. AdR Müller II).

7 Friedrich Stampfer, Die ersten 14 Jahre der Deutschen Republik, Offenbach 1947, S. 562.

um die Vorbedingungen der nationalsozialistischen Machtergreifung, die wiederum eng mit einem um sich greifenden Krisenbewußtsein sowie mit der herannahenden 50. Wiederkehr des 30. Januar 1933 zusammenhing, wurde das Scheitern der Großen Koalition seit der Mitte der 1970er Jahre zunehmend von der politischen Publizistik und Rhetorik als Zäsur in der Geschichte der parlamentarischen Demokratie in Deutschland thematisiert und dramatisiert. Mehr oder minder zwangsläufig mußte dabei die differenzierte Ursachenforschung oftmals hinter publikumswirksamen Schuldzuweisungen und aus der Geschichte abgeleiteten politischen Gebrauchsanweisungen für die Gegenwart zurücktreten.

„Am 27. März 1930 begann die Fahrt in die deutsche Katstrophe", lautet beispielsweise eine solche besonders pointierte Wertung, die gleichzeitig ein vernichtendes Urteil über die historischen Akteure spricht: „Der Parteienstaat hatte einen Schlag erhalten, von dem er sich nie wieder erholen sollte, und es blieb der grausame Witz, daß wegen eines halben Prozents eines Sozialversicherungsbeitrages gestandene Politiker eine ganze Republik aufs Spiel setzten."[8] Den „Linken und Gewerkschaftlern" in der SPD-Reichstagsfraktion, die sich dem von Heinrich Brüning vorgelegten Kompromißvorschlag zur Sanierung der Arbeitslosenversicherung verweigerten, der angeblich den Fortbestand der Großen Koalition gesichert hätte, wird die Schuld an der durch den 27. März 1930 eingeleiteten unheilvollen Entwicklung zugewiesen.[9]

Sind demnach Sozialdemokratie und Freie Gewerkschaften die wahren Schuldigen an der „deutschen Katastrophe"?[10] Die Behauptung einer solchen von der sozialdemokratischen Arbeiterbewegung zu verantwortenden Einbahnstraße der Zwangsläufigkeiten zwischen dem 27. März 1930 und dem 30. Januar 1933 ist zweifellos sowohl von der Methode als auch von den Fakten her nicht aufrechtzuerhalten.[11] Als ernstzunehmender Kern dieser zeitgeschichtlich-publizistischen Folklore bleibt jedoch der Vorwurf, daß die Führung der Freien Gewerkschaften und die Gewerkschafter in der SPD-Fraktion den Protagonisten des Kurses der präsidialen Notverordnungskabinette ungewollt, aber schuldhaft Vorschub geleistet bzw. selbst zur Diskreditierung des parlamentarischen Systems beigetragen haben.

Das Scheitern des Koalitionskabinettes Hermann Müller-Franken gilt einer breiten Strömung der zeitgeschichtlichen Forschung als Symptom und Ergebnis der „Krise des Parteienstaates" von Weimar.[12] Auch die demokratischen Parteien im allgemeinen und

8 Heinz Höhne, Warten auf Hitler, in: Der Spiegel, Nr. 2 vom 10. 1. 1983, S. 126.

9 Ebd.

10 Eine solche Schlußfolgerung wird auch durch die Formulierungen von Hagen Schulze nahegelegt. Nach der Feststellung, daß die SPD „sich selbst aus der Regierung entlassen" habe (Weimar, S. 316), schreibt er: „Das Versagen der Parteien war so offensichtlich, daß man es Hindenburg kaum verdenken konnte, wenn er nach außerparlamentarischen Lösungen suchte: selbst untadelige Demokraten hatten genug von der ‚Krisenmacherei' . . ." (S. 317).

11 So hat z.B. Karlheinz Janßen in einer zeitgeschichtlichen Serie (ZEIT-magazin, Nr. 51 vom 17. 12. 1982, S. 18) mit Blick auf die politischen Absichten der Parteien und Gruppen rechts von der SPD die angeblich demokratie-rettende Bedeutung des Brüning-Kompromisses stark in Zweifel gezogen. Denn, „selbst wenn Reichskanzler Müller noch ein paar Monate lang den Liberalen zuliebe unpopuläre Reformen durchgeführt hätte", wäre er danach doch gestürzt worden.

12 Bezeichnend für diese Richtung ist, daß das einschlägige Kapitel über den Sturz der Regierung der Großen Koalition in Gebhardts Handbuch den Titel „Die Krise des Parteienstaates" trägt; vgl. Karl Dietrich Erdmann, Die Zeit der Weltkriege (= Gebhardt, Handbuch der deutschen Geschichte, Bd. 4, 1), 9. neubearb. Aufl., Stuttgart 1972, S. 303 ff. Programmatisch für diesen Problemansatz: Werner Conze, Die Krise des Parteienstaates in Deutschland 1929/30, in: HZ 178 (1954), S. 47—83; ders., Die politischen Entscheidungen in Deutschland 1929—1933, in: Die Staats- und Wirtschaftskrise des

die Flügelparteien der Großen Koalition, die SPD und die Deutsche Volkspartei, im besonderen seien, geprägt durch die politische Praxis des konstitutionellen Systems vor 1918, unter dem Druck der mit ihnen verflochtenen wirtschaftlichen Interessen unfähig gewesen zur dauerhaften Kompromißfindung und damit zur parlamentarischen Koalitionsregierung. Die starken Polarisierungstendenzen im gesellschaftlichen und politischen Leben der Weimarer Republik hätten zur Flucht aus der Verantwortung und letztlich zur Selbstausschaltung der Parteien geführt. Dabei sei vor allem die Sozialdemokratie der besonderen Verantwortung aus ihrem Selbstverständnis als der eigentlich staatstragenden Partei der Republik nicht mehr gerecht geworden. Das „Klasseninteresse", die „proletarisch-gewerkschaftliche Rücksicht" habe schließlich am 27. März 1930 über staatspolitische Vernunft und Notwendigkeit gesiegt[13].

Eine solche Sichtweise muß aus mehreren Gründen fragwürdig erscheinen. Sie geht aus von einer realpolitisch entleerten Vorstellung von „staatspolitischen Notwendigkeiten", die die formalen Strukturen politischer Machtausübung zum eigentlichen Wesen der Weimarer Demokratie erklärt. Der gesellschaftspolitische Gehalt des Verfassungskompromisses und das Ringen der gesellschaftlichen und politischen Gruppen um die inhaltliche Ausgestaltung des demokratischen Staatswesens werden davon abgelöst und nur an ihrer Funktionalität für die Erreichung des vorgeblichen Hauptzweckes gemessen. Die politischen Auseinandersetzungen werden gleichsam in einem Vakuum, ohne Bezug zu den Rahmenbedingungen der Akteure untersucht. So kann auch nicht deutlich werden, daß die Haltung der Gewerkschafter am 27. März 1930 nur den vorläufigen, allerdings nicht unbedingt zwangsläufigen Endpunkt eines Prozesses darstellte, der mit der Befürwortung des Regierungseintritts der SPD durch den ADGB in Gang gekommen war.

Die folgende Untersuchung wird deshalb vor allem abstellen auf die Frage, wie und warum es möglich wurde, daß die Sicherung der Arbeitslosenversicherung im Frühjahr 1930 eine solch überragende Bedeutung im gewerkschaftlichen Politikverständnis gewinnen konnte. Sie wird sich dabei notwendigerweise mit dem äußerst dramatischen Zusammentreffen von Krisenerscheinungen in den vier für gewerkschaftliches Handeln zentralen Bereichen Arbeitsmarkt, Konjunktur, Staatsfinanzen und Parteiensystem sowie der gewerkschaftlichen Reaktion darauf zu befassen haben.

## 3. *Wende im Verteilungskampf*

Die Jahre seit der Inflationskatastrophe des Jahres 1923 hatten bei aller Widersprüchlichkeit vieler Entwicklungen die materiellen Lebensbedingungen der deutschen Arbeit-

---

Deutschen Reichs 1929/33, hrsg. von Werner Conze und Hans Raupach, Stuttgart 1967, S. 176—252; Karl Dietrich Bracher, Die Auflösung der Weimarer Republik. Eine Studie zum Problem des Machtverfalls in der Demokratie, 5. Aufl., Villingen 1971, S. 257 ff.

13 So schon die Frankfurter Zeitung (Nr. 236 vom 29. 3. 1930) in dem Leitartikel: „Was sich wandelt und was bleibt": „Das Neue ist, daß die Sozialdemokratie den obersten politischen Gesichtspunkt aufgegeben hat, alles übrige dem Gedanken an die Republik und an die entscheidende Mitwirkung der demokratischen Kräfte unterzuordnen, und daß sie stattdessen jetzt die gewerkschaftlich-politische Rücksicht voranstellt. Daß diese Formulierung, das Klasseninteresse habe über die Politik gesiegt, nicht zu scharf ist, ergibt sich daraus, daß die zur Überschau am meisten befähigten und befugten Männer der Partei, also der Kanzler, die Minister und die Führer von Partei und Fraktion, für das Kompromiß mit den anderen Gruppen der Koalition eintraten und der Masse der Gewerkschaftsvertreter unterlagen." Vgl. auch ebd., Nr. 235 vom 28. 3. 1930: „Regierungskrise — und was nun?"

nehmer spürbar verbessert und die Stellung der Gewerkschaften in der Wirtschafts- und Sozialverfassung der Republik gesichert, ja z. T. sogar ausgebaut. Die Reallöhne überstiegen in den meisten Bereichen der deutschen Volkswirtschaft erstmals wieder das Vorkriegsniveau. Die Sozialversicherung wurde nicht nur in den alten Formen wieder aufgebaut, sondern sie wurde durch die Schaffung der Arbeitslosenversicherung im Jahre 1927 überhaupt erst abgerundet. Schließlich hatte der Staat auch die Stellung der Gewerkschaften im kollektiven Arbeitsrecht gegenüber dem nachinflationären Ansturm der Arbeitgeber erfolgreich verteidigt.[14]

In anderen wichtigen Bereichen warfen die angeblich so „goldenen Zwanziger" aber recht dunkle Schatten: Die Arbeitslosigkeit lag fast beständig weit über den Werten der angeblich so schlimmen Inflationsjahre. Die Konjunktur entwickelte sich sehr diskontinuierlich, mit einer raschen Abfolge von starken Kurvenausschlägen nach oben und unten. Die Ausgabenpolitik der bürgerlichen Kabinette steuerte nahezu unaufhaltsam den Staatshaushalt ins Defizit. Das Bankensystem, die öffentlichen und die privaten Investitionen gerieten in immer größere Abhängigkeit von den ausländischen, insbesondere den amerikanischen Kreditmärkten.[15]

Der Arbeitsmarkt zeigte schon frühzeitig an, daß die starken konjunkturellen Auftriebstendenzen des Jahres 1927 nur ein Strohfeuer gewesen waren. Schon im Sommer 1928 lag die Arbeitslosenquote erstmals wieder über dem Vorjahresstand. Im extrem kalten Winter 1928/29 mußten sich dann bereits 22,3 % aller Gewerkschaftsmitglieder arbeitslos melden. Die wärmere Jahreszeit brachte nicht die erhoffte Verbesserung, die Arbeitslosigkeit blieb um ein Drittel höher als 1928. Die Talfahrt des Arbeitsmarktes war nicht mehr aufzuhalten: Im März 1930 überschritt die Zahl der Arbeitslosen erstmals die Drei-Millionen-Grenze. Daß hieran nicht wie ein Jahr zuvor der kalte Winter schuld war, mußte jeder unvoreingenommene Beobachter daran erkennen, daß gerade in den jahreszeitunempfindlichen Industrie- und Gewerbezweigen die Arbeitslosigkeit überdurchschnittlich, nämlich 3 1/2 mal so hoch war wie zwei Jahre vorher.[16]

Die Gewerkschaften erfaßten viel zu spät die Tragweite dieser Entwicklungen. Zunächst dachten sie, es handele sich lediglich um eine „konjunkturelle Abschwächung",

---

14 Zu diesen Entwicklungen der Stabilisierungsphase vgl. vor allem Ludwig Preller, Sozialpolitik in der Weimarer Republik, ND Kronberg/Ts-Düsseldorf 1978, S. 296 ff.; Georges Castellan, Zur sozialen Bilanz der Prosperität 1924—1929, in: Industrielles System, S. 104—110.

15 Allgemein zur wirtschaftlichen Entwicklung: Dietmar Petzina, Die deutsche Wirtschaft in der Zwischenkriegszeit, Wiesbaden 1977, bes. S. 86 ff.; ders./Werner Abelshauser, Zum Problem der relativen Stagnation der deutschen Wirtschaft in den zwanziger Jahren, in: Industrielles System, S. 57—76. Stärkere Herausarbeitung der krisenhaften Elemente der nachinflationären Entwicklung in den Aufsätzen von Knut Borchardt, Wirtschaftliche Ursachen des Scheiterns der Weimarer Republik, in: Weimar. Selbstpreisgabe einer Demokratie. Eine Bilanz heute, hrsg. von Karl Dietrich Erdmann und Hagen Schulze, Düsseldorf 1980, S. 211—249, bes. 217 ff., und ders., Zwangslagen und Handlungsspielräume in der großen Wirtschaftskrise der frühen dreißiger Jahre: Zur Revision des überlieferten Geschichtsbildes, in: Jahrbuch der Bayerischen Akademie der Wissenschaften 1979, München 1979, S. 85—132. Zur Bilanz der Finanzpolitik der bürgerlichen Kabinette s. Maurer, S. 13 ff. und Rosemarie Leuschen-Seppel, Zwischen Staatsverantwortung und Klasseninteresse. Die Wirtschafts- und Finanzpolitik der SPD zur Zeit der Weimarer Republik unter besonderer Berücksichtigung der Mittelphase 1924—1928/29, Bonn 1981, S. 118 ff.

16 Zur Entwicklung der Arbeitslosenzahlen seit 1927 vgl. Jahrbuch 1928 des Allgemeinen Deutschen Gewerkschaftsbundes, Berlin 1929 (zit. ADGB-Jb 1928), S. 18 ff. und Jahrbuch 1929 des Allgemeinen Deutschen Gewerkschaftsbundes, Berlin 1930 (zit. ADGB-Jb 1929), S. 19 ff.; Die Arbeitslosigkeit im Jahre 1929, in: Gewerkschafts-Zeitung, Nr. 4 vom 25. 1. 1930, S. 54 ff. (zit. GZ).

ein Indiz für eine angebliche „Normalisierung" der Wirtschaftsabläufe.[17] Die Rekordarbeitslosenzahlen des Winters 1928/29 galten daher folgerichtig lediglich als vorübergehende Folge der „Kältekatastrophe".[18] Im Sommer 1929 trösteten sie sich damit, daß die „unbefriedigende Gesamtlage" auf eine kurzzeitige Kapitalknappheit und die allgemeine Unsicherheit über den Ausgang der Pariser Reparationsverhandlungen zurückzuführen sei.[19] Diese Faktoren hinderten angeblich ein ausreichendes wirtschaftliches Wachstum, das notwendig gewesen wäre, um die zwischen 1925 und 1930 auf den Arbeitsmarkt zukommenden 1,5 Millionen Berufsanfänger aufzunehmen und gleichzeitig die Opfer der Rationalisierungswelle jener Jahre wieder einzugliedern.[20]

Noch im August 1929 wurde die zur Reform der Arbeitslosenversicherung eingesetzte Sachverständigenkommission des bösartigen Zweckpessimismus bezichtigt, als sie ihren Berechnungen eine durchschnittliche Arbeitslosenzahl von 1,2 Millionen zugrunde legte.[21] Erst um die Jahreswende 1929/30 rang man sich dann in den Gewerkschaftsführungen zur Erkenntnis durch, daß die Wirtschaft in eine Depression hineinsteuerte.[22] Dieser plötzliche neue Pessimismus blieb nicht ohne Auswirkungen auf die Einschätzung der Kampfposition der Gewerkschaften.

Heute sehen wir deutlicher, wie schwankend der Boden der wirtschaftlichen Entwicklung Deutschlands schon vor dem Einbruch der Weltwirtschaftskrise geworden war. Handels- und Leistungsbilanzdefizite in den Jahren nach der Inflation waren Ausdruck der gegenüber der Vorkriegszeit völlig gewandelten deutschen Weltmarktposition.[23] Modernisierung und Rationalisierung steigerten die Produktivität und die Produktionskapazitäten der deutschen Industrie[24], ohne sich an der Aufnahmefähigkeit der Märkte zu orientieren und ohne in größerem Umfang neue produktive Arbeitsplätze zu schaffen.[25] Der hohe Anteil fixer Produktionskosten[26], das überdurchschnittliche Wachstum unpro-

17 Diese Tendenz kennzeichnet die Artikel von Ernst Berger, Deutscher Arbeitsmarkt. Sommer 1928, in: Die Arbeit 5 (1928), S. 616 ff. und von Franz Spliedt, in: ebd., S. 651 ff.

18 Vgl. GZ, Nr. 12 vom 23. 3. 1929, S. 183 f., und Nr. 16 vom 20. 4. 1929, S. 248 f.

19 Vgl. Ernst Berger, Vom deutschen Arbeitsmarkte, in: Die Arbeit 6 (1929), S. 301 ff. und Franz Spliedt, in: ebd., S. 332 ff.; ähnliche Einschätzungen in der gewerkschaftlichen Konjunkturberichterstattung von Mai bis August 1929 in der GZ, Nr. 21 vom 25. 5. 1929, S. 322 ff.; Nr. 25 vom 22. 6. 1929, S. 386 ff.; Nr. 29 vom 20. 7. 1929, S. 456 ff. und Nr. 34 vom 24. 8. 1929, S. 532 ff.

20 Vgl. Ernst Berger, Deutscher Arbeitsmarkt, in: Die Arbeit 6 (1929), S. 721 ff.

21 Spliedt in der Sitzung des ADGB-Bundesausschusses am 31. 7. 1929, in: Protokoll der 3. Sitzung des Ausschusses des Allgemeinen Deutschen Gewerkschaftsbundes, abgehalten am 30. und 31. 7. 1929 im Gewerkschaftshaus zu Berlin, Berlin 1929, S. 65 f.

22 Vgl. hierzu die wirtschaftlichen Lageberichte in der GZ: Nr. 51 vom 21. 12. 1929, S. 806 ff.; Nr. 13 vom 29. 3. 1930, S. 199 ff. Bei aller Erkenntnis der wirtschaftlichen Talfahrt betonen diese Artikel jedoch stets „die Ungeklärtheit der Lage".

23 Vgl. Wolfram Fischer, Die Weimarer Republik unter den weltwirtschaftlichen Bedingungen der Zwischenkriegszeit, in: Industrielles System, S. 26—50.

24 Aus gewerkschaftlicher Sicht zur Rationalisierung s. K. Mendelsohn, Fünf Jahre Rationalisierung, in: Die Arbeit 7 (1930), S. 116 ff.

25 Ein Indiz dafür ist der Anstieg des Anteils der Angestellten an der industriellen Erwerbsbevölkerung von 6,1 % (1907) auf 11,4 % (1925); vgl. Dietmar Petzina/Werner Abelshauser/Anselm Faust, Sozialgeschichtliches Arbeitsbuch III. Materialien zur Statistik des Deutschen Reiches 1914—1945, München 1978, S. 57, Tab. 9 e.

26 Vgl. Alfred Sohn-Rethel, Ökonomie und Klassenstruktur des deutschen Faschismus, Frankfurt 1973, S. 42 ff.

duktiver Bereiche der Volkswirtschaft[27], die Überspannung der meist unzureichenden Eigenkapitaldecke[28] der Betriebe, die existentielle Abhängigkeit von ausländischem Kapital und die strukturelle Arbeitslosigkeit ergaben schon vor 1929 das Bild einer in ihren Grundlagen höchst krisenanfälligen Volkswirtschaft, deren Flexibilität zudem durch gewaltige Machtzusammenballungen im Bereich der Industrie und der Banken eingeschränkt wurde. Hinzu kamen als weitere strukturelle Krisensymptome, daß die Nettoinvestitionsquote (1929) noch nicht einmal die Hälfte des Vorkriegswertes erreichte[29] und daß das reale Sozialprodukt je Einwohner am Vorabend der Weltwirtschaftskrise das Ergebnis von 1913 nur um einige wenige Prozentpunkte überschritt.[30]

Der Ausbau des wohlfahrtsstaatlichen Interventionismus verknüpfte diese Probleme der deutschen Wirtschaft mit der politischen Entwicklung, indem er die Verteilung des Sozialproduktes und der Einkommen drastisch veränderte. Mit 18,2 % hatte sich die Steuerlastquote bis zum Jahre 1928 mehr als verdoppelt.[31] Von 1913 bis 1929 stieg der Anteil der öffentlichen Ausgaben (einschließlich der Sozialversicherung) von 17,7 % auf 31 %.[32] Nicht zuletzt durch die staatliche Einwirkung auf die Lohnpolitik vermittels Schlichtung und Zwangstarifen erhöhte sich der Anteil der Löhne und Gehälter an sämtlichen Privateinkommen um 11 % auf 58,7 %.[33] Gleichzeitig bewirkte der Ausbau der Sozialversicherung nahezu eine Vervierfachung des Anteils von Renten und Unterstützungen.

So waren es auch nicht wirtschaftsimmanente Faktoren allein, die schon vor der Weltwirtschaftskrise zu dem allmählichen Abschwung in Deutschland führten, sondern ihr kompliziertes Wechselspiel mit politischen Faktoren. Das Wissen darum, daß der enorme konjunkturelle Aufschwung des Jahres 1927 sehr stark durch den monatelangen englischen Bergarbeiterstreik stimuliert worden war, veranlaßte die Unternehmer schon bald zu vorsichtigeren Dispositionen.[34] In wechselseitiger Selbstverstärkung steigerte dann eine Reihe von Ereignissen der Jahre 1928 und 1929 die ohnedies vorhandenen krisenhaften Verhaltensdispositionen der Unternehmerschaft. Genannt seien hier nur: der schlechte Ausgang der Reichstagswahlen von 1928 für die bürgerlichen Parteien, die wochenlange Aussperrung in der westdeutschen Schwerindustrie, die Kaufkraftverluste durch die Winterarbeitslosigkeit 1929, die zunehmende Verengung des Kreditmarktes bei überhöhtem Zinsniveau, die finanzielle Dauerkrise des Reichshaushaltes, vor allem aber die Ungewißheit über den Ausgang der Young-Plan-Verhandlungen und der auf die

---

27 Zwischen 1925 und 1933 stieg der Anteil des tertiären Sektors an der Erwerbsbevölkerung von 27,4 % auf 30,7 %, während gleichzeitig der Anteil von Industrie und Handwerk von 42,1 auf 40,4 % sank. Vgl. Petzina/Abelshauser/Faust, S. 55, Tab. 9 b.

28 Nach Borchardt, Zwangslagen, S. 104, war dies die Folge der „zu teueren" Löhne, wodurch „eine Kompression jener Einkommensarten, aus denen üblicherweise die Investitionen wesentlich finanziert werden", bewirkt wurde.

29 Dazu Borchardt, Zwangslagen, S. 127 (Anm. 64), gestützt auf die Berechnungen von Hoffmann: Nettoinvestitionen je Einwohner in Mark (in konstanten Preisen): 1913 = 121,98; 1929 = 54,83.

30 Das reale Volkseinkommen lag 1929 nach Borchardt, Wirtschaftliche Ursachen, S. 223, um 6 % höher als 1913, nach Petzina, Wirtschaft, S. 170, dagegen um 14 Prozentpunkte.

31 Vgl. Tab. 26 bei Petzina, Wirtschaft, S. 186.

32 Ebd., Tab. 25, S. 186.

33 Petzina/Abelshauser/Faust, S. 104, Tab. 19 c.

34 Zur Wirtschaftsentwicklung 1927 — 1929 s. die unterschiedlichen Interpretationen in: Geschäftsbericht 1927/1929 der Vereinigung der Deutschen Arbeitgeberverbände, Berlin 1930, S. 227 ff., und in den ADGB-Jahrbüchern 1928, S. 5 ff. und 1929, S. 5 ff., sowie GZ, Nr. 2 vom 12. 1. 1929, S. 18 ff.

Gläubigerländer abzielende demonstrative Pessimismus über Deutschlands Leistungsfähigkeit.[35]

Während die Freien Gewerkschaften im September 1928 noch offensiv versuchten, die disparaten sozialstaatlichen Entwicklungstendenzen der letzten Jahre im Konzept der „Wirtschaftsdemokratie" zusammenzufassen und agitatorisch nutzbar zu machen, die auf „die schrittweise Beseitigung der Herrschaft, die sich auf dem Kapitalbesitz aufbaut, und die Umwandlung der leitenden Organe der Wirtschaft aus Organen der kapitalistischen Interessen in solche der Allgemeinheit" hinauslief[36], traten die Unternehmer, angeführt von der Schwerindustrie, bereits zum Generalangriff auf die gesetzliche Beschränkung ihrer Dispositionsbefugnisse und auf die staatliche Umverteilungspolitik an. Nach einem ersten erbitterten Angriff auf das Schlichtungssystem und die staatlichen Zwangstarife (Ruhreisenstreit)[37] und der Ablehnung eines weiteren Ausbaues des kollektiven Arbeitsrechtes[38] und des Arbeitsschutzes[39] geriet die Sozialversicherung mit zunehmendem wirtschaftlichen Krisenbewußtsein ins Zentrum der unternehmerischen Gegenoffensive. Mit ihrem Schlagwort von den angeblich „unerträglichen Soziallasten"[40], die ihnen durch ihre anteilige Beitragspflicht und die immer größer werdenden staatlichen Zuschüsse aus dem Steueraufkommen aufgebürdet würden, verbanden die Unternehmerverbände dann im Verlaufe des Jahres 1929 immer unverhüllter ihre Forderung nach drastischer Senkung der Besitzsteuern.[41] „Kapitalbildung" war hierfür das zweite Schlagwort.[42]

Die zentralen Hebel in dem so entbrannten Kampf um die staatliche Verteilungspolitik boten einerseits das Defizit des Reichshaushaltes und andererseits die aus dem Young-Plan zu erwartenden Reparationserleichterungen.

---

35 ADGB-Jb 1929, S. 5 f.; GZ, Nr. 33 vom 17. 8. 1929, S. 522 ff.

36 Resolution: „Die Verwirklichung der Wirtschaftsdemokratie", in: Protokoll der Verhandlungen des 13. Kongresses der Gewerkschaften Deutschlands (3. Bundestag des Allgemeinen Deutschen Gewerkschaftsbundes). Abgehalten in Hamburg vom 3. bis 7. 9. 1928, Berlin 1928, S. 20 ff., hier S. 21; s. auch das Referat von Naphtali, ebd., S. 170 ff. Allgemein zum Konzept der Wirtschaftsdemokratie: Rudolf Kuda, Das Konzept der Wirtschaftsdemokratie, in: Vom Sozialistengesetz zur Mitbestimmung. Zum 100. Geburtstag von Hans Böckler, hrsg. von Heinz Oskar Vetter, Köln 1975, S. 253—274.

37 Zum Ruhreisenstreit s. neuerdings Gerald D. Feldman/Irmgard Steinisch, Notwendigkeit und Grenzen sozialstaatlicher Intervention. Eine vergleichende Fallstudie des Ruhreisenstreits in Deutschland und des Generalstreiks in England, in: AfS 20 (1980), S. 57—117; Bernd Weisbrod, Schwerindustrie in der Weimarer Republik. Interessenpolitik zwischen Stabilisierung und Krise, Wuppertal 1978, S. 395 ff.

38 S. Clemens Nörpel, Arbeitsrecht im Jahre 1929, in: Die Arbeit 6 (1929), S. 608 ff.; ADGB-Jb 1929, S. 176 ff.

39 Ebd., S. 147 ff.

40 Vgl. Preller, S. 459 ff.

41 Am umfassendsten trug der RDI diese Forderung in seiner Denkschrift „Aufstieg oder Niedergang? Deutsche Wirtschafts- und Finanzreform 1929", Berlin 1929, vor.

42 Aus der Flut der Unternehmer-Veröffentlichungen zu dieser Forderung sei nur verwiesen auf G. Cassel, Demokratie und Kapitalbildung, in: Der Arbeitgeber, Nr. 21 vom 1. 11. 1929, S. 584 ff., und Tessmar, Kaufkraft und Kapitalbildung, in: ebd., Nr. 9 vom 1. 5. 1929, S. 241 ff. Die gewerkschaftliche Diskussion, die 1929 im theoretischen Organ Die Arbeit einsetzte, ist zusammengefaßt in: Wirtschaftslage, Kapitalbildung, Finanzen. Die Entwicklung in Deutschland von 1925—1930, hrsg. vom ADGB, Berlin 1930.

Die bürgerlichen Koalitionsregierungen hatten der Großen Koalition schon für das Etatjahr 1928/29 einen nur mühsam kaschierten Defizithaushalt hinterlassen.[43] Der Reichshaushalt kam dann aber völlig durcheinander, als die Massenarbeitslosigkeit im Winter 1928/29 die Finanzen der Arbeitslosenversicherung aufzehrte und das Reich entsprechend der gesetzlichen Regelung von 1927 mit umfangreichen Darlehen einspringen mußte.[44] In der Folge öffnete sich die Schere zwischen Einnahmen und Ausgaben noch weiter, weil die Einnahmen aus Steuern und Zöllen unerwartet zurückgingen, gleichzeitig aber erstmals die volle Reparationsjahresrate aus dem Dawes-Plan mit 2,5 Milliarden Mark fällig wurde.[45] Alles drängte auf eine Generalbereinigung der staatlichen Finanzen. Nicht nur, daß das Reich immer größere Schwierigkeiten bei der Kreditbeschaffung hatte, ja mehrmals am Rande der Zahlungsunfähigkeit stand[46], auch aus der traumatischen Erfahrung der Inflationsjahre und mit Rücksicht auf die Gläubigerländer kam eine Defizitfinanzierung auf Dauer nicht in Frage.

Daß es in den Auseinandersetzungen um die Haushaltspolitik um die materielle Verfassung der Republik ging, war auch den Gewerkschaften klar. „Die Mittel des Staatshaushaltes müssen aus der Menge des Sozialproduktes gedeckt werden," schrieb beispielsweise die Gewerkschaftszeitung, „so daß Fragen der Verteilung der Staatslasten stets einmünden in das Problem der Verteilung des Sozialertrages . . . "[47]

## 4. *Die Dauerkrise der Großen Koalition*

Es kam damit ganz entscheidend auf die Stärkeverhältnisse in Parlament und Regierungskoalition an und auf die Art und Weise, wie die Parteien auf das explosive gesellschaftliche Krisenpotential reagierten. Die Geschichte der Großen Koalition als die Geschichte einer fiebrigen Dauerkrise ist oft beschrieben worden. Die Abfolge ihrer Krisenzustände begann mit der mühsamen Bildung des „Kabinettes der Personen" ohne feste Koalitionsverpflichtung der Fraktionen, auf die nach der Panzerkreuzerkrise die Regierungskrise vom Frühjahr 1929 folgte, aus der dann überhaupt erst die wirkliche Große Koalition hervorging. Sie reicht weiter über die von Stresemann kurz vor seinem Tod gerade noch einmal abgewendete erste Krise wegen der Arbeitslosenversicherung zu der unter blamablen Umständen gerade noch bestandenen Vertrauensabstimmung im Dezember 1929 und zu der letalen Märzkrise 1930. Das soll hier im einzelnen nicht mehr aufgerollt werden. Ich möchte mich auf wenige allgemeine Feststellungen beschränken.

Das Wahlergebnis vom Mai 1928, das der SPD bei der Regierungsbildung die führende Rolle zuwies, stärkte nur auf den ersten Blick ihre Position.[48] Tatsächlich engten

---

43 Vgl. die Darstellung des finanzpolitischen Experten der SPD-Reichstagsfraktion: Paul Hertz, Finanzpolitische Probleme der Gegenwart, in: Die Arbeit 5 (1928), S. 673 ff.; Maurer, S. 48 ff.

44 Vgl. ebd., S. 63 ff.; Erich Rinner, Etatkompromiß und Kassenlage, in: Die Arbeit 6 (1929), S. 279 ff., und ders., Finanzkrise und Finanzgesundung in: Jahrbuch der deutschen Sozialdemokratie für das Jahr 1929 (zit. SPD-Jb 1929), S. 385 ff.

45 Vgl. Maurer, S. 23 f.

46 Vgl. die Darstellung dieser Schwierigkeiten, die zur wenig erfolgreichen Auflage einer steuerfreien Anleihe führten, bei Leuschen-Seppel, S. 220 f., und Maurer, S. 72 ff.

47 SPD-Jb 1929, S. 73 ff.

48 Bei der Reichstagswahl vom 20. 5. 1928 hatte die SPD die Zahl ihrer Stimmen um 1,2 Millionen auf 9,1 Millionen und die Zahl ihrer Sitze im Reichstag von 131 auf 152 steigern können; vgl. Schultheß' 1928, S. 106 ff., und Georg Decker, Die Wahlergebnisse vom 20. 5. 1928, in: SPD-Jb 1928, S. 289 ff. Die anfängliche Euphorie über das Ergebnis wird belegt durch die Schlagzeilen des Vorwärts, Nr. 237 vom 21. 5. 1928: „152 Sozialdemokraten! Gewaltiger Vormarsch der Sozialdemokratie — Katastrophale Niederlage der Deutschnationalen".

das finanzpolitische Erbe der bürgerlichen Regierungen, der konjunkturelle Umschwung, der Zwang zur Koalitionsbildung unter Einschluß der unter großindustriellem Einfluß stehenden DVP und der selbstgesetzte Primat der endgültigen Reparationslösung die Handlungsmöglichkeiten der SPD von vorneherein ein. Daran änderte auch nichts, daß sie neben dem Reichskanzler die Minister der zentralen Ressorts Inneres, Finanzen und Arbeit stellte.[49]

Ihre Koalitionspartner rechts von der Mitte legten es von vorneherein darauf an, die Sozialdemokratie verantwortlich an der Verwaltung des um sich greifenden Mangels und an der Durchführung der von ihnen aus volkswirtschaftlichen Gründen als notwendig empfundenen Umkehr der staatlichen Verteilungspolitik zu Lasten der lohnabhängigen Bevölkerung zu beteiligen und sie sich daran abnutzen zu lassen.[50] Unter dem Eindruck ihrer Stimmenverluste bei den Reichstagswahlen und der immer aggressiveren Mobilmachung ihrer industriellen und mittelständischen Flügel bewegten sich die DVP[51], das Zentrum, die BVP[52] und auch die DDP[53] immer weiter nach rechts. Das führte zu einer deutlichen Schwächung der Gewerkschaftsflügel dieser Parteien und damit der sogenannten „gewerkschaftlichen Querverbindungen". Diese in den Jahren zuvor erprobte und erfolgreiche gewerkschaftliche Interessenvertretung im politischen Bereich durch ein abgestimmtes Vorgehen der drei gewerkschaftlichen Richtungen über die ihnen jeweils nahestehenden Parteien hatte ohnehin seit den Reichstagswahlen und dem Hamburger ADGB-Kongreß von 1928 unter verstärkten ideologischen Abgrenzungsbemühungen der Christlichen und der Hirsch-Dunckerschen Gewerkschaften zu leiden.[54]

Der strukturelle Grundfehler der Hermann-Müller-Koalition, die fehlende Bindung der Fraktionen an die Entscheidungen der Regierung, verlagerte vor allem zu Lasten der SPD seit Anfang 1929 die zentralen Entscheidungen immer mehr in die interfraktionellen Zirkel. Im Hinblick auf die bis März 1930 offene Reparationslösung kamen dort in den wichtigsten verteilungsrelevanten Fragen nur Provisorien und Vertagungskompromisse zustande, die selbst in immer kürzeren Abständen zur Erhöhung des Problemdruckes beitrugen. Solange die Ratifizierung der Young-Plan-Abkommen nicht über die Bühne gegangen war, konnte die Sozialdemokratie, weil man sie dazu unbedingt brauchte, zumindest noch in zentralen Fragen eine Vetoposition gegenüber ihren bürgerlichen Koalitionspartnern behaupten.

Die Schwäche der Regierung und das um sich greifende Entscheidungsvakuum erleichterten die Vorbereitungen für den Versuch einer präsidial-autoritären Lösung der Krise, die von den Kreisen um Hindenburg ausgehend sich auf die rasch anwachsenden antiparlamentarischen und sozialrestaurativen Tendenzen in den großen mittelständi-

49 Die Vertreter der Sozialdemokratie im Kabinett: Reichskanzler Hermann Müller, Reichsinnenminister Carl Severing, Reichsfinanzminister Rudolf Hilferding und Reichsarbeitsminister Rudolf Wissell. Nach dem Ausscheiden Hilferdings im Dezember 1929 übernahm Robert Schmidt das Wirtschaftsministerium.

50 Vgl. hierzu die Stellungnahme Stegerwalds, zit. in der Germania, Nr. 300 vom 2. 7. 1928, in: Protokolle der Reichstagsfraktion und des Fraktionsvorstandes der Deutschen Zentrumspartei 1926—1933, hrsg. von Rudolf Morsey, Mainz 1969, S. 225. Zur Regierungsbildung s. Maurer, S. 36 ff.

51 Vgl. Lothar Döhn, Politik und Interesse. Die Interessenstruktur der Deutschen Volkspartei, Meisenheim am Glan 1970; Vogt, S. 444 ff.; Timm, S. 87 ff.; Mammach, Übergang S. 99 ff.

52 Vogt, S. 451 ff.; Mammach, Übergang, S. 93 ff.

53 Vgl. Werner Schneider, Die Deutsche Demokratische Partei in der Weimarer Republik 1924—1930, München 1978, S. 123 ff.; Vogt, S. 448 ff.

54 Zur Reaktion der Christlichen Gewerkschaften auf das Wahlergebnis vom Mai 1928 s. Michael Schneider, Die Christlichen Gewerkschaften 1894—1933, Bonn 1982, bes. S. 646 ff.

schen und industriellen Verbänden sowie in den sogen. Mittelparteien stützen konnten.[55] Wichtigster Bestandteil dieser Überlegungen für ein „Hindenburg-Kabinett" war die Ausschaltung der SPD und des Einflusses der Freien Gewerkschaften. Wie Brüning an jenem ominösen 27. März 1930 offen kundtat, wollte der Reichspräsident „aus psychologischen Gründen die letzten Jahre seines Lebens nicht mit einer liberalen, sondern mit einer staatskonservativen Lösung arbeiten".[56]

Damit stand auch nicht zur Debatte, daß der Reichspräsident eventuell den Artikel 48 der Weimarer Verfassung für eine Regierung Müller unter Ausschluß der DVP einsetzen würde.[57] Schließlich standen hinter diesen Überlegungen von einer autoritären politischen Wende auch Erwartungen an eine Abkehr von der bisherigen Gesellschafts- und Wirtschaftspolitik. An die Stelle des in der Republik angeblich entstandenen „sozialen Obrigkeitsstaates", so forderte beispielsweise die Vereinigung der Deutschen Arbeitgeberverbände, solle eine Staatsgewalt treten, die „unabhängig über den Parteien steht".[58]

## 5. *Grenzpfähle und Zumutungen*

Diese politischen Entwicklungen drängten die SPD immer stärker in die Defensive und schließlich in die Isolation. Es bestätigte sich die Erfahrung aus den ersten Jahren der Republik, daß „eine wirtschaftliche Depression und katastrophale Arbeitslosigkeit die Position der Arbeiterklasse im ganzen Umfang schwächt und diese Schwächung sich auch dort nachhaltig fühlbar macht, wo es gilt, das Interesse der Arbeiterschaft mit politischen Mitteln zu vertreten: in einer Koalitionsregierung."[59] Die Koalitionswirklichkeit kontrastierte scharf mit den ursprünglichen Erwartungen des ADGB an die SPD-geführte Regierung: nämlich Unterstützung der Gewerkschaften bei der Verwirklichung ihrer sozialpolitischen Vorstellungen, Fortschritte auf dem Weg zum „sozialen Volksstaat" und restlose Beseitigung des Einflusses der „großkapitalistischen, altpreußisch-bureaukratischen und ostelbisch-monarchistischen Reaktion".[60]

Wenn auch das „Mannheimer Abkommen" von 1906, das die Zusammenarbeit von SPD und Freien Gewerkschaften geregelt hatte, offiziell nicht mehr erneuert worden war, so entwickelte sich doch nach den Inflationsjahren das Verhältnis beider Organisationen immer harmonischer.[61] Das spiegelte sich in einer Vielzahl von gemeinsamen Konferenzen und Besprechungen, in den Wahlaufrufen des ADGB zugunsten der SPD und in der Vertretung zahlreicher mehr oder minder prominenter Gewerkschaftsfunktionäre in der SPD-Reichstagsfraktion. 1928 beispielsweise gehörten von 152 sozialdemokratischen

55 Zur Vorbereitung des „Hindenburg-Kabinetts" s. Maurer, S. 121 ff.

56 Sitzung des Fraktionsvorstandes des Zentrums am 27. 3. 1930, Protokolle, S. 427 f.

57 Vgl. hierzu die Aussagen von Brüning in der Fraktionssitzung des Zentrums am 26. 3. 1930 (Protokolle, S. 423) und von Wirth in der Fraktionsvorstandssitzung am 27. 3. 1930 (ebd., S. 426).

58 Geschäftsbericht 1927/1929 der Vereinigung der Deutschen Arbeitgeberverbände, Berlin 1929, S. XXII.

59 GZ, Nr. 23 vom 8. 6. 1929, S. 354.

60 GZ, Nr. 21 vom 30. 5. 1928, S. 321 ff.

61 Zum Mannheimer Abkommen von 1906 vgl. Einheitsgewerkschaft, S. 66—80; Henryk Skrzypczak, Gewerkschaften und Sozialdemokratie 1890—1933, in: Gewerkschaftliche Monatshefte 8 (1982), bes. S. 472 ff.

Reichstagsabgeordneten mehr als 40 zu dieser Gruppe.[62] Aus der Sicht der Partei brachte Friedrich Stampfer dieses Verhältnis 1929 auf den vielzitierten Nenner: „Sollten wir einmal in der Sozialpolitik zu entscheiden haben zwischen der Regierung auf der einen Seite und den Gewerkschaften auf der anderen Seite, dann würden wir zweifellos nach dem Grundsatz entscheiden: Partei und Regierung sind zwei, aber Partei und Gewerkschaften sind eins."[63] Die Spaltung der politischen Arbeiterbewegung, die Konkurrenz der Kommunisten, machte die SPD äußerst empfänglich für politischen Druck seitens der Gewerkschaften, schränkte aber aus den gleichen Gründen, besonders nach der erneuten Wendung der kommunistischen Gewerkschaftspolitik, den politischen Spielraum des ADGB ein.

Nachdem der Kieler SPD-Parteitag von 1927 die Weichen gestellt hatte für die Übernahme von Regierungsverantwortung[64], war es auch für die ADGB-Führung klar, daß „die berechtigten Ansprüche der Arbeiterschaft durch Beteiligung an der Regierung und durch direkte Einflußnahme auf die Regierungsmaßnahmen erfolgreicher wahrzunehmen [seien] als durch Beharrung in der Opposition."[65] Damit sollte aber der Partei kein politischer Freibrief ausgestellt werden. Auf dem Hamburger ADGB-Kongreß 1928 versprach Leipart zwar, daß der ADGB die Sozialdemokraten „nach Möglichkeit" unterstützen werde, fügte dann aber hinzu: „Da wir aber genau wissen, daß auch sie nicht mit dem Kopf durch die Wand können, also nicht alle unsere Wünsche durchzusetzen vermögen, so können wir uns umso weniger davon abhalten lassen, die berechtigten Forderungen der Gewerkschaften ohne jede Rücksicht zu vertreten und Kritik zu üben überall dort, wo wir sie im Interesse der Arbeiterschaft für notwendig halten."[66]

Die Schwierigkeit für die Gewerkschaftsführungen und auch für die Mehrzahl der sozialdemokratischen Funktionäre mit Ausnahme der prinzipiell koalitionsfeindlichen Parteilinken bestand nun darin, anzugeben, wie lange man sich mit bloßer Kritik bescheiden wollte und wann man die Grenzen für das „geduldige Ausharren der Sozialdemokratie" und für „das Entgegenkommen an die Koalitionspartner" für überschritten halten würde.[67]

Daß die ADGB-Führung die positiven Gestaltungsmöglichkeiten der SPD in einer Koalition realistisch einschätzte, dokumentierte sie, indem sie in den ersten SPD-internen Regierungsverhandlungen bewußt auf ein „Programm auf lange Sicht" verzichtete. Man forderte lediglich die Ratifizierung des Washingtoner Abkommens über den Achtstundentag, die Hinaufsetzung der Lohnsteuerfreigrenzen sowie gezielte Maßnahmen zur Verhinderung von Preissteigerungen.[68] Dabei fühlte man sich aber so stark, daß man

62 Die Angaben über die Zahl der Gewerkschaftsvertreter in der SPD-Reichstagsfraktion schwanken je nach Berechnungsmethode; vgl. hierzu B. Seidel, Die Politik der Freien Gewerkschaften und das Ende der Regierung Müller im März 1930, unveröff. Magister-Arbeit, Berlin 1980, S. 38 ff. Der ADGB gab selbst 26 Abgeordnete an (GZ, Nr. 22 vom 2. 6. 1928, S. 344), die in einem engeren oder weiteren Verhältnis zu den Gewerkschaften stünden. Ausführliche Diskussion dieses Problemkreises bei Hagen Schulze, Stabilität und Instabilität in der politischen Ordnung von Weimar. Die sozialdemokratische Parlamentsfraktionen im Reich und in Preußen, in: VjZ 26 (1978), S. 419—432.

63 Sozialdemokratischer Parteitag 1929 in Magdeburg, Protokoll, S. 173 f.

64 Sozialdemokratischer Parteitag 1927 in Kiel. Protokoll mit dem Bericht der Frauenkonferenz, Berlin 1927, S. 265.

65 Rechenschaftsbericht Leiparts, in: ADGB-Kongreß Hamburg 1928, S. 79 f.

66 Ebd., S. 80.

67 GZ, Nr. 35 vom 31. 8. 1929, S. 345 ff.

68 Vgl. das Schreiben von Hermann Müller-Lichtenberg an Theodor Leipart vom 24. 4. 1928, in: Archiv der sozialen Demokratie, Bestand ADGB (zit. AsD), Kassette II.

nichts gegen ein eventuelles Verbleiben des Zentrumspolitikers Brauns und des DVP-Politikers Curtius in ihren einflußreichen Ämtern als Arbeits- bzw. als Wirtschaftsminister einzuwenden hatte.[69] Noch während der wochenlangen Regierungskrise im Frühjahr 1929 blieb der ADGB bei der Bestimmung der Grenzen sozialdemokratischer Koalitionspolitik recht zurückhaltend und unbestimmt. Die „Festigung und der Ausbau der sozialpolitischen Gesetze und Maßnahmen" wurde lediglich zum „Prüfstein für die Bewertung einer jeden Regierung" erklärt.[70]

Diese Vorsicht erklärte sich aus den fehlenden taktischen Alternativen. Außerparlamentarische Aktionen größeren Stils kamen nicht in Frage, nachdem die von den Kommunisten inszenierten Krawalle am Vorabend des Hamburger Kongresses[71] und der ebenfalls auf deren Konto gerechnete „Blutmai" 1929[72] unheilvolle Erinnerungen an die Massenradikalisierung der Inflationsjahre hervorgerufen hatten. Die Nutzbarmachung der öffentlichen Meinung, die im Ruhreisenstreit noch den gewerkschaftlichen Standpunkt nachhaltig unterstützt hatte, erwies sich als wenig dauerhaftes Instrument, nachdem ein Großteil der politischen Publizistik im Verlauf des Jahres 1929 auf die unternehmerische Kritik an den Lasten des Sozialstaates einschwenkte.

So zeigte der politische Alltag über weite Strecken ein erstaunliches Maß an gewerkschaftlicher Konzessionsbereitschaft gegenüber einer ganzen Abfolge von „Zumutungen" seitens der Regierung. Das fing an mit dem Verhalten der Regierung im Ruhreisenstreit und dem Inhalt des schließlichen Schiedsspruches von Reichsinnenminister Severing.[73] Bei den Reparationsverhandlungen wurden die Gewerkschaften, obwohl es sich um Probleme von größter wirtschaftlicher Tragweite handelte, mit Ausnahme der Verhandlungen über die Reichsbahn, völlig ausgeschaltet. Die Reichsregierung bediente sich ausschließlich führender Repräsentanten der Unternehmerverbände als ihrer Sachverständigen in Wirtschaftsfragen.[74] Zähneknirschend beließ der ADGB es bei lautstarker Kritik an der „Mitregierung des Reichsverbandes der Deutschen Industrie".[75] Die Erhö-

---

69 Ausführungen Leiparts auf der Sitzung des ADGB-Bundesausschusses am 4. 6. 1928 in Berlin, in: Protokoll der 12. Sitzung des Ausschusses des Allgemeinen Deutschen Gewerkschaftsbundes, abgehalten am 4. und 5. 6. 1928 im Gewerkschaftshaus zu Berlin, Berlin 1928, S. 3.

70 GZ, Nr. 17 vom 27. 4. 1929, S. 260 f.

71 S. zu den gewaltsamen Störversuchen der Kommunisten GZ, Nr. 37 vom 15. 9. 1928, S. 579 f., und die Unterlagen in den ADGB-Restakten bei der Historischen Kommission zu Berlin (zit. HiKo NB 307).

72 Zur gewerkschaftlichen Reaktion auf die blutigen Zusammenstöße am 1. 5. 1929 in Berlin s. den Bericht „Die Gewerkschaften rechnen ab", in: Vorwärts Nr. 217 vom 11. 5. 1929, und den gemeinsamen Aufruf von ADGB, AfA-Bund und ADB Berlin „An die Arbeiter Berlins!", in: Vorwärts, Nr. 204 vom 3. 5. 1929.

73 Offiziell erklärte Leipart auf der Sitzung des ADGB-Bundesausschusses am 7. 12. 1928 in Kiel, „es liege kein Anlaß vor, der Reichsregierung wegen ihres Vorgehens einen Vorwurf zu machen", in: Protokoll der 1. Sitzung des Ausschusses des Allgemeinen Deutschen Gewerkschaftsbundes, abgehalten am 8. und 9. 12. 1928 im Gewerkschaftshaus zu Kiel, Berlin 1929, S. 4. In seinem abschließenden Referat über „Staat und Wirtschaft" beurteilte Eggert allerdings das Vorgehen der Regierung, auf die Durchsetzung des verbindlich erklärten Schiedsspruches zu verzichten, wesentlich kritischer, ebd., S. 8.

74 Der deutschen Delegation bei den Pariser Young-Plan-Verhandlungen gehörten neben Reichspräsident Schacht Direktor Vögeler von den Vereinigten Stahlwerken, Geheimrat Kastl vom Reichsverband der Deutschen Industrie und Dr. Melchior vom Bankhaus Warburg an. Leiter der deutschen Delegation bei den Verhandlungen über die Rückgliederung des Saargebietes wurde Staatssekretär a.D. von Simson, der dem Vorstand der Agfa und dem Verwaltungsrat der IG-Farben angehörte.

75 ADGB-Jb 1929, S. 54. Vgl. auch die gemeinsame Protesterklärung der gewerkschaftlichen Spitzenverbände vom 30. 10. 1929, in: HiKo NB 197/70. Belege für die vielfältigen — erfolglosen — gewerkschaftlichen Bemühungen um Beteiligung an den Verhandlungen, in: HiKo NB 197, NB

hung der Agrarzölle im Sommer 1929[76], die restriktive Lohnpolitik im öffentlichen Dienst, bei Reichsbahn und Reichspost[77], die parlamentarische Blockade des von Reichsarbeitsminister Wissell eingebrachten Gesetzentwurfes zur Ratifizierung des Washingtoner Achtstundentags-Abkommens[78] und die Bewilligung der zweiten Rate für den Bau des Panzerkreuzers A[79], all das wurde, wenn auch mit großem Widerstreben, akzeptiert, obwohl in diesen Fragen unter dem Druck der Verhältnisse mancher frühere freigewerkschaftliche „Grenzpfahl"[80] für sozialdemokratische Koalitionspolitik zurückgesteckt werden mußte.

Das prinzipielle Festhalten an der Koalition fiel zunehmend schwerer, weil die von vorneherein koalitionsfeindliche SPD-Linke um die Zeitschrift „Klassenkampf" seit dem Frühjahr 1929 sich nicht mehr nur auf den Panzerkreuzer und die Wehrfragen konzentrierte, sondern versuchte durch das Herausstellen des sozialpolitischen Versagens der Koalition auch in der Mitte der Partei und unter den Gewerkschaftern Unterstützung zu finden.[81] Sobald die politischen Auseinandersetzungen die Arbeitslosenversicherung in den Mittelpunkt rückten, sahen sich die Gewerkschaftsführungen zudem einem starken Druck aus den eigenen Reihen ausgesetzt.

Nicht von ungefähr hatte die Arbeitslosenversicherung in den Jahren zuvor für die organisierte Arbeiterbewegung einen ähnlich hohen Symbolwert erreicht wie der Achtstundentag. Wie die Schlichtungsordnung bildete sie einen tiefen ordnungspolitischen Eingriff in die Autonomie der kapitalistischen Wirtschaft, weil sie auf dem Arbeitsmarkt die Mechanismen von Angebot und Nachfrage teilweise aufhob und damit bereits ein Stück „Demokratisierung der Wirtschaft" praktizierte. Fast ebenso wichtig war den Gewerkschaften die stabilisierende Wirkung, die von der Arbeitslosenversicherung auf das allgemeine Lohnniveau ausging, indem sie gerade in Krisenzeiten den Druck der industriellen Reservearmee milderte.[82] Die Unternehmer sahen das nicht viel anders. Der Kampf um die Arbeitslosenversicherung wurde, wie Ludwig Preller schreibt, „ein Teil der Auseinandersetzungen um die Lohnhöhe und um den Anteil am Sozialprodukt aus den Steuermitteln."[83] Er weitete sich schließlich nicht nur zu einem „grundsätzlichen Kampf

---

111/31 und BA Koblenz R 43 I/248 und R 43 I/294. Zur Beteiligung bei den Verhandlungen über das Reichsbahnstatut s.: Vom Dawes-Plan zum Young-Plan. Das deutsche Reichsbahnpersonal unter den Reparationsgesetzen, Berlin 1930, S. 37 ff.

76 Vgl. GZ, Nr. 27 vom 6. 7. 1929, S. 417 ff. und die Grundsatzdebatte über die Agrarpolitik in der Sitzung des ADGB-Bundesausschusses am 25. 11. 1929, in: Protokoll der 4. Sitzung des Ausschusses des Allgemeinen Deutschen Gewerkschaftsbundes, abgehalten am 25. und 26. 11. 1929 im Gewerkschaftshaus zu Berlin, Berlin 1929, S. 81 ff.

77 Vgl. GZ, Nr. 11 vom 16. 3. 1929, S. 172 ff.; GZ, Nr. 26 vom 29. 6. 1929, S. 407 ff.

78 Vgl. ADGB-Jb 1929, S. 218; Preller, S. 356 f.; Clemens Nörpel, Arbeitsrecht im Jahre 1929, in: Die Arbeit 6 (1929), S. 810.

79 Vgl. SPD-Jb 1929, S. 8 f.

80 Dieser Ausdruck wurde gebraucht in: GZ, Nr. 23 vom 8. 6. 1929, S. 354.

81 Vgl. z.B. „Die Arbeiter vor den Kopf gestoßen. Ergebnisse der Koalitionspolitik", in: Der Klassenkampf, Nr. 9/1929, S. 264 f; Fritz Croner, Die sozialpolitische Bilanz der Koalition, in: ebd., Nr. 11/1929, S. 331 ff., und ders., Sozialpolitik und Gewerkschaftsbewegung, in: ebd., Nr. 24/1929, S. 764 ff.

82 Diese tiefere Bedeutung der Arbeitslosenversicherung wurde in Unternehmerkreisen deutlich gesehen. Vgl. die Ausführungen von Kastl auf der RDI-Vorstandssitzung am 16. 1. 1930: „Es ist durch dieses Gesetz der Zustand des Angebots und der Nachfrage auf dem Arbeitsmarkt vollständig ausgeschaltet; und es ist unmöglich, solange dieses Gesetz besteht, überhaupt die Lohnbewegung entsprechend den konjunkturellen Verhältnissen zu gestalten"; zit. in: Weisbrod, S. 472 f. (Anm. 300); vgl. auch Timm, S. 127 ff.

83 Preller, S. 516.

um die Gestaltung der Weimarer Sozialpolitik" aus, sondern zu einem Kampf um die materielle Verfassung der Republik.

Als im Winter und im Frühjahr 1929 die finanziellen Schwierigkeiten der Versicherung unübersehbar geworden waren und sich gleichzeitig bei dem zur Darlehensgewährung verpflichteten Reich gewaltige Haushaltsdefizite zeigten, machte der ADGB gegenüber den Koalitionspartnern der SPD deutlich, daß für ihn eine Absenkung der Versicherungsleistungen nicht in Frage kam: „Glaubt die Deutsche Volkspartei im Ernst", schrieb die „Gewerkschafts-Zeitung", „daß das unter einer bürgerlichen Regierung, wenn auch mit aktiver Unterstützung der Sozialdemokratie, geschaffene Gesetz über Arbeitslosenvermittlung und Arbeitslosenversicherung verschlechtert werden könnte, ohne daß eine stürmische Protestbewegung der gesamten Arbeiterschaft die Fraktionen des Reichstages vor die Frage stellen würde, welche von ihnen bereit sind, einen offenen arbeiterfeindlichen Schritt von unmittelbarer Auswirkung auf Hunderttausende von Arbeitslosen zu tun?"[84] Hinter dieser Drohung stand die, wie sich später zeigen sollte, äußerst trügerische Hoffnung, daß das Zentrum unter dem Druck seiner Arbeiterwähler und der Christlichen Gewerkschaften gar nicht anders könne, als in dieser Frage an der Seite der Sozialdemokratie zu stehen.[85]

Als Zeichen des Entgegenkommens und als Beweis dafür, daß man sich nicht intransigent bestimmten Sachzwängen verweigern wollte, erklärte sich der ADGB im Mai 1929 in Reaktion auf scharfe Angriffe der Arbeitgeberverbände bereit, an der Abstellung „offenkundiger Mißstände" mitzuwirken und die Arbeiterschaft durch eine Beitragserhöhung um 1 % auf 4 % finanziell an der Sanierung der Versicherungskassen zu beteiligen.[86] Das griff der SPD-Fraktionsvorsitzende Breitscheid, mit beifälliger Resonanz in der Gewerkschaftspresse, in seiner Rede auf dem Magdeburger Parteitag auf: „Wir sind", erklärte er dort, „bereit, einer mäßigen Erhöhung der Beiträge zuzustimmen. Das ist aber auch die Grenze unseres Entgegenkommens. Wir wollen keine Krise, aber wenn es zu entscheidenden Auseinandersetzungen kommen sollte, dann ist wohl der Kampf für uns in der Arbeitslosenversicherung wesentlich günstiger als bei dem Panzerkreuzer."[87] Da er jedoch gleichzeitig auf die enormen politischen Risiken für den Bestand der Republik hinwies, mußte offenbleiben, was seine Drohung, die SPD werde bei Überschreitung dieser „Grenzen des Zumutbaren" in die Opposition gehen, wirklich wert war.

Der Bruchpunkt schien zum erstenmal erreicht, als die vom Reichsarbeitsminister Wissell als Ausweg aus der gegenseitigen Blockade der Koalitionsparteien eingesetzte Sachverständigenkommission gegen den Widerstand der freigewerkschaftlichen Vertreter sich für eine Abkehr vom bisherigen Versicherungsprinzip in der ALV aussprach. Die Leistungen sollten in Zukunft entsprechend der Dauer der erworbenen Anwartschaft gestaffelt werden.[88] In einer Sitzung des Bundesausschusses des ADGB traten daraufhin zahlreiche Verbandsvorsitzende für einen Austritt der SPD aus der Regierung ein.[89] Die

84 GZ, Nr. 17 vom 27. 4. 1929, S. 261.

85 Zu dieser Einschätzung des Zentrums und der Christlichen Gewerkschaften sei nur verwiesen auf GZ, Nr. 35 vom 31. 8. 1929, S. 546.

86 Vgl GZ, Nr. 19 vom 11. 5. 1929, S. 289 ff., und GZ, Nr. 14 vom 15. 6. 1929, S. 369 ff.

87 Sozialdemokratischer Parteitag 1929 in Magdeburg. Protokoll, S. 165.

88 Vgl. „Beschlüsse der Sachverständigenkommission für Fragen der Arbeitslosenversicherung", in: BA Koblenz R 43 I/2034 und GZ, Nr. 32 vom 10. 8. 1929, S. 500 f., und GZ, Nr. 33 vom 17. 8. 1929, S. 513 ff.

89 Protokoll der 3. Sitzung des Ausschusses des Allgemeinen Deutschen Gewerkschaftsbundes, abgehalten am 30. und 31. 7. 1929 im Gewerkschaftshaus zu Berlin, Berlin 1929, S. 65 ff.

einen, weil sie hofften, die anderen Parteien schon mit der bloßen Drohung im Hinblick auf das Schicksal des Young-Plans zum Einlenken bewegen zu können. Die anderen, weil sie auf sofortige Neuwahlen setzten, bei denen sie der SPD dann gute Aussichten beimaßen. Schließlich setzten sich aber diejenigen durch, die die Entscheidung noch einmal offenhalten wollten. Ausschlaggebend war schließlich nicht nur eine pessimistischere Einschätzung des wahltaktischen Stellenwerts der Arbeitslosenversicherung, sondern die pragmatische Haltung, die der Vorsitzende des Holzarbeiterverbandes, Tarnow, zum Ausdruck brachte: „Durch forsche Reden allein", erklärte er, „können wir die bisherigen Bestimmungen nicht erhalten, selbst nicht durch den Austritt aus der Regierung."[90]

Tatsächlich kam es in dem folgenden monatelangen erbitterten Ringen Anfang Oktober 1929 noch einmal zu einem für die Große Koalition typischen Vertagungskompromiß: Die Staffelung der Höhe der Leistungen nach den Anwartschaftszeiten wurde fallengelassen, einige Mißstände wurden abgebaut, die vorgeschlagene Beitragserhöhung um 1/2 % zurückgestellt und lediglich die Leistungen für Angehörige der Saisonberufe etwas beschnitten.[91] „Angesichts des konzentrischen Angriffs aller bürgerlichen Parteien", resümierte der zweite Vorsitzende des ADGB, Peter Graßmann, dieses Ergebnis, „können wir mit dem Ergebnis einigermaßen zufrieden sein."[92]

Aber die zentrale Frage der Beitragshöhe und der staatlichen Darlehenspflicht war nur vertagt worden. Außerdem hatten die Vertreter der Verbände mit hohem Anteil an Saisonarbeitern, also besonders aus dem Baugewerbe und der Landwirtschaft, während des parlamentarischen Ringens deutlich gemacht, daß ein weiteres Nachgeben auf ihre Kosten auch für den ADGB organisatorische Konsequenzen haben würde. „Glaubst Du", schrieb z. B. der Vorsitzende des Dachdeckerverbandes, Thomas, an Graßmann, „wir können unsere Kollegen im ADGB halten, wenn Ihr sie so im Stich laßt? Ganz abgesehen von der Sozialdemokratischen Partei, die für uns in dem Augenblick erledigt ist, wo sie sich erlaubt, auf Kosten der Arbeiter ein Reichshaushaltsdefizit zu verkleinern, das durch Ausgaben für andere als sozialpolitische Zwecke entstanden ist."[93]

Durch diese internen taktischen Auseinandersetzungen und die stagnierenden Mitgliederzahlen[94] verunsichert, sah sich der ADGB im Dezember 1929 mit einem umfassenden Finanzprogramm der Reichsregierung konfrontiert, das die Steuersenkungsforderungen der Unternehmerverbände in großem Umfang aufnahm.[95] Das gleichzeitige Sofortprogramm, das die Beiträge zur Arbeitslosenversicherung lediglich um 1/2 % anhob, wurde gerade noch akzeptiert, obwohl es wegen der Erhöhung der Massenverbrauchssteuern (Tabak und Alkohol) auf energischen Widerstand der betroffenen Gewerkschaftsverbände stieß und damit eine zweite gewerkschaftsinterne Frontlinie aufriß.[96] Die vorgeschlagene Senkung der Realsteuern um 600 bis 700 Millionen Mark,

90 Ebd., S. 69 f.

91 Vgl. B. Lehfehld, Die Reform der Arbeitslosenversicherung durch das Gesetz vom 12. 10. 1929, in: Reichsarbeit II, Nr. 30/1929, S. 435 ff.,; GZ, Nr. 41 vom 12. 10. 1929, S. 641 ff., und Franz Spliedt, „Sanierung" der Arbeitslosenversicherung, in: Die Arbeit 6 (1929), S. 797 ff.

92 In: Protokoll der 4. Sitzung des Ausschusses des Allgemeinen Deutschen Gewerkschaftsbundes, abgehalten am 25. und 26. 11. 1929 im Gewerkschaftshaus zu Berlin, Berlin 1929, S. 91 und ADGB-Jb 1929, S. 96 ff.

93 Abgedr. in: Unser Kampf gegen die Verschlechterung der Erwerbslosen-Unterstützung für Saison-Arbeiter, hrsg. vom Zentralverband der Dachdecker Deutschlands, Frankfurt 1929, S. 28 f.

94 ADGB-Jb 1929, S. 244 ff. und S. 366 ff.

95 BA Koblenz R 43 I/1440; vgl. auch Maurer, S. 86 ff. und Leuschen-Seppel. S. 229 ff.

96 Vgl. GZ, Nr. 51 vom 21. 12. 1929, S. 805 ff.

ausgerechnet von einem sozialdemokratischen Finanzminister (Hilferding) vorgelegt, wurde jedoch als Kapitulation vor den Umverteilungsplänen der Industrie angeprangert.[97] Als Antwort auf die noch über das Programm der Reichsregierung hinausgehende Denkschrift der Unternehmerverbände mit dem bezeichnenden Titel „Aufstieg oder Niedergang"[98] antwortete der ADGB in seinem Aufruf „Keine Katastrophenpolitik": „Unter dem Stichwort Finanzreform wird die einseitige Entlastung des Besitzes und die Mehrbelastung der besitzlosen Volksmassen gefordert. Eine solche Verschiebung in der Verteilung des Sozialproduktes zugunsten der besitzenden Klassen widerspricht nicht nur den Interessen der deutschen Arbeitnehmerschaft, sondern dem Wohl der deutschen Gesamtwirtschaft."[99]

Diese neuen Herausforderungen, aber auch die Situation auf dem Arbeitsmarkt, wo immer größere Massen von Dauerarbeitslosen aus der Versicherung „ausgesteuert" wurden[100], zwangen den ADGB, seine bisherige sozialpolitische Defensivposition zu verlassen. Es galt, Wirtschafts-, Finanz- und Sozialpolitik in einem Programm zur Bewältigung der Krise zusammenzuführen. Der gemeinsame Aufruf von ADGB und AfA-Bund „Für Arbeitsbeschaffung — Gegen Anleihesperre!", zur Jahreswende 1929/1930 veröffentlicht, war mit seiner Forderung nach vermehrter Zulassung von Auslandsanleihen zur Ankurbelung der deutschen Wirtschaft nur ein erster Ansatz[101], der zudem durch die Entwicklung der internationalen Finanzmärkte rasch überholt war. Das Hauptargument blieb daher der Hinweis auf die notwendige Funktion der Leistungen der Arbeitslosenversicherung für die Sicherung der Binnennachfrage. Im Lichte der gewerkschaftlichen Kaufkrafttheorie mußte das Programm der Industrie zur drastischen Senkung der Massenkaufkraft, zur Einengung des Binnenmarktes und damit zur Verschärfung der Krise führen.[102]

Obwohl das Finanzprogramm der Regierung trotz der Verknüpfung mit der Vertrauensfrage nach einer verfassungspolitisch höchst bedenklichen Intervention des Reichsbankpräsidenten Schacht rasch vom Tisch war, sind die psychologischen Auswirkungen auf das politische Verhalten der Gewerkschaften nicht zu unterschätzen, gerade auch wegen der Umstände des anschließenden Sturzes des sozialdemokratischen Finanzministers Hilferding.[103]

Nach der Jahreswende 1929/30 war bald abzusehen, daß bis zum Ende des Haushaltsjahres 1929/30 im März über die etatisierten 150 Millionen Mark hinaus insgesamt über 400 Millionen Mark an Reichsdarlehen für die Arbeitslosenversicherung notwendig werden würden und bei viel zu optimistischen Schätzungen im darauffolgenden Haushalt, falls es bei 3 1/2 % Beitrag bleiben würde, nochmals mindestens 250 Millionen Mark. Dabei ergaben erste Berechnungen für 1930/31 ein Gesamtdefizit von ca. 700 Millionen

97 S. hierzu GZ, Nr. 1 vom 4. 1. 1930, S. 3 f.
98 Aufstieg oder Niedergang? Deutsche Wirtschafts- und Finanzreform. Eine Denkschrift des Präsidiums des Reichsverbandes der Deutschen Industrie, Berlin 1929.
99 GZ, Nr. 51 vom 21. 12. 1929, S. 802 und S. 804 f.
100 Ende Dezember 1929 erhielten nur rund 65% aller arbeitssuchenden Arbeiter Unterstützung entweder aus der Arbeitslosenversicherung oder aus der Krisenunterstützung; vgl. Franz Spliedt, Die Verteilung der Arbeitslosigkeit auf Arbeiter und Angestellte, in: Die Arbeit 7 (1930), S. 205 f.
101 Veröffentlicht in: GZ, Nr. 3 vom 18. 1. 1930, S. 33.
102 S. die Artikel von Fritz Tarnow, in: GZ, Nr. 50 vom 14. 12. 1929, S. 785 ff. und Nr. 4 vom 25. 1. 1930. S. 49 f.
103 Zum Sturz Hilferdings s. Maurer, S. 99 ff; GZ, Nr. 2 vom 11. 1. 1930, S. 17 ff.; ADGB-Jb 1929, S. 39 ff.

Mark.[104] Der erste Versuch, das Reich aus der den Haushalt belastenden Darlehenspflicht zu entlassen, indem die noch einigermaßen gut gestellten übrigen Zweige der Sozialversicherung mit ihren Reserven einspringen sollten, scheiterte am Widerstand der SPD und der in dieser Frage geschlossenen Front der drei Gewerkschaftsrichtungen. Dieser Widerstand war getragen von der Furcht, daß zwar ein Loch gestopft, gleichzeitig aber andere aufgerissen würden, und daß die ohnehin schwache Baukonjunktur durch den Abzug von Investitionsmitteln der Rentenversicherung weiter abgewürgt würde.[105]

Im Gegenzug scheiterte aber auch der ADGB mit seiner Bereitschaft, „die Sozialversicherung auch auf Kosten höherer Steuerlasten zu retten".[106] Das von ihm befürwortete ausgewogene Programm von Besitz- und Massensteuererhöhungen mit einem gleichzeitigen steuerlichen Notopfer aller Steuerpflichtigen aus Besitz und Einkommen[107], für das sich nicht nur die anderen Richtungsgewerkschaften, sondern auch der Reichspräsident Hindenburg öffentlich ausgesprochen hatten, konnte im Kabinett wegen des Widerstandes der DVP nicht durchgesetzt werden.[108]

Stattdessen verabschiedete die Regierung mit Zustimmung des neuen, der DVP zugehörigen Finanzministers Moldenhauer am 5. März 1930 ein Haushaltsprogramm, das das aktuelle Defizit ausschließlich über die Erhöhung der Verbrauchssteuern auf Bier und Mineralwasser und durch höhere Zölle auf Kaffee und Tee decken wollte. Es legte darüber hinaus sogar fest, daß auf gesetzlichem Wege im Jahre 1931 die Reichsausgaben um mindestens 600 Millionen Mark gekürzt werden sollten, die wiederum voll in die Senkung der Realsteuern eingehen sollten. Für die Arbeitslosenversicherung wollte danach das Reich 150 Millionen Mark aus dem Verkauf von Reichsbahnaktien an die übrigen Sozialversicherungsträger und 50 Millionen aus dem Reserverfonds der Bank für Industrieobligationen aufwenden. Sollte, was zu erwarten stand, dieser Zuschuß nicht ausreichen, war vorgesehen, die Reichsanstalt zu ermächtigen, die Beiträge auf 4 % anzuheben oder aber der Regierung Vorschläge für andere Sanierungsmaßnahmen zu machen. Leistungsminderungen sollten jedoch nur durch Gesetz möglich sein.[109]

Nachdem das Zentrum die Sanierung des Haushalts mit den Reparationsfragen gekoppelt hatte, stellte die SPD-Fraktion ihre grundsätzlichen Bedenken im Hinblick auf die bevorstehenden Schlußabstimmungen über die Young-Plan-Gesetze zurück. Da außerdem der Weg zur Sicherung der Arbeitslosenversicherung über die Beitragserhöhung noch keineswegs verbaut schien, rang sich die ADGB-Führung dazu durch, ohne ausdrückliche Zustimmung zum Programm, wenigstens Verständnis für die positive Entscheidung der SPD-Fraktion zu bekunden.[110]

---

104 Maurer, S. 113 ff.

105 S. die gemeinsame Erklärung der gewerkschaftlichen Spitzenverbände „Gegen den Gefahrenausgleich in der Sozialversicherung", in: GZ, Nr. 7 vom 15. 2. 1930, S. 108.

106 Der 2. ADGB-Vorsitzende Graßmann auf der Sitzung des Bundesausschusses am 18. 2. 1930, in: Protokoll der 5. Sitzung des Ausschusses des Allgemeinen Deutschen Gewerkschaftsbundes, abgehalten am 17. und 18. 2. 1930 im Ingenieurshaus zu Berlin, Berlin 1930, S. 112; ebd., S. 113 die Resolution des Bundesausschusses zur Finanzlage.

107 Ebd. Daß das Steuerprogramm nicht unumstritten war, zeigte die ausführliche Diskussion in dieser Sitzung des Bundesausschuses; vgl. ebd., S. 104 ff.

108 Maurer, S. 116; Timm, S. 169 ff.

109 Ebd., S. 172 f.; AdR Müller II, Nr. 462, S. 1535 ff.

110 Vgl. GZ, Nr. 11 vom 15. 3. 1930, S. 161 ff. In der gleichen Nummer der GZ erhielt der finanzpolitische Sprecher der SPD-Reichsfraktion, Paul Hertz, die Gelegenheit zur Darstellung des Kompromisses: „Finanzpogramm der Reichsregierung" (ebd., S. 164 ff).

Als dieser Koalitionskompromiß, nachdem die Schlußabstimmungen über den Young-Plan und das heikle deutsch-polnische Liquidationsabkommen erfolgreich über die Bühne des Reichstags gegangen waren, in den interfraktionellen Besprechungen von den bürgerlichen Koalitionspartnern unter dem Druck der DVP und unter dem Einfluß der an einem „Hindenburg-Kabinett" interessierten Kreise schrittweise aufgeweicht wurde, konnte das nur als endgültiges Abrücken von der Beitragslösung und als Vorentscheidung für die Sanierung der Versicherung durch Leistungsabbau verstanden werden. In Brünings letztem Kompromißvorschlag war die Beitragserhöhung neben der Senkung der Unterstützungssätze und weiteren Steuererhöhungen nur noch eine von drei Alternativen.

Mit den Steuerbeschlüssen vom 5. März hielten die Gewerkschaften die Grenzen der Massenbesteuerung bereits für erreicht. Wenn höhere Beiträge zur Sicherung der Leistungen jetzt schon nicht durchsetzbar waren, dann wohl erst recht nicht, wenn der Arbeitsmarkt sich, wie man nunmehr erwartete, weiter drastisch verschlechtert und damit das Defizit der Reichsanstalt sich weiter vergrößert haben würde. Der Brüning-Kompromiß glich nach den Erfahrungen der letzten Monate einem kaum verhüllten Freibrief für den Leistungsabbau. Wenn dadurch erst einmal eine Bresche in den mühsam aufgebauten sozialen Schutzwall geschlagen war, so stand, nach Ansicht der Gewerkschaften, eine Springflut der „sozialen Reaktion" zu erwarten.[111] Angesichts solcher Aussichten den Mitgliedern gegenüber die Erhöhung der Massenverbrauchssteuern bei gleichzeitiger drastischer Senkung der Steuern der Besitzenden zu vertreten, schien kaum möglich. Zu deutlich auch war man sich der Anzeichen für eine beginnende „Abwanderung der Massen" bewußt.[112]

Diese gewerkschaftlichen Befürchtungen trafen sich mit den finanzpolitischen Bedenken der Fachleute in der SPD-Fraktion, die schon das Hilferding-Programm vom Dezember für einen schwerwiegenden haushaltspolitischen Sündenfall gehalten hatten.[113] Daß innerhalb der SPD-Fraktion in der entscheidenden Sitzung am 27. März 1930 eine breite Übereinstimmung vom linken bis zum rechten Flügel bei der Ablehnung des Brüning-Kompromisses zustande kam, hatte seine Ursache also nicht in der angeblich belanglosen Frage des von den bürgerlichen Parteien abgelehnten halben Prozents Beitragserhöhung in der Arbeitslosenversicherung. Vor dem Hintergrund des in den beiden Vorjahren erneut ausgebrochenen Kampfes um die sozialstaatlichen Grundlagen der Weimarer Republik und in der symptomatischen Verquickung mit dem Steuersenkungsprogramm für die Besitzenden ging es um die Frage, wie weit Freie Gewerkschaften und Sozialdemokratie verantwortlich an einem Programm der Umverteilung der Lasten von oben nach unten mitwirken konnten. Daß Hermann Müller und die sozialdemokratischen Minister mit Ausnahme Wissells bei ihrem Einsatz für den Kompromiß in der

---

111 S. die beiden offiziellen Artikel des ADGB zum Auseinanderbrechen der Koalition: GZ, Nr. 14 vom 5. 4. 1930, S. 209 ff., und „Der Zerfall der Großen Koalition. Ein Abschnitt im Kampf um die deutsche Sozialpolitik", Manuskript in: AsD ADGB, Kassette II.

112 In einer handschriftlichen Aufzeichnung über eine Besprechung der SPD-Fraktionsspitze am 10. 12. 1929 über das damalige Hilferding-Finanzprogramm hatte der 2. Vorsitzende des ADGB, Peter Graßmann, bereits notiert: „Partei und Gewerkschaften sind den Besitzenden zu mächtig geworden. — Bindung der Partei für lange Zeit. — Wollen wir Abmarsch der Massen??", in: HiKo NB 471/91. Dieselbe Furcht prägt den in der o.a. Broschüre des Dachdeckerverbandes (vgl. Anm. 93) abgedruckte Briefwechsel mit den Vorständen von ADGB, SPD und SPD-Reichstagsfraktion (S. 32 ff.).

113 Vgl. z. B. die Ausführungen von Wilhelm Keil auf einer Versammlung der Berliner SPD-Funktionäre am 16. 12. 1929, zit. in: Vorwärts, Nr. 589 vom 17. 12. 1929, und die Rundfunkrede von Paul Hertz vom 26. 12. 1929, zit. in: ebd., Nr. 604 vom 27. 12. 1929.

Fraktion isoliert blieben, lag nicht zuletzt auch daran, daß sie kein Konzept dafür vorzuweisen hatten, welches sozialdemokratisch inspirierte Programm der Krisenbewältigung sie unter den gegebenen Voraussetzungen in der Koalition durchsetzen zu können glaubten. Eine weitere Entäußerung von Partei oder Gewerkschaften aus vermeintlichen staatspolitischen Notwendigkeiten heraus hätte die Massenbasis der SPD und ihren organisatorischen Zusammenhalt ebenso gefährdet wie den der Gewerkschaften.

Auch wenn wir heute wissen, wie sehr die Entscheidung der SPD-Fraktion durch die autoritären Planungen hinter den Kulissen fast schon überholt worden war, bleibt aber festzuhalten, daß Partei und Gewerkschaften unter falschen taktischen Erwägungen, nämlich in der Hoffnung auf Unterstützung aus dem Zentrum bzw. auf rasche Neuwahlen, und ohne ein Konzept für die Interessenvertretung aus der Oppositionsrolle heraus, den Bruch der Koalition auf ihre Schultern luden.

Die weitere wirtschaftliche Entwicklung überholte binnen kurzem die gesamte Entscheidungslage von Ende März 1930. Das galt auch für die bürgerlichen Parteien, die den Bruch heraufbeschworen hatten und dann wenige Wochen später unter Brüning sogar eine Erhöhung der Beiträge der Arbeitslosenversicherung auf 6 % und umfangreiche Steuererhöhungen hinnehmen mußten.

Die tiefere Ursache der hier geschilderten Vorgänge liegt nicht in der aus der konstitutionellen Zeit stammenden Kompromißunfähigkeit der Parteien, sondern in der Tatsache, daß Mittelstand und Unternehmertum sich niemals endgültig mit dem gesellschaftlichen Kompromiß abgefunden hatten, der in der nachinflationären Sozialpolitik materiell und kurzzeitig politisch in der Großen Koalition Gestalt angenommen hatte.

Frank Deppe/Witich Roßmann

# Kommunistische Gewerkschaftspolitik in der Weimarer Republik

## 1. *Zur Aktualität des Themas*

In den neueren Debatten über die Geschichte der deutschen Gewerkschaftsbewegung spielt die kommunistische Gewerkschaftspolitik in der Weimarer Republik eine besonders exponierte Rolle. Diese Auseinandersetzung hat sich zuletzt in der Diskussion um die Präambel des neuen DGB-Grundsatzprogramms konzentriert, in dem auf die „historischen Traditionen“ der Einheitsgewerkschaft und namentlich auf die Bedeutung der „politischen Richtungen und geistigen Ströme der Arbeiterbewegung, vor allem der freiheitlich-sozialistischen und der christlich-sozialen Richtungen“ eingegangen wird. Daß die kommunistische Richtung hier nicht ausdrücklich erwähnt wird, löste einen wissenschaftlichen und politischen Meinungsstreit aus, in dem sich wesentlich zwei Positionen gegenüberstanden.

Auf der einen Seite wurde die Nicht-Erwähnung eines kommunistischen Beitrages zur Entwicklung der Einheitsgewerkschaft als die logische Konsequenz einer Politik interpretiert, die vor allem in der Weimarer Republik — hier besonders durch die „RGO-Politik“ in deren Endphase — zur Spaltung und nicht zur Einheit der Gewerkschaftsbewegung beigetragen habe. Damit falle dieser Politik zugleich ein hohes Maß an Verantwortung für die Niederlage der deutschen Arbeiterbewegung und der Demokratie im Jahre 1933 zu. Auf der anderen Seite wurde argumentiert, daß die kommunistische Bewegung aufgrund ihres Widerstandes gegen den Faschismus sowie aufgrund ihres — in dieser Periode entwickelten — programmatischen Bekenntnisses zur Einheitsgewerkschaft, schließlich aber auch aufgrund ihres praktischen Beitrages zum Aufbau der Einheitsgewerkschaft nach 1945 einen historisch relevanten Beitrag zur Geschichte der Einheitsgewerkschaft geleistet habe, der z. B. dem der christlich-sozialen Richtung keineswegs nachgeordnet werden könne. Es sei wohl unbestritten, daß die kommunistische Gewerkschaftspolitik in der Weimarer Republik auch durch schwerwiegende Fehleinschätzungen charakterisiert sei. Gleichwohl müsse berücksichtigt werden, daß solche Fehler nur im Zusammenhang des gesamten strategischen Feldes, also auch unter Einschluß von Fehlorientierungen der anderen Richtungen und Strömungen in der Arbeiterbewegung, historisch adäquat zu bewerten sind.[1]

Der Streit um die kommunistische Gewerkschaftspolitik in der Weimarer Republik steht jedoch nicht allein im Zusammenhang der Aufarbeitung und Bewertung der Gewerkschaftsgeschichte. Aus den gegenwärtigen Erfahrungen der Gewerkschaftspolitik resultieren vielmehr mannigfaltige Bezüge, die das historische Interesse für die Weimarer

---

1 Vgl. zu dieser Debatte u. a. Hermann Weber, Kommunisten und Gewerkschaften in Deutschland. Zu einigen historischen Aspekten kommunistischer Gewerkschaftspolitik, in: Gewerkschaftliche Monatshefte 8 (1979), S. 509 ff.; Aus der Geschichte lernen — die Zukunft gestalten. Dreißig Jahre DGB, hrsg. von Heinz Oskar Vetter, Köln 1980, bes. S. 139 ff.; Heinz Oskar Vetter, Einheit im Grundsatz. Vielfalt in der Praxis, in: Gewerkschaftliche Monatshefte 12 (1981), S. 65 ff.; DGB-Programm '81 — untersucht für die Praxis, hrsg. von Günter Arndt, Frank Deppe u. a., Frankfurt 1981, bes. S. 48 ff. und 279 ff.

Republik — besonders für ihre Endphase, also für die Periode der Wirtschaftskrise und des Aufstiegs der faschistischen Massenbewegung — neu beleben. Da diese Bezüge nicht im Mittelpunkt unseres Beitrages stehen, beschränken wir uns auf einige, fragmentarische Andeutungen. Für die Gewerkschaften ergibt sich eine gewisse historische Parallelität zunächst aus den Widerspruchskonstellationen, die der kapitalistischen Wirtschaftskrise entspringen. Angesichts steigender Arbeitslosigkeit und einer restriktiven staatlichen Sozialpolitik sehen sich die Gewerkschaften in die Defensive gedrängt. Dazu kommt der ganze Komplex von Problemen, die mit den sozialökonomischen Folgen der Rationalisierung und ihrer Wirkung auf die Beschäftigung, die Arbeitsbedingungen, die Qualifikationsstruktur, das Lohngefüge, die staatliche Strukturpolitik und schließlich auch auf die Macht- und Herrschaftsverhältnisse in Betrieb und Gesellschaft verbunden sind.

Die Gewerkschaften sehen sich heute mit der Aufgabe konfrontiert, angesichts dieser Veränderung ihrer Handlungsbedingungen und der Einengung ihrer Handlungsspielräume eine autonome Strategie der Interessenvertretung zu konzipieren[2], für die beim Hamburger DGB-Kongreß des Jahres 1978 die Formel „Auf die eigene Kraft besinnen" geprägt wurde.[3] Die innergewerkschaftlichen Auseinandersetzungen, die in jüngster Zeit um die praktische Umsetzung dieser Formel entstanden sind, lassen zumindest für den Historiker einige Parallelen zur innergewerkschaftlichen Auseinandersetzung in der Weimarer Republik, vor allem aber zu den Konflikten zwischen den politischen Hauptrichtungen dieser Periode, deutlich erkennen. Letztlich bewegten sich diese Debatten um die Frage, welche Möglichkeiten und Wege den Gewerkschaften zur Verfügung standen, um die herrschende Logik der kapitalistischen Wirtschafts- und Gesellschaftsordnung so zu transformieren, daß die nachteiligen Folgen der Akkumulation, aber auch der — an diese Logik gebundenen — Wirtschafts- und Gesellschaftspolitik, schließlich auch die politische Gefahr einer Zerstörung der Demokratie und der Gewerkschaften abgewendet werden konnten.

## 2. *„Wendungen" kommunistischer Gewerkschaftspolitik*

Auf den ersten Blick stellt sich die kommunistische Gewerkschaftspolitik in der Weimarer Republik — genauer: bis etwa 1934/35 — als eine recht unsystematische Abfolge von Brüchen und taktischen wie strategischen Umorientierungen dar. Die wichtigsten Etappen und Wendungen seien in Stichpunkten angedeutet:

— Beim Gründungsparteitag der KPD (1918/19) dominiert eine revolutionäre, zum Putschismus tendierende Stimmung.[4] Die Parole „Heraus aus den Gewerkschaften", u. a. von Paul Frölich vertreten, wurde zwar nicht durch einen Parteitagsbeschluß sanktioniert, drückte aber wohl eine Mehrheitsstimmung aus. Fritz Heckert vertrat dagegen als Minderheitsposition, „daß die Gewerkschaften (nicht) überflüssig geworden sind und daß es (k)ein Nutzen wäre, eine Austrittsparole auszugeben und gegen

---

2 Vgl. Frank Deppe, Autonomie und Integration. Materialien zur Gewerkschaftsanalyse, Marburg 1979.

3 Vgl. ders., „Auf die eigene Stärke besinnen"? Möglichkeiten einer autonomen gewerkschaftlichen Politik zwischen Krisenbewältigung und Zukunftsgestaltung, in: Loccumer Protokolle 42 (1980), hrsg. von Jörg Calließ, Rehburg-Loccum 1982, S. 103 ff.

4 Vgl. Der Gründungsparteitag der KPD. Protokoll und Materialien, hrsg. und eingel. von Hermann Weber, Frankfurt-Wien 1969.

die Gewerkschaften anzukämpfen, wenn wir noch nicht die Mittel haben, um das, was wir einreißen, sofort zu ersetzen."[5]

— Im Oktober 1919 nahm der Heidelberger Parteitag die „Leitsätze zur Gewerkschaftsfrage" an.[6] In ihnen wurde der Zusammenhang zwischen politischen und wirtschaftlichen Kämpfen in der Nachkriegsperiode postuliert, woraus aber — so die Argumentation gegen den anarchosyndikalistischen Unionsgedanken — „keineswegs die Notwendigkeit einer Einheit von politischer und gewerkschaftlicher Organisation folgt".[7]

— Das Jahr 1920, in dem sich die KPD nach kurzem Schwanken der breiten Aktionseinheits-Front gegen den Kapp-Putsch anschließt[8], eröffnet die erste Etappe einer bewußten Einheitsfrontpolitik.[9] Die Beiträge zur Gewerkschaftsarbeit und zur Betriebsrätepolitik, die von den Beschlüssen und Diskussionen der Kommunistischen Internationale (KI) beeinflußt werden, zeichnen sich nach Tjaden durch die „Theorie der sich des Verflechtens von Teilzielen bedienenden Einigungspolitik", des Hinführens zur Revolution durch den Kampf um „Etappenziele" (Brandler) aus.[10] Erster Höhepunkt dieser Politik war nach dem Vereinigungsparteitag zur VKPD (Dezember 1920) der „Offene Brief" vom Januar 1921[11] an die Spitzen von ADGB, SPD, USPD und andere Arbeiterorganisationen. Er enthielt die Aufforderung zur Zusammenarbeit für ein Minimalprogramm, welches Maßnahmen zur Linderung der wirtschaftlichen Not der breiten Massen, die Auflösung bürgerlicher Kampforganisationen und die Aufnahme von politischen und wirtschaftlichen Beziehungen mit Sowjetrußland forderte.

— Nachdem sich im März 1921 („Märzaktion") kurzfristig eine von der „Offensivtheorie" geleitete, putschistische Politik durchzusetzen vermochte, folgt — auch unter dem Druck der Beschlüsse des III. Weltkongresses der KI vom Juni/Juli 1921 — eine erneute Phase der Einheitsfrontpolitik. Die von Brandler und Thalheimer geführte Zentrale setzte sich — angesichts der sich beschleunigenden Inflation — für Produktionskontrolle, Sachwerterfassung sowie für eine Arbeiterregierung (z. B. mit der SPD in Thüringen) ein und befürwortete zugleich politische Bündnisse mit den Gewerkschaften und den sozialistischen Parteien zum Schutz der Republik (vgl. Berliner Abkommen von Juni 1922 nach der Ermordung von Rathenau).[12] In dieser Zeit nahm der Einfluß der kommunistischen Opposition in den ADGB-Gewerkschaften, vor allem im Deutschen Metallarbeiterverband (DMV), beträchtlich zu.[13]

---

5 Nach Heinz Wohlgemuth, Die Entstehung der KPD, Frankfurt 1978, S. 269.

6 Vgl. Bericht über den 2. Parteitag der KPD (Spartakusbund), 20. bis 24. 10. 1919, o. O., o. J., S. 65 ff.

7 Ebd., S. 65.

8 Vgl. Erwin Könnemann/Hans-Joachim Krusch, Aktionseinheit contra Kapp-Putsch, Berlin (DDR) 1972.

9 Vgl. Arnold Reisberg, An den Quellen der Einheitsfrontpolitik, 2 Bde., Berlin (DDR) 1971.

10 Karl Hermann Tjaden, Struktur und Funktion der „KPD-Opposition" (KPO), Meisenheim am Glan 1964, S. 10.

11 Vgl. Institut für Marxismus-Leninismus, Geschichte der deutschen Arbeiterbewegung, Bd. 3, 1917 bis 1923, Berlin (DDR) 1966, S. 610 ff.

12 Vgl. Ebd., S. 637 ff.

13 Vgl. August Enderle u. a., Das rote Gewerkschaftsbuch, Berlin 1932, bes. S. 130 f.; Rudolf Rettig, Die Gewerkschaftsarbeit der Kommunistischen Partei Deutschlands von 1918 bis 1925 unter besonderer Berücksichtigung der Auseinandersetzung mit den freien Arbeitergewerkschaften, phil. Diss. Hamburg 1954, bes. S. 83 ff.; Gerhard Laubscher, Die Opposition im Allgemeinen Deutschen Gewerkschaftsbund (ADGB) 1918—1923, Frankfurt 1979; Heinrich Potthoff, Gewerkschaften und

— Im Laufe des Jahres 1923 — jetzt vor dem Hintergrund der Zuspitzung der sozialökonomischen und politischen Krisensituation — radikalisierte sich die KPD-Politik erneut. Nach der „Oktoberniederlage" 1923 und dem folgenden Parteiverbot setzte sich — auch von den Stimmungen der Parteibasis getragen — ein Linksschwenk durch, der vor allem mit der Taktik brechen wollte, den Kampf für Tageslosungen und Übergangsforderungen, daher auch den Kampf für ein einheitliches Handeln der gesamten sozialistischen Arbeiterbewegung, mit den „Endlosungen" zu verknüpfen. Die Losung „Heraus aus den Gewerkschaften" schien jetzt mit der allgemeinen Massenflucht aus den Gewerkschaften in Einklang zu stehen. Trotz der allgemeinen Massenflucht aus den Gewerkschaften im Jahre 1923 unterstützte die KPD spontan um sich greifende Losungen für einen Austritt aus den Gewerkschaften nicht. Im November versuchte sie, auf der „Weimarer Konferenz" oppositioneller Gewerkschafter dieser Bewegung mit der Parole „Rettet die Gewerkschaften" entgegenzuwirken[14]. Diese Parole wurde indes wenig später vom EKKI (Exekutivkomitee der Kommunistischen Internationale) einer harten Kritik unterzogen. In der EKKI-Erklärung vom Januar 1924 heißt es: die KPD „kämpft wie bisher mit aller Entschlossenheit gegen die Losung des Austritts aus den Gewerkschaften".[15] Gleichzeitig wird aber in dieser Erklärung die Organisierung eigener Verbände bzw. von Ausschüssen der (aus den Gewerkschaften) Ausgeschlossenen ausdrücklich gefordert. Auch die Aufstellung eigener Oppositionslisten bei den Betriebsrätewahlen 1924 lag auf dieser Linie. Schon 1925/26 mußte selbstkritisch festgestellt werden, daß der Einfluß der KPD in den Gewerkschaften — jetzt freilich auch unter dem Druck der ersten Abgrenzungsbeschlüsse und Ausschlußwellen — unter den Betriebsräten zurückging. Von dieser Schwächung ihres Einflusses in den ADGB-Gewerkschaften hat sich die KPD auch in den folgenden Jahren nicht wieder erholen können.[16]

— 1925 scheint sich eine erneute Wende zu vollziehen. Beim 10. Parteitag (Berlin 1925) unterzieht Thälmann die bisherige Gewerkschaftspolitik der KPD einer äußerst scharfen Kritik.[17] Der Parteitag beschloß, jedes Mitglied der KPD habe auch Mitglied einer freien Gewerkschaft zu sein. 1925 wurden die selbständigen Gewerkschaften, in denen die KPD über Einfluß verfügte, in die ADGB-Verbände zurückgeführt. Es setzen sich nunmehr erneut Elemente der Einheitsfrontpolitik durch, die dann in der Initiative der KPD für die Fürstenenteignung (1926) weiterentwickelt wurden. Frei-

---

Politik zwischen Revolution und Inflation, Düsseldorf 1979, bes. S. 358 ff.; Peter von Oertzen, Politische Fraktionen in der Gewerkschaftsbewegung, in: Festschrift für Eugen Loderer zum 60. Geburtstag, hrsg. von Willy Brandt und Leonard Woodcock, Köln 1980, S. 157 ff.

14 Vgl. Eva Cornelia Schöck, Arbeitslosigkeit und Rationalisierung. Die Lage der Arbeiter und die kommunistische Gewerkschaftspolitik 1920—1928, Frankfurt 1977, S. 47—50; Ossip K. Flechtheim, Die KPD in der Weimarer Republik. Mit einer Einleitung von Hermann Weber, Frankfurt 1969, S. 204 f.

15 Flechtheim, S. 206 f.; vgl. auch „Beschluß über die Arbeit der Kommunisten in den freien Gewerkschaften", 9. Parteitag der KPD, April 1924, in: Dokumente und Materialien zur Geschichte der deutschen Arbeiterbewegung, Bd. 8, hrsg. vom Institut für Marxismus-Leninismus beim ZK der SED, Berlin (DDR) 1975, S. 70—75.

16 Vgl. Hermann Weber, Die Wandlung des deutschen Kommunismus. Die Stalinisierung der KPD in der Weimarer Republik, Frankfurt 1969, S. 101 ff.; Manfred Buhl, Sozialistische Gewerkschaftsarbeit zwischen programmatischen Anspruch und politischer Praxis. Der ADGB und die freien Gewerkschaften in der Stabilisierungsphase der Weimarer Republik (1923/24—1927/28), Köln 1983.

17 Vgl. Bericht über die Verhandlungen des X. Parteitages der KPD, Berlin, 12.—17. 7. 1925, Berlin 1926, S. 534 f.

lich lag auch jetzt der Schwerpunkt der Parteiarbeit beim Aufbau der Betriebszellen und — innergewerkschaftlich — bei der Bildung von Fraktionen. „In jeder Gewerkschaft, in jedem Betrieb, in jeder Ortsgruppe ist es notwendig, die Gründung von Fraktionen auf schnellstem Wege sofort vorzunehmen, wo solche noch nicht bestehen" — so Thälmann vor dem X.Parteitag.[18]

— Zur erneuten Wende der Gesamtpolitik — und darin eingeschlossen: der Gewerkschaftspolitik — kommt es dann 1928/29.[19] Zweifellos ist diese sog. „ultralinke" Wende der gesamten KI im Hinblick auf die Konsequenzen, d. h. auch die Niederlage des Jahres 1933, von weitreichender Bedeutung. „Einheitsfront von unten", „Klasse gegen Klasse", „Sozialfaschismus", die „revolutionäre Offensive zur Errichtung der Diktatur des Proletariats" usw. kennzeichnen als Losungen das Selbstverständnis kommunistischer Politik in dieser Periode. Auf dem Felde der Gewerkschaftspolitik beginnt die Umorientierung nach dem IX. EKKI-Plenum und dem IV. RGI-Kongreß. Bevor noch ab Ende 1929 zur organisatorischen Verselbständigung der RGO übergegangen wurde, waren für die wirtschaftlichen und betrieblichen Kämpfe schon entscheidende Weichenstellungen vorgenommen worden: Führung von Arbeitskämpfen auch ohne gewerkschaftliche Unterstützung (und damit auch gegen die „Gewerkschaftsbürokratie"), Bildung eigener Streikleitungen, Einbeziehung der Unorganisierten und der Erwerbslosen in diese Kämpfe. Die RGO scheiterte nicht aufgrund der zahlreichen falschen politischen und strategischen Orientierungen dieser Periode, sondern auch — wie Lehndorff hervorhebt — an einem Dilemma, das schon in ihrem Organisationskonzept selbst angelegt war: „Ohne selber eine Gewerkschaft sein zu können, dennoch Ausgangspunkt für die Entwicklung einer revolutionären Gewerkschaftsbewegung (in der die traditionelle Gewerkschaftsbewegung — von ihrem sozialdemokratischen Apparat losgelöst — aufgeht) sein zu wollen".[20]

— Schließlich muß bei diesem knappen Abriß noch die Wende von 1934/35 erwähnt werden.[21] Schon ab 1932 tritt immer wieder punktuell auch das Bekenntnis zur Gewerkschaftseinheit hervor. Freilich folgen hier — auch nach dem 30. Januar 1933 und dem Übergang in die Illegalität — immer wieder Gegenbewegungen, in denen mit den Formeln der „ultralinken Phase" Sozialdemokratie und Gewerkschaften attackiert werden.[22] Erst mit dem VII. Weltkongreß der KI (1935) und der „Brüsseler Konferenz" der KPD folgt — als Ergebnis einer eingehenden Selbstkritik der kommunistischen Bewegung — das Bekenntnis zur freien und einheitlichen Gewerkschaft im Kampf gegen den Faschismus.[23]

---

18 Ebd., S. 538.

19 Vgl. neuerdings Josef Wieszt, KPD-Politik in der Krise 1928—1932. Zur Geschichte und Problematik des Versuchs, den Kampf gegen den Faschismus mittels Sozialfaschismusthese und RGO-Politik zu führen, Frankfurt 1976; Die Generallinie. Rundschreiben des Zentralkomitees der KPD an die Bezirke 1929—1933. Eingel. und hrsg. von Hermann Weber. Bearb. von Hermann Weber unter Mitwirkung von Johann Wachtler, Düsseldorf 1981; als Zusammenfassung: Hermann Weber, Die Generallinie der KPD 1929—1933, in: Aus Politik und Zeitgeschichte. Beilage zur Wochenzeitung „Das Parlament", B 48/82 vom 4. 12. 1982, S. 3 ff.

20 Steffen Lehndorff, Wie kam es zur RGO? Probleme der Gewerkschaftsentwicklung in der Weimarer Republik von 1927—1929, Frankfurt 1975, S. 144.

21 Vgl. u. a. Klaus Mammach, Die KPD und die deutsche antifaschistische Widerstandsbewegung 1933—1939, Frankfurt 1974; Horst Bednarek, Die Gewerkschaftspolitik der KPD 1935—1939, Berlin (DDR) 1969; neuerdings: Autorenkollektiv, Geschichte des FDGB, Berlin (DDR) o. J., bes. S. 134 ff.

22 Vgl. Siegfried Bahne, Die KPD und das Ende von Weimar, Frankfurt-New York 1976, bes. S. 53 ff.

23 Vgl. Die Brüsseler Konferenz der KPD (3.—15. 10. 1935), hrsg. und eingel. von Klaus Mammach, Frankfurt 1975, dort bes. W. Pieck (S. 76 ff.) und W. Ulbricht (S. 318 ff.).

## 3. *Zur Interpretation der „Wendungen"*

Wir wollen uns nunmehr der Frage zuwenden, ob und wie — aus der Sicht des Historikers der Arbeiterbewegung — diese Wendungen und Phasen überhaupt noch als Elemente einer in sich konsistenten, strategischen Gesamtkonzeption der KPD zu fassen sind. Es sei nur kurz daran erinnert, daß diese verschiedenen Phasen stets von einer intensiven Kritik und Selbstkritik begleitet waren: von den Auseinandersetzungen beim Gründungsparteitag, über die Kritik der Offensivtheorie 1921 und der Politik der linken Führung 1923/24 bis hin zur wohl gründlichsten Selbstkritik des Jahres 1935. Erwähnt werden muß auch die Kritik aus den Reihen der KPD-Opposition, der sich nach 1928 ein Teil der aktiven Gewerkschaftspolitiker der KPD-Zentrale (u. a. Walcher, Enderle, Galm) und der Betriebsarbeiter in einigen Regionen (z. B. Stuttgart und Offenbach) anschloß.[24] Schließlich sei an die Kritik des FDGB-Funktionärs Fugger erinnert, der 1949 in seiner „Geschichte der deutschen Gewerkschaftsbewegung" den „Fehlern der Gewerkschaftsopposition" ein eigenes Kapitel widmete.[25]

Für wenig befriedigend halten wir Interpretationen der Gewerkschaftspolitik der KPD, die — wie Freya Eisner[26] — dieser eine strukturelle Realitätsblindheit unterstellen, die Politik der ADGB-Führung prinzipiell zum realistischen Sozialismusmodell hypostasieren (vor allem in der Periode der sog. „relativen Stabilisierung"), um danach die angebliche „Gewerkschaftsfeindlichkeit" der Kommunisten mit dem eher tautologischen Zirkelschluß nachzuweisen, daß diese eben keine Reformisten gewesen seien.[27] Die Wandlungen und Wendungen der Gewerkschaftspolitik der KPD erscheinen aus dieser Sicht nur noch als die verschiedenen Formen und Stufen eines Machtkampfes gegen die Sozialdemokratie, der auf dem Boden der Gewerkschaftsbewegung — zu deren Schaden — ausgetragen wurde.

Ebenso wenig überzeugend scheinen uns solche Erklärungsansätze, die diese strategischen und taktischen Wendungen vorwiegend aus den organisatorischen und politischen Binnenprozessen in der KPD und in der KI begründen.[28] Natürlich hat es solche Fraktionskämpfe gegeben und es wäre töricht, ihren Einfluß gerade auf die Gewerkschaftspolitik der KPD zu übersehen (z. B. beim Sieg der „Linken" beim Frankfurter Parteitag, immer wieder beim Druck des EKKI und der KI, die sowohl einen „mäßigenden" Einfluß — z. B. 1924/25 — ausübten als auch die „ultralinke Wende" in Richtung der Verselbständigung der RGO beschleunigten; nicht zu vergessen auch die Ausschaltung der „Rechten" und der „Versöhnlergruppe" und ihrer Wirkungen auf die Gewerkschaftspolitik). Die Konzentration auf diese Fraktionskämpfe an der Spitze der nationalen und internationalen kommunistischen Bewegung wird freilich dort problematisch, wo sie die Politik der KPD letztlich als das Produkt eines bürokratisch verfestigten, von außen gesteuerten Apparates identifiziert, die sich einerseits gegenüber den gesamtgesellschaftlichen und -politischen Rahmenbedingungen kommunistischer Strategiedefinitionen ver-

---

24 Vgl. Enderle; Tjaden, S. 150 ff.

25 Karl Fugger, Geschichte der deutschen Gewerkschaftsbewegung, Berlin 1949, S. 189 ff.

26 Freya Eisner, Das Verhältnis der KPD zu den Gewerkschaften in der Weimarer Republik, Frankfurt 1977.

27 Schöck macht darauf aufmerksam, daß auch bei der KPD der letztlich nichts erklärende Zirkelschluß vertreten wurde, die Reformisten seien eben keine Revolutionäre (S. 153 f.).

28 So vor allem Bahne und Weber; als Kritik vgl. Schöck, S. 156 ff.; schon früh: Die Kommunistische Partei Deutschlands 1918—1933. Ein bibliographischer Beitrag, hrsg. von Enzo Collotti, Milano 1961, S. 7 und S. 17 f.

selbständigt habe, andererseits prinzipiell gegenüber „Basisprozessen", Massenstimmungen und Alltagserfahrungen der Arbeiterklasse abgeschottet und gleichsam immunisiert sei.

Gegen solche organisationssoziologisch und bürokratietheoretisch verengte Annahmen sprechen zunächst einmal die folgenden Sachverhalte:

1. Die Wendungen in der KPD-Politik und ihrer Gewerkschaftsarbeit fallen in der Regel zusammen mit Veränderungen der sozialökonomischen Entwicklung (Krisenprozeß) und mit Veränderungen bzw. Verschiebungen in den nationalen und internationalen Kräfte- und Kampfkonstellationen der Klassen. Grob zusammengefaßt ergibt sich die folgende Beziehung: Perioden einer offensiven — auch (bis 1923) zum Putschismus neigenden — KPD-Politik (in denen auch immer wieder die Führung der Sozialdemokratie und der Gewerkschaften als die Hauptstütze der „Konterrevolution" attackiert werden) sind Perioden der zugespitzten ökonomischen und politischen Krise der herrschenden Gesellschaftsordnung und des Staates (so 1918/19, Frühjahr 1921, 1923 und nach 1929). Umgekehrt sind die Perioden der defensiven — meist die „Einheitsfront von oben" propagierenden Politik — in der Regel auch Perioden der „relativen Stabilisierung" des Kapitalismus und des politischen Herrschaftssystems.
   Die Fraktionierungen in der Partei sind einerseits Ausdruck der unterschiedlichen politischen und gesellschaftlichen Praxis und Erfahrung, also auch des Bewußtseins von Mitgliedergrupen (die auch mit Fraktionierungslinien in der Arbeiterklasse selbst verbunden sind). Die Fraktionierungen an der Spitze des Apparates sind jedoch keine Natur-Funktion des Apparatmechanismus selbst. Sie sind vielmehr vorerst der Ausdruck unterschiedlicher Interpretationsmöglichkeiten gesamtgesellschaftlicher und vor allem politischer Entwicklungstendenzen und -brüche im Hinblick auf die strategische Entscheidung und Intervention der Arbeiterbewegung.[29] Die strategische Entscheidung in den geschichtlichen Kämpfen, in der politischen Situation ist — im Unterschied zur post-festum-Analyse des Historikers — niemals mit letzter Gewißheit zu begründen. Daher ist es geradezu selbstverständlich, daß sich — zumal unter den Führungsgruppen — Fraktionen herausbilden und daß sich — in der gesamten Geschichte der Neuzeit — revolutionäre Organisationen durch straffe Disziplin und durch organisatorische Zentralisierung gegen solche destabilisierenden Tendenzen zu schützen suchen (man denke nur an die Jakobiner, genauer: an die Jakobinerdiktatur während der Französischen Revolution von 1789).
2. Die sog. „ultralinken" Phasen bzw. Wendungen in der Politik der KPD waren niemals nur bürokratische Verordnungen „von oben", sondern immer auch Ergebnis eines Drucks „von unten", der Massenstimmungen in der Mitgliedschaft und politischer Massenbewegungen. Mit der Parole „Heraus aus den Gewerkschaften" sympathisierten schließlich noch 1920 gut die Hälfte der KPD-Mitglieder, die sich zur KAPD abspalteten. In dieser Parole faßten sich einerseits die Enttäuschungen eines großen Teils gerade der aktiven Gewerkschaftsmitglieder über die Politik der Generalkommission und dann des ADGB seit dem August 1914 zusammen.
   Andererseits vertrat z. B. Ernst Däumig als Sprecher des linken Flügels der Rätebewe-

29 Bis in die Gegenwart hält z. B. in der Italienischen Kommunistischen Partei die Kontroverse über die Frage an, ob im Jahre 1921 (Gründung der PCI) eine „revolutionäre Situation" bestanden habe; vgl. Giovanni Amendola, Intervista sul' antifascismo, Roma-Bari 1976, S. 21, S. 47 ff.; Umberto Terracini, Intervista sul communismo difficile, Roma-Bari 1978, S. 21 ff.; Paolo Spriano, Intervista sulla storia del PCI, Roma-Bari 1979, S. 33 ff.

gung und der USPD noch im März 1919 die Auffassung, daß die Rolle der Gewerkschaften in der bisherigen Form ausgespielt sei: „Das ist ganz logisch. Die Gewerkschaften hatten bisher die Aufgabe, dem Kapitalismus günstige Bedingungen für das Proletariat abzuringen: Lohnerhöhungen, Verbesserung der Arbeitsverhältnisse — und das höchste Ziel dieses gewerkschaftlichen Kampfes war der Tarif, der letzten Endes doch auf einen langfristigen Waffenstillstand mit dem Kapitalismus hinauslief. Davon kann in revolutionären Zeiten keine Rede mehr sein, das ist ausgeschlossen. Also gerade die wichtigste Funktion, die die Gewerkschaften bisher ausgeübt hatten, wird systematisch durch die Wirksamkeit der Arbeiter- und Soldatenräte beseitigt".[30] Dieser Zusammenhang zwischen Massenstimmungen und Linksschwenk der KPD bestätigte sich erneut 1923, nach der Niederlage in den Oktoberkämpfen; erinnert sei nochmals an die Welle der Massenaustritte seit 1922 aus den Gewerkschaften, die keineswegs ausschließlich auf die Politik der KPD zurückgeführt werden können. Schließlich besteht auch für den Zeitraum 1929 bis 1933 ein eindeutiger Zusammenhang zwischen der sozialen und politischen Erfahrung derjenigen Schichten der Arbeiterklasse, die am härtesten von der Wirtschaftskrise betroffen sind, der Enttäuschung über die Passivität und die „Tolerierungspolitik" der SPD- und ADGB-Führung und den Massenstimmungen, die den „ultralinken" Kurs der KPD getragen haben. Der Nachweis solcher Zusammenhänge kann nicht dazu dienen, Fehler der KPD-Politik zu verschleiern oder gar zu rechtfertigen. Er scheint aber notwendig, um die These zu korrigieren, derzufolge solche Wendungen das bloße Resultat abgehobener, bürokratischer Entscheidungen oder externer Einwirkungen gewesen seien.

3. Hinweise auf die soziale Mitgliederstruktur der KPD, die den ersten Interpretationsversuch von Flechtheim[31] fortführen[32], legen zumindest den Schluß nahe, daß die These über den Zusammenhang zwischen der tendenziell „politisch unreifen" und „lumpenproletarischen" Mitglieder- und Sympathisantenbasis der KPD und der stets von neuem durchbrechenden, putschistischen Politik der KPD nicht zu halten ist. Bekanntlich wurde diese These zuerst von A. Rosenberg in seiner „Geschichte der Weimarer Republik" formuliert.[33] Inzwischen ist bekannt, daß die KPD bis in die Mitte der 20er Jahre ihren größten Einfluß im Organisationsbereich des Deutschen Metallarbeiter-Verbandes (DMV), also auch unter den „aristokratischen" Facharbeitern der Metallindustrie entfaltete.[34] Für die KPD-Politik stellt sich immer wieder die Problematik einer inneren Spannung zwischen dieser Rekrutierung ihrer Kader aus dem Kern des Industrieproletariats auf der einen und auf der anderen Seite dem — oft nur punktuellen — Einfluß, den sie auf Teile der sog. „Massenarbeiter", also die

30 Zit. nach Fritz Opel/Dieter Schneider, 75 Jahre Industriegewerkschaft 1891 bis 1966. Vom Deutschen Metallarbeiter-Verband zur Industriegewerkschaft Metall, Frankfurt 1966, S. 211.

31 Vgl. Flechtheim, S. 311 ff.

32 Vgl. u. a. Erhard Lucas, Zwei Formen von Radikalismus in der deutschen Arbeiterbewegung, Frankfurt 1976; Hartmann Wunderer, Materialien zur Soziologie der Mitgliedschaft und Wählerschaft der KPD zur Zeit der Weimarer Republik, in: Gesellschaft. Beiträge zur Marxschen Theorie 5, Frankfurt 1975, S. 257 ff.; Schöck; Uta Stolle, Arbeiterpolitik im Betrieb. Frauen und Männer, Reformisten und Radikale. Fach- und Massenarbeiter bei Bayer, Bosch und in Solingen (1900—1933), Frankfurt 1980.

33 Vgl. Arthur Rosenberg, Geschichte der Weimarer Republik, Frankfurt 1961, S. 23 f.

34 Vgl. Schöck, S. 152; Stolle, S. 146 ff. Damit wird natürlich auch die von der KPD vorgenommene Identifizierung von Reformismus und „Arbeiteraristokratie" in Frage gestellt.

vorwiegend ungelernten Arbeiter der ersten Generation, gewinnt, indem sie die politische Führung von betrieblichen Aktionen und Streikkämpfen übernimmt.[35]
H. Wunderer z. B. sieht die Ursachen der immer wieder konstatierten, starken Mitgliederfluktuation in der KPD „. . . weniger in den ideologischen Schwankungen der Partei . . ., als in den Mängeln der formalen Parteiorganisation, den hohen Anforderungen der Partei an ihre Anhänger, Ausschlußmaßnahmen der Gewerkschaften und Betriebsentlassungen — also Disziplinierungsmaßnahmen gegen Kommunisten —, der Erwerbslosigkeit und schließlich dem Charakter der KPD als einer Außenseiterpartei, deren Mitglieder und auch Wähler einer hohen psychischen Belastung und starkem gesellschaftlichen Druck ausgesetzt waren".[36] Selbstverständlich müssen für die Entwicklung nach 1929/30 die Wirkungen der Massenarbeitslosigkeit auf die Mitglieder- und Wählerstruktur der KPD und damit auf die z. T. vorpolitischen Stimmungen der Verzweiflung, des Aktionismus und auch höchst labile Formen des politischen Bewußtseins berücksichtigt werden. Aber auch hier zeigt sich, daß eine eindeutige soziologische Korrelation nicht nachzuweisen ist; denn die Massenarbeitslosigkeit traf nicht nur die „Unterschichten" des Proletariats, sondern alle Qualifikations- und Berufsgruppen.

Diese drei Einwände gegen die organisationssoziologisch und bürokratietheoretisch verengten Analysen und Deutungen der KPD-Politik[37] werden noch dadurch erhärtet, daß die meisten dieser Analysen darauf verzichten, die grundlegenden Prämissen sowie die jeweiligen strategischen und taktischen Optionen der KPD in den Zusammenhang 1. der Gesellschaftsgeschichte der Epoche und 2. einer sozialgeschichtlichen Forschung „von unten" zu stellen. Dabei werden in der Regel der gesamte Kontext der politischen Traditionen der Arbeiterbewegung sowie die konkrete Struktur des gesellschaftlichen und politischen Feldes, in dem die Arbeiterbewegung operiert (d. h. u. a. die Strategien und die Politik des rechten Flügels der Arbeiterbewegung), systematisch ausgeblendet. Darüber hinaus vernachlässigen solche Untersuchungen meist die sozialen und politischen Alltagserfahrungen der Arbeiter, die konkreten Entwicklungsbedingungen ihres gesellschaftlichen und politischen Bewußtseins, die Vielfalt der betrieblichen Erfahrungen; denn hier — auf der Ebene der Produktion — konkretisieren sich immer wieder wesentliche Elemente der Herrschaftsstrategien, z. B. in der Form der Rationalisierung und Taylorisierung, des Lohnabbaus und der Infragestellung des 8-Stunden-Tages, der innerbetrieb-

---

35 Vgl. bes. die Fallstudien bei Stolle über die Chemiearbeiter bei Bayer (Leverkusen) und BASF (Ludwigshafen), S. 19 ff. und S. 108 ff.

36 Wunderer, S. 267 f.

37 Die Argumente, die immer wieder angeführt werden, um vor allem die Wende von 1929 als Resultat nicht innerer Erfahrungen und Konstellationen, sondern externer Entscheidungen zu begründen, vermögen uns nicht zu überzeugen. Die kommunistische Bewegung begründete die Wende von 1929 mit dem Heranreifen einer revolutionären Situation, die durch die Wirtschaftskrise, die Vorbereitung eines Krieges gegen die Sowjetunion, die Offensive reaktionärer Kräfte und eine Radikalisierung der Arbeiterschaft gekennzeichnet sei. Wie immer diese Einschätzung durch die innere Entwicklung in der Sowjetunion (Übergang zum ersten 5-Jahr-Plan, Kollektivierung der Landwirtschaft, Ausschaltung der „rechten Opposition") forciert wurde, so entsprach sie doch auch (in wesentlichen Punkten) der tatsächlichen, bevorstehenden Entwicklung in den kapitalistischen Staaten, vor allem in Deutschland. Im übrigen ist kaum einzusehen, warum die Führung der KPdSU zur Absicherung des „großen Sprungs nach vorn" eine „revolutionäre Offensive" in den westlichen Ländern einleiten sollte — sofern man unterstellt, sie habe die KI zur jeweiligen außenpolitischen Absicherung der inneren Entwicklung in der Sowjetunion instrumentalisiert. Wir legen Wert auf die Feststellung, daß wir mit diesem Hinweis die falsche „Sozialfaschismus"-These ebenso wenig wie die Inflationierung des Begriffs „Faschismus", die es tatsächlich in der KPD nach 1930 gab, rechtfertigen wollen.

lichen Disziplinierungs- und Integrationsstrategien usw. Und letztlich vernachlässigen sie die Vielfalt (oft auch die Widersprüchlichkeit) der betrieblichen Kämpfe, der kommunalen Auseinandersetzungen und damit die Rückwirkungen solcher Erfahrungen und Praxisformen auf die Politik der Arbeiterorganisationen selbst.[38]

Nimmt man diese Einwände ernst, so folgt daraus für die sozialgeschichtliche und politische Analyse der Gewerkschaftspolitik der KPD in der Weimarer Republik, daß wir es nicht nur mit einem Apparat, seiner Bürokratie, und seinen politisch-ideologischen Strategiedefinitionen zu tun haben, sondern daß die kommunistische Bewegung — auch und gerade in ihren Widersprüchen und Fehlentwicklungen — als eine authentische soziale Bewegung anerkannt und analysiert werden muß.

## 4. *Zum Selbstverständnis kommunistischer Gewerkschaftspolitik*

Fragt man nach Elementen eines in sich konsistenten Gesamtkonzepts der KPD — auch im Blick auf die Gewerkschaftsfrage —, so läßt sich dieses letztlich nur über das Selbstverständnis der KPD als einer revolutionären, marxistischen Klassenpartei rekonstruieren. Die KPD leitete die Legitimation ihrer Existenz und ihres Handelns von der Bestimmtheit der Epoche als der ersten Periode einer revolutionären Krise des Kapitalismus und des Übergangs zum Sozialismus ab. Sie betrachtete die russische Oktoberrevolution des Jahres 1917 und die Entwickung in Sowjetrußland als Modell des revolutionären Weges und begriff sich als Sektion der KI, in der die führende Rolle der KPdSU allgemein anerkannt war. Ihre Gewerkschaftspolitik war von diesen Grundorientierungen bestimmt.

In der USPD und in der KPD vereinten sich zunächst — vor allem in den Führungsgruppen — die Vertreter der linken Opposition der alten Sozialdemokratie. Sie hatten — mit Rosa Luxemburg — die sozialreformistischen Tendenzen in der Partei, vor allem aber in den Gewerkschaften stets scharf kritisiert. Es war ihr Ziel, die Partei und die Gewerkschaften auf den Boden des Klassenkampfes zurückzuführen. Die Gewerkschaften sollten sich nicht — wie Marx formulierte — auf einen „Kleinkrieg gegen die Wirkungen des bestehenden Systems beschränken", sondern „versuchen, es zu ändern ..., ihre organisierten Kräfte zu gebrauchen als einen Hebel zur schließlichen Befreiung der Arbeiterklasse, d. h. zur endgültigen Abschaffung des Lohnsystems".[39] Nach den Erfahrungen des Weltkrieges und der Novemberrevolution trat nunmehr freilich eine neue Erfahrung hinzu, die die Auseinandersetzung in der Arbeiterbewegung verschärfen mußte: daß nämlich der rechte Flügel der Sozialdemokratie und der Gewerkschaften Teil des herrschenden „Machtblocks" geworden war und damit — zumindest aus der Sicht des linken Flügels — einen aktiven Anteil an der Kriegspolitik und schließlich an der gewaltsamen Unterdrückung revolutionärer Bewegungen genommen hatte.

38 Als Beispiel für einen produktiven, sozialgeschichtlichen Forschungsansatz vgl. H. J. Althaus u. a., Da ist nirgends nichts gewesen außer hier. Das „rote Mössingen" im Generalstreik gegen Hitler, Berlin 1982; auch die erst jetzt veröffentlichte, empirische Bewußtseinsstudie von Erich Fromm, Arbeiter und Angestellte am Vorabend des Dritten Reiches, Stuttgart 1980, zeichnet zumal für die kommunistischen Arbeiter eine erstaunliche Konkordanz von allgemein revolutionärer Haltung und alltäglicher Lebensweise nach.

39 Karl Marx, Lohn, Preis, Profit, in: Karl Marx/Friedrich Engels, Werke, Bd. 16, Berlin (DDR) 1973, S. 152.

Für die KPD und diejenigen Teile der Arbeiterschaft, die sie repräsentierte, ergab sich daraus ein doppeltes Ziel: 1. zur stärksten politischen Kraft der Arbeiterbewegung zu werden, d. h. den dominierenden Einfluß der MSPD, dann der SPD auf die Arbeiterschaft zu brechen, um auf diese Weise die Gewerkschaften zu Organisationen des Klassenkampfes zu transformieren. Allerdings stand die Gewerkschaftsfrage auch deshalb immer wieder im Mittelpunkt der kommunistischen Strategiedebatten, weil die Gewerkschaften als die ursprünglichen und größten Massenorganisationen der Arbeiterklasse angesehen wurden, deren Aktivität und Politik für das Kräfteverhältnis der Klassen und die Kampffähigkeit der Arbeiterklasse von entscheidender Bedeutung ist.[40]

Die KPD hatte sich bald von den Illusionen des „reinen" Rätemodells, das die Aufhebung der Gewerkschaften einschloß, gelöst und anerkannte die Notwendigkeit der selbständigen Existenz der politischen und gewerkschaftlichen Organisationen der Arbeiterbewegung. Ihre ganze Gewerkschaftsarbeit — vor allem ihre Bewertung der wirtschaftlichen Kämpfe und Streiks[41] — ließ jedoch erkennen, daß sie die „reformistische" Arbeitsteilung von Ökonomie und Politik, von wirtschaftlichem und politischem Kampf, ablehnte. Dieser Intention der Politisierung der Gewerkschaften, auch des Kampfes in den Gewerkschaften, kam zunächst — von den Streiks während des Krieges bis hin zum Ruhrkampf des Jahres 1923 — entgegen, daß in dieser Periode eine wirkliche Trennung von wirtschaftlichen und politischen Kämpfen überhaupt nicht vorgenommen werden konnte. Auch nach 1930 wurde jeder Lohnkampf gleichsam automatisch zu einer Auseinandersetzung um die Notverordnungspolitik der Präsidialkabinette.

Die Wendungen und Brüche in der KPD-Politik gegenüber den Gewerkschaften können durchaus in den Begriffen des „Stellungskrieges" und des „Bewegungskrieges" gefaßt werden, in denen Antonio Gramsci wenig später die Grundprobleme der revolutionären Strategie „im Westen" reflektierte, wobei er den „Stellungskrieg" mit der Lenin'schen Begründung der Einheitsfront identifizierte.[42] In der Phase der Offensive, also des „Bewegungskrieges", hoffte die KPD, nicht nur den Ansturm gegen die Zentren der politischen Macht, sondern auch gegen die rechtssozialdemokratische Führung in den Gewerkschaften zu organisieren. Allerdings darf dabei nicht übersehen werden, daß sie sich für solche Offensiven immer auch vor dem Hintergrund wirklich politischer und gesellschaftlicher Kämpfe entschied. Für den Stellungskrieg — und damit für eine Politik der Aktionseinheit — entschied sie sich stets dann, wenn sie aus einer Defensivposition heraus die Notwendigkeit des Heranführens an entscheidende Klassenauseinanderset-

40 Lenin's Schrift „Der linke Radikalismus, die Kinderkrankheit im Kommunismus" (1920) war in diesem Sinne auch für die Gewerkschaftspolitik programmatisch. Oft ist aus dieser Schrift nur der Hinweis auf die „Schliche" bekannt, derer sich die Kommunisten bei der Arbeit in den „reaktionären Gewerkschaften" zu bedienen haben. Der entscheidende Gesichtspunkt war für Lenin freilich die Arbeit unter den Massen, die Berücksichtigung ihres Bewußtseinsstandes, der Kampf um die „Mehrheit der Arbeiterklasse" und die „Mehrheit der ausgebeuteten und werktätigen Landbevölkerung" (vgl. auch die Bemerkungen Lenins zum Diskussionsbeitrag von U. Terracini auf dem III. Weltkongreß der KI, in: Autorenkollektiv, Ernst Thälmann. Eine Biographie, Frankfurt 1979, S. 125). Nur am Rande sei erwähnt, daß die KPD ihre Auffassungen über die Arbeit der Gewerkschaftsopposition in der gesamten Weimarer Republik niemals geheim gehalten, sondern stets mit erstaunlicher Offenheit dargelegt hat. Auch die in der „Generallinie" veröffentlichten Rundschreiben des ZK an die Bezirke enthalten kaum Informationen, die nicht auch in der „Roten Fahne" oder in anderen Presseorganen der KPD veröffentlicht wurden.

41 Vgl. z. B. F. David, Der Bankrott des Reformismus, Berlin 1932, S. 123 ff.

42 Vgl.: Betr. Gramsci. Philosophie und revolutionäre Politik in Italien, hrsg. von H. H. Holz und H. J. Sandkühler, Köln 1980.

zungen in den Mittelpunkt rückte. Obwohl sich hier die taktischen Bestimmungen verschoben, so blieb die strategische Orientierung unverändert: der Bezug zur revolutionären Situation als der entscheidenden historischen Wende. Aus diesem Bezug resultiert auch die sich stets erneuernde Gefahr einer „Überpolitisierung" der KPD-Politik in dieser Periode: die unmittelbare Verknüpfung des Tageskampfes mit der revolutionären Perspektive führt letztlich dazu, daß Erfahrungsbereiche und Bewußtseinsformen, die mit dem Arbeitsbereich, der Kommune, der Reproduktion des alltäglichen Lebenszusammenhanges verbunden sind, gleichsam abgeschnitten werden.[43] Die falsche Bewertung der Sozialdemokratie nach 1929, die mangelnde Differenzierung zwischen bürgerlicher Demokratie und Faschismus, die Überschätzung der revolutionären Möglichkeiten — also jene Elemente der KPD-Politik, die beim VII. Weltkongreß der KI und bei der „Brüsseler Konferenz" der KPD (1935) einer harten Selbstkritik unterzogen wurden[44], waren auch ein Ergebnis dieser „Überpolitisierung".

Es ist oft darauf aufmerksam gemacht worden, daß sich die junge kommunistische Bewegung dieser Zeit mit der strategischen Fixierung auf die revolutionäre Krise immer wieder selbst den Weg zur Entwicklung einer realistischen, langfristig konzipierten Einheitsfrontpolitik, damit auch die Möglichkeit des Ausbruchs aus dem „Ghetto" verbaut habe.[45] Dieses Argument findet namentlich in der Entwicklung nach 1929 zahlreiche Belege. Gleichwohl war dieses „Ghetto" bzw. die kommunistische „Lagermentalität" nicht nur freiwillig gewählt. Je mehr sich vielmehr der Druck der Wirtschaftskrise auf die Existenzbedingungen der Arbeiterschaft, der Druck in Gestalt der reaktionären Gegenbewegung des Faschismus verstärkte, je mehr die Führungen der SPD und des ADGB vor diesem Druck zurückwichen und von dieser Seite keinerlei Anknüpfungspunkte für ein gemeinsames Handeln der Arbeiterbewegung vorgegeben wurden, um so mehr mußte sich die „Ghettoisierung" der kommunistischen Bewegung verstärken.

Die Spaltung der internationalen sozialistischen Bewegung nach dem ersten Weltkrieg war offenkundig unvermeidlich. Die historische Aufgabe der verschiedenen Strömungen der Arbeiterbewegung — nunmehr schon im Blick auf die Niederlage des Jahres 1933 — lag unter diesen Bedingungen darin, das „Lagerdenken" durch die Bereitschaft zu überwinden, gemeinsame Initiativen zur Verteidigung der unmittelbaren politischen und sozialökonomischen Interessen der Arbeiterschaft — als Voraussetzung für breitere Bündnisse — zu entwickeln. Die Gewerkschaften standen gleichsam im Schnittpunkt dieser verhängnisvollen Dialektik von Spaltung/Konfrontation und Aktionseinheit.

Da bei der Diskussion über die kommunstische Gewerkschaftspolitik in der Weimarer Republik immer wieder der Eindruck erweckt wird, als ob die KPD durchgängig ein instrumentalistisches Verhältnis zur Gewerkschaftsfrage demonstriert und zudem das Verhältnis von Partei und Gewerkschaft nur auf einer recht abstrakten Ebene definiert

---

43 Vgl. dazu auch Frank Deppe, Einheit und Spaltung der Arbeiterklasse. Überlegungen zu einer politischen Geschichte der Arbeiterbewegung, Marburg 1981, S. 91.

44 Vgl. Joseph Schleifstein, Die „Sozialfaschismus"-These. Zu ihrem geschichtlichen Hintergrund, Frankfurt 1980, S. 32 ff.

45 So vor allem H. Drüke u. a., Spaltung der Arbeiterbewegung und Faschismus. Sozialgeschichte der Weimarer Republik, Hamburg 1980, bes. S. 100 ff. Obwohl diese Studie wichtige Materialien zur sozialökonomischen Entwicklung aufbereitet, vermag sie doch in ihren politischen Schlußfolgerungen kaum zu überzeugen. Sie erklärt die revolutionären Traditionen der Arbeiterbewegung vor 1914 für „historisch obsolet" (S. 120) und überträgt letztlich Vorstellungen des heutigen rechten Flügels der Italienischen Kommunistischen Partei auf die Weimarer Republik und die Zwischenkriegsperiode („historischer Kompromiß" als Ausweg aus dem „Ghetto").

habe, soll in den folgenden Abschnitten gezeigt werden, welche Anstrengungen die KPD entwickelte, um auf dem Felde der gewerkschaftlichen Interessenvertretung konkrete Basisinitiativen und Auseinandersetzungen um Tagesforderungen voranzutreiben.

## 5. *Schwerpunkte der gewerkschaftspolitischen Konzeption: Arbeitslosigkeit und Rationalisierung*

Arbeitslosigkeit, Rationalisierung und soziale Unsicherheit bestimmten in der Weimarer Republik die „Atmosphäre" und das „Milieu" des proletarischen Alltags.[46] Die Arbeitslosigkeit, die die Arbeiterklasse in Beschäftigte und Erwerbslose spaltete, bewegte sich schon zwischen 1919 und 1923 auf einem höheren Niveau als vor dem ersten Weltkrieg. Die Rationalisierungskrise 1925/26 konfrontierte die deutsche Arbeiterklasse mit einem Sockel struktureller Arbeitslosigkeit von ein bis zwei Millionen Erwerbslosen. Mit dem Eintritt in die Weltwirtschaftskrise stieg diese Zahl schnell auf 6 Millionen registrierte Arbeitslose an.

Neben älteren Arbeiten aus der DDR „Zur Geschichte der Fabriken und Werke"[47] haben neuere Untersuchungen zur Erwerbslosen- und Rationalisierungspolitik der KPD[48] die Kontinuität einer gewerkschaftspolitischen Konzeption der KPD nachgewiesen, die neben dem revolutionären Programm zugleich tagespolitische Forderungen und Durchsetzungsstrategien beinhaltete. Dabei stand die Verteidigung der Lebensgrundlagen der Lohnabhängigen und die soziale und politische Vereinheitlichung ihrer Interessenvertretung im Mittelpunkt.

Schon auf dem 1. Reichskongreß der Betriebsräte im Oktober 1920 griff die Gewerkschaftsopposition (und ihr kommunistischer Kern) die Erwerbslosenfrage auf.[49] In allen wichtigen programmatischen Dokumenten seit den „Leitsätzen zur Gewerkschaftspolitik" (1919) wird die Erwerbslosenproblematik berücksichtigt. So forderte die KPD 1920, die Kontrolle der Produktion mit der Wiedereingliederung der Arbeitslosen zu verbinden; Widerstand der Gewerkschaften und der Betriebsräte sollte — bis hin zur Betriebsbesetzung — gegen alle Stillegungspläne organisiert werden. 1921 entfachte die VKPD eine Kampagne zur Unterstützung der 10 Forderungen des ADGB zur „Minderung der Not der Arbeitslosen".[50]

Gleichzeitig setzte sich die KPD stets für die Beteiligung der Erwerbslosen an den gewerkschaftlichen und betrieblichen Kämpfen ein. Erwerbslose wurden für die Gewerkschaften geworben; in den Gewerkschaften setzte man sich — was meist nicht leicht war

---

46 Vgl. Jürgen Kuczynski, Die Geschichte des Alltags des deutschen Volkes, Bd. 5, Köln 1982, S. 89 ff.

47 Wolfgang Jonas, Das Leben der Mansfelder Arbeiter 1924—1945, Berlin (DDR) 1957; Kämpfendes Leuna (1916—1945), Berlin (DDR) 1961; Carl Zeiss Jena. Einst und jetzt, Berlin (DDR) 1962.

48 Vgl. neben der bereits erwähnten Arbeit von Schöck auch Rose-Marie Huber-Koller, Die kommunistische Erwerbslosenpolitik in der Endphase der Weimarer Republik, in: Gesellschaft. Beiträge zur Marxschen Theorie 10, Frankfurt 1977, S. 89 ff.; Gunnar Stollberg, Die Rationalisierungsdebatte 1908 bis 1933, Frankfurt-New York 1981; R. Hinrichs/Lothar Peter, Industrieller Friede. Arbeitswissenschaft und Rationalisierung in der Weimarer Republik, Köln 1976; Lothar Peter, Zur Erwerbslosenpolitik der KPD in der Weimarer Republik, in: Marxistische Blätter 5 (1978), S. 48 ff.; Erwerbslosenbewegung vor 50 Jahren. Ein Gespräch, in: ebd. 3 (1982); H. Caspar, Die Politik der RGO, in: Deutsche Arbeiterbewegung vor dem Faschismus, Berlin 1981 ( Argument-Sonderband 74).

49 Protokoll der Verhandlungen des Ersten Reichskongresses der Betriebsräte Deutschlands, 5.—7. 10. 1920, Berlin-Bonn 1981 (Reprint), S. 145 ff. und S. 165 ff.

50 Vgl. Reisberg, Bd. 1, S. 146 ff.

— für ihre organisatorische Integration ein. Als die KPD die von ihr initiierte „Reichskonferenz der Erwerbslosen" (1926) auswertete, hob sie besonders hervor, daß erstmals aus der „aktiven Erwerbslosenbewegung alle gewerkschaftsfeindlichen Tendenzen" beseitigt wurden und die Notwendigkeit gewerkschaftlicher Organisierung von dieser Konferenz anerkannt worden war.[51]

Dennoch waren diese Anstrengungen insgesamt wenig erfolgreich; sie durchbrachen nur zeitweilig die passiven und resignativen Orientierungen der Erwerbslosen. In den ADGB-Gewerkschaften war die Erwerbslosenproblematik bis 1932 nur schwach verankert. Antikommunistische Ängste blockierten eine offensive Organisierungsstrategie des ADGB auf diesem Gebiet.[52] In der Weltwirtschaftskrise intensivierte die KPD ihre Erwerbslosenarbeit: Erwerbslosenausschüsse wurden reaktiviert, Zeitungen herausgegeben, Aktionen für Sonderhilfen und gegen Wohnungsräumungen durchgeführt. Schon ein Jahr vor dem Krisenkongreß des ADGB 1932 stellte die KPD am 29. Mai 1931 ihren Arbeitsbeschaffungsplan vor. Neben der Ausnutzung der vorhandenen Arbeitsmöglichkeiten durch Arbeitszeitverkürzung und Herabsetzung der Altersgrenze sowie der Produktionsbelebung durch die Steigerung der Massenkaufkraft zielte dieser Plan auf die staatliche Schaffung von neuen Arbeitsplätzen in sozialen und infrastrukturellen Sektoren. Im Unterschied zum Plan des ADGB sollten die neuen Arbeitsplätze nicht durch Kreditschöpfung, sondern durch finanzielle Umverteilung und zusätzliche Besteuerung höherer Einkommen finanziert werden.

Wenn auch die Erwerbslosenpolitik der KPD nur begrenzt wirksam wurde[53], so trug sie dennoch dazu bei, jener Politik Grenzen zu setzen, die bewußt die gewerkschaftliche Macht und Kampffähigkeit durch die Gegenmobilisierung der Erwerbslosen — z. B. zum Streikbruch — untergraben wollte. So gelang es bis zum Berliner Verkehrsarbeiterstreik im November 1932 in nahezu allen wichtigen sozialen Kämpfen, kollektiven Streikbruch oder massive Konfrontation zwischen Beschäftigten und Arbeitslosen zu verhindern. In zahlreichen Fällen wurde sogar Erwerbslose zur Unterstützung dieser Kämpfe mobilisiert.[54] Auf diese Weise vermittelte die kommunistische Erwerbslosenpolitik einem Teil der Arbeitslosen die Erfahrung kollektiver Identität und eine Perspektive in der Arbeiterklasse und -bewegung und verhinderte so auch Einbrüche der faschistischen Ideologie und Praxis in die Arbeiterklasse. Unter den arbeitslosen Angestellten hat dagegen gerade die Erfahrung der Individualisierung, das Fehlen von kollektivem Widerstand, die Hinwendung zum Faschismus gefördert.

Auch die Rationalisierung und Taylorisierung bedrohte die Arbeits- und Reproduktionsbedingungen der Lohnabhängigen und brachte neue Formen der Segmentierung in

---

51 Vgl. Vereinigungsparteitag von USPD und KPD (4.—7. 12. 1920), Resolution zur Arbeitslosenfrage, in: Dokumente und Materialien zur Geschichte der deutschen Arbeiterbewegung (im folgenden: DM), hrsg. vom Institut für Marxismus-Leninismus beim ZK der SED, Bd.VII/1, S. 386 ff.; Aufruf der Reichsgewerkschaftszentrale der VKPD vom 29. 4. 1921 für die Verwirklichung der 10 Forderungen des ADGB zur Milderung des Arbeitslosenelends, in: ebd., S. 460 ff.; 7. Parteitag der KPD (22.—26. 8. 1921), Resolution zur Erwerbslosenfrage, in: ebd., S. 557; Aktionsprogramm der Reichskonferenz der Erwerbslosen, 1.—2. 12. 1926, in: DM, Bd. VIII, S. 388.

52 Vgl. Protokoll der 8. Sitzung des Vorstandes des ADGB, 2. 3. 1932, in: Frank Deppe/Witich Roßmann, Wirtschaftskrise, Faschismus, Gewerkschaften, Köln 1981, S. 152 ff.

53 Vgl. Anweisungen der Orgabteilung über die Aufgaben in der Erwerbslosenbewegung, 16. 12. 1931, in: Generallinie, S. 426 ff.

54 Besonders in der „Herbststreikwelle" 1932 wurde dieser Sachverhalt registriert, vgl. Der deutsche Volkswirt, Nr. 53 vom 30. 9. 1932; K. L. Gerstorff, Die Streikwelle. Ein Gesamtüberblick, in: Die Weltbühne vom 8. 11. 1932, S. 678 ff.; David, S. 258 ff.

der Arbeiterklasse hervor. Die Novemberrevolution 1918/19 hatte mit der Durchsetzung des 8-Stunden-Tages sowie mit Aufhebung bzw. der Einschränkung der Akkordarbeit und von arbeitsintensivierenden Lohnanreizsystemen den sozialen Folgen von Rationalisierungsprozessen zeitweilig politische Schranken gesetzt. Im Betrieb versuchten die Unternehmer, die ersten konjunkturellen Krisenerscheinungen sowie jeden Schritt der politischen Restauration in eine Revision dieser Errungenschaften der Revolution umzusetzen.[55] Die Kämpfe gegen diese Politik bildeten Anfang der 20er Jahre einen wesentlichen Konfliktbereich. Dabei engagierten sich besonders die Arbeiter der Großbetriebe in den industriellen Zentren, die zugleich die Basis der linkssozialistischen und kommunistischen Gewerkschaftsopposition bildeten. Die Kämpfe der Chemiearbeiter bei Bayer (Leverkusen) z. B., dessen Vorstandsvorsitzender Carl Duisberg zugleich Präsident des Reichsverbandes der deutschen Industrie (RDI) war, endeten 1921 mit einer Niederlage und mit dem Diktat einer neuen Arbeitszeitregelung (Verbot des Abfeierns von Überstunden, Streichung von Wegezeiten und Urlaubsansprüchen), der Wiederherstellung alter Akkordregelungen und differenzierender Leistungslohnsysteme und nicht zuletzt mit der politischen „Säuberung" der Betriebe.[56] Gleichzeitig wurden neue Richtlinien des RDI bekannt, der seine Mitglieder anwies, beim Abschluß neuer Tarife die Akkordarbeit einzuführen, den Achtstundentag zu beseitigen, Prämiensysteme einzuführen und den Lohnabbau — besonders bei den un- und angelernten Arbeitern — in Gang zu setzen.[57] Die Anwendung dieser Strategie provozierte in zahlreichen Großbetrieben harte Arbeitskonflikte[58]. Diese spitzten sich mit den Aussperrungen in der süddeutschen Metallindustrie (1922) und den Kämpfen im Ruhrbergbau (1924) zu. Mit der faktischen Aufhebung des Achtstundentages (1924) fand diese Periode ihren Abschluß.[59]

Von den ADGB-Gewerkschaften wurden (mit Ausnahme des DMV, der unter linkssozialistischer Führung stand) diese Arbeitszeit-, Lohnstruktur- und vor allem die Rationalisierungsstrategien des Kapitals toleriert bzw. unterstützt. Vielfach wurde streikenden Belegschaften gewerkschaftliche Unterstützung versagt.[60] So waren es neben den übergreifenden politischen Auseinandersetzungen (Sozialisierung, Kapp-Putsch, Ermordung Rathenaus und Erzbergers, Inflation und Ruhrbesetzung) — vor allem diese betrieblichen Kämpfe, die den Einfluß der linken Opposition im ADGB bis 1923 rasch anwachsen ließen.[61]

Vor dem Hintergrund dieser Auseinandersetzungen entwickelte die KPD ihre Positionen und Forderungen gegen die kapitalistische Rationalisierung. Diese trage zur Restauration der innerbetrieblichen Machtverhältnisse bei und wirke „sich in der Arbeiterklasse . . . in einer außerordentlich gesteigerten Differenzierung aus. Dies betrifft nicht

55 Vgl. Rudi Schmiede/Edwin Schudlich, Die Entwicklung der Leistungsentlohnung in Deutschland. Eine historisch-theoretische Untersuchung zum Verhältnis von Lohn und Leistung unter kapitalistischen Produktionsbedinungen, 3. Aufl., Frankfurt 1978, S. 31 ff.

56 Vgl. Stolle, S. 60 ff.

57 Vgl. DM, Bd.VII/1, S. 461.

58 Vgl. u. a. J. Wollenberg u. a., Die Bremer Arbeiterbewegung in der Endphase der Weimarer Republik, Bremen 1982, S. 116 f., 119 f; D. Oltmanns-Hemje, Materielle Bedingungen des Verhältnisses von Sozialreform und Revolution in Deutschland (1890—1924) unter besonderer Berücksichtigung der Bremer Werftarbeiterbewegung, phil. Diss. Bremen 1976, S. 152 ff., 185, 235 ff.,; vgl. auch die unter Anm. 47 genannten Arbeiten.

59 Vgl. Buhl, S. 67 ff., 107 ff.; Michael Schneider, Aussperrung. Ihre Geschichte und Funktion vom Kaiserreich bis heute, Frankfurt 1980, S. 86 ff.; Stollberg, S. 113 ff.

60 Vgl. Stollberg, S. 138 f.; Stolle, S. 56 ff.; Carl Zeiss Jena, S. 367 ff.

61 Vgl. Rettig, S. 83 ff.

nur die Scheidung der Arbeiterschaft in Arbeitende und Erwerbslose, sondern auch die Erweiterung der Kluft zwischen qualifizierten und unqualifizierten Arbeitern und eine steigende Differenzierung der Löhne der qualifizierten Arbeiter."[62] Seit Beginn der Stabilisierungsperiode konzentrierte sich die KPD in ihrer betrieblichen und gewerkschaftspolitischen Arbeit auf die Abwehr dieser Tendenzen. Zuerst wurde die strikte Einhaltung des Achtstundentages und die Ablehnung aller unvermeidlichen Überstunden gefordert („Verlaßt nach acht Stunden den Betrieb"; „Jede Überstunde ist ein Verbrechen an den erwerbslosen Klassengenossen").[63] Außerdem wurden Forderungen entworfen, die den Interessen jener Gruppen der Lohnabhängigen entsprechen sollten, die besonders hart von der Rationalisierung betroffen waren: Siebenstundentag für Bergleute und Chemiearbeiter, stündliche Pausen bei der Fließbandarbeit, Bestimmung der Leistungsgrenzen, des Arbeitstempos und der Zeitberechnung durch Vereinbarungen mit den Arbeitern oder Betriebsräten. Schließlich wandte sich die KPD gegen speziellen Jugend- und Frauenakkord sowie gegen die — z. T. auch in den Gewerkschaften vertretene — Auffassung, daß die Frauen aus dem Erwerbsleben wieder ausscheiden sollten.[64]

Die Mehrheit der Lohnabhängigen nahm freilich die Rationalisierung und ihre sozialen Folgen eher passiv hin.[65] Die Unterstützung der Rationalisierung durch die Gewerkschaftsapparate und die allgemeine, passiv-resignative Grundstimmung nach den Niederlagen des Jahres 1923 förderten diese Stimmungen noch. Erst 1927/28 kam es zu einer neuen Welle von Lohnkämpfen, in denen die KPD schon 1927 eine neue Radikalisierung und Linksentwicklung in der Arbeiterschaft vermutete. Sie unterstützte jetzt die Forderungen nach Reallohnerhöhungen, setzte sich aber gleichzeitig für Festbeträge und Garantielöhne für Akkordarbeiter ein, um auf diese Weise die Lohnspanne zwischen den verschiedenen Lohngruppen zu vermindern.

Diese Orientierung auf dem Gebiet der Gewerkschaftspolitik hatte der KPD bis 1923/24 eine bedeutende Stellung in vielen industriellen Großbetrieben gesichert. Aufgrund verschiedener politischer Entlassungswellen und von Ausschlüssen aus den ADGB-Gewerkschaften[66], schließlich aufgrund der „Massenflucht" aus den Gewerkschaften 1924/25 und des „Linksschwenks" der KPD 1924 wurde diese Position substantiell geschwächt. Dennoch gelang es der KPD bis 1933 immer wieder, politischen Einfluß auf die Belegschaften von Großbetrieben zu gewinnen. Die massiven antigewerkschaftlichen Ressentiments bei Teilen der Arbeiterschaft waren demnach nicht durch die KPD „produziert", sondern stets auch ein Ergebnis der Politik der ADGB-Führung, die die Rationalisierung förderte, sozialen Fortschritt meist über korporatistische Strategien (d. h. über die SPD, den Reichswirtschaftsrat, die jeweiligen Regierungen) durchzusetzen suchte, und die sich immer wieder — auch in den Lohnkämpfen 1927/28 und selbst bei dem Frontalangriff der Schwerindustrie im „Ruhreisenstreit" (1928) — dem staatlichen Schlichtungsmechanismus unterwarf. Die Spaltung der Arbeiterklasse in Organisierte und Unorganisierte, in Beschäftigte und Erwerbslose, in qualifizierte und unqualifizierte Arbeiter, die ihrerseits die politische Spaltung und Konfrontation in der Arbeiterbewe-

62 Vgl. die Auswertung des „Reichskongresses der Werktätigen", in: DM, Bd.VIII, S. 405.

63 Walter Ulbricht, Aktuelle Fragen der Gewerkschaftsbewegung (1927), in: ders., Gewerkschaftskampf, 1, Berlin 1971, S. 123 f.; DM, BD.VIII, S. 399; Carl Zeiss Jena, S. 404.

64 Vgl. DM, Bd. VIII, S. 399.

65 Vgl. Stollberg, S. 125.

66 Vgl. Schöck, S. 58; Lehndorff, S. 56 ff.; M.Schiwy, Die Gewerkschaftspolitik der KPD 1927 bis 1929, Ms., Marburg 1979, S. 59 ff.

gung nach 1930 verstärkte, wurde also durch die soziale und politische Entwicklung bis zum Ende der 20er Jahre zementiert.

## 6. *Organisationspolitische Vorstellungen der KPD*

Neuere organisationssoziologische Untersuchungen der Gewerkschaften zeigen immer wieder den Zusammenhang zwischen der korporatistischen Integration der Gewerkschaften auf der einen und der binnenorganisatorischen Zentralisierung und Bürokratisierung sowie dem damit einhergehenden Verlust an organisatorischer „Basissubstanz", Loyalität und Aktionsflexibilität auf der anderen Seite auf.[67] Beim ADGB entsprachen der „Staatsfixierung", auf die neuerdings auch G. Braunthal aufmerksam gemacht hat[68], die hochzentralisierten Entscheidungsstrukturen in der Organisation sowie eine geringe Bereitschaft, relativ autonome Basisinitiativen — vor allem im betrieblichen Bereich — zuzulassen. Besondere Anstrengungen wurden darauf verwandt, die Betriebsräte, die in der Novemberrevolution auch mit autonomen politischen Ansprüchen auftraten, in „Organe" der Gewerkschaften zu verwandeln, d. h. funktional in die Organisationen einzugliedern. Diesen bürokratischen Verfestigungen entsprach es, daß eine Organisationsreform im Sinne der allgemeinen Durchsetzung des Industrieverbandsprinzips in der Weimarer Republik nicht gelang.

Die KPD setzte sich für eine industriegewerkschaftliche Reorganisation der Freien Gewerkschaften ein. Sie unterstützte dabei die Position der linkssozialistischen Gewerkschaftsopposition, des DMV und den Beschluß des Leipziger ADGB-Kongresses (1922), der sich für das Industrieverbandsprinzip aussprach. Darüber hinaus war die Führung der KPD meist bemüht, spontanen Austrittsstimmungen und -bewegungen — vor allem bei der eigenen Mitgliedschaft — entgegenzuwirken. Eine Ausnahme bilden hier lediglich die Jahre 1924 und 1930/31. Immer wieder forderte die KPD eine Intensivierung der gewerkschaftlichen und politischen Arbeit unter denjenigen Gruppen (vor allem jugendliche Arbeiter, Erwerbslose, unqualifizierte Arbeiter), deren Enttäuschung in offen gewerkschaftsfeindliche Positionen umschlug.

Vor allem die Betriebsräte forderte die KPD immer wieder auf, bei Arbeits- und Tarifkonflikten auf die Einbeziehung der Unorganisierten und Erwerbslosen zu achten. Sie sollten ihre Position systematisch zur „Mobilisierung und Führung von Arbeitermassen" ausnutzen.[69] Zusammen mit gewerkschaftsoppositionellen Vertrauensleuten sollten sie zum Träger selbständiger Kampfleistungen werden. Das forderte die KPD ab 1927/28. Der XII. Parteitag (1929) schrieb diese Position fest. Jetzt wurde es als ihre Aufgabe angesehen, unter Einbeziehung der Erwerbslosen und Unorganisierten, gewerkschaftliche Streiks zu dynamisieren oder selbständig Arbeitskämpfe auszulösen. Dem folgte schließlich die Aufforderung, den Rahmen des „Gewerkschaftslegalismus" zu durchbrechen.

---

67 Vgl. H. Weitbrecht, Legitimität und Effektivität der Tarifautonomie, Berlin 1969; Wolfgang Streeck, Gewerkschaftliche Organisationsprobleme in der sozialstaatlichen Demokratie, Königstein 1981.

68 Vgl. Gerard Braunthal, Der Allgemeine Deutsche Gewerkschaftsbund. Zur Politik der Arbeiterbewegung in der Weimarer Republik, Köln 1981, S. 152 ff.; Frank Deppe, Stabilisierung, Krise, Diktatur — Hätten die Gewerkschaften die Weimarer Republik retten können?, in: Aus der Geschichte lernen, S. 151 ff.

69 Vgl. DM, Bd.VIII, S. 592.

Noch der 10. Parteitag der KPD (1925) hatte jeden Kommunisten verpflichtet, ausschließlich auf freigewerkschaftlichen Betriebsratslisten zu kandidieren.[70] Erst 1929 wurde die Aufstellung oppositioneller Listen — unter Einschluß von Unorganisierten — beschlossen. Mit der organisatorischen Verselbständigung der RGO — ab 1930 — wurden diese Listen unabhängig vom Votum der Betriebs- und Gewerkschaftsversammlungen zur Pflicht erklärt.[71]

Das Ende 1929 gebildete „Reichskomitee zur Förderung der RGO" bestand bis nach dem V. RGI-Kongreß im August 1930 im wesentlichen als Funktionärskörper, der die Arbeit oppositioneller Betriebsräte und Vertrauensleute koordinieren und anleiten sollte. Die RGO-Politik war auch in der kommunistischen Bewegung heftig umstritten. Der Kommunistischen Partei-Opposition (KPO) folgte ein Teil der Mitarbeiter der Gewerkschaftsabteilung der KPD und zahlreiche kommunistische Gewerkschafter in den Betrieben.[72] Auch in der Führungsgruppe der damaligen KPD gab es offensichtlich beträchtliche Vorbehalte gegen die Verselbständigung eigener, revolutionärer Gewerkschaften.[73] Erst nach dem Berliner Rohrlegerstreik, vor allem aber nach dem Berliner Metallarbeiterstreik vom Oktober 1930, wurde die Bildung selbständiger Organisationen in wenigen Industriesektoren und Regionen in Angriff genommen.[74] Sie blieben, wie der Einheitsverband der Metallarbeiter Berlins (EVMB) und der Einheitsverband der Bergarbeiter Deutschlands (EVBD), periphere Splitterorganisationen. Bis zum Frühjahr 1932 erreichte die gesamte RGO nur eine Mitgliederzahl zwischen 260.000 und 310.000, die in 4.021 Betriebsgruppen und 1.400 Erwerbslosengruppen zusammengefaßt waren. 75 Prozent der Mitglieder waren parteilos. Nur noch 300 Zahlstellen und Ortskartelle in den Verbänden der Freien Gewerkschaften wurden von Kommunisten geleitet.[75] Bei den Betriebsratswahlen des Jahres 1931 (die Wahlen von 1932 und 1933 wurden durch Notverordnung ausgesetzt) errangen Kandidaten der RGO 4.664 Mandate gegenüber 115.671 der Freien, 10.956 der Christlichen und 1.560 der Hirsch-Dunckerschen Gewerkschaften.[76]

Diese Daten verdeutlichen schon eine erhebliche Diskrepanz zwischen dem organisatorischen Einfluß der RGO und dem politischen Einfluß der KPD zu dieser Zeit. Nach Schätzungen der „Deutschen Führerbriefe" waren etwa 1,5 bis 2 Millionen der 6 Millionen KPD-Wähler freigewerkschaftlich organisiert.[77] Daß die KPD — über den organisatorischen Bestand der RGO hinaus — über Mobilisierungsmöglichkeiten verfügte, zeigte sich u. a. in der Herbststreikwelle des Jahres 1932. Gleichzeitig wurde die KPD bei den Novemberwahlen 1932 stärkste Partei in Berlin. Ein am 10. September 1932 verfaßter Bericht des Bochumer Polizeipräsidenten über die Zerfalls- und Auflösungserscheinungen der RGO im Ruhrgebiet warnte daher davor, sich über die „Stärke des Anhangs, die diese Bewegung über große Massen der Erwerbslosen besitzt, hinwegzu(täuschen). [. . .]

70 Vgl. DM, Bd.VIII, S. 276.
71 Vgl. Lehndorff, S. 129 ff.; Schiwy, S. 110 ff.
72 Vgl. Stolle, S. 214 ff.
73 Vgl. dazu u. a. Autorenkollektiv, Ernst Thälmann, S. 438, 451, 454, 460.
74 Der V. RGI-Kongreß hatte diese Möglichkeit für Deutschland — unter der Voraussetzung entsprechender Massenstimmungen nach Streiks — direkt nahegelegt, vgl. Protokoll des V. RGI-Kongresses, Moskau 1930, Bd. 2, S. 277 ff.
75 Heinz Karl, Zur Entwicklung der Einheitsfrontpolitik der KPD im Kampf gegen die faschistische Gefahr, phil. Diss. Berlin (DDR) 1969, S. 36 ff.
76 Vgl. Deppe/Roßmann, Wirtschaftskrise, S. 47 f.
77 Ebd., S. 238 f.

Auch in der Betriebsarbeiterschaft dürfte die Zahl der Sympathisierenden nicht unerheblich sein, wenngleich diese Arbeiter auch Mitglieder der freien und christlichen Verbände sind."[78]

## 7. *Die Wende von 1928/29*

E.C. Schöck und U. Stolle charakterisieren die — von der „Sozialfaschismus"-Agitation begleitete — RGO-Politik als einen hilflosen Reflex auf die sozialen und politischen Erfahrungen der von Arbeitslosigkeit und Rationalisierung besonders hart betroffenen, unqualifizierten Arbeiterschichten (besonders im Bergbau und der Chemieindustrie). Diese bildeten in einigen Großstädten und Industriezentren den „Resonanzboden" für antikapitalistische, radikale und rebellische Stimmungen, die freilich starken Schwankungen unterworfen waren (was sich u. a. an der Mitgliederfluktuation der KPD sowie an der Fluktuation der Stimmenergebnisse bei den Betriebsrätewahlen 1929 und 1931 zeigt).[79] U. Stolle macht mit Recht darauf aufmerksam, daß bis 1923/24 die Interessendivergenzen zwischen den verschiedenen Qualifikationsgruppen in der Arbeiterklasse aufgrund der noch relativ günstigen Beschäftigungslage und der gemeinsamen sozial- und allgemein-politischen Interessen zurücktraten. Erst zwischen 1924 und 1928 habe sich — unter dem Druck der Taylorisierung und Rationalisierung im Rahmen der innerbetrieblichen Restauration kapitalistischer Machtverhältnisse — eine stärkere Differenzierung zwischen den Interessen der qualifizierten und der unqualifizierten Arbeiter vollzogen. Die Auseinandersetzungen um die Gewerkschaftspolitik der KPD sei daher immer auch durch diesen Interessenkonflikt verschiedener Lohnarbeiterkategorien determiniert.

Diese Thesen vermitteln zweifellos einen neuen und fruchtbaren Zugang zum Verständnis des Zusammenhangs von sozialökonomischen, sozialstrukturellen und politischen Prozessen in der Arbeiterbewegung selbst. Als einziges Erklärungsmoment bleibt der Nachweis solcher Beziehungen freilich höchst unzureichend; denn er isoliert die jeweiligen strategischen Debatten und Entscheidungen aus dem Kontext der „Gesamtheit der politischen und Klassen-Beziehungen", definiert die Politik letztlich als einen passiven Reflex ökonomischer und sozialstruktureller Prozesse.[80]

Obwohl es richtig ist, daß sich in den Wendungen der Gewerkschaftspolitik der KPD immer auch die Akzentuierung der Interessen bestimmter Lohnarbeiterkategorien bemerkbar macht, so bemühte sich die KPD doch immer wieder, übergreifende, vereinheitlichende Forderungen zu formulieren, die gerade die Spaltung und Segmentierung in

---

78 Institut für Marxismus-Leninismus, Zentrales Parteiarchiv, ST 22/143, Bl. 00400; vgl. auch die Resolution zu den Lehren aus den Wirtschaftskämpfen und den Aufgaben der RGO, angenommen auf der Plenartagung des Reichskomitees der RGO am 23./24. 11. 1932, IML/ZPA, ST 22/143, Bl. 00109. Darin wird die schwache Verankerung der RGO in den Großbetrieben konstatiert, ebenfalls wird hingewiesen auf das für die KPD zwischen 1929 und 1933 strukturelle Problem des wachsenden politischen Einflusses auf der einen und der unzureichenden organisatorischen Erfassung und Aktivierung dieses Potentials auf der anderen Seite; vgl. dazu auch Andreas Dorpalen, SPD und KPD in der Endphase der Weimarer Republik, in: VjZ 31 (1983), S. 87—107, hier S. 102 f.

79 Diese Fragen — vor allem die nach der Rolle der Unorganisierten und der unqualifizierten Arbeiter — spielten auch im internen Diskussionsprozeß der KPD eine wichtige Rolle; vgl. u. a. Walter Ulbricht, Zur Geschichte der deutschen Arbeiterbewegung, Bd. 1, Berlin (DDR) 1953, S. 394 ff. und S. 404 ff; David, S. 253 ff.

80 Vgl. dazu Deppe, Einheit, S. 92 ff.

der Arbeiterklasse überwinden sollten. Diese Politik wurde jedoch nach 1924 mit Schwierigkeiten konfrontiert, die auch in der Politik von ADGB und SPD lagen:

- strukturelle Arbeitslosigkeit und Rationalisierung verstärkten die Interessensdifferenzierung zwischen den verschiedenen Lohnarbeitergruppen;
- die „Massenflucht" aus den Gewerkschaften nach 1923 förderte die Dominanz der Facharbeitergruppen in den ADGB-Gewerkschaften und führte damit zur „Abschottung" der gewerkschaftlichen Politik von den Problemen der unqualifizierten Arbeitergruppen und insbesondere der Erwerbslosen;
- die Unterwerfung der ADGB-Gewerkschaften unter den staatlichen Schlichtungsmechanismus verhinderte — vor allem 1927/28 —, daß die sozialen und wirtschaftlichen Kämpfe zum Medium allgemeiner Klassenerfahrung sowie der Veränderung des Kräfteverhältnisses der Klassen werden konnten; die Entfaltung kollektiver Gegenmacht wurde auf diese Weise behindert;
- die Abschottung der gewerkschaftlichen Organisationsstrukturen nach links verwies die Perspektive der möglichen politischen Veränderung der Gewerkschaften auf längere Zeiträume und kollidierte deshalb vor allem mit der „revolutionären Ungeduld", wie sie vor allem unter jungen Arbeitern immer wieder aufkam.[81]

Diese Widersprüche mußten auch zu einer strategischen Lösung drängen. Die Wende von 1928/29, die in der internationalen kommunistischen Bewegung mit dem IX. EKKI-Plenum, dem IV. RGI-Kongreß und dem VI. Weltkongreß der KI vollzogen wurde, ging freilich weniger von einer Neubewertung der Gewerkschaftspolitik aus. Die „ultralinke" Wende auf diesem Gebiet war vielmehr eingebettet in eine Neubewertung der internationalen politischen Kräftekonstellationen und Entwicklungstendenzen, die sich vor allem auf die Antizipation neuer ökonomischer und politischer Krisenprozesse stützte:

- in ihren ökonomischen Analysen prognostizierte die KI — gestützt auf die Analysen von E. Varga[82] — das bevorstehende Ende der „relativen Stabilisierung" des Kapitalismus und das Heranreifen einer tiefgreifenden ökonomischen und politischen Krise;
- die Auswertung der internationalen politischen Lage (Intervention im chinesischen Bürgerkrieg, Abbruch der englisch-sowjetischen Beziehungen, Gefahr der Einkreisung der Sowjetunion) führte die KI dazu, das „Kriegsproblem" als die „Achse der ganzen Lage", als „Kernproblem der Situation" zu bewerten.

Diese Analyse, die angesichts der Entwicklung ab 1929/30 keineswegs unrealistisch war, wurde jedoch mit zwei zentralen — theoretischen und dann auch strategisch relevanten — Fehlern verknüpft:

- erstens mit der „Sozialfaschismus"-These, die die SPD und den ADGB nur mehr in ihren Funktionen als Träger und Vermittler finanzkapitalistischer Herrschaft begriff, die die Differenzierung von Faschismus und bürgerlicher Demokratie behinderte, und die schließlich auch die KPD davon abhielt, die Freien Gewerkschaften und ihre Politik als den Ausdruck des reformistischen Bewußtseins der Mehrheit der deutschen Arbeiterklasse zu begreifen;
- zweitens mit einer falschen politischen Bewertung der neuen Welle der sozialen Kämpfe 1927/28, die als erstes Anzeichen einer breiten Linksentwicklung und Radikalisierung der Arbeiterschaft bewertet wurden. Die KPD verkannte dabei den primär ökonomisch-sozialen und defensiven Charakter dieser Kämpfe und verlor zugleich

---

81 Vgl. August Enderle, Revolutionäre Gewerkschaftsarbeit unter der „Demokratie" der Bürokratie, in: Die Internationale, 10. Jg., 1. 8. 1927, H. 15, S. 461 ff.; Ulbricht, Gewerkschaftskampf, S. 130 ff.

82 Vgl. Eugen Varga, Die Krise des Kapitalismus und ihre politischen Folgen, Frankfurt 1969, S. 80 ff.

die Einsicht in die wachsende Schutzfunktion der Gewerkschaften in Perioden der ökonomischen Krise.

In der Konsequenz dieser strategischen Bestimmungen konzentrierte sich die KPD auf das Ziel, innerhalb der Arbeiterbewegung die Hegemonie der SPD — als der, wie es hieß, „Hauptstütze der Bourgeoisie" — zu brechen; denn die Arbeiterklasse sei nur unter der Führung der KPD erfolgreich gegen die Kapitaloffensive und gegen die faschistische Gefahr zu mobilisieren. Die Maßnahmen, die die KPD für eine autonome Kampfführung von Wirtschaftskämpfen jetzt ergriff (selbständige Kampfleitungen, Betriebsdelegiertenkonferenzen als Einheitsfrontorgane „von unten", revolutionäre Betriebsratsarbeit), wurden als eine Voraussetzung begriffen, um die Hegemonie der SPD und des ADGB zu brechen, die organisierten, unorganisierten und erwerbslosen Lohnabhängigen in einer Kampffront zu vereinheitlichen und ihren Kämpfen eine revolutionäre Perspektive zu geben (Überleitung in den politischen und General-Streik). Obwohl sich die KPD dabei auf die — keineswegs lange zurückliegenden — Erfahrungen der Novemberrevolution, des Kapp-Putsches und des Generalstreiks gegen die Cuno-Regierung beziehen konnte, überschätzte sie doch nach 1929 den Zusammenhang zwischen materieller Verelendung und politischer Radikalisierung. Der Mißerfolg der organisatorischen Verselbständigung der RGO, der Kandidaturen revolutionärer Betriebsräte, war — vor dem Hintergrund des wachsenden politischen Einflusses der KPD in dieser Zeit — ein Indiz dafür, daß gerade im gewerkschaftlichen Bereich die Verschlechterung der ökonomischen Kampfbedingungen, aber auch die Wirkungen der Krise auf das „reformistische Bewußtsein" in der Arbeiterschaft falsch bewertet wurden.

Dennoch können wir der These von E. Heupel nicht zustimmen, der die zentralen politisch-strategischen Fehleinschätzungen der KPD mit dem „Realitätsverlust der RGO- und KPD-Führung" erklärt, der seinerseits durch die „zunehmende Isolierung der Kommunisten von den Betriebsarbeitern selbst" bedingt gewesen sei.[83] Es ist richtig, daß der Anteil der Mitglieder der KPD, die in Betrieben arbeiteten, nach 1929 drastisch zurückging: von fast 63 % auf 33 % (Oktober 1930), auf 24 % (1. Quartal 1931) und schließlich auf 11 % (Ende 1932). Dabei ist freilich zu berücksichtigen, daß die Zahl der von der Parteikassierung erfaßten Mitglieder von ca. 120.000 (Juni 1929) auf 252.000 (Dezember 1932) angewachsen war. Auch die Betriebszellen der KPD konnten zwischen Dezember 1930 (1.500) bis zum April 1932 (2.210) ausgebaut werden und mehr Mitglieder erfassen.[84] Wir halten daher eher die These von L. Peter für plausibel, derzufolge die „RGO . . . die unmittelbare Reaktion auf Aktionen und Stimmungen der radikal-antikapitalistischen und revolutionären Minderheit des Proletariats" gewesen ist. Der Widerspruch ihres Wirkens lag darin, „daß die RGO spezifische Momente des Bewußtseins und der Praxis der Arbeiterklasse, die jedoch nicht der Totalität der Klassenauseinandersetzungen jener

83 Eberhard Heupel, Ziele und Möglichkeiten der freien Gewerkschaften in der Weltwirtschaftskrise, in: Deutsche Arbeiterbewegung vor dem Faschismus, S. 41; ders., Reformismus und Krise. Zur Theorie und Praxis von SPD, ADGB und AfA-Bund in der Weltwirtschaftskrise 1929—1932/33, Frankfurt-New York 1981.

84 Erika Kücklich/Stefan Weber, Die Rolle der Betriebszellen der KPD in den Jahren der Weimarer Republik, in: Beiträge zur Geschichtswissenschaft 1 (1980), S. 125 ff. Dennoch kam 1931 lediglich eine Betriebszelle der KPD auf 57 Betriebe mit einer Belegschaft zwischen 50 und 500 Arbeitern; nur in einigen Großbetrieben mit mehr als 5000 Beschäftigten bestanden größere Zellen.

Epoche entsprachen, unmittelbar reproduzierte und zu einer gesamtgesellschaftlichen Strategie verallgemeinerte."[85]

Daß es innerhalb der KPD Widerstand gegen den RGO-Kurs gab, daß die Mobilisierung für die RGO auch innerhalb der Mitgliedschaft oftmals auf Passivität und Widerstand stieß, verdeutlicht einmal mehr die Spannungen, die zu dieser Zeit die strategischen Entscheidungen der KPD durchdrangen, die aber immer wieder — sowohl durch die staatliche Repression als auch durch die Anpassungspolitik von SPD und ADGB — zugunsten „ultralinker" Positionen gelöst wurden.

Ende 1931 begann aber — jetzt auch unter dem Eindruck der faschistischen Gefahr — eine — wenn auch zögernde und sprunghafte — Korrektur dieser Politik.[86] Im April 1932 wurde den Spitzen von SPD und ADGB erstmals wieder ein Einheitsfrontangebot unterbreitet, das bis zum Januar 1933 mehrfach wiederholt wurde. Gleichzeitig wurde der Aufbau neuer RGO-Verbände gestoppt; die Forderung, die Arbeit in den Freien Gewerkschaften zu verstärken, trat wieder in den Vordergrund.

## 8. *Zusammenfassende Thesen*

1. Die KPD repräsentiert zweifellos eine authentische soziale und politische Bewegung. Ihre Gewerkschaftspolitik ist immer wieder durch den Versuch charakterisiert, unter den je konkreten Bedingungen des Klassenkampfes linke Alternativpositionen zu entwickeln, um auf diese Weise die Existenz- und die Kampfbedingungen der gesamten Arbeiterschaft zu verbessern. Daher steht sie — ihrem Selbstverständnis nach — in der Tradition der linken, marxistischen Strömungen in der deutschen Sozialdemokratie vor 1914. Ihre gesellschaftstheoretische Analyse, die sich auf die Marx'sche Kapitalismus- sowie die Lenin'sche Imperialismusanalyse bezieht, findet immer wieder Bestätigung in der gesellschaftlichen Wirklichkeit.
2. Die schwerwiegendsten Fehler der KPD-Politik — vor allem nach 1929 — resultieren aus einer falschen politischen Bewertung objektiver gesellschaftlicher Krisenprozesse. Dabei hat sie nicht nur die Verankerung der Sozialdemokratie und des Reformismus in der Arbeiterschaft, sondern auch die Möglichkeit reaktionärer Gegenschläge erheblich unterschätzt — und damit auch ihre Isolation verstärkt. Insgesamt wurde durch diese Erfahrungen die Konzeption der „revolutionären Krise" und die daraus resultierenden strategischen Konsequenzen problematisiert. Indem der VII. Weltkongreß der Kommunistischen Internationale (1935) diese Problematik aufgegriffen hat, stellt er tatsächlich eine bedeutende Markierung in der Geschichte der kommunistischen Bewegung dar.
3. Auf dem Gebiet der kommunistischen Gewerkschaftspolitik zeigt sich zunächst, daß die KPD immer wieder auf die Position zurückkam, Gewerkschaftsspaltungen möglichst abzuwehren. Allerdings haben die Kommunisten zu dieser Zeit, als sie eine Massenbewegung waren, für sich das Recht in Anspruch nehmen wollen, auch in den

85 Lothar Peter, Überlegungen zur Anaylse der RGO-Politik am Ende der Weimarer Republik, in: Marxismus und Arbeiterbewegung, hrsg. von Frank Deppe u. a., Frankfurt 1980, S. 40 ff.; in dieser Richtung auch Wolfgang Abendroth, Ein Leben in der Arbeiterbewegung, Frankfurt 1976, bes. S. 131 ff.

86 Vgl. Frank Deppe/Witich Roßmann, Hätte der Faschismus verhindert werden können? Gewerkschaften, SPD und KPD 1929—1933, in: Blätter für deutsche und internationale Politik 29 (1983), S. 18 ff.

Gewerkschaften für eine Veränderung der Mehrheitsverhältnisse zu ihren Gunsten zu wirken. Die Fraktionierung zur linken Gewerkschaftsopposition wurde nach der Novemberrevolution nicht als Verstoß gegen das Prinzip der Gewerkschaftseinheit, sondern als Form des Austrags unterschiedlicher Interessen in den ADGB-Gewerkschaften anerkannt. Daß der Einfluß der KPD in den Gewerkschaften nach 1924 drastisch zurückging, hing einerseits mit den Fehlern der KPD-Politik, andererseits aber auch mit der Welle der Massenaustritte, der Abschottung der ADGB-Gewerkschaften nach links, die sich nach 1929 noch verstärkte, zusammen.

4. Die kommunistische Gewerkschaftspolitik dieser Periode macht immer wieder auf den Widerspruch zwischen einer straff zentralisierten, politischen Führung von Klassenkämpfen auf der einen, und der beständigen Bereitschaft zur Entwicklung von Basis- und Masseninitiativen auf der anderen Seite aufmerksam. Dieser Widerspruch gilt für die kommunistische Politik selbst, mehr aber noch für die Konfrontation zwischen der linken Gewerkschaftsopposition und dem hoch zentralisierten, in seiner Politik „staatsfixierten" Apparat des ADGB. Die Autonomie solcher Basisbewegungen im Rahmen der gesamten Arbeiterbewegung erscheint auch aus heutiger Sicht als eine wesentliche Voraussetzung dafür, daß die politisch-ideologischen Kampffronten, die in der Arbeiterbewegung bestehen, nicht zu einer paralysierenden Schranke — vor allem angesichts der notwendigen, gemeinsamen Auseinandersetzung mit der faschistischen „Gegenrevolution" — werden. Daß diese historische Erfahrungen auch in der Gegenwart nicht leicht in die Praxis umzusetzen sind, beweisen die zahlreichen gewerkschaftspolitischen Auseinandersetzungen der jüngsten Zeit.

Peter Jahn

# Gewerkschaften in der Krise. Zur Politik des ADGB in der Ära der Präsidialkabinette 1930 bis 1933[1]

Im Laufe des Wahlkampfes zu den Reichstagswahlen im September 1930 charakterisierte der erste Vorsitzende des Allgemeinen Deutschen Gewerkschaftsbundes (ADGB), Theodor Leipart, gegenüber einem Korrespondenten der „New York Times" die politische Situation: Es gehe bei der kommenden Wahl um „die Erhaltung der demokratischen Staatsform. Sie wird gefährdet durch die Bestrebungen zur Bildung einer Rechtsmehrheit, deren ausgesprochenes Ziel die Revision der Weimarer Verfassung ist, verstärkte Macht des Reichspräsidenten, kein Faschismus, aber doch starke Neigung zum Aufbau eines ständischen, autoritär regierten Staates. Für diese Bestrebungen charakteristisch sind auch die seit Jahren durchgeführten Angriffe der Unternehmer auf die gesamte Sozialpolitik, die auf ein Zurückdrängen des Einflusses des demokratischen Staates als Regulator des Wirtschaftslebens hinauslaufen".[2]

Diese Einschätzung zeigt im historischen Rückblick ein großes Maß an Realitätsgerechtigkeit angesichts der tiefgreifenden Krisensituation des Weimarer Systems seit 1930, auch wenn nach den Erfolgen der Nationalsozialisten in den Septemberwahlen 1930 darüber hinaus die Gefahr einer faschistischen Machtübernahme oder zumindest einer Machtbeteiligung der Nationalsozialisten in das politische Kalkül der Gewerkschaften an zentraler Stelle aufgenommen werden mußte. Aus der Charakterisierung der Gegner werden auch die eigenen Zielvorstellungen der Freien Gewerkschaften deutlich: die Erhaltung der Einheit von parlamentarisch-demokratischer Herrschaft und sozialem Kompromißsystem zwischen Unternehmern, Gewerkschaften und Staat.

Diese — defensiven — Zielvorstellungen geben einen angemessenen Bezugspunkt für die Analyse gewerkschaftlichen Verhaltens in den Krisenjahren der Präsidialkabinette zwischen 1930 und 1933, denn nach den Erfolgen und Anerkennungen, die die Weimarer Republik gebracht hatte und die nach den gewerkschaftlichen Fortschrittsvorstellungen durch dieses System weiterhin zu erwarten waren, war es im Interesse der Gewerkschaften nur folgerichtig, dieses System mit allen Kräften zu verteidigen. So wird im folgenden zu skizzieren sein, wie der ADGB als größte Organisation der Arbeiterbewegung auf die gleichzeitige Bedrohung durch eine historisch beispiellose Wirtschaftskrise sowie durch die existenzgefährdende politische Systemkrise reagiert hat. Dabei wird an erster Stelle zu klären sein, welche objektiven Handlungsmöglichkeiten noch gegeben bzw. wo in der Phase weitgehenden Machtzerfalls die Handlungsgrenzen der Gewerkschaftsorganisation gezogen waren. Zu fragen ist aber auch, wo — bei möglicherweise realen Handlungs-

1 Die Skizze beschränkt sich auf die Entwicklung des Allgemeinen Deutschen Gewerkschaftsbundes (ADGB); die anderen Richtungsgewerkschaften finden nur fallweise Erwähnung. Zur Entwicklung der Christlichen Gewerkschaften in diesem Zeitraum vgl. Michael Schneider, Die Christlichen Gewerkschaften 1894—1933, Bonn 1982, S. 688—757. Zu den Hirsch-Dunckerschen Gewerkvereinen liegt keine vergleichbare Untersuchung vor. Auch zur Entwicklung der Einzelverbände des ADGB in diesem Zeitraum ist der Forschungsstand primär durch seine Lücken gekennzeichnet.

2 ADGB-Restakten in der Historischen Kommission zu Berlin, NB 104, Bl. 27 (künftig zitiert: Hiko, NB 104/27).

spielräumen — subjektive Handlungsgrenzen zu erkennen sind, die aus ideologischen Zielvorstellungen und traditionellen kollektiven Wertmustern vorgegeben waren. In diesem Zusammenhang wird auch zu fragen sein, ob die zitierten gewerkschaftlichen Zielsetzungen tatsächlich unverrückbares Axiom der Politik gegenüber den Präsidialkabinetten Brüning, Papen und Schleicher blieben oder wieweit sich unter dem Druck der nach autoritärer Veränderung drängenden Machtkonstellation auch die Zielsetzungen der Freien Gewerkschaften verschoben.[3]

Im Rahmen dieser historischen Skizze sollen die subjektiven Handlungsgrenzen der gewerkschaftlichen Entscheidungsträger weniger auf der hohen Ebene diskutierter und ausformulierter Ideologie gewerkschaftlicher Grundsatzprogramme gesucht werden als vielmehr auf der mittleren Ebene gewerkschaftlicher „common-sense"-Ideologeme — politischen Alltagsbewußtseins und gesellschaftlicher Normen also, die sich weitgehend undiskutiert in der Organisation herausbildeten und zu einem guten Teil auch gesellschaftlich herrschendes Bewußtsein reproduzierten. In den konkreten Entscheidungssituationen wird dieses „common-sense"-Bewußtsein weitaus stärker als handlungsleitend sichtbar als die sozialistische Analyse und Programmatik. Diese Programmatik erhielt ihre Bedeutung stärker aus der integrierenden Funktion innerhalb der Organisation als aus einer handlungsleitenden Funktion nach außen.

So erscheint auch eine Kritik verfehlt, die die Niederlage der Gewerkschaften entweder auf eine falsche Theorie als entscheidende Ursache zurückführt oder auf das Abweichen der realen Politik von den sozialistischen Grundsätzen, weil in beiden Fällen die sozialistische Programmatik zum Ausgangs- und Angelpunkt gewerkschaftlicher Politik gemacht wird und ihr damit unter den verschiedenen Faktoren, die für die Entscheidungen in den konkreten Situationen wirksam wurden, ein zu hoher Stellenwert gegeben wird.[4]

Wenn im folgenden versucht wird, gewerkschaftliches Handeln aus der Gesamtheit der real wirksamen — materiellen wie auch ideologisch-mentalen — Faktoren zu erklären, so bedeutet das auch nicht, lediglich verstehend den faktischen Ablauf als den einzig möglichen nachzuvollziehen und die Gewerkschaften zum tragisch, weil notwendig scheiternden kollektiven Helden zu stilisieren. Für eine Reihe von Entscheidungssitua-

3 Zur Situation der Gewerkschaften 1930—1933 als Einführung geeignet: Michael Schneider, Tolerierung-Opposition-Auflösung. Die Stellung des Allgemeinen Deutschen Gewerkschaftsbundes zu den Regierungen Brüning bis Hitler, in: Sozialdemokratische Arbeiterbewegung und Weimarer Republik. Materialien zur gesellschaftlichen Entwicklung 1927—1933, hrsg. von Wolfgang Luthardt, Bd. 1, Frankfurt 1978, S. 150—219; außerdem: Hans Mommsen, Die deutschen Gewerkschaften zwischen Anpassung und Widerstand 1930—1944, in: Vom Sozialistengesetz zur Mitbestimmung. Zum 100. Geburtstag von Hans Böckler, hrsg. von Heinz Oskar Vetter, Köln 1975, S. 275—299; Henryk Skrzypczak, Zur Strategie der Freien Gewerkschaften in der Weimarer Republik, in: ebd., S. 201—227; Frank Deppe/Witich Roßmann, Wirtschaftskrise, Faschismus, Gewerkschaften. Dokumente zur Gewerkschaftspolitik 1929—1933, Köln 1981; Eberhard Heupel, Ziele und Möglichkeiten der freien Gewerkschaften in der Weltwirtschaftskrise, in: Deutsche Arbeiterbewegung vor dem Faschismus (Argument-Sonderband AS 74), Berlin 1981, S. 10—49; Hannes Heer, Burgfrieden oder Klassenkampf. Zur Politik der sozialdemokratischen Gewerkschaften 1930—1933, Neuwied-Berlin 1971; Ursula Hüllbüsch, Gewerkschaften und Staat. Ein Beitrag zur Geschichte der Gewerkschaften zu Anfang und zu Ende der Weimarer Republik, phil. Diss., Heidelberg 1958.

4 Der Vorwurf des Abweichens von sozialistischen Prinzipien als Grundtenor am schärfsten bei Heer; bei Eberhard Heupel, Reformismus und Krise. Zur Theorie und Praxis von SPD, ADGB und AfA-Bund in der Weltwirtschaftskrise 1929—1932/33, Frankfurt-New York 1981, steht der Versuch im Vordergrund, aus der unzulänglichen reformistischen Theorie die politische Niederlage zu erklären.

tionen besitzen andere Handlungsmöglichkeiten Plausibilität — mehr allerdings auch nicht. Rezepte für eine „richtige" Gesamtstrategie lassen sich ex post daraus nicht ableiten.

## 1. *Gewerkschaften in der Defensive*

Die zugespitzte politische Entscheidungssituation, in die Gewerkschaften wie auch SPD zwischen 1930 und 1933 gestellt wurden, ist allgemein bekannt und braucht nur mit wenigen Stichworten ins Gedächtnis gerufen zu werden. Die rechten Republikgegner aller Schattierungen sahen mit der Wirtschaftskrise die Gelegenheit gekommen, das soziale und politische System von Weimar restaurativ zu verändern. So heterogen auch die nach autoritärer Herrschaft drängenden Gruppen waren — im Parteienspektrum von den Nationalsozialisten bis weit in die bürgerliche Mitte, in den sozialen Einflußgruppen von administrativen Kadern über die Armee zu Agrariern, Mittelständlern und Schwerindustriellen — und so uneinheitlich die Zielvorstellungen zwischen elitär-autoritären und bonapartistisch-faschistischen Konzepten aussahen, so herrschte doch „im rechtskonservativen Lager ein weitverbreiteter Konsens, daß der Hauptfehler der deutschen Entwicklung seit 1918 im parlamentarisch-demokratischen System an sich und insbesondere der politischen Mitverantwortung von Sozialdemokratie und Gewerkschaften begründet liege."[5]

Für die Zukunft der Gewerkschaften sahen diese verschiedenen Konzepte im günstigsten Fall eine anhaltende Kräfteverschiebung zugunsten der Unternehmerseite bei grundsätzlicher Beibehaltung des sozialen Systems vor — wie es etwa Teile der RDI-Führung 1930 anstrebten; die meisten Konzepte gingen jedoch weiter und zielten auf eine Zerstörung des Tarifsystems sowie ständische oder staatliche Einbindung. Die einzelnen Präsidialkabinette stehen hier auch für unterschiedliche Konzepte. In dieser Situation mußten die Gewerkschaften selbst politisch reagieren. Eine Arbeitsteilung, die sich im politischen Bereich allein auf die SPD gestützt hätte, verbot sich umso mehr, als die Parteien mit der fortschreitenden Verselbständigung der Präsidialkabinette ihre parlamentarische Funktion einbüßten. Dafür wuchs den Parteien als Organisatoren von militanten Massenverbänden neue Bedeutung zu.

Diese Verbände wurden als außerstaatliches Gewaltpotential ein wesentlicher politischer Faktor. Und hier erlangten auch die Gewerkschaften mit ca. vier Millionen Mitgliedern eine neue Bedeutung, die weitab von ihrer klassischen Funktion als ökonomische Interessenvertretung von Lohnabhängigen lag. Wenn also mit dem Kampf zur „Erhaltung der demokratischen Staatsform" Ernst gemacht werden sollte, so war zwischen Tarifverhandlungen und der Organisation gewerkschaftlicher Kampfverbände, der „Hammerschaften", im Rahmen der „Eisernen Front" ein weites Feld abzudecken.

Verlangte die für die Gewerkschaften existenzbedrohende politische Krise, daß diese Massenorganisation ihre Kräfte mobilisierte und ihre Muskeln spielen ließ (und diese notfalls auch einzusetzen bereit war), so bedrohte gleichzeitig die wirtschaftliche Krise den

5 Reinhard Neebe, Großindustrie, Staat und NSDAP 1930—1933. Paul Silverberg und der Reichsverband der Deutschen Industrie in der Krise der Weimarer Republik, Göttingen 1981, S. 59; hier differenziertes Material zu den verschiedenen Gruppierungen und Konzeptionen der Industrie; Karl Dietrich Bracher, Die Auflösung der Weimarer Republik. Eine Studie zum Problem des Machtverfalls in der Demokratie, Villingen 1955 (seitdem mehrere Neuauflagen), trotz Korrekturen zu einzelnen Bereichen zur Gesamtentwicklung grundlegend.

Gewerkschaftskörper mit Auszehrung und Dystrophie. Die ökonomischen Rahmenbedingungen für gewerkschaftliches Handeln in dieser Epoche sind bekannt: Die Zahl der Arbeitslosen stieg vom Winter 1929/30 mit drei Millionen auf annähernd fünf Millionen im folgenden Winter und erreichte 1931/32 mehr als sechs Millionen; realistische Schätzungen nennen sieben Millionen. Für die Gewerkschaften bedeutete dies 1932, daß jedes zweite Mitglied arbeitslos und daß nur ein Drittel der gewerkschaftlich Organisierten vollzeitbeschäftigt war.[6] Von den Arbeitslosen erhielt nur eine Minderheit über einen begrenzten Zeitraum Arbeitslosenunterstützung, die mehrfach noch gekürzt wurde; die größere Zahl der Arbeitslosen lebte in Abhängigkeit von Fürsorgemaßnahmen, die sie an den Rand des physischen Existenzminimus drängten.[7] Jugendliche, die nur kurz oder noch gar nicht gearbeitet hatten, waren in besonderem Maße und mit schweren psychischen und sozialen Folgen von der Arbeitslosigkeit betroffen. Dazu kommt, daß auch die beschäftigten Arbeiter von starken Lohnkürzungen betroffen waren, die nur zu einem geringen Teil durch nachhinkende Preissenkungen ausgeglichen wurden (Reallohn-Index: 1928: 100; 1932: 86).[8]

Die Zahl der Gewerkschaftsmitglieder ging zwischen 1930 und 1932 von 5,2 auf 3,9 Millionen zurück. Durch die große Zahl von arbeitlosen Mitgliedern bei gleichzeitigem Zwang zu Unterstützungsleistungen wurde auch die finanzielle Situation desolat, wohl schlimmer als die Gewerkschaftsspitze gegenüber Mitgliedern und Außenstehenden in ihren Veröffentlichungen auswies.[9] Ausgedehnte Arbeitskämpfe, die sich über eine längere Zeit hinzogen, waren in dieser Situation finanziell nicht zu verkraften. Dazu kam ein Problem, das eine zielgerichtete und einheitliche Politik der Gewerkschaftsspitze erschwerte: Die einzelnen Verbände des ADGB waren sehr unterschiedlich von der Arbeitslosigkeit betroffen. So erstreckte sich das Spektrum etwa im Jahre 1931 von 68 % arbeitslosen Mitgliedern des Baugewerksbundes über 33 % im Deutschen Metallarbeiterverband zu 15 % im Bergarbeiterverband. Da Politik für die noch beschäftigten Mitglieder und Politik für die Arbeitslosen jedoch sehr unterschiedliche Schwerpunkte setzen mußte, erschwerte dieses branchenspezifische Auseinandergehen geschlossenes Handeln.[10]

Aber nicht allein die reale Verelendung reduzierte gewerkschaftliche Handlungsmöglichkeiten. Auch die historische Beispiellosigkeit einer solchen Krise, die Erfahrung, daß der Tiefpunkt immer noch nicht erreicht war, wenn man ihn bereits erreicht glaubte, hat

---

6 Vgl. Klaus Schönhoven, Innerorganisatorische Probleme der Gewerkschaften in der Endphase der Weimarer Republik, in: Gewerkschafts-Zeitung. Organ des Allgemeinen Deutschen Gewerkschaftsbundes, Jge. 1929—1933, Reprint, Bonn 1983, Anhang, S. 73—104, Tab. 2, S. 99.

7 Ludwig Preller, Sozialpolitik in der Weimarer Republik, Düsseldorf 1949, S. 418 ff.; Überblick bei: Wilhelm Adamy/Johannes Steffen, „Arbeitsmarktpolitik" in der Depression. Sanierungsstrategien in der Arbeitslosenversicherung 1927—1933, in: Mitteilungen aus der Arbeitsmarkt- und Berufsforschung 15 (1982), S. 276—291.

8 Vgl. Dietmar Petzina/Werner Abelshauser/Anselm Faust, Sozialgeschichtliches Arbeitsbuch, Bd. 3: Materialien zur Statistik des Deutschen Reiches 1914—1945, S. 98.

9 Zur Mitgliederentwicklung und Finanzsituation s. Schönhoven, S. 77 ff.; Gerhard Beier, Das Problem der Arbeiteraristokratie im 19. und 20. Jahrhundert. Zur Sozialgeschichte einer umstrittenen Kategorie, in: Herkunft und Mandat. Beiträge zur Führungsproblematik in der Arbeiterbewegung, Frankfurt-Köln 1976, S. 59.

10 Jahrbuch 1931 des Allgemeinen Deutschen Gewerkschaftsbundes, Berlin 1932, S. 256; zur divergierenden Problemlage der Einzelverbände s. Wolfgang Zollitsch, Einzelgewerkschaften und Arbeitsbeschaffung: Zum Handlungsspielraum der Arbeiterbewegung in der Spätphase der Weimarer Republik in: GuG 8 (1982), S. 87—115.

auf die Handlungsfähigkeit der Gewerkschaft einen lähmenden Einfluß gehabt. Denn mit den Erfahrungen und Denkmustern des gewerkschaftlichen Kampfes war es naheliegend, im Konjunkturabschwung mit hinhaltendem Widerstand auf den nächsten Aufschwung zu warten, um dann das Verlorene wieder hereinzuholen. Als umfassende Strategie verbot sich andererseits solches (Nicht)Handeln für die Gewerkschaftsspitze, denn angesichts der Schärfe der Krise und der damit verbundenen Lösungserwartungen der Mitgliederbasis sowie der gleichzeitigen politischen Angriffe auf die Stellung der Gewerkschaften war es klar abzusehen, daß bei einem neuen Konjunkturaufschwung eine Gewerkschaft, die diese Gelegenheit würde ausnützen können, dann *so* nicht mehr existieren würde. Die Folgen der Krise verlangten sowohl eine Vielzahl auf den Einzelfall bezogener wie auch übergreifender Lösungsangebote. Das war umso wichtiger, als nur der deutlich erkennbare und wenigstens punktuell erfolgreiche Kampf gegen die Krise — wie auch gegen die Verteiler ihrer Lasten — die Gewerkschaftsmitglieder in der Organisation halten und aktivieren konnte — mit stabilisierenden Auswirkungen auf den politischen Bereich.

Andererseits war es naheliegend, die eingeschliffenen Handlungsmuster in der jeweiligen Situation auch jetzt anzuwenden, von nicht erprobten Lösungsvorschlägen die Finger zu lassen und das Nichthandeln auch vor sich selbst als Strategie auszugeben. In diesem Spannungsfeld zwischen der Forderung nach neuen und radikalen Lösungen einerseits und dem Fortschreiten alter, scheinbar risikoloser Verhaltensweisen andererseits findet sich die gewerkschaftliche Reaktion auf die Krise. Die Resultante aus diesen divergierenden Handlungstendenzen wird im folgenden zu charakterisieren sein.

Unter den Abwehrmaßnahmen soll hier an erster Stelle der tägliche Kleinkrieg der Gewerkschaftsbürokratie gegen die Krisenfolgen zusammenfassend angesprochen werden. Die Teilbereiche können nur pauschal benannt werden. Aus dem nur fragmentarisch überlieferten Aktenmaterial wird aber hinreichend deutlich, daß die Gewerkschaften den wesentlichen Teil der Anstrengungen hierauf richteten.

Hier ist natürlich in erster Linie der Kampf um das Lohnniveau zu nennen, der mehr und mehr zur Auseinandersetzung mit der staatlichen Zwangsschlichtung wurde, und schließlich auch zum Versuch, auf die staatliche Lohnfestsetzung durch Notverordnung Einfluß zu nehmen. Dazu kommt der Einsatz in den unterschiedlichsten öffentlichen Bereichen: etwa der Versuch, die Besteuerung der gewerkschaftlichen Invalidenversicherung zu verhindern; der Kampf um erträgliche Mieten durch staatliche Regulierungsmaßnahmen; im Bündnis mit Teilen von Handel und Industrie der Kampf gegen Importrestriktionen für billige Lebensmittel, um die Lebenshaltungskosten niedrig zu halten. Hierzu zählen auch Bemühungen, die Folgen der Massenarbeitslosigkeit zu mildern, von der Organisation lokaler Beschäftigungs- und Kulturprogramme bis zum Versuch, in Zusammenarbeit mit der preußischen Regierung ein neuntes Schuljahr einzuführen. In manchen Fällen kam die Gewerkschaftsorganisation in die Situation, den Mangel verteilen zu müssen, so bei der Planung zur Verteilung von Kurzarbeit nach dem „Krümpersystem".[11]

Die Erfolge all dieser Einzelanstrengungen sind nur schwer abzuschätzen. Gemessen an den Zielvorstellungen waren sie zweifellos minimal, wurde doch die Last der Krise bei weitgehender Schonung von Industrie und Agrariern in erster Linie auf die Masse der

11 Im „Krümpersystem" wurden Arbeiter abwechselnd entlassen und eingestellt, um in den Genuß von Arbeitslosenversorgung zu gelangen. Die einzelnen Aktivitäten sind dokumentiert in den ADGB-Jahrbüchern, den Protokollen der Bundesausschußsitzungen sowie im Bestand der ADGB-Restakten.

Lohnabhängigen abgewälzt. Die Mehrzahl der Eingaben und Denkschriften blieben Makulatur im staatlichen Entscheidungsprozeß. Dennoch sind die positiven Folgen des täglichen Defensivkampfes nicht beiseite zu tun. In den zwei Jahren des Brüningkabinetts sind — oft durch Vermittlung des Arbeitsministers Stegerwald — etliche kleine Konzessionen erlangt worden. Die reale Situation der Lohnabhängigen hätte ohne diese Anstrengungen mit Sicherheit noch schlechter ausgesehen. Als erkennbare Aktivitäten der Organisation für ihre Mitglieder haben diese Anstrengungen zudem relativ stabilisierend gewirkt. Auch hier wäre der Organisationsverfall andernfalls noch drastischer gewesen. Die relative Stabilisierung trägt aber gleichzeitig das Merkmal der Unbeweglichkeit, all die Maßnahmen erscheinen als Teile einer abwartenden Defensivhaltung, die sich nicht zu einer krisenüberwindenden Strategie zusammensetzten.

Zwar wurden schon früh Pläne zur Überwindung der Krise durch aktive staatliche Konjunkturpolitik veröffentlicht, sie waren aber weitgehend nur Additionen von Einzelmaßnahmen. In ihren konkreten Forderungen blieben sie anfangs noch im Rahmen der Deflationspolitik, die auch Entsprechungen in der sozialdemokratischen Krisenstrategie Hilferdingscher Prägung besaß. So wurden vorrangig Preissenkungen im Gleichtakt mit Lohnsenkungen gefordert. Mit umfassender Begründung wurde auch die Umverteilung der vorhandenen Arbeit durch Senkung der wöchentlichen Arbeitszeit von 48 auf 40 Stunden diskutiert und propagiert. Im Laufe des Jahres 1931 erfolgte jedoch eine Umorientierung, die schließlich Anfang 1932 im WTB-Plan gipfelte, benannt nach seinen Verfassern Woytinsky, Tarnow und Baade. Der Weg zu diesem Plan, der im Sinne Keynes' eine staatlich induzierte antizyklische Wirtschaftspolitik durch Kreditschöpfung und Ausgaben der öffentlichen Hand vorsah, Einzelheiten des Plans wie auch seine Modifikation in der Diskussion des Jahres 1932 sind in der Literatur ausführlich beschrieben worden.[12] Seine Erfolgschancen, wenn er staatliche Politik geworden wäre, werden mehrheitlich hoch veranschlagt (Ziel war die kurzfristige Schaffung von einer Million Arbeitsplätzen). Bekannt ist der Widerstand aus der SPD, der im wesentlichen von Hilferding ausging und primär mit der Gefahr seiner inflationären Auswirkungen begründet wurde. Dahinter stand zudem die Hemmung vor einer erklärtermaßen kapitalismusimmanenten Krisenbekämpfung, gegründet auf traditionell wirksame sozialdemokratische Vorstellungen von einem baldigen und letztlich automatischen Zusammenbruch des Kapitalismus in der Krise, der gleichzeitig auch der Übergang zum Sozialismus sein würde. Auch die vermeintliche politische Nähe derartiger Pläne zu Krisenbekämpfungsplänen auf der äußersten Rechten mögen hemmend gewirkt haben. So ist der WTB-Plan schließlich nur halbherzig akzeptiert und propagiert worden.

Diese Zurückhaltung findet sich bei ganzen Verbänden wie auch bei einzelnen Funktionären, die in dieser Situation zwischen ihrer gewerkschaftlichen und ihrer sozialdemokratischen Loyalität oft nur einen Schlängelpfad fanden.[13] Als der WTB-Plan im Herbst 1932 in sozialdemokratischen Gesetzentwürfen für den Reichstag aufgegriffen wurde, war er schließlich stark verwässert und auch der Zeitpunkt für eine wirkungsvolle Mobilisie-

---

12 Michael Schneider, Das Arbeitsbeschaffungsprogramm des ADGB. Zur gewerkschaftlichen Politik in der Endphase der Weimarer Republik, Bonn-Bad Godesberg 1975; vgl. auch ders.: Arbeitsbeschaffung. Die Vorstellungen von Freien Gewerkschaften und SPD zur Bekämpfung der Wirtschaftskrise, in: Sozialdemokratische Arbeiterbewegung und Weimarer Republik, Bd. 1, S. 232—292.

13 Zum unterschiedlichen Engagement der Einzelverbände vgl. Zollitsch; zur Situation einzelner Funktionäre vgl. die Darstellung der Haltung des ADGB-Bezirkssekretärs für Rheinland-Westfalen-Lippe und Reichstagsabgeordneten Hans Böckler bei: Ulrich Borsdorf, Hans Böckler. Arbeit und Leben eines Gewerkschafters von 1875 bis 1945, Köln 1982, S. 284 ff., 308 f.

rung verpaßt. So war es dem ADGB nicht gelungen, den Plan vor Mitgliedern wie auch vor anderen Lohnabhängigen als einleuchtende und praktikable Alternative zur herrschenden Krisenstrategie auszuweisen und die Öffentlichkeit zu mobilisieren. Die Wirtschafts- und Gesellschaftspolitik blieb eine Sammlung von engagierten Detailforderungen einerseits und einer halbherzig vertretenen Krisenstrategie andererseits.

Auch für einen anderen, in der Gesellschaftskrise wichtigen Teilbereich gewerkschaftlicher Politik ist eine ähnliche halbe Entschlossenheit charakteristisch. In der Veränderung der Gewerkschaftspolitik gegenüber dem Freiwilligen Arbeitsdienst (FAD) wird außerdem die schon angesprochene Funktionsverschiebung von der genuin ökonomischen Interessenvertretung zur politischen Kampforganisation deutlich. Im FAD wurde mit der Erfassung Arbeitsloser in befristeten und in der Regel in Lagern abgeschlossenen Arbeitsprojekten nicht allein das marktregulierte und vertraglich begründete Lohnarbeitsverhältnis durchlöchert; zweifellos sah die politische Rechte im FAD auch eine Station auf dem Weg zur allgemeinen Arbeitsdienstpflicht und damit zur Militarisierung der Arbeit, die in rechten Aufrüstungskonzeptionen einen wichtigen Platz einnahm. So war es nur folgerichtig, daß die Freien Gewerkschaften zunächst den FAD eindeutig ablehnten. Bemerkenswert ist jedoch der Einstellungswandel der Gewerkschaften im Laufe der Jahre 1931/32, der schließlich darin mündete, daß der ADGB, gedrängt von preußischen Regierungsstellen, selbst begann, in Zusammenarbeit mit anderen Organisationen der sozialdemokratischen Arbeiterbewegung Arbeitslose im Rahmen des FAD zu beschäftigen.[14]

Die Gründe für diesen Gesinnungsumschwung besitzen Gewicht: So war in der herrschenden Notsituation der Zustrom — auch gewerkschaftlich organisierter — Arbeitsloser zum FAD beträchtlich. Als Organisatoren hatten sich in der Mehrzahl rechte Wehrverbände angeboten, die die Arbeitslager zur Formierung in ihrem Sinne nutzten. Angesichts dieser starken Erfolge versuchten nun die Gewerkschaften — den ökonomischen Sündenfall klar vor Augen — den FAD politisch in ihrem Sinne dadurch zu nutzen, daß sie mit eigenen Konzepten Arbeitsprojekte im Rahmen des FAD, und damit staatlich finanziert, organisierten. Folgt man internen wie auch veröffentlichten Berichten, so hatte der ADGB in dem verbleibenden kurzen Zeitraum auch Erfolge zu verzeichnen. Der Zuspruch bei Arbeitslosen war groß und die eigenen Angebote waren auf sozialpädagogische Konzepte gegründet, die keineswegs linke Kopien völkischer Wehrlager darstellten (als Muster galt etwa ein Haus in Berlin, in dem sich die Betroffenen in einer Wohn- und Arbeitsgemeinschaft organisieren sollten). Nur zeigen diese — wie auch etliche andere — Entscheidungen der Freien Gewerkschaften im Resultat einen halben, inkonsequenten Charakter, der nicht in erster Linie auf den extrem kurzen, verbleibenden Zeitraum zur Realisierung zurückzuführen ist. Wichtiger erscheint, daß die Gewerkschaftsorganisation die Entscheidung nicht mit ganzer Kraft getragen hat; einige Verbände, insbesondere der Baugewerksbund, stellten sich aus verständlichen Gründen gegen den FAD, weil damit Arbeitsplätze für die eigenen Mitglieder vernichtet wurden. So waren die Kräfte, die zur Betreuung der Arbeitslosen eingesetzt wurden, letztlich zu schwach, um den Charakter des FAD wirklich eindeutig gegen die völkischen Verbände zu verändern.

14 Vgl. zum Aufbau des Arbeitsdienstes in Deutschland: Henning Köhler, Arbeitsdienst in Deutschland. Pläne und Verwirklichungsformen bis zur Einführung der Arbeitsdienstpflicht im Jahre 1935, Berlin 1967; zur Stellung des ADGB ausführliche Quellenüberlieferung in HiKo, NB 20—22, NB 24—34; Analyseansatz bei Heupel, Reformismus, S. 195 ff., jedoch ohne Kenntnis dieses Quellenbestandes; vgl. auch Schneider, Arbeitsbeschaffungsprogramm, S. 141 ff.

Das Aufspringen auf diesen Zug, für dessen Fahrt die Freien Gewerkschaften aber keine Weichen stellen konnten, hatte zudem Rückwirkungen auf inhaltliche Positionen. Denn offensichtlich gewann die faktische Einbindung in diese Projekte ein Eigengewicht, demgegenüber inhaltliche Vorbehalte abgebaut wurden. Deutlich wurde das Ende 1932, als die Reichswehr daran ging, Wehrsportlager zu fördern, die durch Offiziere angeleitet werden sollten. Obwohl hier also die — militärischen — Inhalte durch die Reichswehr vorgegeben waren, fand sich eine Mehrheit im ADGB-Vorstand, die wiederum den Zug nicht verpassen und sich gegen den Willen der SPD an dieser Mobilisierung beteiligen wollte. Diese Tendenzen zur Integration in autoritäre Formierungsversuche, pathetisch als „soldatischer Geist der Einordnung und der Hingabe für das Ganze" (Leipart) umschrieben, die in der letzten Phase gewerkschaftliche Politik mitprägten, werden noch genauer zu charakterisieren sein.[15]

## 2. *Adressaten gewerkschaftlicher Politik*

Aus den angeführten Beispielen gewerkschaftlicher Aktivitäten läßt sich erkennen, daß der Staat vorrangiger Adressat der Gewerkschaftsforderungen war. Damit wurden alte Handlungsmuster der Weimarer.Republik — soziale Konflikte vorrangig über staatliche Vermittlung zu lösen — fortgeschrieben und gewannen mit der Verschärfung der Krise noch weiter an Gewicht. Die Ansprache der Staatsstellen wurde zu einem Teil über die SPD parlamentarisch vermittelt. Mit der schwindenen Funktion des Reichtstags im politischen Kräftespiel verlor dieser Weg jedoch immer mehr an Bedeutung. An erster Stelle stand — sich noch weiter verstärkend — die direkte Ansprache der Exekutive.

Neben der traditionellen arbeitsteiligen Zusammenarbeit mit der SPD tritt vor allem das kontinuierliche und enge Zusammengehen des ADGB mit den Christlichen und Hirsch-Dunckerschen Gewerkschaftsverbänden in allen sozialpolitischen Fragen hervor. Vor wichtigen Besprechungen mit Regierungsvertretern standen mehrheitlich interne Absprachen. Die Protokolle der Verhandlungen weisen dann in der Regel eine einheitliche Gewerkschaftsposition gegenüber der Staats- und Unternehmerseite auf. Gegenüber der Regierung Brüning erhielten die Christlichen Gewerkschaften als Vermittler zu den Zentrumspolitikern, insbesondere zum Arbeitsminister Stegerwald, besonderes Gewicht. Ihren starken Einfluß haben sie auch geltend gemacht, allerdings war in den konkreten Problemen die Differenz meist so gering, daß die Zusammenarbeit dadurch wenig belastet wurde.[16]

Auch in übergreifenden politischen Fragen, etwa der Reparationsfrage oder der Abwehr nationalsozialistischen Terrors, kam es zu gemeinsamen Initiativen; in der Reparationsfrage stand der ADGB den christlich-nationalen Gewerkschaften sogar

---

15 Das Zitat bei Theodor Leipart, Die Kulturaufgaben der Gewerkschaften. Vortrag in der Aula der Bundesschule Bernau, am 14. 10. 1932, Berlin 1932, S. 17; zur Bedeutung eines „Reichskuratoriums für Jugendertüchtigung" unter General v. Stülpnagel im Konzept eines Milizaufbaus vgl. Axel Schildt, Militärdiktatur mit Massenbasis? Die Querfrontkonzeption der Reichswehrführung um General von Schleicher am Ende der Weimarer Republik, Frankfurt-New York 1981, S. 66—75; die Diskussion zwischen SPD auf der einen und ADGB sowie Reichsbanner Schwarz-Rot-Gold auf der anderen Seite ist dokumentiert in: Anpassung oder Widerstand? Aus den Akten des Parteivorstands der deutschen Sozialdemokratie 1932/33, hrsg. von Hagen Schulze, Bonn-Bad Godesberg 1975, S. 13 f., 72 ff., 116 f.; vgl. auch Köhler, S. 219 ff.

16 Vgl. Schneider, Die Christlichen Gewerkschaften, S. 736 ff.

näher als der SPD. Es fanden sich auch Stimmen, die eine organisatorische Vereinigung der Richtungsgewerkschaften in der Krise für notwendig hielten; Anton Erkelenz, ein führender Vertreter der Hirsch-Dunckerschen Gewerkvereine, sprach sich am dezidiertesten dafür aus. Dagegen stand allerdings noch stärkerer Widerstand, insbesondere von Seiten der Christlichen Gewerkschaften. Die Freien Gewerkschaften, die als weitaus größte Organisation auch den größten Gewinn aus einer Vereinigung zu erwarten hatten, haben diese Widerstände auch akzeptiert und realistisch anerkannt, daß eine Einheitsgewerkschaft in dieser Zeit insbesondere für die kleinen Richtungsgewerkschaften nur unter Verlust der politischen Identität und der Lösung traditioneller Bindungen zu erreichen gewesen wäre.[17]

Auch der Kontakt der Gewerkschaften zum wichtigsten sozialen Gegenspieler, den Unternehmern, wurde weitgehend staatlich vermittelt, sei es in gemeinsamen Institutionen wie dem Vorläufigen Reichswirtschaftsrat, sei es in Einzelbesprechungen, die beim Reichskanzler oder den zuständigen Ressortministern stattfanden. Der im Sommer und Herbst 1930 von flexibleren Vertretern der Industrie initiierte Versuch, zu einer direkten Zusammenarbeit in Grundsatzfragen der Krisenbekämpfung zu kommen, blieb dagegen nur kurze Episode. Auf beiden Seiten war der Widerstand gegen die kooperationswilligen Spitzen — Vorstand des Reichsverbandes der Deutschen Industrie und ADGB-Bundesvorstand — schon allzu groß, wobei in dem konkreten Fall Ende 1930, einer gemeinsamen Erklärung zur Lage mit allgemeinen Handlungsvorschlägen, die Verbandsvorstände des ADGB ihren Bundesvorstand zurückpfiffen.[18]

Die schlechten Erfahrungen mit der Zentralarbeitsgemeinschaft in den Anfangsjahren der Republik wie auch die scharfe Konfrontation in einzelnen Industriesparten angesichts der Pläne zum einschneidenden Lohnabbau haben den Gewerkschaftsverbänden eine Zusammenarbeit in der Position des Juniorpartners nicht verlockend erscheinen lassen. Die Hoffnung auf Mäßigung von Industrieseite war gegenüber der öffentlichen Anerkennung der Notwendigkeit von Lohnabbau, wie sie die Erklärung vorsah, ein ungedeckter Wechsel auf die Zukunft. Auch auf der Industrieseite war der Wille, den Gewerkschaften bei reduziertem Einfluß grundsätzlich ihre gesellschaftliche Position zu bestätigen, kaum über den RDI-Vorstand hinaus verbreitet. So blieb der Staat der erste und beinahe ausschließliche Adressat gewerkschaftlicher Forderungen.

In den zwei Jahren der Brüningschen Kabinette besteht ein deutlicher Kontrast zwischen der offensichtlichen Industriefreundlichkeit dieser Regierung, die ihre Politik fast ausschließlich in der Auseinandersetzung mit Agrar-, Industrie- und Finanzkreisen konzipierte (wie auch der Abneigung Brünings, mit Gewerkschaften zu verhandeln, Arbeitsminister Stegerwald wurde in der Regel als Puffer vorgeschaltet), und den dauernden, immer wieder erneuerten Versuchen von Gewerkschaftsseite, den stetigen Lohnab-

17 Bezeichnend ist der Briefwechsel zwischen Husemann vom Bergarbeiterverband, der eine Zusammenarbeit der Richtungsgewerkschaften nicht nur auf der Spitzenebene, sondern auch vor Ort forderte, und dem ADGB-Bundesvorstand, der die Schwierigkeiten wegen vieler Gegensätze im „Tageskampf" hervorhebt (13. und 31. 10. 1931), in: HiKo, NB 9/14 und 21; die Diskussion um die Vereinigung der Richtungsgewerkschaften ist dargestellt und dokumentiert in: Grundlagen der Einheitsgewerkschaft. Historische Dokumente und Materialien, hrsg. von Ulrich Borsdorf, Hans Otto Hemmer und Martin Martiny, Frankfurt 1977, S. 148 ff.; vgl. auch Schneider, Die Christlichen Gewerkschaften, S. 720 ff.

18 Überblick bei Reinhard Neebe, Unternehmerverbände und Gewerkschaften in den Jahren der Großen Krise 1929—33, in: GuG 9 (1983), S. 302—330; vgl. auch Udo Wengst, Unternehmerverbände und Gewerkschaften in Deutschland im Jahre 1930, in: VjZ 25 (1977), S. 89—119.

bau abzumildern und wenigstens einige ihrer Vorstellungen in die Regierungspolitik einzubringen. Ein sympathisierender bürgerlicher Beobachter hat diese Haltung aus Anlaß des Frankfurter Gewerkschaftskongresses (September 1931) charakterisiert: „Und der Staat? Er macht es diesen Menschen sicherlich nicht leicht, in ihrer Not zu ihm zu halten. Manche wollen das auch schließlich gar nicht, obwohl ihnen selbstverständliche Disziplin sogar allzu große Heftigkeit gegenüber der jetzigen Reichsregierung verbietet. Denn — so ist vom Bundesvorstand geradezu programmatisch festgestellt worden — man will, wenn nur irgend möglich, die Regierung Brüning nicht stürzen, solange man nicht weiß, was nach ihr kommt. Wenn also dann der Redner Ansätze dazu macht, die ganze ‚Arbeiterfeindlichkeit' dieses Staates zu kennzeichnen, so schlägt seine Rede unvermutet in einen Appell um Hilfe, in ein Verlangen nach Verständnis, in ein Hoffen auf größere Gerechtigkeit um, und sobald jemand auftritt, der diesen Staat oder seine Organe allzu heftig attackiert, wird er sogar in Schutz genommen. [. . .] Und immer wieder heißt es: Die Arbeiterklasse braucht den demokratischen Staat, sie braucht seine Institutionen, für deren richtige Anwendung, auch wenn sie heute noch fehlt, starke Gewerkschaften sorgen müssen. Da ist noch ein starkes Maß halb bewußten, halb unbewußten Vertrauens, dessen Verlust beklagenswert wäre".[19]

Zu dem hier angeführten, bewußten wie unbewußten Vertrauen sowie der Angst vor einer noch schlimmeren Rechtsregierung wurden die Gewerkschaften wohl auch durch die Einsicht bestimmt, daß diese Regierung bei aller Lastenabwälzung ihrer Krisenpolitik auf die Lohnabhängigen aufgrund ihrer staatlichen Funktionen als Garant der Reproduktionsbedingungen des Gesamtsystems die Existenzbedingungen der Lohnabhängigen doch eher beachten mußte als die primär an Profitmaximierung orientierte Industrieseite. Unter Brüning hatte der Staat auch mehr und mehr wirtschaftlich regulierende Funktionen übernommen, indem er schließlich nicht nur aktiv in das Lohn-, sondern auch in das Preisgefüge eingriff.

Der Regierungsantritt Papens im Juni 1932 bedeutete einen scharfen Einschnitt für die Gewerkschaften, und das nicht allein, weil jetzt Unternehmerinteressen weitaus direkter staatlich exekutiert werden sollten, sondern vor allem, weil die neue Regierung offen daran ging, das Tarifvertragswesen endgültig zu zerstören, womit sie die Gewerkschaften im Kern ihres Selbstverständnisses traf. Schließlich hatten in den ständestaatlichen Projekten Papens die Gewerkschaften auch ihre soziale Funktion als kollektive Organisation der Lohnabhängigen verloren. Trotz dieser scharfen Frontstellung war es den Freien Gewerkschaften auch hier wichtig, als Gesprächspartner akzeptiert zu werden. Zehn Tage nach dem „Preußenstreich" Papens am 20. Juli 1932, einem entscheidenden Schlag gegen die Verfassung wie auch gegen sozialdemokratische Machtpositionen, ging die ADGB-Spitze zu einem vertraulichen Gespräch mit dem Reichskanzler, dem Innen- und dem Wehrminister.[20]

19 Gewerkschaft in der Krise. Eindrücke vom Frankfurter Kongreß, in: Frankfurter Zeitung vom 8. 9. 1931 (Morgenausgabe).

20 Niederschrift des Gesprächs in: HiKo, NB 112; abgedruckt in: Dieter Emig/Rüdiger Zimmermann, Das Ende einer Legende: Gewerkschaften, Papen und Schleicher. Gefälschte und echte Protokolle, in: IWK 12 (1976), S. 34—37; zu den wirtschafts- und verfassungspolitischen Zielsetzungen Papens s. Bracher, S. 471 ff.

## 3. *Die Frage des Streiks*

Angesichts der weitgehend erfolglosen Einflußversuche auf die Exekutive durch Eingaben und Verhandlungen ließe sich fragen, ob hier nur noch symbolisch Interessenvertretung demonstriert wurde, um die Organisation bis zu einer günstigeren Machtkonstellation zusammenzuhalten, oder ob es noch Machtmittel gab, mit denen gewerkschaftliche Forderungen notfalls durchzusetzen waren. An sich wäre der dosierte Streik das erste gewerkschaftliche Kampfmittel gewesen; in der Krisensituation war er tatsächlich nur noch in Ausnahmefällen anzuwenden. Die Gewerkschaftsführung ließ sich von dieser Einsicht leiten, allerdings derart übermächtig und ausschließlich, daß andere Gesichtspunkte in den Entscheidungssituationen dagegen verblaßten. Wann immer man vor der Frage der Anwendung des Streikmittels stand, entschied man sich letztlich dagegen — mit einer Ausnahme im September 1932, auf die noch einzugehen sein wird. Es gab jeweils auch gute Gründe gegen den Streik, die Wirkung auf das Selbstbewußtsein der Gewerkschaftsorganisation war jedoch lähmend. Schließlich konnten auch die Gegner die Anwendung dieses Kampfmittels immer mehr ausschließen.

Für einen konkreten Konfliktfall, den Berliner Metallarbeiterstreik vom Oktober 1930, ist die These aufgestellt worden, daß der ADGB in dieser frühen Krisenphase mit einer Demonstration seiner Durchsetzungsbereitschaft auf dem Feld der Tarifauseinandersetzung sich sowohl bei der eigenen Mitgliederbasis als auch im gesamtpolitischen Kräftefeld eine stärkere Ausgangsposition für künftige Auseinandersetzungen hätte schaffen können.[21] In diesem Konflikt war es erstmals um eine breite Senkung der Tariflöhne gegangen; trotz großer Kampfbereitschaft der Mitglieder hatte die Gewerkschaftsführung den Streik jedoch abgebrochen und sich auf die staatliche Zwangsschlichtung eingelassen, deren Ausgang zugunsten der Unternehmerseite abzusehen war. Die Politik von SPD und Gewerkschaften, die Regierung Brüning nach den Reichstagswahlen vom September 1930 zu tolerieren, um damit noch rechtere Machtkombinationen zu verhindern, war für den Entschluß nachzugeben mitentscheidend gewesen.

Die These für einen Streik in dieser Lage nennt gute Gründe: Zu dieser Zeit besaßen die Gewerkschaften noch einige Ressourcen für den Streik (finanzielle Rücklagen, Kampfbereitschaft der Mitglieder), auch war die Regierung Brüning an einer schnellen Beilegung des Konflikts interessiert und damit auch eher bereit, Gewerkschaftsforderungen entgegenzukommen. Kampfbereitschaft mußte auch die Tolerierungspolitik nicht außer Kraft setzen, Gewerkschaften (wie auch SPD) hätten sie sich nur höher bezahlen lassen können. Vieles sprach also für einen Kampferfolg. Zu fragen ist allerdings auch, ob eine Niederlage gänzlich unwahrscheinlich war. Immerhin zeigten zu dieser Zeit auch die Unternehmer Kampfbereitschaft und hatten Interesse an einer sichtbaren Niederlage der Gewerkschaften. Bei Vermeidung eines ernsthaften Kampfes blieben die Gewerkschaften für die Gegenseite noch ein starker Unsicherheitsfaktor, wogegen eine sichtbare Niederlage der Rechten in manchen Bereichen schon früher freie Bahn gegeben hätte. So bleibt diese Situation eher offen in der Einschätzung der objektiven Handlungsmöglichkeiten. An ihr läßt sich aber zeigen, daß es gerade in diesem frühen Abschnitt der Krise vereinzelt auch plausible Alternativen zur abwartenden Politik der Freien Gewerkschaften gab. Das

21 So Heupel, Ziele, S. 23 f.; vgl. auch ders., Reformismus, S. 187 ff; eher kritisch zu den gewerkschaftlichen Durchsetzungschancen: Hans-Hermann Hartwich, Arbeitsmarkt, Verbände und Staat 1918 bis 1933. Die öffentliche Bindung unternehmerischer Funktionen in der Weimarer Republik, Berlin 1967, S. 163 ff.

ewige Aufbewahren der gewerkschaftlichen Kampfkraft für eine zukünftige entscheidende Auseinandersetzung hat diese Machtmittel schließlich ohne Kampf aus der Hand der Gewerkschaftsführung zerrinnen lassen.

An dieser Entwicklung hat schließlich auch der punktuelle Einsatz des Kampfmittels Streik als Reaktion auf die Notverordnungen Papens vom September 1932 nichts mehr ändern können. Diese Notverordnungen gaben Unternehmern das Recht, Tarifabmachungen in zahlreichen Fällen zu unterschreiten; ihre Realisierung hätte die Auflösung des kollektiven Arbeitsrechts zur Folge gehabt. Damit war ein Kernpunkt gewerkschaftlichen Selbstverständnisses in der Weimarer Republik getroffen. Der Entschluß zum Streik und seine Durchführung auf Betriebsebene als fallweise Abwehr gegen Tarifunterschreitungen wurde allerdings auch relativ leicht gemacht, denn zu diesem Zeitpunkt war das Kabinett Papen bereits angeschlagen und in der Kritik an diesen Notverordnungen standen die Gewerkschaften keineswegs allein. Da diese Streiks auch punktuell auf Betriebsebene organisiert wurden, war die Gefahr einer umfassenden Niederlage gering. Die Mehrzahl der Arbeitskämpfe verlief erfolgreich.[22] Schleicher hat schließlich im Rahmen seiner Politik der Einbindung der Gewerkschaften diese Verordnung außer Kraft gesetzt. Selbst diese wenigen vereinzelten Streiks scheinen die Attraktivität der Gewerkschaften so weit erhöht zu haben, daß im Januar 1933 der ADGB-Sekretär für Arbeitsrechtsfragen, Clemens Nörpel, zu berichten wußte, daß die Zahl der Gewerkschaftsmitglieder seitdem erstmals wieder steigend sei.[23] Aber eine derartige Argumentation, daß die geschwächte Gewerkschaftsorganisation durch Arbeitskämpfe Zulauf erhalten und die Mitgliedschaft mobilisieren könne, besaß in der Regel für die Entscheidungen der Gewerkschaftsführung kein Gewicht. Bestimmend blieb das Argumentationsmuster, daß sich Streiks aufgrund der schwachen Mitgliederbasis verböten.

Die Realitätsgerechtigkeit dieser Lageeinschätzung in der überwiegenden Zahl der Fälle ist auch in der Rückschau unbestritten. In der Analyse der jeweiligen Entscheidungssituationen wird darüber hinaus jedoch deutlich, daß diese Entscheidungen durch kollektive Denk- und Mentalitätsmuster wesentlich vorgeprägt waren. Jedenfalls geben Auswahl und Stereotypisierung der fallbezogenen Sachargumente ein starkes Indiz dafür. Das kennzeichnet auch eine herausragende Entscheidungssituation von SPD-Führung und Gewerkschaftsspitze, als beide am 20. Juli 1932 vor der Alternative standen, der verfassungswidrigen Absetzung der preußischen Regierung durch die Papensche Reichsregierung entweder mit Gegengewalt (und damit auch mit einem politischen Generalstreik) oder durch Insistieren auf der Rechtsposition ohne Androhung oder Einsatz von Gewalt zu begegnen. Die Entscheidung fiel schnell und eindeutig gegen den Einsatz von Gewalt und für die Beschränkung auf propagandistische und juristische Maßnahmen.

In dieser Diskussion hatte man sich auf die Einschätzung des beiderseitigen Kräftepotentials im Fall einer Konfrontation beschränkt. Die Argumentation erweckt den Eindruck, als ob am 20. Juli der längst feststehende Entschluß, nicht zu kämpfen, nachträglich noch rationalisiert worden ist. Für diese Einschätzung spricht nicht der Grad der Stimmigkeit der einzelnen Argumente, sondern die Beschränktheit der Argumenta-

22 Ausführliche Darstellung bei Manfred Schmidt, Die Politik der ADGB-Führung zur Zeit der Regierungen Papen und Schleicher, phil. Diss. Berlin (DDR) 1977, S. 121—158; vgl. auch Heupel, Reformismus, S. 191 ff.; Hüllbüsch, S. 147 ff.

23 So Clemens Nörpel an H. Heindl (Wien) am 26. 1. 1933: „Unsere entschiedene Tätigkeit hat auch schon die Auswirkung gezeitigt, daß wir im Dezember 1932 entgegen der Statistik in den Monaten des vorangegangenen Jahres erstmalig wieder einen erheblichen Mitgliederzuwachs zu verzeichnen haben". (Archiv des Deutschen Gewerkschaftsbundes, DGB 4/112).

tionsebene, auf der man sich auseinandersetzte. Die Zuspitzung der Überlegungen auf die Frage: Sieg oder Niederlage in einer gewaltsamen Auseinandersetzung ließ für eine strategische Standortbestimmung keinen Platz. Insbesondere die gegnerischen Zielsetzungen wurden nur kurz und vage benannt. Die Fragestellung, ob etwa für die Reichswehr angesichts ihrer innen- und außenpolitischen Zielsetzungen allein die Tatsache einer bürgerkriegsartigen Konfrontation, in der sich zwei mobilisierte Lager der deutschen Gesellschaft gegenübergestanden hätten, auch nach einem militärischen Sieg eine politische Niederlage dargestellt hätte, tauchte auch nicht am Horizont auf. Die Gründe für diese Selbstbeschränkung der Analyse nennt Friedrich Stampfer ungewollt selbst in seinen Erinnerungen, wenn er nach Aufzählung aller Argumente, die eine militärische Niederlage wahrscheinlich machten, resümiert: „Rückblickend läßt sich sagen, daß bei ruhiger Überlegung ein anderes Handeln nicht möglich war und daß es von der sozialdemokratischen Partei ihrer ganzen Mentalität und Geschichte nach auch nicht zu erwarten war.“[24] Diese aus einer spezifischen Verarbeitung historischer Erfahrung geprägte Mentalität hat gleichermaßen die Entscheidungen der Freien Gewerkschaften vorgeformt, sie hat gerade in den Jahren 1930 bis 1933, die die sozialdemokratische Arbeiterbewegung vor historisch beispiellose Probleme stellten, eine starke Wirkungskraft besessen und die Handlungsmöglichkeiten begrenzt. Einige wesentliche Züge sollen hier kurz umrissen werden.

## 4. *Einheit der Arbeiterbewegung oder Gewerkschaften als Ordnungsfaktor*

In dem weitgehenden Verzicht auf Streik als ökonomisches wie auch als politisches Kampfmittel zeigte sich nicht ausschließlich kühle Kräftekalkulation, sondern auch die tiefsitzende Angst vor einer mobilisierten Basis, die der Kontrolle entgleiten könnte. Im Einsatz für die Mitgliederbasis opferte sich die Gewerkschaftsführung durchaus auf, sie behielt sich aber vor, die Interessen der Basis selbst zu definieren. Diese galt als weitgehend unmündig bis zu ihrer in der Zukunft zu erfolgenden Aufklärung. Lernprozesse waren Einbahnwege in diesem Selbstverständnis. Im Schriftwechsel des ADGB finden sich häufig Äußerungen wie: „Wir kranken nur an der Unüberlegtheit der breiten Massen.“ Als disziplinierte Organisation wurden diese Massen gern der Gegenseite präsentiert, in ihren Wünschen und Hoffnungen wurde jedoch eine gefährliche Eigendynamik gesehen, die — einmal mobilisiert — nicht mehr in einen Gesellschaftskompromiß einzubinden sein würde.[25] Solche Befürchtungen waren unausgesprochen auch in der klaren gewerkschaftlichen Entscheidung gegen den politischen Streik am 20. Juli 1932 präsent. Auch das übervorsichtige Taktieren der Gewerkschaften im Berliner BVG-Streik

---

24 Friedrich Stampfer, Die ersten 14 Jahre der Deutschen Republik, Offenbach 1947, S. 632; in gleichartigem Argumentationszusammenhang das Zitat auch bei Hüllbüsch, S. 136, der diese Skizze in vielen Einschätzungen folgt.

25 Zitat im Schreiben Schulzes (ADGB-Bundesvorstand) an Hönatsch (Breslau) vom 27. 9. 1930, HiKo, NB 712/274; vgl. auch — aus der Perspektive der Gewerkschaftsführung — Hüllbüsch, S. 52 ff.; Hans Mommsen, Staatliche Sozialpolitik und gewerkschaftliche Strategie in der Weimarer Republik, in: Gewerkschaftliche Politik. Reform aus Solidarität. Zum 60. Geburtstag von Heinz Oskar Vetter, hrsg. von Ulrich Borsdorf u. a., Köln 1977, S. 71 f.; s. ferner die Diskussionsbeiträge in: Aus der Geschichte lernen — die Zukunft gestalten. Dreißig Jahre DGB. Protokoll der wissenschaftlichen Konferenz zur Geschichte der Gewerkschaften vom 12. und 13. 10. 1979 in München, hrsg. von Heinz O. Vetter, Köln 1980, S. 106, S. 123 f., S. 127 f.

im November 1932, als man sich dem starken Druck der Betroffenen verschloß und so die Organisation und Durchführung des Streiks der kommunistischen RGO (und in zweiter Linie der NSBO) überließ, wurde von derartigen Befürchtungen wesentlich mitbestimmt. Die Folgen dieser Zurückhaltung waren verheerend; der Streik, gewalttätig geführt, wurde nach wenigen Tagen mit brutaler Staatsgewalt gebrochen, für die Organisation wurde ein Exempel der Entfremdung zwischen Basis und Spitze demonstriert, für die Öffentlichkeit die Unfähigkeit der Organisation, einen Streik zu führen wie auch ihn zu verhindern.[26]

Ein häufiges Argument gegen Arbeitskämpfe lautete, daß die Kommunisten daraus Vorteile ziehen könnten. Bemerkenswert daran ist zum einen, daß die mindestens ebenso einleuchtende Argumentation, mit eigenem kämpferischen Engagement könne die Radikalisierung in der Krise als Kraft in die eigene Organisation statt auf die KPD gelenkt werden, nicht handlungswirksam wurde. Zum anderen zeigt das Argument den engen Zusammenhang mit einem anderen Komplex gewerkschaftlicher Mentalität, dem Ausgrenzungsbestreben gegenüber radikalen Strömungen der Arbeiterbewegung und ihrer Verfestigung zum Feindbild. Hier scheint, jenseits allen politischen Kalküls, ein Ausgrenzungsbedürfnis gegenüber einem als chaotisch und zerstörerisch empfundenen Teil der Arbeiterbewegung das Handeln der Gewerkschaft mitbestimmt zu haben, verschärft dadurch, daß dieser Teil der Arbeiterbewegung historisch ein Stück der eigenen Identität verkörperte. Konkret wurde diese Haltung in erster Linie als bedingungslose Kommunistenabwehr, sie ist aber umfassender als Antiradikalismus zu charakterisieren. Denn auch mit der von der SPD abgespaltenen SAP vermied die Gewerkschaftsspitze trotz verschiedener Angebote jeglichen Kontakt, wobei die relative Bedeutungslosigkeit dieser Splitterpartei nicht der ausschlaggebende Grund war.

Diese Gruppen standen für die Gewerkschaft außerhalb eines gesamtgesellschaftlichen Konsensrahmens, dem sich die Gewerkschaften ungeachtet aller sozialistischen Programmatik zuordneten. Bezeichnend ist ein Brief des ADGB-Vorstandsmitgliedes Knoll an den Parteivorstand der SPD, in dem 1931 nach der Unterstützung des nationalsozialistischen und deutschnationalen Volksentscheids gegen die preußische SPD-Regierung durch die KPD die Lage eingeschätzt wurde: „Es besteht wohl keine Meinungsverschiedenheit darüber, daß die Schwenkung der KPD zum Volksentscheid nach Möglichkeit ausgenutzt werden muß, um diese Partei des Arbeiterverrats zu zerschlagen. Es kommt dabei erst in zweiter Linie darauf an, die ehrlichen Arbeiter für die SPD zurückzugewinnen."[27] Bemerkenswert ist nicht allein der Verzicht darauf, kurzfristig einen Teil radikalisierter Arbeiter für die eigenen Organisationen der sozialdemokratischen Arbeiterbewegung zurückzugewinnen, sondern auch das implizite Gedankenkonstrukt des nicht-ehrlichen Arbeiters, den es überhaupt nicht zu gewinnen galt.

Natürlich läßt sich die gewerkschaftliche Einschätzung der KPD nicht auf ein aus Integrations- und Ausgrenzungsbedürfnissen geformtes Feindbild reduzieren, die reale Erfahrung mit der KPD-Politik, insbesondere in diesen Jahren, ließ ein positives Bild gewiß nicht zu. Die hemmungslose Beschimpfung „als Sozialfaschisten" und „prassende Bonzen" ließ notwendigerweise Spuren bei den Betroffenen zurück; die Politik der

---

26 Vgl. Henryk Skrzypczak, „Revolutionäre" Gewerkschaftspolitik in der Weltwirtschaftskrise. Der Berliner Verkehrsarbeiterstreik 1932, in: Gewerkschaftliche Monatshefte 34 (1983), S. 264—277; Joachim Oltmann, Das Paradepferd der Totalitarismustheorie. Der Streik der Berliner Verkehrsarbeiter 1932, in: Blätter für deutsche und internationale Politik 27 (1982), S. 1374—1390.

27 Brief vom 28. 7. 1931, Archiv der sozialen Demokratie, ADGB 1, (= NB 469).

„Revolutionären Gewerkschaftsopposition", die schließlich in der Gründung von eigenen Organisationen mündete, hat den gewerkschaftlichen Kampf geschwächt, und wären die Freien Gewerkschaften allen Aufforderungen der „Roten Fahne" zum entschlossenen Kampf gegen die „faschistische" Brüning-Regierung gefolgt, hätte sich ihr Machtzerfall bedeutend beschleunigt. Selbst wenn die ADGB-Spitze ein Organisationsbündnis mit der KPD gesucht hätte, wäre sie zurückgewiesen worden, denn die politische Linie, den Hauptgegner bei den „Sozialfaschisten" zu suchen, ließ ein Bündnis nicht zu.[28] Über die realistische Einschätzung des politischen Gegners hinaus gab es aber die bezeichneten Züge von Kommunistenfurcht in den Freien Gewerkschaften, die eine differenzierte Einschätzung und ein taktisch-politisches Verhalten unmöglich machten. So wurde bezeichnenderweise auch nach dem bereits angesprochenen Volksentscheid, bei dem ca. die Hälfte der KPD-Wähler der Parteiagitation gegen die preußische SPD-Regierung nicht gefolgt war, das Auseinanderdriften von kommunistischer Partei und Wählerbasis mit Befriedigung zur Kenntnis genommen, ohne daß Schlußfolgerungen für das eigene Handeln gegenüber diesem Teil der kommunistischen Wähler gezogen wurden. Und entsprachen sich in diesem Fall noch SPD- und ADGB-Politik, so protestierte der ADGB-Vorstand im Januar 1933 gegen Versuche von — keineswegs linken — SPD-Vertretern, aus der reinen Konfrontationshaltung zur KPD herauszukommen.[29]

Die tiefsitzende Feindbildfixierung der Freien Gewerkschaften auf den radikalen Flügel der Arbeiterbewegung ist nicht zuletzt deswegen so nachdrücklich benannt worden, weil sowohl in der zeitgenössischen Erwartung wie auch in Teilen der Geschichtsschreibung von einer verpaßten, also auch real existenten Chance der Einheit der Arbeiterbewegung im Kampf gegen die Zerstörung der Republik von rechts ausgegangen wurde. Dafür sprachen auf den ersten Blick objektive Kriterien, die gleichartige soziale Basis wie auch die nicht allzu weit zurückliegende Herkunft aus einer gemeinsamen Organisation. Dagegen stand aber nicht allein die verfehlte Frontstellung der KPD, den Hauptstoß gegen die sozialdemokratischen Arbeiterbewegung zu führen, dagegen stand auch das festsitzende Bewußtsein auf der anderen Seite, daß die gewerkschaftlichen Ziele mit denen der kommunistischen Organisationen unvereinbar seien. In der Gewerkschaftsorganisation, die von vielen Zeitgenossen als der geeignete Vermittler zwischen den zerstrittenen Parteien angesehen wurde, war dieses Bewußtsein der Unvereinbarkeit ein wesentlicher Teil der eigenen Identität. Es würde auch der historischen Realität nicht gerecht, an diesem Punkt einen wesentlichen Gegensatz zwischen Gewerkschaftsspitze und -basis zu konstruieren. Gewiß war diese Abgrenzung an der Spitze schärfer ausgeprägt, tendenziell entsprach sie aber dem mehrheitlichen Selbstverständnis der Basis.

Komplementär zur Ausgrenzung radikaler Strömungen der Arbeiterbewegung stand die Orientierung auf „Nation" und „Staat" als höherwertige Ordnungsprinzipien — auch

28 Zur KPD-Politik gegenüber SPD und ADGB vgl. die Einleitung zu: Die Generallinie. Rundschreiben des Zentralkomitees der KDP an die Bezirke 1929—1933, hrsg. von Hermann Weber, Düsseldorf 1981, S. VII—CXII; vgl. auch Józef Wieszt, KPD-Politik in der Krise 1928—1932. Zur Geschichte und Problematik des Versuchs, den Kampf gegen den Faschismus mittels Sozialfaschismusthese und RGO-Politik zu führen, Frankfurt 1976.

29 Zu den SPD-Kontaktversuchen s. Erich Matthias, Die Sozialdemokratische Partei Deutschlands, in: Das Ende der Parteien 1933. Darstellungen und Dokumente, hrsg. von Erich Matthias und Rudolf Morsey, Düsseldorf 1960, S. 154 ff.; der Widerstand des ADGB und von Parteivertretern ist dokumentiert bei Schulze, Anpassung, S. 161—165 (Sitzung am 5. 2. 1933); vgl. auch das Schreiben Schlimmes vom ADGB-Vorstand an die „Vorwärts"-Redaktion (Stampfer) vom 6. 2. 1933, in dem vor kommunistischen „Torkestanern" gewarnt wird (DGB-Archiv, DGB 24/211).

jenseits ihrer sozialen Inhalte und politischen Strukturen. Es bestand in der Gewerkschaft eine weitgehende Bereitschaft, eigene Interessen dem „nationalen Interesse" unterzuordnen, auch wenn dessen Definition in einer konservativ beherrschten Tradition vorgeprägt war. Einerseits war für die Freien Gewerkschaften als Teil der sozialdemokratischen Arbeiterbewegung das Bekenntnis zur parlamentarischen Demokratie selbstverständlich, der Wille, sie gegen die Angriffe von rechts zu verteidigen, auch ernst gemeint. Andererseits hatte dieses Bekenntnis nicht die gleiche Bedeutung wie für die sozialdemokratische Partei, der es das entscheidende Lebenselement war. Bei aller Anerkennung der Bedeutung des parlamentarischen Systems für die eigene gesellschaftliche Stellung der Gewerkschaften in der Weimarer Republik hatte man doch im Kopf auch die Erfahrung, daß der Durchbruch zur Anerkennung noch im autoritären Rechtsstaat des Kaiserreichs erfolgt war. Den Staat als entscheidenden Ordnungsfaktor galt es unbedingt zu erhalten, die Demokratie, wenn es irgend möglich war.[30]

So findet man, wie es bereits der Beobachter des Frankfurter Gewerkschaftskongresses hervorhob, gegenüber einer immer mehr von demokratiefeindlichen, autoritären Kräften geprägten Staatsmacht auf Gewerkschaftsseite ein bemerkenswertes Nebeneinander von klarer Analyse der gegensätzlichen Interessen und Zielvorstellungen einerseits und einer Betonung der Gemeinsamkeiten auf der anderen Seite, bei der man weitgehend die konservativen Kategorien übernahm. Gegenüber Hindenburg wurde etwa 1931 argumentiert, daß die Arbeitslosigkeit abgebaut werden müsse, damit die „ruhigen und staatserhaltenden Elemente der Gewerkschaften nicht auch radikalisiert und staatsgefährlich würden."[31] In einem Aufruf vom 14. Juni 1932 wurde der Papenregierung zwar eine scharfe Grundsatzkritik entgegengehalten, andererseits stellten die Freien Gewerkschaften dagegen die Leistungen der „deutschen Arbeiterschaft" im Kriege sowie ihren Kampf um den „organischen Aufbau eines sozialen deutschen Volksstaates".[32] Und zehn Tage nach dem Staatsstreich Papens gegen die preußische Regierung am 20. Juli 1932 folgte die Gewerkschaftsspitze einer Einladung des Reichskanzlers zu einem vertraulichen Gespräch, bei dem ihre Klage darin gipfelte, daß die Regierungspolitik jetzt wieder zunichte mache, was die Gewerkschaften erreicht hätten, nämlich eine positive Einstellung der Arbeiter zum Staat. Im Anschluß an dieses Gespräch konstatierte der ADGB-Vorsitzende Leipart dann im engen Kreis, daß man es mit Papen, Schleicher und Gayl „bei aller politischen Meinungsverschiedenheit doch mit klugen und anständigen Leuten zu tun habe, die natürlich ihre politischen Ziele verfolgten."[33].

Daß die Gewerkschaften ihre Rolle nicht nur als Vertreter der Arbeiter, sondern auch als Vermittler zwischen Arbeitern und Staat sahen, ist bereits vom Zeitgenossen analysiert worden, so etwa in einer Gegenüberstellung zur Unternehmerpolitik: „Während die Gewerkschaften [...] ihre Interessen, die Interessen der Arbeiterschaft, den Interessen des ‚Rechtsstaates' unterordnen und zwar in einer Form, die in den Reihen der Gewerkschaften selbst den Glauben erzeugt, die wirtschaftlichen Organisationen der Arbeiterklasse seien ‚zwischenstaatliche' oder ‚staatliche Organe', fühlen die ‚Arbeitgeberverbände'

30 Vgl. Hüllbüsch, S. 83 f., 120 f., 145 f. u. ö.

31 So Leipart in einer Besprechung der gewerkschaftlichen Spitzenverbände mit dem Reichspräsidenten (BA Koblenz R 43 I, 1138/143).

32 Kundgebung des ADGB-Bundesausschusses vom 14. 6. 1932, in: Gewerkschafts-Zeitung, Nr. 25 vom 18. 6. 1932, S. 385 f.

33 HiKo, NB 112 (s. oben Anm. 20).

(eigentlich eher dazu berechtigt) nur dann eine Beziehung zum Staat, wenn er voll und ganz ihren Interessen dient".[34]

Es würde zu kurz greifen, dieses ambivalente Selbstverständnis der Gewerkschaftsführung nur auf eine übermächtige ideologische Tradition, den alles beherrschenden Zeitgeist oder gar auf psychologische Mechanismen einer sozial aufgestiegenen Führungsschicht zurückzuführen. Wesentlich scheint, daß in diesen ideologischen Mustern eine objektive Entwicklung der gewerkschaftlichen Position teilweise unbegriffen ihren Ausdruck fand, die in unterschiedlichen theoretischen Ansätzen an zentralen Punkten gleichartig gekennzeichnet wird: die Entwicklung von einer liberal-kapitalistischen Gesellschaft zum „organisierten Kapitalismus", zum „korporativen Pluralismus" oder, bezogen auf die Gewerkschaftsposition, zur „intermediären Organisation" bzw. zur „befestigten" Gewerkschaftsorganisation. Ungeachtet aller divergierenden Momente weisen doch alle Theorien den Gewerkschaften eine systemtragende Rolle in dieser kapitalistischen Entwicklungsstufe zu.[35] Die Gewerkschaften der Weimarer Republik haben einen Teil ihres Selbstvertrauens aus dem Bewußtsein einer derartigen Entwicklung gezogen, demzufolge auch reaktionäre Machthaber aufgrund der Zwänge einer entwickelten kapitalistischen Gesellschaft den Gewerkschaftseinfluß zwar zeitweise zurückschneiden könnten, aber auf deren Existenz doch angewiesen seien. Für eine derartige Entwicklung hat es auch zahlreiche und klare Zeichen gegeben, nur wurde wohl allzu eng die zutreffende Analyse eines mächtigen langfristigen Trends mit der aktuellen politischen Kräftekonstellation in eins gesetzt. Etliche Wahrnehmungsverzerrungen in der Einschätzung der politischen Gegner könnten hierin eine Erklärung finden.

## 5. *Anpassung als Überlebensstrategie?*

Das gesellschaftliche Selbstverständnis der Gewerkschaftsführung ist nicht zuletzt deswegen so ausführlich beschrieben worden, weil in der letzten Phase vor Hitlers Machtantritt — etwa seit dem Sommer 1932 — der Ansatz zu einer politischen Neuorientierung des ADGB zu beobachten ist, für den dieses Selbstbewußtsein wesentlich handlungsleitend war. Nach Mitgliederrückgang und finanzieller Ausblutung, nach der demonstrativen politischen Entmachtung der sozialdemokratischen Arbeiterbewegung im „Papenstreich" schien eine solche Neuorientierung den Freien Gewerkschaften neue Stabilität und Handlungsmöglichkeiten zu bieten. Und diese Handlungsmöglichkeiten schienen Teilen der Gewerkschaftsführung nicht mehr von einer Aktivierung der Kräfte der Arbeiterbewegung erreichbar zu sein, sondern von einer Annäherung an einen sich autoritär umwandelnden Staat. Eine Annäherungsmöglichkeit schien sich dadurch zu bieten, daß

34 M. Bergmann, „Aktive Wirtschaftspolitik"? — Aktive Gewerkschaftspolitik. Ein Beitrag zu einer gewerkschaftlichen Diskussion, in: Gewerkschafts-Archiv XVI (1932), S. 6.

35 Zum Konzept des „Organisierten Kapitalismus" vgl.: Organisierter Kapitalismus. Voraussetzungen und Anfänge, hrsg. von Heinrich August Winkler, Göttingen 1974; zum „korporativen Pluralismus" s. Charles Maier, Strukturen kapitalistischer Stabilität in den zwanziger Jahren, in ebd., S. 195—213 (spez. S. 202), sowie ders., Recasting Bourgeois Europe. Stabilization in France, Germany and Italy in the Decade after World War I, Princeton 1974; Gewerkschaftskonzepte bei: Walther Müller-Jentsch, Gewerkschaften als intermediäre Organisationen, in: Gerhard Brandt/Otto Jacobi/Walther Müller-Jentsch, Anpassung an die Krise: Gewerkschaften in den siebziger Jahren, Frankfurt-New York 1982, S. 17—44; zur Kategorie „befestigte Gewerkschaften" s. Götz Briefs, Gewerkschaften, in: Handwörterbuch der Sozialwissenschaften, Bd. 4, Stuttgart 1965, S. 545—561.

Papens Versuch, an die Stelle der parlamentarischen Demokratie einen reaktionären „neuen Staat" zu setzen, bald in der Sackgasse endete, da ihm jegliche Massenbasis fehlte. Jedoch wurde als starker Mann und kommender Machthaber des Papenkabinetts der Reichswehrminister Schleicher gesehen, der für zwei Monate schließlich auch als Reichskanzler amtierte. Auch er plante eine Revision der Weimarer Verfassung zu einer autoritären Ordnung, zu Remilitarisierung und zu expansiver Außenpolitik, war sich jedoch der Notwendigkeit einer Massenbasis für derartige Zielsetzungen bewußt. Die Massenbasis wurde nicht mehr entlang der Parteigrenzen, sondern in einer „Querfront" gesucht, die aus den Gewerkschaften sowie einem Teil der NSDAP, dem Strasserflügel, gebildet werden sollte. Gleichzeitig sollte eine antizyklische Konjunkturpolitik des Staates soziale Spannungen entschärfen.[36]

Das Scheitern des Schleicherschen Konzepts vor jeglichem Realisierungsansatz ist bekannt. Die NSDAP konnte nicht gespalten oder auf Strasserkurs gebracht werden; seinen institutionellen Rückhalt beim Reichspräsidenten und den auf ihn einwirkenden Interessengruppen verlor Schleicher nicht zuletzt wegen zu weitgehender Konzessionen nach links. Wie sah es aber in diesem Versuch einer neuen Kräftekombination mit den Beziehungen zu den Gewerkschaften aus?

Spekulationen und Gerüchte über eine politische Neuorientierung der Freien Gewerkschaften haben bereits damals einen Schleier über die realen Vorgänge gelegt. Eine besondere Rolle spielte dabei — und noch lange Zeit danach — die Veröffentlichung gefälschter Protokolle über Verhandlungen zwischen Gewerkschaften, Regierungsvertretern und nationalsozialistischen Politikern.[37] Auch nach deren Abzug bleibt ein gewichtiger Kern neuer gewerkschaftlicher Politik. Signale für diese Schwenkung lassen sich bereits in der Kundgebung des ADGB zur Papenregierung vom 14. Juni 1932 finden, in der zwar einmal auch Demokratie als Kampfziel genannt wird, ansonsten die politischen Zielvorstellungen sich denen der völkischen Rechten aber schon merklich angenähert hatten. Und es konnte gut als Angebot an die konservativen Machthaber gelesen werden, wenn gegen den Papenschen „Klassenkampf von oben" darin postuliert wurde: „Es gibt keine nationale Konzentration ohne die deutsche Arbeiterschaft."[38]

Deutlicher noch werden die Momente dieser neuen Politik nach der Entmachtung der Sozialdemokratie in Preußen und dem Ergebnis der Juliwahlen 1932, die die NSDAP zur stärksten Partei machten. Nach dem vertraulichen Gespräch am 30. Juli zwischen Regierung und Gewerkschaftsspitze sah die Gewerkschaftsführung in Schleicher den starken Mann des Papenkabinetts. Zwischen ADGB-Funktionären und Vertretern des Reichswehrministers gab es etliche Kontakte, desgleichen zu Vertretern des „Tatkreises", der für die Schleichersche Politik die ideologischen Konzepte formulierte. Auch mit Vertretern des Strasserflügels der NSDAP kam es zu Kontakten, wobei in den eindeutig fixierten Fällen die Initiative von NS-Seite ausging.[39] In der Rede des ADGB-Vorsitzenden Leipart am 14. Oktober 1932 in der Bernauer Gewerkschaftsschule wurde dann deutlich, daß mit

36 Zum Konzept Schleichers s. Schildt, S. 50 ff.

37 Hüllbüsch und Heer stützten ihre Argumente auf gefälschte Protokolle; gegen deren Echtheit übereinstimmend: Henryk Skrzypczak, Fälscher machen Zeitgeschichte. Ein quellenkritischer Beitrag zur Gewerkschaftspolitik in der Ära Papen und Schleicher, in: IWK 11 (1975), S. 452—471; sowie Emig/Zimmermann; Schmidt, S. 192 ff.; Heinrich Muth, Schleicher und die Gewerkschaften 1932. Ein Quellenproblem, in: VjZ 29 (1981), S. 189—215.

38 „Regierung der nationalen Konzentration" als Selbstbezeichnung des Papenkabinetts; s. oben Anm. 32.

39 Vgl. Schildt, S. 138 ff. und Hüllbüsch, S. 158 ff.

derartigen Kontakten einzelne Gewerkschafter nicht persönliche, sondern ADGB-Politik betrieben hatten. In dieser Rede wurde die Arbeiterbewegung der „Nation" untergeordnet, ihre Organisationen als Ordnungsfaktor angepriesen („In den Gewerkschaften stecken ordnende Kräfte, die für den Aufbau unseres Staates unentbehrlich geworden sind.") und Wertvorstellungen deutscher Innerlichkeit beschworen („faustischer Drang", „geistige Führung", „Hingabe für das Ganze"). Selbst die Marxschen Feuerbachthesen wurden im Sinne eines lebensphilosophischen Irrationalismus umgedeutet: „Für uns gilt das Bekenntnis von Karl Marx, daß wir die Welt nicht verstehen, sondern gestalten wollen."

Für die konkrete Politik beinahe noch wichtiger als diese geballte Präsentation eines autoritär-konservativen Weltbildes war jedoch die veränderte Akzentsetzung im Verhältnis der Freien Gewerkschaft zur SPD. So hieß es zum gewerkschaftlichen Kampf: „Wir führen ihn vor allem mit der sozialdemokratischen Partei, die sich bisher am meisten bemüht hat, unsere Ideen auf dem Wege der Gesetzgebung zu verwirklichen. Unsere Bestrebungen gehen jedoch über jede enge Parteigebundenheit hinaus. Wir sind zu sehr auf das Ganze gerichtet, um Parteifesseln zu tragen."[40]

Auch in der Folgezeit während der kurzen Kanzlerschaft Schleichers gaben die Gewerkschaften öffentlich zu verstehen, daß mit dieser Regierung eine engere Zusammenarbeit möglich sei — wie es auch als Angebot von Seiten Schleichers zu verstehen war, daß er die Papenschen Notverordnungen, mit denen das Tarifsystem praktisch außer Kraft gesetzt werden sollte, wieder aufhob. In dieser Machtkonstellation schienen also die Gewerkschaften — aller Geschichte und sozialistischen Programmatik zum Trotz — für eine grundlegende Neuorientierung nach rechts offen zu sein, schien in Deutschland ein autoritäres Regime vorstellbar, das durch sozialpolitische Konzessionen mit gewerkschaftlicher Unterstützung regieren konnte. Aber bereits wenn man der Frage nachgeht, wie diese sonst recht schwerfällige Organisation eine derart scharfe Richtungsänderung in dieser Geschwindigkeit vollziehen konnte, wird deutlich, daß mit all den genannten Aktivitäten die Wendung eher geprobt als vollzogen worden war.

Die Politik der Öffnung nach rechts wurde vor allem von einer Gruppe jüngerer Gewerkschaftssekretäre in der Zentrale des ADGB vorangetrieben, die als Fachreferenten zwar kein Stimmrecht im Vorstand hatten, aber in der Vorbereitung von Entscheidungen Einfluß ausüben konnten. Gemeinsam ist dieser Gruppe die Kriegserfahrung als „Frontsoldat", die als Erlebnis der Überwindung von Klassengegensätzen im Einsatz für die Nation ideologisch überhöht wurde. Gewerkschaftliche Organisation barg in diesem stark von Nationalismus geprägten Denken auch die Möglichkeit besonders effektiver gesellschaftlicher Mobilmachung für die nationalstaatliche Machtkonkurrenz; hier sind Berührungspunkte mit neokonservativen Gedanken deutlich zu erkennen. Als intellektueller Kopf dieser Gruppe kann der Redakteur der Gewerkschaftszeitschrift „Die Arbeit", Lothar Erdmann, gelten, der auch eine Reihe von Reden und Aufsätzen des Vorsitzenden Leipart formulierte, so auch die Bernauer Rede.[41]

---

40 Leipart, Kulturaufgaben, S. 7, 11, 19; Hüllbüsch, S. 184 ff. Zur politischen Bedeutung der Lebensphilosophie, von deren Grundzügen die Rede geprägt ist: Hans-Joachim Lieber, Die deutsche Lebensphilosophie und ihre Folgen, in: Universitätstage 1966. Veröffentlichungen der Freien Universität Berlin. Nationalsozialismus und die deutsche Universität, Berlin 1966, S. 92—108; Kurt Sontheimer, Antidemokratisches Denken in der Weimarer Republik. Die politischen Ideen des deutschen Nationalismus zwischen 1918 und 1933, München 1962, S. 54 ff.

41 Die Vorstellungen Erdmanns werden deutlich aus seinem Buch: Die Gewerkschaften im Ruhrkampf (Berlin 1924) sowie aus seinen Tagebuchaufzeichnungen, die u. a. eine starke Sympathie für die Ideen

Die Gewerkschaftsspitzen standen zu derartigen Vorstellungen zwar nicht im Gegensatz, waren doch auch die Gewerkschaftsführer der älteren Generation keineswegs frei von nationalistischen Ideen, setzten aber andere Akzente. Ihr Verhalten erweckt den Eindruck zögernder Erprobung neuer Möglichkeiten, aber auch des Gewährenlassens mangels Handlungsalternativen. Ein tiefer Zwiespalt kennzeichnet ihre Haltung: Einerseits standen sie in der festen Tradition der sozialdemokratischen Arbeiterbewegung mit ihrer Aufgabenteilung zwischen Partei und Gewerkschaft und gerade im gemeinsamen Kampf gegen die Republikfeinde fest verbunden, andererseits hatte sich seit dem Papenstreich und den Reichstagswahlen vom Juli 1932 das Gewicht des Machtfaktors SPD deutlich verringert, eine Entwicklung war abzusehen, bei der politische Entscheidungen an den Parteien vorbeilaufen würden. Da eine radikale Opposition für unmöglich angesehen wurde, schien die feste Bindung an die Partei nur passives Abwarten zu ermöglichen. Gerade weil in der sozialdemokratischen Arbeiterbewegung sehr früh eine deutliche Aufgabenteilung zwischen Partei und Gewerkschaft durchgesetzt worden war, konnte jetzt auch eine Handlungslogik in den Vordergrund treten, derzufolge die Gewerkschaften ihren genuinen Auftrag erfüllen könnten, unter Verzicht auf die Zielsetzung der politischen Demokratie.

Unter den Belastungen der Entwicklung seit 1930 hatte sich das Verhältnis zwischen SPD und ADGB bereits merklich verschlechtert. Begonnen hatte man noch in der Brüningära mit demonstrativer Zusammenarbeit, die Tolerierungspolitik wurde von beiden Organisationen getragen. Merklicher Dissens entstand seit 1931 über Fragen, wie etwa die Reparationsfrage zu behandeln sei oder bei der Bewertung des WTB-Planes. Die traditionelle Zusammenarbeit war damit aber nicht in Frage gestellt. Das geschah von seiten der Gewerkschaften erst seit dem Einschnitt, den der Machtwechsel zu Papen zweifellos bedeutete. Während aber gegenüber der Papenregierung noch Einigkeit in der Kritik bestand, wurde der Zwiespalt deutlich in der Haltung zur Regierung Schleichers: Während die SPD seine Pläne scharf kritisierte, zeigte der ADGB eine Haltung zwischen Wohlwollen und Abwarten.[42]

Die Gewerkschaftskontakte zur Rechten und der aufgebrochene Dissens zwischen Partei und Gewerkschaft dürfen jedoch nicht den Blick darauf verstellen, daß zur gleichen Zeit die seit langem eingespielte, enge Zusammenarbeit weiterlief, daß auch auf der obersten Ebene von Partei- und Gewerkschaftsvorständen der Charakter verschiedener Zentren eines politischen Milieus erhalten blieb.[43] Selbst wenn sich die Gewerkschaftsspitze zu einem Bruch mit der SPD durchgerungen hätte, wäre kaum vorstellbar gewesen, wie die Organisation bei der engen Verklammerung von Partei- und Gewerkschaftsaktivitäten, gerade auf der mittleren Funktionärsebene, nach einem Bruch mit der SPD noch hätte zusammengehalten werden können. Durch den schnellen Sturz Schleichers blieb den Freien Gewerkschaften die Entscheidung während seiner Kanzlerschaft erspart. Es spricht einiges dafür, daß sie sich in dieser Konstellation letztlich doch verweigert hätten. Auf einen Vorstoß Schleichers im Januar 1933, ob die Freien Gewerkschaften einer

Ernst Jüngers zum Ausdruck bringen (DGB-Archiv). Der keineswegs geschlossenen oder formellen Gruppe lassen sich außerdem Furtwängler, Arons, Pahl, Nörpel sowie Seelbach zuordnen.

42 Vgl. Hüllbüsch, S. 199 ff.; Schildt, S. 166 ff; Schmidt, S. 168 ff.

43 Das wird aus den von Hagen Schulze (s. Anm. 15) veröffentlichten Protokollen des SPD-Parteivorstands und -ausschusses sehr anschaulich, an deren Diskussion jeweils auch eine größere Zahl führender Gewerkschaftsvertreter teilnahm.

Entlassung des Reichstags bis zum Herbst des Jahres zustimmen würden, reagierte die Gewerkschaftsspitze jedenfalls ablehnend.[44]

Die Folgen dieser angedeuteten, aber nicht ernsthaft vollzogenen Wendung von der sozialdemokratischen Arbeiterbewegung zu den Kräften autoritärer Neuformierung waren ausschließlich negativ. Gewerkschaft und Partei blieben in einem Verhältnis argwöhnischer und zänkischer Verklammerung verbunden, das die wenigen gemeinsamen Handlungsmöglichkeiten noch weiter erschwerte. Für die Mitglieder waren einige, bis dahin feste politische Orientierungspunkte gegenüber den rechten Republikfeinden verlorengegangen, das sozialdemokratische Milieu hatte sichtbare Risse bekommen. Für die Gewerkschaftsführung schließlich konnte dieser Versuch einer Umorientierung nach rechts als Verhaltensmuster in der kommenden Entwicklung dienen. Der Anpassungskurs an den NS-Staat in den letzten Wochen vor der Zerschlagung der Gewerkschaftsorganisation am 2. Mai 1933 zog Legitimation aus dem politischen Flirt mit Schleicher, zumal dieser gewerkschaftsintern nicht kritisiert worden war. So heißt es im Aufsatz eines „Führers der jungen Generation" in der Gewerkschaftsbewegung, der die nationalsozialistische Gleichschaltung in den Länderregierungen feiert: „Grundsätzlich tiefgehende und, wie wie hoffen wollen, zukunftsweisende Anfänge einer Wandlung im Volkskörper und Reichsbau sind in den letzten Wochen in Erscheinung getreten. Erinnern wir uns, wie zu Ende des verflossenen Jahres unter dem Generals-Interregnum des Kanzlers von Schleicher tastende Versuche gemacht wurden, außerhalb der überkommenen, den Verhältnissen des Bismarckreiches gemäßen Parteifraktionen organisch gewachsene und zusammengefaßte Kräfte zur Umgestaltung von Staat und Wirtschaft, zur Lösung unerträglicher Situationen, zu finden." Ironischerweise erschien der Artikel erst im Mai 1933, abgedruckt unmittelbar hinter der nationalsozialistischen Proklamation zur Zerschlagung des ADGB.[45]

44 Aktennotiz Eggerts über eine Unterredung von Vertretern des ADGB-Bundesvorstands mit Schleicher am 26. 1. 1933, in: HiKo, NB 111/28.

45 Franz Josef Furtwängler, Reichseinheit nach dreihundert Jahren, in: Gewerkschafts-Zeitung, Nr. 16 vom 22. 4. 1933, S. 242; Nachdruck in: Gewerkschafts-Archiv, Bd. 18, 1933 (Mai), S. 211.

Henryk Skrzypczak

# Die Ausschaltung der Freien Gewerkschaften im Jahre 1933

Als Adolf Hitler am späten Vormittag des 30. Januar 1933 den Eid auf die Verfassung ablegte, war der umstürzende Wandel zu einer Lage vollzogen, über deren tödlichen Ernst eine Selbsttäuschung gerade im Lager der politischen Linken kaum noch möglich erschien. „Die Folge einer Hugenberg-Hitler-Regierung" — zu diesem Ergebnis war das parlamentarische Spitzengremium der Sozialdemokratie kurz nach dem Erdrutsch der Septemberwahlen von 1930 gekommen — „wäre nicht etwa eine Entlarvung der nationalsozialistischen Demagogie [. . .]. Eine Hitler-Regierung würde sich die Wiederholung des italienischen Beispiels zum Ziel setzen, also *Zertrümmerung aller Organisationen der Arbeiterschaft,* dauernden militärischen Belagerungszustand, Aufhebung aller Presse-, Versammlungs- und sonstigen politischen Freiheiten, ständige Gefahr des Bürgerkrieges im Innern und des Revanchekrieges nach außen. Damit wäre auch der *wirtschaftliche Zusammenbruch Deutschlands* und das Ende einer selbständigen deutschen Nation verbunden, mit all seinen furchtbaren Folgen für das arbeitende Volk."[1] Seit dieser Prognose waren die Wortführer der sozialistischen Bewegung nicht müde geworden, das Bild der drohenden Gewaltherrschaft in den abschreckendsten Farben zu malen. Nun, da der Alptraum Wirklichkeit wurde, erwarteten Ungezählte das erlösende Wort. Wann würde sie das Kampfsignal ihrer Führer erreichen?

Wie schon am Wochenende hatten sich die Vertreter der Spitzengewerkschaften auch an diesem Montag zunächst um eine Aussprache mit dem Reichspräsidenten bemüht. Bei schwindender Hoffnung, seine Entscheidung noch beeinflussen zu können, faßten sie darauf ihre Bedenken in einer Presseerklärung zusammen, die jedoch, kaum daß sie in der endgültigen Fassung vorlag, durch den schnellen Gang der Ereignisse überholt war. Um die Mittagszeit herrschte in der ‚Inselstraße' Gewißheit darüber, daß die Würfel gefallen, daß mit der Staatsführung *„Personen"* betraut worden waren, deren Namen nur als *„Programm für ein verfassungswidriges und volksfeindliches Vorgehen"* gelten konnten und mit denen sich die Gefahr verknüpfte, „daß reaktionäre Cliquen durch unverantwortliche politische Manöver *Volk und Wirtschaft in eine unabsehbare Katastrophe hineintreiben"* würden. Unter dem Eindruck der kommunistischen Generalstreikparole reagierten die Vorstände in demonstrativer Geschlossenheit. Ihr Aufruf, hinter den sich außer dem ADGB und dem AfA-Bund auch der Christliche Gesamtverband und der freiheitlich-nationale Gewerkschaftsring stellten, war eindringlich im Ton und mehrdeutig in seinen entscheidenden Sätzen: „Gewerkschaftsmitglieder! Die Lebensinteressen der gesamten Arbeitnehmerschaft stehen auf dem Spiel Um Angriffe gegen Verfassung und Volks-

1 Sozialdemokratische Partei-Korrespondenz, Jg. 1930, Nr. 11, S. 662—665, Zitat S. 663. Typographische Hervorhebungen in den zitierten Texten werden einheitlich kursiv wiedergegeben, Schreib- und Druckfehler in der Regel stillschweigend berichtigt. Zur Ergänzung des vorliegenden Beitrages vgl. Henryk Skrzypczak, Die Zerschlagung und Gleichschaltung der Arbeiterorganisationen, in: Deutschland 1933. Machtzerfall der Demokratie und nationalsozialistische „Machtergreifung", hrsg. von Wolfgang Treue und Jürgen Schmädecke, Berlin 1984, S. 45—64; ders., Das Ende der Gewerkschaften, in: Die nationalsozialistische Machtergreifung, hrsg. von Wolfgang Michalka, Paderborn 1984 (im Druck).

rechte im Ernstfalle wirksam abzuwehren, ist kühles Blut und Besonnenheit erstes Gebot. Laßt euch nicht zu voreiligen und darum schädlichen Einzelaktionen verleiten."[2]

Wer den Block der Gewerkschaften noch immer als Machtfaktor fürchtete oder ihm vertraute, mochte diese Stellungnahme als Drohung an die Adresse der neuen Gewalthaber begreifen. Sie ließ sich aber auch als nochmalige Absage an den suggestiven Gedanken einer Öffnung nach links und als verschlüsselter Hinweis an die Regierung verstehen, daß die Verbandsführer sich in dieser kritischen Phase jeder Initiative in Richtung auf eine weitere Zuspitzung zu enthalten gedachten. Dem aufmerksamen Betrachter jedenfalls konnte der Verzicht auf eine sofortige Abwehraktion nur als Ausdruck der Schwäche oder als grober taktischer Fehler erscheinen, spielte er doch dem Gegner die Gelegenheit zu, seine Herrschaft zu festigen, um dann den günstigsten Zeitpunkt für den Casus belli zu wählen.

Die Zentrale der KPD war in ihrer Manövrierfähigkeit zu beengt, als daß sie die ihr verbleibende Schonfrist durchschlagend zu nutzen vermochte. Eine dramatische Schwenkung zur Parole der Einheitsfront auch von oben, der Sprung also über den eigenen Schatten, wäre breiter Resonanz sicher gewesen und hätte der Arbeiterschaft den stärksten moralischen Auftrieb vermittelt. An die Moskauer Generallinie gebunden, wiederholte sie stattdessen — geringfügig modifiziert — ihr Einheitsfrontmanöver vom 20. Juli 1932 und unternahm alle Anstrengungen, über die Köpfe der Gewerkschaftsführer hinweg den Massenstreik zu entfesseln.[3] Während die Wilhelmstraße vom Marschtritt der ‚braunen Bataillone' erdröhnte, konstituierte sich im Friedrichshainer „Märchenbrunnen" eine „Betriebsräte-Vollversammlung", zu der sich um die 1.000 Teilnehmer eingefunden hatten. In der brodelnden Atmosphäre dieser Konferenz fand die Streiklosung eine bereitwillige Aufnahme. Nach dem Muster von 1923 und in der Hoffnung, so wie damals die Cuno-Regierung jetzt das Kabinett Hitler-Papen ‚hinwegfegen' zu können, wählte die Versammlung einen Fünfzehnerausschuß, der alle Kraft daran setzen sollte, „daß morgen der Laden steht". Ein Redner der KPO, der sich für den Versuch einer gemeinsamen Vorbereitung des Generalstreiks mit den Führern der Gewerkschaften aussprach, wurde niedergeschrien.[4] Mit diesem Beharren auf einem Alleingang war das Schicksal des Streikabenteuers nach dem Urteil der Politischen Polizei schon so gut wie besiegelt. Nur durch ihre Mitarbeit in den Freien Gewerkschaften nämlich, in denen sie 1923 erheblichen Einfluß besaßen, war es den kommunistischen Funktionären unter Cuno gelungen, „die Betriebe stillzulegen, die damals voll beschäftigt waren, während heute in ihnen nur Teilarbeit verrichtet wird". Durch die Gründung von Sonderorganisationen hatte sich die KPD seither ihre unmittelbaren Einwirkungsmöglichkeiten in den Gewerkschaften spürbar beschnitten. Als weiteres, die Erfolgaussichten ebenfalls verringerndes Moment kam hinzu, daß gerade diejenigen „Berufsgruppen, die einen Generalstreik wirkungsvoll machen könnten, wie z.B. die Verkehrsunternehmen oder Behörden",

2 Gewerkschafts-Zeitung, 43. Jg. 1933 (Zit.: GZ), Nr. 5 vom 4. 2. 1933, S. 67 (vgl. Archiv der Historischen Kommission zu Berlin, Depositum des August-Bebel-Instituts, Gewerkschaftliche Restakten — zit. HiKo —, NB 9,56), S. 65. — Textilarbeiter-Zeitung (Organ der Christlichen Gewerkschaften), Nr. 6 vom 11. 2. 1933, S. 22.

3 Zum Problemhintergrund Henryk Skrzypczak, Kanzlerwechsel und Einheitsfront. Abwehrreaktionen der Arbeiterbewegung auf die Machtübergabe an Franz von Papen, in: IWK 18 (1982), S. 482—499; ders., Zerschlagung, S. 54 f., Anm. 24.

4 Als Einberufer firmierten der Betriebsräteausschuß, der Erwerbslosenausschuß und der Einheitsausschuß der Antifaschistischen Aktion, Groß-Berlin (Die Rote Fahne, Nr. 25 vom 29. 1. 1933); den Verlauf schildern zwei Berichte der Politischen Polizei vom 31. 1. 1933: GStAPK, Rep. 219, 483.

aber auch „die lebenswichtigen Betriebe, wie Elektrizität, Gas und Wasser", „bereits in erheblichem Maße" von Anhängern der NSDAP durchsetzt waren. Aus der Summe ihrer Beobachtungen glaubte die Polizei folgern zu dürfen, daß „vorläufig mit politischen Aktionen in den Betrieben nicht zu rechnen" sei.[5]

Soweit die am 30. Januar getroffenen Vorentscheidungen des ADGB und der Sozialdemokratie noch Zweifel über die taktische Verhaltenslinie beider Organisationen in der nächsten Zukunft erlaubten, wurden sie schon am folgenden Tage behoben. Die Sitzungen sowohl des Bundesausschusses als auch des Parteiausschusses gelangten in der Kernfrage zu demselben Ergebnis, das der „Vorwärts" in unmittelbarer Reaktion auf die Regierungsbildung in die Worte gekleidet hatte: *„Heute* Generalstreik machen, hieße die Munition der Arbeiterklasse zwecklos in die leere Luft verschießen!" Wenn der Boden der Legalität „verlassen werden soll: meine Herren, *nach* Ihnen!" Nicht Demonstration, befand Theodor Leipart, der Vorsitzende des ADGB, sei die Parole der Stunde, sondern Organisation. Getreu dieser Losung, die sich Jahrzehnte hindurch bewährt hatte, würden die Gewerkschaften eine verstärkte Werbetätigkeit aufnehmen.

Im *„Bewußtsein der Kraft, das keiner großen Geste bedarf"*, zeigten die Spitzenfunktionäre sich „in eindrucksvollster Weise" entschlossen, der von Leipart und seinem Stellvertreter Peter Graßmann abgesteckten Marschroute zu folgen. Alle „gefühlsmäßigen" Gesichtspunkte zurückweisend, entschieden sie einmütig, ihre Haltung zum neuen Kabinett von dessen Taten abhängig zu machen. Die Gewerkschaften, versicherte man, *„stehen bereit, wenn nötig jeden Tag, neue Entscheidungen zu treffen"*.[6] Dem Kalkül, das die Festlegung auf einen Kurs des Abwartens begleitete, lag eine Situationsanalyse zu Grunde, die bereits mit ihrer Einschätzung der Kräfteverhältnisse innerhalb des Kabinetts von den Realitäten abwich, sich aber mit dem vorherrschenden Eindruck kompetenter Beobachter des In- und Auslandes deckte. Hitler war demzufolge als Gefangener seiner konservativen Minister nur ein *„Chancellor in little but name"*. „Richtung und Inhalt der Politik, namentlich der Wirtschafts- und Sozialpolitik seiner Regierung", wurden nach Ansicht nicht nur der Freien Gewerkschaften in der Hauptsache vom Willen des ostelbischen Großgrundbesitzes und der Schwerindustrie des Westens bestimmt. Umgeben und notfalls majorisiert von den Kontrolleuren des Reichspräsidenten, der seine Schritte beargwöhnte, des Einflusses auf fast alle wichtigen Ministerien entbehrend, war ihm in der Gestalt Papens ein Vizekanzler an die Seite gestellt, der über Vollmachten wie keiner seiner Vorgänger verfügte und dem in Preußen der Nationalsozialist Göring absolut untergeordnet war. Wem immer die beherrschende Stellung im Kabinett zuerkannt wurde, ob Papen oder „Papen-Hugenberg" — über Hitlers Rolle bestand weitgehend Einigkeit. Er war „dem Herrenklub ins Garn gegangen" oder, wie der Berliner Korrespondent des „Daily Telegraph" zu melden wußte: „[. . .] he had been trapped into agreeing to the shadow instead of the substance of power".[7]

5 Vgl. ebd. die ergänzende Bewertung durch Köhn, der als hervorragender Kenner der kommunistischen Szene ausgewiesen war.

6 Vorwärts, Nr. 51 vom 31. 1. 1933; GZ, Nr. 5 vom 4. 2. 1933, S. 67.

7 The Daily Telegraph z. B. vermittelte in der Ausgabe vom 1. 2. 1933 schon durch die Überschriften seiner Berichte aus der Reichshauptstadt einen beruhigenden Eindruck: „Hitler Shorn of Real Power"; „„Prisoner of His Own Ministry""; „Papen to Control the Cabinet"; s. dort weiter; andere britische Pressestimmen jetzt bei Francis L. Carsten, Adolf Hitler im Urteil des Auslandes — in britischer Sicht, in: Treue/Schmädecke, S. 97—118; vgl. dort S. 104 f. — GZ, Nr. 5 vom 4. 2. 1933, S. 66; Nr. 6 vom 11. 2. 1933, S. 95 (Scheffel am 5. 2. 1933); Nr. 7 vom 18. 2. 1933, S. 111 (Brandes am 3. 2. 1933).

Mit der Richtung, aus der die Gefahr zu erwarten war, wurde auch die Größe der Bedrohung gründlich verkannt. Selbst wo der Realitätssinn ausreichte, eine Neuauflage des Sozialistengesetzes für wahrscheinlich zu halten, blieb das Vorstellungsvermögen der älteren Führergeneration den vergleichsweise idyllischen Erfahrungen des 19. Jahrhunderts verhaftet.[8] Sozialpolitisch, also aus einer Perspektive betrachtet, die den Gewerkschaftsführern am nächsten lag, und wirtschaftspolitisch konnte sich der Kanzler jetzt geradezu als stiller Bundesgenosse gegen die ‚wirklich bestimmenden Kräfte' seiner Regierung empfehlen. „Wenn Hitler auch kein Sozialist ist", argumentierte z. B. Rudolf Breitscheid vor dem Parteiausschuß, „so ist er doch mindestens gezwungen, sich die Forderung der Arbeiterschaft in seinen Reihen anzuhören und irgendwelche Konzessionen zu machen." Hugenberg indessen bot nach Vergangenheit und ersten Maßnahmen alle Gewähr, daß er die „Rettung Deutschlands auf rein privatkapitalistischem Wege" anstreben würde. Vor allem die Einbeziehung der Tarifabteilung in sein Krisenministerium und die sofortige Kaltstellung des Staatssekretärs Grieser durch den neuen Reichsarbeitsminister galten Leipart als deutliche Anhaltspunkte für die bevorstehende Entwicklung: *„Keine staatliche Lohnpolitik, vielleicht auch keine Schlichtung mehr"*, „eine tariflose Zeit, vielleicht gar" ein weiterer Lohnabbau, ja möglicherweise sogar der Versuch, „aus der Rumpelkammer veralteter Vorstellungen reaktionäre Pläne" heraufzuholen und Einrichtungen zu schaffen, „die den bestehenden Rechten und dem Freiheitswillen der deutschen Arbeiterschaft widersprechen". So unerfreulich sich ein Erwartungshorizont ausnahm, zu dem „in absehbarer Zeit" vielleicht auch schärfste Strafen gegen wirtschaftliche Streikaktionen gehörten — einen Kampf auf Leben und Tod rechtfertigte er offenbar nicht.[9]

Der Bereitschaft, auf die Karte des Generalstreiks zu setzen, wirkte auch ein weiterer Fehler der Lagebeurteilung entgegen. Von *„tiefen Interessengegensätzen durchfurcht"*, war der Koalition zwischen Konservativen und Wortführern einer radikalen Massenbewegung mit starker proletarischer Anhängerschaft zweifellos keine „allzulange" Lebensdauer beschieden. Seinen fruchtbarsten Nährboden fand das Vertrauen auf eine rasche Entzauberung des Mannes aus Braunau in der Gewißheit, daß Hitler seine hochtönenden Versprechungen schlechterdings nicht einzulösen vermochte. Die erfahrenen Gewerkschaftspraktiker zeigten sich für einen solchen Trugschluß in besonderem Maße empfänglich. Ihrem nüchternen Sinn offenbarte sich die Phrasenhaftigkeit nationalsozialistischer Äußerungen zur Wirtschafts- und Sozialpolitik als Ausdruck eines so abgrundtiefen Dilettantismus, daß sie den Gedanken, ein Hitler-Regime könne den Zusammenprall mit der rauhen Wirklichkeit überdauern, als absurd von der Hand wiesen. In aufschlußreicher Blindheit gegenüber dem machtpolitischen Aspekt glaubte die „Gewerkschafts-

8 In einer Sitzung des Bundesvorstandes kurz nach dem 30. 1. soll Leipart geäußert haben, man werde „uns vielleicht durch Polizei überwachen" wie zur Zeit des Sozialistengesetzes. Käme der „Gendarm rein, dann schließen wir" die „Versammlung, spielen Karten und verhandeln dann"; Notizen des Verfassers über die Auskünfte Franz Josef Furtwänglers in seiner Befragung am 24. 4. 1965. Vgl. Furtwänglers unveröffentlichtes Manuskript „Die deutschen Gewerkschaften und ihr Ende durch *Hitler* (Institut für Zeitgeschichte), S. 232—234. Ähnliche Illusionen wie Leipart hegte Friedrich Stampfer: Schreiben Hilferdings vom 28. 8. 1936, in: Mit dem Gesicht nach Deutschland. Eine Dokumentation über die sozialdemokratische Emigration, hrsg. von Erich Matthias, bearb. von Werner Link, Düsseldorf 1968, S. 282—285, Zitat, S. 283.

9 Anpassung oder Widerstand? Aus den Akten des Parteivorstands der deutschen Sozialdemokratie 1932/33, hrsg. von Hagen Schulze, Bonn-Bad Godesberg 1975, S. 141 f. — GZ, Nr. 5 vom 4. 2. 1933, S. 67. — Schulze, Anpassung, S. 148 f. (Graßmann).

Zeitung" des ADGB sogar aus der Tatsache, daß die Nationalsozialisten bei allen früheren Gesprächen über eine Regierungsbeteiligung keinerlei Vorliebe für die wirtschaftsnahen Ressorts bekundet, sondern „nur die Herrschaft über Reichswehr und Polizei, über Verwaltung und Kultur" angestrebt hatten, eine aus Unfähigkeit geborene *„Scheu vor der Verantwortung"* herauslesen zu dürfen.[10]

Wer die Spekulation auf ein „schnelles Ende der Hitlerschen Herrlichkeit" als abwegig empfand, brauchte um Argumente für einen Kurs des Abwartens durchaus nicht verlegen zu sein. Wäre es nicht, wie Breitscheid ganz im Sinne der ADGB-Führer meinte, „bedenklich", ja geradezu töricht, wenn die Arbeiterschaft „durch irgendwelche ungestümen und voreiligen Aktionen eine Entwicklung, die sich innerhalb der Regierung vollziehen muß, hindern und hemmen würde", wenn sie dazu beitrüge, „diese einander widerstrebenden Kräfte zusammenzuschweißen"? War es tatsächlich ratsam, Hitler durch außerparlamentarische Kampfmaßnahmen bequeme Vorwände zu liefern, die ihm den Bruch der Verfassung erleichtern würden? Was eigentlich sprach dafür, daß ein befristeter Generalstreik, für den sich manche erwärmten, dem taktischen Stellenwert nach mehr wäre als der bis zum Überdruß gewohnte „Marsch durch die Straße"? Im günstigsten Falle würden die Arbeiter den Anweisungen der Streikleitung folgen, also nach zwei bis vier Stunden oder am nächsten Tag in die Betriebe zurückkehren, und Hitler würde sich sagen, „das Schlimmste ist überstanden. Die größere Gefahr" aber „wäre die, wir und die Gewerkschaften geben die Parole aus: Zurück in die Betriebe, und die Kommunisten fallen uns in den Rücken und sagen, hier muß die Revolution weitergetrieben werden". Einer solchen Gewaltprobe aber räumte Breitscheid keinerlei Chance ein. Die „Staatsmacht zusammen mit der Reichswehr" würde die Bewegung „im Blute der Arbeiter" ersticken. „Wenn die Arbeiterschaft", warnte auch Graßmann, „sich jetzt zu verfrühtem, unzweckmäßigem politischen oder gewerkschaftlichen Vorprellen bereit findet, tastet man eventuell die Gewerkschaften selbst an, nimmt die Führer in Schutzhaft, beschlagnahmt die Häuser und Kassen usw." Angesichts der Gefahr, sonst „vorher erwürgt am Boden" zu liegen, plädierte er im Namen des ADGB für ein „Bereitsein" auf längere Dauer, für „den Generalstreik als die äußerste Eventualität".[11]

Durchdrungen vom Gefühl ihrer Ohnmacht und im Bannkreis einer Lagebeurteilung, auf die sichtlich schon das Wunschdenken Einfluß gewonnen hatte, verschanzten die leitenden Funktionäre sich hinter der von Hitler errichteten Fassade der Legalität, die wenigstens einen Rest von Sicherheit zu versprechen schien. „Alles", betonte Graßmann, komme jetzt „auf die Geschlossenheit der Organisationen, auf die Erhaltung und den Ausbau einer einheitlichen Front der Arbeiterschaft in ihren Gewerkschaften an". Erhaltung in ihren Gewerkschaften — war das nur ein falscher Zungenschlag oder schon die schwache Andeutung eines Rückzugplanes, der vorsah, das Weiterbestehen der Organisationen notfalls um den Preis einer Loslösung von der Sozialdemokratie zu erkaufen? Ein so weitgehender Verdacht mochte verfrüht sein, doch wer ihn aufkeimen spürte, sah sich nicht widerlegt, sondern eher bestätigt, wenn Graßmann im Nachsatz uneingeschränkt drohte: „Dieser Gedanke ist auch bestimmend für die Haltung der Gewerkschaften

---

10 GZ, Nr. 7 vom 18. 2. 1933, S. 98. — Metallarbeiter-Zeitung (zit.: MAZ), Nr. 6 vom 11. 2. 1933, S. 31; GZ, Nr. 7 vom 18. 2. 1933, S. 97 f.

11 Schulze, Anpassung, S. 142; 145; 146; 145, Anm. 45; 149. — Furtwängler, Gewerkschaften, S. 230: „Indessen galt jetzt erst recht, was schon gegen eine Aktion bei Papens preußischem Staatsstreich eingewendet wurde: ‚Wenn man die Gelder der Arbeiterbank konfisziert oder sperrt, dann liegen wir flach'. An einem gewissen Punkt angelangt, schließen sich Zentralismus und direkte Aktion aus".

gegenüber jeder *Partei*, die sich etwa das Recht zur Führung gewerkschaftlicher Aktionen anmaßen sollte." Einschließlich der Ankündigung Leiparts, „die Interessen der Arbeiterschaft auch gegenüber dieser Regierung" vertreten zu wollen, zeichneten sich hier Ansätze einer Konzeption ab, die der Bewahrung des organisatorischen Rahmens unbedingte Priorität einräumte.

Der Versuch, sich über die Durststrecke bis zum erwarteten Scheitern Hitlers hinwegzulavieren, vertrug sich durchaus mit jener angestrengten Zurschaustellung der Kampfentschlossenheit, in der maßgebliche Gewerkschaftsführer sich vorerst noch gefielen. Wo die bewußte Täuschung endete und die barmherzige Selbsttäuschung begann, ist eine offene und für den Fluß des Geschehens belanglose Frage. In ihm zählte einzig die Tatsache, daß Partei und Gewerkschaften wenn auch nicht das befreiende Signal ausgelöst, so doch eine gemeinsame Formel gefunden hatten, die das Fiasko hinausschob und den Mitgliedern Zuversicht einzuflößen vermochte: „Bereit sein ist alles!" Es zeigte sich nur zu bald, daß der Unterschied zwischen allem und nichts in diesem Fall verschwindend gering war.[12]

Die niederschmetternden Wahlresultate des 5. März 1933, „dieses schicksalvollen Tages", wurden für die Freien Gewerkschaften zum Auslöser einer taktischen Wende, die um so abrupter erschien, als ihre perspektivischen Ursprünge sich der öffentlichen Kenntnis entzogen. Schon in unmittelbarer Reaktion auf den Preußenschlag Papens und den folgenden Wahlsieg der Nationalsozialisten hatten sich an der Spitze nicht nur des ADGB Stimmen erhoben, die eine zu enge Allianz mit der Sozialdemokratie für bedenklich erklärten: Das drohende KPD-Verbot „würde nur ein Vorzeichen für das spätere Verbot der SPD bedeuten. Für diesen Fall wäre die enge Verbindung zwischen Partei und Gewerkschaften letzteren nicht ganz ungefährlich. Dieser Gefahr müssen wir vorbeugen." Meinungsdifferenzen, die den Bundesvorstand des ADGB und den Parteivorstand besonders während der Kanzlerschaft Schleichers zunehmend trennten, hatten Leipart bereits im Dezember bewogen, das Thema „Gewerkschaften und Partei" im Sinne einer grundsätzlichen Auseinandersetzung intern neu bearbeiten zu lassen. Durch die Ernennung Hitlers und seine brutale Kampfansage an den ‚Gesamtmarxismus' waren die Risse im sozialistischen Bündnisgebälk zwar oberflächlich gekittet, die Positionsunterschiede jedoch in keiner Weise verwischt worden. Während der Einheitsfront-Debatten vor dem Reichstagsbrand sorgsam darauf bedacht, nicht „in einen gemeinsamen Topf mit den Bolschewisten" geworfen zu werden, gingen die Gewerkschaften nach der „umwälzenden Entscheidung" vom 5. März in ähnlicher Folgerichtigkeit zu einer Sozialdemokratie auf Distanz, die jegliche Attraktivität für die Verbände eingebüßt hatte. Vom „Votum des Volkes bestätigt", verfügte das Kabinett Hitler-Papen im Reichstag über eine „unantastbare parlamentarische Mehrheit". Selbst wenn die Machthaber der SPD noch ein Schattendasein zu fristen erlaubten, würde deren Rolle als parlamentarisch verlängerter Arm der Gewerkschaften auf absehbare Zeit ausgespielt sein. Aus einem partiellen Instrument der Verbände war die Partei zu einer gefährlichen Belastung ihres angestammten Bündnispartners geworden.[13]

---

12 GZ, Nr. 5 vom 4. 2. 1933, S. 67. — Über die anfänglichen „Wortkanonaden" und die sich schnell verschärfenden Aktionsbedingungen Skrzypczak, Ende. — Schulze, Anpassung, S. 147.

13 GZ, Nr. 10 vom 11. 3. 1933, S. 145. — Protokoll der 8. Sitzung des Ausschusses des Allgemeinen Deutschen Gewerkschaftsbundes. Abgehalten am 21. Juli 1932 im Sitzungssaal der Arbeiterbank, Berlin 1932, S. 116 (Herrmann); diplomatisch verbrämend Leipart in der Sitzung des Bundesvorstandes vom 3. 8. 1932: „Vielleicht lasse sich aus der Stimmenzunahme der Kommunisten der Schluß ziehen, daß die Gewerkschaften sich nicht mehr so deutlich mit der SPD liieren dürften, sondern

Entscheidend für das Tempo des Prozesses erst einer Selbstentpolitisierung und sodann einer zuletzt bis in die Niederungen der Würdelosigkeit führenden Anpassung wurde die unmittelbar nach den Reichstagswahlen einsetzende Terrorwelle, in deren Verlauf die Kette der Gewaltakte gegen Einrichtungen und Funktionäre der Gewerkschaften ein bislang nicht gekanntes Ausmaß erreichte. Allein am 13. März sah sich der ADGB-Vorstand mit Alarmmeldungen und Schreckensberichten aus weit mehr als 20 Orten des Reiches konfrontiert. Überfälle auf Häuser und Büros der Gewerkschaften waren demnach nun auch in Wiesbaden-Biebrich, Erfurt und Osnabrück verübt worden, neue Hausbesetzungen in Ingolstadt, Halle, Königsberg, Lübeck, Wernigerode und Kiel zu verzeichnen. Besetzt — und demoliert — war ferner das Braunschweiger Gewerkschaftshaus. Durch SA- und SS-Formationen besetzt war das Hattinger Büro des Deutschen Metallarbeiter-Verbandes, sein dortiger Geschäftsführer verhaftet. Verhaftet waren die meisten Angestellten des besetzten Gewerkschaftshauses in Görlitz und etwa 80 Angestellte in Bochum, wo die SA sowohl das Gewerkschaftshaus als auch das Bürohaus des Bergarbeiter-Verbandes besetzt hielten, „in dem fast sämtliche Möbel aufgebrochen, zerschlagen und die Akten verbrannt oder zerstreut" worden waren. Die Besetzung nahezu sämtlicher Büros und Häuser sowie sinnlose Zerstörungen und zahlreiche Verhaftungen wurden sodann aus München, Augsburg, Würzburg, Aschaffenburg und Nürnberg gemeldet. „Verwüstungen schlimmster Art angerichtet" hatte die SA ebenso in Leipzig und Dresden wie in der Mehrzahl der Orte des Freistaates Sachsen.[14]

Begleitet von einer Propagandakampagne, die ihren Adressaten dubiose Zweckmeldungen über „Mordschützen", „Maschinengewehre" und „Bewaffnete Weiber" in den „mit Waffenlagern reichlich versehenen" Gewerkschaftshäusern auftischte, richtete die „Sturmwelle der deutschen Erhebung" ihre brutale Gewalt nicht nur gegen Sachen. Am 10. März brachen SA-Einheiten in Stärke von ungefähr 1.000 Mann zu einer „Strafexpedition" nach Ottendorf bei Dresden auf. Dort drangen sie in Privatwohnungen ein, zertrümmerten Türen und Fenster und verwüsteten das Mobiliar. Anschließend trieben sie einige Arbeiterfunktionäre gefesselt auf den Hof eines Gasthauses, das den Gewerkschaften als Verkehrslokal diente. „Die Gefesselten mußten unter dem Freudengeheul der SA über" einen „brennenden Scheiterhaufen springen und nach dieser Prozedur Rizinusöl trinken, das die vertierten SA-Leute in Blechkanistern mitgebracht hatten. Unter anhaltenden Schlägen mit Gummiknüppeln, die zu diesem Zweck noch mit Draht umwickelt waren, mußten die unglücklichen Menschen solange über das Feuer springen, bis sie erschöpft am Boden liegen blieben." Anders als hier praktizierte das „Volksgericht über die roten Gewerkschaften" zuweilen aber auch den kurzen Prozeß: Der ADGB-Ortskassierer von Schönebeck wurde erschossen, der Kieler Gewerkschaftsjustitiar in seiner Wohnung ermordet.[15]

---

wieder mehr selbständig in Erscheinung treten müßten." Stähr: „Auch der AfA-Bundesvorstand habe die Erwägung angestellt, ob die enge Liierung mit der SPD und der Eisernen Front nicht eine Gefahr für die Gewerkschaften darstelle, die im Interesse der gesamten Arbeiterbewegung vermieden werden sollte." HiKo, NB 5, S. 15. — Tagebuchvermerk Lothar Erdmanns unter dem 15. 12. 1932; Archiv des DGB Düsseldorf, Sammlung Erdmann. — Schreiben des ADGB-Vorstandes vom 14. 2. 1933; HiKo, NB 13, S. 84. — GZ, Nr. 10 vom 11. 3. 1933, S. 145, 146, 145.

14 Vgl. Skrzypczak, Ende. — Schreiben des Bundesvorstandes vom 13. 3. 1933 an den Reichspräsidenten u. a.; HiKo NB 625.

15 Völkischer Beobachter, 46. Jg., Ausgabe A (zit: VB), 68. Ausg. vom 9. 3. 1933; vgl. hierzu das Schreiben des Ortsausschusses Breslau vom 8. 3. 1933 an den Vizekanzler von Papen, in: Ursachen und Folgen. Vom deutschen Zusammenbruch 1918 und 1945 bis zur staatlichen Neuordnung in der Gegenwart. Eine Urkunden- und Dokumentensammlung zur Zeitgeschichte, hrsg. und bearb. von

Die Erbitterung unter den Arbeitern stieg. Mehr aber noch verbreiteten sich „schleichende *Ungewißheit*“ und blankes Entsetzen. Da die Polizei als Schutzfaktor weitgehend ausfiel und Hoffnungen auf das Eingreifen der Reichswehr sich als illusorisch erwiesen, feierten „Kleinmut und Verzagtheit“ auch in den Gewerkschaften „wahre Triumphe“. Die Spitze des ADGB allerdings, die sich von „dringenden Ersuchen“ und empörten Protesten an die „verantwortlichen Stellen des Reiches und der Länder“ Abhilfe versprach, vermochte weder die Reaktion „des ersten panikartigen Schreckens“ mitzuvollziehen noch die „katastrophale Stimmung“ zu teilen. Beeindruckt von den Appellen Hitlers und anderer nationalsozialistischer Größen, die ihrer Gefolgschaft Disziplin anbefahlen, erblickte sie in den „anarchistischen Zuständen“ das Übergangsresultat einer Entwicklung, die den Machthabern zeitweilig außer Kontrolle geraten war.[16] In seiner Annahme, daß die Phase der „Einzelaktionen“ untergeordneter Führer bald auslaufen werde, sah sich der ADGB-Vorstand insbesondere durch das Verhalten Hermann Görings bestärkt, dem er die schnelle Freigabe der besetzten Bundesschule verdankte. Gesprächsbereit, jovial und durchsetzungsfähig, bot sich Göring nach dem Urteil Graßmanns den Gewerkschaften geradezu als eine Art Schirmherr an, sofern sie sich aus ihren ‚marxistischen‘ und internationalen Bindungen lösten. Wurde diese Forderung, der als Leitbild ein Modell „ungefähr“ wie im faschistischen Italien zugrunde lag, von manchen Verbandsfunktionären zunächst noch als untragbares Ansinnen empfunden, so wog sie in den Augen der Majorität ungleich leichter als Görings Wort: „Wir wollen durchaus nicht die Fachorganisationen überhaupt ausrotten. Deutschland sollte eine geeinigte nationale Gewerkschaftsbewegung haben“. Dem schwärzesten Pessimismus und damit der insgesamt ohnehin schwachen Neigung zu Verzweiflungsaktionen wirkte auch eine Erklärung des Vizekanzlers entgegen, der den Verbänden eine tragende Rolle in Aussicht stellte, wenn sie „die Zeichen der Zeit anzuerkennen bereit seien und sich von der Politik freimachen würden“.[17]

Für Papen „keineswegs ein erstrebenswertes Ziel“, stand die „Zerschlagung der Gewerkschaften“ auf der Leitungsebene der nationalsozialistischen Betriebszellen ebenfalls nicht zur Debatte. Seit mehr als zwei Jahren hatten die „NSBO-Kämpfer“ mit nur mäßigem Erfolg „um die Seele des deutschen Arbeiters“ gerungen und dabei „vor allen Dingen *einen grundsätzlichen Wandel in der gesamten Gewerkschaftsführung* gefordert“. Jetzt hielten die „Bannerträger dieses großen Wollens“ den Augenblick für gekommen, sich ohne zeitraubende Umwege an der Spitze der bestehenden Massenorganisationen zu setzen. Der Nationalsozialismus, versicherten sie Hitler, könne auf die Gewerkschaften

---

Ernst Schraepler und Günter Scheel, Bd. 9, Berlin o. J. (1964), S. 621 f. (zit.: Ursachen). — VB, 70. Ausg. vom 11. 3. 1933, und 71./72. Ausg. vom 12./13. 3. 1933; hierzu Wilhelm Hoegner, Flucht vor Hitler. Erinnerungen an die Kapitulation der ersten deutschen Republik 1933, 4. Aufl., München 1977, S. 102—104. — VB, 71./72. und 70. Ausg. — Schreiben des Bundesvorstandes (s. Anm. 14). — VB, 71./72. Ausg. Vgl. das genannte Schreiben, in dem auch über Ausschreitungen in Moers und in Osthofen bei Worms berichtet wird.

16 Schreiben des Bundesvorstandes (s. Anm. 14), das auch auf die Rolle der Polizei eingeht und zu den Verhältnissen in Bayern bemerkt: „Das angerufene Reichswehr-Kommando lehnte den Schutz für Leben und Gesundheit sowie für das Eigentum der Arbeiterschaft ab.“ — Gewerkschaft, 37. Jg., Ausgabe A (zit.: Gew.), Nr. 11 vom 18. 3. 1933, Sp. 195. — Schreiben des Bundesvorstandes. — Gew., Nr. 12 vom 25. 3. 1933, Sp. 219. — Gew., Nr. 11 vom 18. 3. 1933, Sp. 195. — Skrzypczak, Ende. — Schreiben des Bundesvorstandes.

17 GZ, Nr. 11 vom 18. 3. 1933, S. 163. — Skrzypczak, Ende. — Auszüge aus einem Interview Görings mit dem „Svenska Dagbladet“ in: Vossische Zeitung, Nr. 109 vom 5. 3. 1933. — MAZ, Nr. 10 vom 18. 3. 1933, S. 55.

nur dadurch Einfluß gewinnen, daß er ihre Führung und Verwaltung „— einschließlich Einrichtungen, Anstalten, Presse —" kontrolliere und einschreite, sofern dies das staatliche Interesse gebiete, „das sich praktisch mit dem nationalsozialistischen Interesse decken wird". Als Kontrollorgan schwebte ihnen ein Reichskommissar vor, für den sie u. a. das Recht beanspruchten, „mit der Geschäftsführung der Gewerkschaften einen von ihm Beauftragten zu betrauen". Maßnahmen wie „die Unterbindung der Hetze in Presse und Gewerkschaftsschulen, eine Nachprüfung der Finanzgebahrung", das Verbot des Ausschlusses nationalsozialistischer Mitglieder und eine Herabsetzung der Beiträge sollten die Entpolitisierung beschleunigen, Vorwände für die Säuberung des Funktionärkörpers liefern und die Unterwanderung der Verbände erleichtern. Wären „die Gewerkschaften einmal entpolitisiert", so würde „sich von selbst die Notwendigkeit" des Übergangs zur „Einheitsgewerkschaft mit Fachabteilungen" ergeben und anschließend „der Einführung des Koalitionszwangs nichts mehr im Wege stehen".[18]

In ihrer Erwartung, daß der „Volkskanzler" diese Pläne aufgreifen und umgehend verwirklichen würde, sahen die Sprecher der NSBO sich enttäuscht. Zwar sparte Hitler nicht mit wohlwollenden Floskeln, die seinen Betriebszellen *„endgültig die Führerrolle"* und *„eine gewaltige geschichtliche Aufgabe"* zuwiesen. Den ihm von Reichsleiter Walter Schuhmann unterbreiteten und erläuterten Entwurf eines Gewerkschaftsgesetzes in das Kabinett einzubringen, war er jedoch nicht bereit. Auf Zeitgewinn bedacht, schob er das Problem einer auch um Vertreter der Wirtschaft erweiterten Gesprächsrunde unter dem Vorsitz von Göring zu, in der sich Ende März das Bedürfnis nach einer Zwischenlösung anstelle eines übereilten Definitivums Geltung verschaffte.[19] Hitlers dilatorisches Vorgehen konnte sich die NSBO-Spitze nur als Rücksichtnahme auf die Tatsache erklären, daß sich „das Reichsarbeitsministerium in Händen des Herrn Seldte und des Stahlhelms" befand. Zumindest gleich maßgebend für die Hinhaltetaktik dürften indessen erhebliche Bedenken gegenüber dem Projekt einer gigantischen Arbeitnehmerorganisation gewesen sein, deren Befürworter nicht nur die „erhöhte Stoßkraft" der Einheitsgewerkschaft betonten, sondern in ausschweifender Euphorie „die NSBO zum wichtigsten Machtmittel der Reichsregierung auszubauen" gedachten.[20] Außer der schwammigen Zusage einer

---

18 Ebd. — Arbeitertum, 3. Jg. (zit.: Arbeitertum), Folge 4 vom 15. 4. 1933, S. 3. — Vgl. „Vorschlag Walter Schuhmanns über die künftige Rolle der Gewerkschaften, 14. März 1933", abgedruckt in: Ursachen, S. 623 f. Es handelt sich um die Begründung eines Gesetzentwurfes „betreffend die Gewerkschaften", dessen § 3 die zitierte Ermächtigung des Reichskommissars vorsah. Durch einen „Erlaß des Reichskommissars an die Gewerkschaften" sollte ihnen vorgeschrieben werden: „Arbeitnehmerorganisationen, die die Eigenschaft einer wirtschaftlichen Vereinigung haben, dürfen Arbeitnehmer von der Zugehörigkeit aus politischen Gründen nicht ausschließen." GStAPK, Rep. 77, Nr. 10; die weiteren Zitate wieder in Ursachen, S. 624.

19 Arbeitertum, Folge 4 vom 15. 4. 1933, S. 4. — Protokoll der „Sitzung des Reichstagspräsidenten am 28. März 1933 betreffend die Gewerkschaftsfrage". Fritz Thyssen — „Es müsse mit allen Organisationen gesprochen [zweifellos Schreibfehler im Protokoll; richtig: gebrochen] werden, die den Gemeinschaftsgedanken zerstörten. Also müßten auch die Unternehmerverbände aufgelöst werden" — empfahl die „Einsetzung einer Studienkommission unter Vorsitz eines Staatskommissars". Albert Vögler unterstützte den Vorschlag einer Studienkommission, sprach sich u. a. für die Festsetzung eines restlosen Arbeitsfriedens von sechsmonatiger Dauer aus und betonte: „Um einen Reichskommissar kommen wir nicht herum." Gutehoffnungshütte Aktienverein (Oberhausen), Historisches Archiv, Nachlaß Paul Reusch. Für den Hinweis auf dieses Protokoll bin ich Tim Mason zu Dank verpflichtet, für die Kollationierung einer Abschrift dem Kollegen Bodo Herzog.

20 Aktennotiz über die Besprechung zwischen Vertretern des ADGB-Vorstandes und der NSBO am 13. 4. 1933; HiKo, NB 67, S. 94. — „Vorschlag" (s. Anm. 18), S. 624. — Arbeitertum, Folge 4 vom 15. 4. 1933, S. 3.

„Weiterarbeit auf dem beschrittenen Gleis" hatte Schuhmann seinen Gefolgsleuten aber bis in die zweite Aprilwoche wenig mehr als die Abschlagszahlung der „Aufhebung des marxistisch-liberalen Gewerkschaftsmonopols" vorzuweisen, mit der das Kabinett den Forderungen der NSBO und der Stahlhelm-Selbsthilfe entgegengekommen war. Da er den erfolgreichen Abschluß der Verhandlungen schon am 18. März hochtrabend verlautbart hatte — „Nähere Einzelheiten bekanntzugeben, möchte ich mir noch versagen" —, entschloß er sich nun eigenmächtig zu einer Kontaktaufnahme mit dem ADGB, von der er sich eine beschleunigte Regelung im Sinne seiner Ambitionen erhoffte. Am 13. April meldete sich Schuhmanns Beauftragter Ludwig Brucker telefonisch bei Leipart und überraschte ihn durch das Angebot einer sofortigen Unterredung.[21]

Seit Leipart „eine fast unüberwindliche Abneigung dagegen" bekundet hatte, mit einem Nationalsozialisten vom Format Gregor Straßers „an einem Tisch zu sitzen", waren keine drei Monate vergangen. Bis in den Januar Gesprächspartner des Reichskanzlers und des Reichspräsidenten, kurz nach den Wahlen noch von Papen und Göring als Unterhändler akzeptiert, glaubte der ADGB-Vorstand jetzt die Chance eines Treffens mit NS-Funktionären selbst der dritten oder vierten Garnitur nicht mehr ausschlagen zu dürfen. Seine Überzeugung, daß Hindenburg „gewillt und entschlossen" sei, „jeglicher parteipolitischen Willkür entgegenzutreten", hatte sich inzwischen als irrig erwiesen. Auch in der Annahme, Hitlers Befehl vom 12. März an die SA- und SS-Formationen werde „weiteren Terrorakten und Überfällen" ein Ende bereiten, war er „gründlich getäuscht worden".[22] Seine „Willenserklärung" vom 20. März, die dem Kanzler Kooperationsbereitschaft auf der Basis organisatorischer „Selbstverwaltung und Selbstverantwortung" signalisierte, blieb ebenso wie die Übermittlung einer Interpretationshilfe am 30. März ohne Resonanz. Vergebens hatte sich Leipart zu dem Kotau durchgerungen, an Hitler „die ergebene Bitte" um einen Empfang zu richten und ihn nicht nur der ausgezeichneten Hochachtung, sondern auch der „Ergebenheit" des Absenders zu versichern. Für diese Demutsgeste erntete der Bundesvorstand das gleiche verächtliche Schweigen, das er mit seinem am 5. April erneuerten Appell bewirkte, „alles einzusetzen, um Recht und Gerechtigkeit in Deutschland wieder zur Geltung zu bringen".

Welchen Realitätswert die Spekulation auf Görings ‚Schirmherrschaft' noch besaß, konnte die Inselstraße am 7. April einem Schreiben des SA-Verbindungsführers im Preußischen Ministerium des Innern entnehmen. Von Göring mit der Bearbeitung einer ADGB-Eingabe über weitere Terrorakte betraut, stellte er dem Vorstand zynisch „anheim, sich dieserhalb mit den zuständigen Staatsanwaltschaften ins Benehmen zu setzen", bevor er in drohendem Unterton fortfuhr: „Nach dieserorts gemachten Erfahrungen sind derartige Meldungen allerdings regelmäßig außerordentlich übertrieben und

---

21 Protokoll der Sitzung vom 28. 3. 1933 (s. Anm. 19). — VB, 96 Ausg. vom 6. 4. 1933; vgl. GZ, Nr. 15 vom 15. 4. 1933, S. 237. — Arbeitertum, Folge 4 vom 15. 4. 1933, S. 4. — Vgl. die Aktennotiz zum 13. 4. 1933 (s. Anm. 20).

22 Ernst Lemmer, Manches war doch anders. Erinnerungen eines deutschen Demokraten, Frankfurt 1968, S. 167. — HiKo, NB 111, S. 128, Aktennotiz über eine Unterredung Graßmanns und Eggerts mit dem Reichskanzler am 26. 1. 1933. — GZ, Nr. 4 vom 28. 1. 1933, S. 50 f. — GZ, Nr. 10 vom 11. 3. 1933, S. 159. — GZ, Nr. 11 vom 18. 3. 1933, S. 163. — HiKo, NB 109, S. 39, Schreiben des Bundesvorstandes vom 20. 3. 1933 an den Reichspräsidenten; in diesem Zusammenhang aufschlußreich Hitlers Schreiben vom 11. 3. 1933 an Papen: Akten der Reichskanzlei. Regierung Hitler 1933—1938, hrsg. von Konrad Repgen und Hans Booms, T. I, Bd. 1, Boppard am Rhein 1983, S. 204—208; vgl. auch VB, 56. Ausg. vom 25. 2. 1933 und 98. Ausg. vom 8. 4. 1933.

fallen in das Gebiet der Greuelpropaganda".[23] Um „eine geregelte Wirksamkeit" der Verbände „wieder zu ermöglichen und der deutschen Arbeiterschaft wie der deutschen Wirtschaft das Gefühl der Sicherheit wiederzugeben", wußte sich der Bundesausschuß am folgenden Tag keinen anderen Rat mehr, als der Regierung nun selbst „die Einsetzung eines Reichskommissars für die Gewerkschaften" zu empfehlen. Da sich der Kanzler nach wie vor taub stellte, blieb Leipart auch die nächste Demütigung nicht erspart: der kleinlaute Versuch, unter Einschaltung von Mittelspersonen wenigstens Hitlers Staatssekretär Lammers für ein Gespräch zu gewinnen.[24] Voller Ungewißheit darüber, ob die Interventionslinie Lippert-Lammers zum Ziel führen würde, sah sich die ADGB-Spitze organisatorisch und taktisch in einer Lage, die ihr eine Zurückweisung des Verhandlungsangebots der NSBO nicht mehr erlaubte.

Mochte Bruckers pauschale Behauptung: „Die Mitglieder des ADGB zahlen nicht mehr" auch übertrieben und „die Gefahr des Zusammenbrechens der alten Gewerkschaften" keineswegs so groß sein, wie er sie an die Wand malte — daß die Verbände sich in einer ständig desolater werdenden Verfassung befanden, lag offen zutage. Durch „die Besetzung, Beschlagnahme und Versieglung" zahlreicher ihrer Häuser und Büros war „die Arbeit im Interesse hunderttausender" Mitglieder zum Stillstand gekommen. Der „ungeheure Terror", dem sowohl hauptamtliche als auch ehrenamtliche Funktionäre zum Opfer fielen, hinterließ mit seinen willkürlichen Verhaftungen, nächtlichen Verschleppungsaktionen und seinen Prügelorgien ebenso abschreckende wie einschüchternde Spuren.[25] Entmutigung und Unruhe begannen immer weiter um sich zu greifen und überwogen beträchtlich den Mißmut, der sich gegen den Kurs fortgesetzter Anpassung regte. Aus der Verunsicherung durch widerspruchsvolle Berichte über die Zukunft der leistungsschwächer gewordenen Organisationen resultierte ein in der Tat schon besorgniserregender Verfall der Beitragsmoral.[26] Noch so beschwörende Appelle, „in dieser schweren Zeit fest zusammenzuhalten", „Treue zu bewahren" und die „Zaghaften" aufzurütteln,[27] konnten den wachsenden Hang zur Fahnenflucht und zur Abwanderung i6n das Gegnerlager nicht unterbinden. Als besonders zersetzungsanfällig hatten sich die Beamten und Angestellten des öffentlichen Dienstes erwiesen. Keine drei Wochen nach

23 GZ, Nr. 12 vom 25. 3. 1933, S. 178 und 177 (falsch datiert; vgl. Nr. 13 vom 1. 4. 1933, S. 194, Anm. 6 und 8). — HiKo, NB 111, S. 140, Beischreiben vom 30. 3. 1933 zum Sonderdruck des Aufsatzes „Die Gewerkschaften". — Ebd., S. 138, Schreiben Leiparts vom 21. 3. 1933 an den Reichskanzler. — Ebd., NB 625, Schreiben des Bundesvorstandes vom 5. 4. 1933 an den Reichskanzler. — Ebd., Schreiben vom 4. 4. 1933, eingegangen am 7. 4. 1933.

24 Text in Ursachen, S. 627, wo das Regest irrtümlich den Vorstand als Beschlußgremium nennt; zur Fehldatierung Skrzypczak, Ende. — BA Koblenz, R 43 II, 531: Dr. Lippert, Staatskommissar z. b. V. bei dem Oberbürgermeister von Berlin, am 12. 4. 1933 an Lammers; nicht „ein Herr *Schaub*" hatte Lippert aufgesucht, sondern Gustav Schaum, der Berliner Bevollmächtigte des Gesamtverbandes.

25 Aktennotiz (s. Anm. 20); vgl. die Versammlungsberichte im Verbandsorgan Korrespondent für Deutschlands Buchdrucker und Schriftgießer, 71. Jg. (zit.: Korrespondent), ab Nr. 27 vom 15. 4. 1933. — Schreiben des Bundesvorstandes vom 5. 4. 1933 an den Reichspräsidenten; mit Anlagen bei Gerhard Beier, Das Lehrstück vom 1. und 2. Mai 1933, Frankfurt—Köln 1975, S. 54—72.

26 Bei dieser Gesamteinschätzung wird keineswegs übersehen, daß nicht nur regional und lokal, sondern auch im Hinblick auf die Organisationsgruppen einzelner Verbände teilweise beträchtliche Unterschiede bestanden. Vgl. z. B. den „Situationsbericht aus sämtlichen Wirtschaftsbezirken unseres Gesamt-Verbandes" (Gew., Nr. 12 vom 25. 3. 1933, Sp. 219—222) sowie die in Anm. 25 erwähnten Versammlungsberichte. Im Laufe des April haben sich die Erosionstendenzen zweifellos erheblich verstärkt.

27 GZ, Nr. 12 vom 25. 3. 1933, S. 190; Korrespondent, Nr. 27 vom 15. 4. 1933, S. 153 (Stuttgart); GZ, Nr. 12 vom 25. 3. 1933, S. 187.

dem Vorstandsgelöbnis vom 10. März, „in engster Gemeinschaft mit den freien Arbeitergewerkschaften für eine soziale Erneuerung im Produktions- und Arbeitsprozeß zu kämpfen“, einigte sich das Führungsgremium des AfA-Bundes auf „eine *organische Neuordnung* mit dem Ziele“, „das Schwergewicht in die einzelnen Berufsverbände“ zu verlegen, was „nach Lage der Dinge“ einem Beschluß zur Auflösung dieser Dachorganisation gleichkam. Wie am 6. April bekannt wurde, war die Selbstauflösung des Allgemeinen Deutschen Beamtenbundes ebenfalls eine beschlossene Sache.[28] Daß die freigewerkschaftlich orientierten Arbeiter sich im allgemeinen durch eine größere Standfestigkeit auszeichneten, bewiesen eindrucksvoll die Ergebnisse der bisherigen Betriebsrätewahlen. Der enorme Druck, den die NSBO auf die Belegschaften ausübte, und ihre brutalen Erpressungsmethoden erhöhten jedoch auch innerhalb des Betriebsrätesektors die Wahrscheinlichkeit weiterer Positionsverluste. Unter operativen Aspekten konnte zudem kaum etwas deprimierender als die Erkenntnis sein, daß es „bei den gegenwärtigen Verhältnissen, die sich noch nicht einmal in ihrer Entwicklung auf wenige Stunden voraussehen“ ließen, „ganz unmöglich“ war, „über den Tag“ hinausgehende Entschlüsse zu fassen.[29]

Die Kapitulationsbedingungen, mit denen Brucker die Vertreter des Bundesvorstands am 13. April konfrontierte, eröffneten ihnen den persönlich bequemsten Ausweg aus diesem Dilemma: Einzelne Spitzenfunktionäre, darunter Leipart, an dessen Stelle Schuhmann zu treten gedachte, würden zwar „ausgeschaltet weden müssen“, doch könne das alles in respektablen Formen und bei materieller Sicherung der älteren Führer geschehen. Sich aus der Verantwortung zu stehlen und der NSBO die Bahn freizugeben, war aber im Bundesvorstand niemand gewillt. In der Annahme, daß die „Zwischenzeit“ bis zu einem endgültigen „modus vivendi [. . .] noch eine ganze Weile dauern“ und zur Erreichung besserer Konditionen genutzt werden könne, vervollkommnete er sich weiter in der Kunst anpassungsbereiten Lavierens. Die innere Logik des Auftrags, „seine Bemühungen fortzusetzen, das Lebensrecht der Gewerkschaften auch in dem neuen Staat zu wahren“, erlaubte ihm kein Stehenbleiben auf halbem Weg. Als er es in der Frage des 1. Mai gleichwohl versuchte, wurde er von den Vertretern der Einzelverbände unnachgiebig vorwärts gedrängt.[30] Schließlich bedeutete es „keine Aufgabe seiner selbst und keine verächtliche Gesinnungslumperei, wenn man die gegebenen Tatsachen“ anerkannte und der „Notwendigkeit“ Rechnung trug, „sich mit den gegebenen Zuständen abzufinden“. Man lebte schließlich „in einer Zeit sich überstürzender Geschehnisse“, die alte „Einrichtungen, Formen, Voreingenommenheiten, Gedanken und Persönlichkeiten“ über Nacht „verdunsten“ ließ. „Unter solchen Umständen“ hatte es offenbar „keinen Sinn, sich auf

28 GZ, Nr. 11 vom 18. 3. 1933, S. 163 f.; Zitat S. 14. — GZ, Nr. 13 vom 1. 4. 1933, S. 207; Gew., Nr. 17 vom 29. 4. 1933, Sp. 304. — GZ, Nr. 15 vom 15. 4. 1933, S. 239; Korrespondent, Nr. 26 vom 12. 4. 1933, S. 150. — Skrzypczak, Ende.

29 GZ, Nr. 17 vom 29. 4. 1933, S. 270, sowie Nr. 16 vom 22. 4. 1933, S. 254 f.; Der Arbeitgeber, 23. Jg., Nr. 8/9 vom 1. 5. 1933, S. 149—152. — Akten der Reichskanzlei (s. Anm. 22), S. 274 f., Schreiben des Bundesvorstandes vom 29. 3. 1933 an den Reichsarbeitsminister; dort Anm. 5 der Vermerk Hitlers: „Herr Leipart soll dem Schicksal danken, daß so zart mit den Herrschaften verfahren wurde.“ — Schreiben Clemens Nörpels vom 4. 4. 1933 an Alfred Kielsen; DGB-Archiv Düsseldorf, ADGB-Restbestand.

30 Aktennotiz (s. Anm. 20); Skrzypczak, Ende. — Schreiben Furtwänglers vom 5. 4. 1933 an Generalmajor Haushofer; HiKo, NB 710, S. 301. — GZ, Nr. 15 vom 15. 4. 1933, S. 230; Korrespondent, Nr. 27 vom 15. 4. 1933, S. 152: „durch Einordnung in den neuen Staat und durch verständnisvolle Mitarbeit sein Lebensrecht zu wahren bestrebt sein“. — Skrzypczak, Ende.

liebgewohnte Ansichten und Übungen zu versteifen", war „Prinzipienreiterei" ebenso „sinnwidrig", wie es nachgerade „töricht" war, „darauf zu warten, daß sich die Welt nach uns stellt", statt „nach dem rechten Wind" die Segel zu setzen. Die krampfhaft genährte Hoffnung, den Gewerkschaften durch weitgehende Zugeständnisse ein „parteipolitisch völlig" ungebundenes Reservat sichern zu können, zeugte von der anhaltenden Verkennung des totalitären Gegners.[31] Erst dessen Zugriff vom 2. Mai entzog dem Komplex unterschiedlich gebündelter Illusionen schlagartig den Boden.

Die Problemdebatte über den Untergang der Freien Gewerkschaften ist seit ihren Anfängen untrennbar mit der weitergreifenden Frage verknüpft, welche Faktoren für die beispiellose Niederlage der gesamten deutschen Arbeiterbewegung verantwortlich waren. In dem Bestreben, das „Konto" der SPD-Führung zu entlasten, deutete Otto Wels bereits im März 1933 vorsichtig an, was Siegfried Aufhäuser wenige Monate später unumwunden erklärte: „Es ist doch nicht wahr, daß die Partei stets die letzte Entscheidung gehabt hat, sondern der ADGB hat doch in den letzten Jahren mehr als einmal maßgeblich in die Politik der Partei eingegriffen." Während Aufhäusers Kritik sich auf die „Haltung des ADGB" konzentrierte, „die wirklich verhängnisvoll gewesen ist", fällte Wilhelm Hoegner ein idealtypisches Verdikt: „Am 30. Januar 1933 siegte der Geist der Gewerkschaften über den Geist der politischen Partei." Der Hauptschuldige allerdings war nach der gemeinsamen Auffassung von Sozialdemokratie und Gewerkschaften an anderer Stelle zu suchen. „Verbrecherisch" hatten „die von Rußland aus" gesteuerten Kommunisten „durch ihre Betätigung und ihre verlogene Propaganda bewußt die Kräfte der Arbeiterklasse zersplittert und dadurch ihre Widerstandskraft geschwächt". Nicht minder apodiktisch lautete die Schuldzuweisung der Kommunistischen Internationale. „Die Errichtung der faschistischen Diktatur in Deutschland" galt ihr „letzten Endes" als „Folge der sozialdemokratischen Politik der Arbeitsgemeinschaft mit der Bourgeoisie im Verlaufe der ganzen Lebensdauer der Weimarer Republik". Hiergegen wiederum wandte Trotzki in doppelter Frontstellung ein: Die „Komintern wurde vor 14 Jahren gerade zu dem Zweck geschaffen, das Proletariat dem demoralisierenden Einfluß der Sozialdemokratie zu entreißen. Daß es bis jetzt nicht gelungen ist, daß das deutsche Proletariat bei der größten historischen Prüfung sich als ohnmächtig, entwaffnet, paralysiert erwies, ist die direkte und unmittelbare Schuld der nachleninschen Führung der Komintern."[32]

Obwohl die wissenschaftliche Aufarbeitung der zeitgenössischen Polemik zu manchen Modifikationen geführt hat, ist die Argumentationslage in zentralen und punktuellen Fragebereichen nach wie vor kontrovers. Während ein aktionstheoretischer Ansatz zur Verifikation oder Falsifikation der umstrittenen operativen Konzepte beitragen

---

31 Holzarbeiter-Zeitung, 41. Jg., Nr. 16 vom 22. 4. 1933, S. 79. — MAZ, Nr. 15 vom 22. 4. 1933, S. 85; Korrespondent, Nr. 27 vom 15. 4. 1933, S. 151; MAZ, Nr. 16 vom 29. 4. 1933, S. 91. — Gerhard Beier, Zur Entstehung des Führerkreises der vereinigten Gewerkschaften Ende April 1933, in: AfS 15 (1975), S. 365—392, Zitat S. 391.

32 Schulze, Anpassung, S. 178; Schreiben Aufhäusers vom 20. 7. 1933 an Otto Wels: Archiv der sozialen Demokratie, Emigrationsbestand Sopade, Mappe 17; Wilhelm Hoegner, Die verratene Republik, München 1979, S. 374. — Schulze, Anpassung, S. 140 (Breitscheid) und 175 (Wels); aus der Resolution des IGB-Ausschusses in seiner Sitzung vom 9.—11. 4. 1933: Die Internationale Gewerkschaftsbewegung, 13. Jg., Nr. 4/6 von April/Juin 1933, S. 5. — Aus der Resolution des EKKI-Präsidiums vom 1. 4. 1933: Siegfried Bahne, Die KPD und das Ende von Weimar, Frankfurt 1976, S. 84—89, Zitat S. 87. — Leo Trotzki, Schriften über Deutschland, hrsg. von Helmut Dahmer, Bd. II, Frankfurt 1971, S. 483.

möchte,[33] geht es einer anderen Richtung „zunächst einmal darum, die Bedingungen des Scheiterns von Programmen und Strategien der Arbeiterbewegung besser zu begreifen; das heißt gerade: den dichotomischen Schematismus von subjektiven und objektiven Bestimmungsfaktoren historisch-gesellschaftlicher Prozesse aufzulösen und zu überwinden." Ohne die „Einschränkung der gewerkschaftlichen Handlungsbedingungen und Kampffähigkeit durch die sozialökonomischen Wirkungen der Weltwirtschaftskrise" zu leugnen, erblickt sie das für die Niederlage ausschlaggebende Moment in „Fehlern und Widersprüchen gewerkschaftlicher Politik", „die zum Teil weit in die Zeit vor 1933 zurückreichen". Neben theoretischen Unklarheiten und der „Trennung zwischen Programmatik und praktischen Durchsetzungsmöglichkeiten" stellt sie das „Phänomen der Spaltung" als „einen wesentlichen Faktor" der auch durch strukturelle Defizite geförderten „Immobilisierung" heraus.[34]

Schwachstellen im Bereich des sogenannten subjektiven Faktors analytisch einzukreisen, ist eine unverzichtbare Aufgabe historischer Forschung. Wer seinen Lösungsversuch allerdings dem wissenschaftsfremden Diktat unterwirft, auf keinen Fall „jenen Abgrenzungsmechanismus zu reproduzieren, der zweifellos zur Schwächung der Arbeiterbewegung vor 1933 beigetragen hat", wird zwangsläufig am Grenzsaum der Vorfeldprobleme einhalten und nachgeordneten Aspekten eine erhöhte Wertigkeit zuschreiben müssen. Vor der Versuchung gefeit, „durch immer neue Faktenakkumulation die Richtigkeit einzelner Ansätze selbstgerecht zu ‚beweisen'", kann er zeitgenössische Alternativkonzepte ungeprüft mit positiven Vorzeichen versehen und — über die realen Kräfteverhältnisse erhaben — in schwereloser Abstraktheit seine strategischen Mängelrügen erteilen. Indem er die „organisatorische und politische Einheit der Arbeiter- und Gewerkschaftsbewegung" gleichsam in den Rang einer Universallosung erhebt, suggeriert er nicht nur fiktive Erfolgsmöglichkeiten, sondern liefert auch eine Erklärung der Niederlage „speziell für denkfaule Gemüter", denn: „Das Proletariat ist" — wie er selbst nachweist — „ungleichförmig. Die Spaltung setzt zugleich mit seinem politischen Erwachen ein" und läßt sich als „Mechanik" oder Dialektik „seines Wachstums" begreifen. Ob in der aktionstheoretischen Schlußfolgerung, mit der Machtübergabe an Hitler sei die Katastrophe der Arbeiterorganisationen unabwendbar und nur noch die Form ihres Untergangs objektiv disponibel gewesen, „ein gewissen Fatalismus zur Geltung kommt", bleibe einstweilen dahingestellt. Als garantiert nicht fatalistisch empfiehlt sich demgegenüber die These, daß „letztlich [. . .] die Frage des Erfolgs oder der Niederlage an der Existenzfähigkeit und den Handlungsmöglichkeiten der Gewerkschaften sowie an der Realisierung ihrer eigenen programmatischen Ziele und Forderungen gemessen werden" muß. Dafür ist sie jedoch sprachlogisch ebenso wie unter dem Gesichtswinkel der theoretischen Verallgemeinerung für ihren Urheber denkbar fatal.[35]

---

33 Henryk Skrzypczak, Zur Strategie der Freien Gewerkschaften in der Weimarer Republik, in: Vom Sozialistengesetz zur Mitbestimmung. Zum 100. Geburtstag von Hans Böckler, hrsg. von Heinz Oskar Vetter, Köln 1975, S. 201—227, S. 203.

34 Frank Deppe, Stabilisierung, Krise, Diktatur. Hätten die Gewerkschaften die Weimarer Republik retten können? Korreferat, in: Aus der Geschichte lernen — die Zukunft gestalten. Dreißig Jahre DGB, hrsg. von Heinz Oskar Vetter, Köln 1980, S. 152—170; vgl. S. 154 und 159, sowie Frank Deppe und Witich Roßmann, Wirtschaftskrise, Faschismus, Gewerkschaften. Dokumente zur Gewerkschaftspolitik 1929—1933, Köln 1981, S. 27; Deppe, Stabilisierung, S. 170, 158 und 162 f.

35 Deppe, Stabilisierung, S. 154; ebd.; S. 159 und 164 f.; Deppe/Roßmann, S. 28; Trotzki, S. 547; zur „Aufspaltung und Ausdifferenzierung ‚proletarischer Erfahrung'" vgl. Deppe, Stabilisierung, S. 168—170. — Ebd., S. 154; hier wird die eine Variante der „Selbstmordtaktik" — die Selbstauf-

Methodisch fruchtbarer scheint immer noch derjenige Weg zu sein, der Aktionen und Reaktionen nicht nur in ihrer wechselseitigen Verklammerung und im Kontext mit spezielleren Handlungsbedingungen, sondern auch in ihrer engen Abhängigkeit vom Reifegrad des objektiven, des ökonomischen Faktors nachspürt und interpretiert. Im vorliegenden Zusammenhang heißt dies Besinnung vor allem auf eine fundamentale These von Marx. „Eine Gesellschaftsformation", schreibt er im Vorwort seines Werkes „Zur Kritik der Politischen Ökonomie", „geht nie unter, bevor alle Produktivkräfte entwickelt sind, für die sie weit genug ist, und neue höhere Produktionsverhältnisse treten nie an die Stelle, bevor die materiellen Existenzbedingungen derselben im Schoß der alten Gesellschaft selbst ausgebrütet worden sind."[36] Marx und Engels — wie später auch Lenin und andere in ihrem Gefolge — hielten die kapitalistische Formation ihrer Tage für untergangsreif, weil sie den Kapitalismus bereits am Ende seiner Entfaltungsmöglichkeiten angelangt wähnten. War dies wirklich der Fall, dann bedurfte es offenbar nur noch einer krisenhaften Zuspitzung von außergewöhnlicher Schärfe, um zu bewirken, daß ‚die da unten' nicht länger wollten und ‚die da oben' nicht länger konnten;[37] dann bedurfte es ferner — auch dies eine Schlußfolgerung Lenins — der zielklaren und kühnen Führung durch eine revolutionäre Elite, um die politische Macht an sich zu reißen, sie mit diktatorischer Gewalt zu behaupten und die sozialistische Transformation in die Wege zu leiten.

All denen, die Zeitgenossen der Zweiten, ja vielleicht sogar schon der Dritten technisch-industriellen Revolution auf immer noch kapitalistischer Basis sind, wird täglich vor Augen geführt, daß und in welchem Ausmaß Karl Marx sich im Punkte des ökonomischen Reifegrades verschätzte. Aus dieser Sicht betrachtet, stellen sich Geschichte und Vorgeschichte des Untergangs der Freien Gewerkschaften, ihres sozialdemokratischen Bündnispartners wie überhaupt der alten deutschen Arbeiterbewegung in einer Beleuchtung dar, die summarisch-vordergründige Schuldzuweisungen ebenso wie ein denunziatorisches Vokabular in der wissenschaftlichen Problementfaltung verbietet. Als 1918 das Wilhelminische Reich zusammenbrach und 1919 die Fundamente des Weimarer Staates gelegt wurden, war eine der Vorbedingungen sozialistischer Transformation endlich gegeben. Die da unten wollten nicht mehr, und die da oben konnten nicht mehr, jedenfalls nicht mehr in der bisherigen Weise. Die Zeit war überreif, Repräsentanten der sozialistischen Arbeiterschaft in die Regierungsverantwortung einzubeziehen, ja sie war bald sogar reif, ihnen für einige wenige Wochen die Alleinregierung zu überlassen, um das Weitertreiben der Revolution zu verhindern. Daß diese Repräsentanten von der Bürokratie des alten Staatsapparates abhängig blieben und sich nur mit der Hilfe des alten Offizierskorps an der Spitze zu halten vermochten, spiegelt eine subjektive Unreife wider, die ihrerseits eine Widerspiegelung der Unausgereiftheit des objektiven, des ökonomischen Faktors war. Die Konsequenzen einer solchen Situation hat Friedrich Engels scharfsinnig beschrieben. „Es ist das Schlimmste", hebt er in seiner Analyse des deutschen Bauernkrieges hervor, „was dem Führer einer extremen Partei widerfahren kann, wenn er gezwungen wird, in einer Epoche die Regierung zu übernehmen, wo die Bewegung noch nicht reif ist für die Herrschaft der Klasse, die er vertritt, und für die Durchführung der Maßregeln, die

lösung der Organisationen — im Sinne opportunistischer „Anpassung" fehlinterpretiert. — Deppe/Roßmann, S. 26 f.

36 Karl Marx/Friedrich Engels, Werke, Bd. 13, Berlin (DDR) 1972, S. 9.

37 Vgl. W. I. Lenin, Der „Radikalismus", die Kinderkrankheit des Kommunismus, in: W. I. Lenin, Sämtliche Werke, Bd. 25, Wien—Berlin 1930, S. 272 f.

die Herrschaft dieser Klasse erfordert. [...] Was er tun *kann*, widerspricht seinem ganzen bisherigen Auftreten, seinen Prinzipien und den unmittelbaren Interessen seiner Partei; und was er tun *soll*, ist nicht durchzuführen. Er ist, mit einem Wort, gezwungen, nicht seine Partei, seine Klasse, sondern die Klasse zu vertreten, für deren Herrschaft die Bewegung gerade reif ist. Er muß im Interesse der Bewegung selbst die Interessen einer ihm fremden Klasse durchführen und seine eigne Klasse mit Phrasen und Versprechungen, mit der Beteuerung abfertigen, daß die Interessen jener fremden Klasse ihre eignen Interessen sind."[38]

Als Teilhaber der Macht waren die Sozialdemokraten so etwas wie Juniorpartner auf Probe. Was anfangs breite Arbeitermassen von ihnen verlangten — sozialisieren! —, waren sie objektiv zu tun außerstande. Doch auch subjektiv erblickten die maßgebenden Partei- und Gewerkschaftsführer vorerst noch unübersteigbare Schranken. 1919, auf dem Nürnberger Gewerkschaftskongreß, rechnete Paul Umbreit mit einem Zeitraum von 30 bis 40 Jahren, bevor allein die bildungsmäßigen Voraussetzungen des Übergangs zu einer sozialistischen Gesellschaftsordnung geschaffen sein würden.[39] So mußten denn leere Versprechungen und hohle Phrasen die ausbleibenden Radikalmaßnahmen ersetzen. Die Sozialisierung ‚marschierte' — auf den Progagandaplakaten —, und weit öffneten sich die Tore ins gelobte Land der Wirtschaftsdemokratie. Was der Arbeiterschaft einst unvorstellbar gewesen war, konnten die minderen Teilhaber der Macht nun nicht vermeiden: auf rebellierende Proletarier schießen und mit dem Gummiknüppel einer häufig sozialdemokratisch kommandierten Polizei auf Klassengenossen einschlagen zu lassen. Das hierdurch verursachte Trauma saß tief und war auch mit einer beispielhaften Sozialpolitik nicht zu kurieren, der die große Krise dann ebenso ihre finanzielle Grundlage entzog, wie sie auf dem ökonomischen Aktionsfeld die Anstrengungen der Gewerkschaften konterkarierte. Da stimmte nun emotional gar nichts mehr. Die gepriesene Demokratie hatte politisch in die Sackgasse und sozial in das Elend geführt. Den sozialistischen Gestaltungswillen der SPD nahmen ihr nur noch die Gläubigsten unter den Getreuesten ab. Diese Variante von Sozialismus war als Idee „morsch und verwest",[40] ihre internationalistische Komponente eine blutleere und den Zeitgeist herausfordernde Floskel geworden. Die bolschewistische Alternative empfahl sich durch — scheinbar — kompromißlose Militanz, bestach durch eine unerbittliche — in ihrer grauen Abstraktheit allerdings schon wieder abschreckende — Logik, kapitalisierte den proletarischen und intellektuellen Marktwert des Mythos Sowjetunion, profitierte — ein wenig — von ihrem partiellen Gleichklang mit der nationalistischen Welle, trieb aber im Endeffekt durch ihre hektischen Aktivitäten an allen erdenklichen Fronten und Nebenfronten die besorgten Bürger und die verschreckten Kleinbürger nur desto hurtiger in die Arme der Nationalsozialisten.

Nationalsozialismus — das war die magische Formel der damaligen Zeit ‚antikapitalistischer Sehnsucht': ein Sozialismus, den das ‚arische' Kapital nicht zu fürchten hatte, ein Sozialismus, der die ‚Arbeiter der Stirn' und die ‚Arbeiter der Faust' im harmonischen Gleichschritt innigster Volksgemeinschaft vereinte. Als er ‚Legalität' ungestraft mit Brutalität verbinden und „ein einzigartiges, wunderbar elastisches *Zusammenspiel* zwischen der impulsiven Volksbewegung und der durchdachten Leitung"[41] in Gang setzen konnte, gehörte ihm die historische Stunde.

---

38 Karl Marx/Friedrich Engels, Werke, Bd. 7, Berlin (DDR) 1973, S. 400 f.

39 Protokoll der Verhandlungen des zehnten Kongresses der Gewerkschaften Deutschlands, Berlin—Bonn 1980 (Nachdruck), S. 553.

40 Hoegner, Flucht, S. 235.

41 VB, 115. Ausg. vom 25. 4. 1933 (Hitler).

Gunther Mai

# Die Nationalsozialistische Betriebszellen-Organisation*

## 1. *Einleitung*

Die These M. Katers, die NSDAP sei eine „vorwiegend untermittelständische Gruppierung" gewesen, „in der sich sowohl oberer Mittelstand als auch Arbeiterschaft in der Minderheit befanden", hat, zugleich empirisch untermauert, im wesentlichen die bereits klassische Grundauffassung der Forschung aufgegriffen und bestätigt[1]. Doch obwohl nach differierenden Angaben in den Jahren 1930 bis 1933 von einem „Arbeiter"-Anteil zwischen 26 und 38 % in der NSDAP-Mitgliedschaft ausgegangen werden kann[2], ist das Interesse sowohl der Wahlforschung als auch der Arbeiterbewegungs-Historiographie an diesem Fragenkomplex erstaunlich gering geblieben. Die These Max Keles, die Hervorhebung des Mittelstandscharakters der NSDAP sei in erster Linie „linker" Einäugigkeit unter dem Primat der Klassenfunktion des Nationalsozialismus entsprungen, ist in dieser Form zweifellos überzogen. Das belegen sowohl die übergreifenden Darstellungen von Schumann, Kühnl, Roth und Mason[3], wie auch die regionalen und lokalen Untersuchungen von Noakes, Böhnke oder Hetzer[4]. Es kann indes nicht übersehen werden, daß die „national socialist appeals to German labor" (M. Kele) insgesamt, vor allem im Hinblick auf positive Affinitäten, vernachlässigt, z. T. durchaus einer unterschwelligen Tabuisierung unterworfen sind.

---

* Dieser Beitrag beruht im wesentlichen auf meinem Aufsatz: Die Nationalsozialistische Betriebszellen-Organisation. Zum Verhältnis von Arbeiterschaft und Nationalsozialismus, in: VjZ 31 (1983), S. 573—613; dort auch die ausführlichen Einzelnachweise, hier ergänzt um Archivmaterial aus den StA Marburg, München und Münster.

1 Michael H. Kater, Sozialer Wandel in der NSDAP im Zuge der nationalsozialistischen Machtergreifung, in: Wolfgang Schieder (Hrsg.), Faschismus als soziale Bewegung, Hamburg 1976, S. 25—67; Heinrich August Winkler, Mittelstandsbewegung oder Volkspartei? Zur sozialen Basis der NSDAP, in: ebda., S. 97—118; Michael H. Kater, Quantifizierung und NS-Geschichte. Methodologische Überlegungen über Grenzen und Möglichkeiten einer EDV-Analyse der NSDAP-Sozialstruktur, in: GuG 3 (1977), S. 453—484; vgl. ebenfalls Theodor Geiger, Die soziale Schichtung des deutschen Volkes, Stuttgart 1932; Parteistatistik, hrsg. vom Reichsorganisationsleiter der NSDAP, Bd. 1, Berlin 1935, S. 70 ff., nennt 26,3 % für die Zeit vor 1930, 32,5 % für die Zeit von 1930 bis 1933 sowie 29,7 % für die Zeit von 1933 bis zum 1. 1. 1935, jeweils bezogen auf die Parteieintritte.

2 Max H. Kele, Nazis and Workers. National Socialist Appeal to German Labor 1919—1933, Chapel Hill 1972, hier S. 5 ff.

3 Hans-Gerd Schumann, Nationalsozialismus und Gewerkschaftsbewegung. Die Vernichtung der deutschen Gewerkschaften und der Aufbau der „Deutschen Arbeitsfront", Frankfurt 1958; Reinhard Kühnl, Die nationalsozialistische Linke 1925—1930, Meisenheim a.G. 1966; Timothy Mason, Sozialpolitik im Dritten Reich. Arbeiterklasse und Volksgemeinschaft, Opladen, 2. Aufl., 1977; Hermann Roth, Die nationalsozialistische Betriebszellenorganisation, in: Jahrbuch für Wirtschaftsgeschichte (1978), Bd. 2, S. 49—66.

4 Jeremy Noakes, The Nazi Party in Lower Saxony 1921—1933, Oxford 1971, S. 174 ff.; Wilfried Böhnke, Die NSDAP im Ruhrgebiet 1920—1933, Bonn-Bad Godesberg 1974, S. 169 ff; Gerhard Hetzer, Die Industriestadt Augsburg. Eine Sozialgeschichte der Arbeiteropposition, in: Bayern in der NS-Zeit, Bd. 3, hrsg. von Martin Broszat und Elke Fröhlich, München 1981, S. 1—233, hier S. 88 ff., 93 ff., 106 ff.

Die „Legalitätstaktik“ Hitlers, die „Machtergreifung“ über den Wahlzettel, war ohne Arbeiterstimmen nicht realisierbar, und in der Tat hat die historische Wahlforschung in (meist nicht intensiv verfolgten) Ansätzen nachweisen können, daß die NSDAP ab ca. 1932 in Arbeitervierteln erheblichen Zulauf verbuchen konnte[5]. Es waren aber offenbar nicht bzw. nicht ausschließlich die Wirtschaftskrise, nicht das zweifelhafte Image einer „Arbeiterpartei“ nach Namen, Anspruch und Werbung, die diese Bindungen und Affinitäten begründeten und stabilisierten. Vielmehr wird man, wohl in einer gewissen Absetzung von der SA, der Nationalsozialistischen Betriebszellen-Organisation (NSBO) eine zentrale Funktion in diesem Prozeß der Loyalitätsbildung durch arbeits- und lebensweltliche Integration zuerkennen müssen.

Weder die eher organisationsgeschichtlich orientierte Arbeit von Schumann, noch die bislang überzeugendste Gesamtinterpretation Masons haben eine Untersuchung der praktischen Arbeit der NSBO in den Betrieben, der Struktur der Mitgliedschaft, der zwiespältigen Stellung der NSBO im Rahmen der NS-„Bewegung“ in Angriff genommen. Dementsprechend hat die Forschung bislang die für eine Gesamtbeurteilung essentielle Frage nach Funktion und Charakter der NSBO zu undifferenziert beantwortet — ob nämlich die NSBO als politischer Kampfverband der NSDAP in den Betrieben und/oder als „nationale“ Gewerkschaftsorganisation einzustufen ist.

## 2. *Die Entstehung der NSBO*

Die offizielle Etablierung der NSBO am 30. Juli 1928 in Berlin war keineswegs nur eine begrenzte, taktisch bedingte Konzession; sie war vielmehr ein nicht länger zu verwehrendes Zugeständnis an Forderungen der betrieblichen Anhängerschaft. „Nationale“ Gewerkschaften besaßen durchaus eine gewisse, wenngleich nicht immer sehr erfolgreiche Tradition im Deutschland der Weimarer Republik. Neben dem bekanntesten Beispiel, dem Deutschnationalen Handlungsgehilfen-Verband (DHV), waren in den frühen 1920er Jahren die Stahlhelm-Selbsthilfe, die Völkischen Kampfgewerkschaften, die Deutsche Gewerkschaft entstanden, die alle kaum erforscht sind, die sich aber, das wird man sagen dürfen, nach Selbstverständnis und Praxis mehr oder minder deutlich von den Wirtschaftsfriedlichen und der Technischen Nothilfe abzugrenzen bemühten[6].

Die NSDAP verfügte ihrerseits in der Zeit vor dem Hitler-Putsch vom November 1923 ebenfalls über eine Art informeller Betriebszellen[7]. Diese Bewegung war bereits in diesen Jahren so ausgeprägt, daß Hitler sich in „Mein Kampf“ sehr ausführlich mit der Gewerkschaftsfrage befassen mußte. Wenngleich Hitler für den nationalsozialistischen Staat Gewerkschaften als überflüssig ablehnte, sie bestenfalls als zukünftige Bausteine eines ständisch-korporativen Wirtschaftsparlamentes akzeptieren wollte, so erkannte er sie

5 Zu Essen vgl. Herbert Kühr, Parteien und Wahlen im Stadt- und Landkreis Essen in der Zeit der Weimarer Republik, Düsseldorf 1973, besonders S. 285 f.; Richard Hamilton, Who voted for Hitler? Princeton 1982, besonders S. 168 f.

6 Kele, S. 87 ff., 150, 199; Albert Krebs, Tendenzen und Gestalten der NSDAP. Erinnerungen an die Frühzeit der Partei, Stuttgart 1959, besonders S. 69 ff.; Dietrich Orlow, The History of the Nazi Party, Bd. 1, Newton Abbott 1971, S. 64, 102; Arno Chwatal, Das Wesen der Völkischen Kampfgewerkschaften, o. O. (1924); BA Koblenz, NS 26/280; zur (Groß) Deutschen Gewerkschaft vgl. StA München, Polizeidirektion München, Nr. 6850.

7 Vgl. dazu Gunther Mai, Die Geislinger Metallarbeiterbewegung zwischen Klassenkampf und Volksgemeinschaft 1931—1933/34. Mit einem Nachwort: Neubeginn 1945, Düsseldorf 1984.

doch für die Zeit *vor* der Machtergreifung als Instrumente der „Selbstwehr" gegenüber der verständnislosen und intransigenten Politik der Unternehmer, einschließlich des Streikrechtes, an. Vor der Folie seiner sozial- und rassehygienischen Vorstellungen sollten die Gewerkschaften nicht als „Instrumente des Klassenkampfes", sondern „sozialpolitisch" als Schutz des Einzelnen vor Ausbeutung und damit „nationalpolitsch" als Schutz des Arbeiter*standes* zur Stärkung seiner „gesamten Widerstandskraft im Daseinskampf" dienen[8]. Hier deutete sich bereits in Grundzügen die spätere „Deutsche Arbeitsfront" an, in ihrer engen Verbindung mit „Kraft durch Freude" und „NS-Volkswohlfahrt".

Hitlers Zurückhaltung gegenüber der Gründung nationalsozialistischer Gewerkschaften war jedoch durch zwei taktische Überlegungen bedingt: Zum einen hatten die bisherigen „nationalen" Gewerkschaften sich nicht in der Lage gezeigt, den „Marxismus" in den Betrieben entscheidend herauszufordern. Zum zweiten fehlten die finanziellen Voraussetzungen, und die Unternehmer, gegen die — wie er 1929 Wagener bedeutete — der Nationalsozialismus niemals an die Macht kommen werde, durften nicht unnötig verschreckt werden[9]. Als Hitler sich 1928 nicht länger gegen die Legitimierung der überall entstehenden „wilden" Betriebszellen wehren konnte, versuchte er zumindest, aus dieser Not eine Tugend zu machen. Indem die Betriebszellen in „finanzieller Ohnmacht" gehalten wurden, sollte verhindert werden, daß sich die Mitglieder zu intensiv „mit Gewerkschafts-, Siedlungs- und ähnlichen Problemen" beschäftigten, dadurch den „großen weltanschaulichen Kampf zu frühzeitig mit wirtschaftlichen Dingen" verknüpften, „ihre Mission nur in der Konkurrenz zu den marxistischen [Gewerkschaften]" erblickten und darüber das eigentliche Ziel, die Machtergreifung, vernachlässigten. Die Betriebszellen wurden zur „SA der Betriebe", zur „weltanschaulichen Kampftruppe der N.S.D.A.P. in den Betrieben" ernannt, der die Aufgabe der „geistig-politischen Gewinnung der Arbeitnehmerschaft" übertragen wurde[10].

Die Forderungen der betrieblichen Anhängerschaft nach einer nationalsozialistischen Gewerkschaftsorganisation beinhalteten jedoch ein genuines, weitergehendes Verlangen nach Interessenvertretung über die parteitaktischen Intentionen hinaus. Dabei zeichneten sich bereits vor 1930 zwei Strömungen ab, die in der NSBO zusammenfließen sollten: Zum einen die Angestelltenbewegung, innerhalb und außerhalb des DHV, die „in recht zahlreichen Orten" belegt ist, u. a. für Berlin, Hamburg, Dresden, Essen, Düsseldorf sowie in Süddeutschland. Zum zweiten die Arbeiter-Betriebszellen, die sich außer in Berlin in den Gauen Sachsen, Halle-Merseburg „usw.", in Württemberg und in Bayern durchsetzen konnten, dazu in „vielen Städten", wie z. B. Stettin[11].

Albert Krebs und Johannes Engel, als die wohl bedeutendsten Protagonisten dieser Basisbewegung, drängten bereits 1928/29 auf die reichsweite Ausdehnung und Zusammenfassung dieser Zellen, um zu verhindern, daß diese der Kontrolle oder gar dem Zugriff der Partei entglitten. Es waren zu diesem Zeitpunkt bezeichnenderweise Gregor Strasser

---

8 Adolf Hitler, Mein Kampf, 44. Aufl., Berlin 1933, S. 48 f., 671 ff.; BA Koblenz, NS 22/1049.

9 Hitler aus nächster Nähe. Aufzeichnungen eines Vertrauten 1929—1932, hrsg. von Henry A. Turner, Frankfurt-Berlin-Wien 1978, S. 441 ff.; Kühnl, S. 312; Hitler, Mein Kampf, S. 682.

10 Gerhard Starcke, NSBO und Deutsche Arbeitsfront, Berlin 1934, S. 25 f., 35 ff., 47; Otto Krüger, 2. Mai 1933. Die Befreiung des deutschen Arbeiters, Berlin 1934, S. 33 ff.; Hitler, Mein Kampf, S. 679 ff.; BA Koblenz, NS 26/278.

11 BA Koblenz, NS 22/1049 und 1052; BA Koblenz, NS 26/1403; Starcke, S. 34; Böhnke, S. 171, Kele, S. 88 f., 150. Umfangreiches Material im StA München, Polizeidirektion München, Nr. 6850. Zu den gut dokumentierten Problemen der NSBO-Gründung in Kassel vgl. StA Marburg, 165/3942, Bd. 1, Nr. 3858, Bd. 3, Bl. 139, 147 ff., 164 ff.

und Reinhold Muchow, die sich entschieden gegen einen solchen Schritt wandten, da die Betriebszellen, so Strasser, „Sonderverbände" darstellten und „mit dem Wesen und Ziel der NSDAP unvereinbar" seien; da die reichsweite Ausdehnung, so Muchow, „jetzt noch vollste Utopie" sei. Besonders in der Haltung Muchows sind taktische und persönliche Aspekte kaum voneinander zu trennen, indem er Engel eine Entfernung von den „politischen" Aufgaben durch zu weitgehende Hervorhebung der „wirtschaftlichen" Interessen vorwarf, indem er zugleich die propagandistische Werbewirksamkeit der „sozialistischen" Punkte des Programmes der NSDAP unter taktischen Aspekten hervorzuheben riet. Strasser und Muchow erkannten jedoch recht bald die Möglichkeit, der Partei in der Arbeiterschaft neue Rekrutierungsfelder zu erschließen und über die Betriebszellen sich eine „Hausmacht" (R. Ley) innerhalb der Partei zu verschaffen.[12]

Das hinhaltende Taktieren der Parteileitung einerseits, das Drängen der Mitgliedschaft nach genuinen Gewerkschaftsorganisationen andererseits, dazwischen die Vermittlungsversuche des „linken" Parteiflügels führten die NSBO in Legitimationskonflikte nach innen wie nach außen, die bei den Adressaten ihrer Werbung notgedrungen ein zwiespältiges Bild hinterließen und die Erfolgsaussichten einschränkten. Immer wieder mußte die NSBO „die Feststellung machen, daß die Grundgedanken der NSBO nicht richtig verstanden worden sind", daß die Mitglieder nach Unterstützungseinrichtungen verlangten, ihre Organisation als „ein Gewerkschaftsunternehmen mit allen Wohlfahrtseinrichtungen" mißverstanden. Auch nachdem die zunächst gegründete Reichsbetriebszellen-Abteilung 1931 in der NSBO von Gregor Strasser zu einer reinen Arbeitnehmerorganisation umgewandelt worden war (und das keineswegs nur im Hinblick auf die Betriebsratswahlen), bestand die NSBO-Leitung auf der Behauptung, die NSBO sei eine rein „politische Organisation", „*keine* ‚wirtschaftliche Vereinigung von Arbeitnehmern'" im Sinne der Gesetzgebung, „*kein* Unterstützungsverein". Doch waren dies verbale Rückzugsgefechte: In der betrieblichen Alltagspraxis entglitt die NSBO der engen Funktionalisierung durch die Partei. Der „rein politische Charakter [. . .] konnte nicht konsequent beibehalten werden", erkannte Käss bereits 1934. Wenn innerhalb der NSBO der Gewerkschaftsgedanke als der „einzig gute Gedanke der SPD" anerkannt wurde, so nicht zuletzt gerade aufgrund der wirtschaftlichen Interessenfunktion. Zwar wurde die NSBO weiterhin auch als ein Multiplikator der Parteipropaganda eingesetzt, doch drängte sie allein der Konkurrenzdruck der etablierten Gewerkschaften *funktional* in die Richtung klassischer Gewerkschaftsarbeit — vor allem, da die NSBO in erster Linie in den Betrieben verankert war und nicht, wie die SA, auf der Straße[13].

Das gewachsene Selbstbewußtsein der NSBO läßt sich exemplarisch an zwei Äußerungen aus dem Spätjahr 1932 ablesen: Zum einen forderte ein NSBO-Redner auf einer Amtswalter-Tagung unter dem Eindruck des BVG-Streiks, daß nach der Putschphase (bis 1923) und der Parlamentsphase (bis 1932) nun die NSDAP in die Betriebszellenphase übergehen müsse, um — eine interessante Vorankündigung des Aktionismus im Sommer 1933 — „das Volk zum politischen Kampf auf den berufsständischen Gebieten [zu

---

12 BA Koblenz, NS 22/1049 und 1052; vgl. Peter Stachura, „Der Fall Strasser". Gregor Strasser, Hitler, and national socialism 1930—1932, in: ders. (Hrsg.), The Shaping of the Nazi State, London 1978, besonders S. 88, 99, 105, 107.

13 HStA Hannover, 310 I, G 11/1, Bl. 15; BA Koblenz, NS 26/278 und 280; Kühnl, S. 312; Völkischer Beobachter vom 12. 9. 1929; Geislinger Zeitung vom 19. 6. 1933; Conan Fischer, Stormtroopers. A Social, Economic and Ideological Analysis, 1929—1935, London 1983, besonders S. 31 ff., 42 ff., 154 ff.

führen], die außerhalb der Parlamente und der Parteien liegen". Zum zweiten forderte Strasser auf einer Veranstaltung im Berliner Sportpalast am 20. Oktober 1932 vor NSBO-Funktionären die prinzipielle Bejahung des Gewerkschaftsgedankens auch im „neuen" Staat[14].

Die NSBO war zu einem „Machtfaktor" (Roth) innerhalb der Partei geworden, der den sozialen Charakter der NSDAP indes nicht neu bzw. umzuprägen in der Lage war. Der Re-Orientierung der Partei nach den verheerenden Auswirkungen des BVG-Streiks auf die Novemberwahlen 1932 folgte sehr rasch die Bereinigung der innerparteilichen Machtverhältnisse in der Strasser-Krise. Daß die Ausschaltung Strassers aber das Konfliktpotential als solches nicht ausräumen konnte, das sollte sich in den Monaten nach der „Machtergreifung" in aller Schärfe zeigen.

## 3. *Politscher Kampfverband oder nationale Gewerkschaft?*

Die Frage nach dem Gewerkschaftscharakter der NSBO muß unter einem doppelten Aspekt betrachtet werden: dem arbeitsrechtlichen wie dem historisch-genetischen. Beide Kriterien sind freilich unter dem Gesichtspunkt der Wahrnehmung wirtschaftlicher Interessen von Arbeitnehmern kaum voneinander zu trennen, doch berücksichtigt der erstere zugleich auch die Außenbeziehungen, während der zweite verstärkt die Entwicklung eines eigenständigen Binnenmilieus mit einbezieht.

Der *arbeitsrechtliche* Aspekt, bislang völlig unbeachtet, ist von der NSBO selbst negativ bewertet worden, nämlich in dem Sinne, „daß die NSBO keine Gewerkschaft ist, auch nicht der Vorläufer einer solchen". Dies paßte sich zwar in die skizzierten taktischen Interessen der Partei ein, stimmte mit der Realität jedoch nur bedingt überein. Die Behauptung, als Gewerkschaft sei „die NSBO schon durch die Feststellung des Reichsarbeitsgerichts nicht anerkannt", ist zumindest auf Grund der publizierten Entscheidungen des Reichsarbeitsgerichts nicht verifizierbar. Das Gericht hatte im Gegenteil die Tariffähigkeit „wirtschaftlicher Vereinigungen" im Sinne des § 1 der Tarifvertrags-Verordnung vom 23. Dezember 1918 an drei Voraussetzungen gebunden: daß zum einen „die Vereinigung nur aus Arbeitnehmern besteht und ihre Mitglieder sich in ihrer Eigenschaft als Arbeitnehmer zu einer organisatorischen Einheit zusammengetan haben"; daß sie zum zweiten „wirtschaftliche Ziele in der Richtung verfolgen, daß es, sei es allein, sei es mit zu ihren Aufgaben gehört, den Arbeitgebern gegenüber die wirtschaftlichen Arbeitnehmerinteressen zu wahren und zu ihrer Förderung Einfluß auf die Festsetzung von Arbeits-und Lohnbedingungen zu gewinnen"; daß die wirtschaftlichen Vereinigungen zum dritten die „tatsächliche (auch finanzielle) Unabhängigkeit" sowie „volle Selbständigkeit" gegenüber der Arbeitgeberseite besaßen. Dabei kam es nach Auffassung des Gerichts noch nicht einmal darauf an, daß die Interessen mit Hilfe von Streiks oder anderen Kampfmaßnahmen gewahrt wurden (so daß auch Werkvereine tariffähig sein konnten), sondern die Arbeitnehmerorganisationen mußten lediglich in der Lage sein, „ihre eigenen Interessen gegenüber der Arbeitgeberseite, und zwar nötigenfalls gegen deren Willen durchzusetzen". Dies galt selbst, wenn die Satzung des Vereins den Abschluß von Tarifverträgen

14 HStA Hannover, 310 I, A 122 I, Bl. 9; Axel Schildt, Militärdiktatur mit Massenbasis? Die Querfrontkonzeption der Reichswehrführung um General v. Schleicher am Ende der Weimarer Republik, Frankfurt-New York 1981, S. 164; so noch die Erwartungen im Januar/Februar 1933, StA München, Polizeidirektion München, Nr. 6850, Unterfaszikel NSBO und Beamte, Bl. 2, 6.

nicht enthielt oder sogar die „gewollte Tarifunfähigkeit“ herbeizuführen suchte, solange dieser Zweck sich aus den faktischen Handlungen mittelbar ergab[15].

Zwar mißachtete Sachsen diese Rechtsprechung ausdrücklich, indem es den Werkvereinen die Tariffähigkeit verweigerte, doch ist solches für die NSBO nirgends belegt. Eine Diskriminierung dürfte sich auch kaum gegen die allgemeine Tariffähigkeit der NSBO gerichtet haben; es scheint allerdings, daß es der NSBO bis zum März 1933 nicht gelang, von Unternehmerseite als Tarifvertragspartner akzeptiert zu werden. Bei den Wahlen zu den Beiräten der Ortskrankenkassen und Versicherungsämtern übte die NSBO bis 1933 freiwillige Abstinenz, so daß eine offene Zurücksetzung eher im Falle des Prozeßvertreter- und Beisitzerrechtes vor Arbeitsgerichten und in Schlichtungsorganen anzunehmen ist. Denn dieser letztere Punkt bildete Anlaß und Hintergrund der Beratungen und gesetzlichen Maßnahmen, die am 4. April 1933 zu der rechtlichen Gleichstellung der NSBO (aber nicht der Werkvereine!) führten[16].

Zweifelsohne bleiben unter dem formalen Aspekt der arbeitsrechtlichen Einordnung Fragen offen, da selbst nach der Rechtssprechung des Reichsarbeitsgerichtes der Gewerkschaftsbegriff weiter zu fassen war als der der „wirtschaftlichen Vereinigung“. Die NSBO war jedoch seit dem 15. Juli 1931 eine reine Arbeitnehmerorganisation, nachdem die bis dahin vertretenen Beamten, leitenden Angestellten und Selbständigen ausgegliedert worden waren. Diese Reorganisation, die auf Betreiben Gregor Strassers erfolgte, kann nur den allgemeinen Zweck der Anpassung an die arbeitsrechtlichen Normen gehabt haben, da die ursprüngliche Struktur dem politischen Auftrag keineswegs widersprach. Bezeichnenderweise zielte einer der wichtigsten (nachträglichen) Vorwürfe Leys gegenüber Strassers NSBO-Politik darauf ab, daß letzterer die Mitgliedschaft von „Unternehmern“ verhindert habe; diesen wurde ab Ende November 1933 die NSBO wieder geöffnet[17].

Es wäre zudem prinzipiell verfehlt, der NSBO — wie es die zeitgenössische Polemik getan hat (als Streikbrecher trat eher die SA auf, gelegentlich sogar gegen die NSBO) — den Charakter einer wirtschaftlichen Kampforganisation abzusprechen. Trotz einer (in diesen Jahren der Wirtschaftskrise durchaus auch bei den Freien Gewerkschaften zu beobachtenden) gewissen Zurückhaltung gegenüber Kampfmaßnahmen, die zudem auf „rein“ wirtschaftliche Ziele beschränkt sein mußten, war die NSBO weder willens noch in der Lage, auf Streiks zu verzichten. Es diente nicht nur der Eigenwerbung, wenn Muchow 1932 den Streik als Mittel „zur Befreiung der Massen aus ihrer elenden sozialen Lage“ propagierte. Die Streiks waren auch nicht primär dem politischen Kampf der NSDAP gegen Brüning und Papen untergeordnet, wenn sie sich gegen Lohnabbau und Urlaubskürzung durch Notverordnung oder gegen untertarifliche Bezahlung wandten.

Nach eigenen Angaben hatte die NSBO bereits 1930 „große“ Streiks im Mansfelder Kupferbergbau, in der Berliner, der sächsischen und hannoverschen Metallindustrie sowie im Ruhrbergbau geführt bzw. unterstützt. Für 1931 werden dagegen nur drei größere Aktionen in Berlin, Bremen und Backnang genannt. In das Jahr 1932 fiel eine

15 Metallarbeiter-Zeitung vom 21. 5. 1932; Entscheidungen des Reichsarbeitsgerichts, hrsg. von den Mitgliedern des Reichsarbeitsgerichts, Bd. 2 (1929), S. 293 f.; dass., Bd. 4 (1930), S. 4 f.; dass., Bd. 8 (1931), S. 165 ff.; Juristische Wochenschrift, 1930, H 40/41, S. 3143.

16 Juristische Wochenschrift, 1932, H. 48, S. 3665; HStA Stuttgart, E 130 IV, Bü 1310, Bl. 91 ff; Reichsgesetzblatt, 1933, S. 169. Nachträgliche Akteneinsicht hat ergeben, daß die NSBO zu keiner Zeit tariffähig war, trotz gegenstehender Bemühungen. Zur ausführlichen Dokumentation der arbeitsrechtlichen Diskussion im Sommer/Herbst 1933 s. Bergbau-Archiv Bochum, 13/1649.

17 BA Koblenz, NS 26/278 und 283; BA Koblenz, NS 22/838 und 1049; HStA Hannover, 310 I, G 11/1, Bl. 37; vgl. Kühnl, S. 311; Mason, S. 70; Noakes, S. 180 f.

„Unzahl“ von Streiks, von denen 13, u. a. der Streik in den Berliner Verkehrsbetrieben, besonders hervorgehoben wurden; eine interne Auflistung benennt für den Zeitraum von April 1932 bis Januar 1933 insgesamt 117 „unterstützte“ und geführte Streiks. Selbst die Gegner auf der Linken gestanden der NSBO-Basis in dieser Hinsicht einen „gesunden Klasseninstinkt“ zu. Noch 1933/34 waren es gerade die „Alten Kämpfer“ der NSBO, die „überdurchschnittlich häufig an Arbeitsniederlegungen und anderen solidarischen Aktionen im Betrieb beteiligt“ waren und sich damit den Respekt ihrer Arbeitskollegen zu verschaffen wußten[18].

Kaum in Frage sollte die Autonomie gegenüber der Arbeitgeberseite stehen, da sich die NSBO weitestgehend aus den eigenen Beitragsaufkommen finanzierte, erst seit 1932 geringere Zuschüsse von der Partei erhielt, so daß selbst bei einer extensiven Interpretation auch eine mittelbare Abhängigkeit über die Partei nicht gegeben war; denn selbst gegenüber der Partei war die Autonomie erheblich, wenngleich sich in einer Art Wellenbewegung mehrfach qualitativ verändernd. In diesem Sinne (weniger aus taktischen Rücksichten) setzte sich die NSBO sehr betont von den Wirtschaftsfriedlichen ab, diesen „widerlichsten Vertretern“ und „Schmarotzern der Arbeiterbewegung“. Die NSBO untersagte ihren Mitgliedern die Doppelmitgliedschaft in der Technischen Nothilfe, da diese Streikbrecherdienste leistete, „woran wir als Sozialisten kein Interesse haben“. Streikbrecher wurden daher konsequent ausgeschlossen[19]. Mit vergleichbarer Stoßrichtung drängte die NSBO in die Betriebsräte. Es sollten dort nicht nur Machtpositionen von den „Marxisten“ erobert werden, sondern vor wie nach 1933 bestand die NSBO auf Mitbestimmungs- und Kontrollrechten, forderte sie noch im Sommer 1933 die Ausweitung des Betriebsräterechtes. Entsprechend unbeliebt waren ihre Vertreter bei den Arbeitgebern, die sie ebenso maßregelten und entließen wie ihre freigewerkschaftlichen Betriebsrats-Kollegen[20].

Die Auseinandersetzungen mit den Arbeitgebern führten wie die alltägliche Konkurrenzsituation gegenüber den etablierten Arbeiterorganisationen zu einem zunehmenden Ausbau der *historisch-genetischen* Gewerkschafts-Funktionen, u. a. zur Errichtung eines eigenen Unterstützungs- und Kassenwesens. Mit wirtschaftlichen und politischen Kampfaufgaben gleichermaßen vereinbar war die Gewährung von Rechtshilfe, Streik-, Aussperrungs- und Gemaßregelten-Unterstützung. Bis 1930 wurden Unterstützungsleistungen spontan durch Spenden, Zwangsumlagen, u. ä. nur im konkreten Bedarfsfalle aufgebracht. Doch auf Grund schlechter Erfahrungen im Hannoverschen Metallarbeiterstreik vom Dezember 1930 richtete der Gau Süd-Hannover-Braunschweig im Frühjahr 1931 als erster Gau einen offiziellen „Streikfonds“ ein. Dieser fand rasch Nachahmung, und im Juli/August 1932 wurde die Zahlung von Streikunterstützung auf Reichsebene zentral geregelt, nun auch unter Rückgriff auf Parteigelder. Zwar wurde der „Streikfonds“ offiziell der „Hilfskasse“ der NSDAP (und SA) gleichgestellt, galt also nicht als „Unfallversicherung im juristischen Sinne“ oder als „Krankenkasse“, sondern dem Kampf-Image entsprechend als „Verwundetenhilfe“. Die Leistungen konnten allerdings nicht von allen

18 Roth, S. 53; Arbeitertum vom 15. 10. 1932; BA Koblenz, NS 26/278 und 283; NS-Kurier (Stuttgart) vom 18. 3. 1933; HStA Hannover, 310 I, G 11/1, Bl. 15; Joachim Oltmann, Das Paradepferd der Totalitarismustheorie. Der Streik der Berliner Verkehrsarbeiter im November 1932, in: Blätter für deutsche und internationale Politik 11 (1982), S. 1374—1390, hier S. 1385; Michael Voges, Klassenkampf in der Betriebsgemeinschaft?, in: AfS 21 (1981), S. 329—383, hier S. 356 f.

19 BA Koblenz, NS 26/278 und 279; BA Koblenz, NS 22/1047.

20 Krebs, S. 74; HStA Hannover, 310 I, G 11/1, Bl. 48; BA Koblenz, NS 22/1049; Roth, S. 55 ff., insbesondere S. 58; Mason, S. 102 ff.

Parteimitgliedern, die von Streik oder Aussperrung betroffen waren, in Anspruch genommen werden, sondern kamen nur denen zugute, die zugleich NSBO-Mitglied waren. Auf Druck der Basis mußten vielmehr die NSBO-Mitglieder, die keine Parteigenossen waren, einbezogen werden. Nach dem Muster der anderen Gewerkschaften waren Parteimitglieder, die erst während eines Streiks der NSBO beitraten, bis zum Ablauf einer Wartefrist von den Leistungen ausgeschlossen[21].

So wie sich im Falle des „Streikfonds" bei formaler Aufrecherhaltung des politischen Kampfauftrages ein markanter Funktionswandel vollzog, so läßt sich auch in anderen Bereichen eine kaum verhüllte Verschiebung von „politischen" zu „gewerkschaftlichen" Aufgaben beobachten. Da die Freien Gewerkschaften bekannte NSDAP-Mitglieder „mit Vorliebe" in dem Augenblick ausschlossen, in dem sie Unterstützungsansprüche meldeten, erklärte sich die NSBO zu einer informellen Anerkennung eines Rechtes auf Besitzstandswahrung zu „Sonderregelungen" bereit. Die NSBO war jedoch auf Grund der aus Werbegründen sehr niedrigen Beitragssätze nicht in der Lage, in der kurzen Zeit ihres Bestehens aus eigener Kraft finanzkräftige Unterstützungseinrichtungen aufzubauen. Vereinzelte Ansätze waren zum Scheitern verurteilt, da die Partei aus den genannten prinzipiellen Erwägungen jede Hilfe versagte[22].

Ähnliche Verschiebungen und Tendenzen lassen sich auch auf anderen Gebieten erkennen: Die erfolgreichen Versuche, in die Betriebsräte vorzudringen, verlangten nicht nur nach Rechtsschutz für die Betriebsratsmitglieder, es mußten zugleich ein Informationsnetz, Schulungszentren u. ä. eingerichtet werden[23]. Diese allmähliche Orientierung auf eine berufs- und betriebsbezogene Arbeit spiegelte sich ebenfalls in der seit 1931 zu beobachtenden Tendenz zur Errichtung von „Fachgruppen" wider, die zugleich alle Anzeichen der Verbürokratisierung und der „Verbonzung" der NSBO trugen. Die Gründung der beiden Reichs-Fachgruppen kleingewerbliches Kraftfahrwesen und Schiffahrt im Mai 1932 wies in die Richtung von Fachorganisationen bzw. „Industriegewerkschaften", wobei es allerdings keine Anzeichen für eine Trennung von Arbeitern und Angestellten gab. Auf „Fachgruppenabenden" wurde dem Bildungsstreben der Mitglieder Rechung getragen. Zur gleichen Zeit entwickelten sich ohne Mitwirkung bzw. gegen die Intentionen der NSDAP Bildungs- und genossenschaftliche Selbsthilfe-Einrichtungen, z.B. 1929 in Berlin eine Bau- und Siedlungsgenossenschaft und 1931 ein „Nationalsozialistischer Arbeiter-Stenographenbund"[24].

Auf einem weiteren Gebiet klassischer Gewerkschaftsarbeit, der Einflußnahme im politisch-parlamentarischen Bereich auf die Setzung der sozialpolitischen Rahmenbedingungen des Arbeitslebens, billigen Schumann wie Kühnl der NSBO bzw. dem „linken" NSDAP-Flügel um Strasser und Muchow für die Zeit vor 1933 eine konkrete und konstruktive Auseinandersetzung mit „Fragen der Lohnerhöhung, Renten, Altersversorgung, Vereinfachung und Verbesserung des zersplitterten Sozialversicherungswesens und auf die Umgestaltung der Arbeitslosenversicherung in die produktive Form der wertschaffenden Arbeitslosenfürsorge" zu. In der Tat bezog das „Arbeitertum", das Zentralorgan der NSBO, seit 1931 Positionen, die eine weitgehende Anerkennung des sozialpoli-

---

21 BA Koblenz, NS 26/278 und 283; HStA Hannover, 310 I, G 11/1, Bl. 11,23; Noakes, S. 175 ff.; Roth, S. 23; Arbeitertum vom 15. 6. 1932; dass. vom 15. 8. 1932; dass. vom 1. 10. 1932; StA München, Polizeidirektion München, Nr. 6850; zur „Hilfskasse" ebda. ausführlich Nr. 6868, 6870, 6871.

22 BA Koblenz, NS 26/280.

23 HStA Hannover, 310 I, G 11/1, Bl. 11, 20, 40, 44; BA Koblenz, NS 26/283.

24 BA Koblenz, NS 26/283; BA Koblenz, NS 22/1049 und 1052; Noakes, S. 180 f.

tischen Gebäudes beinhalteten. Wenngleich „Weiterentwicklungen" und „Umbau" gefordert wurden, so bejahte die NSBO doch Tarifverträge, allerdings mit einem rigideren Schlichtungswesen; Arbeiterschutz; Berufsfortbildung; Mitbestimmung und Gewinnbeteiligung; Steuerreformen zugunsten der Konsumenten und zur „wirklich sozialen und gerechten" Verteilung der Steuerlasten. An der Basis wurde eine so intensive sozialpolitische Diskussion geführt, daß die Reichsleitung der NSBO schließlich im Sommer 1932 allen NSBO-Dienststellen und Einzelmitgliedern untersagte, sich mit sozialpolitischen Eingaben direkt an die NSDAP-Fraktionen in den Landtagen zu wenden. Dies beinhaltete nicht nur den Versuch, die Diskussion zu kontrollieren, sondern bezog sich gleichermaßen auf Umfang und Inhalt dieser Eingaben[25].

Insgesamt wird man der NSBO, sowohl gemessen an den (minimalen) Standards des Arbeitsrechts als auch den weitergehenden Maßstäben des historisch-genetisch entwickelten Modells der Freien Gewerkschaften, den Charakter einer Gewerkschaft nicht absprechen können. Ihr Charakter und ihre politische Funktion dürfen nicht allein von dem 2. Mai 1933 her beurteilt werden. Trotz der kurzen Zeit ihres Bestehens konnte die NSBO aufgrund ihrer realen Praxis wie ihrer offenkundigen Entwicklungstendenzen der intendierten Instrumentalisierung zu rein politischen Aufgaben im Dienste der NSDAP entwachsen. Zweifellos wich sie von dem „Modell" der Freien Gewerkschaften ab, aber nicht nur sie allein: In dem äußeren Erscheinungsbild aufgrund des Organisationsplanes von Muchow (1929) an KPD und RGO orientiert, tendierte sie in ihrer Praxis eher in die Richtung der nationalen Angestelltengewerkschaften, der konfessionellen Arbeitervereine oder der Christlich (-nationalen) Gewerkschaften, unterschied sich zugleich deutlich von der Staatsgewerkschaft DAF. Trotz ihrer zwiespältigen Rolle in der Geschichte des Nationalsozialismus sollte die Glaubwürdigkeit der „antikapitalistischen Sehnsucht" (G. Strasser), der „sozialrevolutionären" und/oder „nationalbolschewistischen" Grundhaltung zumindest ihrer Mitgliedschaft nicht von vornherein in Abrede gestellt werden. Anders lassen sich (vor allem angesichts der geringen materiellen Attraktivität) die Organisationserfolge der NSBO kaum erklären.

## 4. *Die Mitgliedschaft*

Die Mitgliedschaft ist der bislang am wenigsten erforschte Bereich der NSBO. Die schillernde Vielfalt der Thesen bzw. Vermutungen bedingt z.T. die Einschätzungen von Charakter und Funktion der NSBO. Als Rekrutierungsfelder und Organisationsdeterminanten — z. T. sich ergänzend, z. T. sich widersprechend — werden u.a. genannt: (ostelbische) Landarbeiter und (mitteldeutsche) Heimarbeiter; gelernte und/oder ungelernte Arbeiter; Beschäftigung in Klein- oder Großbetrieben, besonders in öffentlichen Betrieben; städtisches oder ländliches Lebensmilieu; Erwerbslosigkeit, Bedrohung durch sozialen Abstieg, eher mittelständische Mentalität oder Spezialisierung[26].

25 Schumann, S. 38 f., 133; Kühnl, S. 176 ff., 317, 347, 370 f. Mason, S. 78 f.; Schildt, S. 128 ff.; BA Koblenz, NS 26/278 und 279.

26 Winkler, S. 99; Kater, S. 31; Mason, S. 64; Böhnke, S. 174 f.; Schumann, S. 38 f.

*Partei-Mitgliedschaft der NSDAP und NSBO nach dem Stand von 1933 und 1935 (in %)*

| Gau | 1 | 2 | 3 | 4 | 5 | 6 | 7 | 8 |
|---|---|---|---|---|---|---|---|---|
| 5. Essen | 42 | 70 | 100 | 229 | 2,1 | 2,7 | 1,6 | 2,0 |
| 7. Groß-Berlin | 26 | 67 | 37 | 264 | 6,4 | 5,0 | 12,8 | 18,2 |
| 9. Hamburg | 26 | 64 | 62 | 188 | 1,5 | 1,2 | 1,7 | 1,8 |
| 10. Hessen-Nassau | 34 | 55 | 115 | 188 | 5,3 | 5,2 | 2,8 | 2,8 |
| 12. Köln-Aachen | 33 | 61 | 23 | 66 | 1,9 | 1,9 | 5,4 | 1,9 |
| 20. Ostpreußen | 28 | 46 | 127 | 505 | 3,1 | 2,5 | 1,9 | 5,3 |
| 23. Sachsen | 37 | 63 | 87 | 209 | 10,3 | 11,4 | 8,1 | 9,1 |
| 24. Schlesien | 33 | 52 | 24 | 156 | 7,4 | 7,1 | 11,5 | 9,7 |
| 25. Schleswig-Holstein | 28 | 42 | 128 | 96 | 6,2 | 5,1 | 2,2 | 1,1 |
| 28. Thüringen | 38 | 61 | 156 | 377 | 3,6 | 4,1 | 1,5 | 3,1 |
| 30. Westfalen-Nord | 41 | 63 | 11 | 108 | 1,9 | 2,3 | 12,2 | 7,1 |
| 31. Westfalen-Süd | 46 | 72 | 56 | 193 | 2,9 | 4,0 | 4,0 | 4,2 |
| Reich | 34 | 56 | 61 | 185 | 100 | 100 | 100 | 100 |

1 Anteil der „Arbeiter" an der Gesamt-Mitgliedschaft der NSDAP, 30. 1. 1933.
2 Anteil der „Arbeiter" und „Angestellten" wie Sp. 1.
3 Gesamtzahl der „Arbeiter" und „Angestellten" in der NSDAP am 30. 1. 1933 im Verhältnis zur NSBO-Mitgliedschaft am 29. 5. 1933.
4 Verhältnis der NSBO-Mitgliedschaft vom 29. 5. 1933 und 1. 1. 1935.
5 Anteil der Gaue an der NSDAP-Gesamtmitgliedschaft, 30. 1. 1933.
6 Anteil der Gaue an sämtlichen Arbeitermitgliedern der NSDAP, 30. 1. 1933.
7 Anteil der Gaue an der NSBO-Gesamtmitgliedschaft, 29. 5. 1933.
8 wie Sp. 7 im Jahr 1935.
(Zusammengestellt nach: Parteistatistik, hrsg. vom Reichsorganisationsleiter der NSDAP, Bd. 1, S. 82 f., 86 ff.; dass., Bd. 4, S. 68; BA Koblenz NS 26/283.)

Bereits ein kurzer Blick in die Angaben der parteioffiziellen Mitglieder-Statistik von NSDAP und NSBO belegt in der Tat die verwirrende, regional stark differierende Zusammensetzung der Mitgliedschaft: Während in den Gauen Essen (ebenso Düsseldorf), Westfalen-Nord und -Süd (die das gesamte Ruhrgebiet mit einschlossen) der Arbeiteranteil an der Parteimitgliedschaft (Spalte 1) außergewöhnlich hoch war, lag er in Hamburg und Berlin ebenso auffallend niedrig (wie in Schleswig-Holstein). Essen und Westfalen-Süd erreichten bei den Angestellten (Spalte 2) ebenfalls hohe Werte, blieben aber deutlich hinter den Verwaltungszentren Hamburg und Berlin zurück. Vergleicht man die Gesamtzahl von Arbeitern und Angestellten in der Zeit vor der „Machtergreifung" mit den Mitgliederzahlen der NSBO vom 29. Mai 1933[27] (Spalte 3), so ergibt sich für Essen ein gewisser Gleichstand, in den (agrarisch geprägten) Gauen Hessen-Nassau und Schleswig-Holstein ein zahlenmäßiger Überhang der Arbeiter in der NSDAP gegenüber den Zahlen der NSBO, während in Berlin, Köln-Aachen, Schlesien und vor allem Westfalen-Nord die NSBO fünf- bis zehnmal mehr Mitglieder organisierte als die Partei Arbeiter-Mitglieder auswies. Die NSBO dürfte daher kaum mehr als zur Hälfte NSDAP-Mitglieder organisiert haben. Ein Erklärungsmoment dafür mag u. a. in der Tatsache zu

27 Vom Januar bis Ende Mai 1933 steigerte die NSBO ihre Mitgliedszahlen von 258.210 auf 1.418.289; Parteistatistik, B. 4, S. 68. Ende Mai betrug die tatsächliche Mitgliederzahl jedoch nur 727.077; BA Koblenz, NS 26/283. Insofern ist diese Aussage nur in ihrer Tendenz aussagefähig.

sehen sein, daß die reinen NSBO-Mitglieder, die als „Interessenten“ bzw. „Sympathisanten“ bezeichnet wurden, zwar einen doppelten Beitragssatz entrichten mußten, um sie zum Eintritt in die NSDAP zu bewegen. Doch da Partei- und NSBO-Mitgliedsbeiträge zusammen höher lagen, verließen viele NSBO-Mitglieder aus Ersparnisgründen die Partei, legten aber offenkundigen Wert auf die wirtschaftlichen und ideologischen Angebote der NSBO[28].

Ihre regionalen Schwerpunkte hatte die NSBO 1933 eindeutig in Berlin, Westfalen-Nord, Schlesien, Sachsen und Köln-Aachen, also gerade in den Gebieten, die (mit Ausnahme Sachsens) den geringsten NSDAP-Mitgliederanteil hatten. Dabei fällt besonders ins Auge, daß die vorwiegend katholischen Gebiete Westfalen-Nord, Schlesien und Köln-Aachen starke NSBO-Mitgliedschaften aufwiesen, während ihr Anteil an der Partei-Mitgliedschaft erheblich niedriger ausfiel, so wie die NSDAP hier auch nur unterdurchschnittliche Wahlerfolge erzielte, während in dem ebenfalls stark katholisch geprägten Essen die Entwicklung dagegen unter umgekehrten Vorzeichen ablief. Eine einheitliche Tendenz ist hier nicht erkennbar. Ähnlich disparat verliefen die Veränderungen bis 1935: Der katholische Gau Köln-Aachen und der protestantische Gau Schleswig-Holstein verloren in dieser Zeit als einzige an Mitgliedern, während Westfalen-Nord fast stagnierte. Der Gau Berlin baute seine Position erheblich aus und organisierte 1935 fast ein Fünftel aller NSBO-Mitglieder; er lag damit stets erheblich über seinem sinkenden Anteil an der NSDAP-Mitgliedschaft, während der NSBO-Gau Sachsen trotz sehr hoher Werte hinter diesem Anteil zurückblieb.

Allein diese Angaben legen eine ausgeprägte Heterogenität in der Mitgliedschaft nahe. Alle genannten Gaue umfaßten neben Industrie- und Verwaltungszentren auch stark agrarische Gebiete, doch scheint sich die NSBO stärker auf die städtische, und d.h. wohl die (industrielle) Arbeiter- und Angestelltenschaft gestützt zu haben. Nach einer internen Klage vom Januar 1933 war die Tätigkeit der voll in die NSBO integrierten „Landzellen“ wenig erfolgreich. Eine Durchsicht der Ergebnisse der Betriebsratswahlen von 1930 und besonders von 1931 zeigt, daß die spektakulären Erfolge meist in Großbetrieben und hier in aller Regel bei den Angestellten erzielt wurden. Nach eigenen Angaben, die jedoch als relativ zuverlässig gelten können, gewann die NSBO 1931 in der kleinen Zahl der Betriebe, in denen sie aufgrund organisatorischer Defizite überhaupt nur kandidiert hatte, auf Reichsebene 12 % der Arbeiterstimmen und 25 % der Angestelltenstimmen. Allerdings wurden diese Erfolge bei den Angestellten durch Wahlhilfe seitens des DHV, aber auch des GDA, durch Listenverbindungen und verdeckte Kandidaturen erleichtert, während die Arbeiter auf solche Unterstützung kaum rechnen konnten. Wenngleich man für diese Jahre 1930/31 von einem Übergewicht der Angestellten ausgehen muß, so finden sich doch gewisse Anhaltspunkte für die These Keles, daß eine allmähliche Verschiebung zugunsten der Arbeiter stattgefunden hat.

In Berlin hatte die NSBO Betriebszellen in fast allen Großbanken, Großkaufhäusern, Verlagen, bei Bahn und Post, in den preußischen und Reichsministerien (vor allem ab 1933), den Verkehrsbetrieben sowie in industriellen Großbetrieben wie Siemens. In Hamburg waren es ebenfalls Bahn, Post und Finanzbehörden, mehrere Eisenwerke, aber nicht — so A. Krebs — die Werften und industriellen Großbetriebe. In Stuttgart lagen die Schwerpunkte in den Großbetrieben der metallverarbeitenden und Maschinenbauindu-

28 HStA Hannover, 310 I, G 11/1, Bl. 20, 23, 40, 44; BA Koblenz, NS 22/1049; BA Koblenz, NS 26/278. In Danzig waren 53 % der NSBO-Mitglieder Parteigenossen; BA Koblenz, NS 26/1047.

strie (Bosch, Hahn & Kolb) bzw. der Textilindustrie. In den zahlreichen Betrieben der I.G. Farben war die NSBO so umfassend vertreten, daß sie sich 1932 zu dem bemerkenswerten Schritt entschloß, „für sämtliche Betriebszellen [. . .] eine einheitliche Leitung zu schaffen". Ein Verzeichnis der NSBO über die 117 von April 1932 bis Januar 1933 geführten bzw. unterstützten Streiks enthält die Namen von zahlreichen bekannten industriellen Großbetrieben, wie BMW, Krupp, Zeiss-Ikon, Villeroy & Boch, Vulkan-Werft usw. Zwar legt der Inhalt der NSBO-Betriebszeitungen bei Conti-Hannover und den Farbwerken Höchst nahe, daß die dortigen Betriebszellen primär von den Angestellten getragen wurden, doch galt dies wohl nicht für den Ruhrbergbau, wo die NSBO vor 1933 auf verschiedenen Zechen bis zu einem Drittel der Sitze in den Arbeiterräten gewinnen konnte[29].

Die explosionsartigen Gewinne der NSBO bei den Betriebsratswahlen vom März/April 1933 lassen sich ebenfalls nur durch den Zustrom von Arbeiterstimmen erklären. Bei den Wahlen beim Bochumer Verein stieg die NSBO von 9,6 % 1931 auf 42,9 %, im gesamten Ruhrbergbau von 3,6 auf 28,9 %, bei Siemens-Berlin in einzelnen Zweigwerken auf 18 bis 30 %. Obwohl zumindest nach vereinzelten mündlichen Auskünften diese Betriebsratswahlen selbst relativ frei und unbeeinflußt waren, so waren doch die Verhaftung der Kommunisten, die ersten Aktionen gegen Personen und Einrichtungen der Gewerkschaften nicht ohne Rückwirkungen geblieben. Dennoch konnte diese Entwicklung nicht völlig überraschend kommen: Der hohe Arbeiteranteil in der NSDAP-Mitgliedschaft in Essen und Westfalen, die Wahlerfolge der NSDAP gerade in den Arbeitervierteln Essens im Jahre 1932 und die relativ starke Stellung der NSBO in diesem Gebiet hatten die entsprechenden Grundlagen bereits vor dem 30. Januar 1933 gelegt. Allerdings ist nicht zu übersehen, daß die NSBO im Bereich der Metallindustrie ihre größten Erfolge dort erzielen konnte (Essen, Berlin), wo auch die Gelben traditionell besonders stark vertreten waren. In etwas modifizierter Form gilt dies für Stuttgart, wo die „Unorganisierten" ihr bestes Ergebnis erzielt hatten, sowie für Dresden, wo Gelbe und „Unorganisierte" relativ gute Resultate vorweisen konnten[30].

Ein ausgesprochener Schwerpunkt der NSBO lag, das hatte schon Carlo Mierendorff erkannt, bei den öffentlichen Betrieben, in denen nicht zufällig schon die Völkischen Kampfgewerkschaften bevorzugt ihre Anhänger gesucht hatten. Möglicherweise erzeugte der merkwürdige Schwebezustand zwischen Angestelltem- und Arbeiterstatus, wie ihn Theodor Geiger beschrieben hat, besondere Prädispositionen; nicht ohne Wirkung blieb der offenbar ausgeprägtere, systematischer betriebene Anpassungsdruck nach dem 30. Januar 1933. Doch bereits 1932 umfaßte die NSBO-Betriebszelle in den Berliner Verkehrsbetrieben 1.300 Mitglieder, gegenüber 1.200 der RGO, bei einer Gesamtbelegschaft von 22.000. Eine ähnliche gute Position erreichte die NSBO bei den Städtischen Straßen-

29 BA Koblenz, NS 22/1049: In Berlin bestanden 1930 circa 40 Zellen mit circa 2.000 Mitgliedern „in der Großindustrie". Der Gau Württemberg hatte Ende 1932 282 Betriebszellen; BA Koblenz, NS 26/1403; NS-Kurier (Stuttgart) vom 18. 3. 1933 (NSBO-Beilage); BA Koblenz, NS 26/280 und 283; BA Koblenz, NSD 9/220; HStA Hannover, 310 I, G 11/1, Bl. 48 f.; BA Koblenz, NS 26/1052; Krebs, S. 77; StA Münster, Bergamt Dortmund, A 4 — 68; Bergamt Lünen, A 3—69.

30 Krebs, S. 74 ff.; Kele, S. 202 f.; Frankfurter Zeitung vom 2. 4. 1931; dass. vom 9. 4. 1931; Arbeitertum, Nr. 11, 1931; Völkischer Beobachter vom 31. 3. 1933; Eugen Bührig, Betriebsrätewesen. Statistisches über die Betriebsrätewahlen 1931, in: Betriebsrätezeitung, hrsg. vom Deutschen Metallarbeiter-Verband, 1931, S. 515 ff.; die massiven Pressionen begannen im Ruhrbergbau erst *nach* den Betriebsrätewahlen ab Mitte April; StA Münster, Bergamt Dortmund, A 4—68; Bergamt Lünen, A 3—69; Mai, S. 82 ff.; vgl. Mason, S. 83 f.

bahnen in Frankfurt/M. und Stuttgart (200 Neuaufnahmen im März 1933), in den kommunalen Betrieben Magdeburgs, aber offenbar nicht in Hamburg. In den öffentlichen Verwaltungsbehörden und Berliner Ministerien schossen die NSBO-Zellen erst nach der „Machtergreifung" aus dem Boden; die Bewegung wurde hier von bislang heimlichen NSDAP-Mitgliedern einerseits, von anpassungseifrigen „Konjunkturrittern„ andererseits getragen[31].
Eine wichtige Zielgruppe waren zugleich die Erwerbslosen und die Wohlfahrt-Pflichtarbeiter. Wie die KPD, die traditionell die Erwerbslosen organisiert hatte, einzugestehen genötigt war, war es der NSDAP 1932 gelungen, einen „ziemlich breiten Einbruch in die Erwerbslosenfront durchzuführen". Nach einem längeren Zögern hatte die NSBO sich um die Jahreswende 1931/32 entschlossen, die bereits entstandenen „wilden" Erwerbslosenzellen aufzulösen und in die regulären Betriebszellen einzugliedern. Arbeitslose Mitglieder blieben — meist, aber nicht generell von der Beitragspflicht freigestellt — vollgültige Mitglieder mit allen Rechten und Pflichten, sollten auf diese Weise enger an die Organisation gebunden werden. Obwohl die materiellen Anreize vor 1933 geringer als bei der SA gewesen sein dürften (keine eigene Arbeitsvermittlung, keine Unterstützungszahlungen), war die Werbung sehr erfolgreich, zu erfolgreich. Die Erwerbslosen waren zu einer Belastung geworden, als die NSBO angesichts der allgemeinen Finanzkrise der NSDAP Ende 1932/Anfang 1933 „Berge von Schulden" hatte. Die bemerkenswerte Anordnung der NSBO-Führung von Ende Januar 1933, zur „Bekämpfung des durch die Erwerbslosigkeit verursachten Einnahmeausfalls" den Ausschluß der Arbeitslosen zu betreiben und statt dessen finanzkräftigere Arbeiterkreise zu werben, wurde durch die „Machtergreifung" absolet. Während es der NSBO in kürzester Frist gelang, ihre Mitglieder in den Betrieben unterzubringen, waren noch im Juli 1933 80 %, Ende 1934 in einigen Gebieten ca.66 % der SA- und SS-Männer arbeitslos. Dies verschärfte die ohnehin bereits bestehenden Konflikte zwischen NSBO und SA/SS, die nicht allein aus der Organisationskonkurrenz ableitbar sind. Das z. T. schwierige Verhältnis zwischen beiden Organisationen vor 1933 legt den Versuch nahe, zwei qualitativ verschiedene Formen der „Radikalität" innerhalb des Nationalsozialismus zu unterscheiden: den oft unideologischen, anti-bürgerlichen Radau-Aktionismus der SA einerseits, den eher gewerkschaftlichen Aktivismus der NSBO andererseits[32].

Die NSBO organisierte damit ein recht heterogenes Potential „nationaler" Arbeitnehmer, in dem — wie auch die Zusammensetzung der unteren Funktionärsebene nahelegen könnte — möglicherweise die geschulten, früher in DHV und GDA organisierten Angestellten das stabile Gerüst bildeten. Während die Übertritte von den sozialistischen und christlichen Organisationen insgesamt offenbar gering waren (bei einer nicht unbeträchtlichen Zahl von Doppelmitgliedschaften!), gab es neben „nationalen" Arbeiter- und Angestelltenschichten mit hoher Organisationskonstanz offenkundig auch starke Gruppen von (erwerbslosen?) Arbeitern und Angestellten, die entweder zwischen

31 HStA Stuttgart, E 130 II, Bü 535, Bl. 53; Frankfurter Zeitung vom 25. 3. 1931; Arbeitertum vom 1. 1. 1933; NS-Kurier (Stuttgart) vom 24. 3. 1933, dass. vom 8. 4. 1933; Völkischer Beobachter vom 19./20. 3. 1933; dass. vom 25. 3. 1933; dass. vom 28. 3. 1933.

32 HStA Stuttgart, E 151 c, Bü 218, Bl. 1237; BA Koblenz, NS 26/278 und 283; BA Koblenz, NS 22/1049; HStA Hannover, 310 I, G 11/1, Bl. 35; BA Koblenz, NSD 51/23; Krebs, S. 73 f.; Noakes, S. 179; Geislinger Zeitung vom 21. 2. 1934; Fischer, S. 82 ff.; StA Marburg, 165/3858, Bd. 3, Bl. 378; Bd. 4, Bl. 411.

den diversen völkischen Arbeitnehmerverbänden oder zwischen völkischen und kommunistischen Verbänden als „Treibsand der Arbeiterbewegung" (A. Krebs) pendelten[33].

Zwar wurde dieser „Treibsand" weder von der KPD noch von der NSDAP gern gesehen, da er sich kaum stabilisieren ließ; er bildete aber ein unverzichtbares Element des äußeren dynamischen Erscheinungsbildes und diente zugleich als Instrument der physischen Bekämpfung des politischen Gegners. Die Fluktuation war dementsprechend auch in der NSBO hoch. Da im Mai 1933 Mitgliedsnummern um 1,4 Mio ausgegeben wurden, der tatsächliche Mitgliederstand aber nur 0,73 Mio betrug, lagen die Verluste bei ca. 50 %. Die tatsächlichen Fluktuationsquote durch die Aus- und Wiedereintritte (ein Phänomen, das immerhin einer ausdrücklichen internen Regulierung bedurfte) lag erheblich höher. Diese Instabilität der Mitgliedschaft war zugleich auch auf den mangelnden Ausbau der Binnenorganisation sowie auf fehlende Schulung und Verwaltungserfahrung der Funktionäre zurückzuführen. Dies sollte sich vor allem im Sommer 1933 sehr drastisch bemerkbar machen, als das NSBO-Personal nach der Gleichschaltung der Freien Gewerkschaften von den anfallenden Aufgaben hoffnungslos überfordert war. Es dauerte mehrere Monate, bis die NSBO (bzw. bereits die DAF) die Basis in den Betrieben nicht nur politisch, sondern auch organisatorisch wieder voll unter Kontrolle hatte[34].

Aussagen über Altersaufbau, geschlechtsspezifisches Organisationsverhalten und Qualifikationsstruktur der NSBO-Mitgliedschaft sind bislang nur an Einzelbeispielen möglich[35]. Einen gewissen Hinweis auf den nicht unerheblichen Anteil junger und jugendlicher Mitglieder bietet die Tatsache, daß — im Gegensatz zu den Erwerbslosenzellen — Anfang 1932 „Jungarbeiterzellen" als eine Art loser Arbeitsgemeinschaften innerhalb der Betriebszellen nicht nur geduldet, sondern offiziell gefördert wurden. Ende 1932 wurden schließlich Jugendbetriebszellen als eigenständige Unterorganisationen eingerichtet. Hinweise auf die Mitgliedschaft von Frauen in der NSBO liegen zwar vor, doch scheint ihre Zahl sehr gering gewesen zu sein; gesicherte Aussagen sind indes bislang nicht möglich. Im übrigen finden sich Facharbeiter ebenso wie Hilfsarbeiter, Büroangestellte und Verkaufspersonal, Werkmeister wie kleine Unterbeamte in öffentlichen Betrieben, Handwerkergesellen und auch Landarbeiter, ohne daß sich die Größenordnung der einzelnen Gruppen bislang auch nur annähernd bestimmen ließe.

Hier bleiben zweifellos viele Fragen offen: Wenn sich in erster Linie Arbeiter und Angestellte aus industriellen (Groß-) Betrieben, öffentlichen Verwaltungen und (Verkehrs-) Betrieben in (Groß-) Städten und Industrieregionen der NSBO angeschlossen zu haben scheinen, so mag dies auch ein Reflex der z.T. schwierigen Quellenlage sein. Ähnliches gilt für die These von der allmählichen Schwerpunktverschiebung zugunsten der Arbeiter, wiederum mit gewissen Differenzierungen für die Zeit vor und nach der „Machtergreifung". Wenngleich man die These Winklers, die NSBO habe vorwiegend

---

33 Auch bei der SA hat die starke Präsenz mittelständischer Kreise im Bereich des unteren und mittleren Führungskorps zu unzulässigen Rückschlüssen auf die einfache Mitgliedschaft geführt; Fischer, S. 12 ff.; Krebs, S. 74 f.

34 HStA Hannover, 310 I, A 122 I, Bl. 147; BA Koblenz, NS 22/838; BA Koblenz, NS 26/279, 280 und 283.

35 Die 132 NSDAP- und NSBO-Mitglieder, die im Frühjahr und Sommer 1933 in die Betriebsräte von 13 Schachtanlagen des Ruhrbergbaues gewählt bzw. mehrheitlich ernannt wurden, waren nach den wichtigsten Berufsgruppen: Hauer (68), Schlosser (20), aber nur 19 Steiger und 5 kaufmännische Angestellte; die 92 NSDAP-Mitglieder, deren Alter bekannt ist, waren durchschnittlich 35,6 Jahre alt. Verstreute Daten von insgesamt 29 NSBO-Mitgliedern ergeben einen Altersdurchschnitt von 38,5 Jahren; hierbei handelte es sich ebenfalls fast ausschließlich um Facharbeiter, aber kaum um Angestellte; StA Münster, Bergamt Dortmund, A 4—68; Bergamt Lünen, A 3—69.

„atypische" Arbeitergruppen organisiert, mit einer gewissen Skepsis betrachten muß, so wird doch erst eine umfassendere Untersuchung der Sozialstrukturen wie des Organisationsverhaltens der NSBO-Mitgliedschaft die Grundlagen legen müssen, auf denen eine verläßlichere Einschätzung von Charakter und Funktion der NSBO möglich sein wird.

## 5. *Die NSBO im Kampf um die Macht 1933/34*

Nach wie vor schwierig ist eine abschließende Beurteilung der Rolle der NSBO in der Phase zwischen der „Machtergreifung" am 30. Januar und der Zerschlagung der Freien Gewerkschaften am 2. Mai 1933. Überzeugend erscheint die differenziert begründete Auffassung Masons, die Besetzung der Gewerkschaftshäuser in den Wochen vor dem 2. Mai sei Ausdruck einer „spontanen Terrorwelle" der Basis gewesen, nicht aber Ergebnis einer zentral gesteuerten Aktion. Diese Interpretation wird durch das nachträgliche Eingeständnis der NSBO-Leitung unterstützt, daß „vielfach, ja in den meisten Fällen ... *die N. S. B. O. – Massen den Händern ihrer vorgesetzten N. S. B. O. – Amtswalter*" entglitten seien und „auf eigene Faust" Eingriffe in die Wirtschaft, die Partei [!] und die Regierungstätigkeit vorgenommen hätten[36].

Aber bereits Anfang Februar 1933 wurden innerhalb der (Münchner) NSBO „Maßnahmen im Gewerkschaftswesen nach der Reichstagswahl in Aussicht gestellt, wenn die Gewerkschaften nicht umschwenken sollten", wurden in der SA „Disziplinlosigkeiten" vor allem aus Rücksicht auf den Wahlkampf vorläufig schärfstens unterdrückt, der „Tag der Abrechnung" aber in Aussicht gestellt[37]. Nachdem, wie es scheint, die ersten Gewerkschaftshäuser am 7. März in Kassel und Goslar besetzt worden waren, griff diese Bewegung (in einem Nachahmungs-Effekt?) rasch auf das ganze Reich über, wobei nicht im Detail erkennbar ist, ob die Initiative dazu von der SA oder der NSBO ausgegangen ist, sofern eine solche Differenzierung legitim ist. Anhaltende Befürchtungen, diese Aktionen könnten den Generalstreik der Gewerkschaften doch noch provozieren, veranlaßten Reichsregierung und Parteileitung, diese Bewegung einzudämmen und zu kontrollieren. Gleichzeitig deckten sie jedoch nicht nur diesen aktionistischen Ausbruch der Basis, sondern ermunterten ihn (angesichts der „Feigheit" der anpassungsbeflissenen Gewerkschaftsführer) sogar, indem sie die „wilde" Absetzung freigewerkschaftlicher Betriebsräte bzw. die Usurpation durch „provisorische" NSBO-Betriebsräte offen förderten[38].

Ende März 1933 intensivierten NSDAP und NSBO ihre Bemühungen, die Basis wieder in den Griff zu bekommen. Zu diesem Zweck versuchten sie, durch eine reichsweite Umfrage sich zunächst einen Überblick über die zahlreichen lokalen Aktionen zu verschaffen. Um weiteren Aktionen vorzubeugen, war nicht nur die rechtliche Aufwertung der NSBO durch das Gesetz vom 4. April ein probates Mittel, sondern es schienen zugleich recht deutliche Hinweise auf das geplante weitere Vorgehen angebracht. In einem Rundschreiben vom 29. März (also zwei Tage nach dem offiziellen Beschluß, die Freien Gewerkschaften am 2. Mai zu zerschlagen) wurde der Vorwurf des Inaktivismus gegenüber der Parteileitung als unzutreffend und „kränkend" zurückgewiesen! Die „wilden" Aktionen liefen den weitergehenden Plänen des Führers zuwider, der allein nach überge-

36 Mason, S. 43, 76, besonders S. 82 ff.; BA Koblenz, NS 26/283.

37 StA München, Polizeidirektion München, Nr. 6850, Unterfaszikel NSBO und Beamte, Bl. 1, 2, 6; ebda., Nr. 6823/1.

38 Aufschlußreiches Material in StA Münster, Bergamt Lünen, A 3—69.

ordneten Gesichtspunkten bestimme, *„wann* der Schlag erfolgen soll", „insbesondere die Neuordnung des Gewerkschaftswesens". „Einzelaktionen", wie die Besetzung der Gewerkschaftshäuser „können die Gesamtfrage nie lösen, speziell dann nicht, wenn bereits anderweitig die Gesamtfrage angepackt ist". Diese Ausführungen, begleitet von ebenfalls sehr offenen Kommentaren im ‚Völkischen Beobachter' und im ‚Arbeitertum', mochten ihre Wirkung vor allem in Funktionärskreisen nicht verfehlen, denen drastische Sanktionen angedroht wurden: „Wer jetzt aus der Reihe tanzt, büßt es mit seiner sofortigen Entfernung aus der N. S. B. O. — Führerschaft". Wenn die NSBO seit Ende März die Kontrolle über einige Gewerkschaftshäuser wieder etwas lockerte (z. B. in Sachsen und München), z. T. — auch angesichts des Widerstandes der Gewerkschaftsangestellten — sogar vollständig wieder aufhob (z.B. in Bochum), so mögen diese internen Sanktionsandrohungen einerseits, die Verlagerung der Aktivitäten auf die „Gleichschaltung der Betriebsräte" die wichtigsten Ursachen gewesen sein. Es bleibt jedoch die Frage weiterhin offen, warum und mit welchen Mitteln der Aktionismus der Basis, der Anfang März mit solcher Vehemenz losgebrochen war und der mit kaum verminderter Kraft nach dem 2. Mai das Regime monatelang in Atem halten sollte, im April 1933 so merklich eingedämmt werden konnte[39].

Die Tatsache, daß die NSBO am 2. Mai 1933 maßgeblich an der Zerschlagung der Freien Gewerkschaften beteiligt war, darf nicht darüber hinwegtäuschen, daß zugleich mit der Gründung der DAF ihre eigene (in Hitlers früher Konzeption bereits vorprogrammierte) Entmachtung in die Wege geleitet wurde, auch wenn es noch ein Jahr dauern sollte, bis dieses Ziel endgültig erreicht war. In dieser Zähmungsphase waren die autonomistischen Regungen an der Basis und im unteren Funktionärskörper weiterhin ausgesprochen virulent, während die NSBO-Führung in immer stärkerem Maße die Fremdbestimmung durch die Partei hinnahm, nicht zuletzt unter dem Einfluß des steigenden Konkurrenzdruckes seitens der DAF. Aber noch immer fanden in den Betrieben Streiks, „Übergriffe" und „Selbsthilfe"-Aktionen statt, mußten Funktionäre nicht nur wegen erwiesener Unfähigkeit, sondern vor allem auch wegen ihrer „Eigenmächtigkeiten" ausgetauscht bzw. ausgeschlossen werden[40].

Noch aber wurde die NSBO gebraucht, solange die chaotische Konzeptionsvielfalt den Aufbau der DAF behinderte. Vor allem im Sommer 1933 wurde die politische Stellung der NSBO noch einmal kurzzeitig durch die taktischen Rücksichtungen der NS-Regierung aufgewertet, die die alten Gewerkschaften nicht sofort durch eine totale Neugründung ersetzen konnte bzw. nicht auflösen wollte, um die freigewerkschaftlichen Organisationen, vor allem aber deren Mitglieder möglichst reibungslos in die NS-Organisationen „überzuleiten". Während die DAF im wesentlichen nur auf dem Papier existierte, war die NSBO jedoch von dieser Aufgabe verwaltungsmäßig weit überfordert. Noch im Herbst 1933 bestanden in zahlreichen Betrieben keine NSBO-Zellen, amtierten ungestört „marxistische" Betriebsräte, begannen bereits intensive Versuche seitens der SPD und besonders der KPD, die NSBO und die Betriebszellen zu unterwandern. Eine Welle von Denunziationen hielt die Gauwaltungen der NSBO ebenso in Atem wie die

39 Völkischer Beobachter vom 8. 3. 1933; NS-Kurier (Stuttgart) vom 9. 3. 1933; BA Koblenz, NS 26/282 und 283; Völkischer Beobachter vom 9./10. 4. 1933; dass. vom 13. 4. 1933; Metallarbeiter-Zeitung vom 8. 4. 1933; Völkischer Beobachter vom 26./27. 3. 1933. Es scheint fraglich, daß es gelang, die Mitgliedschaft *„rhetorisch* zur Räson zu bringen"; Schumann, S. 64 (Hervorhebung d. Verf.); StA Münster, Bergamt Lünen, A 3—69.

40 Roth, S. 61 ff.; Mason, S. 102 ff.; Schumann, S. 87 ff.

zahlreichen Forderungen aus den Betrieben nach Maßnahmen gegen die „Doppelverdiener“. Erst mit Hilfe des im Juli 1933 gegründeten „Nachrichtendienstes“ gelang es der NSBO, sich im Laufe des Herbst 1933 in den Betrieben durchzusetzen. Diese Pazifizierung der Arbeiterschaft wurde nicht nur durch die karteimäßige Erfassung und persönliche Überwachung der Belegschaften erzielt, sondern u. a. auch durch die diskrete Kontrolle betrieblicher „Gewerkschafts-Versammlungen“ mit Hilfe von „Abhörgeräten“ u. ä. m.[41].

Mit diesen Bemühungen um eine effektive Repression der anhaltenden Unruhe in den Betrieben vollzog die NSBO einen ebenso markanten wie grundsätzlichen Funktionswandel, der ihrer zunehmenden Aufsaugung durch die DAF korrespondierte, die ihrerseits ab November 1933 den bis dahin geduldeten „halbgewerkschaftlichen Charakter“ (Schumann) einbüßte. Das Gesetz zur Ordnung der nationalen Arbeit vom 20. Januar 1934 dokumentierte den qualitativen Einschnitt, markierte deutlich, auch nach außen erkennbar, diesen Wandel. Die Antwort war jedoch eine neue Welle von Aktionen und „Übergriffen“, die sicherlich nicht zufällig dem Umfeld der Vertrauensratswahlen vom Frühjahr 1934 entsprang[42]. Die Nervösität der Führung hatte ein solches Ausmaß erreicht, daß im Frühsommer 1934 eine Kampagne gegen die „Nörgler und Kritikaster“ in NSBO und DAF geführt werden mußte, möglicherweise bereits als propagandistische Vorbereitung für die endgültige Ausschaltung der NSBO im Verlauf des „Röhm-Putsches“. Die „unmißverständliche Warnung“ an alle, die „Mißtrauen, Zweifel und Unruhe in das deutsche Arbeitertum zu tragen“ versuchten, galt wohl u. a. den „Leitern der Dienststellen der alten Verbände“, d. h. der gleichgeschalteten Freien Gewerkschaften und der „übernommenen“ Angestelltenverbände, die — oft selbst „Alte Kämpfer“ der NSBO — offenbar unter dem doppelten Druck ihrer Basis wie der DAF standen. Welche Dimensionen diese Auseinandersetzungen annahmen, wird aus einem bemerkenswerten (bislang offenbar übersehenen) Parteibefehl deutlich, in dem Heß, Ley und NS-Angestelltenschafts-Führer Forster am 1. Juni 1934 „jegliche Art von Eingriffen in die Dienststellen der alten Verbände, insbesondere Besetzungen [!] von Geschäftsstellen der Reichsberufsgruppen der Angestellten . . . strengstens verboten“[43].

Es ist nicht näher bekannt, welche konkreten (offenbar nicht nur verbalen) Konflikte Anlaß dieses Parteibefehls und der damit in engem Zusammenhang stehenden „scharfen Abrechung“ mit den „Nörglern und Miesmachern“ waren; aber noch im Juni 1934 wurde der Einfluß der NSBO auf die betrieblichen Vertrauensleute stark beschnitten, ihr Recht auf eigene Beitragserhebung wurde aufgehoben. Da die NSBO in diesen Wochen zugleich Rückhalt bei Teilen der Reichswehr und auch der Unternehmer fand, war es nur konsequent, mit Gregor Strasser im Zuge des „Röhm-Putsches“ den gefährlichsten Exponenten und potentiellen Kristallisationspunkt dieser Bestrebungen zu liquidieren und die NSBO endgültig personell wie institutionell zu entmachten. Auch wenn die NSBO formal weiterbestand, das Weiterbetreiben der „nationalen“ zur „sozialen“ Umwälzung, die „Zweite Revolution“ fand nicht mehr statt[44].

41 HStA Hannover, 310 I, C 4, Bl. 216; BA Koblenz, NS 26/283; BA Koblenz, NS 22/838; HStA Hannover, 310 I, A 122 II, Bl. 23; ebda., C 4, Bl. 23, 29, 34, 36 ff., 53 f., 57 ff., 71, 73, 201, 216.

42 Zu zwei Aktionen des Frühjahrs 1934 vgl. Hetzer, S. 106 ff.; Mai, S. 85 ff.; StA Münster, Gauleitung Westfalen-Nord, Gauinspektoren, Nr. 90.

43 NS-Kurier (Stuttgart) vom 1. 6. 1934; dass. vom 2. 6. 1934; dass. vom 7. 6. 1934 (NSBO-Beilage).

44 Zu den Einzelheiten vgl. Schumann, S. 101 ff.

## 6. *Zusammenfassung*

Eine angemessene Beurteilung der NSBO verlangt, gerade angesichts der kurzen Zeit ihres Bestehens, eine vielfältige Differenzierung: zwischen der Parteiführung der NSDAP und der Reichsleitung der NSBO (Strasser, Muchow) einerseits, zwischen NSBO-Führung und Mitgliedschaft andererseits. Ihre Attraktivität und ihre Organisationserfolge verdankte die NSBO, soweit dies aus der bislang unzureichenden Forschungslage erkennbar ist, weniger dem ihr von der Partei zugeteilten „politischen" Kampfauftrag, sondern ihrer „gewerkschaftlich" orientierten Arbeit in den Betrieben. Interessanterweise wird ihr ein solcher „Gewerkschaftscharakter" vor allem von marxistischer Seite (Kühnl, Roth) zugebilligt, wenngleich mit Einschränkungen, aber doch in deutlich ausgeprägterem Maße als von Mason, Kele oder Böhnke[45]. Wenngleich es ihr nicht gelang, wie Mason zuzugestehen ist, gravierende Einbrüche in die Reihen der sozialistischen Arbeiterbewegung zu erzielen und die gesellschaftliche Basis der NSDAP (rechtzeitig) zu verändern, so wird man der NSBO doch im Rahmen der nationalsozialistischen „Machtergreifung" eine bedeutsame Funktion zuschreiben müssen: Einerseits begründete sie Loyalitäten und Affinitäten in Teilen der Arbeiterschaft, andererseits baute sie politische Vorbehalte, mentale Opposition, also Widerstandspotentiale ab:

1. In den Monaten März bis Mai 1933 (bis schließlich eine Aufnahmesperre gegen „Konjunkturritter" und Unterwanderung verhängt wurde) strömten ihr vor allem bislang „unorganisierte" Arbeiter und Angestellte zu, besonders markant in öffentlichen Betrieben und Behörden. Das heißt, für den Fall eines eventuellen Generalstreiks hätten wichtige Betriebe des Verkehrs, der Telekommunikation, der Stromerzeugung (inkl. Kohlebergbau) und Wasserversorgung nicht mehr ohne weiteres dem Zugriff der Linken offengestanden[46].
2. Die gesetzliche Gleichstellung der NSBO mit den etablierten Gewerkschaften beruhigte offenkundig die Führer der Freien Gewerkschaften, die aus diesem Schritt schließen durften bzw. schließen sollten, daß es auch in Zukunft mehr als nur eine Gewerkschaft geben sollte[47].
3. Ebenso mußte für die Arbeiter und Angestellten in den Betrieben, vor allem soweit sie in die NSBO strömten, diese rechtliche Anerkennung der NSBO das Versprechen im

45 Kühnl, S. 71 ff.; Roth, S. 53 ff., 57 ff.; Kater, S. 31; Kele, S. 199; Böhnke, S. 170; Mason, S. 99 f., unter gewisser Abwandlung früherer Positionen.

46 Entsprechende Überlegungen wurden in der NSBO-Führung noch in den letzten Tagen des Januar 1933 gemacht; StA München, Polizeidirektion München, Nr. 6850 (28. 1. 1933, Antwort wurde zum 6. 2. verlangt). Leipart fürchtete Anfang Februar wohl eher die SA und die Technische Nothilfe; Hagen Schulze (Bearb.), Anpassung oder Widerstand? Aus den Akten des Parteivorstandes der deutschen Sozialdemokratie 1932—1933, Bonn-Bad Godesberg 1975, S. 163.

47 Henryk Skrzypczak, From Carl Legien to Theodor Leipart, from Theodor Leipart to Robert Ley. Notes on some strategic and tactical problems of the German free trade union movement during the Weimar Republic, in: IWK 13 (1971), S. 26—45, hier S. 44; Schulze, S. 171 f.; Schumann, S. 56 ff. Der Bundesausschuß des ADGB und der Vorstand des Deutschen Metallarbeiter-Verbandes waren aber bereits am 5. 4. 1933 für eine „Vereinheitlichung" des Gewerkschaftswesens eingetreten. Am 22. 4. schrieb die Metallarbeiter-Zeitung in aller Deutlichkeit und ohne Anzeichen des zumindest verbalen Protestes: „Es ist nur eine Frage von ganz kurzer Zeit, daß auch die Gewerkschaftsbewegung der Reichspolitik gleichgeschaltet wird und sie dementsprechend Formen und Tätigkeitsregeln verordnet bekommt". Es schimmerte dabei immerhin die Hoffnung auf einen Rest von Eigenständigkeit durch; Völkischer Beobachter vom 4. 4. 1933; dass. vom 13. 4. 1933; vgl. BA Koblenz, R 43 I/2067, Bl. 99 f. (Leipart).

Sinne der Forderung Strassers beinhalten, daß selbst im Rahmen ständisch-korporativer Organisationsformen eine autonome Vertretung von Arbeitnehmerinteressen möglich sein würde. Die gewerkschaftliche Orientierung der NSBO-Funktionsträger und -Mitglieder in den Betrieben, ihr persönlicher Einsatz für die Kollegen schienen die Garantie dafür zu bieten — vor allem da innerhalb der NSBO noch im Frühjahr 1934 der Anspruch auf Autonomie gegenüber den Arbeitgebern, auf Mitbestimmung und Kontrollrechte vertreten wurde[48].

4. Nach der Zerschlagung der Freien Gewerkschaften wehrte sich die NSBO vehement gegen die Ausschaltung gewerkschaftlicher Interessenvertretung, trugen ihre fortgesetzten „Eigenmächtigkeiten" erhebliche Unruhe in die Wirtschaft. Solange die DAF nicht konsolidiert war, die NSBO die Übernahme der Freien Gewerkschaften nicht bewältigt hatte, bestanden offenkundig noch erhebliche Freiräume in den Betrieben, die zu einem „frischfröhlichen Klassenkampf" (H. Brauweiler) genutzt wurden.

Bis zum Sommer 1934 suggerierten Existenz, Anspruch und Praxis der NSBO Handlungsspielräume oder doch Überlebensnischen, die in einem wohldosierten Zermürbungs- und Zersetzungsprozeß sukzessiv reduziert und schließlich vollständig zerrieben wurden. Indem die NSBO so dem Regime über die schwierige Konsolidierungs-Phase bis zum „Röhm-Putsch" hinweghalf, hat sie sich der ihr ursprünglich zugedachten Instrumentalisierung letztlich doch nicht entziehen können. Diese Tatsache darf eine differenzierte Gesamtbeurteilung nicht ausschließen; ihre (kurze) Geschichte und nicht zuletzt ihr politisches Ende belegen, daß die NSBO zwar eine „Randerscheinung" (Mason), aber doch ein genuiner Teil der deutschen Arbeiterbewegung war.

48 Hetzer, S. 100 ff.; Geislinger Zeitung vom 19. 6. 1933; Deutschland-Berichte der Sozialdemokratischen Partei Deutschlands (Sopade), 1934—1940, Frankfurt 1980, Jg. 1, 1934, S. 39, 430 f.; dass., Jg. 2, 1935, S. 571 f.

Ulrich Borsdorf

# Arbeiteropposition, Widerstand und Exil der deutschen Gewerkschaften*

## *Die Schwierigkeiten der Begriffe*

Es scheint unmöglich, in dem Begriffsfeld „Widerstand", das in den letzten Jahren um viele Parzellen und Nuancen erweitert worden ist, dem gewerkschaftlichen Widerstand einen Ort abzustecken, in dem er seine Eigenheit entfalten könnte. Die Geschichtsschreibung der Bundesrepublik hat sich zwar von ihrer Konzentration auf den bürgerlichen Widerstand gelöst und nun auch den der Arbeiterbewegung kanonisiert; mit den ersten Arbeiten zur sozialdemokratischen Emigration von Erich Matthias war schon 1952 ein Durchbruch zur Anerkennung auch des Beitrags der Sozialdemokratie zum Kampf gegen das nationalsozialistische Regime erzielt worden,[1] doch in den Hauptstrom der Widerstandsforschung flossen erst während der 60er Jahre[2] die ersten größeren Arbeiten zu dem Widerstand ein, der in der Arbeiterbewegung seine Quellen hatte. Die DDR-Forschung und die ihr nahe in der Bundesrepublik hatten dabei zunächst einigen Vorsprung[3]; Unsicherheiten im Umgang mit dem jeweilig anderen Teil der deutschen Arbeiterbewegung waren auf beiden Seiten erkennbar. Seit Anfang der siebziger Jahre blieb aber auch in der Bundesrepublik der Untergrundkampf der Kommunisten nicht länger exkommuniziert; 1980 hat Detlev Peukert in seinem Buch über den Widerstand der KPD im Rhein-Ruhr-Raum das „Handeln und Streben deutscher Kommunisten" zum „Bestandteil der nationalen Tradition"[4] erklärt; in der DDR-Geschichtsschreibung deutet sich ein Trend an, auch den bürgerlich-konservativen Widerstand angemessen zu würdigen.

In neuester Zeit hat sich die historische Forschung den Widerstandsformen zugewandt, die unterhalb der Ebene intentionalen, auf den Umsturz des Systems gerichteten Handelns anzusiedeln wären und wohl oft auch außerhalb organisatorischer Zusammenhänge. „Immunität" und „Resistenz", „Nonkonformität", „Verweigerung", „Protest",

* Dieser Aufsatz ist eine überarbeitete schriftliche Fassung eines Vortrags im Rahmen der Vorlesungsreihe „Zur Geschichte der deutschen Gewerkschaftsbewegung" an der Universität Mannheim im Juli 1982 und eines Beitrags des Autors in der Arbeitsgruppe „Arbeiter ohne Gewerkschaften" bei der Historisch-politischen Konferenz des DGB am 2./3. Mai 1983 in Dortmund. Eine andere Fassung ist erschienen in: Gewerkschaftliche Monatshefte (GMH), 33, 1982, H. 8, S. 486—497. Die Literaturangaben können keinen Anspruch auf annähernde Vollständigkeit erheben, die Anmerkungen sind auf das Notwendige beschränkt.

1 Erich Matthias, Sozialdemokratie und Nation. Zur Ideengeschichte der sozialdemokratischen Emigration 1933 bis 1938, Stuttgart 1952.

2 Vgl. z. B.: Helmut Esters/Hans Pelger, Gewerkschafter im Widerstand, Hannover 1967; Kurt Klotzbach, Gegen den Nationalsozialismus. Widerstand und Verfolgung in Dortmund 1930—1945, Hannover 1969; Hans-Josef Steinberg, Widerstand und Verfolgung in Essen 1933—1945, Bonn-Bad Godesberg 2. Aufl. 1973.

3 Hier sind vor allem die im Röderberg-Verlag erschienenen Arbeiten zu nennen (Bibliothek des Widerstandes).

4 Detlev Peukert, Die KPD im Widerstand. Verfolgung und Untergrundarbeit an Rhein und Ruhr 1933 bis 1945, Wuppertal 1980, S. 429.

„Arbeiteropposition“ und „Arbeiterwiderstand“[5] sind die Bezeichnungen, mit denen die ganze Bandbreite menschlichen Verhaltens in den Extremsituationen belegt werden, die der Nationalsozialismus einem Teil der Bevölkerung — und eben besonders den Arbeitern — auferlegt hat. Damit ist begonnen worden, die ursprünglich ideen- und organisationsgeschichtlich orientierte Aufarbeitung des Widerstandes der Arbeiterbewegung um die sozialgeschichtliche Dimension des Verhaltens der Arbeiter im Nationalsozialismus zu erweitern. Die weiterbestehende begrifflich Unschärfe auf diesem Feld ist unausweichlich, sie ist ein Reflex auf die Variationsbreite individuellen, sozialen und politischen Verhaltens von Menschen im Nationalsozialismus.[6] Diese Entwicklung der Forschung ist nicht zuletzt deswegen zu begrüßen, weil sie moralische und politische Wertungen und Urteile, die — je nach politischer Opportunität — dem einen die Qualität des Widerstandes beimessen, sie dem anderen absprechen zu Akten der Selbstgerechtigkeit und der Diffamierung stempelt.[7]

Sie ist auch deswegen eine notwendige Fortentwicklung, weil ohne eine sensibel ausgefächerte Beschreibung des Verhaltens breiter Bevölkerungskreise — so eben auch der Arbeiter — das Handeln der ehemaligen Führungsgruppen nicht realistisch genug gesehen werden kann. Damit ist nicht gemeint, das eine rechtfertige das andere, sondern: Beides steht zueinander in einem mittelbaren Abhängigkeitsverhältnis. Das von Helga Grebing für das Koma der Arbeiterbewegung am Ende der Weimarerer Republik entworfene Bild einer wechselseitigen Blockade von Führung und Basis der Arbeiterbewegung[8] trifft offenbar eben nicht nur für die präfaschistische Phase zu, sondern gilt bis weit in den

5 Zur neueren Diskussion dieser Begriffe: Martin Broszat, in: derselbe, Elke Fröhlich/Falk Wiesemann (Hrsg.), Bayern in der NS-Zeit. Soziale Lage und politisches Verhalten der Bevölkerung im Spiegel vertraulicher Berichte München—Wien 1977, S. 11 f.; Peter Hüttenberger, Vorüberlegungen zum Widerstandsbegriff, in: Theorien in der Praxis des Historikers, Geschichte und Gesellschaft, Sonderheft 3, Göttingen 1977, S. 116—134; Günter Plum, Widerstandsbewegungen, in: Marxismus im Systemvergleich, Geschichte, Bd. 5, S. 294—320; Detlev Peukert, Der deutsche Arbeiterwiderstand 1933—1945, in: aus politik und zeitgeschichte, B 28—29/79, S. 22—36; Christoph Kleßmann, Gegner des Nationalsozialismus. Zum Widerstand im Dritten Reich, in: aus politik und zeitgeschichte, B 46/79, S. 25—37; Timothy W. Mason, Arbeiteropposition im nationalsozialistischen Deutschland, in: Detlev Peukert/Jürgen Reulecke (Hrsg.), Die Reihen fast geschlossen. Beiträge zur Geschichte des Alltags unter dem Nationalsozialismus, Wuppertal 1981, S. 293—313; Klaus Tenfelde, Proletarische Provinz. Radikalisierung und Widerstand in Penzberg/Oberbayern 1900—1945, München — Wien 1981; Christoph Kleßmann/Falk Pingel (Hrsg.), Gegner des Nationalsozialismus, Frankfurt am Main 1980; Richard Löwenthal/Patrik von zur Mühlen (Hrsg.), Widerstand und Verweigerung in Deutschland 1933—1945, Bonn-Bad Godesberg 1982.

6 Dies kommt sehr plastisch zum Ausdruck in: Elke Fröhlich, Die Herausforderung des Einzelnen. Geschichten über Widerstand und Verfolgung (Bayern in der NS-Zeit VI, hrsg. von Martin Broszat und Elke Fröhlich), München — Wien 1983.

7 Das läßt sich an zwei Beispielen ganz unterschiedlicher Provenienz verdeutlichen: Wenn der Sohn Stauffenbergs, ein CSU-Bundestagsabgeordneter, sich gegen eine Beteiligung Herbert Wehners an einer Feier anläßlich des 20. Juli wendet und ihm daraufhin die Verwandten anderer (bürgerlicher) Widerständler unter Berufung auf seinen Vater widersprechen, bricht der politische Kampf um die deutsche Sprache im historischen Kontext genauso auf wie wenn Jürgen Harrer in dem von Frank Deppe und anderen herausgegebenen Buch zur Geschichte der Gewerkschaften schreibt: „Als gewerkschaftlichen Widerstand wird man die Tätigkeit Leuschners indes nur schwerlich bezeichnen können.“ (S. 247). Der dahinter verborgene Alleinvertretungsanspruch auf die Wörter „gewerkschaftlich“ und „Widerstand“ ist — nicht zuletzt angesichts der Fleischerhaken in Plötzensee — mehr als bedenklich.

8 Helga Grebing, Gewerkschaftliches Verhalten in der politischen Krise der Jahre 1930—1933, in: Gewerkschafts-Zeitung: Organ des ADGB, 43. Jahrgang, Berlin 1933 (Reprints zur Sozialgeschichte, hrsg. von Dieter Dowe), Berlin — Bonn 1983, Anhang S. 7—46.

Faschismus hinein — jedenfalls so lange, als beide überhaupt noch einen Begriff voneinander hatten. Es ist nur allzu deutlich, daß Fähigkeit und Wille der Arbeiter, Widerstand zu leisten, auch vom Verhalten der ehemaligen Führer in den entsprechenden Monaten der Jahre 1932 und 1933 beeinflußt war. Es führte zur mutlosen Resignation, dem Gefühl des Im-Stich-gelassen-Seins und in die Apathie auf der einen Seite, zum trotzigen Sich-Aufbäumen auf eigene Faust, ein verlustreiches „Abenteurertum“[9] auf der anderen — und das letzte endete oft genug in den Fängen des etablierten Terrorapparates. Aber auch Fähigkeit und Wille der Funktionäre zum Widerstand waren nicht zuletzt abhängig von deren Einschätzung darüber, welche Wirkungen die Krise der Wirtschaft, Aufstieg und Herrschaft des Nationalsozialismus bei den Arbeitern hatten. Und ihnen bot sich sicher nicht das Bild einer insgesamt kampfbereiten Arbeiterschaft — ganz abgesehen einmal von der politischen Zerklüftung in ihren handlungshemmenden Auswirkungen. Die Atomisierung der Arbeiter war ja nicht nur eine von den Nationalsozialisten mit einigem Erfolg systematisch betriebene, politisch gewollte Entwicklung, sondern sie war in der Wirtschaftskrise angelegt, deren entsolidarisierende Funktion sich auch im organisatorischen Schwund der Gewerkschaften offenbarte;[10] der Zerschlagung und zwangsweisen Einverleibung der Arbeiterkultur durch den Nationalsozialismus war deren beginnender Zerfall vorangegangen.[11] Die Gewerkschaftsführungen konnten 1932/33 nicht mehr davon ausgehen, bei einem Entschluß zum Handeln im Sinne eines Generalstreiks mit folgendem Bürgerkrieg die „Arbeitermassen“ geschlossen hinter sich zu haben, noch gar, diese Auseinandersetzung gewinnen zu können. Das schließt die Überlegung nicht aus, daß eine Niederlage im Kampf langfristig politisch erfolgreicher gewesen wäre, als es die kampflose Aufgabe war.[12] Eine deutsche Arbeiterbewegung, die kämpfend untergegangen wäre, hätte zum zum Beispiel nach dem Weltkrieg einen weitaus größeren innen- und außenpolitischen Spielraum für sich in Anspruch nehmen können, als die gewissermaßen doppelt geschlagene deutsche Arbeiterbewegung es 1945 tun konnte.

Daß die Arbeiter in ihrer Gesamtheit nicht auf die „Illegalität“ und den Widerstand vorbereitet waren, ist nicht verwunderlich, aber die Gewerkschaftsführungen waren es auch nicht, jedenfalls nicht im entferntesten in einem Maße, wie es der Nationalsozialismus an der Herrschaft erfordert hätte. Die Politik der ADGB-Führung im Frühjahr 1933 zeigt an kaum einer Stelle den bewußten Übergang zu illegalen Formen der Arbeit. Der Rückgriff auf die Erfahrungen unter dem Sozialistengesetz war eine vergleichsweise hilflose politische Reminiszenz, die der Realität eines modernen kapitalistischen Staates, der zum Terror gegen die Arbeiterbewegung übergeht, nicht gewachsen war. Die Auswirkungen der Wirtschaftskrise auf die Arbeiter und die Politik der Gewerkschaftsführungen 1932/33 waren der Entwicklung und Organisierung eines genuin gewerkschaftspoliti-

9 So die Schilderung des Zeitzeugen Emil Carlebach: Widerstand in einer Frankfurter Gewerkschaftsgruppe, in: Hessische Gewerkschafter im Widerstand 1933—1945, hrsg. vom DGB-Bildungswerk Hessen u. a. (Redaktion Axel Ulrich), Gießen 1983, S. 43.

10 Vgl. dazu neuerdings: Klaus Schönhoven, Innerorganisatorische Probleme der Gewerkschaften in der Endphase der Weimarer Republik, in: Gewerkschafts-Zeitung, 43. Jg. 1933 (Reprint, vgl. Anm. 8), S. 73—104.

11 Dies ist eine begründete Vermutung von Tim Mason: Die Bändigung der Arbeiterklasse im nationalsozialistischen Deutschland. Eine Einleitung, in: Carola Sachse/Tilla Siegel/Hasso Spode/Wolfgang Spohn, Angst, Belohnung, Zucht und Ordnung. Herrschaftsmechanismen im Nationalsozialismus, Köln — Opladen 1982, S. 36.

12 So jedenfalls Willy Brandt bei der Historisch-politischen Konferenz des DGB in Dortmund am 2. Mai 1983.

schen Widerstandspotentials nicht günstig; die Niederlage vom 2. Mai 1933 war nicht nur eine organisatorische, sie war in jeder Hinsicht auch eine politische.[13] Wie der „Beschluß des Führerkreises" der Gewerkschaften vom April 1933[14] zeigt, erschütterte sie auch die bis dahin gültigen ideologisch-programmatischen Grundlagen der Gewerkschaftsbewegung. Die politische Uneinigkeit der Arbeiterbewegung war eine der Ursachen der Niederlage und erschwerte auch den Aufbau gewerkschaftlicher Widerstandsorganisationen.

Die politisch begründete „Zerspaltenheit"[15] auch der Gewerkschaften in der Weimarer Republik macht überdies heute die trennscharfe Unterscheidung eines gewerkschaftlichen Widerstandes von dem der Arbeiterparteien unmöglich. So nahm zum Beispiel der Widerstand der KPD gewerkschaftliche Formen an, um dessen Basis zu erweitern, während der sozialdemokratischer Gewerkschafter eng mit dem der SPD sich verschlang, weil sich die Personenkreise wechselseitig so sehr überlappten. Franz L. Neumann hat schon 1935 auf einen anderen Umstand hingewiesen, der die begriffliche und realhistorische Sonderung des politischen vom gewerkschaftlichen Widerstand tendentiell unmöglich macht: Die „Funktion von Gewerkschaften unter der faschistischen Diktatur" könne nur „eine rein politische sein, gerichtet auf den Sturz der Diktatur und die Errichtung einer sozialistischen Diktatur als eines Übergangszustandes zur sozialistischen Demokratie".[16] Neumann aber verneinte die sich daraus zunächst ergebende Folgerung, es könne also nur *politischen* Widerstand geben, und er postulierte zusätzlich die illegale gewerkschaftliche Arbeit, die unter leichteren Bedingungen stattfinden könne als die sonstige illegale Arbeit, da gewerkschaftlicher Widerstand bereits ein „natürliches Organisationszentrum" vorfinde, nämlich den Betrieb. Er schränkte diese optimistische Erwartung aber sofort dahingehend ein, daß auf der anderen Seite der Betrieb als Organisationsraum des gewerkschaftlichen Widerstandes wie kein anderer der Gefahr durch Denunziation offenstehe.[17] Das lenkt den Blick auf die Betriebe, auf die nationalsozialistische Arbeiterpolitik, auf Arbeiteropposition und Arbeiterwiderstand — sei es als eine Form gewerkschaftlichen Widerstandes, sei es als etwas eigenständiges, begrifflich zu sonderndes.

## *Arbeiteropposition*

Es ist eine Binsenweisheit, an der schon manches Strohfeuer entzündet wurde, daß es nicht die deutschen Arbeiter waren, die den Nationalsozialismus zur Kapitulation gezwungen haben. Diese Feststellung, so unbestreitbar sie ist, genügt aber keineswegs. Zu fragen ist, warum dies so war, obwohl die nationalsozialistische Herrschaft sich „objektiv" gegen die Arbeiter richtete und dies bis zum Ende ein Hauptbestandteil des staatlichen

13 Vgl. dazu die Einleitung von Frank Deppe in dem von ihm und Witich Roßmann herausgegebenen Buch: Wirtschaftskrise, Faschismus, Gewerkschaften 1929—1933, Köln 1981.

14 Vgl. Gerhard Beier, Zur Entstehung des Führerkreises der vereinigten Gewerkschaften Ende April 1933, in: AfS 15 (1975), S. 365—392.

15 Diesen Ausdruck verwandte Franz L. Neumann in seiner 1935 unter dem Pseudonym „Leopold Franz" herausgegebenen Schrift: Die Gewerkschaften in der Demokratie und in der Diktatur, Karlsbad 1935.

16 Ebenda.

17 Ebenda.

Machtkalküls war. Tim Mason hat den für den Zustand der deutschen Arbeiterklasse[18] und die gegen sie gerichtete Dynamik des Systems gleichermaßen treffenden Begriff der „Bändigung" gefunden und diese „Bändigung" nach vier Richtungen hin entfaltet: 1. Unterwerfung durch Terror, 2. Konzessionsbereitschaft bei allzu großer Unruhe und Unzufriedenheit, 3. Neutralisierung von Widerstandspotential durch Spaltung der Arbeiter und schließlich 4. Integration der Arbeiter in das Herrschaftssystem.[19] Dieser gleichermaßen prägnanten, theoriehaltigen und empirisch gesättigten Beschreibung des Verhältnisses zwischen der Arbeiterklasse und der faschistischen Herrschaft ist eigentlich nichts hinzuzufügen. Dies um so weniger, als Mason sich dagegen verwahrt, die Teilaspekte der „Bändigung" voneinander zu isolieren (so zum Beispiel, als habe eine erfolgreiche Integration der Arbeiter *ohne* Terror stattfinden können), sondern die Tektonik des über die Arbeiter gestülpten Machtgebäudes aus dem wechselseitigen Druck und Zug der jeweiligen Bänder ableitet. Mit diesem Erklärungsmodell ist die linke Geschichtsschreibung von dem Zwang befreit, sich die Unterwerfung der Arbeiter allein aus dem Terror erklären zu müssen, und den Konservativen das Ideologem genommen, der „Erfolg" des nationalsozialistischen Systems beruhe überwiegend auf der erfolgreichen Integration der Arbeiter. Nur in der Interdependenz der Wirkungsfaktoren — der „Bänder" — liegt die Lösung des „Rätsels", warum die deutsche Arbeiterklasse sich nicht vom nationalsozialistischen Joch selbst befreit hat.

Im speziellen Zusammenhang dieses Aufsatzes seien einige Aspekte der „Bändigung" besonders erhellt, die von Mason zwar berücksichtigt, aber nicht in den Rang eines eigenen „Themenkreises" erhoben sind. Sie sollen hier unter dem Stichwort der „Entrechtung" zusammengefaßt werden. Die Zerschlagung der Gewerkschaften, die Beseitigung der Betriebsräte, die mit dem ersten verbundene Aufhebung des Tarifvertragswesens und die „Umgestaltung des Arbeitsverhältnisses zu einem betriebsgemeinschaftlichen Ordnungsverhältnis"[20] sind wesentliche Umstände und Bereiche, aus denen heraus die Lage der Arbeiter, ihre Bereitschaft zu Opposition und Widerstand und die Voraussetzungen „gewerkschaftlichen" Widerstandes verstanden werden können. Die Zerschlagung der Gewerkschaften bedeutete nicht nur die schlichte Ausschaltung der Arbeiterorganisationen, sondern den Versuch, die Arbeiter von ihren Kadern, ihren Repräsentanten, zu trennen. Auch dieser Versuch konnte an den organisationspolitischen Schwierigkeiten als Folgen der Wirtschaftskrise und an die „Bonzen"-Propaganda der NSDAP — der die kommunistische fatal ähnelte — schon vor 1933 anknüpfen.

Die Ausschaltung der Gewerkschaften nahm den Arbeitern den nationalen Kommunikationsapparat, mit dem sie sich überbetrieblich verständigen, ihre Interessen kollektiv zu Forderungen bündeln und in strategisches und tagespolitisches Handeln umsetzen konnten. Damit war den Arbeitern das wichtigste Instrument genommen, sich als Klasse politisch zu artikulieren; die Fortnahme autonomer Kollektivität lieferte voneinander isolierte und in sich segmentierte Arbeitergruppen direkt dem Staat und den Unterneh-

18 Der Begriff soll hier wie im englischen Sprachgebrauch als dynamischer, historisch-soziologischer Begriff benutzt werden; vgl. dazu: Jürgen Kocka, Lohnarbeit und Klassenbildung. Arbeiter und Arbeiterbewegung in Deutschland 1800—1875, Berlin — Bonn 1983, S. 11—30. Die Verwendung des Begriffes „Arbeiter" soll andere „Lohnabhängige" nicht ausschließen, sondern nur dieses Wort vermeiden helfen.

19 Timothy W. Mason, Die Bändigung der Arbeiterklasse im nationalsozialistischen Deutschland (vgl. Anm. 11), besonders S. 18.

20 Wolfgang Spohn, Betriebsgemeinschaft und innerbetriebliche Herrschaft, in: Angst, Belohnung, Zucht und Ordnung (vgl. Anm. 11), S. 140—208, S. 149.

mern aus. Was noch möglich war, blieb partielle Empörung, Auflehnung einzelner Gruppen, z. B. gegen Lohnreduzierung und Intensivierung der Arbeit. Diese Akte des Ungehorsams und der Verweigerug, die sehr viel verbreiteter waren als angenommen,[20a] waren natürlich nicht von vornherein Widerstandshandlungen, konnten aber von der Gestapo schnell zu solchen stilisiert werden; sie waren aber auch oft genug Ausfluß von fortexistierendem Klassenbewußtsein und weitergeführter gewerkschaftlicher Tradition.

Solche Widersetzlichkeiten der Arbeiter im Betrieb, die bis hin zu Widerstand reichen konnten, waren notwendig öffentlich, während die Untergrundarbeit der alten Apparate von Parteien und Gewerkschaften notwendig geheim bleiben mußte. Zwischen ihnen eine überbetriebliche Verbindung herstellen zu wollen, war so gefährlich, daß die von Gerhard Beier behauptete Vernetzung gewerkschaftlicher Widerstandsgruppen in die Betriebe hinein[21] mit Sicherheit eine Seltenheit war. Versuche in dieser Richtung, die hauptsächlich im Rahmen kommunistischer illegaler Gewerkschaftsarbeit stattfanden, wurden allzubald Opfer der Gestapo. Doch die KPD war auf diese Formen nicht nur ideologisch, sondern auch praktisch angewiesen, da sie in den ehemaligen Gewerkschaftsapparaten nicht verankert waren. Diese wiederum waren von vornherein zu „verschwiegenem Widerstand“ (Gerhard Beier) gezwungen gewesen, wie der sozialdemokratische Widerstand generell, mußte auch er sich auf die Aufrechterhaltung von Kommunikation, den Zusammenhalt unter standhaften Kollegen beschränken.

Aber nicht nur auf nationaler Ebene wurde den Arbeitern die Möglichkeit, sich als Kollektiv zu artikulieren, genommen. Wie die Deutsche Arbeitsfront (DAF) ein demagogisches institutionalisiertes Leugnen des Klassenkonfliktes in dessen gesamtgesellschaftlicher Grundsätzlichkeit war, so war die Beseitigung der Betriebsräte und deren Ersetzung durch die „Vertrauensräte“ im Gesetz zur Ordnung der nationalen Arbeit (AOG) die Entsprechung auf betrieblicher Ebene. Die im AOG mystisch aufgeladene „Betriebsgemeinschaft“ aus „Betriebsführer“ und „Gefolgschaft“, die einander in „Fürsorgepflicht“ auf der einen und „Treuepflicht“ auf der anderen Seite verbunden sein sollten, räumte dem Betriebsführer, der zumeist mit dem Unternehmer identisch war, „eine nahezu unbeschränkte innerbetriebliche Herrschaft über die Arbeiter ein, die durch keinerlei Mitwirkungsrechte der Arbeiter eingeschränkt war.“[22] Theoretisch gesprochen wird in der „Betriebsgemeinschaft“ die Produktionsgesetzlichkeit des Einzelkapitals zum Rechtsprinzip erhoben[23] und damit auch oft genug zur Realität. Selbst im Betrieb, der aufgrund kollektiver Arbeitsprozesse noch am ehesten eine Zelle hoher Kommunikation unter den Arbeitern hätte sein können — und es ja oft genug auch war —, zerschnitt der Nationalsozialismus die Bande wechselseitiger Verständigung: Die Durchsetzung der Belegschaften mit arbeitslosen Nationalsozialisten war vor allem in der Anfangsphase der nationalsozialistischen Herrschaft gang und gäbe — sie nahmen die Arbeitsplätze kurzerhand entlassener Kommunisten und Sozialdemokraten ein. Das säte Mißtrauen und unterbrach gewohnte Verständigungswege, wiewohl in relativ homogenen Belegschaften die braunen Schafe oft erfolgreich isoliert werden konnten; manchmal gelang dies auch bei eingeschleusten Spitzeln. Doch auch die „naturwüchsigen“ Begleiterscheinungen kapitalistischer Industriegesellschaften, wie hohe regionale und sektorale Fluktuation von Arbei-

20a Das ergibt sich z. B. aus der Lektüre der „Deutschland-Berichte der Sozialdemokratischen Partei Deutschlands (Sopade) 1934—1940, Neudruck Salzhausen und Frankfurt, 6. Aufl. 1982; vgl. Anm. 26.

21 Gerhard Beier, Die illegale Reichsleitung der Gewerkschaften 1933—1945, Köln 1981.

22 Wolfgang Spohn, Betriebsgemeinschaft und innerbetriebliche Herrschaft, S. 147.

23 Ebenda, S. 155.

tern sowohl in der Krisenphase als auch im Aufrüstungsboom, sowie die berufliche Mobilität deutscher Arbeitnehmer zu dem Zeitpunkt, als die Fremdarbeiterbeschäftigung größeren Umfang annahm, begünstigten den Zerfall betrieblicher Kommunikationsmilieus.

Die nationalsozialistische Lohnpolitik, die sicher, wie Mason zu Recht feststellt, nur eine Variante des seiner Wirkung mehr oder minder bewußten kapitalistischen Normalfalles war, trug, wie Tilla Siegel überzeugend dargelegt hat, *intentional* zur Segmentierung der Arbeiter in Gruppen und Grüppchen bei.[24] Sie schuf zwischen ihnen Gräben, die mit Gewerkschaften und Betriebsräten womöglich zu überbrücken gewesen wären, doch ohne diese mußte eine in diese Richtung forcierte Lohnpolitik sich schon mittelfristig massiv desolidarisierend auswirken. Die Aufhebung des Tarifvertragswesens nahm den Arbeitern die Möglichkeit, die eigenen Löhne auf nationaler Ebene mit denen anderer zu vergleichen; sie arbeiteten desinformiert im gewollten Chaos betrieblich festgesetzter (und staatlich nur partiell kontrollierter) Lohnsysteme und Löhne, wurden in die individuelle Konkurrenz mit ihren Arbeitskollegen getrieben. Trotz all dieser ungünstigen Bedingungen, der subjektiven und objektiven Hemmnisse für nonkonforme Handlungen und Verhaltensweisen, hat es Akte der Verweigerung und des Protestes bei Arbeitern in nennenswertem Umfang gegeben. Nicht alles, was die Arbeiter dem System an „Eigensinn" entgegengesetzt haben, ist wohl Widerstand in einem engeren Sinn. Tim Mason hat deshalb den Begriff der „Arbeiteropposition" vorgeschlagen[25] und damit alle Handlungen von Arbeitern gemeint, die zwischen ökonomischer Interessenwahrnehmung und offener Opposition liegen, aber zunächst nicht intentional politischer Widerstand sind. Die Formen dieser Arbeiteropposition waren vielfältig: häufiger Arbeitsplatzwechsel; kollektive Kündigungen; Fehlen am Arbeitsplatz; „Krankfeiern"; Bummeln; Erscheinen am Arbeitsplatz, ohne die Arbeit aufzunehmen; dauerhafte überflüssige Inanspruchnahme der NS-Vertrauensräte und deren Aufwiegelung gegen die Meister; Lächerlichmachen nationalsozialistischer Betriebspolitik; Weigerung, den „Tag der nationalen Arbeit" (1. Mai) zu begehen; Erzählen von Witzen; schlechte Arbeit bis hin zu Sabotage, und vieles andere mehr.

Dies wird man nicht alles im politischen Sinn als Widerstand auffassen können (zumal einige Formen dieser Art der Opposition auch von Arbeitern bekannt sind, die Nationalsozialisten waren), und die Grenzen zwischen einer ökonomischen Interessenwahrnehmung und mehr oder minder offener Opposition sind auch schwer erkennbar. Arbeiteropposition war aber ein sicherlich weit häufigerer Tatbestand als bisher angenommen — das hat Michael Voges in seiner Auswertung der Deutschland-Berichte der Sopade (Exil-SPD) anschaulich gemacht.[26] Diese Arbeiteropposition bewegte sich personell und inhaltlich überwiegend auf dem Strang gewerkschaftlicher Tradition. Sie wurde offenbar getragen von ehemaligen Gewerkschaftern und Betriebsräten; ihre Formen und Forderungen verweisen auf gewerkschaftliches Bewußtsein. Ohne diese Arbeiteropposition nun schlicht dem Begriff des „gewerkschaftlichen Widerstandes" zuschlagen zu wollen — sie

---

24 Tilla Siegel, Lohnpolitik im nationalsozialistischen Deutschland, in: Angst, Belohnung, Zucht und Ordnung (vgl. Anm. 11), S. 54—139, passim, besonders S. 137.

25 Timothy W. Mason, Arbeiteropposition im nationalsozialistischen Deutschland, in: Detlev Peukert/Jürgen Reulecke (Hrsg.), Die Reihen fast geschlossen. Beiträge zur Geschichte des Alltags unterm Nationalsozialismus, Wuppertal 1981, S. 293—313.

26 Michael Voges, Klassenkampf in der „Betriebsgemeinschaft". Die Deutschlandberichte der Sopade (1934—1940) als Quelle zum Widerstand der Industriearbeiter im Dritten Reich, in: AfS 21 (1981), S. 329—383.

kam auch bei jungen, gewerkschaftlich nicht vorgeprägten Arbeitern vor —, kann sie doch nicht von diesem ganz abgehoben werden.

Ob die vielfältigen Belege für oppositionelle Handlungen von Arbeitern hinreichen, um das Bild von einer weitgehend und überwiegend pazifizierten deutschen Arbeiterschaft unter dem Nationalsozialismus grundlegend zu korrigieren, muß fraglich bleiben. Es lassen sich jedoch — nach Voges — drei in ihrer Intensität deutlich unterschiedene Phasen der Arbeiteropposition zwischen 1933 und 1940 konstatieren: Eine zweijährige Anfangsphase, in der aufgrund der schlechten Arbeitsmarktlage die Arbeiter Angst hatten, sich — politisch oder nicht — unbotmäßig zu verhalten. Das heißt aber nicht, daß die Arbeiter sich mit dem nationalsozialistischen System abgefunden hatten, denn aus den Niederlagen der DAF bei den Vertrauensratswahlen von 1934 und 1935 ging für die Machthaber deutlich hervor, daß sie die Arbeiter in ihrer Mehrheit nicht auf ihrer Seite hatten. Von 1936 an verzichtete man auf solche Wahlfarcen; neue Vertrauensratsmitglieder wurden kooptiert oder ernannt. In einer zweiten Phase, mit dem Anziehen der Konjunktur und der sich bessernden Beschäftigungslage in der Mitte der 30er Jahre, wuchs der Mut der Arbeiter, ihre ökonomischen Interessen auf Betriebsebene individuell, teilweise sogar kollektiv, zu vertreten. Dies ging offenbar selten hin bis zu einem intentional politischen Widerstand, eher handelte es sich um Formen ökonomischer Interessenvertretung, die aber sehr wohl eine politische Funktion haben konnten. In der dritten Phase ebbte diese Welle der Opposition wieder ab. Es scheint, daß das nationalsozialistische Regime im Zuge der verstärkten Rüstung und Kriegsvorbereitung sich gezwungen sah, zumindest auf dem Lohnsektor den Forderungen und Bedürfnissen größerer Arbeitergruppen nachzugeben.

Es ist auch unbestreitbar, daß die Gratifikationen und Bestechungsangebote, die das System zumindest für Teile der Arbeiterschaft bereithielt, ihre Wirkung nicht völlig verfehlten — man denke nur an die Freizeit- und Urlaubsorganisation der DAF, „Kraft durch Freude" (KdF) —, zugleich darf man offenbar nicht die Akzeptanz einer sozialpolitischen Maßnahme bei den Arbeitern mit deren ideologischer Wirkung gleichsetzen. Und es ist auch nicht zu leugnen, welche Integrationskraft die Erfolge der nationalsozialistischen Außenpolitik bis in die Arbeiterschaft hinein hatte — alte Sozialdemokraten und Gewerkschafter waren zutiefst deprimiert über diesen Umstand. Und es kann auch nicht übersehen werden, wie nationalsozialistischer Populismus wirkte und wie das Bild Adolf Hitlers auch von Arbeitern positiv gesehen wurde, zumal Hitler es ängstlich vermied, mit irgendwelchen Maßnahmen in Verbindung gebracht zu werden, die sich direkt gegen die Interessen der Arbeiter richteten.[27]

Noch ist die Arbeiteropposition nicht hinreichend erforscht, doch wenn es gelingt, ihre Formen, ihre Intensität und Zielrichtung glaubhaft mit Daten der politischen Entwicklung in Zusammenhang zu bringen, werden wir wissen, ob vielleicht sogar in größerem Umfang von Arbeiter*widerstand* gesprochen werden kann. Bei einem Vergleich mit dem Widerstand aus bürgerlichen Schichten dürfte man allerdings nicht übersehen, daß — im Unterschied zum Bourgeois oder gar dem Adeligen — ein Arbeiter in der Regel nicht über weit reichende soziale Kontakte verfügt und die Arbeiter deshalb wohl höchst selten in der Lage waren, über ihren begrenzten betrieblichen oder nachbarschaftlichen Rahmen hinaus ein Kommunikationsnetz von Gleichgesinnten zu knüpfen. Es steht aber zu ver-

27 Timothy W. Mason, Die Bändigung der Arbeiterklasse im nationalsozialistischen Deutschland, S. 43 ff.; vgl. Ian Kershaw, Der Hitler-Mythos. Volksmeinung und Propaganda im Dritten Reich, Stuttgart 1980, S. 63 ff.

muten, daß die relativ festgefügten Milieus der Arbeiterbewegung, seien sie sozialdemokratisch, kommunistisch oder christlich-katholisch gewesen, gegen den Nationalsozialismus weitgehend immun oder gar resistent geblieben sind. Über Reichsweite oder gar internationale Verbindungen und Kommunikationsmöglichkeiten verfügten jedoch höchstens die früheren Funktionäre.

## *Gewerkschaftlicher Widerstand*

Es war die Intention des gewerkschaftlichen Widerstandes[28], seine illegale Arbeit „an den Betrieb, an die wirtschaftlichen und sozialen Lebensbedingungen" der Arbeiter zu binden — so jedenfalls legte es Heinrich Schliestedt[29], ehemaliger Funktionär des Deutschen Metallarbeiterverbandes (DMV) und begabter Organisator zwischen Widerstand und Exil der Gewerkschaften, in einem Memorandum 1935 nieder[30]. Doch es muß daran gezweifelt werden, daß dies in einem wesentlichen Umfang gelang. Der Brückenschlag zwischen der notwendig öffentlichen Arbeiteropposition und der genauso notwendig geheimen Illegalität der ehemaligen Kader glückte wohl nur selten und unvollkommen. Schliestedt selbst formulierte diese Crux: „. . . von der gewerkschaftlichen Arbeit und den dahinter stehenden Menschen, ihren Methoden usw. darf nicht gesprochen werden. Die gewerkschaftliche Aktion geht im geheimen (!) vor sich und kein Vertrauensmann ist erfreut über Reklame. Es genügt ihm, daß er in seinem Kreis bekannt ist. Darüber hinaus wird er selbst und die Arbeit gefährdet"[31].

Gerhard Beier hat in seinem Bändchen über die illegale Reichsleitung der Gewerkschaften dieser zu einer historiographischen Existenz verholfen. Er hat Anhaltspunkte für die Arbeit einer zentralen illegalen Reichsleitung und die einzelner Verbände gefunden, so für den DMV, den „Alten Verband" der Bergarbeiter, den Fabrikarbeiterverband, den „Gesamtverband" (des öffentlichen Dienstes), den Zentralverband der Hotel-, Restaurant- und Café-Angestellten, für die der Bekleidungsarbeiter, der Holzarbeiter, des Druckgewerbes und der Land- und Forstarbeiter. Doch selbst wenn man in Rechnung stellt, wie hochkonspirativ, damit nicht-schriftlich, und das heißt für die Historiker immer noch gemeinhin: nichtexistent, diese Arbeit vor sich gehen mußte, bleibt Skepsis gegenüber der Vorstellung einer etwa breit entfalteten Systematik illegalen Weiterexistierens der Gewerkschaftsführungen.

An einem Leben wie dem Hans Böcklers in der Zeit des Nationalsozialismus zeigt sich, daß diese illegale Arbeit der Gewerkschaften bei weitem nicht immer dramatischen oder systematischen Zuschnitt hatte, sondern sich zwischen „Widerstand" und „Wartestand" bewegte[32]. Damit soll nichts verniedlicht werden, denn die Folgen auch dieser Art von Existenz waren oftmals so schrecklich, daß sich dies von selbst verbietet; aber es verbietet sich auch, alles zu heroisieren.

28 Einen guten Literaturüberblick gibt neuerdings Alexandra Schlingensiepen in der Einleitung zur Neuausgabe von Helmut Esters/Hans Pelger, Gewerkschafter im Widerstand, 2. Aufl., Bonn 1983.

29 Heinrich Schliestedt, 1883—1938, bis 1919 Bevollmächtigter des DMV in Remscheid, 1919—1933 Sekretär im Vorstand des DMV, leitete die „Auslandsvertretung der Deutschen Gewerkschaften", kam 1938 bei einem Flugzeugabsturz im Elsaß ums Leben.

30 Abgedruckt in: Gerhard Beier, Die illegale Reichsleitung der Gewerkschaften, S. 90—120.

31 Ebenda, S. 99.

32 Ulrich Borsdorf/Hans Böckler. Arbeit und Leben eines Gewerkschafters von 1875 bis 1945, Köln 1982.

Die unterschiedlichen Taktiken der sozialdemokratischen und christlichen Gewerkschafter auf der einen und der kommunistischen Gewerkschafter bzw. der KPD auf der anderen Seite waren in sich durchaus konsequent: Der ehemalige Apparat des ADGB konnte gar nicht anders als konspirativ arbeiten — die kommunistischen Gewerkschaften konnten kaum anderswo als auf der betrieblichen Ebene ansetzen. Dabei wurden die Kommunisten für die Verfolgung anfälliger. Sie mußten auch deswegen höhere Verluste als die Sozialdemokraten hinnehmen, weil sie im Gegensatz zu den dezentral und in informellen Zirkeln arbeitenden Sozialdemokraten zentralistisch-hierarchisch organisiert waren: Lüftete die Gestapo die Systematik an einem Punkt, war das Ganze leichter aufzurollen. Das Ausmaß an Verfolgung, die Kommunisten zweifellos härter traf, läßt keinen unmittelbaren Rückschluß auf die Intensität des Widerstandes zu.

Gemeinsam war beiden: Der Irrtum über den Charakter, vor allem aber über die Dauerhaftigkeit des Nationalsozialismus war bei den sozialdemokratischen Gewerkschaftern und bei den Kommunisten gleich folgenschwer. Er hatte die Führung des ADGB zu der Auffassung verleitet, ein Überleben der Organisationen sei durch zeitweilige Anpassung möglich. Die Kommunisten hatten angenommen, sie befänden sich in einer vorrevolutionären Phase, und die Arbeiter seien sowohl gegen die Führung der Sozialdemokratie (oder doch an ihr vorbei) wie zum baldigen Sturz des Faschismus zu mobilisieren. Im Grunde aber reagierten beide Gruppen konzeptionell auf den ihnen verbleibenden Handlungsspielraum im Widerstand taktisch je an sich folgerichtig. In der Praxis unterschied sich die kommunistische Spielart der Widerstandsarbeit aber nach 1936, als die Gestapo verheerende Erfolge unter den Kommunisten gehabt hatte, nicht wesentlich von der der Sozialdemokraten: Heimlichkeit, Verbindunghalten, Information, Kommunikation, Dezentralität waren die Merkmale.[33]

Während zwischen der Widerstandsarbeit der Sozialdemokratischen Partei und der der Freien Gewerkschaften weitgehende Kongruenz der Ziele und Methoden und trotz aller Differenzen Selbstverständlichkeit vorherrschte, hatte die illegale Gewerkschaftsarbeit der KPD strategisch eine besondere Bedeutung, weil sie von 1935/36 an ein zentraler Ort der Verwirklichung ihrer Einheits- und Volksfrontbestrebungen war. Die KPD hat bis 1935 an ihrer Sozialfaschismusthese festgehalten, die Faschismus und Sozialdemokratie zu Zwillingen erklärte — dies und die bis dahin aufrechterhaltene RGO-Politik isolierte, wie Walter Ulbricht zugab, die Kommunisten „von entscheidenden Schichten des Proletariats“[34]. Die Taktik des „Trojanischen Pferdes“, die Dimitroff formuliert hatte und die bedeutete, innerhalb der DAF Gruppen zu bilden und diese faschistische Massenorganisation zur Auseinandersetzung mit Arbeiterinteressen zu zwingen, scheiterte am Terrorapparat des Systems, aber auch am Widerwillen der Sozialdemokraten und dem Unverständnis, mit dem die Arbeiter diesem Vorgehen gegenüberstanden. 1938/39 wurde sie zugunsten der allgemeiner gehaltenen Aufforderung, in der DAF „Massenarbeit“ zu leisten, abgelöst[35]. Der Hitler-Stalin-Pakt brachte die kommunistische Widerstandsarbeit, zumindest was den Aspekt der Einheitsfront anging — neben anderen kriegsbedingten Ursachen — fast völlig zum Erliegen. Erst nach dem Überfall Hitlers auf die Sowjetunion war eine Reaktivierung, wenn auch auf bedeutend niedrigerem Niveau als 1933 bis 1935, erkennbar. Punktuelle Erfolge der Kommunisten bei dem Versuch, die

33 Detlev Peukert, Der deutsche Arbeiterwiderstand 1933—1945 (vgl. Anm. 5), S. 28 f.

34 Zitiert nach: Horst Bednareck, Die Gewerkschaftspolitik der KPD — fester Bestandteil ihres Kampfes um die antifaschistische Einheits- und Volksfront zum Sturze der Hitlerdiktatur und zur Verhinderung des Krieges (1935 bis August 1939), Berlin (Ost) 1969, S. 62.

35 Horst Duhnke, Die KPD von 1933 bis 1945, Köln 1972, S. 213.

Einheits-, ja schließlich die Volksfront herzustellen, waren auf betrieblicher und örtlicher Ebene, in Konzentrationslagern, zeit- und teilweise auch mit Gruppen des sozialistischen Exils (z. B. mit den „Revolutionären Sozialisten" und mit Gewerkschaftsexilgruppen in Frankreich und in den Niederlanden)[36] zu verzeichnen, sie waren aber nicht kontinuierlich und nicht die Regel.

Ein großer Teil der illegalen Gewerkschaftsarbeit wäre demnach nicht als „aktiver" Widerstand zu bezeichnen, wenn man es zum Kriterium erhöbe, ob deren Handeln direkt in die Vorbereitung eines Umsturzes mündete — davon kann wohl erst nach dem 1941 hergestellten Kontakt zu den Männern des 20. Juli gesprochen werden. Die relative Stabilität des nationalsozialistischen Systems ließ Pläne, die mit Massenaktionen hätten realisiert werden müssen, in der Tat als illusorisch erscheinen. Doch auch die organisierte Illegalität der Gewerkschafter bedeutete eine latente Bedrohung des Systems, indem sie eine Gegenelite zusammenhielt, die für den Moment des Zusammenbruchs zur Verfügung stand. Dies war der wesentliche Grundzug der Widerstandsgruppe, die Wilhelm Leuschner mit ständigem Kontakt zu Jakob Kaiser und Max Habermann um sich geschart hatte. Der Kontakt zu einem der führenden Köpfe des konservativ-bürgerlichen Widerstandes, Carl Goerdeler, wurde von Jakob Kaiser 1941 hergestellt.

Beide Seiten waren über sicher fortbestehende ideologische Differenzen hinweg offenbar der Überzeugung, aufeinander angewiesen zu sein. Leuschner glaubte, ohne die Militärs — Goerdeler hielt die Verbindung zu Generaloberst Beck — sei ein Umsturz nicht denkbar. Goerdelers Bereitschaft dagegen, mit Vertretern des gewerkschaftlichen Widerstandes zusammenzuarbeiten, beruhte nicht zuletzt auf der Hoffnung, die Gewerkschaften würden ihr Augenmerk auf die Verbesserung der Lage der Arbeiter richten und somit das entscheidende antirevolutionäre Element in einem Staat ohne Hitler, Himmler, Göring und Goebbels sein.

Goerdeler hatte in seinen ersten Denkschriften der Jahre 1940/41 für eine gesellschaftliche Neuordnung in Deutschland keine autonomen Gewerkschaften, sondern eine reformierte DAF vorgesehen. Leuschner und Kaiser brachten ihn davon ab, und sie einigten sich 1942 auf das Konzept einer „Deutschen Gewerkschaft", in die Leuschner und Kaiser das von ihnen illegal zusammengehaltene Führungspersonal der drei früheren Richtungsgewerkschaften einbrachten. Die „Deutsche Gewerkschaft" sollte von der DAF den Beitrittszwang übernehmen, eine auf Zwangsmitgliedschaft beruhende Körperschaft in dem von Goerdeler vorgesehenen „Reichsständehaus" sein. Bei grundsätzlicher Aufrechterhaltung der kapitalistischen Wirtschaft sollte die „Deutsche Gewerkschaft" in den Wirtschaftsbereichen, die für eine Sozialisierung in Frage kamen, im gemeinwirtschaftlichen Sinne auch als Produzent auftreten. Arbeitsvermittlung und Sozialversicherung sollten von ihr autonom verwaltet, durch ein speziell darauf ausgelegtes Bildungssystem sollten die Arbeitnehmer zur wirtschaftlichen Mitbestimmung befähigt werden[37].

Goerdeler war an den Grundideen der preußischen Selbstverwaltung im Steinschen

---

36 Vgl. Jutta von Freyberg, Sozialdemokraten und Kommunisten. Die Revolutionären Sozialisten Deutschlands vor dem Problem der Aktionseinheit 1934—1937, Köln 1973; vgl. auch: Rudolf Quast, Alter Verband im Exil 1933—1945. Dokumentation, Ms., Bochum 1983.

37 Gerhard Ritter, Carl Goerdeler und die deutsche Widerstandsbewegung, Stuttgart, 3. Aufl. 1956; Hans Mommsen, Gesellschaftsbild und Verfassungspläne des deutschen Widerstandes, in: Walter Schmitthenner/Hans Buchheim (Hrsg.), Der deutsche Widerstand gegen Hitler, Berlin 1966, S. 73 bis 167; Hans Mommsen, Die deutschen Gewerkschaften zwischen Anpassung und Widerstand 1930 und 1944, in: Heinz O. Vetter (Hrsg.), Vom Sozialistengesetz zur Mitbestimmung, Köln 1975, S. 275—299.

Sinne orientiert und stand westlich-pluralistisch-parlamentarischem Denken weniger aufgeschlossen gegenüber. Seine korporativistischen Ideen brachten bei den Gewerkschaftern — bei den christlichen am stärksten — auch deren ähnlich geartete Traditionsstränge zum Klingen. Die Einheitsgewerkschafts-Konzeption des Goerdeler-Leuschner-Kreises hat in ihrer Motivstruktur mit den kommunistischen Einheitsvorstellungen, wie sie von 1935 an in ein Volksfront-Programm eingebettet waren, wenig zu tun. Sie ist vielmehr Teil eines programmatisch groß angelegten Korporativismus.

Die Machterweiterung für die Gewerkschaften, die sich aus der Planung Leuschner-Goerdeler ergab, stieß bei dessen konservativen Mitstreitern auf große Reserven. Auch James Graf von Moltke und der Kreisauer Kreis, zu dem Carlo Mierendorff die Verbindung hergestellt hatte, der selber am Einheitsgewerkschaftsplan seit 1939/40 beteiligt gewesen war, kritisierten das zentralistische Modell von Leuschner, Goerdeler und Kaiser. Es widersprach ihren sozial-romantischen Vorstellungen von „kleinen Gemeinschaften" als Kernzellen einer neuen Staats- und Gesellschaftsordnung. Die Vorstellungen des konservativen Widerstandes zu einer Neugestaltung der Arbeitsverhältnisse und der Rolle der Gewerkschaften in ihnen atmen insgesamt eine gewisse Weltfremdheit, die zeigt, wie groß die soziale Distanz zu den Vertretern der Arbeiterbewegung im Widerstand geblieben sein muß und wie sehr sich diese Ideen aus vormodernen Quellen speisten[38].

Daß Pläne für eine nachfaschistische Organisationsstruktur von Gewerkschaften an die DAF anknüpften, wie die von Leuschner und Goerdeler, ist nur auf den ersten Blick ungewöhnlich. Fritz Tarnow propagierte im schwedischen Exil Ende des Jahres 1941 — als er noch Kontakte zum Widerstand in Deutschland hatte — einen Reorganisationsplan, dessen Grundidee die Übernahme des organisatorischen Gerippes der DAF und deren Demokratisierung war. Auf die in die DAF ebenfalls zwangsintegrierten Unternehmer und Manager allerdings sollte verzichtet werden. Dieser Plan einer demokratischen Rückeroberung der DAF war hauptsächlich von dem Ziel bestimmt, in dem zu erwartenden Chaos eines gesellschaftlichen Umbruchs in Deutschland möglichst schnell wieder eine intakte, festgefügte Arbeitnehmerorganisation zu haben. Tarnow stieß mit diesem Plan jedoch bei den Amerikanern, denen er ihn vortrug, auf Befremden, und sowohl in seiner Stockholmer Gewerkschaftsexilgruppe, aber vor allem auch in der von Hans Gottfurcht geleiteten Londoner Gruppe auf erhebliche Ablehnung[39]. Eine allzu voreilige Kritik an Tarnows — allerdings politisch instinktlosem — Plan verkennt[40], daß in der Realität der Monate April und Mai 1945 es die Arbeiter in den Betrieben selbst waren, die vielerorts ganz unbefangen in die Strukturen der DAF einrückten[41]. So hielten

38 Vgl. dazu: Michael Schneider, Zwischen Standesvertretung und Werksgemeinschaft: Zu den Gewerkschaftskonzeptionen der Widerstandsgruppen des 20. Juli 1944, Beitrag für die 4. Sitzung zur Internationalen Konferenz zum 40. Jahrestag des 20. Juli 1944, „Die deutsche Gesellschaft und der Widerstand gegen Hitler, Ms., 1984.

39 Lutz Niethammer/Ulrich Borsdorf/Peter Brandt (Hrsg.), Arbeiterinitiative 1945. Antifaschistische Ausschüsse und Reorganisation der Arbeiterbewegung in Deutschland, Wuppertal 1976, S. 94 ff.; Ulrich Borsdorf/Hans-Otto Hemmer/Martin Martiny (Hrsg.), Grundlagen der Einheitsgewerkschaft, Köln 1977, S. 248 ff.

40 Dieter Lange, Fritz Tarnows Pläne zur Umwandlung der faschistischen Deutschen Arbeitsfront in Gewerkschaften, in: ZfG 24 (1976), S. 150—167.

41 Vgl. Arbeiterinitiative 1945 (Anm. 39), S. 291 f. Zur Arbeit der „Vertrauensräte" und der ersten Betriebsräte neuerdings: Michael Zimmermann, „Betriebsgemeinschaft" — der unterdrückte Konflikt. Aus den Protokollen der Zeche „Friedrich der Große", und: Alexander von Plato, „Sie müssen ja auch bedenken, was meine Generation erlebt hat". Betriebsräte nach 1945, in: Lutz Niethammer/Bodo Hombach/Tilman Fichter/Ulrich Borsdorf (Hrsg.), „Die Menschen machen ihre Geschichte nicht aus freien Stücken, aber sie machen sie selbst", Berlin—Bonn 1984, S. 171—174 und S. 188—192.

sie zum Beispiel die Beitragssätze der DAF weiterhin mit Hilfe der Unternehmen ab, verwandten die DAF-Briefbögen auf der Rückseite weiter; vor allem aber planten viele eine Organisation, die ähnlich wie die DAF zentralistisch in Industriegruppen gegliedert sein sollte. Es ist unübersehbar, daß die Organisationsstruktur des FDGB der SBZ/DDR den Plänen, wie sie etwa Böckler und andere wieder auftauchende Gewerkschaftsführer im Westen hegten, stark ähnelten, und daß sie allesamt ohne die DAF im Grunde nicht zu denken sind. Das hängt gewiß auch damit zusammen, daß die DAF, was ihre organisatorische Struktur angeht, gewissermaßen ein Plagiat das ADGB-Organisationsbeschlusses von 1925 darstellt. Es handelt sich bei diesen organisations-strukturellen Affinitäten zwischen Einheitsgewerkschaft und ihrem faschistisch-korporativistischen Zerrbild keineswegs um eine deutsche Sonderentwicklung. Auch in anderen Ländern, in denen der Faschismus tiefe Spuren hinterlassen hatte, entstanden am Ende des Krieges solche Einheitsgewerkschaften: in Österreich, Italien und Frankreich.[42]

## *Exil*

Der gewerkschaftliche Widerstand der Anfangsphase war von dem Versuch geprägt gewesen, Widerstandsarbeit innerhalb und außerhalb Deutschlands zu verzahnen. Das gelang zunächst den Eisenbahnern — wobei es kein Zufall ist, daß die mit Kommunikation und Transport Befaßten am ehesten in der Lage waren, nationale und internationale Verbindungen aufzubauen. Mit Unterstützung der Internationalen Transportarbeiterföderation (ITF) unter Edo Fimmen war es Hans Jahn und Karl Molt über Jahre hinweg gelungen, eine Widerstandsorganisation aufrecht zu erhalten, die vor allem im west- und süddeutschen Raum grenzüberschreitend wirkte[43].

Die Arbeit der Eisenbahner und der ITF vollzog sich zunächst unabhängig von den Bestrebungen Heinrich Schliestedts und Hermann Schlimmes, Widerstand und Exil zu verknüpfen. Auf einer Konferenz in Reichenberg (Komotau) hatte sich im Sommer 1935 eine Exilorganisation sozialdemokratischer Gewerkschafter gebildet, die „Gewerkschaftliche Auslandsvertretung Deutschlands (GEADE)", die sich später „Auslandsvertretung Deutscher Gewerkschaften (ADG)" nannte[44]. Deren Geschäftsführer wurde Schliestedt; die Auslandsvertretung wurde vom Internationalen Gewerkschaftsbund (IGB) unterstützt, der das Verhalten der deutschen Gewerkschaftsführungen gegenüber dem Nationalsozialismus verurteilt hatte. Bei Kriegsausbruch waren in der ADG sieben Landesverbände mit angeblich mehreren tausend emigrierten deutschen Gewerkschaftern zusammengeschlossen[45]. Die ADG verstand es als ihre zentrale Aufgabe, die Arbeit der illegal in Deutschland wirkenden Gewerkschafter zu unterstützen, Informationen über Deutschland zu sammeln und unter der ständigen Beobachtung der politischen Machtverhältnisse sich auf den Zeitpunkt vorzubereiten, zu dem ein Neuaufbau der Gewerkschaften möglich wurde. Vor allem diesen Punkt kritisierten kommunistische Gewerkschafter (die sich gleichzeitig sehr um die Anwendung ihrer Einheitsfront-Linie auf die

42 Lutz Niethammer, Strukturreform und Wachstumspakt. Westeuropäische Bedingungen der einheitsgewerkschaftlichen Bewegung nach dem Zusammenbruch des Faschismus, in: Heinz O. Vetter (Hrsg.), Vom Sozialistengesetz zur Mitbestimmung, Köln 1975, S. 303—358.
43 Helmut Esters/Hans Pelger, Gewerkschafter im Widerstand (Anm. 28), S. 25 ff.
44 Gerhard Beier, Die illegale Reichsleitung der Gewerkschaften, S. 41 ff.
45 Jürgen Klein: Vereint sind sie alles? Untersuchungen zur Entstehung von Einheitsgewerkschaften in Deutschland, Hamburg 1972, S. 98.

ADG bemühten[46], indem sie der ADG vorwarfen, nicht den direkten antifaschistischen Kampf aufzunehmen. Fritz Tarnow, der selbsternannte Nachfolger des 1938 tödlich verunglückten Schliestedt, konterte dies mit dem Argument, daß ein zu frühes Auslösen von Aktionen bestehende Kader gefährden könne; die Arbeit in Deutschland solle den dort Kämpfenden überlassen bleiben[47].

Während der Besetzung Frankreichs durch deutsche Truppen mußte der IGB sein Büro von Paris nach London verlegen, das ihm angegliederte Büro der ADG löste sich auf. Von nun an existierten die Landesgruppen unabhängig voneinander, die Kontakte rissen oftmals ganz ab.

In den gewerkschaftlichen Exilorganisationen arbeiteten Sozialdemokraten und die Anhänger linker Splittergruppen, wenn auch nicht ohne Schwierigkeiten, zusammen.[48] Die Kommunisten konnten größeren Einfluß nur in der in Frankreich operierenden Gruppe erlangen. Ihnen mißlang zwar das Vorhaben, die Zusammenarbeit mit den Sozialdemokraten in einem Koordinationsausschuß zu institutionalisieren, aber es gelang ihnen, die „deutsche Sprachgruppe" in der CGT zu „kontrollieren"[49]. Das Verhältnis zwischen den gewerkschaftlichen Exilgruppen und der KPD blieb im übrigen sehr gespannt.

Von den gewerkschaftlichen Exilgruppen waren die in Schweden[50] und in Großbritannien die größten, politisch regsamsten und programmatisch ergiebigsten. Zur Beschreibung des Beitrags des Exils zur Nachkriegswirklichkeit der deutschen Gewerkschaften ist die beispielhafte Behandlung der britischen Gruppen am besten geeignet. In London, wo auch der Exilvorstand der SPD seinen Sitz hatte, entstand im Frühjahr 1941 mit der „Union deutscher sozialistischer Organisationen in Großbritannien" ein Kartell aus SPD, „Neubeginnen", SAP, ISK und der Landesgruppe deutscher Gewerkschafter in Großbritannien[51]. Die Kommunisten waren zwar nicht in dieser „Union", aber nach dem Überfall Hitlerdeutschlands auf die Sowjetunion durchaus in der Landesgruppe der Gewerkschafter vertreten. Nachdem sich zwischen dem britischen TUC und den sowjetischen Gewerkschaften Kontakte angebahnt hatten, die schließlich in die Gründung des Weltgewerkschaftsbundes (WGB) mündeten, konnten die deutschen Kommunisten, die auch im Exil nach dem Hitler-Stalin-Pakt in die Isolierung geraten waren, nicht länger ferngehalten werden. Insofern war hier im Exil die Einheitsgewerkschaft auch politisch schon präformiert, indem sie sich parteipolitisch und weltanschaulich für Sozialdemokraten, Sozialisten und Kommunisten öffnete und prinzipiell christliche Gewerkschafter einschloß.

Die britische Landesgruppe deutscher Gewerkschafter begann ihre programmatischen Beratungen 1943; sie sollten sich bis in das Jahr 1945 hineinziehen — das Schlußdokument, „Die neue deutsche Gewerkschaftsbewegung"[52], wurde jedoch von den Kommunisten schon nicht mehr mitgetragen. Hier deutete sich bereits ein Bruch an: die

46 Ebenda, S. 97; vgl. Horst Bednareck, Die Gewerkschaftspolitik der KPD (Anm. 34), S. 144 f.

47 Horst Bednareck, Die Gewerkschaftspolitik der KPD, S. 148.

48 Vgl. für England: Werner Röder, Die deutschen sozialistischen Exilgruppen in Großbritannien 1940—1945, Bonn—Bad Godesberg, 2. Aufl. 1973.

49 Arbeiterinitiative 1945 (Anm. 39), S. 92.

50 Dieter Günther, Gewerkschafter im Exil. Die Landesgruppe deutscher Gewerkschafter in Schweden von 1938—1945, Marburg 1982.

51 Werner Röder, Die deutschen sozialistischen Exilgruppen in Großbritannien (Anm. 48).

52 Abgedruckt in: Ulrich Borsdorf/Hans-Otto Hemmer/Martin Martiny (Hrsg.), Grundlagen der Einheitsgewerkschaft (Anm. 39), S. 250 ff.

Kommunisten vertraten im Interesse der sowjetischen Außenpolitik (Reparationen) die Kollektivschuldthese, die die Sozialisten lebhaft bestritten.

Im Unterschied zu den Planungen der Goerdeler-Leuschner-Gruppe konnte die Landesgruppe in London das Datum einer von außen herbeigeführten militärischen Niederlage des deutschen Faschismus in ihre Planungen mit einbeziehen und war insofern realistischer auf die 1945 tatsächlich eintretende Situation zugeschnitten. Anders als Goerdeler-Leuschner und auch anders als Tarnow wollten die Londoner die künftigen Gewerkschaften nicht „von oben" und zentral aufgebaut sehen, sondern von unten, örtlich und bezirklich, nach Industrien und Berufen, — die vorherige vollständige Liquidierung der DAF war einstimmige Meinung aller. Eine von Parteien, Staat, Regierung und Unternehmern unabhängige, auf freiwillige Mitgliedschaft beruhende Einheitsgewerkschaft, untergliedert in Industrieverbände, sollte die Organisationsform sein.

Mitsamt seinem wirtschaftsdemokratischen Teil atmet das ganze Programm ähnlich wie das schwedische, im Unterschied zur Goerdeler-Leuschner-Programmatik, westlich-pluralistische Züge: es gewann praktisch-politische Bedeutung damit, daß aufgrund einer Zusammenarbeit der Gottfurcht-Gruppe mit dem amerikanischen Nachrichtendienst OSS einige ihrer Mitglieder schon vor oder mit den Besatzungstruppen nach Deutschland eingeschleust wurden[53]. Und so kann man dann in Hans Böcklers Antrag an die Militärbehörden im Frühjahr 1945[54], der ganz den Ton und das Konzept Leuschners und Kaisers fortführte, ein mit einer englischen Schreibmaschine — wohl von Werner Hansen — geschriebenes Insert finden, das eindeutig auf das Programm der „Neuen deutschen Gewerkschaftsbewegung" der „Londoner" zurückverweist. Ungern hatte Böckler, wie er selbst zugab, auf den Plan einer Zwangsmitgliedschaft verzichtet — eine Bestimmung, die mit britischem Demokratieverständnis nicht vereinbar war.

### *Archimedischer Punkt*

In Böcklers Plan wird die Verzahnung von Widerstand und Exil der deutschen Gewerkschaften sinnfällig. Deren und der unterschiedlichen politischen Gruppierungen der Arbeiterbewegung archimedischer Punkt war 1945 die Gründung der Einheitsgewerkschaft, ein Ziel, das alle beteiligten Gruppen mit unterschiedlichen Motiven anstrebten: Die Arbeiter in den Betrieben aus den Erfahrungen des nationalsozialistischen Betriebsalltags heraus und in durchaus ambivalenter Verarbeitung der DAF; die linken Abspaltungen von SPD und KPD in der Hoffnung auf eine in Zukunft einige Arbeiterbewegung; sozialdemokratische, vor allem christliche ehemalige Funktionäre entweder mit der Vorstellung einer deutschen „Labour" oder aber in einer korporativistischen Grundübereinstimmung und die Kommunisten im Rahmen von Volksfrontkonzepten und antifaschistisch-demokratischem Block. Mehr oder minder verhüllt hegten sowohl die Sozialdemokraten als auch die Kommunisten 1945 die Hoffnung, sie könnten im Bündnis der Einheitsgewerkschaft den Ton angeben. Das ging auch in Erfüllung — doch in einer sehr spezifischen Weise, die ohne die Spaltung Deutschlands nicht zu denken ist.

---

53 Vgl. Ulrich Borsdorf/Lutz Niethammer (Hrsg.), Zwischen Befreiung und Besatzung. Analysen des US-Geheimdienstes über Positionen und Strukturen deutscher Politik 1945, Wuppertal 1976.

54 Abgedruckt in: Borsdorf/Hemmer/Martiny (Hrsg.), Grundlagen der Einheitsgewerkschaft, S. 270 ff.

Der hier gebotene kursorische Überblick über Arbeiteropposition, Widerstand und Exil der deutschen Gewerkschaften sollte unter anderem zeigen, daß zwar die Erforschung des Exils schon recht weit gediehen ist[55], die Felder der Arbeiteropposition und des gewerkschaftlichen Widerstandes aber noch weiterer Arbeit bedürfen. Es könnte gut sein, daß dabei allzu hohe Erwartungen gedämpft werden, doch wäre es eine historische Ungerechtigkeit, wenn Menschen und Phänomene nur deswegen keine wissenschaftliche Würdigung erführen, weil ein unmenschliches System die mit Terror überzogen und damit auch ihrer Geschichte beraubt hat, denen wir die Erkenntnis verdanken, daß es nicht nur die Helden des 20. Juli 1944 waren, die sich verweigert, die opponiert und widerstanden haben — selbst wenn ihnen „große Taten" nicht gelangen.

---

55 Man denke an das „Biographische Handbuch der deutschsprachigen Emigration", das unter der Federführung von Werner Röder vom Institut für Zeitgeschichte und der Jewish Research Foundation for Jewish Immigration Ic., New York, herausgegeben wird (München, New York, London, Paris 1980 ff.).

Siegfried Mielke

# Organisationsprobleme und Neuordnungskonzeption der Gewerkschaften in den westlichen Besatzungszonen (1945 bis 1949)

In den Jahren 1945 bis 1949, in denen für die Gewerkschaften wesentliche Weichenstellungen für die nächsten Jahrzehnte erfolgten, standen in der Diskussion über die Organisationsfrage folgende Probleme im Vordergrund:[1]

— Gewerkschaftsaufbau „von oben" oder „von unten";
— Zentralistische Einheitsgewerkschaft (mit untergeordneten Industrieverbänden) oder Einheitsgewerkschaftsbund mit autonomen Industrieverbänden; umstritten sind vor allem der Einfluß der externen Faktoren (Besatzungsmächte, Trade Union Congress, American Federation of Labor, Congress of Industrial Organizations usw.) und deren Motive zugunsten des Industriegewerkschaftsprinzips;
— Industriegewerkschaftsprinzip oder getrennte Arbeiter- und Angestelltenverbände;
— Kompetenzverteilung zwischen Bund und Einzelgewerkschaften;
— die Frage der untersten Organisationsstufe—Betriebs- oder Ortsverband —, die jedoch lediglich im Industrieverband Bergbau und in der IG Metall umstritten war[2].

Da die meisten Fragen vom Verfasser bereits an anderer Stelle diskutiert wurden[3], beschränken sich die folgenden Ausführungen auf zwei Aspekte: die Organisierung der Angestellten und die Frage von Kontinuität und Wandel der Wirtschaftsdemokratie-Konzeption in den Neuordnungsvorstellungen der Gewerkschaften. Die übrigen hier

1 Vgl. Siegfried Mielke/Fritz Vilmar, Bundesrepublik Deutschland, in: Internationales Gewerkschaftshandbuch, hrsg. von Siegfried Mielke, Opladen 1983, S. 337—384, hier S. 346.

2 Mit Fragen des Gewerkschaftsaufbaus in den westlichen Besatzungszonen befassen sich u. a. die folgenden Studien: Eberhard Schmidt, Die verhinderte Neuordnung 1945—1952, 4. Aufl. Frankfurt 1973; Ute Schmidt/Tilman Fichter, Der erzwungene Kapitalismus. Klassenkämpfe in den Westzonen 1945—1948, Berlin 1975; Jürgen Klein, Vereint sind sie alles? Untersuchungen zur Entstehung von Einheitsgewerkschaften in Deutschland. Von der Weimarer Republik bis 1946/47, Hamburg 1972; Ernst Ulrich Huster u. a., Determinanten der westdeutschen Restauration 1945—1949, 2. Aufl. Frankfurt 1973; Franz Hartmann, Geschichte der Gewerkschaftsbewegung nach 1945 in Niedersachsen [Hannover] 1972; ders., Entstehung und Entwicklung der Gewerkschaftsbewegung in Niedersachsen nach dem Zweiten Weltkrieg, phil. Diss. (MS), Göttingen 1977; Dietmar Ross, Gewerkschaften und soziale Demokratie. Von der Richtungs- zur Einheitsgewerkschaft, von Weimar zur Nachkriegszeit. Untersuchungen zur gewerkschaftlichen Programmatik für den Aufbau einer demokratischen Gesellschaft, phil. Diss. (MS), Bonn 1976; Johannes Kolb, Metallgewerkschaften in der Nachkriegszeit. Der Organisationsaufbau der Metallgewerkschaften in den drei westlichen Besatzungszonen Deutschlands, Frankfurt 1970; Anne Weiß-Hartmann, Der freie Gewerkschaftsbund Hessen 1945 bis 1949, Marburg 1977; Hartmut Pietsch, Die Entwicklung des politischen Systems in den Städten des Ruhrgebietes 1945—1948, phil. Diss. (MS), Bochum 1976; Michael Fichter, Besatzungsmacht und Gewerkschaften. Zur Entwicklung und Anwendung der US-Gewerkschaftspolitik in Deutschland 1944—1948, Opladen 1982.

3 Vgl. Siegfried Mielke, Grenzen und Motive der Einflußnahme der amerikanischen Militärregierung auf den Aufbau und die Organisationsstruktur der Gewerkschaften in der amerikanischen Besatzungszone, in: IWK 14 (1978), S. 187—202; ders., Der Wiederaufbau der Gewerkschaften: Legenden und Wirklichkeit, in: Politische Weichenstellungen im Nachkriegsdeutschland 1945—1953, hrsg. von Heinrich August Winkler, Göttingen 1979, S. 74—87 (= GuG, Sonderheft 5).

aufgeworfenen Fragen finden lediglich in den zusammenfassenden Thesen am Ende des Beitrages Berücksichtigung.

Während 1945 bis 1946 die Auseinandersetzung um die Organisationsstruktur sich auf die Alternative zwischen zentralistischer Einheitsgewerkschaft und autonomem Industrieverband konzentrierte, trat mit der Entscheidung zugunsten autonomer Industriegewerkschaften in den westlichen Besatzungszonen das Problem der Organisation der Angestellten in den Vordergrund. Erleichtert wurde die Bildung von Angestelltengewerkschaften durch Anordnungen der Militärregierungen. So gewährte bereits eine Bekanntmachung der britischen Militärregierung vom 30. August 1945 allen Antragstellern das volle Koalitionsrecht und die Industrial Relations Directive Nr. 16 vom 12. April 1946 gab ausdrücklich den Angestellten das Recht, „sich zu organisieren und die Art der Gewerkschaften zu wählen, die sie wünschen“[4]. Lediglich in der französischen Besatzungszone wurde die Bildung von Angestelltengewerkschaften durch das Verbot, vor Abschluß der Entnazifizierung Angestelltengewerkschaften zu gründen, zunächst beeinträchtigt.[5]

## 1. *Motive für die Gründung von Angestelltengewerkschaften*

In der Weimarer Republik hatte der freigewerkschaftliche Allgemeine Deutsche Gewerkschaftsbund (ADGB) stets weit mehr als zwei Drittel der organisierten Arbeiter zu seinen Mitgliedern zählen können. Bei den Angestellten dagegen gehörte die Mehrzahl der Organisierten dem Deutschnationalen Handlungsgehilfen-Verband (DHV) bzw. dem Hirsch-Dunckerschen Gewerkschaftsbund der Angestellten an. Die Zahl der im freigewerkschaftlich orientierten Allgemeinen freien Angestelltenbund organisierten Angestellten war seit Mitte der 20er Jahre rückläufig[6]. Die Frage nach den Motiven für die Gründung von Angestelltengewerkschaften nach 1945 legt es daher nahe, von der Vermutung auszugehen, daß die unterschiedliche Machtverteilung zwischen den verschiedenen Gewerkschaftsrichtungen bei den organisierten Arbeitern einerseits und den Angestellten andererseits nicht ohne Einfluß auf die Gewerkschaftsbewegung nach 1945 war. Die zur Überprüfung dieser These vorgenommene Identifikation der Initiatoren und Träger dieser Bewegung läßt jedoch erkennen, daß die weit überwiegende Mehrzahl der führenden Funktionäre der Deutschen Angestelltengewerkschaft (DAG) und der übrigen Angestelltengewerkschaften ebenso wie die Spitzenfunktionäre der zentralistischen Einheits- und der Industriegewerkschaften sich aus ehemaligen freigewerkschaftlichen, sozialdemokratischen Funktionären rekrutierte. Im Unterschied zu den zentralistischen Einheits- und Industriegewerkschaften, in denen während der Gründungsphase (1945/46) kommunistische Gewerkschafter das zweitstärkste Element darstellten, bildeten — abgesehen von Berlin und der SBZ — in den 1945/46 gegründeten Angestelltengewerkschaften die ehemaligen Hirsch-Dunckerschen (so im Angestelltenverband Württemberg-Baden) bzw. die christlich-nationalen Gewerkschaftsfunktionäre (so in der DAG) die

4 Die Gewerkschaftsbewegung in der britischen Besatzungszone. Geschäftsbericht des Deutschen Gewerkschafts-Bundes (britische Besatzungszone) 1947—1949, Köln o. J., S. 14 f., 20.

5 Aktennotiz „Aussprache mit Cpt. Thibault am 7. 12. 1945“, gez. Adolf Ludwig, in: Archiv des DGB-Bundesvorstandes (im folgenden DGBA), Akte AGB Rheinland-Pfalz, Sitzungen . . .; „Bericht“, Aktennotiz betr. Besprechung mit Thibault (1. 7. 1946), ebd.

6 Hans-Gerd Schumann, Nationalsozialismus und Gewerkschaftsbewegung, Hannover 1958; Hans Speier, Die Angestellten vor dem Nationalsozialismus, Göttingen 1977.

zweiteinflußreichsten Gruppen[7]. Ihr Einfluß blieb jedoch begrenzt, nicht zuletzt aufgrund ihrer keineswegs einheitlichen Position gegenüber selbständigen Angestelltengewerkschaften. Während ein Teil in den zentralistischen Einheits- und den Instriegewerkschaften mitarbeitete, trat eine zweite Gruppe als Verfechter des Berufsverbandsprinzips auf. So stellte z. B. Johannes Albers in einem Brief an Adam Stegerwald fest: „Die Genossen schwärmen für Industrieverbände und von der Zusammenfassung aller Arbeiter, Angestellten und Beamten in einer großen Gruppe, bzw. in 17 Untergruppen. Unsere alten Erfahrungen sprechen freilich dagegen. Das wird sich aber alles totlaufen und manches wird wieder so, wie es auch vom alten Gewerkschaftsstandpunkt aus richtig ist, d. h. man wird sich mit den Gebräuchen und dem Verlangen der Mitglieder abfinden müssen, die den Berufs- und nicht den Industrieverband wollen“[8]. Auch Ernst Lemmer, der ehemalige Generalsekretär der Hirsch-Dunckerschen Vereine, der sich 1945 der CDU angeschlossen hatte, trat für selbständige Angestelltengewerkschaften ein, was von seiten ehemals freigewerkschaftlicher Funktionäre dahingehend interpretiert wurde, daß die „Angestellten als letztes Reservoir der früheren Christen“ für den Fall der „Notwendigkeit besonderer christlicher Gewerkschaften“[9] zusammengehalten werden sollten. Diese Intention wurde von Adam Stegerwald strikt zurückgewiesen. Stegerwald billigte als Vertreter der Zwei-Säulen-Theorie zwar die Bildung von Angestelltengewerkschaften, lehnte jedoch jede Sonderstellung der Angestellten ab, da dies „den christlich denkenden Arbeiterflügel in der Gewerkschaftsbewegung schwächen würde“[10]. Aufgrund der wenig einheitlichen Position und des Umstandes, daß ein großer Teil insbesondere der ehemaligen DHV-Mitglieder durch die Mitarbeit in der DAF und der NSDAP kompromittiert war, blieb der Einfluß der ehemals christlich-nationalen Gewerkschafter in den Angestelltengewerkschaften zunächst relativ gering.

Die überwiegende Rekrutierung der Führungskräfte aus den Kreisen der freigewerkschaftlichen Funktionäre und der 1945/46 begrenzte Einfluß der ehemals christlichen Gewerkschafter in der DAG und den übrigen Angestelltenverbänden deuten darauf hin, daß parteipolitische Motive als wesentlicher Faktor für die Gründung von Angestelltengewerkschaften auszuschließen sind.

Auch der Versuch des DGB, die Gründung der DAG in Hamburg in erster Linie mit den örtlichen Hamburger Verhältnissen, d. h. mit der vergleichsweise großen Anzahl von Export-, Import- und sonstigen Handelsfirmen, deren Arbeitnehmer überwiegend Angestellte waren, zu erklären[11], erweist sich als unzureichend: Angestelltengewerkschaften wurden unabhängig von der DAG auch in anderen Städten gegründet, wo diese Voraussetzungen nicht gegeben waren. Unbefriedigend bleiben auch die Antworten der DAG auf die von ihr selbst gestellte Frage: „Warum Angestelltengewerkschaften“: Erstens weil die Angestellten eine Angestelltengewerkschaft wollen, zweitens weil Angestelltenrecht eine Angestelltengewerkschaft bedinge, und drittens nur diese in der Lage wären, eine

7 Dies läßt sich in den Akten DAG 1946—1948; Schriftwechsel DAG-DGB 1946—1950; DAG-DGB 1946—1950; DAG-DGB vor dem Ausscheiden aus dem Bund 1948/49, alle in: DGBA, entnehmen.

8 Brief von Johannes Albers an Adam Stegerwald, 15. 8. 1945, in: Stegerwald-Archiv, Nr. 1247; vgl. Ross, S. 170.

9 Brief von Werner Hansen, Bielefeld, an Willi Eichler, Köln, 17. 7. 1946, in: DGBA, NL Werner Hansen, XIX.

10 Brief von Adam Stegerwald an Johannes Albers, 20. 8. 1945, in: Stegerwald-Archiv, Nr. 1248; vgl. Ross, S. 182 f.

11 Gewerkschaftsbewegung, S. 517.

intensive Berufsausbildung, volkswirtschaftliche und fachliche Schulung und dergleichen mehr zu garantieren[12].

Aussagekräftiger ist der Erklärungsversuch des Vorsitzenden des Angestelltenverbandes von Württemberg-Baden, Max Ehrhardt: „Die proletarische Lebenslage, in die die große Masse der Angestellten in steigendem Maße geraten ist, erzeugt das Verlangen nach einer wirksamen Abwehr der sichtbar gewordenen Verelendungstendenzen. Und wenn nun in Zeiten wie den gegenwärtigen der Gedanke vorherrscht, daß die sozialpolitischen und arbeitsrechtlichen Einrichtungen, die man als Garantien einer Existenzsicherheit wertet, erschüttert und fragwürdig geworden sind, so ist es durchaus verständlich, wenn man sich solchen Tendenzen gegenüber mit der bisher gewohnten gewerkschaftlichen Selbständigkeit zur Wehr setzen wird“[13]. Soweit es die Einschätzung der ökonomischen Lage der Angestellten anbetraf, wurde auch von seiten der DAG die gegenüber den Arbeitern sinkende Bedeutung der Angestellten in einer neuen rationalisierten Wirtschaft hervorgehoben[14] und die Befürchtung geäußert, daß ein „erheblicher Prozentsatz der Angestellten trotz fundierten Wissens und eines großen Könnens keine Beschäftigung im Angestelltenberuf mehr finden“[15] würde, d. h., daß im Rahmen der sozialen Umschichtung des deutschen Volkes auch die DAG mit erheblichen Positionsverlusten der Angestellten rechnete.

Da Max Ehrhardt von der Auffassung ausging, Arbeiter und Angestellte gehörten zweifellos ihrer ganzen ökonomischen und sozialen Lage nach zu einer — wenn auch nicht nach allen Seiten hin einheitlichen — Klasse[16], so erscheint die aus der Furcht „vor dem Absinken ins Lumpenproletariat“ gezogene Schlußfolgerung, sich mit der „bisher gewohnten gewerkschaftlichen Selbständigkeit zur Wehr zu setzen“[17], zumindest inkonsequent. Denn gerade die — auch von den führenden Funktionären der zentralistischen Einheits- und den Industriegewerkschaften geteilte — Analyse der ökonomischen Lage der Angestellten sprach für ein Zusammengehen mit den Arbeitern. Gemeinsame Organisierung und Kampf boten die besten Garantien für den Schutz der Angestellten vor allzu großen Positionsverlusten.

Das Verhalten der Gründer der Angestelltengewerkschaften läßt sich am ehesten mit der von Naschold vertretenen „Theorie der Statuspolitik“ erklären[18], die von der These ausgeht, daß Gruppen und Schichten aus Angst vor Positionsverlusten Statusfurcht entwickeln — wie z. B. besonders prägnant vom Vorsitzenden der DAG in Münster, Otto Holzvoigt, formuliert: „Wir Angestellten lassen uns nicht zu Arbeitern degradieren“[19] — und sich infolgedessen gegenüber anderen Gruppen bzw. Schichten stärker polarisieren. Im Gegensatz zur Entwicklung ihrer sozio-ökonomischen Lage, die 1945/46 weite Angestelltenkreise einer wachsenden Gefahr der Proletarisierung aussetzte und obwohl ihre

12 DAG-Post, Nr. 12 vom 29. 4. 1946, S. 3.

13 Max Ehrhardt, Bemerkungen zu einer Kritik selbständiger Angestelltengewerkschaften, in: Angestellten-Rundschau (im folgenden AR) 3, 1949, Sondernummer August, S. 4.

14 Protokoll Gründungskongreß DGB (Britische Besatzungszone), 1947, S. 68 ff. (Wilhelm Dörr).

15 „Entschließung zur Organisationsfrage“ auf dem Nienburger Kongreß der DAG, 12.—14. 1. 1947, in: DGBA, NL Albin Karl, Akte Protokolle und Niederschriften.

16 Erhardt, Bemerkungen, S. 4. Auch in der Nienburger Entschließung zur Organisationsfrage (vgl. Anm. 15) wurde festgestellt: „Die Angestellten erkennen jedoch, daß ihre ökonomische und ihre soziale Stellung im Staate sie nicht von der Arbeiterschaft trennt.“

17 AR 3, 1949, Sondernummer August.

18 Frieder Naschold, Kassenärzte und Krankenversicherungsreform, Freiburg 1967.

19 Zit. nach DGB, Ortsausschuß Münster, Brief an den DGB-Bundesvorstand und die Bezirksleitung des DGB, Köln, 27. 9. 1947, in: DGBA.

Tätigkeit aufgrund von Rationalisierung und Arbeitsteilung bereits häufig in schematischen Verrichtungen bestand, führte die Angst vor einer „Verproletarisierung" und „degradiert" zu werden zu einer Distanzierung gegenüber den Arbeitern, die ihren Ausdruck in der Betonung der Sonderstellung der Angestellten innerhalb von Wirtschaft und Gesellschaft fand.

So erklärte z. B. der Vorsitzende der DAG, Wilhelm Dörr, auf dem Zonenkongreß des DGB der Britischen Besatzungszone (August 1946), es sei „nicht aus der Welt zu schaffen und eine Tatsache, mit der wir uns abfinden müssen, daß die Angestelltenschaft in der bisherigen Wirtschaft eine Sonderstellung eingenommen hat", die z. B. in der Sozialversicherung, im besonderen Kündigungsschutz oder in Gehaltszahlungen im Krankheitsfall ihren Ausdruck finde[20]. Gleichzeitig wurde jedoch betont, die Angestellten erstrebten keine Besserstellung auf Kosten der Arbeiter, vielmehr eine Anhebung der Arbeiterschaft auf das Niveau der Angestellten, aber „auch keine Nivellierung, die niemandem Nutzen" bringen würde[21].

Bei dieser Betonung der Sonderstellung und der daraus abgeleiteten Notwendigkeit des Aufbaus von Angestelltengewerkschaften spielte zweifellos auch die von zahlreichen Funktionären der Gewerkschaftsbünde und einiger Industriegewerkschaften bestätigte Unduldsamkeit der Arbeiter gegenüber den Angestellten eine Rolle, die die Angestellten in ihrer Befürchtung bestärkte, als Minderheit in den Industriegewerkschaften ihre Interessen nicht ausreichend vertreten zu können[22]. So stellt z. B. der Bericht des interzonalen Organisationsausschusses fest, daß dort, wo Angestelltengewerkschaften gegründet wurden, „entweder von vornherein nicht der Versuch gemacht wurde, die Angestellten in Industrieverbänden zu organisieren, oder daß in den Industrieverbänden den Angestellten nicht das erforderliche Eigenleben zugestanden wurde"[23]. Und einer der führenden Angestellten in den Industriegewerkschaften, Adalbert Stenzel, bemängelte gegenüber Böckler, „in sehr vielen Fällen" würde die Arbeiterschaft einer Mitarbeit der Angestellten in einer gemeinsamen Organisation skeptisch, mißtrauend und ablehnend gegenüberstehen[24].

Ferner traten die Vertreter des Berufsverbandsprinzips dafür ein, nicht auf die „sehr wichtige Überlegung zu verzichten, ob die Form, die man schafft, auch eine Anziehungskraft auf die hat, die man gewinnen will". Eine strikte Verwirklichung des Industrieverbandsprinzips kam nach dieser Auffassung einem „Verzicht auf hundert Tausende Gewerkschaftsmitglieder" gleich[25], da das genannte Organisationsprinzip von zahlreichen Angestellten abgelehnt würde[26].

---

20 Protokoll der Gewerkschaftskonferenz August 1946, S. 61; dazu auch DAG-Post, Nr. 12 vom 29. 4. 1946, S. 3.

21 DAG-Post, Sonderausgabe vom 6. 7. 1946, S. 2. Vgl. hierzu Ross, S. 290.

22 Protokoll Beiratskonferenz in Königswinter 1949, S. 22; Niederschrift über die Tagung der Angestellten, Beamten (Nordrheinprovinz) ... 11. 8. 1946 ... Köln-Kalk, S. 3, in: DGBA, Akte Schriftwechsel DAG-DGB 1946—1950.

23 Bericht über die Sitzung des interzonalen Organisationsausschusses 11./12. 3. 1947, ebd.

24 Brief von Adalbert Stenzel an Hans Böckler, 25. 7. 1946, in: DGBA, Akte Schriftwechsel DAG-DGB.

25 AR 3, 1949, Sondernummer August; Flugblatt DAG, Hamburg, Wo steht die deutsche Angestellenbewegung? Vgl. Ehrhardt, Beginn, Anhang, S. 20.

26 Protokoll a. o. Bundeskongreß DGB (Britische Besatzungszone) 1948, S. 163, 173 f.; Protokoll des Gewerkschaftstages der Angestellten-Gewerkschaften der amerikanischen und britischen Zone am 12. und 13. April 1949 in Stuttgart-Bad Cannstadt, Hamburg o. J., S. 55.

## 2. *Gründe für das Ausscheiden der DAG aus dem DGB*

Die Frage nach den Gründen für die Abspaltung bzw. den Ausschluß der DAG und das Scheitern der Gewerkschaftseinheit im DGB wird in der Literatur sehr unterschiedlich beantwortet. Herbert Reichel, der sich lediglich auf publizierte Quellen stützt, stellt die These auf, daß, während die führenden Vertreter der „DAG im Einvernehmen mit ihrer Mitgliedschaft auf dem Wege einer Verständigung und eines Kompromisses sich um eine für beide Teile annehmbare Lösung bemühten . . ., von seiten des DGB versucht wurde, die Minderheit gefügig zu machen. Darüber zerbrach die Einheit der deutschen Gewerkschaftsbewegung“[27]. Demgegenüber machen Dietmar Ross und Udo Wichert in erster Linie die DAG für das Scheitern einer Zusammenarbeit von DGB und DAG innerhalb eines Bundes verantwortlich[28].

Folgt man Herbert Reichel, der in dieser Frage weitgehend die Argumentation der DAG übernimmt, dann ging es bei der Auseinandersetzung in erster Linie um das Problem der Koalitionsfreiheit der Angestellten[29]. Hauptstreitpunkt wäre mithin die Frage der Organisationsform für die Angestellten gewesen. Ideologische Differenzen als Grund für das Scheitern eines einheitlichen Gewerkschaftsbundes wurden demgegenüber geleugnet: So erklärte z. B. der Vorsitzende des Angestelltenverbandes von Württemberg-Baden, Max Ehrhardt: „Wenn aber von seiten des DGB behauptet wird, daß ideologische Gegensätze den Gewerkschaftsrat und die Industriegewerkschaften berechtigen, eine Zusammenarbeit mit der DAG abzulehnen, so muß ich dieser Erklärung erneut widersprechen. Das ist nur ein vorgeschobener Grund! Grundsätzliche ideologische Gegensätze sind nicht vorhanden. Der wirkliche Grund ist der, daß die Industriegewerkschaften keine konkurrierenden Angestelltengewerkschaften wünschen.“[30] Da der DGB und die Industriegewerkschaften in erster Linie die ideologischen Differenzen für den Bruch zwischen DGB und DAG verantwortlich machten und als Beleg für ihre These auf den Einfluß der ehemaligen DHV-Mitglieder innerhalb der DAG verwiesen, gilt es zunächst, diese These zu überprüfen. Während nach allgemeiner Ansicht ehemalige DHV-Mitglieder in den süddeutschen Verbänden keinen Einfluß erlangen konnten, wurde ihre Position in der DAG — zumindest vor dem Bruch mit dem DGB — sehr unterschiedlich beurteilt. Hans Gottfurcht, der aufgrund seiner zahlreichen Deutschlandreisen und seiner Kontakte zu Spitzenfunktionären des DGB und der DAG einer der besten Kenner der Gewerkschaftsentwicklung nach 1945 war, beurteilte die Machtverteilung innerhalb der DAG folgendermaßen: „Soweit frühere Funktionäre der christlichen Angestelltenbewegung (DHV etc.) dem reaktionär-völkischen Flügel angehört haben, konnten sie weder bis jetzt Einfluß in den neuen Angestellten-Gewerkschaften gewinnen, noch haben sie in Zukunft nach menschlicher Voraussicht irgendwelche Aussichten. Die gegenwärtig aktiv mitarbeitenden ehemaligen DHV-Funktionäre gehören dem von der Idee der Gewerkschaftseinheit ehrlich überzeugten fortschrittlichen Flügel an und dürften in der Angestelltenbewegung keine anderen Ziele verfolgen als die christlichen Arbeitergewerkschafter im Gewerkschaftsbund“[31].

---

27 Herbert Reichel, Die deutsche Einheitsgewerkschaft und ihr heutiger Standort, Köln o. J., S. 36.

28 Ross, S. 292, 362 ff.; Udo Wichert, Probleme der gewerkschaftlichen Organisation der Angestellten in der britischen Zone 1945—1949, Staatsexamensarbeit (MS), Bochum 1977, S. 59 ff.

29 Reichel, S. 37.

30 Ehrhardt, Beginn, S. 52; AR 3, Sondernummer August, S. 1.

31 Brief von Hans Gottfurcht an Hans Böckler, 3. 11. 1947, in: NL Hans Gottfurcht.

Demgegenüber vertrat ein Angestelltenfunktionär aus Niedersachsen, der an dem Zonenkongreß der DAG in Nienburg (12. bis 14. 2. 1947) teilgenommen hatte, die Auffassung: „Die ehemaligen DHV-Mitglieder halten die Zeit für ihre Demaskierung noch nicht für gekommen. Der jetzige Vorstand steuert das Schiff eben noch nach links. Bei einer geheimen Abstimmung über den Kommissionsentwurf [der Satzung, S.M.] wäre der Vorhang bereits aufgezogen" worden[32].

Nach dem Tode Wilhelm Dörrs (17. 1. 1949), des Vorsitzenden der DAG, der für viele ehemalig freigewerkschaftlich orientierte Angestellte ein Hauptgarant fortschrittlicher Angestelltenpolitik der DAG war, bezeichneten selbst Hans Gottfurcht und Max Ehrhardt die Befürchtung einer „möglichen Steigerung des Einflusses der alten DHV-Elemente [als] nur zu berechtigt"[33], zum einen, weil man den neuen Vorsitzenden, Fritz Rettig (SPD), der aus dem Gewerkschaftsbund der Angestellten (GdA) hervorgegangen war, für „Wachs in den Händen der alten DHV-Leute"[34] hielt, zum anderen aufgrund der Tatsache, daß zur Durchsetzung der eigenen Auffassung wenig aktive Mitglieder zur Verfügung standen, denen man verantwortliche Posten übertragen konnte. Die ehemaligen DHV-Mitglieder verfügten demgegenüber nach Ehrhardts Einschätzung „über mehr Menschen und lassen deshalb nichts unversucht, um immer wieder einige dieser Leute unterzubringen"[35]

Lorenz Hagen äußerte gar die Befürchtung, trotz des guten Willens von Max Ehrhardt, Fritz Rettig, Ambros Meyer und anderen würden in „1 bis 2 Jahren . . . nicht diese Kollegen, sondern Bechly [der ehemalige DHV-Führer, S.M.] maßgebend sein"[36]. Diese Prognose überschätzte jedoch ebenso den Einfluß dieser Gruppe der DAG wie die Behauptung des DGB, die DAG hätte 1948 bis 1949 nur deshalb unannehmbare Forderungen gestellt, weil die ehemaligen DHV-Mitglieder um Bechly und Gerhard Schneider kein Interesse an der Rückkehr in einen gemeinsamen Gewerkschaftsbund gehabt hätten[37].

Für einen wachsenden Einfluß der ehemaligen DHV-Mitglieder in der DAG sprach ein seit 1946 ständig ansteigender Zustrom von Mitgliedern der ehemaligen bürgerlichen Angestelltenverbände, ferner die 1947 auf dem Zonenkongreß in Nienburg sanktionierte Satzungsänderung, die früheren NSDAP-Mitgliedern die Mitgliedschaft in der DAG ermöglichte, und nicht zuletzt die in einigen Bezirken Westfalens und Niedersachsens einsetzende gezielte Werbung ehemaliger NSDAP-Mitglieder[38]. Gegen einen dominierenden Einfluß der DHV-Mitglieder sprach die geringe Stimmenzahl, die Gerhard Schneider bei seinem Versuch (1949), zweiter Vorsitzender der DAG zu werden, erhielt,

32 Frohn (?) (Unterschrift unleserlich) an das Sekretariat Niedersachsen (der Allgemeinen Gewerkschaft), NL Albin Karl, Akte Protokolle und Niederschriften 1947—48; Brief von Gustav Görsch an Albin Karl, 14. 2. 1947, ebd.

33 Brief von Hans Gottfurcht an Max Ehrhardt, 9. 3. 1949; ders. an Wim G. Spiekman, 31. 1. 1949; ebd., Akte Deutsche Angestelltenbewegung.

34 Brief von Hans Gottfurcht an Max Ehrhardt, 9. 3. 1949, ebd.

35 Brief von Max Ehrhardt an Hans Gottfurcht, 31. 8. 1949, ebd.

36 Protokoll über die 18. ordentliche Sitzung des Bundesausschusses am 20. 8. 1949, S. 4, ebd., Akte Protokolle (des Bayerischen Gewerkschaftsbundes) von 1947—1950.

37 DGB (Britische Besatzungszone) Rundschreiben Nr. 147/48, 8. 9. 1948, gez. v. Hoff, ebd.; Akte DAG nach dem Ausscheiden aus dem Bund 1948—49.

38 Vgl. DAG-Post, Sonderausgabe vom 6. 7. 1946, S. 1; Schreiben DGB-Ortsausschuß Münster, 27. 9. 1947; Rundschreiben ehemaliger DHV-Mitglieder vom 1. 8. 1948, in: DGBA, Akte Rheinland-Pfalz, Bundesleitung; DAG-Entwurf einer Satzung zur Vorlage auf dem 1. Gewerkschaftstag am 12. bis 14. 2. 1947, § 7, ebd., Akte DAG 1946—1948.

ferner, daß von 1945 bis 1949 dem geschäftsführenden und ehrenamtlichen Vorstand der DAG nur je ein ehemaliges DHV-Mitglied angehörte[39].

In diesem Zusammenhang ist auch auf die im März 1949 zwischen dem Gewerkschaftsrat einerseits und den Angestelltenverbänden andererseits erzielte Übereinkunft zu verweisen, in wirtschafts- und sozialpolitischen Fragen zusammenzuarbeiten, während in der Organisationsfrage keine Einigkeit erzielt werden konnte[40]. Wenn es einerseits auch in Flugblättern und Äußerungen einiger Bezirks- und Ortsgruppen genügend Hinweise dafür gab, daß in den Reihen der DAG häufig die Wahrnehmung berechtigter Berufsinteressen mit standesbewußter Interessenvertretung verwechselt wurde, und auch die Haltung der DAG in den Fragen der Sozialversicherung (1948 bis 1949), der gemeinsamen Tarifverträge für Arbeiter und Angestellte und in der Frage der Gruppenwahl bei den Betriebsratswahlen 1949 in der Britischen Besatzungszone erhebliche Differenzen zum DGB aufwies, so lassen andererseits die im März erzielte Übereinkunft in wirtschafts- und sozialpolitischen Fragen und die auf dem Cannstatter Vereinigungskongreß der DAG angenommenen wirtschaftspolitischen Grundsätze eine weitgehende Übereinstimmung zumindest mit den von den süddeutschen Gewerkschaftsbünden vertretenen Vorstellungen erkennen[41].

Bedeutender für die permanten Konflikte zwischen den DGB-Gewerkschaften und der DAG war der Kampf um die Mitglieder. Das lag nicht zuletzt an der Widersprüchlichkeit der sog. „Frankfurter Entschließung"[42]. Während sie einerseits unter Anerkennung der bestehenden Verhältnisse „die Schaffung von Angestelltengewerkschaften im Rahmen der Gewerkschaftsbünde" empfahl, verpflichtete sie andererseits die jeweils für die einzelnen Betriebe in Frage kommenden Industrie- bzw. Angestelltengewerkschaften, „alle im Betrieb befindlichen Arbeitnehmer (Arbeiter, Angestellte und Beamte)" zu erfassen, und bekannte sich damit zum Industrieverbandsprinzip. Das gilt auch für die Feststellung, die das „endgültige Ziel in der organisatorischen Vereinigung aller Arbeitnehmer" erblickte[43]. Das bot den Angestellten- bzw. Industriegewerkschaften einen weiten Auslegungsspielraum, der von beiden Seiten jeweils zugunsten der eigenen Position auszunutzen versucht wurde, was notwendigerweise zu Konflikten mit den sich benachteiligt Fühlenden führen mußte. Die von zahlreichen Vertretern der Industriegewerkschaften an dieser Entschließung geübte Kritik und die der Frankfurter Entschließung widersprechenden Beschlüsse einiger Industriegewerkschaften lassen deutlich erkennen, daß sie nicht geneigt waren, diesen „in sich widerspruchsvollen Beschluß" zu akzeptieren[44]. Dieses umso weniger, als selbst der Vorsitzende der DAG auf ein Abwer-

39 Gewerkschaftsrat. Organisations-Rundschreiben A9/49, 14. 4. 1949, ebd., Akte Gewerkschaftsrat, Ausschüsse; 1946/48 gehörten Hans Sube, ab 1948 Georg Schneider dem geschäftsführenden Vorstand und Alois Knabl als Beisitzer dem Vorstand der DAG an.

40 Beschluß-Protokoll über die Sitzung des Gewerkschaftsrats am 12./13. 3. 1949, S. 2, in: DGBA, Akte Gewerkschaftsrat, Ausschüsse.

41 Brief Hans Gottfurchts vom 3. 3. 1949 an Ismar Wachsner, Hamburg, ebd., Akte Deutsche Angestelltenbewegung 1949; Protokoll des Gewerkschaftstages der Angestellten-Gewerkschaften der amerikanischen und britischen Zone am 12. und 13. April 1949 in Stuttgart-Bad Cannstatt, Hamburg o. J.

42 Gewerkschaftsbewegung, S. 520 f. Diese Entschließung wurde auf einer im Auftrag der Interzonenkonferenz der Gewerkschaften stattfindenden Tagung von Angestelltenvertretern aller Zonen am 11./12. 3. 1947 angenommen.

43 Ebd., S. 521.

44 Protokoll. A. o. Bundeskongreß des DGB für die britische Zone vom 16.—18. 6. 1948 in Recklinghausen. Köln [1948], S. 117 (Dürkop, IG Chemie Hannover); Denkschrift der Industriegewerkschaften Bergbau, Metall, Chemie, Bau, ÖTV zur Frage der Organisation der Angestellten (Mai 1947) in:

ben von Mitgliedern nicht verzichten wollte[45]. Der „Vertrauensmann (der DAG) für Eisen und Stahl", Kayser, erklärte in einem Flugblatt: „Wir erwarten, daß die Kollegen, die sich frühzeitig im Industrieverband organisiert haben, die Notwendigkeit erkennen, daß nur die Zusammenfassung aller Berufskollegen deren wirksame Vertretung im Bund sichert. Es muß unter allen Umständen vermieden werden, daß sich Angestellte in beiden Lagern befinden, wodurch die Schlagkraft unserer Sache erheblich leiden müßte"[46]. Als Ergebnis dieser Abwerbungspolitik der DAG wurden nach Aussagen der DAG Nordrhein-Westfalen ganze Ortsgruppen nicht „zuletzt aus Übertritten aus den Industrieverbänden" gebildet[47]. Zahlreiche Schreiben, insbesondere von Verwaltungsstellen der IG-Metall, der ÖTV und der Gewerkschaft HBV bestätigen, daß die Abwerbemaßnahmen der DAG zumindest an einigen Orten recht erfolgreich waren. Hinzu kam, daß aufgrund der ständigen Differenzen mit der DAG die Schwierigkeiten, die unorganisierten Angestellten anzusprechen, zunahmen und der „Kampf gegen den Indifferentismus" in den Reihen der Angestellten erschwert wurde. Von daher erscheint es verständlich, daß bereits 1947 in zahlreichen Schreiben an den Bundesvorstand bzw. in Resolutionen eine klare und endgültige Entscheidung verlangt wurde, da der „augenblickliche Zustand nicht mehr länger zu ertragen" sei[48]. Eine „radikale Operation [wäre] besser für den Patienten ..., als ihn mit einem schweren Entzündungszentrum dahinsiechen zu lassen"[49]. In der Diktion der Angestellten-Sekretäre der Industriegewerkschaften hieß das „Ausschluß der DAG" für den Fall, daß sie den dem Bundeskongreß des DGB (BBZ) vorgelegten Organisationsplan nicht anerkennen würde[50].

Die führenden Vertreter der DAG ließen ihrerseits erkennen, daß sie eher bereit waren, aus dem DGB (BBZ) auszuscheiden, als die strikte Durchführung des Industrieverbandsprinzip zu akzeptieren[51]. Die erste Interzonenkonferenz der Angestelltengewerkschaften machte deutlich, daß die Mehrheit „den Streit um die Organisationsform" bis zur letzten Konsequenz, d. h. bis zum Austritt aus den Bünden zu führen bereit war[52]. Die DGB-Führung bemühte sich jedoch, obwohl einige Ortsgruppen nicht mehr bereit waren, „weiterhin mit der DAG zusammenzuarbeiten", die Einheitlichkeit der Gewerkschaftsbewegung zu erhalten. Dies läßt ganz deutlich die Weisung der DGB-Führungsgremien vom 28. August 1947 erkennen, die der DAG das Recht zubilligte, die unorgani-

---

DGBA, Akte DAG Ortsverwaltung; Entschließung der Vorstände der IGM Bizone, 26./27. 8. 1947 in Rummenohl, ebd., Akte DAG-DGB vor dem Ausscheiden aus dem Bund 1946/48.

45 DAG Hamburg, Schreiben von Dörr an die I.G. Metall, 9. 7. 1947 (Abschrift), ebd.

46 Anlage zum Schreiben IVM Köln an DGB-Bundesvorstand (Britische Besatzungszone), 13. 8. 1947, ebd., Akte DAG 1946—1948.

47 Schreiben der DAG Landesgeschäftsstelle NRW, gez. Carl Gatzen, an Leo Maur, Köln, 30. 9. 1946, ebd.; DAG-Post Nr. 17 vom 15. 9. 1946, S. 128.

48 Entschließung des Angestellten-Ausschusses (der Industriegewerkschaften) Köln, 22. 4. 1947, ebd.

49 Schreiben IG Bau (Britische Besatzungszone), 22. 7. 1947 an Hans Böckler, in: DGBA. Leo Maur, der Angestelltensekretär des DGB der Provinz Nordrhein, hatte bereits 1946 gefordert, „daß möglichst bald klare Verhältnisse geschaffen werden, damit man weiß, wo man dran ist". Aktennotiz vom 17. 12. 1946 für Böckler, ebd., Akte DAG-DGB vor dem Ausscheiden aus dem Bund 1946/48.

50 Bericht über die Konferenz der Angestellten-Sekretäre der Industriegewerkschaften am 26./27. 7. 1947 in Recklinghausen, ebd.

51 Protokoll der Sitzung des Hauptvorstandes (der DAG) am 19. 3. 1948, Akte DAG 1946—1948.

52 Kurzer Bericht über die 1. Interzonenkonferenz der Vertreter der Angestellten-Gewerkschaft(en) am 3. 7. 1947 in Kornwestheim/Stuttgart, Anlage zum Schreiben des FDGB-Bundesvorstandes an Hans Böckler, 18. 7. 1947, in: DGBA.

sierten Angestellten aller Wirtschaftsgruppen zu werben; eine Weisung, die auf harte Kritik der Einzelgewerkschaften stieß[53].

Die letzten Monate vor dem Ausscheiden der DAG aus dem DGB (BBZ) zeigen auf seiten der DGB-Führung nochmals Vermittlungs- und Kompromißvorschläge in der Organisationsfrage und nach dem Ausscheiden der DAG zahlreiche Vermittlungsbemühungen der süddeutschen Gewerkschaftsbünde, insbesondere der Gewerkschaftsbünde Württemberg-Badens, Süd-Württemberg-Hohenzollerns und Badens. Die Beilegung ideologischer Differenzen spielte in diesen Verhandlungen nur eine untergeordnete Rolle[54].

Die weiterhin andauernden Konflikte nahmen schließlich „so viel Zeit und Arbeitskraft" in Anspruch, daß die „Bearbeitung wichtiger Fragen vollkommen liegen bleiben" mußte und die Schlagkraft der Gewerkschaften geschwächt wurde[55]. Es erscheint daher verständlich, daß 1949 von beiden Seiten eine Entscheidung gesucht wurde. Die organisatorische Frage wurde endgültig am 26./27. Juli in Heidelberg entschieden[56]. Die DAG konnte dadurch kein Mitglied des zu schaffenden Gewerkschaftsbundes für die Westzonen werden.

Bei den Auseinandersetzungen um die Organisationsform gingen die Befürworter des Industrieverbandsprinzips von der Überlegung aus, daß nur eine solche Organisationsform die Bewältigung der anstehenden Aufgaben gewährleisten konnte: einerseits die traditionellen Aufgaben auf dem lohn- und sozialpolitischen Sektor, andererseits die Schaffung einer neuen Wirtschaftsordnung, in der Gewerkschaften ein tragendes Element bildeten[57]. Die hierzu entwickelten gewerkschaftlichen Vorstellungen gilt es, im folgenden darzustellen und zu analysieren.

## 3. *Wirtschaftsdemokratische Vorstellungen der Gewerkschaften in der Gründungsphase der Bundesrepublik Deutschland*

Standen in den Jahren 1945 bis 1948 die unmittelbaren Sorgen (wie Ernährung, Wohnungsprobleme, Entnazifizierung) und die erwähnten Organisationsprobleme im Mittelpunkt, so wurden dennoch erste programmatische Stellungnahmen entwickelt, die z. T. direkt an das Gedankengut aus der Widerstandstätigkeit, z. T. an die freigewerkschaftliche Konzeption der Wirtschaftsdemokratie anknüpften. Freilich ist die Frage nach dem Verhältnis von Kontinuität und Wandel in der Programmatik der Arbeiterbewegung auch bei den Beteiligten selbst umstritten geblieben. Während etwa Ludwig Rosenberg die Kontinuität wirtschaftsdemokratischer Vorstellungen der Gewerkschaften betont, hebt Heinrich Deist die Eigenständigkeit der Vorstellungen nach 1945 hervor. „Die Tatsache", daß nach 1945 ein neuer Begriff, gemeint ist der Begriff der Mitbestimmung,

53 Schreiben DGB Ortsausschuß Münster, 27. 9. 1947 an DGB-Bundesvorstand und DGB-Bezirksleitung Köln, ebd. Gewerkschaftsbewegung, S. 522 f.; Schreiben ÖTV (Britische Besatzungszone) an DGB-Vorstand, 9. 1. 1947, Brief des IVM Bielefeld an DGB-Bundesvorstand, 6. 8. 1947, in: DGBA, Akte DAG-DGB vor dem Ausscheiden aus dem Bund 1946/48;

54 DGBA, Akte DAG-DGB vor dem Ausscheiden aus dem Bund 1946/48.

55 Schreiben von Max Ehrhardt an Hans Gottfurcht, 18. 1. 1949, ebd.; Akte Deutsche Angestelltenbewegung 1949; Schreiben von Adalbert Stenzel an Hans Böckler, 30. 7. 1947, ebd.

56 Protokoll über die Vierte Sitzung des Vorbereitenden Ausschusses für den Gründungskongreß vom 26. bis 27. 7. 1949 in Heidelberg, ebd.; Akte Gewerkschaftsrat Ausschüsse 1948/49.

57 Ross, S. 369.

für eine „gleichgeartete Forderung verwendet“ wurde, verdeutliche, „wie wenig bewußt an die Entwicklung der Zwanziger Jahre angeknüpft und wie stark die Mitbestimmung als eine Aufgabe betrachtet wurde, die von der Nachkriegszeit gestellt und aus den besonderen Verhältnissen dieser Zeit entwickelt werden mußte“[58].

Die Konzeption der „Wirtschaftsdemokratie“, wie sie auf dem Hamburger Kongreß des ADGB von 1928 von Fritz Naphtali vorgetragen worden war, ist in der Arbeiterschaft niemals besonders populär geworden. Das lag vor allem daran, daß Naphtali der betrieblichen Mitbestimmung keinen Ort in seinem Modell zuerkannt hatte. In Übereinstimmung mit Rudolf Hilferding war Naphtali der Ansicht, daß die wichtigen wirtschaftlichen Entscheidungen im „Organisierten Kapitalismus“ nicht mehr auf der Betriebsebene fielen, sondern in überbetrieblichen Zusammenschlüssen. Auf die schrittweise Demokratisierung dieser Einrichtungen, soweit sie noch nicht gemeinwirtschaftlich verfaßt waren, kam es an, wenn die Wirtschaft im Interesse der Gesamtheit planvoll organisiert werden sollte. Endziel dieses Prozesses war die Wirtschaftsdemokratie oder, was dasselbe meinte, der Sozialismus[59]. Die bewußte Trennung zwischen überbetrieblicher Wirtschaftsdemokratie und den auf soziale Fragen beschränkten Betriebsräten wird aber erst verständlich, wenn man sich die antigewerkschaftlichen Tendenzen in der Betriebsrätebewegung von 1918 bis 1919 vergegenwärtigt. Diese z. T. auf Zerschlagung der Gewerkschaften gerichteten Bestrebungen trugen wesentlich dazu bei, daß das Gros der dem ADGB angeschlossenen Gewerkschaften während der Weimarer Republik stets eine reservierte Haltung gegenüber der Betriebsrätebewegung einnahm und fast keinerlei Aktivitäten entfaltete, um ihre Rechte auszubauen[60].

Berücksichtigt man lediglich die internen Machtfaktoren, dann erschien, verglichen mit 1918/19, die Ausgangssituation der Gewerkschaften für eine Neuordnungskonzeption günstiger und die Position der Kapitalvertreter schwächer — und das schon deshalb, weil sich zahlreiche Unternehmer durch ihre Zusammenarbeit mit dem NS-System kompromittiert hatten. Der Sturz des NS-Systems war jedoch nicht wie der des Kaiserreichs ein Verdienst der Arbeiterbewegung, sondern die Folge des militärischen Sieges der Anti-Hitler-Koalition. Das war ein Faktor, der für die Entwicklung der wirtschaftsdemokratischen Neuordnungskonzeption der Gewerkschaften von großer Bedeutung werden sollte, der von Gewerkschaftsseite jedoch zunächst nicht zureichend erkannt wurde.

Wie falsch das Kräfteverhältnis 1945 eingeschätzt wurde, mögen zwei Zitate führender Gewerkschaftsvertreter belegen. „Mit dem Zusammenbruch des nationalsozialistischen Regimes“, so erklärte Erich Potthoff im August 1946, „ist die kapitalistische Wirtschaft in ihrer Gesamtheit zusammengebrochen. Es muß deshalb dem Inhalt des Wirtschaftslebens ein neuer Sinn gegeben werden. Diese Forderung muß sich darin niederschlagen, daß wir eine vollständig neue Wirtschaftsverfassung“ erhalten[61]. Auch

---

58 Ludwig Rosenberg, Vorwort zu Fritz Naphtali, Wirtschaftsdemokratie. Ihr Wesen, Weg u. Ziel, Neuaufl., Frankfurt 1966, S. 5—9; Heinrich Deist, Wirtschaftsdemokratie, in: Grundlagen moderner Wirtschaftspolitik, hrsg. von Karl Schiller, Erich Potthoff, Carlo Schmid, Frankfurt 1957, S. 220.

59 Zu Hilferdings Theorie des „Organisierten Kapitalismus“ und ihrer Bedeutung für Naphtali: Heinrich August Winkler, Einleitende Bemerkungen zu Hilferdings Theorie des Organisierten Kapitalismus, in: Organisierter Kapitalismus. Voraussetzungen u. Anfänge, hrsg. von Heinrich August Winkler, Göttingen 1974, S. 9—18.

60 Hans Otto Hemmer, Betriebsrätegesetz und Betriebsrätepraxis in der Weimarer Republik, in: Gewerkschaftliche Politik: Reform aus Solidarität. Zum 60. Geburtstag von Heinz O. Vetter, hrsg. von Ulrich Borsdorf u. a., Köln 1977, S. 241—269.

61 Protokoll der Gewerkschaftskonferenz der britischen Zone vom 21. bis 23. 8. 1946 in Bielefeld, Bielefeld o. J., S. 10.

Hans Böckler sah den Kapitalismus „in den letzten Zügen" und den alten Klassengegner ausgeschaltet[62]. Entsprechend dieser Einschätzung, zielten die Forderungen der Gewerkschaften darauf ab, maßgeblicher Faktor der Wirtschaft zu werden, und als Endziel wurde eine sozialistische Wirtschaft postuliert[63].

Die unterschiedliche Ausgangslage erscheint als wesentlicher Grund für das Faktum, daß die wirtschaftsdemokratische Konzeption der Jahre 1945/46 in einigen wichtigen Punkten von der des ADGB abwich. Das galt z. T. auch für die Art und Weise, wie man die Notwendigkeit einer Demokratisierung der Wirtschaft begründete.

Die Erfahrungen der Jahre 1918 bis 1933 hätten gelehrt, daß die formale politische Demokratie nicht ausreiche, eine echte demokratische Gesellschaftsordnung zu verwirklichen. Die Demokratisierung des politischen Lebens müsse deshalb durch die Demokratisierung der Wirtschaft ergänzt werden. Angesichts der finanziellen und sonstigen Unterstützung des Nationalsozialismus nicht zuletzt durch schwerindustrielle Kreise hatte diese Forderung ein besonderes Gewicht erhalten, und im Unterschied zur Weimarer Republik erschien sie daher nicht mehr nur als abstraktes Postulat der Gewerkschaftsspitze, sondern als eine wichtige Forderung zur Kontrolle wirtschaftlicher Macht und zur Verhinderung einer Beeinflussung politischer Entscheidungen durch das Großkapital[64].

Der Beitrag der Betriebsräte zum Gewerkschaftsaufbau, das weitgehende Fehlen legaler Organe oberhalb der Betriebsebene in der unmittelbaren Zeit nach dem Zusammenbruch des NS-Systems und die Tatsache, daß die überbetriebliche Ebene zunächst der uneingeschränkten Kompetenz der Besatzungsmächte unterlag, ließ die Gewerkschaften die Chancen einer Neuordnung auf Betriebsebene besonders hoch einschätzen. Zur Orientierung auf die Betriebsebene zwang sie auch die Politik der englischen und amerikanischen Besatzungsmacht. Diese versuchten, die Gewerkschaften zu zwingen, ihre Organisationen von unten, aus den Betrieben heraus, aufzubauen, und nicht entsprechend den in der Illegalität entwickelten Vorstellungen den Aufbau gleichzeitig von unten und oben zu vollziehen, um das günstige Kräfteverhältnis zu ihren Gunsten zu nutzen[65]. Dies führte immerhin dazu, daß die Betriebsräte in der unmittelbaren Nachkriegsphase einen bedeutenden Machtfaktor darstellten und auch im wirtschaftsdemokratischen Konzept der Gewerkschaften eine wesentliche Rolle spielten[66]. Wie sehr diese Entwicklung sich gegen den Willen der Miltärregierungen vollzog, die in den Betriebsräten lediglich Übergangsorgane bis zum endgültigen Aufbau der Gewerkschaftsorganisationen sahen[67], lassen die zahlreichen Anordnungen der örtlichen englischen Militärbehörden erkennen, die den Betriebssprechern zunächst nur unwesentliche Mitwirkungsrechte

62 Protokoll der ersten Gewerkschaftskonferenz der britischen Zone vom 12. bis 14. 3. 1948 . . . in Hannover-Linden, o. O., o. J., S. 18 f.

63 Protokoll Gewerkschaftskonferenz März 1946, S. 19 f. (Böckler); Protokoll der Verhandlungen des 1. Kongresses des Gewerkschaftsbundes Württemberg-Baden vom 29. 8.—1. 9. 1946 in Kornwestheim, o. O., o. J., S. 58 f.; Der Aufbau des Freien Deutschen Gewerkschaftsbundes für das Wirtschaftsgebiet Bielefeld, Bielefeld o. J., S. 14.

64 Ebd., S. 12 ff.; Protokoll Gewerkschaftskonferenz, März 1946, S. 19, 28; Der Badische Gewerkschaftler, 1. Jg., Nr. 6, Nov. 1946, S. 47.

65 Mielke, Grenzen, 187 ff.

66 Z. B. Protokoll 1. Kongreß Gewerkschaftsbund Württemberg-Baden, S. 58 f.

67 Omgus, Manpower Division, Berlin Erklärung von Mr. Meskimen vor Vertretern der Post- u. Eisenbahngewerkschaften . . . , 29. 2. 1948 in Frankfurt/Main, in: DGBA, Akte Betriebsrätegesetz von 1947 [!]; Protokoll der Sitzung des Bundesvorstandes und Beirates am 13. 11. 1947 in Düsseldorf, Anlage 2, ebd., NL Gottfurcht.

in sozialen und personellen Fragen zugestanden[68]. Ziel der Betriebsrätebewegung war es jedoch, eine direkte Einflußnahme auf Betriebs- und Unternehmensentscheidungen zu erlangen. Die in der Literatur vertretene These, die Betriebsräte hätten sich damit grundsätzlich von den Neuordnungsvorstellungen, die in den Kreisen der alten Spitzenfunktionäre bestanden, unterschieden[69], trifft für die Jahre 1945/46 nicht zu. Die Gewerkschaften haben zwar stets die Abhängigkeit der Betriebsräte von der Gewerkschaftsbewegung betont, sich jedoch anfangs für weitgehende Mitbestimmungsrechte der Betriebsräte eingesetzt und bereits vor Erlaß des Kontrollratsgesetzes Nr. 22 (11. 4. 1946) an der Ausarbeitung neuer Betriebsrätegesetze gearbeitet[70]. Auf der Basis dieses Kontrollratsgesetzes haben sie in der britischen Zone noch vor ihrem offiziellen Zusammenschluß auf Zonenebene ein Muster für eine Betriebsvereinbarung ausgearbeitet, die der erwähnten These widerspricht[71].

In dieser Mustervereinbarung heißt es u. a.: „Die Betriebsleitung hat vierteljährlich den Betriebsrat über Lage und Gang des Unternehmens und Gewerbes im allgemeinen und über die Leistungen des Betriebes Bericht zu erstatten. Dabei sind alle Produktionsabsichten und sonstigen Planungen dem Betriebsrat mitzuteilen und mit ihm gemeinsam zu beschließen"[72]. Ferner forderte diese Mustervereinbarung die Zustimmungspflicht zu allen Personalveränderungen und den Einblick in Bilanzen, Gewinn- und Verlustrechnungen. Auch das Engagement der Gewerkschaftsführungen gegen die restriktive Auslegung des Kontrollratsgesetzes von seiten zahlreicher örtlicher Militärorgane spricht gegen die These von den tiefgreifenden Differenzen zwischen Gewerkschaftsführung und Betriebsrätebewegung in den Jahren 1945/46[73]. Die zur Unterstützung dieser These angeführten Streiks zur Durchsetzung von Betriebsvereinbarungen, z. B. bei Bode-Panzer in Hannover, die angeblich nicht von den Gewerkschaften gebilligt wurden, fanden im Gegenteil deren tatkräftige Unterstützung[74].

Mit zunehmender Basisferne und Verfestigung der Gewerkschaftsorganisation einerseits und der Herausbildung zentraler Regierungs-, Verwaltungs- und parlamentarischer Instanzen andererseits läßt jedoch auch das Gewerkschaftsinteresse an der Betriebsebene nach und wendet sich verstärkt der Gestaltung der Unternehmungs- und der überbetrieblichen Ebene zu. Diese Entwicklung war nicht zuletzt auch durch den relativ frühen Erfolg der paritätischen Besetzung der Aufsichtsräte der entflochtenen Eisenhüttenwerke mit Vertretern der Gewerkschaften bedingt[75]. Obwohl die Gewerkschaften hierin lediglich einen ersten Schritt zur Demokratisierung der Wirtschaft sahen und keinesfalls auf die Forderung nach Sozialisierung verzichteten, entfaltete diese Regelung eine gewisse Eigen-

---

68 „Bestimmungen für den Arbeiterrat der Deutschen Eisenwerke AG, Werk Schalker Verein, Gelsenkirchen", ebd., Akte Vorschlag zur Lösung der Ruhrfrage.

69 Blunck, S. 30 f.; Schmidt/Fichter, S. 21 f.

70 Gewerkschaftsbewegung, S. 290 ff.

71 „Das Betriebsrätegesetz, hg. vom Zonenausschuß und Zonenvorstand der Gewerkschaften der britischen Besatzungszone [Minden 1947], S. 17 ff. Hartmann, Entstehung, S. 341, gelangt zu dem Ergebnis: „Nach Untersuchung der Verhältnisse in einigen Städten Niedersachsens können keine Anhaltspunkte für grundsätzliche Auseinandersetzungen zwischen ‚radikalen' Betriebsräten und ‚konservativen' Gewerkschaftsführern in der ersten Zeit nach 1945 gefunden werden".

72 Das Betriebsrätegesetz, S. 17.

73 Unterlagen in: DGBA, Akte Manpower I, Berichte, Schriftwechsel, Übersetzungen 5. 6. 1946 — 23. 5. 1947.

74 Z. B. Hartmann, Entstehung, S. 354 ff.

75 Gewerkschaftsbewegung, S. 108 ff.

dynamik. Die paritätische Besetzung der Aufsichtsorgane der Großunternehmen ist schon 1946 zu einer Hauptforderung der Gewerkschaften geworden[76].

Auf der Ebene der überbetrieblichen Mitbestimmung knüpften die gewerkschaftlichen Konzeptionen nach 1945 weitgehend an die vom ADGB vertretenenen Vorstellungen zur Demokratisierung der Wirtschaft an. Anders als in der Weimarer Republik spielte jedoch die Frage — reine Arbeiterkammer oder paritätisch besetzte Kammern — keine Rolle; die Entscheidung zugunsten der paritätischen Selbstverwaltungsorgane fiel bereits auf der ersten Zonenkonferenz des DGB der britischen Besatzungszone im März 1946[77]. Die Anlehnung an die in Weimar entwickelten Konzeptionen wird besonders deutlich beim Gesetzesvorschlag des DGB zur Neuordnung der deutschen Wirtschaft (1950), der im wesentlichen die Forderungen zur überbetrieblichen Mitbestimmung zusammenfaßt. Die Begründung dieses Entwurfes betont die Notwendigkeit, „zunächst durch Neuordnung der Wirtschaft das Recht auf Mitbestimmung im überbetrieblichen Rahmen zu ordnen, um dann das Recht auf Mitbestimmung in den Betrieben in sinnvoller Weise der für die gesamte Wirtschaft gefundenen Lösung einzubauen“[78]. Das bestätigen auch die 1947 vom DGB der britischen Besatzungszone vorgelegten Vorschläge zum Aufbau einer wirtschaftlichen Selbstverwaltung und der Entwurf eines Wirtschaftskammergesetzes, die ein System von Wirtschaftskammern vorsahen, das sich entsprechend den ADGB-Vorstellungen in Bezirks-, Landeswirtschafts- und eine Reichswirtschaftskammer aufgliedert[79]. Den zahlreichen Vorschlägen zur überbetrieblichen Mitbestimmung ist gemeinsam, daß sie für die Kammer vor allem beratende Funktionen bei Parlamenten und Regierungen postulieren und die Forderungen erheben, aus ihrer Mitte Vertreter in die Fachausschüsse der Wirtschaftsbehörden und Verwaltungen zu entsenden. Insgesamt läßt sich feststellen, daß die früheren Entwürfe weitergehende Rechte postulieren, z. B. das Recht zur Einbringung eigener Gesetzesvorlagen, und als eine der zentralen Aufgaben der Selbstverwaltungsorgane die Wahrnehmung von Kontrollaufgaben im Rahmen gesamtwirtschaftlicher Planung und Mitwirkungsrechte bei ihrer Durchführung nennen — Forderungen, die mit dem Ende der Bewirtschaftung ihre reale Basis verloren. Sie sind deshalb in späteren Entwürfen nicht mehr enthalten[80].

Neben dem Aufbau dieser paritätischen Selbstverwaltungskörper verlangten die Gewerkschaften darüber hinaus eine gleichberechtigte Vertretung in Gremien und Beiräten, die am wirtschaftspolitischen Entscheidungsprozeß beteiligt waren. In einer Entschließung des DGB der britischen Besatzungszone heißt es hierzu: Die Gewerkschaften fordern „die Demokratisierung aller für die Wirtschaft entscheidenden Stellen, sowohl der zentralen als auch der nachgeordneten Instanzen, sowohl der staatlichen Ämter als auch der wirtschaftlichen Selbstverwaltung“[81]. Diese Forderung nach einer verstärkten

---

76 Blunck, S. 33.

77 Gewerkschaftsbewegung, S. 85; Protokoll Gewerkschaftskonferenz, März 1946, S. 33.

78 Gesetzesvorschlag des Deutschen Gewerkschaftsbundes zur Neuordnung der deutschen Wirtschaft, Düsseldorf, 22. 5. 1950.

79 Wirtschaftskammergesetz. Entwurf eines Gesetzes über die Errichtung u. Aufgaben von Wirtschaftskammern, hg. vom Bundesvorstand des Deutschen Gewerkschaftsbundes (Britische Besatzungszone), Düsseldorf, Juli 1947, in: NL Otto Suhr. Die die Gewerkschaften betr. Unterlagen befinden sich noch im Besitz von S. Suhr.

80 Wirtschaftsdemokratie. Vorschlag zum Aufbau einer wirtschaftlichen Selbstverwaltung. Gewerkschaftliches Zonen-Sekretariat, Januar 1947.

81 Entschließung „Zur Neuordnung der Wirtschaft“, in: Protokoll, Gründungskongreß des DGB, 1. Bundeskongreß des Deutschen Gewerkschaftsbundes für die britische Zone vom 22.—25. 4. 1947 in Bielefeld, [Minden] o. J., S. 161; Gewerkschaftsbewegung, S. 97 ff.

Kontrolle der Wirtschaftspolitik des Staates ist in engem Zusammenhang mit der gewerkschaftlichen Forderung nach Planwirtschaft zu sehen, die dem Staat vermehrte Aufgaben zuweist, die eine verstärkte Kontrolle notwendig erscheinen lassen[82]. Die Forderung nach Ausbau der Selbstverwaltungsorgane und Verstärkung der Kontrolle der staatlichen Wirtschaftspolitik ist aufgrund der Erfahrungen des Nationalsozialismus gegen eine potentielle Rekonstituierung eines totalen Staates gerichtet.

Von dieser Position her ist es daher auch verständlich, daß die Gewerkschaften die Überführung der Schlüsselindustrien in Gemeineigentum, die Böckler den Schlußstein des wirtschaftsdemokratischen Aufbaus nannte, nur in Ausnahmefällen in der Form der Verstaatlichung erstrebten. Im allgemeinen sollten vielmehr besondere Körperschaften der wirtschaftlichen Selbstverwaltung gebildet werden, in deren Aufsichts- und Verwaltungsorganen den Gewerkschaften ein maßgeblicher Einfluß einzuräumen wäre[83]. Begründet wurde die Forderung nach Sozialisierung der Eisen- und Stahlindustrie, des Kohlebergbaus, der Energiewirtschaft und der Monopolunternehmen der Chemieindustrie als notwendiges Mittel zur Kontrolle wirtschaftlicher Macht[84]. Der Hinweis auf die historische Schuld der Schwerindustrie am Aufkommen des Nationalsozialismus bekräftigte diese Begründung. Darüber hinaus sollte mit Hilfe der Sozialisierung eine Neuordnung der Wirtschaft erreicht werden, „die nicht einseitig vom privaten Profitinteresse geleitet und ständig zwischen Konjunkturen und Krisen hin- und hergerissen werde“. Die Vergesellschaftung der Schlüsselindustrien der Wirtschaft und die Verstaatlichung der Großbanken sollte es ermöglichen, Umfang, Richtung und Verteilung ihrer Produktion im gesamtwirtschaftlichen Interesse zu lenken und die Kapazitäten dieser Industrien dem Bedarf anzupassen. Zur Verhinderung neuer Machtzusammenballungen und zur Erhaltung des wirtschaftlichen Leistungswettbewerbs wurde eine Unterstellung der sozialisierten Industrien unter staatliche Organe abgelehnt und für vollständige finanzielle Autonomie der sozialisierten Unternehmen plädiert. Diese sollte jedoch ihre Grenzen an den staatlichen Planungs- und Lenkungsmaßnahmen finden, deren maßgebliche Beeinflussung die Gewerkschaften erstrebten. Sozialisierung wurde als unverzichtbarer Teil gesamtwirtschaftlicher Planung begriffen, d. h. als eine wesentliche Voraussetzung zur Durchsetzung der in einem volkswirtschaftlichen Gesamtplan festzulegenden Daten und Richtlinien[85].

Die Vorstellungen von gesamtwirtschaftlicher Planung bleiben in der hier zu behandelnden Phase jedoch äußerst vage. Dies gilt auch für die auf dem Gründungskongreß beschlossenen wirtschaftspolitischen Grundsätze des DGB, die die Forderung erhoben, durch bewußte Planung und Lenkung in der Wirtschaft die Willkür des freien Spiels der Kräfte zu überwinden. Um dies zu ermöglichen, wurde eine Änderung der staatlichen Finanzpolitik postuliert und die Feststellung getroffen: „Bisher beschränkt auf fiskalische Ausführung, wird sie zu einem wichtigen Instrument der Wirtschaftsführung, insbesondere durch Regulierung der Kapitalbildung, Steuerung der Selbstfinanzierung und Len-

---

82 Protokoll Gewerkschaftskonferenz August 1946, S. 13; Protokoll. Erster ordentlicher Kongreß der Landesgewerkschaften Bayern. Erster ordentlicher Bundestag des Bayerischen Gewerkschafts-Bundes, München, 17., 18. und 19. 3. 1947, [Garmisch Partenkirchen] o. J., S. 161.

83 Gewerkschaftsbewegung, S. 104 f.; Leitsätze der Gewerkschaften zur Sozialisierung. Beschlossen vom Zonenausschuß der Gewerkschaften der britischen Zone am 27. 1. 1947, in: DGBA, Argumente zur Sozialisierung. Eine Stellungnahme der Gewerkschaften zu den üblichen Einwendungen gegen die Sozialisierung, hg. vom Gewerkschaftlichen Zonensekretariat (brit. Zone), o. O., April 1947, ebd.

84 Leitsätze zur Sozialisierung, ebd.

85 Argumente zur Sozialisierung, ebd.

kung der Investitionskredite"[86]. Diese Ausführungen verdeutlichen, daß diese Planvorstellungen nicht von einer Planung der leichten Hand ausgehen, der Privatwirtschaft nicht lediglich die notwendigen Orientierungsdaten liefern wollen, sondern auch Eingriffe in die unternehmerische Entscheidungsfreiheit nicht ausschließen.

## 4. *Zusammenfassende Thesen*

1. Die Gewerkschaftsgründungen in der ersten illegalen bzw. "halblegalen" Phase (April/Mai bis Anfang Juli 1945) erfolgten in der Mehrzahl der Fälle weder spontan noch aus den Betrieben heraus. Entgegen der „herrschenden" Auffassung in der Literatur wurde die Neugründung von Gewerkschaften in stärkerem Maße von ehemaligen Gewerkschaftsfunktionären „von oben" — wenn auch lediglich in lokalem bzw. regionalem Maßstab — betrieben; z. T. in Zusammenarbeit mit von ihnen eingesetzten Betriebsvertretungen.
2. Die Verzögerung beim Gewerkschaftsaufbau läßt sich keineswegs allein auf antikommunistische Motive der Militärregierungen zurückführen; als ebenso wesentlich sind sicherheitspolitische Erwägungen und die demokratietheoretischen Überlegungen der Besatzungsmächte zu betrachten. Obwohl die Vertreter der „Antikommunismusthese" selbst auf die verschiedenen Strömungen und deren divergierende Motive in den Militärregierungen hinweisen, vernachlässigen sie bei der Beurteilung der Politik der Besatzungsmächte in der Frage des Gewerkschaftsaufbaus diese Aspekte fast vollständig.
3. Das gilt auch für die Beurteilung der Auseinandersetzungen über die Organisationsform der Gewerkschaften. In der Frage zentralistische Einheitsgewerkschaften oder autonome Industriegewerkschaften wird der Einfluß, insbesondere der amerikanischen Militärregierung, zugunsten des Industrieverbandsprinzips erheblich überschätzt, während der Einfluß der deutschen Gewerkschafter, die dieses Organisationsprinzip befürworteten, unterbewertet wird.
4. Da die weit überwiegende Mehrzahl der führenden Funktionäre der DAG und der übrigen Angestelltengewerkschaften ebenso wie die Spitzenfunktionäre der zentralistischen Einheitsgewerkschaften und der Industriegewerkschaften sich aus ehemaligen freigewerkschaftlichen, sozialdemokratischen Funktionären rekrutierte, lassen sich in der Frage der Motive für die Gründung von Angestelltengewerkschaften parteipolitische Erwägungen als wichtiger Gründungsfaktor ausschließen.
   Die Gründung von Angestelltengewerkschaften läßt sich am ehesten mit der „Theorie der Statuspolitik" erklären, die von der These ausgeht, daß Gruppen und Schichten aus Angst vor Positionsverlusten Statusfurcht entwickeln. Die Angst vor einer Verproletarisierung und „degradiert" zu werden, führte bei zahlreichen Angestellten in der Nachkriegsphase zu einer stärkeren Distanzierung gegenüber den Arbeitern, die ihren Ausdruck in der Betonung der Sonderstellung der Angestellten innerhalb von Wirtschaft und Gesellschaft fand.
5. Die Gründe für das Ausscheiden der DAG aus dem DGB sind weniger im wachsenden Einfluß der ehemaligen DHV-Mitglieder und in ideologischen Differenzen zwischen DAG und DGB zu suchen als im Kampf um die Mitglieder und im bürokratischen

86 Protokoll. Gründungskongreß des Deutschen Gewerkschaftsbundes München, 12.—14. 10. 1949, Köln 1950. S. 320.

Eigeninteresse der führenden DAG-Funktionäre und der am stärksten von den Auseinandersetzungen um die Angestellten betroffenen Gewerkschaftsfunktionäre der Industriegewerkschaften. Den programmatischen Differenzen in der Frage der Sozialversicherung, der Gruppenwahl bei den Betriebsratswahlen usw. und der Rücksichtsnahme der DAG-Spitze auf die ehemaligen DHV-Mitglieder kommt für das Ausscheiden der DAG aus dem DGB jedoch ein gewisser „Verstärker-Effekt" zu. Programmatische Überlegungen spielten auch insofern eine Rolle, als die Befürworter des Industrieverbandsprinzips von der Überlegung ausgingen, daß nur eine solche Organisationsform die Bewältigung der anstehenden Aufgaben gewährleisten konnte: Einerseits die traditionellen Aufgaben auf dem lohn- und sozialpolitischen Sektor, andererseits die Schaffung einer neuen Wirtschaftsordnung, in der die Gewerkschaften ein tragendes Element bildeten.

6. Die Frage von Kontinuität und Wandel der Wirtschaftsdemokratiekonzeption läßt sich lediglich differenziert nach den verschiedenen Ebenen, für die Neuordnungsvorstellungen entwickelt wurden, beantworten. Im Vergleich zu den wirtschaftsdemokratischen Vorstellungen des ADGB läßt sich für die unmittelbare Nachkriegsphase (1945/46) eine erheblich stärkere Betonung der Betriebsdemokratie und ihre Verankerung im Neuordnungskonzept konstatieren, während für die überbetriebliche Ebene die Neuordnungskonzeption der Gewerkschaften der westlichen Besatzungszonen bereits an die ADGB-Wirtschaftsdemokratiekonzeption anknüpft.

Mit zunehmendem Abstand vom Zusammenbruch des NS-Systems verlor die betriebliche Mitbestimmung in den gewerkschaftlichen Konzeptionen an Bedeutung. Dafür sind neben den bereits erörterten Gründen noch einige andere zu nennen. Das Zurückdrängen des kommunistischen Einflusses in den Gewerkschaften und der Betriebsrätebewegung zur Zeit des kalten Krieges spielte eine Rolle; aufgrund der Überschätzung des Einflusses der KPD in der Betriebsrätebewegung nach 1945 wird dieser Aspekt jedoch häufig in der Literatur zu stark betont. Ein weiterer Grund dürfte im zunehmenden Einfluß führender Emigranten in der Gewerkschaftsbewegung seit Mitte 1946 zu sehen sein. Die Bedeutung z. B. von Ludwig Rosenberg und Fritz Tarnow für die Formulierung der neuen Konzeption von Wirtschaftsdemokratie läßt sich gar nicht hoch genug veranschlagen. Der insgesamt sehr wesentliche Einfluß der Militärregierungen dürfte für diese Frage nicht so gravierend gewesen sein, da die Besatzungsmächte den überbetrieblichen Mitbestimmungsforderungen nicht wesentlich wohlwollender gegenüberstanden als den Forderungen der Betriebsräte und Gewerkschaften nach Ausbau der wirtschaftlichen Mitbestimmungsrechte der Betriebsvertretungen.

Werner Müller

# Zur Entwicklung des FDGB in der sowjetischen Besatzungszone nach 1945

## 1. *Einleitung*

Auch für den Osten Deutschlands, die heutige DDR, wurden in den ersten Nachkriegsjahren die entscheidenden Strukturveränderungen eingeleitet, die Ziele, Aufbau, Arbeitsweise und Wirkungsfelder des „Freien Deutschen Gewerkschaftsbundes“ noch heute bestimmen.[1] Wie überall in Deutschland, herrschte dort nach dem Ende des Zweiten Weltkrieges zunächst weitgehend Einigkeit darüber, daß es nur noch eine einheitliche Gewerkschaftsbewegung geben dürfe.

Nachdem in der sowjetischen Besatzungszone vom 10. Juni 1945 an durch den Befehl Nr. 2 der Sowjetischen Militäradministration in Deutschland (SMAD) die Wiederzulassung antifaschistischer Parteien und Gewerkschaften möglich war, zeigten die ersten gewerkschaftlichen Gründungsbemühungen ein doppeltes: unter der Maxime der „Einheit“ sollten die Spaltung in verschiedene politische Richtungen ebenso überwunden werden wie die unterschiedlichen Organisationsformen für die Beschäftigten. So wies zum Beispiel der Gründungsaufruf für die Gewerkschaften im damals noch ganz von den Sowjets besetzten Berlin den „neuen freien Gewerkschaften“ die Aufgabe zu, „unter Zusammenfassung aller früheren Richtungen in ihrer Arbeit eine Kampfeinheit zur völligen Vernichtung des Faschismus und zur Schaffung eines neuen demokratischen Rechts der Arbeiter und Angestellten“ zu werden.

Nur fünf Jahre später, auf dem 3. Kongreß des Freien Deutschen Gewerkschaftsbundes für das Gebiet der nunmehrigen DDR im August/September 1950, war dieses Selbstverständnis unter Wahrung des „Einheits“-Anspruches grundlegend gewandelt: „Die Gewerkschaften bekennen sich offen zur führenden Rolle der Partei der Arbeiterklasse. Der 3. FDGB-Kongreß war der erste Gewerkschaftskongreß, der ein klares Bekenntnis zum Marxismus-Leninismus und damit zur Partei der Arbeiterklasse, der Sozialistischen Einheitspartei, ablegte“. Die Überwindung der Richtungsspaltung war innerhalb von fünf Jahren der bedingungslosen Unterordnung unter eine Partei gewichen, die „freie Gewerkschaft“ zu einer abhängigen Organisation unter kommunistischer Suprematie geworden.[2]

Im folgenden kann nicht die historische Entwicklung der Gewerkschaftsbewegung im Osten Deutschlands im einzelnen untersucht werden. Es sollen vorwiegend die Elemente und Etappen, die Triebkräfte und Widersacher dieses Wandlungsprozesses betrachtet werden. Dabei macht das Kernproblem des Verhältnisses von FDGB und Parteien,

1 Eine systematische Übersicht über die Funktion des FDGB im politischen System der DDR bietet Hartmut Zimmermann, Der FDGB als Massenorganisation und seine Aufgaben bei der Erfüllung der betrieblichen Wirtschaftspläne, in: Studien und Materialien zur Soziologie der DDR, hrsg. von Peter Christian Ludz, 2. Aufl., Opladen 1971, S. 115 ff.

2 Zu den Grundzügen des Umformungsprozesses in der SBZ/DDR allgemein Werner Müller, Ein „besonderer deutscher Weg“ zur Volksdemokratie? Determinanten und Besonderheiten kommunistischer Machterringung in der SBZ/DDR 1945—1950, in: PVS 23, (1982), S. 278—303.

vornehmlich also zu KPD und SED, eine nähere Bestimmung des „Einheits"-Anspruches und damit seines Sinn- und Bedeutungsgehaltes unumgänglich.

Die „politische" Geschichte des FDGB ist bislang in der Bundesrepublik nur am Rande behandelt worden.[3] In jüngster Zeit wurden jedoch sowohl eine kommentierte Dokumentation zum Funktionswandel des FDGB vorgelegt[4] wie auch eine äußerst detailreiche Untersuchung zur Arbeit der Betriebsräte, also der Bewegungen an der betrieblichen Basis in der sowjetischen Zone bis 1948.[5] Eine ältere Darstellung eher politischer als wissenschaftlicher Art zur Berliner Gewerkschaftsentwicklung bis zum Jahre 1950 erschließt einen zentralen Bereich der Auseinandersetzung zwischen Sozialdemokraten und Kommunisten um den Grundcharakter der Gewerkschaften selbst.[6] Die Historiographie der DDR, bis hin zur 1982 vorgelegten „offiziösen" Gesamtdarstellung der FDGB-Geschichte,[7] ist bemüht, ausgehend von den Prinzipien marxistisch-leninistischer Geschichtsschreibung, diesen Wandlungspunkt als „Gesetzmäßigkeit" zu interpretieren. Aus dieser Sicht wurde der Entwicklung des FDGB in Sachsen eine umfangreiche Studie gewidmet.[8] Schon frühzeitig veröffentlichte der FDGB-eigene Verlag eine Auswahl von Reden und Schriften des ersten FDGB-Vorsitzenden Hans Jendretzky[9] sowie eine Untersuchung zu den Interzonenkonferenzen der deutschen Gewerkschaften.[10] Daneben ist die Frühzeit des FDBG dokumentiert worden.[11] Recht zahlreich liegen allerdings Erinnerungen und Biographien vor,[12] auch aus westlicher Sicht.[13]

---

3 Die Frühzeit behandelt mit: Jürgen Klein, Bürgerliche Demokraten oder christliche, sozialdemokratische und kommunistische Gewerkschafter Hand in Hand gegen die Arbeiter, Hamburg 1974; die betriebliche Basis: Benno Sarel, Arbeiter gegen den „Kommunismus". Zur Geschichte des proletarischen Widerstandes in der DDR (1945-1958), München 1975; einen Überblick bietet Dieter Schuster, Die deutschen Gewerkschaften seit 1945, 2. Aufl., Stuttgart-Berlin-Köln-Mainz 1974, S. 124 ff.

4 Klaus Helf, Von der Interessenvertretung zur Transmission. Die Wandlung des Freien Deutschen Gewerkschaftsbundes (FDGB) (1945—1950), in: Parteiensystem zwischen Demokratie und Volksdemokratie. Dokumente und Materialien zum Funktionswandel der Parteien und Massenorganisationen in der SBZ/DDR, hrsg. von Hermann Weber, Köln 1982, S. 339—386.

5 Siegfried Suckut, Die Betriebsrätebewegung in der Sowjetisch Besetzten Zone Deutschlands (1945 bis 1948). Zur Entwicklung und Bedeutung der Arbeiterinitiative, betrieblicher Mitbestimmung und Selbstbestimmung bis zur Revision des programmatischen Konzepts der KPD/SED vom „besonderen deutschen Weg zum Sozialismus", Frankfurt 1982.

6 Berliner Gewerkschaftsgeschichte von 1945 bis 1950. FDGB, UGO, DGB, Berlin 1971.

7 Geschichte des Freien Deutschen Gewerkschaftsbundes, Berlin (Ost) 1982.

8 Hans Eckart, Zum Anteil des FDGB im Land Sachsen an der Herausbildung und Entwicklung eines neuen Inhalts der Arbeiterbewegung in den Jahren 1945—1950, Diss. A, Universität Leipzig 1975. Gerade auch die „Aktivistenbewegung" wurde mehrfach behandelt; vgl. Dietmar Keller, Lebendige Demokratie. Der Übergang von der antifaschistischen zur sozialistischen Demokratie in der volkseigenen Industrie der DDR 1948 bis 1952 , Berlin (Ost) 1971; Waltraud Falk unter Mitarbeit von Horst Barthel, Kleine Geschichte einer großen Bewegung. Zur Geschichte der Aktivisten- und Wettbewerbsbewegung in der Industrie der DDR, Berlin (Ost) 1966.

9 Hans Jendretzky, Der gewerkschaftliche Kampf um Frieden, Einheit und Sozialismus 1945—1948. Aus Reden und Aufsätzen, Berlin (Ost) 1961.

10 Albert Behrendt, Die Interzonenkonferenzen der deutschen Gewerkschaften. Der Kampf des Freien Deutschen Gewerkschaftsbundes um eine fortschrittliche deutsche Gewerkschaftspolitik auf den Interzonenkonferenzen der deutschen Gewerkschaften, 4. neubearb. Aufl., Berlin (Ost) 1963.

11 Gewerkschaftlicher Neubeginn. Dokumente zur Gründung des FDGB und zu seiner Entwicklung von Juni 1945 bis Februar 1946, hrsg. und eingel. von Horst Bednareck, Albert Behrendt und Dieter Lange, Berlin (Ost) 1975; auch den FDGB betreffend: Dokumente und Materialien zur Geschichte der deutschen Arbeiterbewegung, Reihe III, Bd. 1: Mai 1945—April 1946, Berlin (Ost) 1959.

12 Aufbruch in unsere Zeit. Erinnerungen an die Tätigkeit der Gewerkschaften von 1945 bis zur Gründung der Deutschen Demokratischen Republik, Berlin (Ost) 1975. Beiträge einzelner FDGB-

Trotz weitgehenden Fehlens ungedruckten Quellenmaterials zur inneren Entwicklung des FDGB kann damit sein Funktionswandel in den Grundzügen analysiert werden, vor allem, soweit er durch den Suprematie-Anspruch von KPD und SED bedingt ist.

## 2. *Gründung und Aufbau des FDGB in Berlin (Mai 1945 bis Februar 1946)*

In Berlin wie im gesamten sowjetischen Besatzungsgebiet wurden von Ende April/Anfang Mai 1945 an Vorbereitungen für eine Gewerkschafts-Neugründung auf drei Ebenen getroffen. Zum einen durch provisorische Betriebsvertretungen, die mitunter als Vorformen gewerkschaftlicher Organisationen entstanden. Die Tätigkeit dieser spontan entstandenen Gremien mußte sich örtlich auf einen engen Raum beschränken. Angesichts der Bedingungen einer „Zusammenbruchskrise“[14] mußte sich ihre Aktivität vornehmlich auf die Behebung der unmittelbaren Not richten, auf die Wiederingangsetzung der Betriebe, der Versorgung und des Verkehrs, ferner auf erste und unmittelbare Maßnahmen der Entnazifizierung. Mitunter waren bei diesen Gremien die Grenzen zu vielfach im Sommer 1945 auftretenden „Antifa“-Gruppierungen fließend.

Zum zweiten trafen sich in den ersten Wochen nach Beendigung der Kampfhandlungen an vielen Orten frühere Funktionäre der SPD und der Freien Gewerkschaften zu Vorgesprächen über die Neubildung von Partei- und Gewerkschaftsorganisationen. In Berlin sammelten Erich W. Gniffke und Karl Germer eine Reihe von ihnen bekannten Persönlichkeiten um sich; seit Mitte Mai 1945 wurden von diesem Kreis aus Kontakte zu Exponenten der früheren Christlichen und der Hirsch-Dunckerschen Gewerkschaften geknüpft.

Ein dritter Kreis von Personen, der Gewerkschaftsgründungen in die Wege leitete, war spezifisch für das sowjetische Besatzungsgebiet. Die mit der Roten Armee zurückkehrenden Emigranten aus der Sowjetunion, deren Kern in den drei „Initiativgruppen“ des ZK der KPD für Berlin, Sachsen und Mecklenburg-Vorpommern vereint war, unterstützten nicht nur die Besatzungsmacht bei der Einrichtung deutscher Selbstverwaltungen, sondern rekrutierten zugleich ihnen geeignet erscheinende Funktionäre, vielfach aus der alten KPD, für einen parteipolitischen und gewerkschaftlichen Neuaufbau. Vor allem waren sie in der Lage, die den Deutschen zugänglichen Schlüsselstellungen in Verwaltung, Wirtschaft und im neu formierten Bildungswesen wie im Nachrichten- und Pressewesen mit Vertrauensleuten des ZK der KPD zu besetzen.

Zugleich war die Gelegenheit gegeben, die „alten Funktionäre“ aus Partei und Gewerkschaft mit der „neuen“ politischen Linie des ZK der KPD vertraut zu machen. Die Nähe zur Besatzungsmacht verschaffte diesem Kreis einen organisatorischen und politischen Vorsprung, den er mit allen Mitteln im Prozeß der Neugründung zu nutzen und durchzusetzen suchte.

---

Funktionäre sind enthalten in: Vereint sind wir alles. Erinnerungen an die Gründung der SED. Mit einem Vorwort von Walter Ulbricht, 2. Aufl., Berlin (Ost) 1971.

13 Werner Conze, Jakob Kaiser. Politiker zwischen Ost und West 1945—1949, Stuttgart-Berlin-Köln-Mainz 1969; Adam Wolfram, Es hat sich gelohnt. Der Lebensweg eines Gewerkschafters, Koblenz 1977.

14 Dieser Terminus bei Hajo Döll, in: Arbeiterinitiative 1945. Antifaschistische Ausschüsse und Reorganisation der Arbeiterbewegung in Deutschland, hrsg. von Lutz Niethammer, Ulrich Borsdorf und Peter Brandt, Wuppertal 1976, S. 130.

Der Neugründungsprozeß in Berlin vom Mai 1945 an wies weitgehend schon die Bedingtheiten gewerkschaftlicher Entwicklung für das sowjetische Besatzungsgebiet allgemein auf. Seit Anfang Mai hatten sich dort frühere freie Gewerkschafter um Theodor Leipart, Carl Volmershaus, Otto Suhr und andere — zuletzt regelmäßig — getroffen. Mitte Mai kam ein Kontakt mit Jakob Kaiser für die früheren Christlichen und Ernst Lemmer für die früheren Hirsch-Dunkerschen Gewerkschaften zustande. Offen war zunächst, wie weit frühere kommunistische Gewerkschafter an diesen Gesprächen beteiligt werden sollten. Schließlich suchten der ehemalige AfA-Sekretär Bernhard Göring und das frühere ADGB-Vorstandsmitglied Hermann Schlimme Verbindungen zu den nach Berlin zurückgekehrten Mitgliedern der KPD-Führung. Sie fürchteten, daß ihnen das KPD-ZK mit der Gründung einer Gewerkschaftsorganisation zuvorkommen könnte. Unabhängig davon hatte die „Gruppe Ulbricht" ebenfalls versucht, alle früheren Gewerkschaftsrichtungen anzusprechen. Hans Jendretzky, vor 1933 Mitglied der KPD-Bezirksleitung Berlin und 1945 des ZK, kündigte Göring und Schlimme an, daß in näherer Zukunft die Wiederzulassung der Gewerkschaften zu erwarten sei. Der bereits erwähnte Gesprächskreis „alter Gewerkschafter" erweiterte sich daraufhin Ende Mai um die Kommunisten Jendretzky und Paul Walter, Anfang Juni um Roman Chwalek und zuletzt um Walter Ulbricht. Dieser Kreis erarbeitete nach langen, zum Teil sehr kontroversen Diskussionen den Text eines Gründungsaufrufes, der am 13. Juni fertiggestellt wurde.

Aus diesem Gremium konstituierte sich am folgenden Tag ein „Vorbereitender Gewerkschaftsausschuß für Groß-Berlin", der acht Personen — Jendretzky, Chwalek, Walter, Göring, Schlimme, Braß, Kaiser und Lemmer — aller früheren Gewerkschaftsrichtungen umfaßte. Vorsitzender wurde Hans Jendretzky, nachdem die KPD-Vertreter auf diesem Posten bestanden hatten und sich die Sozialdemokraten diesem Ansinnen nach anfänglichem Zögern beugten.

Dem früheren Zentrumsangehörigen und christlichen Gewerkschafter Jakob Kaiser und Ernst Lemmer, zuvor Mitglied der DDP/Staatspartei für die Hirsch-Dunckerschen Verbände, standen nominell je drei Kommunisten und Sozialdemokraten gegenüber. War durch diese „Parität" schon das traditionelle sozialdemokratische Übergewicht beseitigt, ergab sich in der Realität eine kommunistische Überzahl: der als Sozialdemokrat gezählte Otto Braß wirkte vorbehaltlos für die KPD, er soll zudem schon vor 1945 formell dort Mitglied geworden sein.[15]

Der Gründungsaufruf wurde am 15. Juni veröffentlicht. Er formulierte als dringende Aufgaben die Überwindung des Nazismus und Militarismus, die Wiederaufnahme der Arbeit und Ingangsetzung der Betriebe und Versorgung, die Vertretung der Interessen der Arbeiter und Angestellten, die Sicherung des Mitbestimmungsrechts und die Erziehung der Arbeiterschaft „im Geiste des Antifaschismus". Damit war ein Sofortprogramm entworfen, das von allen früheren Richtungen getragen werden konnte. Die KPD-Vertreter, die maßgeblich an diesem Programm mitgewirkt hatten, zeigten sich hier zuletzt doch kompromißbereit, um die entstehende gewerkschaftliche Einheit nicht zu gefährden. Angesichts des Widerstands im Gründerkreis verzichteten sie auf eine deutliche Verurteilung der Theorie und Praxis der Freien und Christlichen Gewerkschaften bis 1933.

Am 17. Juni 1945 trat der Gründungsausschuß in einer Funktionärsversammlung, die

15 Helf, S. 340; Berliner Gewerkschaftsgeschichte, S. 25.

von mehr als 500 Teilnehmern besucht war, an die Öffentlichkeit. Die von den Kommunisten getragene Intention, auf dieser Massenveranstaltung, deren Zusammensetzung ja zufällig sein mußte, einen Vorstand zu wählen und so die entstandenen Kräfteverhältnisse zu legimitieren, scheiterte indes. Die Wahl eines Vorstandes mußte verschoben werden; sie sollte einer ordnungsgemäßen Delegiertenkonferenz vorbehalten bleiben. Analog zu den Parteien in Berlin war damit der FDGB von der Spitze her gegründet. In Übereinstimmung mit einer parallel entstandenen Richtlinie des ZK der KPD sollten achtzehn Industrieverbände, ebenfalls von der Spitze her, gegründet werden. Überlagert wurde dieser Organisationsaufbau noch von einer politischen Regionalgliederung:

Entsprechend der politischen Gliederung Berlins wurden zwanzig Bezirksausschüsse gebildet. Dieser doppelte Aufbau wurde unmittelbar unter Kontrolle und Leitung des „Vorbereitenden Ausschusses" in Angriff genommen. Sowohl in den Bezirksausschüssen des FDGB wie in den bezirklichen Spitzen der achtzehn Industrieverbände besaßen die Kommunisten ein entscheidendes Übergewicht. Sie stellten in der Regel die Vorsitzenden und gewannen daher einen bestimmenden Einfluß im Aufbauprozeß der gewerkschaftlichen Organisation. Parallel wurden zum Teil „in mühevoller Kleinarbeit in allen entscheidenden Betrieben gewerkschaftliche Betriebsorganisationen geschaffen."[16]

Die gewerkschaftliche Beteiligung an der Entnazifizierung der Betriebe und der Wirtschaft verpflichtete den FDGB auf ein politisches Tätigkeitsgebiet, das über den traditionellen gewerkschaftlichen Aufgabenbereich hinausging; dabei waren gerade die Kommunisten im Führungskern des FDGB von Anfang an bemüht, Säuberungsmaßnahmen in Richtung auf sozioökonomische Strukturveränderungen vorwärtszutreiben.[17] Zugleich waren sie bestrebt, die Gewerkschaften in Willensbildungs- und Entscheidungsgremien kommunaler und staatlicher Institutionen einzubinden, so in Beiräte des Berliner Magistrats und in die Selbstverwaltung der Sozialversicherung.

Die Gründungsgeschichte des FDGB in Berlin zeigt ein besonderes Verhältnis von Einheitsgewerkschaft und Parteipolitik, wie es für die Entwicklung des FDGB insgesamt bestimmend bleiben sollte. Die politische Einheitsgewerkschaft als Überwindung der früheren Richtungsgewerkschaften war von Anfang an zwischen allen Gründungsmitgliedern unumstritten gewesen. Für das strukturelle Prinzip der Einheitsorganisation nach dem Grundsatz „ein Betrieb — eine Gewerkschaft" galt das gleiche mit der Einschränkung, daß die Organisationsform der Angestellten nicht endgültig geregelt werden konnte. Die Besonderheit in der Entwicklung des FDGB war durch den unverkennbaren Machtanspruch der KPD-Führung gegeben. Für diesen Anspruch bildete die Zustimmung aller früheren Gewerkschaftsrichtungen zum doppelten Prinzip der Einheitsgewerkschaft nur die Basis. Das Ziel, eine „neue, freie Gewerkschaft" zu bilden, wurde nur vordergründig mit der Katastrophe des Jahres 1933 erklärt. Im einzelnen ging es für das ZK der KPD darum, seinen ideologisch und politisch formulierten Führungsanspruch zu realisieren.

Innerhalb der KPD konnte dieser Anspruch offen formuliert werden: Hermann Matern, Mitglied des ZK der KPD, führte im Juni 1945 vor KPD-Funktionären aus: „Es

16 Gewerkschaftlicher Neubeginn, S. XXV. Einen „Organisationsplan" zitiert Klein, S. 237.

17 Hier kann nur pauschal auf die sozioökonomische Umwälzung in der sowjetischen Zone, beginnend mit der Bodenreform und der Enteignung der „Kriegs- und Naziverbrecher", verwiesen werden. Für den Gesamtzusammenhang: Hermann Weber, Kleine Geschichte der DDR, Köln 1980, S. 28 f.; für die Literatur der DDR: Horst Barthel, Die wirtschaftlichen Ausgangsbedingungen der DDR, Berlin (Ost) 1979, S. 107 ff.

ist selbstverständlich, daß die Partei in allen Massenorganisationen arbeitet und um die politische und ideologische Führung kämpft." Walter Ulbricht umschrieb den kommunistischen Führungsanspruch in den Gewerkschaften als Überwindung traditionellen sozialdemokratischen Übergewichts: „Während die Gewerkschaften vor 1933 unter sozialdemokratischer Führung standen, müssen die neuen Gewerkschaftsorganisationen zu einheitlichen freien Gewerkschaften werden", forderte er noch im Juni 1945.[18] Der Begriff „freie Gewerkschaft" sollte also eine deutliche Abwendung von Theorie und Praxis des ADGB markieren, auf eine Gewerkschaftsbewegung „im Geiste des Klassenbewußtseins" weisen.

Ende August 1945 verdeutlichte er in einer Rede in Halle/Saale das Ziel einer „neuen" Gewerkschaft, als er mit einer Forderung nach parteipolitischer Neutralität der Gewerkschaften hart ins Gericht ging. Ulbricht wehrte sich gegen eine „Gleichstellung" von Partei und Gewerkschaften: „Die Partei ist die Vorhut, ihr gehören die fortgeschrittensten, aktivsten, politisch am besten geschulten Arbeiter und Werktätigen an." Die parteipolitische Neutralität hingegen sei heute, da die Gewerkschaften nicht mehr sozialdemokratisch beherrscht seien, nur noch im Interesse solcher „Gewerkschaftsfunktionäre, die irgendwelche Sonderinteressen vertreten." Diese Rede zeigte zugleich die Bedeutung, die die gewerkschaftliche Einheit für die KPD-Führung als Instrument zum Kampf um eine Einheitspartei nach ihren Maximen besaß.

Der Herrschaftsanspruch wurde indes nicht nur artikuliert und ideologisch motiviert. Die KPD-Führung bestand unnachgiebig in der Gründungsphase auf zahlenmäßiger Parität zu den Sozialdemokraten und forderte regelmäßig die Vorsitzenden-Funktionen. Damit verfuhr sie anders als im staatlichen und kommunalen Bereich. Dort überließ sie die (vielfach eher repräsentativen) Posten Vertretern der übrigen Parteien und begnügte sich mit den (oft einflußreicheren) Stellvertreter-Funktionen. Zum zweiten ist für den kommunistischen Führungsanspruch in den Gewerkschaften charakteristisch, daß dieser in der Konstituierungsphase auf möglichst hoher Organisationsebene geltend gemacht wurde. Er zielte auf eine frühzeitige Festlegung personeller und struktureller Konstellationen. Die Gewerkschaftsgründung „von oben" kam diesem Konzept entgegen. Demgegenüber waren die sozial- und christdemokratischen Gewerkschafter an den Maximen traditioneller Gewerkschaftsarbeit orientiert. Sie verfolgten Konzeptionen, die nur wenige Jahre später als „Nur-Gewerkschaftertum" bekämpft wurden.

Programmatisch zeigten sich die kommunistischen Gewerkschafter indes partiell kompromißbereit, sofern es ihr Ziel einer „neuen" politischen Gewerkschaftsbewegung nicht gefährdete und zur dauerhaften Einbindung aller früheren Richtungen in die neue Organisation beitrug.

Dieses auf Hegemonie in der Gewerkschaftsbewegung zielende Konzept, das auf die Durchsetzung eines anderen Typs von Gewerkschaft gerichtet war, war zweifellos nicht von einer Mehrheit der Gründer und der Organisierten getragen. Über die Tatsache der Protektion der Kommunisten durch die sowjetische Besatzungsmacht hinaus sind eine Reihe von Faktoren festzuhalten, die die Intention der KPD begünstigten: das Bewußtsein des Scheiterns aller Richtungen der Gewerkschaftsbewegung im Jahre 1933 und die Größe der Not und der Zerstörung im Jahre 1945 hatten in allen „Lagern" die Bereitschaft zum gemeinsamen Handeln erweckt und gestärkt. Ferner war überall die Einsicht vor-

18 Erste Funktionärskonferenz der KPD Groß-Berlins. Programmatische Rede des Genossen Walter Ulbricht, in: Einheitsfront der antifaschistisch-demokratischen Parteien, Berlin 1945, S. 31.

handen, daß nur eine tiefgreifende politische, wirtschaftliche und soziale Neuordnung zu demokratischen Verhältnissen führen konnte. Die Kommunisten selbst betonten unablässig demokratische Prinzipien und forderten die Wahrung der Grundsätze innergewerkschaftlicher Demokratie. Nicht zuletzt auch das rasche zahlenmäßige und organisatorische Wachstum ihrer Partei vergrößerte in der Gründungsphase ihren Einfluß in der organisierten Arbeiterbewegung; es stützte den Anspruch auf „Parität" zu den Sozialdemokraten im FDGB dort, wo die Kommunisten in der Minderheit waren, den Anspruch auf eine „führende Rolle" hingegen dort, wo die „Arbeiterparteien" etwa gleich stark waren.

Trotz des kommunistischen Übergewichts in den Führungspositionen auf gesamtberliner und (noch mehr) auf bezirklicher und Einzelverbandsebene, das sich im Laufe des Gründungsprozesses herausgebildet hatte, war eine gesicherte Hegemonie nicht erreicht. Der Versuch, kurzfristig im Sommer 1945 eine Berliner Delegiertenversammlung einzuberufen und dadurch die personellen und politischen Vorentscheidungen der Gründungsphase zu legitimieren, scheiterte an dem Einspruch der Westalliierten, die in den Modalitäten der Delegiertenwahlen eine Verletzung demokratischer Prinzipien sahen.

Auch in der Praxis versuchte das ZK der KPD, die Arbeit der Gewerkschaften zu leiten und zu kontrollieren. Im Oktober 1945 beklagte sich Hermann Schlimme aus Berlin in einem Schreiben an Hans Vogel in London, daß die „KPD ihre Leute in der Bundesleitung am Band" habe, und es sei „kaum ein Beschluß möglich, der nicht zuvor durch das Zentralkomitee sanktioniert worden ist."

Als im September 1945 die SMAD dem FDGB die Herausgabe der Zeitung „Die Freie Gewerkschaft" gestattete, trug Wilhelm Pieck für das ZK der KPD dem früheren RGO-Funktionär Fritz Apelt die Chefredakteurs-Stelle an. Die alltägliche Zusammenarbeit in den Gewerkschaftsgremien brachte rasch eine Entfremdung zwischen Sozialdemokraten und Kommunisten mit sich. Die anfängliche Bereitschaft zur „Einheit" nutzte sich auf sozialdemokratischer Seite angesichts der Praxis der Kommunisten schnell ab. Bernhard Göring beklagte sich, daß „in der Arbeit in den Bezirken und anderen gewerkschaftlichen Gliederungen ein gewisses Mißtrauen Platz gegriffen habe."[19]

Nachdem im Dezember die Alliierte Kommandantur eine Wahlordnung für eine gesamtberliner Delegiertenkonferenz genehmigt hatte, war für Februar 1946 die erste zentrale Stadtdelegiertenkonferenz anberaumt worden. In den Delegiertenwahlen dazu erhielten die Kommunisten eine Mehrheit. Die Berliner SPD-Führer Otto Grotewohl und Gustav Dahrendorf erklärten gegenüber Kurt Schumacher „das Ergebnis aus erstens der großen Aktivität der kommunistischen Funktionäre, zweitens Wahlschiebungen, drittens dem Wahlmodus, der solche Schiebungen außerordentlich erleichtere."[20] Die KPD-Führung hatte eine massive Propagandakampagne für die Wahl nur von Anhängern der „Einheit" gestartet. Die SPD-Führung sah darin den Versuch, die Delegiertenwahlen parteipolitisch zu beeinflussen. Eine interne Kennzeichnung kommunistischer Kandidaten auf der paritätisch zusammengesetzten Liste ermöglichte eine Konzentration kommunistischer Stimmen auf diese Delegierten.[21]

---

19 So Göring in der Sitzung des „Vorbereitenden Ausschusses" am 31. 8. 1945, in: Gewerkschaftlicher Neubeginn, S. 83.

20 Niederschrift über die Zusammenkunft von Grotewohl, Dahrendorf, Schumacher und Kriedemann in Braunschweig, 8. 2. 1946, in: Archiv der sozialen Demokratie, Bonn-Bad Godesberg, Bestand Schumacher J 12 I.

21 Erich W. Gniffke, Jahre mit Ulbricht, Köln 1966, S. 146. Von 559 Berliner Delegierten gehörten 312 zur KPD, 226 zur SPD, drei zur CDU und einer zur LDPD, 17 waren parteilos; vgl. Siegfried Thomas,

Im Vorfeld der Konferenz hatte es noch Auseinandersetzungen über die Besetzung des künftigen Vorstandes gegeben. Für den Berliner FDGB-Vorstand hatte die KPD vierzehn von dreißig Vorstandsmandaten gefordert. Unter Wahrung der „Parität“ wären den CDU-Vertretern nur zwei Positionen verblieben. Ein Kompromiß scheiterte an der KPD, so daß sich letztlich 14 Kommunisten, 13 Sozialdemokraten und 3 Christdemokraten gegenüberstanden.

### 3. *Der Gründungs- und Aufbauprozeß in der sowjetischen Zone*

Mangels einer allgemein respektierten Führungsinstanz konnten sich im Organisationsprozeß auf regionaler Ebene unterschiedliche Entwicklungen ergeben, deren wichtigste hier skizziert werden sollen. Überall im sowjetisch besetzten Gebiet war die gleiche Tendenz sichtbar, eine einheitliche Gewerkschaftsbewegung zu bilden. Auf bürgerlicher wie auf sozialdemokratischer Seite bestand zugleich kaum eine überregionale Koordination, auch die Kontakte früherer Funktionäre über größere Entfernungen hinweg blieben bis in den Sommer 1945 hinein sporadisch. Demgegenüber wurden vom Juni 1945 an die Maximen kommunistischer Gewerkschaftspolitik innerhalb der entstehenden KPD in der ganzen sowjetischen Zone und vermutlich auch in den Parteigliederungen der Westzonen verbreitet. Den Kommunisten in den Ländern und Provinzen konnte daher die Berliner Entwicklung nicht nur als „Beispiel . . . für die Schaffung einheitlicher freier Gewerkschaftsorganisationen“[22] dienen.

Im industriellen Sachsen, das traditionell eine der Hochburgen der deutschen Arbeiterbewegung gewesen war, hatte die KPD-Führung beträchtliche Schwierigkeiten, ihre Konzeption durchzusetzen. Ein gewerkschaftlicher Organisationsausschuß in Dresden war noch vor Erlaß des Befehls Nr. 2 der SMAD gebildet worden. Er bestand ausschließlich aus früheren Funktionären des ADGB. Geführt wurde er von Richard Woldt, der früher Direktor der ADGB-Wirtschaftsschule gewesen war. Dieser Ausschuß hatte weder Verbindung zur SMAD, noch zu Otto Buchwitz, der von der SMAD als Landesvorsitzender der SPD akzeptiert wurde, aufgenommen. Das ZK der KPD entsandte etwa Mitte Juni 1945 von Berlin aus einen Instrukteur nach Dresden, Fritz Apelt. Nachdem er seinen Auftrag mit dem KPD-Landesvorsitzenden besprochen hatte und von diesem über die Existenz eines provisorischen Gewerkschaftsausschusses informiert worden war, bemühte sich Apelt um eine Neukonstituierung einer Gewerkschaftsorganisation nach den Maximen des ZK der KPD. Als erstes hatte er dahin zu wirken, den Gründungsausschuß entsprechend dem Berliner Vorbild „durch weitere revolutionäre Gewerkschafter verstärkt“[23] neu zu konstituieren. Dieser vorbereitende Ausschuß kam in neuer Form am 20. Juni 1945 zum ersten Mal zusammen, unter Beteiligung früherer KPD- und RGO-Funktionäre wie Bruno Siegel, Karl Camp und Fritz Apelt. Der so veränderte Gründungsausschuß bereitete die Legalisierung des FDGB vor und entwarf einen Aufruf. Dennoch war im Gründungsmonat die KPD-Konzeption in Dresden noch nicht durchgesetzt. Dazu brauchten die KPD-Funktionäre noch die „uneigennützige Unterstützung der zuständigen Organe der SMAD.“[24]

---

Entscheidung in Berlin. Zur Entstehungsgeschichte der SED in der deutschen Hauptstadt 1945/46, 2. überarb. Aufl., Berlin (Ost) 1967, S. 183.

22 So Walter Ulbricht, in: Erste Funktionärskonferenz, S. 31.

23 Eckart, S. 23.

24 Gewerkschaftlicher Neubeginn, S. XXXII.

Die Organisationsstruktur war ebenfalls umstritten. Es wurden Auffassungen vertreten, die Organisation der DAF zu übernehmen, also ein System der Pflichtmitgliedschaft und des Beitragseinzuges durch den Unternehmer. Ferner drängten die Kommunisten auf eine möglichst baldige Legitimation des Gründungsausschusses durch eine Mitgliederversammlung. Diese kam am 11. Juli 1945 zustande und umfaßte 1.500 Personen. Die Billigung des Gründungsaufrufes und des Gründungskreises durch diese Versammlung bildete die Legitimationsbasis für eine Tätigkeit des vorbereitenden FDGB-Ausschusses auf Landesebene. Von Dresden aus wurde durch Emissäre anschließend der Gewerkschaftsaufbau in weiterem Umkreis angeleitet. Die wirtschaftspolitischen Aufgaben, die sich dieser Gründungskreis stellte, waren ähnlich denen in Berlin. Zugleich hatten sich die FDGB-Vertreter häufiger mit den Folgen der sowjetischen Demontagepolitik auseinanderzusetzen und diese zu rechtfertigen.

Nach seiner Konstituierung erließ der Dresdner Gründungsausschuß Richtlinien über den organisatorischen Aufbau des FDGB. In allen Orten sollte sich danach analog ein Gründungsausschuß unter Einschluß aller früheren Richtungen (einschließlich der früheren „Opposition") konstituieren und die Gründung von sechzehn Einzelverbänden vorbereiten. Dieser hatte die Spitzen der Industrieverbände zu berufen. In den Betrieben, der Basis der Organisation, waren ebenfalls vorbereitende Komitees zu berufen, die ein Vertrauensleute-System zu schaffen hatten.

Auf der Gründungskonferenz in Dresden im Juli waren nur einige auswärtige Delegierte vertreten gewesen. Bis Mitte September 1945 hatten mehrere Bezirkskonferenzen stattgefunden, unter anderem in Leipzig, Zwickau, Chemnitz und Löbau. Ob es sich lediglich um Massenversammlungen oder reguläre Delegiertenkonferenzen handelte, war nicht zu ermitteln.

Eine weitere Besonderheit im Prozeß der FDGB-Gründung in Sachsen bildet die Entwicklung in Leipzig. Die Stadt, eine traditionelle „Hochburg" der Sozialdemokratie, kam erst Anfang Juli unter sowjetische Besatzung. Unmittelbar nach der amerikanischen Besetzung Leipzigs im April 1945 wurde versucht, aus dem kommunistisch beherrschten „Nationalkomitee ‚Freies Deutschland'" heraus eine Gewerkschaft zu gründen. Initiator war der frühere RGO-Funktionär Kurt Kühn. Getragen wurde dieser Ansatz nur von Kommunisten. Der Kreis gab einen Aufruf an die Betriebe Leipzigs heraus und war bemüht, von der Militärregierung legalisiert zu werden. Unabhängig davon betrieb Hans Jahn, der mit den US-Truppen nach Leipzig gekommen war, die Gründung einer Gewerkschaft im Verein mit früheren ADGB-Funktionären. Nach seiner Entlassung aus dem KZ Buchenwald wurde Erich Schilling, vor 1933 ADGB-Vorsitzender in Leipzig, zum Vorsitzenden eines „Fünfer-Ausschusses", der, orientiert am „Buchenwalder Manifest", die Wiedergründung der Gewerkschaften vorbereitete. Es gab zwar Verhandlungen zwischen beiden Initiativgruppen, jedoch kam erst im Juni 1945 ein einheitlicher Gründungsausschuß zustande, in dem die Sozialdemokraten fünf von neun Mitgliedern stellten, während nur zwei Vertreter der KPD angehörten. Bis zum Abzug der amerikanischen Besatzungsmacht wurde eine legale Gewerkschaftstätigkeit nicht erlaubt. Daneben verfügten die sozialdemokratischen Gewerkschafter mit dem „Sozialpolitischen Ausschuß" über eine „offizielle" Position, von der aus ihnen der Zugang zu Arbeiterschaft und Betrieben offen stand. Erst der Besatzungswechsel eröffnete den Kommunisten den Weg zur „Parität" im „Zehnerausschuß", dem Gründungskomitee für die „Deutsche Einheitsgewerkschaft", die sich im August 1945 in Leipzig konstituierte.

Die Leipziger KPD-Führung mobilisierte vor allem ihren Anhang in den Betrieben, aber erst das Eingreifen der sowjetischen Besatzungsmacht konnte das Kräfteverhältnis in der Gewerkschaftsführung verändern. Allerdings blieb Erich Schilling noch Vorsitzender, erst ein Befehl der SMAD bewirkte sein Ausscheiden im November 1945. Kurt Pohling, ein „einheitsbereiter“ Sozialdemokrat, wurde sein Nachfolger. Erst dann kam es zur Vorbereitung einer regulären Delegiertenkonferenz des FDGB für Leipzig. Bis zum Jahresende 1945 hatte es gedauert, bis in Leipzig eine Arbeit des FDGB nach Berliner Vorbild möglich war. Die Sozialdemokraten hatten sich dem Anspruch der KPD-Funktionäre nicht gebeugt. Noch in der Vorbereitung zur ersten Leipziger Delegiertenkonferenz forderten einige sozialdemokratische Gewerkschafter, offenbar nicht ohne Resonanz, daß keine früheren RGO-Funktionäre in den Vorstand des FDGB gewählt werden dürften und dieser sich gegenüber beiden Arbeiterparteien neutral verhalten müsse. Nicht zuletzt wegen dieser Auseinandersetzungen konnte erst recht spät, am 27. Januar 1946, die erste ordentliche Landeskonferenz des FDGB Sachsen abgehalten werden. Vorausgegangen war ein offener Eklat auf der Leipziger Bezirkskonferenz am 20. 1. 1946. Die sozialdemokratische Delegiertenmehrheit war nicht bereit, den Kommunisten die Mehrheit im Bezirksvorstand des FDGB zu überlassen. Die Wahlergebnisse dieser Konferenz waren derart manipuliert, daß ein sozialdemokratischer Anfechtungsantrag Erfolg hatte. Am 25. Januar mußten in einer zweiten Konferenz die Wahlen wiederholt werden; sie erbrachten nunmehr einen Erfolg für die KPD: sie entsandte vier Vertreter, unter ihnen Max Walter, in den Vorstand, die Sozialdemokraten nur drei.[24a]

Ähnlich wie in Leipzig, dominierte auch im anfänglich amerikanisch besetzten Halle an der Saale ein Kreis früherer ADGB-Funktionäre bei der Wiedergründung der Gewerkschaften. Sie bezogen zwar einzelne kommunistische Gewerkschafter ein, waren aber nicht bereit, deren Programm- und Organisationsvorstellungen zu übernehmen. Das konnte erst mit den Auswirkungen des Besatzungswechsels vom Juli 1945 durchgesetzt werden. Dort, wie auch in Magdeburg, besaßen noch in der zweiten Jahreshälfte 1945 „reformistische“ Positionen und Auffassungen einen beträchtlichen Einfluß.[25]

Der FDGB-Gründungsprozeß in der Provinz Brandenburg zeigte ebenfalls das Bild der Einwirkung sowjetischer Dienststellen und der „Einsetzung“ von „Sozialdemokraten“, die in das Lager der KPD übergegangen waren. Dieser Gründungsausschuß mußte auf Weisung der SMAD seinen Sitz von Berlin nach Potsdam in das sowjetische Besatzungsgebiet verlegen. Eines seiner sozialdemokratischen Mitglieder wurde im Herbst 1945 von der SMAD verhaftet, ein weiteres Mitglied gehörte nur nach außen hin zur SPD, tatsächlich schon seit der Neugründung zur KPD. Parallel dazu hatten sich schon im Oktober auf einer Landeskonferenz kommunistische Positionen durchgesetzt. In ähnlicher Weise mußten in Thüringen und zum geringeren Teil in Mecklenburg traditionelle sozialdemokratische und freigewerkschaftliche Einflüsse ausgeschaltet werden.

Im November 1945 kam die Anregung, den FDGB auf Zonenebene zusammenzuschließen. „Die Initiative dazu ging vom ZK der KPD und den Vertretern der KPD in den

---

24a Vgl. für diesen einzigartigen Vorgang die — verschleiernden — Angaben in: Lothar Opitz, Der Kampf um die Aktionseinheit der Arbeiterklasse und die Gründung der Sozialistischen Einheitspartei Deutschlands in Leipzig. Arbeitsberichte zur Geschichte der Stadt Leipzig, hrsg. vom Stadtarchiv Leipzig, Nr. 19, IX. Jg. 1971, S. 35, und: Im revolutionären Kampf geschmiedet. Über das Ringen um die Aktionseinheit der Arbeiterklasse und die Vereinigung von KPD und SPD zur Sozialistischen Einheitspartei Deutschlands im Bezirk Leipzig 1945/46, Leipzig 1978, S. 198.

25 Gustav Schmidt-Küster, Erfahrungen eines Sozialdemokraten mit den Kommunisten und der sowjetischen Besatzungsmacht 1945 bis 1947 in Magdeburg zum Thema Vereinigung der SPD und KPD zur SED. Manuskript, unveröffentlicht, beim Arbeitsbereich Geschichte und Politik der DDR am Institut für Sozialwissenschaften der Universität Mannheim.

Landes- und Provinzialausschüssen des FDGB aus."[26] Das ZK der KPD intendierte die Neuwahl aller Gewerkschaftsleitungen und zielte dabei auf die Entmachtung früherer ADGB-Funktionäre ab. Von Führungsfunktionen sollten alle Funktionäre ausgeschlossen bleiben, die am Auflösungsprozeß des ADGB 1933 beteiligt gewesen waren. Gestützt auf einen Beschluß des ZK der KPD, vereinbarten Vertreter aller Bezirksausschüsse des FDGB eine Zonen-Delegiertenkonferenz. Diese Versammlung billigte den Entwurf eines Programms, der die in der Gründungsphase durchgesetzten Zielvorstellungen aufnahm und der nur wenig verändert vom 1. FDGB-Kongreß angenommen wurde. Er enthielt nicht nur die Festschreibung der erreichten Strukturen der Einheitsgewerkschaft, sondern auch eine Fixierung der politischen Aufgaben. Neben den Aufgaben der politischen Säuberung war eine Beteiligung des FDGB an wirtschaftslenkenden Maßnahmen vorgesehen, die in der Privatwirtschaft die betriebliche Ebene einschließen sollten. Zugleich wurde die Einbeziehung der Gewerkschaften in die kommunalen und gesellschaftlichen Selbstverwaltungskörperschaften gefordert.

Vorbereitungen und Delegiertenwahlen zum 1. FDGB-Zonenkongreß waren in mehrfacher Hinsicht ein Politikum: zum ersten aus dem genannten Machtanspruch des ZK der KPD heraus, zum zweiten, ob es dennoch gelingen konnte, unter dem Siegel der Einheitsgewerkschaft eine Unabhängigkeit von parteipolitischen Einflüssen herzustellen. Zum dritten war der zeitgenössische Kontext äußerst bedeutsam: „Die „Vereinigungskampagne" der KPD gegenüber der Sozialdemokratie war voll entbrannt. Die gewerkschaftliche Einheit sollte zum Instrument für die Gründung der SED gemacht werden.

Wie auch für Berlin, ergaben die Delegiertenwahlen für die sowjetische Zone eine kommunistische Mehrheit.[26a] Über die Manipulation in Berlin hinaus begingen die Kommunisten in größerem Maße direkte Wahlfälschungen, so in Sachsen und in Sachsen-Anhalt. Vornehmlich in Sachsen-Anhalt kamen kommunistische Mehrheiten in Bezirks- und Landesdelegiertenversammlungen auch dadurch zustande, daß am Tage der Delegiertenversammlungen sozialdemokratische Mandatsträger in größerer Zahl zu Dienststellen der SMAD bestellt wurden.

Am Vorabend des 1. FDGB-Kongresses waren damit in Berlin und in den einzelnen Ländern eindeutige Mehrheiten entstanden. Der kommunistische Führungsanspruch war durch die Delegiertenzahlen und Wahlen begründbar, die zentralistische Organisationsstruktur vorrangig aufgebaut. Die Vertretung der betrieblichen Basis durch allgemeine Betriebsratswahlen war zugleich über Ansätze nicht hinausgekommen, die seit Herbst 1945 verfolgten Bemühungen in einzelnen Ländern waren zurückgestellt worden.

### 4. *Die zweifache Konsolidierung: der FDGB als Gewerkschaftsbewegung und politisches Kampfinstrument (Februar 1946 bis September 1947)*

Der 1. FDGB-Kongreß vom 9. bis 11. Februar 1946 leitete die Gründungsphase über in eine Phase der allseitigen Konsolidierung des Verbandes. In der Zeit zwischen dem Februar 1946 und dem September 1947 bildeten sich traditionelle gewerkschaftliche

26 Gewerkschaftlicher Neubeginn, S. XXXII.

26a Entgegen der sonstigen Praxis gaben das Sowjetische Nachrichten-Büro und die FDGB-Zeitung nach den Wahlen die Parteizugehörigkeit der Delegierten an. So waren in Sachsen von 327 Gewählten 247 KPD- und nur 69 SPD-Mitglieder, in Thüringen unter 196 Delegierten 103 KPD- und 61 SPD-Vertreter. Auch in beiden Landesausschüssen verfügte die KPD über deutliche Mehrheiten. Vgl. „Sieg der Arbeitereinheit", in: Die Freie Gewerkschaft vom 30. 1. 1946, und der Tagesspiegel (Berlin) vom 1. 2. 1946.

Funktionen und neue staatlich-politische Aufgaben und Ziele innerhalb der „Einheitsgewerkschaft“ zu einem komplexen System aus. Die Gewerkschaftstätigkeit umfaßte somit letztlich drei Ebenen: die organisatorische Arbeit selbst, die Wahrnehmung sozialer Schutzfunktionen und die Vertretung allgemeinpolitischer Interessen, insbesondere in der „demokratischen Neuordnung der Wirtschaft“.

Mit dem ersten Zonenkongreß war eine umfassende organisatorische und politische Konsolidierung noch bei weitem nicht erreicht. Rein formal hatte zunächst die Alliierte Kommandantur, die turnusmäßig unter französischem Vorsitz stand, die Beteiligung der Berliner als ordnungsgemäße Delegierte untersagt. Neben einer programmatischen Erklärung mußte vor allem auch eine Satzung erarbeitet und verabschiedet werden. Von zwei Landeskonferenzen, Sachsen und Thüringen, waren dazu Entwürfe erstellt worden; auch der Organisationsausschuß zur Vorbereitung des Kongresses hatte sich mit diesem — aus politischer Sicht brisanten — Thema befaßt. Verabschiedet wurde schließlich mit einigen Gegenstimmen eine provisorische Satzung, deren Geltungsdauer auf ein halbes Jahr, bis zu einem außerordentlichen Kongreß, beschränkt wurde. Die vorläufige Satzung kodifizierte im wesentlichen die in den Nachkriegsmonaten entstandene Struktur des FDGB. Die Basis der Organisation sollte im Betrieb gebildet werden, die Mitglieder eines Betriebes wurden in einer Industriegewerkschaft erfaßt. Die Industriegewerkschaften (bis 1948 auch separate Angestelltengewerkschaften) sollten regionale und zentrale Verbandsleitungen bilden, blieben aber organisatorisch und finanziell unselbständig.

Von Orts- und Kreisebenen an waren Delegiertenversammlungen des FDGB und von diesen gewählte Vorstände die eigentlichen „leitenden Organe“. Zugleich sah diese Satzung aber schon die Institution nicht nur des gewerkschaftlichen Vertrauensmannes vor, sondern auch auf betrieblicher Ebene die Einrichtung von Betriebsgewerkschaftsgruppen und -gewerkschaftsleitungen. Angesichts schon durchgeführter und allgemein noch zu erwartender Betriebsratswahlen blieb das vorerst noch ohne Bedeutung.

Zum Zeitpunkt des ersten Kongresses befand sich der FDGB in einem Stadium stürmischen Mitgliederwachstums; Ende Dezember 1945 umfaßte er 1.700.000 Mitglieder, ohne Berlin. Vertreten wurden diese von 809 Delegierten, deren Mehrzahl aus Sachsen, Sachsen-Anhalt und Thüringen kamen. Die weniger industrialisierten Länder Brandenburg und Mecklenburg waren dagegen nur schwach repräsentiert. Schon im Vorfeld des Kongresses war vor allem von der Berliner SPD massiv der Vorwurf parteipolitisch manipulierter Delegiertenwahlen erhoben worden. Die Mandatsprüfungskommission und das Plenum der Tagung suchten das zu entkräften, indem sie zusätzlich 180 „sozialdemokratischen“ und 30 „christdemokratischen“ Gastdelegierten das volle Stimmrecht einräumten — angesichts der kategorischen Weigerung führender FDGB-Funktionäre, die Parteizugehörigkeit der Delegierten offenzulegen, ein Vorgehen, das den Manipulationsverdacht eher unterstrich. Auch die Wahlergebnisse der Vorstandswahlen zeigten sowohl ein kommunistisches Übergewicht wie eine deutliche parteipolitische Blockbildung. Von den gewählten 45 Vorstandsmitgliedern für den FDGB der sowjetischen Zone erhielt Walter Ulbricht (KPD) mit 648 die meisten und Paul Nowak (CDU) mit 485 die wenigsten Stimmen. Die prominenten Sozialdemokraten Göring und Schlimme landeten der Stimmenzahl nach erst auf dem 24. und 26. Rang. Vor ihnen rangierten außer den Christdemokraten Albert Voß, Ernst Lemmer und Ilse Claus (an 8., 10. und 20. Stelle) und den Sozialdemokraten Adolf Kaufmann und Herbert Ketscher (an 15. und 16. Stelle) ausnahmslos Kommunisten. Alle übrigen Sozialdemokraten erhielten noch weniger Stimmen. 19 der Gewählten waren Kommunisten, fünf Christdemokraten, die übrigen waren Sozialdemokraten oder parteilos. Der Vorstand wählte aus seiner Mitte Hans Jendretzky zum 1., Göring zum 2. und Lemmer zum 3. Vorsitzenden.

Die drei Berliner waren damit zugleich Vorsitzende der Zonenorganisation geworden. Auf die gleiche Art und Weise konstituierte sich ein geschäftsführender Vorstand, dem auch Vertreter der Länder angehörten, in dem aber die Kommunisten wiederum die Mehrheit stellten. Auch im Sekretariat des Vorstands verfügten die Kommunisten über Schlüsselpositionen, wie die Hauptverwaltung Organisation und Betriebsräte sowie über die Presseabteilung.

Über den 1. FDGB-Kongreß hinaus hielt das organisatorische Wachstum an. Im Juni 1946 waren mehr als 2.750.000, im Dezember schon 3.277.000, im Mai 1947 mehr als 4.110.000 Mitglieder erfaßt. Auf dem 2. FDGB-Kongreß im April 1947 wurden die Mitglieder von 1.066 ordentlichen Delegierten vertreten. Die Berliner entsandten wiederum nur Gastdelegierte, das Land Sachsen stellte wiederum das größte Kontingent. Die achtzehn Industrieverbände waren höchst unterschiedlich vertreten, am stärksten die IG Metall, die Gewerkschaft Öffentliche Betriebe und die Gewerkschaft der Angestellten. Der dort gewählte Vorstand war in seiner parteipolitischen Zusammensetzung nicht grundsätzlich geändert, obwohl durch die Bildung der Einheitspartei im April 1946 die Unterschiede von KPD und SPD nach außen hin überwunden waren. Die drei Vorsitzenden wurden bestätigt. Es wurde nunmehr eine reguläre Satzung einschließlich einer Wahlordnung verabschiedet. Denn durch die SED-Gründung waren weite Teile der im Vorjahr strittigen Bestimmungen problemlos geworden. Die zentralistische Organisationsstruktur, basierend auf „Leitungen“ von Betriebsebene an aufwärts, blieb erhalten, desgleichen die duale Struktur von FDGB und Industriegewerkschaften.

Eine Anlage zur Satzung bildete die Streikordnung, die allerdings das Streikrecht auf den „Kampf gegen das kapitalistische Unternehmertum und die Begleiterscheinungen der kapitalistischen Verhältnisse“ beschnitt. Streiks in enteigneten Betrieben oder gar in den durch Beschlagnahme zu Reparationszwecken gebildeten „Sowjetischen Aktien-Gesellschaften“ (SAG) waren damit nicht gedeckt. Dabei bildeten diese schon den größten Sektor der Wirtschaft überhaupt.

Erst im Laufe des Jahres 1946 konsolidierte sich die Gewerkschaftsbewegung in der sowjetischen Zone vollends. Im Juni 1946 fanden für die achtzehn Einzelverbände Delegiertentage statt. Die im Jahre 1945 in den regionalen Spitzen und im ZK der KPD nur zögernd geförderte Wahl von Betriebsräten wurde durch das inzwischen ergangene Betriebsrätegesetz des Alliierten Kontrollrates überholt. Der neuen gesetzlichen Grundlage entsprechend erließ der FDGB-Bundesvorstand im Juni 1946 einen Aufruf, noch im gleichen Monat überall Betriebsräte neu zu wählen. Diese Betriebsratswahlen zeigten eine außerordentlich große Wahlbeteiligung; in fast 44.000 Betrieben wurden — oft erstmals — Betriebsräte gewählt. Es waren annähernd 2.000.000 Wähler und fast 120.000 Gewählte zu verzeichnen. FDGB (wie auch SED) hatten diese Wahlen als politische Testwahlen betrachtet, sie sollten sowohl der Verstärkung des gewerkschaftlichen als auch des parteipolitischen Einflusses in den Betrieben dienen.

Die doppelte Zielsetzung wies indes schon auf die Ambivalenz von politischer Gewerkschaftsbewegung und gewerkschaftlicher Schutzfunktion hin. Die Wahrung der sozialen Belange der Arbeiter sowie eine Interessenvertretung nach den Maximen einer „antifaschistisch-demokratischen Umwälzung“ und sozioökonomischer Strukturveränderungen in Richtung auf einen „Sozialismus“ gerieten vielfach schnell miteinander in Konflikt. Das Mitbestimmungsrecht der Betriebsräte war von der FDGB-Spitze aus auch als Instrument gedacht, das „keineswegs mehr mit der alten gewerkschaftlichen Aufgabenstellung — Wahrung und Verbesserung der Lohn- und Arbeitsbedingungen"[27] identisch sein sollte. Es sollte sich auf Einflußnahme auf die Produktionsplanung und Preisgestaltung erstrecken, aber auch die Kontrolle der Warenverteilung, die Bekämpfung des „Schwarzen Markts" einschließen.

In gleicher Weise förderte der FDGB den Abschluß von Betriebsvereinbarungen. Damit sollten zunächst die Mitbestimmungsrechte gesichert werden, die im Wiederaufbauprozeß im ersten Nachkriegsjahr durchgesetzt worden waren.

Der FDGB-Vorstand gab auch einen Musterentwurf heraus, der betriebliche wie wirtschaftliche Rechte kodifizierte. Bis zum 2. FDGB-Kongreß im April 1947 wurden fast 14.000 Betriebsvereinbarungen abgeschlossen, in einigen Privatbetrieben mußten diese erst durch Arbeitsniederlegungen erkämpft werden.

Einem traditionellen gewerkschaftlichen Aufgabengebiet entsprach die Regelung des Tarifvertragswesens, dessen Inhalte freilich den Zeitumständen gemäß beschränkt waren. Immerhin konnte — noch unter dem geltenden Lohnstopp — die Angleichung der Frauenlöhne durchgesetzt werden. Zugleich kündigte sich schon „ein neuer Inhalt" der Arbeit an: Im Jahre 1947 wurde bereits der Übergang vom Normal- zum Leistungslohn propagiert. Der Wiederaufbau eines gewerkschaftlichen Schulungs- und Bildungssystems schloß den organisationspolitischen Neuaufbau des FDGB ab.

Im Laufe dieses Konsolidierungsprozesses hatte sich der Charakter der Einheitsgewerkschaft verändert. Das auch politisch weit gefaßte Mitbestimmungsrecht der Betriebsräte und gewerkschaftlichen Gremien, das in der Öffentlichkeit vielfach beschworen wurde, war dabei nicht der entscheidende Faktor. Denn durch die wirtschaftliche Lage, aber vor allem durch die Auswirkungen der Besatzungspolitik und der weitreichenden Verstaatlichungen blieb es in der Wirkung begrenzt. Vielmehr hatte die Veränderung der parteipolitischen Konstellation für den FDGB und die Betriebsrätebewegung weitreichende Folgen. Mit der von der KPD forcierten Einschmelzung der SPD in die SED wurden nach außen hin die Auseinandersetzungen zwischen Kommunisten und Sozialdemokraten im FDGB gegenstandslos. Die SED-Gründung hatte die innerorganisatorischen Kräfteverhältnisse im FDGB völlig verändert. Die Einheitspartei wurde zum politisch und zahlenmäßig dominierenden Faktor. Die christdemokratischen Gewerkschafter blieben eine verschwindende Minderheit, im Jahre 1946 stellten sie nur ein Zehntel der Vorstandsmandate.

Der FDGB wurde in der Folge zum Hilfsinstrument der SED-Politik und vollzog deren Wandlungen nach. Auch für den FDGB verengte sich das ursprüngliche Spektrum des „antifaschistisch-demokratischen Kampfes" zunächst in eine antikapitalistische, dann in eine antiwestliche Richtung und mündete schließlich in einer Orientierung an der Sowjetunion.

Unmittelbar nach Konstituierung der SED bemühte sie sich, den FDGB in den parteipolitischen Bereich einzubeziehen. Im Mai 1946 beantragte der FDGB seine Aufnahme in den „Block der antifaschistisch-demokratischen Parteien". Begründet wurde dieser Antrag, der dem FDGB ein faktisches Gleichgewicht im Parteiensystem zu den beiden „bürgerlichen" Parteien CDU und LDP verschafft hätte, mit den Aufgaben, die ihm im Prozeß der demokratischen Neuordnung Deutschlands zugefallen waren. Von der SED wurde die Einbeziehung des FDGB in den „Block" der Parteien befürwortet. Die beiden anderen Parteien wehrten sich dagegen, da sie zu Recht eine Verringerung ihres

27 Geschäftsbericht des Freien Deutschen Gewerkschaftsbundes 1946, hrsg. vom Vorstand des FDGB (sowjetisch besetzte Zone), Berlin 1947, S. 152.

Einflusses befürchteten. Erst im Jahr 1947 gelang es auf Landesebene, den FDGB in die Blockarbeit einzubeziehen. Erst im Sommer 1948 wurde mit der Aufnahme des FDGB in den zentralen „Block“ die Einbeziehung der „Massenorganisationen“ in das Parteispektrum auf breiterer Front durchgesetzt.

Schon zuvor wirkte der FDGB als Hilfsorganisation in SED-intiierten Massenkampagnen. Den Ausgangspunkt zur Kampagne zum Volksentscheid über die Enteignung der Kriegsverbrecher in Sachsen bildete ein gemeinsamer Aufruf von SED und FDGB vom 1. Mai 1946.

Nachdem die Gemeinde-, Kreistags- und Landtagswahlen im September und Oktober 1946 für die SED keine eindeutigen Mehrheiten erbracht hatten, versuchte sie, den FDGB als Hilfsinstrument für ihre Parteipolitik zu nutzen: sie war bemüht, zunächst allerdings erfolglos, Vertreter der Massenorganisationen, voran des FDGB, in die gewählten Parlamente zu kooptieren. Jendretzky gab diesem (quasi-parteipolitischen) Selbstverständnis des FDGB Ausdruck, als er auf dem 2. Kongreß die Beteiligung der Gewerkschaften an einer zukünftigen deutschen Zentralverwaltung forderte.[28]

Die parteipolitische Beherrschung des FDGB durch die SED zeigte sich noch deutlicher in politischen Grundfragen: im August 1946 hatte der Bundesvorstand des FDGB eine Resolution: „Wir wollen Frieden!“ verabschiedet. Dort wurde zum ersten Mal gegen eine „neue Antisowjetpropaganda in offener und versteckter Form“ zu Felde gezogen. Der eigentlicher Gegner des Aufrufes war die SPD der Westzonen und Berlins. Der FDGB geißelte die Haltung der SPD zu den Herbstwahlen 1946 als „reaktionär“ und „Hilfeleistung“ für „faschistische Elemente“, als Sabotage „unserer gewerkschaftlichen Arbeit auf dem Gebiet des demokratischen Wirtschaftsaufbaus . . .“ War hier die Auseinandersetzung mit der SPD zunächst noch verdeckt geführt, wurde sie in Berlin nach dem Wahlsieg der SPD im Oktober 1946 zunehmend offener ausgetragen. Im Vorfeld der für März 1947 anberaumten Stadtdelegiertenkonferenz des FDGB lebte die Auseinandersetzung um die Wahlordnung des Vorjahres wieder auf. Namens der Opposition setzte sich Otto Suhr (SPD), Vorstandsmitglied des FDGB Berlin, für eine Urwahl der Delegierten und ein Verhältniswahlsystem ein. Der FDGB-Vorstand um Chwalek und Schlimme (beide SED) versuchte durch Erlaß einer Wahlordnung analog zum Jahr 1945 die bestehenden Mehrheiten zu konservieren. Erst die Alliierte Kommandantur beschloß einen Kompromiß, aufgrund dessen in ganz Berlin SPD- und parteilose Kandidaten zusammen gegenüber den SED-Mitgliedern in der Gesamtzahl der Bezirksdelegierten in der Mehrheit blieben. Zugleich ergab sich eine sozialdemokratische Mehrheit in den Betriebsrätewahlen. Mit der parteipolitischen Auseinandersetzung zwischen SPD und SED nahmen die innergewerkschaftlichen Fraktionsauseinandersetzungen an Schärfe zu.

Im Kontext dieser Auseinandersetzungen griff das FDGB-Vorstandsmitglied Walter Ulbricht erneut die Forderung nach „parteipolitischer Neutralität“ der Gewerkschaften scharf an.[29] Die Forderung nach der Kennzeichnung der Parteizugehörigkeit von Delegierten wertete er als Schlag gegen die gewerkschaftliche Einheit.

Zugleich reklamierte er alle gewerkschaftlichen Erfolge für die Politik der SED und des FDGB und verurteilte die Politik der SPD in den Westzonen, die, anstatt „die

28 Protokoll des 2. Kongresses des Freien Deutschen Gewerkschaftsbundes, hrsg. vom Bundesvorstand des FDGB (sowjetisch besetzte Zone), o. O. 1947, S. 32.

29 Walter Ulbricht, Zur Geschichte der deutschen Arbeiterbewegung. Aus Reden und Aufsätzen, Bd. III: 1946—1950, Berlin (Ost) 1953, S. 93—98. Dieser Artikel war im Januar 1947 im „Vorwärts“, der Montagsausgabe des „Neuen Deutschland“, erschienen.

vorhandenen Arbeitermehrheiten“ auszunutzen, „sich im Sinne der alten Weimarer Koalitionspolitik mit der CDU verbunden“ habe. Hier wurde die Maxime deutlich, daß die Einheitsgewerkschaft eine Politik in Anlehnung an die SED betreiben sollte und sich zugleich von Programm und Praxis der SPD zu lösen hatte.

Diese Grundrichtung der FDGB-Politik wurde von Hans Jendretzky, dem FDGB-Vorsitzenden, weiter ausgeführt. Er stellte die Erfolge der Demokratisierung in der sowjetischen Zone, die Entmachtung der Konzerne, die strukturelle Entnazifizierung, die Durchsetzung des Mitbestimmungsrechts der Gewerkschaften und Betriebsräte, die Erfolge gewerkschaftlicher Aufbauarbeit den aus seiner Sicht völlig gegenteiligen Verhältnissen in den Westzonen gegenüber.[30] Demokratisierung, so die Konsequenz seiner Rede, konnte für den Westen Deutschlands nur bedeuten, die Verhältnisse der sowjetischen Zone auf ganz Deutschland zu übertragen. Für die sowjetische Zone sah Jendretzky eine „volksdemokratische Ordnung“ schon vorhanden.

Zugleich stellte er das Interesse des FDGB an einem Zusammenschluß der Gewerkschaften in ganz Deutschland heraus. Für den Weg dorthin übernahm er die Vorschläge Molotows auf der Moskauer Außenministerkonferenz, daß die Bildung von Parteien und Gewerkschaften über die Zonengrenzen hinweg sich auf der Basis „eines einheitlichen Proportionalwahlsystems für ganz Deutschland“ vollziehen sollte.[31]

## 5. *Produktionssteigerung als gewerkschaftliche Hauptaufgabe (Oktober 1947 bis Oktober 1948)*

Mitte des Jahres 1947, nach dem Scheitern der Moskauer Außenministerkonferenz und dem offenen Ausbruch des „kalten Krieges“, hatten sich die Rahmenbedingungen für die Arbeit von SED und FDGB grundlegend verändert. Die Sowjetunion auf der einen und die SED auf der anderen Seite gaben ihre bisherige Politik in Richtung auf ganz Deutschland auf; damit wurde der Weg frei für eine weitere Veränderung der sozioökonomischen Strukturen in der sowjetischen Zone allein. Mit der Gründung der „Deutschen Wirtschafts-Kommission“ (DWK) im Juni 1947 entstand eine zentrale wirtschaftsleitende Institution für das sowjetische Besatzungsgebiet. Sie ermöglichte den Übergang zu einer zentralen Planwirtschaft nach sowjetischem Vorbild. Neben führenden Kommunisten war der FDGB-Vorsitzende Jendretzky dort Mitglied. Auf dem 2. Parteitag der SED im September 1947 umriß Walter Ulbricht die neue Wirtschaftspolitik der SED und wandte sich gegen den Marshall-Plan, der als Instrument der „Zerreißung Deutschlands“ und zur „Versklavung des deutschen Volkes“ gekennzeichnet wurde. Demgegenüber entwarf er einen „deutschen Plan“, der den „Aufstieg aus eigener Kraft“ ermöglichen sollte. Für die sowjetische Besatzungszone bedeutete das als erste Aufgabe die Steigerung der Arbeitsproduktivität.

Diese Ankündigungen bekamen mit dem Erlaß des Befehls Nr. 234 der SMAD im Oktober 1947 ihre offizielle Grundlage. Der Befehl kam nach Abstimmung mit leitenden Funktionären der SED und des FDGB zustande. Nicht nur die Schlußredaktion soll von Hans Jendretzky und Herbert Warnke vorgenommen worden sein, sondern Teile der FDGB-Führung waren mit den Intentionen dieses Befehls frühzeitig vertraut und arbeiteten parallel in der FDGB-Führung darauf hin, vorbereitende und begleitende Maßnah-

30 Protokoll des 2. Kongresses, S. 29 ff.
31 Ebd., S. 31.

men einzuleiten. Der Befehl selbst ordnete an, Maßnahmen zur Steigerung der Arbeitsproduktivität und „zum Kampf gegen die Bummelanten sowie zur Verbesserung der Lebenslage der Arbeiter und Angestellten“ zu treffen. Als Stimulans zur Steigerung der Arbeitsleistung wurde befohlen, in breitem Maße zum Akkord- und Stücklohn überzugehen.

Die durch den Befehl gegebene Möglichkeit, gezielt Prämien oder Zusatzverpflegung zu verteilen, traf die traditionelle betriebliche und gewerkschaftliche Solidarität, beeinträchtigte damit auch den Wirkungsbereich der im Sommer 1947 turnusmäßig neu gewählten Betriebsräte. In der Phase der Vorbereitung der Kampagne um die Produktionssteigerung rückte die Arbeit der Gewerkschaftsorganisation in den verstaatlichen Betrieben in den Mittelpunkt der Aufmerksamkeit der FDGB-Führung. Die Gewerkschaftsgruppe und ihre Leitung sollte nach diesen Intentionen der Motor der Kampagne sein.

Aber auch Bundes- und Landesvorstände des FDGB führten eine detailliert geplante Kampagne zum „Aufbauplan 234“ durch. Auf allen gewerkschaftlichen und wirtschaftlichen Ebenen fanden Massenveranstaltungen statt. In Sachsen wirkten Landesregierung und FDGB-Vorstand zusammen, sie bestellten einen Gewerkschaftsfunktionär als „Generalbevollmächtigten beim Ministerpräsidenten“.

Diese Kampagne zur Steigerung der Arbeitsproduktivität war demnach eine von vorneherein zentral geplante und gesteuerte Aktion. Sie hatte Belegschaften und Betriebe unter Mitwirkung vor allem der SED und staatlicher Organe zu mobilisieren und zu aktivieren. Sie war nicht Ausdruck spontaner Bewegungen und Bestrebungen, sondern in ihr war die gewerkschaftliche Hierarchie, voran der Bundesvorstand des FDGB, das tätige Element. Die Kampagne stärkte zugleich diese zentralistische Hierarchie; die Betriebsräte, deren Mandat auf der Wahl durch die Belegschaft beruhte, mußten in diesem System ein Fremdkörper bleiben. Intendiert war zugleich eine Veränderung des Bewußtseins der Arbeiter. Sie sollten erkennen, „daß die Erfüllung der gewerkschaftlichen Forderungen an die Erfüllung und Übererfüllung der Produktionspläne und an die Steigerung der Arbeitsproduktivität gebunden ist.“[32] In der Schulungs- und Bildungsarbeit des FDGB hatte die „Ideologie des wissenschaftlichen Sozialismus“ in den Mittelpunkt zu rücken.

Die verstaatlichten Betriebe, mehr und mehr „volkseigene Betriebe“ genannt, wurden zum Zentrum der Aktivitäten des FDGB und der von ihm initiierten „Aktivisten-Bewegung“. Agitation und Propaganda blieben indes nicht die einzigen Methoden zur Steigerung der Produktivität. Auf betrieblicher wie überbetrieblicher Ebene wurden „Wettbewerbe“ organisiert; mit dem gleichen Ziel rief man Planungsausschüsse und das System der Produktionsberatungen ins Leben. Die Forderungen nach Einführung von Leistungslöhnen und „technisch begründeten Arbeitsnormen“ (TAN) wurden verstärkt vorgetragen.

Die FDGB-Führung wurde mehr und mehr in die Wirtschaftsverwaltung eingebunden. Über die Beteiligung an der DWK hinaus erhielt der FDGB einen beträchtlichen Einfluß in den neu gebildeten „Vereinigungen volkseigener Betriebe“. In deren Verwaltungsräten, die auf Befehl der SMAD gebildet wurden, besaßen die FDGB-Vertreter die Mehrheit.

Die Bemühungen, mit einer zentral geleiteten Kampagne ein „neues Verhältnis“ zur

---

32 Aus der Arbeit des Freien Deutschen Gewerkschaftsbundes 1947—1949, hrsg. vom Bundesvorstand des FDGB, Berlin (Ost) 1950, S. 120.

Arbeit und damit eine andere Gewerkschaftsbewegung zu schaffen, sie den Bedürfnissen des sich entwickelnden volksdemokratischen Herrschaftssystems anzupassen, waren an der betrieblichen Basis trotz eines großen Aufwandes an Propaganda und Versammlungen nur bedingt erfolgreich. Um gerade die Arbeit der unteren, vor allem der betrieblichen Gewerkschaftsgruppen zu verbessern, berief der FDGB-Vorstand im Mai 1948 eine erweiterte Sitzung in Hettstedt ein. Die Entschließung der Tagung wiederholte alle Elemente, mit denen zuvor schon die Veränderung der Gewerkschaftsarbeit bewirkt werden sollte. Vor allem hatte der gewerkschaftliche Funktionärskörper vergrößert zu werden. Die in der Satzung des FDGB vorgeschriebene Verpflichtung, gewerkschaftliche Vertrauensleute zu wählen, war offenbar nur in geringem Umfang verwirklicht worden. Die Tagung in Hettstedt unterstrich diese Verpflichtung.

Der Dualismus von Betriebsräten und gewerkschaftlicher Vertretung im Betrieb wurde damit noch unterstrichen. Die FDGB-Führung wies aber bereits der Gewerkschaftsleitung die übergeordnete Kompetenz zu: ihr oblag „die regelmäßige Anleitung der Betriebsräte bei der Anwendung des Mitbestimmungsrechtes". Den Betriebsräten wurde nur noch ein Mitbestimmungsrecht in der Produktion eingeräumt. Noch im Sommer 1948 wurden die Rechte der Betriebsräte erneut beschnitten. Die angestrebte Integration der aktiven Betriebsräte in die Gewerkschaftsleitungen sollte diese endgültig funktionslos werden lassen. Jedoch hielt der Aufbau funktionsfähiger Gewerkschaftsleitungen mit der faktischen Aushöhlung der Betriebsrat-Kompetenzen nicht Schritt.

Der Bundesvorstand des FDGB nutzte die von ihm anberaumte Neuwahl der Gewerkschaftsleitungen im September 1948 zur Verschiebung der fälligen Betriebsratswahlen. Diese Wahlen brachten auf unterer Ebene für FDGB- und SED-Führung ein enttäuschendes Ergebnis. Die Konsequenz aus dieser für den kommunistischen Teil der SED unbefriedigenden Entwicklung zog die Bitterfelder Tagung des FDGB-Vorstandes, die von der Teilnehmerzahl her fast den Umfang eines Gewerkschaftskongresses erreichte, im November 1948: sie beschloß die Auflösung der Betriebsräte und die Übernahme ihrer Funktionsträger in die Betriebsgewerkschaftsleitungen.

Die Auflösung der dualen Struktur von hierarchischer Organisation und Basisbewegung war begleitet von der Integration des FDGB in die entstehenden zentralen staatlichen und gesellschaftlichen Organisationen. Neben der Einbeziehung in die DWK wirkten FDGB-Vertreter von Gründung an im „Deutschen Volkskongreß" mit, der sich als Massenbewegung für die Einheit Deutschlands nach den Maximen und unter Führung der SED konstituierte und den Anspruch auf eine gesamtnationale Repräsentation erhob.

Bis zum Herbst 1948 war der FDGB auf allen Ebenen zu einer kommunistisch beherrschten hierarchischen Institution geworden, die keinen Platz mehr ließ für soziale Bewegungen an der Basis mit eigenständiger Legitimation. Unter dem Führungsanspruch der Einheitspartei konnte zugleich ein faktisches Organisationsmonopol für die soziale Bewegung insgesamt erhalten bleiben: frühere sozialdemokratische und christliche Gewerkschafter waren zwar im FDGB völlig einflußlos geworden, aber eine organisatorische Alternative bot sich ihnen nicht. In dieser Etappe bis zum Herbst 1948 wurden ferner die Weichen gestellt für die endgültige Lösung des Streits zwischen Sozialdemokraten und Kommunisten im FDGB Groß-Berlin.

Die Auseinandersetzungen entzündeten sich wiederum an dem Verbot der parteipolitischen Kennzeichnung von Kandidaten, entsprechend der von der Alliierten Kommandantur genehmigten Wahlordnung. Angesichts der heftigen Auseinandersetzungen von Gegnern und Befürwortern des „Marshall-Planes" auf der einen und des „Befehls Nr. 234" der SMAD auf der anderen Seite war diese Bestimmung obsolet geworden; die Westmächte tolerierten ihre Verletzung. Zugleich konstituierte sich im Februar 1948 ein Arbeitskreis oppositioneller Gewerkschafter. Er erhielt im Februar und im März 1948 die ersten Lizenzen für vom FDGB unabhängige Gewerkschaftsblätter. Erstes Ziel der Opposition wurde die organisatorische und finanzielle Selbständigkeit der Einzelverbände.

Die Kämpfe zwischen dem Berliner Vorstand und der Opposition eskalierten vornehmlich während der Delegiertenwahlen zur Stadtdelegiertenkonferenz, die im Mai 1948 stattfinden sollte. Die Opposition sah sich nicht nur durch die Wahlordnung benachteiligt, sondern durch FDGB-Vorstand, SED und die Organe der sowjetischen Kommandantur behindert. Sie konstatierte Wahlfälschungen und Wahlbehinderungen. Nachdem die Opposition wegen der Nichtanerkennung eines Teils ihrer Mandate die Stadt-Delegiertenkonferenz verlassen hatte, kam es faktisch zur Spaltung des FDGB Berlin. Für die Verbände und die Bezirke im Westteil Berlins setzte die „Unabhängige Gewerkschafts-Opposition" neue Vorstände ein und sicherte — zum Teil unter dem Schutz der Besatzungsmächte — die Kontinuität der Verbandsarbeit, nachdem die FDGB-Führung vielfach ordnungsgemäß gewählten oppositionellen Vorständen ihre Tätigkeit nicht erlaubte. Noch im Mai 1948 konstituierte sich nahezu zeitgleich mit der politischen Spaltung der Stadt für die Westsektoren eine „Kommissarische Leitung des FDGB" (UGO).

## 6. *Der FDGB im volksdemokratischen Herrschaftssystem (Oktober 1948 bis August 1950)*

Auf der 11. Tagung des Parteivorstandes der SED im Juni 1948 war der Übergang zur langfristigen Wirtschaftsplanung beschlossen worden. Der FDGB-Bundesvorstand folgte dem umgehend. Auf einer Sitzung vom 6./7. Juli 1948 beschloß er nach einem Referat Walter Ulbrichts, den Zweijahresplan zu unterstützen. Im November war der Reorganisationsprozeß der DWK abgeschlossen; sie war nicht nur zentrale wirtschaftsleitende Instanz, sondern fungierte als faktische Zonenregierung. Der FDGB paßte sich fortlaufend den dort entstehenden volksdemokratischen[33] Herrschaftsstrukturen an.

Zwei Einschnitte im Oktober 1948 zeigten die veränderte Organisation und Arbeitsweise des FDGB an. Auf einer außerordentlichen Bundesvorstandssitzung trat Jendretzky von seinem Amte zurück, da er zum Vorsitzenden des Landesverbandes Berlin der SED benannt worden war. Sein Nachfolger wurde nicht der frühere freie Gewerkschafter und Sozialdemokrat Bernhard Göring, sondern der frühere RGO-Funktionär Herbert Warnke. Seine Wahl erfolgte einstimmig; zuvor hatte er im Bundesvorstand das Ressort „Betriebsräte" geleitet. Neben dem geschäftsführenden Bundesvorstand wurde nun zusätzlich ein Sekretariat gebildet, dem mit dem Vorsitzenden, Göring, Ernst Krüger, Adolf Kaufmann und Walter Maschke ausschließlich SED-Mitglieder angehörten.

Ferner hatte die vom „Befehl Nr. 234" ausgehende „Aktivistenbewegung" nicht den erwarteten Produktivitätsfortschritt und ein „neues Verhältnis" zur Arbeit erbracht. Unter dem Eindruck großer Kohlenknappheit „entschloß sich die Werkleitung des

33 Der Begriff bezeichnete nun Herrschafts- und Gesellschaftsverhältnisse, die das zeitgenössische sowjetische Vorbild nachzubilden bemüht waren. Vgl. Christoph Kleßmann, Die deutsche Volksdemokratie. Geschichte, Theorie und Rezeption des Begriffs in der SBZ/DDR, in: Deutschland Archiv 8 (1975), S. 375—389.

Steinkohlenwerkes ‚Karl Liebknecht' gemeinsam mit der Revierleitung des Oelsnitzer Steinkohlengebietes zu einem Experiment."[34] Am Jahrestag des „Befehls Nr. 234" verfuhr der frühere RGO-Anhänger Adolf Hennecke eine Schicht, die die geltende Arbeitsnorm mit fast 400 % überbot. Diese Schicht war nicht nur länger geplant, sondern auch intensiv vorbereitet worden. Damit sollte ein politisches Zeichen „im Kampf gegen überholte Arbeitsnormen" gesetzt werden. Die politische Demonstration der Hennecke-Schicht wurde zuallererst von seinen Kollegen als Verletzung gewerkschaftlicher Solidarität angesehen. Von diesen wurde Hennecke geächtet, geschnitten und beschimpft. Von der Werksleitung bis hin zum Parteivorstand der SED erhielt er dagegen Belobigungen, Prämien, und er wurde befördert. Der Bundesvorstand des FDGB berief zum Februar 1949 eine Konferenz der „Hennecke-Aktivisten" ein, um diese Rekordleistungen zum nachahmenswerten Vorbild zu machen. In der Folgezeit wurde, ausgehend vom Beispiel Henneckes, versucht, auf breiter Front die Arbeitsnormen anzuheben, wobei die nur durch Manipulation und besondere Vorbereitung mögliche Arbeitsleistung zur allgemeinen Richtlinie erhoben werden sollte. Voraussetzungen für diese Art Leistungen waren nach der Intention des FDGB eine gründliche Arbeitsvorbereitung und Arbeitsorganisation, ihre Stimuli „innerbetriebliche Wettbewerbe, und die verstärkte Tätigkeit für die Einführung des progressiven Leistungslohnes".[35]

Abhängig war die Wirkung dieser Mechanismen aber von der politischen Einsicht der Arbeiterschaft in die Maximen von FDGB und SED. Auf seiner Bitterfelder Tagung im November 1948 versuchte der Bundesvorstand des FDGB, mit einem neuen Programm für die Gewerkschaftsbewegung der sowjetischen Zone dieses Problems Herr zu werden. Ausgehend von der Maxime „Durch politische Klarheit zu schnellen Erfolgen der Gewerkschaften", sollte die „Erfüllung und Übererfüllung" der Wirtschaftspläne zu einer gewerkschaftlichen Aufgabe werden. Das bedeutete zugleich den Kampf gegen das „noch stark vorhandene Unpolitische, Nur-Gewerkschaftliche". Damit rückte erneut die Bekämpfung der geistigen und praktisch-politischen Traditionen der Sozialdemokratie und der Freien Gewerkschaften in das Zentrum der FDGB-Aktivitäten.

Praktische Konsequenzen aus dieser Tagung waren neben den schon genannten Forderungen Beschlüsse zur Überprüfung von Vorständen und Apparat des FDGB, um dort eine Umorganisation entsprechend den neuen Wirtschaftsstrukturen zu ermöglichen und zur Verlagerung eines Teils der Kompetenzen der FDGB-Vorstände in die Industriegewerkschaften, nachdem man im FDGB eine aufgeblähte Bürokratie festgestellt hatte.

Das führte zu beträchtlichen Säuberungen innerhalb des Apparats des FDGB, die vor allem frühere Sozialdemokraten betrafen. Sie wurden in größerem Maße aus leitenden Funktionen entfernt, parallel zu den beginnenden Säuberungen in der SED. Das mit dem Vorstandswechsel im Oktober 1948 eingeleitete Verfahren der Umstrukturierung des Führungsgremiums ohne Beschluß eines Gewerkschaftskongresses wurde mit der Organisationsreform im Mai 1949 fortgesetzt. Zuvor war der 3. Vorsitzende, Ernst Lemmer (CDU), aus dem Bundesvorstand des FDGB ausgeschieden.[36] Durch Kooptation wurden am 17. 5. 1949 insgesamt elf Mitarbeiter neu in den Bundesvorstand berufen, alle waren Mitglieder der SED, neun von ihnen frühere Kommunisten. Im Oktober 1949 wurden

---

34 Eckart, S. 201.

35 Aus der Arbeit des FDGB 1947—1949, S. 425.

36 Zu seinen Motiven, diese Funktion noch nach seiner Absetzung als CDU-Vorsitzender durch die SMAD weiter auszuüben, vgl. Ernst Lemmer, Manches war doch anders. Erinnerungen eines deutschen Demokraten, Frankfurt 1968, S. 325.

weitere vierzehn Personen in den Bundesvorstand kooptiert, überwiegend jüngere Betriebsfunktionäre und „Aktivisten". Organisatorisch wurde der Bundesvorstand der SED-Führung angeglichen. Neben dem geschäftsführenden Bundesvorstand, der nur noch einmal im Monat zur Beratung gewerkschaftlicher Fragen zusammentreten sollte, dem auch mindestens zehn Vertreter der Industriegewerkschaften angehören sollten, wurde wiederum ein Sekretariat gebildet. Dieses war das eigentliche Führungsgremium des FDGB. Das Büro des Sekretariats verfügte dann über Abteilungen entsprechend den gewerkschaftlichen Aufgaben. Die unteren Instanzen des FDGB waren organisatorisch in einer Zwitterstellung: die Landesvorstände sollten „gegenüber den Industriegewerkschaften kontrollierend" wirken, waren aber nicht befugt, in deren Entscheidungen einzugreifen.

Die inzwischen in das Jahr 1950 verschobenen Gewerkschaftswahlen wurden durch eine Tagung im November 1949 vorbereitet, auf der die Weichen auch zur statuarischen Unterordnung des FDGB unter die SED gestellt wurden. Die auf dem 3. Kongreß des FDGB im Sommer 1950 verabschiedete Satzung widerspiegelte die Rolle des FDGB als Transmissionsinstrument im volksdemokratischen Herrschaftssystem. Zugleich hatte der FDGB einen neuen Mitgliederhöchststand zu verzeichnen: Ende Dezember 1949 waren 4.700.000 Mitglieder organisiert. Der FDGB war im Nachkriegsdeutschland die Gewerkschaft mit der weitaus größten Organisationsdichte. 77 % aller Beschäftigten waren organisiert. Dieser außerordentlich hohe Organisationsgrad war zweifellos auch auf politischen Druck, vor allem der SED, zurückzuführen. Dafür spricht die bedeutsame Zunahme der Mitgliederzahlen nach dem 1. Kongreß des FDGB.

Nicht nur die enge Bindung des FDGB an die SED zeigte dessen Einbeziehung in das entstehende Herrschaftssystem der DDR. Der FDGB beteiligte sich aktiv an den Wahlen nach dem Prinzip der Einheitslisten im Mai 1949. In dem daraus hervorgegangenen „Deutschen Volksrat" war der FDGB mit eigenen Wahlvorschlägen vertreten. Der „Volksrat" konstituierte sich schließlich im Oktober 1949 als „Provisorische Volkskammer" der DDR. In ihr bildeten die FDGB-Vertreter eine eigene Fraktion. Durch Kooptation waren seit 1948 auch in Länder- und Gemeindeparlamente FDGB-Abgeordnete eingezogen. In Regierungen auf Länderebene entsandte der FDGB Minister, in der ersten Regierung der DDR unter Otto Grotewohl war er durch einen Staatssekretär vertreten.

Der FDGB folgte allen Grundlinien der SED-Politik. Er unterstützte die Gründung der „Nationalen Front", begrüßte emphatisch Staatsgründung und Regierungsbildung der DDR, förderte zugleich auch den zeitgenössischen Stalin-Kult und beteiligte sich an den maßlosen Feiern zu Stalins 70. Geburtstag im Dezember 1949. Zu Beginn des Jahres 1950 war der FDGB also dadurch gekennzeichnet, daß er die „führende Rolle" der SED als stalinistischer Partei praktisch und kurz darauf auch statuarisch anerkannte; innerorganisatorisch ein System des hierarchischen Zentralismus und extrem bürokratische Strukturen etabliert hatte; zuletzt nicht allein Mitträger, sondern aktiver Förderer und Gestalter eines volksdemokratischen Herrschafts-, Gesellschafts- und Wirtschaftssystem war.

## 7. *Zum Wandlungsprozeß des FDGB*

Die Umformung des FDGB von einer ursprünglich „Freien Gewerkschaft" zu einem Transmissionsorgan in einem marxistisch-leninistischen Herrschaftssystem zeigte eine Reihe von Determinanten und Besonderheiten.

Erstens: Der Grundkonsens, nach 1945 nur noch eine politische und strukturelle Einheitsgewerkschaft neu zu bilden, überdeckte tatsächlich vorhandene unterschiedliche gewerkschaftspolitische Konzeptionen und Zielvorstellungen. Dem instrumentalen Verständnis des ZK der KPD stand eine Orientierung an traditioneller gewerkschaftlicher Interessenvertretung auf sozialdemokratischer und christdemokratischer Seite gegenüber.

Zweitens: Die Erfahrungen der Katastrophe von 1933 und der nationalsozialistischen Terrorherrschaft, die Besonderheiten der Nachkriegssituation, die gewandelte Selbstdarstellung der KPD als demokratische Partei und nicht zuletzt die Einwirkungen und Pressionen der sowjetischen Besatzungsmacht bildeten die Voraussetzungen für eine „Einheit", die zu einer unumstrittenen Einbeziehung der Kommunisten in die neu entstehende Gewerkschaftsbewegung führten. Damit war die Basis gegeben, auf der eine allmähliche Umformung der Gewerkschaftsbewegung unter Wahrung des „Einheits"-Anspruches nach außen hin begonnen werden konnte.

Drittens: Die KPD-Führung strebte nach gesicherter Hegemonie im politischen Spektrum allgemein und in der organisierten Arbeiterbewegung im besonderen. Für die KPD, die sich in der Vergangenheit vergebens bemüht hatte, zum bestimmenden Faktor in der deutschen Arbeiterbewegung zu werden, mußte die Beschränkung auf demokratische Methoden zwangsläufig ausscheiden. Etatistische Strategien sowie agitatorische und manipulative Methoden standen für sie im Vordergrund.

Viertens: Die KPD als mutmaßliche Minderheit im entstehenden FDGB war mit allen Mitteln bemüht, die jeweils erreichbaren Spitzen der Organisation zu besetzen. Im Gründungsprozeß setzte sie alles daran, die Vorsitzenden-Funktionen auf allen Ebenen zu erhalten. Sie setzte im Gründungsprozeß einen Organisationsaufbau „von oben" durch und verfocht eine möglichst frühzeitige Legitimation der entstandenen Strukturen durch Massenversammlungen noch vor der Konsolidierung der jeweiligen Organisationsgliederungen.

Fünftens: Die Dominanz der Kommunisten in den Führungsgremien des FDGB auf der einen Seite und der Kontext der — letztlich erzwungenen — Einschmelzung der Sozialdemokratie in eine SED nach dem Konzept der KPD-Führung eröffnete den Weg zu einer Konsolidierung der Gewerkschaftsorganisation, die sowohl grundlegende Ziele der Einheitsgewerkschaft beibehielt und deren Funktionen wahrnahm, sie aber auch als quasi-parteipolitisches Gremium in den Umformungsprozeß der sozioökonomischen Strukturen der sowjetischen Zone einbezog. Die reale Vorherrschaft der Kommunisten in Einheitspartei und Einheitsgewerkschaft war zunächst nur latent, bildete sich aber immer sichtbarer heraus.

Sechstens: Nachdem eine funktionsfähige und lückenlos von oben nach unten aufgebaute Organisation vorhanden war, deren Schlüsselfunktionen von früheren Kommunisten besetzt waren, konnte ein Strukturwandel der gewerkschaftlichen Arbeit eingeleitet werden. Zentral geleitet und kontrolliert, wurde die Gewerkschafts-„Bewegung" zu einem Instrument der Produktionssteigerung in der verstaatlichten Industrie umgeformt. Ein „neues Verhältnis zur Arbeit" der Mitglieder sollte durch Agitation, Propaganda, aber auch durch materiellen Anreiz herausgebildet werden. Das schloß Bemühungen um die Überwindung traditioneller gewerkschaftlicher Solidarität ein. Die Betriebsräte als Gremien eigenständiger Legitimation durch Wahlen blieben in diesem Umformungsprozeß ein Fremdkörper und wurden daher aufgelöst.

Siebtens: Der FDGB wirkte nicht nur bei der Herausbildung eines Wirtschaftssystems nach dem Vorbild der sowjetischen Planwirtschaft mit, indem er vorbehaltlos für die

„Erfüllung und Übererfüllung" der Wirtschaftspläne eintrat, er war zugleich in Konstituierungsprozesse des volksdemokratischen Herrschaftssystems im Osten Deutschlands einbezogen. Die Aufnahme in den „Block" der Parteien schloß die Partizipation des FDGB im staatlichen und politisch-institutionellen Bereich ab.

Achtens: Dem ersten Transformationsschub des FDGB folgte eine Phase der Stalinisierung. Die Führungsstruktur wurde der sich zur „Partei neuen Typus" wandelnden SED angeglichen. Das Vorbild der zeitgenössischen sowjetischen Gewerkschaften und ihre Arbeitsmethoden wurden für den FDGB verbindlich. Demokratische Strukturen wurden eliminiert, an ihre Stelle traten ein hierarchischer Zentralismus und bürokratische Kontrolle. Umfangreiche „Säuberungen" begleiteten diesen Umbruch. Die Lehren Josef Stalins, ein immenser „Stalin-Kult" bestimmten die propagandistischen Aktivitäten und die „ideologische Arbeit" des FDGB.

Neuntens: Der Umformungsprozeß des FDGB führte in Berlin zum offenen Bruch in der Gewerkschaftsbewegung entlang der parteipolitischen Fronten zwischen SED und SPD. Der Kampf der SED um eine „andere" Gewerkschaft überstieg die Tragfähigkeit des Einheitsgewerkschaftsprinzips. Die Berliner Entwicklung demonstrierte ferner, daß die Umformung des FDGB nur vor dem Hintergrund der Bildung der Einheitspartei möglich war.

Zehntens: Die Stalinisierung wies dem FDGB vor allem die Funktion als Transmissionsinstrument der aktuellen Parteiziele zu. Die daraus resultierende katastrophale Vernachlässigung der Mitgliederinteressen auf der einen sowie der gewerkschaftlichen Schutzfunktion auf der anderen Seite kulminierten schließlich im Arbeiteraufstand vom 17. Juni 1953.

Hans Otto Hemmer

# Stationen gewerkschaftlicher Programmatik. Zu den Grundsatzprogrammen des DGB und ihrer Vorgeschichte*

Angesichts einer aktuellen sozialwissenschaftlichen Debatte um „Das Ende der Arbeiterbewegung in Deutschland"[1] scheint der Rückblick auf die gewerkschaftliche Programmatik der Nachkriegszeit von Thema und Methode anachronistisch und ließe sich bestenfalls damit rechtfertigen, daß der programmatische Beitrag zu dem diagnostizierten Nieder- und vorhergesagten Untergang dingfest gemacht werden solle. Nun hat ein kritischer Beobachter und kenntnisreicher Analytiker der Gewerkschaftspolitik in den sechziger und siebziger Jahren eingeräumt, daß die meisten der damals aufgestellten Prognosen, die eine „Verschärfung der Klassenauseinandersetzung" als zwingend ansahen, nicht eingetroffen sind, daß es vielmehr „Prozesse dynamischer Anpassung" gegeben habe, „die die Konfliktverarbeitungsfähigkeit des Systems erhöhten".[2]

Es wäre kurzschlüssig, aus diesem Eingeständnis zu folgern, daß entsprechende heutige Prognosen a priori ähnlich unzutreffend sein müssen. Eine gewisse Vorsicht im Umgang mit sozialwissenschaftlichen Vorhersagen bleibt aber auch dann am Platze, wenn man berücksichtigt, daß die ernsthaften das Scheitern der früheren bedenken und auf diese Weise ein festeres Fundament erhalten.

Es wäre billig, den gängigen Prognosen die Prophezeiung entgegenzustellen, daß sich eines nicht zu fernen Tages die Sozial- und Geschichtswissenschaften verstärkt mit Rolle und (alles in allem relativ) erfolgreicher Politik von Gewerkschaften in den fünfziger, sechziger und siebziger Jahren beschäftigen werden. Aber es mag doch nützlich sein — sozusagen gegen den Trend einer vielfach berechtigten Sorge um die weitere Durchsetzungs- und Gestaltungskraft von Gewerkschaften — einen Blick auf die programmatischen Muster und deren Verschiebungen zu werfen, vor (und aus) denen sich praktische Politik entfaltete.

Es soll nicht verschwiegen werden, daß Darstellung und Analyse praktischer Gewerkschaftspolitik oder zumindest bedeutender Politiksegmente — wie z. B. Tarif-, Sozial-, Arbeitsmarkt- oder Bildungspolitik — für eine Beurteilung gewerkschaftlicher Effizienz, Effektivität und Erfolge ergiebiger und aufschlußreicher wären, aber das ist — trotz

---

* Erweiterte und überarbeitete Fassung eines Vortrags im Rahmen der Vorlesungsreihe „Zur Geschichte der deutschen Gewerkschaftsbewegung" an der Universität Mannheim. Eine gekürzte Fassung ist erschienen in: Gewerkschaftliche Monatshefte (zit.: GMH), 33 (1982), H. 8.

1 So der Titel eines Sammelbandes zum 60. Geburtstag von Theo Pirker: Das Ende der Arbeiterbewegung in Deutschland? hrsg. von Rolf Ebbinghausen und Friedrich Tiemanns, Opladen 1984.

2 Walther Müller-Jentsch, Klassen-Auseinander-Setzungen. Lesarten über die Arbeitskonflikte der siebziger Jahre und Mutmaßungen über die Zukunft der Gewerkschaften, in: Prokla 14 (1984), Nr. 1, S. 10—32, S. 15.

einiger neuerer grundlegender Arbeiten auf diesem Gebiet[3] — auf knappem Raum (noch) nicht hinreichend zu leisten.[4]

Die Beschränkung auf die Programmatik bietet sich allerdings nicht nur aus pragmatischen, sondern auch aus methodischen Gründen an: Programme, Programmdiskussionen, Programmkongresse sind als „Quellen" leichter zugänglich und erschließbar als die verwickelten Zusammenhänge gewerkschaftlicher Gesamtpolitik bzw. Einzelpolitiken. Dennoch ist der Gewerkschaftsprogrammatik bisher nur geringe wissenschaftliche Aufmerksamkeit geschenkt worden. Die meisten Untersuchungen und Überlegungen dazu sind im gewerkschaftlichen Umfeld entstanden[5], manche andere haben parteilichen Charakter bzw. Beigeschmack[6] oder sind Teilstücke in einem weiter gefaßten Kontext.[7] Ein Grund für diese Enthaltsamkeit mag die Glanzlosigkeit gewerkschaftlicher Programmdiskussion und Programmatik sein.

## 1. *Zur programmatischen Entwicklung bis 1949*

Gewerkschaften sind keine genuin programmatisch angelegten sozialen Bewegungen — sie sind in erster Linie pragmatisch ausgerichtet. Die historische Beweisführung zu dieser These fällt leichter als die Begründung. So lassen sich z. B. bei den Freien Gewerkschaften frühe Dokumente mit eindeutig programmatischer Tendenz erst lange nach ihrer Entstehung, etwa in den ersten Jahren dieses Jahrhunderts und zu Beginn der Weimarer Republik finden. Selbst der DGB-Gründungskongreß von 1949 verabschiedete kein Programm, sondern „Grundsätze". Der oft herangezogene Hinweis auf die für die deutsche Entwicklung typische Form der Arbeitsteilung zwischen Partei und Gewerkschaft mag auch hier zur Erklärung beitragen: Während der Partei die Kompetenz für die ebenso sorgsame wie eifersüchtige Hütung des „Endziels" zukam, leisteten die Gewerkschaften tägliche Kleinarbeit, bemühten sich, die Lage der Arbeiter ein wenig zu verbessern und bewährten sich — ohne eigene programmatische Ambitionen — als „Rekrutenschulen der Partei", als deren Transmissionsriemen. (Ein ähnliches Muster ist auch auf die christliche Gewerkschaftsbewegung anwendbar, wobei dort katholische Kirche und Zentrumspartei die Vormachtstellung im Grundsätzlichen beanspruchten.) Aber diesem Bild, das das Ideal vieler Parteitheoretiker und auch -praktiker vor und nach 1906 darstellen

3 S. z. B. Gerhard Brandt/Otto Jacobi/Walther Müller-Jentsch, Anpassung an die Krise: Gewerkschaften in den siebziger Jahren, Frankfurt — New York 1982; Ulrich Billerbeck/Christoph Deutschmann/Rainer Erd/Rudi Schmiede/Edwin Schudlich, Neuorientierung der Tarifpolitik? Veränderungen im Verhältnis zwischen Lohn- und Manteltarifpolitik in den siebziger Jahren, Frankfurt — New York 1982.

4 Das läßt auch der insgesamt sehr informative Beitrag von Siegfried Mielke und Fritz Vilmar in der neuen Gesamtdarstellung der Geschichte der Bundesrepublik Deutschland erkennen: Die Bundesrepublik Deutschland. Geschichte in drei Bänden, hrsg. von Wolfgang Benz, Bd. 1: Politik, Frankfurt 1983, S. 192—237.

5 Die wichtigste davon liegt in zweiter Auflage vor: Gerhard Leminsky/Bernd Otto, Politik und Programmatik des Deutschen Gewerkschaftsbundes, 2. Aufl. Köln 1984. Darin findet sich ein einleitender Aufsatz von Gerhard Leminsky zum Grundsatzprogramm '81.

6 So z. B.: DBG wohin? Dokumente zur Programm-Diskussion, hrsg. vom Institut für Marxistische Studien und Forschungen, eingel. von Frank Deppe, 2. Aufl. Frankfurt 1980.

7 So etwa bei Klaus von Beyme, Gewerkschaften und Arbeitsbeziehungen in kapitalistischen Ländern, München—Zürich 1977, S. 112—143.

mag, und das von einer orthodox-marxistischen Historiographie immer noch gehütet wird[8], fehlt es an Abtönungen wie an Tiefenschärfe.

Seit der ersten gewerkschaftlichen Gründungsphase in den 60er Jahren des 19. Jahrhunderts war es den meisten Gewerkschaftspraktikern klar, daß Gewerkschaften nur würden bestehen können, wenn sie so viele Arbeiter wie möglich rekrutierten und nicht als „Anhängsel" einer Partei erschienen.[9] Vor der Realisierung dieser Notwendigkeit standen erhebliche Hindernisse — z. B. regionale Begrenztheit, ständische Traditionen, gesetzliche Beschränkungen —, die durch eine apodiktische Programmatik noch vergrößert worden wären. Schon die frühen Erfahrungen wiesen darauf hin, daß „die bei weitem große Mehrzahl der Arbeiter . . . am besten . . . zugänglich für Lohnerhöhung, kurze Arbeitszeit, Reise- und Krankenunterstützung" war — wie es Carl Hillmann bereits 1873 formulierte.[10]

Erfolge, Fortschritte auf diesen Feldern, auch wenn sie im einzelnen geringfügig ausfielen und das politisch-gesellschaftliche System zunächst nicht beeinträchtigten, waren wesentlich bessere Garanten für den Erhalt und den Ausbau der gewerkschaftlichen Organisationen als etwa eine systemtranszendierende Programmatik. Die Grundlage gewerkschaftlicher Wirksamkeit in einem industriell-kapitalistisch geprägten Kontext — Massenzugehörigkeit und Massensolidarität — und der organisationsstabilisierende Konsensus beruhten nicht in erster Linie auf programmatischer Vision, die wenige beflügelte und die viele nicht verstanden, sondern auf den bescheidenen reformistischen Landgewinnen, die eine große Zahl als Erleichterung im Arbeits- und Lebensalltag verspürte.

Es hat zweifellos mit zum Durchbruch der Gewerkschaften als Massenbewegung zu Beginn dieses Jahrhunderts beigetragen, daß sie ihren Mitgliedern kaum programmatischen Zwang antaten, sondern — wie Legien 1903 sagte — „daß von den der Gewerkschaft Beitretenden ein politisches und religiöses Glaubensbekenntnis nicht verlangt und auf die Mitglieder kein Druck ausgeübt wird, einer bestimmten politischen oder religiösen Anschauung sich anzuschließen".[11]

Solche und ähnliche Äußerungen haben Legien und seinen Mitstreitern herbe Kritik in den eigenen Reihen eingetragen, bei der das Wort Bebels von der „Nurgewerkschaftlerei"[12] noch die mildeste Variante darstellte. Im Laufe der „Massenstreikdebatte" kanzelten sich Fundamentalisten und Praktizisten in Rede- und Artikelschlachten gegenseitig

8 So schließlich auch — trotz aller relativierenden Bemerkungen — bei: Georg Fülberth, Probleme der Gewerkschaften in der Theorie von Karl Marx und Friedrich Engels, in: Geschichte der deutschen Gewerkschaftsbewegung, hrsg. von Frank Deppe, Georg Fülberth und Jürgen Harrer, Köln 1977, S. 32—43, insb. Fußnote 34.

9 Zu den weitreichenden Plänen für eine „Gewerkschaftsunion", die der Vorsitzende der Internationalen Gewerksgenossenschaft der Holzarbeiter, Theodor York, schon 1872 hatte, s. Hans O. Hemmer, Politik ohne Perspektive? Zur programmatischen Diskussion in der Frühphase der deutschen Gewerkschaftsbewegung, in: GMH 27 (1976), S. 641—656, S. 645 f.

10 Carl Hillmann, Praktische Emanzipationswinke, in: Der Volksstaat 1873, Nr. 40, 42, 44, 44a, zit. nach: August Bringmann, Geschichte der deutschen Zimmererbewegung, 2 Bde., Stuttgart 1905/ Hamburg 1909, Nachdruck, Bd. 1, Berlin—Bonn 1981, S. 372.

11 Carl Legien, Die Stellung der Gewerkschaften zur sozialpolitischen Gesetzgebung, in: Sozialistische Monatshefte 7 (1903), S. 319—326, S. 323 f.

12 In Bebels Referat beim Jenaer Parteitag von 1905, Protokoll der Verhandlungen des Parteitags der Sozialdemokratischen Partei, abgehalten zu Jena, vom 17. — 23. 9. 1905, S. 307.

als „versumpfte Kreaturen“ und als „Literaten“ ab.[13] Bezeichnenderweise wurde dieser Streit (mit dem „Mannheimer Abkommen“ von 1906) nicht durch einen programmatischen Kompromiß beigelegt, sondern — überspitzt formuliert — durch Mitgliederzuwachs und Erstarken der Gewerkschaften.[14] Sie hatten sich — ohne Programm, mittels erster kleiner Erfolge in der Tarif- und Sozialpolitik — so gemausert, daß die politisch-programmatische Hegemonie einer Partei (im anderen Fall: der Kirche) nicht mehr aufrechtzuerhalten war.

Die Gewerkschaften begannen nun ihrerseits, Zielkataloge aufzustellen, die vor allem Forderungen zur Tarif-, Betriebs-, Sozialpolitik und zum Arbeitsrecht enthielten.[15] In der späten Weimarer Republik kamen eigenständige Konzepte zur Bekämpfung der Arbeitslosigkeit und zur Umgestaltung der Wirtschaft hinzu.[16] All diesen immer noch präprogrammatischen Texten ist die transformatorische Stoßrichtung gemeinsam: Sie zielen, von einzelnen Forderungen abgesehen, nicht auf die Beseitigung des kapitalistischen Wirtschaftssystems und der bürgerlich geprägten Gesellschaft, sondern auf deren reformatorischen Wandel — wenn sie auch in ihrer Summe eine qualitative Änderung mit dem Ziel der Gleichberechtigung der Arbeitnehmer in Wirtschaft, Gesellschaft und Staat ausmachen würden.

Es ist zweifelhaft, ob die Gewerkschaften von Anbeginn bis heute mit programmatischen Äußerungen die Mehrzahl ihrer Mitglieder haben erreichen oder gar mobilisieren können. Beitrittsbereitschaft, Aktivität, Mobilisierung, Konsens lassen sich für Gewerkschafter nicht in erster Linie durch Programmatik erzielen, sondern wohl am besten durch greifbare Verbesserungen der Lebens- und Arbeitsbedingungen für große und relevante Teile der Mitgliedschaft. Diese im einzelnen oft geringfügigen Verbesserungen wurden in der Frühzeit und zum Teil auch noch während der Weimarer Republik fast immer gegen den hinhaltenden bis erbitterten Widerstand der Arbeitgeber, vielfach auch des Staates, erzielt bzw. erkämpft. Dabei bildete das „Endziel“ einer humanen, freien, demokratischen, sozial gerechten Gesellschaft zwar den Hintergrund, das Durchsetzungsinteresse richtete sich aber eindeutig auf die Implementation von Veränderungen, z. B. im Rechtssystem, in der Betriebsverfassung, in der Sozialpolitik. Dieser reformistische Gradualismus hat zur Transformation des autoritären Staates zum Rechtsstaat und zum Sozialstaat wesentlich beigetragen. In dem Maße, wie gewerkschaftliche Forderungen z. B. im Verfassungs- und Rechtssystem realisiert wurden und den Gewerkschaften Einfluß- und

13 Zu dieser Auseinandersetzung: Manfred Scharrer, Arbeiterbewegung und Obrigkeitsstaat. SPD und Gewerkschaft nach dem Sozialistengesetz, Berlin 1976, S. 60 ff.; Die Massenstreikdebatte. Beiträge von Parvus, Rosa Luxemburg, Karl Kautsky und Anton Pannekoek, hrsg. von Antonia Grunenberg, Frankfurt 1970.

14 S. dazu das Referat von Heinz Oskar Vetter in: Einheitsgewerkschaft und Parteipolitik. Zum 75. Jahrestag des Mannheimer Abkommens zwischen der Sozialdemokratischen Partei Deutschlands und den Freien Gewerkschaften von 1906. Protokoll einer Diskussionsveranstaltung der Universität Mannheim, hrsg. von Erich Matthias, Düsseldorf 1982, S. 19 ff.

15 So verabschiedete der sechste Kongreß der Freien Gewerkschaften 1908 in Hamburg ein sozialpolitisches Programm, s. dazu Hans O. Hemmer/Wolfgang Hindrichs, „Nicht Stillstand, sondern Fortschritt in der Sozialpolitik soll unser Kampfruf sein“. Grunddaten zur Geschichte sozialer Reformen in Deutschland, in: GMH 32 (1981), S. 396—417, S. 407.

16 Zum Arbeitsbeschaffungsplan des ADGB (WTB-Plan) und den Richtlinien zum „Umbau der Wirtschaft“ s. Michael Schneider, Das Arbeitsbeschaffungsprogramm des ADGB. Zur gewerkschaftlichen Politik in der Endphase der Weimarer Republik, Bonn-Bad Godesberg 1975, sowie ders., Arbeitsbeschaffung und „Umbau der Wirtschaft“. Probleme der gewerkschaftlichen Programmatik in den letzten Jahren der Weimarer Republik, in: GMH 27 (1976), S. 665—677.

Wirkungmöglichkeiten staatlich garantiert wurden, änderte sich allmählich ihr Rollenverständnis. Sie wurden (und verstanden sich auch als) Teil eines korporativistischen Zusammenhangs mit den Arbeitgebern und dem Staat, „dem Organisator des Integrationsprozesses".[17] Diese Form der Kooperation ist zweifellos bestimmend für weite historische Strecken in der Weimarer Republik und in der Bundesrepublik Deutschland und hat, bei grundsätzlicher „Systemstabilisierung", ein Maß an sozialem Wandel ermöglicht, das diese Politik gegenüber dem Großteil der Mitgliederschaft hinreichend legitimierte.

Für das Verständnis der programmatischen Entwicklung nach 1945 dürften Rolle und politisches Gewicht des DGB als Dachverband in der gewerkschaftlichen Gesamtstruktur ebenso wichtig sein wie die schmale Programmtradition. Die Grundkonstellation ist hier — bei allen Nuancierungen im zeitlichen Ablauf — seit 1949 unverändert: Der DGB repräsentiert die Gewerkschaften und ihre Politik in der Öffentlichkeit, hat aber de facto wenig gestaltende Einflußmöglichkeiten und auch keine unmittelbare Verbindung zur Mitgliedschaft. Zentrale gewerkschaftliche Politikbereiche wie die Tarifpolitik und die Verbindung zu den Betrieben und Verwaltungen, nicht zuletzt auch die Finanzhoheit werden uneingeschränkt von den autonomen Gewerkschaften wahrgenommen. Allgemeingewerkschaftliche Stellungnahmen, zu denen auch die Programmatik zu zählen ist, müssen von ihnen allen gutgeheißen und getragen werden können. Dazu bedarf es eines Abstimmungsergebnisses, das mit den Interessen und Intentionen aller Beteiligten vereinbar ist.[18]

## 2. *Die „Münchener Grundsätze" von 1949*[19]

Die ersten Jahre nach dem Zweiten Weltkrieg darf man wohl als eine „Hochphase" in der Entwicklung der deutschen Gewerkschaftsbewegung bezeichnen. Trotz aller retardierender Auflagen der Besatzungsmächte und trotz der chaotischen äußeren Bedingungen packten Gewerkschafter allenthalben, in Betrieben und Wohngebieten, tatkräftig an und entwickelten die vom Nationalsozialismus unbelasteten Gewerkschaften eine Attraktion, die ihnen binnen kurzem 5 Millionen Mitglieder zuführte. Die Bereitschaft zur Einheitsgewerkschaft über Partei- und Religionsgrenzen hinweg war ebenso groß wie der Konsens im Hinblick auf eine grundlegende Neugestaltung der Wirtschaft mit sozialisierten

---

17 Wolfgang Streeck, Gewerkschaftliche Organisationsprobleme in der sozialstaatlichen Demokratie, Königstein/Ts. 1981, S. 6.

18 S. dazu Gerhard Leminsky, Das Grundsatzprogramm im gewerkschaftlichen Diskussionsprozeß, in: GMH 31 (1980), S. 201—209.

19 Mit der programmatischen Diskussion vor und während der Gründungsphase des DGB setzt sich auseinander: Dietmar Ross, Gewerkschaften und soziale Demokratie. Von der Richtungs- zur Einheitsgewerkschaft, von Weimar zur Nachkriegszeit. Untersuchungen zur gewerkschaftlichen Programmatik für den Aufbau einer demokratischen Gesellschaft, phil. Diss. Bonn 1975, insb. S. 274 ff. Aus der Rückschau eines der „Intellektuellen der deutschen Gewerkschaftsbewegung . . ., die sie als unverdaulich ausgespuckt hat", schrieb seine Erinnerungen an die Zeit: Theo Pirker, Die blinde Macht. Die Gewerkschaftsbewegung in Westdeutschland, Erster Teil: 1945—1952, München 1960. Zur gesamten gewerkschaftlichen Programmgeschichte von 1945—1963 finden sich 30 Seiten bei: Joachim Bergmann/Otto Jacobi/Walther Müller-Jentsch, Gewerkschaften in der Bundesrepublik. Gewerkschaftliche Lohnpolitik zwischen Mitgliederinteressen und ökonomischen Systemzwängen, Frankfurt—Köln 1975, S. 120—154. Nach wie vor wichtig: Eberhard Schmidt, Die verhinderte Neuordnung 1945—1952. Zur Auseinandersetzung um die Demokratisierung der Wirtschaft in den westlichen Besatzungszonen und in der Bundesrepublik Deutschland, Frankfurt 1970.

Grundstoff- und Schlüsselindustrien sowie Mitbestimmung auf allen Ebenen. Währungsreform, Marshall-Plan und der Ausgang der ersten Bundestagswahlen markieren das Ende dieses Konsenses, während die vom Gründungskongreß des DGB 1949 beschlossenen „Grundsätze“ dessen — allerdings verspäteter — Ausdruck sind.

Obwohl das einheitsgewerkschaftliche Bewußtsein wohl nie verbreiteter und gegenwärtiger war als in dieser Nachkriegszeit und obwohl es in Widerstand und Emigration wichtige gewerkschaftliche Grundsatzdiskussionen und -papiere gegeben hatte,[20] wurden auch 1949 — der Tradition programmatischer Enthaltsamkeit folgend — nur „Grundsätze, Richtlinien, Forderungen und Entschließungen“ verabschiedet. Da das vor 1933 — unter Beteiligung sowohl der Freien als auch der Christlichen Gewerkschaften — mit einigem Erfolg praktizierte korporative System in der Krisenphase der Weimarer Republik zerbrochen war und die dann folgenden Krisenlösungsansätze allesamt eindeutig zu Lasten der Gewerkschaften gegangen waren, sie zermürbt und schließlich zerschlagen hatten, zeigen die Grundsätze von München weniger Affinität in diese Richtung — zumindest was die Einbeziehung von Unternehmern angeht. Die „Wirtschaftspolitischen Grundsätze“ von 1949 fordern:

„I. Eine Wirtschaftspolitik, die unter der Wahrung der Würde freier Menschen die volle Beschäftigung aller Arbeitswilliger, den zweckmäßigen Einsatz aller volkswirtschaftlichen Produktivkräfte und die Deckung des volkswirtschaftlich wichtigen Bedarfs sichert.

II. Mitbestimmung der organisierten Arbeitnehmer in allen personellen, wirtschaftlichen und sozialen Fragen der Wirtschaftsführung und Wirtschaftsgestaltung.

III. Überführung der Schlüsselindustrien in Gemeineigentum, insbesondere des Bergbaus, der Eisen- und Stahlindustrie, der Großchemie, der Energiewirtschaft, der wichtigsten Verkehrseinrichtungen und der Kreditinstitute.

IV. Soziale Gerechtigkeit durch angemessene Beteiligung aller Werktätigen am volkswirtschaftlichen Gesamtertrag und Gewährung eines ausreichenden Lebensunterhalts für die infolge Alter, Invalidität oder Krankheit nicht Arbeitsfähigen.

Eine solche wirtschaftliche Willensbildung und Wirtschaftsführung verlangt eine zentrale volkswirtschaftliche Planung, damit nicht private Selbstsucht über die Notwendigkeiten der Gesamtwirtschaft triumphiert.“[21]

Diese Forderungen von 1949 markieren den programmatischen Höhepunkt gewerkschaftlicher Kraft und gewerkschaftlichen Selbstbewußtseins: Auf der Grundlage einer breiten Mitgliederzustimmung und in Fortsetzung grundsätzlicher Überlegungen aus der Zeit der Weimarer Republik, etwa zur Wirtschaftsdemokratie, wurde ein Konzept entworfen, für dessen Durchsetzung die Kooperation zwischen — einem sozialdemokratisch geführten — Staat und der Einheitsgewerkschaft offenbar mitgedacht war.

Als Voraussetzung mitgedacht war aber auch — wie es Hans Böckler wenig später in einer Rede vor Unternehmern formulierte —, daß nicht „Interessen im Staate Einfluß gewinnen, deren Machtanspruch nicht durch ihre Leistung für die Gesamtheit des Volkes gerechtfertigt wird. Das kann nur geschehen, wenn der Staat keine anonymen Machtpositionen in der Gesellschaft duldet, die seine eigene Souveränität begrenzen oder

20 S. dazu Ulrich Borsdorf, Ein Dokument gewerkschaftlicher Programmatik in der Emigration. Die Landesgruppe deutscher Gewerkschafter in Großbritannien, in: GMH 27 (1976), S. 677—687.

21 „Grundsätze, Richtlinien, Forderungen und Entschließungen“ des Gründungskongresses des DGB, in: Protokoll Gründungskongreß des Deutschen Gewerkschaftsbundes, München, 12.—14. Oktober 1949, Köln 1950, S. 318—330, S. 318.

gar sie völlig aufheben. Die Vergangenheit hat uns zur Genüge gezeigt, wie unheilvoll die Zusammenballung von Besitzrechten in den Händen weniger sich für die Staatsführung auszuwirken vermag. Der Staat kann diese Gefahr für seine Souveränität nur abwenden, wenn er vor allem in den Großindustrien die Besitzformen schafft, die seine Souveränitätsinteressen sichern".[22]

Aber das Münchener Modell „einer einheitlich organisierten, unabhängigen Volksgewerkschaft in einem demokratisch verfaßten sozialen Volksstaat"[23] — mit sozialisierten Schlüsselindustrien, volkswirtschaftlicher Planung, unter weitgehender Mitbestimmung und bei Marginalisierung des privaten Unternehmertums — war angesichts der politisch-ökonomischen Realitäten bereits bei seiner Kreation ein Anachronismus.

Die Zeit bis 1951 läßt sich zwar noch der gewerkschaftlichen Aufschwung- und Aufbruchphase nach 1945 zurechnen,[24] aber in den anderthalb Jahren zwischen dem DGB-Gründungs-Kongreß und dem Mitbestimmungsgesetz von 1951 werden — bei rascher Wiederaufrichtung privatkapitalistischer Besitzstrukturen — die Grenzen einer programmatisch vorgegebenen Durchsetzungsstrategie deutlich, die auf staatliche Unterstützung angelegt und angewiesen war und bei einem Scheitern dieser Kombination dann zu gewerkschaftlichen Kampfmitteln greifen mußte. Der Weg zum Mitbestimmungsgesetz von 1951 kann hier nicht erneut beschrieben werden,[25] aber die gewerkschaftliche Methodik in diesem Kampf zeigt, daß ein frühzeitiges Ausscheiden einer starken oder wiedererstarkten Unternehmerseite aus der Kompromißfindung den gewerkschaftlichen Durchsetzungserfolg keineswegs erleichtern oder vergrößern muß. Hans Böckler wählte in der Auseinandersetzung um die Mitbestimmung vornehmlich den Weg der Verhandlungen mit Legislative und Exekutive (insbesondere dem Bundeskanzler Adenauer), obwohl beide von einer Partei dominiert wurden, die dem angestrebten Ziel, der Mitbestimmung, mehrheitlich abgeneigt war. Das Ergebnis dieser Verhandlungsrunden, letztlich dann auch von der Unternehmerseite mitgetragen — aber nur aufgrund einer eindrucksvoll demonstrierten Streikbereitschaft der Bergleute und Stahlarbeiter erzwungen —, beinhaltete im Grunde nur die gesetzliche Sicherung längst praktizierter Mitbestimmungsformen. Es brachte nicht etwa die Realisierung jener „Neuordnung der Wirtschaft", wie sie 1949 in München programmatisch angelegt war.

Die Wiederholung der Konstellation von 1950/51 bei der Diskussion und der parlamentarischen Entscheidung über das Betriebsverfassungsgesetz im Jahre 1952 läßt erkennen, daß sie sich, für den Fall, daß der Kooperationspartner Staat einseitig die unternehmerische Position stützt, nur dann zugunsten der Gewerkschaften wenden läßt, wenn sie entschieden und hart verhandeln und wenn diese Verhandlungen von einer glaubhaft gemachten Kampfbereitschaft der Mitglieder flankiert werden, zu deren tatsächlichem

22 Hans Böckler, Die Stellung der Gewerkschaften in der deutschen Bundesrepublik. Rede vor dem Rhein-Ruhr-Klub in Hamm am 17. 11. 1949, zit. nach Gerhard Beier, Volksstaat und Sozialstaat. Der Gründungskongreß des DGB in München 1949 und Hans Böcklers Beitrag zur Stellung der Gewerkschaften in Gesellschaft und Staat, in: Vom Sozialistengesetz zur Mitbestimmung. Zum 100. Geburtstag von Hans Böckler, hrsg. von Heinz Oskar Vetter, Köln 1975, S. 359—397, S. 380.

23 Beier, Volksstaat, S. 383.

24 S. dazu auch Bernd Otto, Der Kampf um die Mitbestimmung, in: Vom Sozialistengesetz, S. 399—426, S. 402 ff.

25 Dazu neuerdings Horst Thum, Mitbestimmung in der Montanindustrie. Der Mythos vom Sieg der Gewerkschaften, Stuttgart 1982, sowie Ulrich Borsdorf, Der Anfang vom Ende? Die Montanmitbestimmung im politischen Kräftefeld der frühen Bundesrepublik (1951—1956), in: WSI-Mitteilungen 37 (1984), S. 181—195, S. 181 ff.

Einsatz die gewerkschaftlichen Verhandlungsführer gegebenenfalls auch bereit sind. Adenauer hatte 1952 sehr schnell erkannt, daß diese Konsequenz der gewerkschaftlichen Position, die in Hans Böckler verkörpert war, dessen Nachfolger Fette fehlte, daß aber auch — angesichts des deutlichen wirtschaftlichen Aufschwungs — die Gefolgsbereitschaft für ein solches Konzept der partiellen Konfrontation schwächer wurde. Ob man das Ergebnis seiner überlegenen politischen Taktik in diesem Jahr als „Zähmung der Gewerkschaften“[26] bezeichnen kann, sei dahingestellt. Jedenfalls bedeutete die vollständige gewerkschaftliche Niederlage auch das Scheitern eines programmatisch-politischen Konzepts, dessen kräftezehrende, gewerkschaftlich wenig effektive Konsequenzen in der gesamtpolitisch sozusagen normalisierten Situation des Jahres 1952 überdeutlich geworden waren.

Die „Münchener Grundsätze“ sind häufig als konsequent und als geschlossen gegenüber vorheriger und nachfolgender gewerkschaftlicher Programmatik gekennzeichnet worden.[27] Das trifft insofern zu, als sie — die dominierende Grundtendenz des gradualistischen Reformismus übersteigend — einen Gegenentwurf zur kapitalistischen Wirtschaftsordnung bieten. Das widerspricht nicht dem bisher Gesagten zur gewerkschaftlichen Programmatik. In der offen erscheinenden Situation nach 1945 waren die Gewerkschaften, mehr als die Parteien, „Hoffnungsträger“ — das erweiterte den programmatischen Anspruch. Viele Gewerkschafter hatten durch ihre pragmatische Arbeit Spielräume und Fakten, etwa im Betrieb, geschaffen, die vielen zeitweise zu einer alternativen Wirtschaftsordnung zusammenführbar erschienen. Die starken korporativistischen Ansätze der Weimarer Republik waren weithin diskreditiert. Schließlich dokumentieren die „Münchener Grundsätze“ auch den ideologischen Konsens der führenden „Konstrukteure“ der Einheitsgewerkschaft, insbesondere sozialdemokratischer und christlicher Provenienz, in den ersten Nachkriegsjahren. Insoweit kann man die Münchener „Grundsätze“ durchaus als adäquate gewerkschaftliche Programmäußerung in der Gründungsphase der Bundesrepublik Deutschland bezeichnen.

Wenn viele seiner Voraussetzungen schon 1949 hinfällig geworden waren, so hatte es 1952 seinen Realitätsbezug und damit seine Durchsetzungschancen weitgehend eingebüßt. Auch die marxistisch orientierte Politikwissenschaft, die dazu neigt, den programmatischen Wandel aus der Unterdrückung gewerkschaftlicher Fraktionen zu erklären, kann nicht umhin, auch dessen materielle Ursachen zu berücksichtigen: „Die monatliche Nettolohn- und -gehaltssumme je beschäftigtem Lohnabhängigen erhöhte sich zwischen 1950 und 1956 um gut 40 %; also jährlich um fast 6 %; im gleichen Zeitraum verminderte sich die — zwischen 1949 und 1951 noch sehr hohe — Preissteigerungsrate sowie die Arbeitslosigkeit . . . Im Massenbewußtsein wurde . . . die individuelle Entwicklung der Arbeits- und Lebensbedingungen kaum auf die Entwicklung der Kapitalverwertungs- und Ausbeutungsbedingungen bezogen. Vielmehr herrschte die geschichtlich vergleichende Erfahrung vor: Im Vergleich zu den vorangegangenen Jahrzehnten der Not und der Angst, aber auch im Vergleich zur wirtschaftlichen Entwicklung in der DDR, erschien der wirtschaftliche Aufschwung der frühen fünfziger Jahre tatsächlich als Wende zu einer neuen Epoche. Auch im Bewußtsein der Industriearbeiterschaft, dank einer aktiven DGB-Mitgliedschaft, machte sich dieser Widerspruch geltend. Keimformen des Klassenbewußtseins, wie sie noch in der aktiven Unterstützung gewerkschaftlicher Kampfmaß-

26 So im Untertitel und als Kapitelüberschrift bei Pirker, Macht, Bd. 1.

27 In der Tendenz: Detlev Hensche, Grundsatzprogramm und Wirtschaftsordnung. Zur gewerkschaftlichen Programmatik seit 1945, in: GMH 27 (1976), S. 688—696.

nahmen zur Durchsetzung der Neuordnung von Wirtschaft und Gesellschaft zum Ausdruck gekommen waren, wurden zunehmend durch eine ‚Konsumorientierung‘ überlagert, nach der die Gewerkschaften in erster Linie für eine kontinuierliche Verbesserung der Arbeits- und Lebensverhältnisse im Rahmen einer prinzipiell anerkannten Wirtschafts- und Gesellschaftsordnung zu sorgen haben.“[28]

## 3. *Das Aktionsprogramm*

Der Weg von den Münchener Grundsätzen zum Düsseldorfer Programm von 1963 führte — über die vorsichtige Wiederaufnahme gewerkschaftlicher Interessenvertretung in einem korporativistischen Kontext, und zwar auch unter einer CDU-geführten Regierung, und über das Aktionsprogramm von 1955 — sozusagen zu einer programmatischen „Normalisierung“. Es war Otto Brenner, der Vorsitzende der IG Metall, der den Anstoß zur Formulierung eines gewerkschaftlichen Aktionsprogramms gab und der, als Vorsitzender der „Kommission Aktionsprogramm“, die Aktionsprogramme von 1955, 1965 und 1972 prägte. Sie knüpfen, als Sammlung konkreter Nahziele, an die Form der älteren gewerkschaftlichen Forderungskataloge an und verfolgen auch deren Intentionen.[29] Das Aktionsprogramm sollte in „gegenwartsnaher und kämpferischer Weise die brennenden Tagesforderungen der Arbeitnehmer formulieren und zur Richtschnur der gewerkschaftlichen Tagesarbeit machen.“ Es sollte bewirken, die „Gewerkschaftspolitik aus der Defensive in die Offensive überzuleiten und dadurch dem sozialen Fortschritt und der sozialen Fundierung unserer Demokratie neuen Antrieb geben“. Und: „Das Kernstück dieses Programms sollten solche Forderungen sein, die das brennende Interesse aller Arbeitnehmer . . . ausdrücken.“ Die Gewerkschaften sollten „nicht nur die Zukunft gestalten“ wollen, sie müßten auch „den Weg bereiten, auf dem die großen Ziele erreicht werden können“.[30]

Diese Formulierungen Otto Brenners, der allerdings auch immer die enge Verknüpfung des Aktionsprogramms mit den Münchener Grundsätzen betonte, weisen auf die Akzentverlagerung in der gewerkschaftlichen Programmatik zurück zu klar umrissenen, knappen Forderungen. Die Bedeutung dieser Schwerpunktverlagerung ist schon daran zu ermessen, daß sie von Otto Brenner, dem profilierten und einflußreichen Vorsitzenden der größten Gewerkschaft im DGB, initiiert wurde und er anderthalb Jahrzehnte lang die Arbeit an den Aktionsprogrammen leitete. Dieser Wandel reflektiert sicherlich den ökonomischen Hintergrund und die damit einhergehenden Bewußtseinsänderungen bei vielen Gewerkschaftsmitgliedern: das hehre Fernziel einer anderen, besseren Gesellschaft mußte auch programmatisch zurücktreten hinter die Forderungen nach handgreiflichen Verbesserungen für die Arbeitnehmer in der inzwischen voll etablierten privatkapitalistischen Wirtschaft, im demokratischen Staat und im System der sozialen Sicherung.

---

28 Frank Deppe, Der Deutsche Gewerkschaftsbund (DGB) 1949—1965, in: Geschichte der deutschen Gewerkschaftsbewegung, S. 320—409, S. 352.

29 Zum Aktionsprogramm: Gerhard Leminsky, Zur Entwicklung des DGB-Aktionsprogramms, in: GMH 27 (1976), S. 696—709.

30 Die Zitate Brenners nach: ÖTV-Argumente, Nr. 3—4/82 (Grundsatzprogramm des DGB), S. 15.

## 4. *Das Düsseldorfer Programm von 1963*

Das Düsseldorfer Grundsatzprogramm des DGB von 1963 ist gelegentlich als eine Niederlage Otto Brenners und des gesamten „linken“ Flügels der Gewerkschaften gegen den „rechten“ Flügel um Georg Leber, dem damaligen Vorsitzenden der IG Bau, Steine, Erden, eingeordnet worden. Wenn auch der durch diese beiden Männer typisierte ideologische Streit innerhalb des DGB bei der Vorbereitung und Verabschiedung des Grundsatzprogramms von 1963 unverkennbar ist, so handelte es sich bei der Neufassung der Programmatik keineswegs ausschließlich um einen bipolaren politisch-ideologischen Richtungsstreit.[31]

Es sollte beispielsweise nicht übersehen werden, daß die führenden Gewerkschaftsfunktionäre, die — neben Otto Brenner — besonders an der Entwicklung der Aktionsprogramme mitwirkten, durchaus nicht alle einer politischen „Couleur“ zuzurechnen waren — auch Georg Leber, Karl Hauenschild und Walter Arendt gehörten dazu. Die immer wieder unterstellte Absicht, den DGB — nach seiner großen Niederlage beim Betriebsverfassungsgesetz von 1952 und nach den für die CDU als führende Regierungspartei erfolgreichen Bundestagswahlen von 1953 — von einem „Kurs der Anpassung“ oder „Unterwerfung“ abzubringen, mag für einige der Beteiligten durchaus eine Rolle gespielt haben. Die stärkere und auch bindendere Intention dürfte aber darin gelegen haben, die gewerkschaftliche Mitgliedschaft durch einen prägnanten und überschaubaren Forderungskatalog zu motivieren, zu stabilisieren und zu vergrößern. Die Gewerkschaften sollten durch ein schnörkelloses und unideologisches „Programm“, das insbesondere auf eigene Aktivitäten zur Durchsetzung zielte, wieder in die Offensive gebracht werden, d. h., es sollte auch der Mitgliederschwund aufgehalten und rückgängig gemacht werden: Lag der Organisationsgrad zu Beginn der fünfziger Jahre zeitweise bei 38 % (1951: 38,6), so war er am Ende dieses Jahrzehnts beinahe an die 30-%-Marke (1960: 31,4) gerutscht.[32]

Die späten 50er und die frühen 60er Jahre brachten den Gewerkschaften deutliche Erfolge im Sinne ihres Aktionsprogramms: erhebliche Reallohnsteigerungen, Verkürzung der Arbeitszeit, Verlängerung des Urlaubs, Ausbau der sozialen Sicherheit. Diese Ziele wurden keineswegs immer kampflos erreicht — für die Lohnfortzahlung im Krankheitsfalle streikten 1956/57 30.000 Metallarbeiter in Schleswig-Holstein 16 Wochen lang, für Lohnerhöhung und Arbeitszeitverkürzung kämpften 1963 350.000 streikende oder ausgesperrte Metallarbeiter in Baden-Württemberg zwei Wochen lang. Die meisten Ziele konnten allerdings ohne Streik oder andere gewerkschaftliche Kampfmaßnahmen auf dem Verhandlungswege erreicht werden.

Zwar wurde durch diese gewerkschaftliche Politik weder die Vermögensverteilung zugunsten der Selbständigen und Unternehmen verändert noch etwa die zunehmende Konzentration wirtschaftlicher Macht unterbunden, aber die materielle und soziale Lage der Arbeitnehmer war — bei Vollbeschäftigung und Wirtschaftswachstum — durch die gewerkschaftlichen Reformerfolge auf ein im historischen Vergleich bisher unerreichtes Niveau verbessert worden.

Das Grundsatzprogramm von 1963 trug diesen politischen und den programmatischen Erfahrungen seit Beginn der 50er Jahre Rechnung und ist insofern mit dem

---

31 So Deppe, Gewerkschaftsbund, S. 397 ff.; ähnlich: Bergmann u. a., Gewerkschaften, S. 120 ff.

32 Der Organisationsgrad sank zunächst weiter und zeigte erst wieder in den siebziger Jahren einen Aufwärtstrend. Zahlenangaben nach Mielke/Vilmar, S. 208—209, vgl. auch die Tabelle im Anhang dieses Bandes.

Godesberger Programm der SPD vergleichbar. Es verzichtete auf die Formulierung von Endzielen und gesellschaftlichen Gegenentwürfen und stellte die Gewerkschaften als eine bewegende, gestaltende und integrierende Kraft in den Kontext einer demokratischen Gesellschaft und eines sozial verfaßten Rechtsstaates — das Stichwort in der Präambel dazu lautete: „Integrationsfaktor der Demokratie".[33] Das schloß autonome Gewerkschaftspolitik nicht aus, aber das Grundverständnis dieses — genaugenommen ersten gewerkschaftlichen Grundsatzprogramms — setzte doch einen Interessenausgleich zwischen Staat, Unternehmen und Gewerkschaften voraus. Dieses „Modell" ging nicht einher mit dem Verzicht auf die Durchsetzung gewerkschaftlicher Interessen — es knüpfte vielmehr an eine korporativistische Tradition an und korrespondierte einer Praxis, die sich bis 1963 bereits vielfach als auch für die Gewerkschaften und ihre Mitglieder erfolgreich erwiesen hatte.

## 5. *Das Grundsatzprogramm von 1981*

### a) Die Programmdiskussion

Das 1981 von einem außerordentlichen DGB-Kongreß verabschiedete, geltende Grundsatzprogramm steht in der Tradition des Programms von 1963 — genau genommen ist es dessen, wenn auch stark überarbeitete Neufassung. Das mag angesichts der langen dazwischenliegenden Zeitspanne überraschen, läßt sich aber sowohl im Hinblick auf mögliche Alternativen als auch vor dem Hintergrund der gewerkschaftlichen Politik dieser Jahre erklären.

Erster Anstoß zu einer neuen, umfassenden und grundsätzlichen Programmarbeit war ein Antrag der IG Metall an den DGB-Bundeskongreß von 1972. Darin hieß es u. a.: „Der DGB wird aufgefordert, sich systematisch mit Fragen der quantitativen und qualitativen Entwicklung des wirtschaftlichen Wachstums auseinanderzusetzen. Zu diesem Zweck ist . . . ausgehend vom DGB-Grundsatzprogramm und den Beschlüssen der Bundeskongresse des DGB ein Programm zur Finanzierung und Durchsetzung gesellschaftlicher Reformen zu erarbeiten."

Von diesem Beschluß bis zur Verabschiedung des Programms im März 1981 in Düsseldorf vergingen fast zehn Jahre.[34] — Das ist, auch im Vergleich zur Programmvorbereitung von politischen Parteien, eine ungewöhnlich lange Zeit. Der Hauptgrund für diese Dauer dürfte weniger in der Schwerfälligkeit der Bürokratie oder in der Intensität der Diskussion als vielmehr in der gravierenden Veränderung der Ausgangssituation durch die Mitte der siebziger Jahre einsetzende globale Wirtschaftskrise liegen. Dadurch wurde allen auf Wachstum angelegten Prognosen und Forderungen ebenso die Grundlage entzogen wie deren möglicher Finanzierbarkeit.

Diese Gesichtspunkte bestimmten denn auch den Zwischenbericht zu dem Antrag der IG Metall von 1972, der zum Beschluß des 10. Ordentlichen DGB-Kongresses von 1975 beitrug, das geltende Grundsatz- und Aktionsprogramm zu überarbeiten. Die für die Überarbeitung zuständige „Kommission Gesellschaftspolitik" des DGB-Bundesvorstan-

---

33 Text in: Protokoll Außerordentlicher Bundeskongreß des DGB, Düsseldorf, 21. und 22. 11. 1963, Düsseldorf o. J., S. 450—477, S. 451.

34 Zur Entwicklungsgeschichte des Entwurfs: Volker Jung, Die Struktur des Entwurfs für ein neues Grundsatzprogramm, in: GMH 31 (1980), S. 12—27.

des, die weitgehend mit diesem identisch ist, nahm die Arbeit auf und sah sich wiederum sehr bald vor die Frage gestellt, ob nicht die geltende Programmatik einer grundlegenden Revision oder Erneuerung unterzogen werden müsse. Das umfangreiche Material, das beim DGB und den Gewerkschaften erarbeitet und von der Abteilung Gesellschaftspolitik beim DGB-Bundesvorstand zu unterschiedlich strukturierten Vorentwürfen zusammengefügt wurde, schien diese Konsequenz nahezulegen. Dabei war auch daran gedacht, neben einer Präambel sowie gesellschafts-, sozial- und kulturpolitischen *Zielen* die gewerkschaftlichen, gesetzlichen und staatlichen *Mittel* zur Verwirklichung dieser Ziele anzugeben. Aber „Kommission Gesellschaftspolitik" und Bundesvorstand konnten sich weder mit diesem Konzept noch mit 12 anderen Vorlagen anfreunden.

Die Motive für dieses Zurückweichen vor einem völlig neu gefaßten und gestalteten Grundsatzprogramm waren sicherlich vielfältig und unterschiedlich; ausschlaggebend dürfte neben der einschneidend veränderten und sich weiter verschlechternden Wirtschaftssituation die Befürchtung führender Gewerkschafter gewesen sein, die integrierende Kraft des Grundsatzprogramms von 1963 könne — nicht zuletzt durch eine vermutete programmatische Experimentierfreude beim federführenden Dachverband — aufs Spiel gesetzt werden. Auf einer Veranstaltung seiner Gewerkschaft in Bielefeld sagte der Vorsitzende der IG Metall, Eugen Loderer, im Juni 1978, „das Düsseldorfer Grundsatzprogramm des DGB von 1963 habe sich in seinem Kern bewährt. Es habe sich als Orientierungslinie mit weitgehender Integrationskraft für die innergewerkschaftlichen Grundsatzdiskussionen erwiesen. Es sei zugleich ein tragfähiges Fundament für die Darstellung gewerkschaftlicher Prinzipien und Perspektiven nach außen. Deswegen müsse die Substanz des gültigen Grundsatzprogramms erhalten bleiben".[35] Und in einem kurz vorher erschienenden Zeitungsbericht einer gut informierten Journalistin, der u. a. auch auf einem Gespräch mit Loderer fußte, hieß es, daß innerhalb der Gewerkschaften befürchtet werde, „eine schlecht vorbereitete Diskussion könnte . . . einem für die Gewerkschaften verbindlichen Programmpapier Vorschub leisten, das linken Gruppen ungeahnte Aktionsräume eröffne oder fortschrittliche Positionen des alten Programms gefährde".[36] Und etwa zur gleichen Zeit wurde in einem sozialdemokratischen Hintergrundbericht, der detailliert über Vorentwürfe zum Grundsatzprogramm und deren Diskussion informierte, auf Differenzen zwischen DGB und einzelnen Gewerkschaften hingewiesen.[37]

Der DGB-Bundesvorstand einigte sich schließlich darauf, nur begründete und begründbare, sich aus Kongreßbeschlüssen und der Programmdiskussion notwendig ergebende Änderungen am Programm von 1963 vorzunehmen. Ein diesem Gesichtspunkt Rechnung tragender Entwurf wurde am 2. Oktober 1979 einstimmig vom DGB-Bundesvorstand beschlossen und „den Gliederungen des DGB und seiner Gewerkschaften für eine breite Diskussion . . . übergeben".[38]

Wenn auch die Hauptursache für die ungewöhnlich langsame Entwicklung des Entwurfs in der signifikanten Änderung der ökonomisch-politischen Ausgangslage zu suchen ist, so treten doch auch andere Elemente hinzu, z. B. der komplexe Abstimmungs-

35 Metall-Pressedienst, hrsg. von der Pressestelle der IG Metall, XXVI/120 vom 3. 6. 1978.

36 Gertraud Witt, Ein neues Grundsatzprogramm behagt Gewerkschaften nicht, Westdeutsche Allgemeine vom 28. 4. 1978.

37 PPP-Hintergrunddienst, 29. Jg., Nr. 49 vom 3. 5. 1978.

38 Heinz Oskar Vetter, Zum Beginn der Diskussion um ein neues Grundsatzprogramm, in: GMH 31 (1980), S. 1—12, S. 1.

verlauf zwischen Dachverband und Einzelgewerkschaften und der insgesamt komplizierte Entstehungsprozeß. Die Programmentwürfe der deutschen Arbeiterbewegung waren oft auch literarisch durchgearbeitete oder ambitionierte Texte aus der Feder einiger weniger intellektueller Vordenker. Die gewerkschaftlichen Nachkriegsprogramme, obwohl über ihre Genese im einzelnen bisher wenig bekannt ist, werden kaum aus solchen Quellen gespeist. Es mangelt ihnen an stilistischem Glanz, sprachlicher Brillanz und auch an visionärer Schau. Das ist nicht zuletzt der Tribut an ein eher bürokratisches Abstimmungsverfahren, bei dem oft aus zahlreichen Kompromissen (z. B. Kongreßbeschlüsse der Einzelgewerkschaften) ein Gesamtkompromiß auf DGB-Ebene gemacht werden muß. Das geht im Zweifelsfall zu Lasten einer glänzenden, zugespitzten, inspirierten Formulierung, stärkt aber in normalen Zeiten die interne Integrationsfähigkeit des Programms. Die stabilisierende programmatische Funktion ist für die in mehrfacher Hinsicht heterogen zusammengesetzte Einheitsgewerkschaft wichtiger als avantgardistische Programmsätze, die womöglich Randgruppen der Mitgliedschaft befriedigen und potentielle neue Mitglieder aufhorchen lassen, das Gros einer gesellschaftspolitisch behutsam denkenden Mitgliedschaft aber irritieren oder abschrecken könnten. Es kommt hinzu, daß sich bei langanhaltender weltweiter Wirtschaftskrise, bei vielmillionenfacher Arbeitslosigkeit, insbesondere verursacht durch massive Rationalisierungen, bei zunehmender Verelendung großer Teile der Dritten und Vierten Welt, bei fortgesetztem, verstärkten Rüstungswettlauf, bei zum Teil dramatisch sich zuspitzender Gefährdung der natürlichen Lebensbedingungen durch Umweltbelastungen — um nur einige Krisenindikatoren zu nennen — gerade bei visionärer Schau nicht so sehr optimistische Erwartungen an eine machbare Reformpolitik als vielmehr ausweglose endzeitliche Vorhersagen aufdrängen könnten. Dennoch ist zu Beginn der Arbeit am Programmentwurf auch ein Text derartiger Vorhersagen „aus einem Guß“ erwogen worden, ohne daß dieser Gedanke sich hätte durchsetzen können.

Weit ausführlicher und intensiver als die großen Programmentwürfe der Arbeiterbewegung während des Kaiserreichs und in der Weimarer Republik und mehr auch als die DGB-Grundsätze von 1949 und das Programm von 1963 konnte der Entwurf des geltenden DGB-Programms allerdings innerhalb und außerhalb der Gewerkschaften diskutiert werden: Zwischen der Verabschiedung des Entwurfs und dem außerordentlichen Kongreß lagen anderthalb Jahre. Beim Programm von 1963 hatte diese Zeitspanne lediglich ein knappes halbes Jahr betragen. Es hat eine Fülle von Veranstaltungen verschiedenster Art auf allen Ebenen zu dem Entwurf gegeben, deren Verlauf die eigentliche „Programmdiskussion“ ausmachten und deren Ergebnisse etwas über das Verhältnis von Programmatik und „Basis“ aussagen könnten. Leider sind zusammenfassende Analyse und Beschreibung dieser Veranstaltungen deshalb nicht möglich, weil sie nicht hinreichend dokumentiert worden sind und werden konnten. Allerdings wird man davon ausgehen können, daß die relevantesten Aspekte dieser Diskussionen, d. h. die Teile, die zu verallgemeinern waren, in die Anträge an den 4. Außerordentlichen Bundeskongreß des DGB eingeflossen sind.

### b) Der 4. Außerordentliche DGB-Bundeskongreß

Zu dem Grundsatzprogramm-Entwurf des DGB-Bundesvorstands hatten 15 Gewerkschaften, 8 DGB-Landesbezirke und vier Personengruppen-Ausschüsse (Arbeiter, Angestellte, Frauen, Jugend) des DGB insgesamt 511 Anträge an den Kongreß gerichtet. Die meisten davon (160) bezogen sich auf die 37 Absätze der Präambel; den Komplexen Wirtschaftspolitik und Bildungspolitik galten etwa gleichviel Anträge (108/96), der Bereich Sozialpolitik war weniger stark bedacht (84 Anträge). Ähnliche Schwerpunkte hatten sich in der öffentlichen Diskussion des Entwurfs gebildet: Die Präambel fand die größte Aufmerksamkeit und zog die meiste Kritik auf sich, auch die Aussagen zur Wirtschaftspolitik stießen auf Widerspruch. So bemängelten etwa CDU[39] und CDU-Sozialausschüsse[40] ebenso wie die konservative Publizistik, daß der Entwurf sich nicht eindeutig für die „Marktwirtschaft" erkläre.

Die heftigsten Debatten gab es allerdings um eine neue und um eine fehlende Formulierung der Präambel des Entwurfs: Neu war der Hinweis auf die historischen Wurzeln der Einheitsgewerkschaft („. . . hat die historischen Traditionen, politischen Richtungen und geistigen Strömungen der Arbeiterbewegung, vor allem der freiheitlichen-sozialistischen und der christlich-sozialen Richtungen, in eine gemeinsame Organisation zusammengeführt"); weggelassen war das „Toleranzbekenntnis" des Programms von 1963 („Entschlossenheit zur weltanschaulichen, religiösen und politischen Toleranz"). Während die Wiederaufnahme des Toleranzbegriffs von Repräsentanten der CDU ebenso gefordert wurde wie von einer DKP-nahen Publizistik[41], wurde die Bezeichnung der Grundlagen der Einheitsgewerkschaft von links als unzureichend oder falsch kritisiert.[42] Daran anknüpfend verengte sich die Programmdiskussion auch gewerkschaftsintern zusehends auf die Frage einer „kommunistischen Unterwanderung" der Gewerkschaften, die bereits längere Zeit schwelte und gelegentlich heftig angefacht worden war[43], so daß in dieser Sache eine äußerst kontroverse Kongreßdebatte erwartet wurde.

Tatsächlich wurde der Kongreß gewissermaßen ein „Präambel-Kongreß": Hatte die Präambel schon die meisten Anträge hervorgerufen, so widmeten sich ihr sowohl der DGB-Vorsitzende ausführlich in seinem Grundsatzreferat als auch die meisten Redebeiträge des Kongresses, nämlich 27. Allerdings wurde die Auseinandersetzung keineswegs so hart, klar und scharf geführt wie manche vorausgesagt hatten: Die Antragsberatungskommission unter dem Vorsitz des stellvertretenden IG-Metall-Vorsitzenden Hans Mayr hatte in den umstrittenen Bereichen im letzten Moment mehrheitsfähige Kompromißformulierungen erarbeitet. Der Abschnitt zu den „Wurzeln der Einheitsgewerkschaft" und zur „Toleranz" lautete danach:
*„Die Einheitsgewerkschaft ist aus den Erfahrungen der Arbeitnehmer vor und während der Weimarer Republik und der Verfolgung in der Nazidiktatur entstanden. Sie hat die historischen Traditionen, politischen* Richtungen und geistigen Ströme der Arbeiterbewegung, vor allem der freiheitlich-sozialistischen und der christlich-sozialen Richtungen, in eine gemeinsame Organisation zusammengeführt. Sie erübrigt konkurriende Gewerkschaf-

39 So der CDU-Vorsitzende Helmut Kohl in einem offenen Brief an den DGB-Vorsitzenden Heinz Oskar Vetter vom 5. 3. 1981, S. 6—9.

40 Etwa der wirtschaftspolitische Sprecher der CDU-Sozialausschüsse, Wolfgang Vogt, Kölnische Rundschau vom 17. 2. 1981.

41 So Helmut Kohl in seinem offenen Brief an Heinz Oskar Vetter vom 5. 3. 1981, S. 2—3, und Norbert Blüm, Angst vor der Toleranz, Rheinischer Merkur/Christ und Welt, Nr. 10 vom 6. 3. 1981, sowie Nachrichten zur Wirtschafts- und Sozialpolitik 5/80, S. 21.

42 So z. B. Nachrichten zur Wirtschafts- und Sozialpolitik 12/80, S. 12.

43 Besonders durch das Buch: Ossip K. Flechtheim/Wolfgang Rudzio/Fritz Vilmar/Manfred Wilke, Der Marsch der DKP durch die Institutionen. Sowjetmarxistische Einflußstrategien und Ideologien, Frankfurt 1980.

ten. Die interne Vielfalt der Meinungen verpflichtet auf der *Grundlage von Toleranz* zu einer eigenständigen und unabhängigen Willensbildung, die die gemeinsamen Interessen aller Arbeitnehmer zum Ausdruck bringt. Weltanschauliche und politische Ideologien, die die Gewerkschaften für ihre Zwecke mißbrauchen wollen, sind mit dem Gedanken der Einheitsgewerkschaft unvereinbar."[44]

(Die letzten Vorschläge der Antragsberatungskommission sind kursiv gekennzeichnet.)

Diese Fassung wurde „gegen wenige Stimmen" angenommen.[45] Mit ihr wurden die Distanzen und Spannungen zwischen den „Flügeln" programmatisch überwunden, die sich, wenn auch in eher moderatem Ton, in den entsprechenden Diskussionsbeiträgen, z. B. von Hans Pfister und Leonhard Mahlein, von Detlef Hensche, Georg Benz und Hermann Rappe, durchaus erkennen ließen. Dieses ausgleichende Gestaltungsprinzip, das auf der Berücksichtigung und Nennung unterschiedlicher gewerkschaftlicher Ausgangspositionen, verschiedener gewerkschaftspolitischer Ansätze sowie auf Kompromißfindung basiert, durchzieht den gesamten Text — wie auch schon das Programm von 1963 — und kennzeichnete auch die Diskussion des Kongresses.

Es reflektiert die Doppelfunktion der Gewerkschaften: teilweise weitreichende politische, ökonomische, soziale und kulturelle Strukturveränderungen anstreben zu müssen, gleichzeitig — und meist vorrangig — bestehende Zustände zum Vorteil ihrer Mitglieder und aller Arbeitnehmer zu beeinflussen und zu gestalten. Zwischen diesen Polen kann es im Verlauf der Zeit programmatische Gewichtsverschiebungen geben, die auf Geschick, Argumentationskraft und Überzeugungsfähigkeit der jeweiligen Richtung oder Tendenz schließen lassen, die aber keineswegs unbedingt entsprechende politisch-praktische Konsequenzen nach sich ziehen müssen. So kann man den Diskussionsprozeß um die „Wurzeln der Einheitsgewerkschaft", auch mit den schrillen und übertreibenden publizistischen Begleiterscheinungen, durchaus als Selbstverständigungs- und Klärungsprozeß einschätzen, der zu einem die historischen Tatbestände korrekt darstellenden Ergebnis geführt hat. Es hat sicher auch zum Nachdenken über die Rolle von Toleranz in einer heterogen zusammengesetzten Organisation und über die kommunistische Gewerkschaftspolitik geführt. Allerdings ließe sich mit dem gefundenen beschlossenen Programmtext die in die Gewerkschaften und ihre Apparate zielende Kaderpolitik einer kommunistischen Partei ebensowenig verhindern wie das programmatische Bekenntnis zum Grundgesetz verhindern könnte, daß die Gewerkschaften bei Bedarf von staatlichen Instanzen, von Konservativen oder Reaktionären als verfassungsfeindlich hingestellt werden. M. a. W.: Ein Gewerkschaftsprogramm gibt nur Auskunft über Bewußtseinsstand und Kräfteverhältnisse, über Kompromißfähigkeit und Formulierungskunst von Funktionären und interessierten Teilen der Mitgliedschaft, nicht aber über die reale Durchsetzungs- und Gestaltungskraft der Gewerkschaften. Es mag auch an dem gerade für die tägliche Praxis eher geringen Stellenwert der Programmatik für Gewerkschafter und Gewerkschaftsmitglieder liegen, daß sowohl Programmdiskussion wie Programmkongresse ohne Breitenwirkung und ohne Glanz verlaufen. Obwohl der Programmentwurf frühzeitig vorlag, obwohl zahlreiche Veranstaltungen angeboten und durchgeführt wurden, obwohl die Medien das Thema aufnahmen, obwohl Arbeitgeber, Parteien, Kirchen, Verbände Stellungnahmen und Vorschläge abgaben, hat der zündende Funke einer Grundsatzdiskussion keine breite und tiefe Diskussion bei den Gewerkschaftsmitgliedern ausgelöst. Und

44 Protokoll 4. außerordentlicher DGB-Bundeskongreß, Anträge, S. 24 f.
45 Ebd., S. 56.

nach der Debatte um die Präambel verebbte auch die Diskussionsfreudigkeit des Kongresses. Zu den einzelnen Kapiteln gab es jeweils nur noch wenige Wortmeldungen, sieht man von dem Gesamtkomplex „Sozialpolitik" ab, dem 13 Redebeiträge gewidmet waren. Hatte die ÖTV die meisten Anträge (77) gestellt, so war die IG Metall mit 9 Rednern während des Kongresses am stärksten vertreten. Viele der insgesamt 54 Redner des Kongresses waren Vorsitzende (11) oder Vorstandsmitglieder (19) von Gewerkschaften, einige kleine Gewerkschaften (Leder und Gartenbau) und ein DGB-Landesbezirk (Berlin) hatten weder Anträge gestellt noch beteiligten sie sich an der Diskussion.

Zweifellos gingen also Programmdiskussion und Kongreß nicht mit spektakulären Ereignissen einher und haben keine grundstürzenden Ergebnisse gebracht. Aber es wurde nüchtern und verantwortungsbewußt ein Programm diskutiert und verabschiedet, das mit neuen Kapiteln zur „Humanisierung der Arbeit", zur Energiepolitik und zum Umweltschutz, mit neuen Forderungen u. a. zur Aussperrung, zum Datenschutz, zur Mitbestimmung, zur Friedenspolitik zwar nicht unbedingt die utopische Literatur bereichert, aber doch eine solide Wegmarke einer Massenorganisation setzt.

### c) Das Grundsatzprogramm von 1981 in der Kontinuität der Programmatik

Es fällt auf, wie unterschiedlich SPD und DGB auf die ökonomische Krise reagiert haben, die sich den ehrgeizigen programmatischen Absichten entgegenstellte und die ein Fortschreiben wirtschaftlichen Wachstums als Grundlage für Programmaussagen hinfällig machte. Während die SPD 1975 ein programmatisches Kompendium verabschiedete, das eher akademischen denn Mitglieder aktivierenden, motivierenden und mobilisierenden Zuschnitt hatte, rückten die Gewerkschaften in einem allmählichen Entscheidungsprozeß von dem ursprünglichen Beschluß ab und begnügten sich mit einer behutsamen Anpassung der bisher gültigen Programmatik.

Das war auch insofern angemessen, als sich die praktische gewerkschaftliche Politik von 1963 bis 1981 im wesentlichen nicht geändert hatte. Ihr Hauptelement — Einbringen gewerkschaftlicher Positionen in Verhandlungen — wurde seit dem Regierungsantritt der sozialliberalen Koalition noch deutlicher in ein Verbundsystem aus Staat, Arbeitgebern und Gewerkschaften einbezogen. Gleichzeitig wurden jedoch auch — im Vergleich zu den vorangegangenen Jahren verstärkt — eigenständige gewerkschaftliche Mittel eingesetzt — wie z. B. Streiks in Tarifkonflikten, auch solche um sogenannte qualitative Ziele, wie z. B. Humanisierung der Arbeit. Seit der Mitte der 70er Jahre nimmt allerdings die Zahl der Beispiele zu, die erkennen lassen, daß „unter ungünstigen politischen und vor allem wirtschaftlichen Bedingungen . . . die Fähigkeit des Staates zum Arrangement verhandlungs- und kompromißfähiger Interessenkonstellationen zurückgehen"[46] kann: Das Mitbestimmungsgesetz 1976, die Auseinandersetzung um die Neuregelung der Beruflichen Bildung, die Frage der sozialen Folgen von Rationalisierung und Arbeitslosigkeit sind einige relevante Stichworte in diesem Zusammenhang.

Obwohl das neue Grundsatzprogramm also als Fortführung des Programms von 1963 durchaus auf der erfolgreichen und von den Mitgliedern offensichtlich akzeptierten „integrationistischen" Politik basiert und diese fortschreibt, zeigen z. B. die historische Herleitung und die pointierte Nennung ihrer „Autonomie" und „Handlungsfreiheit" in

46 Streeck, Organisationsprobleme, S. 9.

der Präambel einen Zugewinn an Problem- und Selbstbewußtsein gegenüber 1963. Auch die Interpretation des Grundgesetzes in der Präambel markiert Prämissen von Kooperationsbereitschaft.

Insgesamt bietet das DGB-Grundsatzprogramm von 1981 sicher keine „Vision“ für das Jahr 2000. Aber diese Funktion hat sich gewerkschaftliche Programmatik, soweit es sie in ihrer grundsätzlichen Version überhaupt gibt, nie angemaßt. Es bietet auch keinen „Gegenentwurf“ — etwa im Sinne der Münchener Grundsätze. Die Erfahrungen damit sind schlecht, und auch heute noch würde eine solche Programmvariante weder von der gewerkschaftlichen Praxis noch vom Selbstverständnis oder vom Anspruch eines Großteils der Gewerkschaftsmitglieder gedeckt. So dürfte der im Vergleich mit den pseudotiefgründigen oder wissenschaftlich-ambitionierten Programmen der politischen Parteien eher karge und wenig wortgewaltige gewerkschaftliche Text noch am ehesten programmatische Zwecke der Information, Integration und Motivation erfüllen.

## 6. *Das Grundsatzprogramm von 1981 in der Kritik*

Dieser Auffassung stimmen bisher nur wenige der Beurteilungen aus publizistischer, politischer, wissenschaftlicher Sicht zu. Einer der erfahrensten und kompetentesten Beobachter und Analytiker der deutschen Gewerkschaften in den letzten Jahrzehnten, Oswald von Nell-Breuning SJ., scheint diese Einschätzung eher zu teilen — bei aller Kritik im einzelnen: „Wie das Grundsatzprogramm von 1963, so darf und will auch der jetzige Entwurf nicht verstanden sein als ein Lehrbuch der Gewerkschaftstheorie oder gar -philosophie. Auch ein Grundsatzprogramm bietet nicht abstrakte Reflexionen, sondern pragmatische Entscheidungen, allerdings nicht so sehr taktischer als strategischer Art. Und diese Entscheidungen werden nicht aus dem in philosophischer Vertiefung dargelegten Selbstverständnis der Gewerkschaft abgeleitet, sondern umgekehrt muß der Leser aus den getroffenen Entscheidungen das Selbstverständnis erschließen, aus dem sie geflossen sind.“[47] Der Nestor der katholischen Soziallehre weist außerdem zu Recht auf die relativ schwache Position des Spitzenverbandes DGB gegenüber seinen Gewerkschaften hin: „Das Programm, worin sie sich zu dem bekennen, was ihnen allen gemeinsam ist, läßt für unterschiedliches Selbstverständnis der Einzelgewerkschaften weiten Spielraum offen und sichert ihnen die entsprechende Handlungsfreiheit“.[48] Von Nell-Breuning spart allerdings auch nicht mit kritischen Bemerkungen, von denen einige in der Endfassung des Programms berücksichtigt werden konnten. Prinzipiell fallen allerdings seine Hinweise auf die mangelhafte sprachliche Form des Programms sowie auf die unzureichenden Aussagen zur „ökologischen Krise“[49] sowie zur Entwicklungspolitik aus, wobei er einräumt, daß man „auf Fragen, auf die heute niemand eine Antwort weiß, . . . auch von einem gewerkschaftlichen Grundsatzprogramm keine Antwort verlangen“ könne.[50] Aus der Sicht der katholischen Sozialethik sind, neben den Aussagen zur Entwicklungshilfe, mit ebenso guten Argumenten auch die zum Umweltschutz als unzureichend kritisiert

---

47 Oswald von Nell-Breuning SJ, Ein neues Gewerkschaftsprogramm?, in: Stimmen der Zeit 199 (1981), S. 14—26, S. 16.

48 Ebd., S. 26.

49 Ebd., S. 17.

50 Oswald Nell-Breuning SJ, Wachstum und Vollbeschäftigung, in: DGB-Grundsatzprogramm ‘81. Beiträge zur Diskussion, hrsg. von Werner Krämer, Mainz 1981, S. 55—64, S. 64.

worden.[51] Gelegentlich werden die zutreffenden Hinweise auf Mängel und Unzulänglichkeiten des Programms dahin verallgemeinert, daß es nicht „auf der Höhe der Zeit sei“[52] und daß es versäume anzugeben, *wie* die Ziele zu erreichen sind. Zum ersten: Auch bei einer sehr weitreichenden Bereitschaft, Gewerkschaften allgemeinpolitische Aufgaben zuzuordnen oder gar aufzutragen, können Grenzen, die durch die Erhaltung der Glaubwürdigkeit, durch den Bewußtseinsstand der Mitglieder gezogen werden, nur auf die Gefahr hin überschritten werden, in puren Wortradikalismus zu verfallen. Durchsetzungsanweisungen oder Handlungsanleitungen zu programmatischen Forderungen lassen sich entweder radikalistisch oder nichtssagend geben. Oft sind in praxi verschiedene Durchsetzungsarten möglich, über die dann im konkreten Einzelfall entschieden werden muß.

Einige Kritiken sind umfangreicher und detaillierter angelegt, so die Untersuchung von Hertle und Jander, die viel Material und Informationen enthält.[53] Einer ihrer Haupteinwände läßt sich dahingehend zusammenfassen, daß das Programm, sozusagen unter Ausschluß der Mitgliedschaft, vom „Apparat“ oktroyiert worden sei. Sieht man einmal davon ab, daß sich ein solches Urteil nicht in erster Linie auf die Durchsicht der Gewerkschaftspresse stützen sollte, so lassen sich hinter dieser Kritik zwei bekannte Muster vermuten: das von der „Vermauschelungspolitik“[54] der Vorstände und „Apparate“ und das von der „Fortschrittlichkeit“ und „Radikalität“ der Basis. Für beide gibt es kaum historische oder aktuelle Anhaltspunkte. So war z. B. der Zeitraum zur Diskussion eines Programmentwurfs länger als je zuvor, und es haben zahlreiche entsprechende Veranstaltungen auf allen Ebenen stattgefunden. Es wären sicher noch mehr gewesen, wenn der Wunsch danach aus der Mitgliedschaft entsprechend artikuliert worden wäre. Programmdiskussionen scheinen für die meisten Mitglieder nicht die verlockendste Gelegenheit zu sein, ihren Einfluß geltend zu machen. Formen und Möglichkeiten gewerkschaftlicher Willensbildung werden in charakteristischer Weise verkannt, wenn unterstellt wird, daß „Vorstände“ und „Apparate“ Diskussionen unterdrücken könnten, aber auch, daß Vorstände und Apparate a priori „integrationistischer“, „reformistischer“, „revisionistischer“, „rechter“ seien als Mitglieder. Damit sollen nicht die oftmals mangelnde Flexibilität, Phantasie und Weitsichtigkeit gewerkschaftlicher Bürokratien verkannt werden, die Eugen Kogon bereits 1972 zu der Frage veranlaßte, ob „in den Funktionärskreisen der Gewerkschaften die Bereitschaft und womöglich die Fähigkeit zu praxisbezogener theoretischer Kritik“[55] erlahme oder erlösche. Diese berechtigten Hinweise sollten jedoch nicht zu „Mobilisierungs-“ oder „Basismythen“ verleiten, ebensowenig sollte in seriösen Gewerkschaftsanalysen die aus einer orthodox-marxistischen Sichtweise mehr oder weniger deutlich vorgetragene „Verratsthese“ einen Platz haben. Danach geht es (trotz der auch von dieser Richtung bei Bedarf genutzten Basisbeschwörung) z. B. bei Gewerkschaftskongressen im wesentlichen um den Kampf zweier Linien, der klassenkämpferisch-konsequenten und der revisionistisch-anpäßlerischen. Jeder Erfolg der falschen

51 Wolfgang Klein, Zukunftsorientierte Solidarität, in: ebd., S. 80—90.

52 Ein Aufsatz zum Entwurf des Programms ist überschrieben: „Noch nicht verabschiedet und schon vergessen“, expreß 2/1981, S. 3.

53 Hans-Hermann Hertle/Martin Jander, Zur Entstehungsgeschichte des DGB-Grundsatzprogramms, hektogr. Ms., Berlin 1982.

54 Ebd., S. 25.

55 Eugen Kogon, Die Zukunft der Gewerkschaften (Bericht über die Arbeitsgruppe), in: Aufgabe Zukunft. Beiträge zur vierten internationalen Arbeitstagung der IG Metall, 11.—14. 4. 1972 in Oberhausen, Red. Günter Friedrichs, Frankfurt 1974, S. 203—212, S. 206.

Linie wird der Kategorie des „Verrats“ oder seiner Ab- und Spielarten zugeordnet. Das ist zwar ein „analytisch“ einfach handhabbares Instrument, es trägt allerdings nicht zur Klärung differenzierter historisch-politischer Prozesse bei.

Eine weitere Spielart der Kritik kommt von Arbeitgeberseite und von konservativer Publizistik.[56] Sie bemängelt die Programmbreite, unterstellt den Gewerkschaften die Absicht, politisch-parlamentarische Funktionen usurpieren und gegebenenfalls den „Gewerkschaftsstaat“ errichten zu wollen. Die beiden letztgenannten Vorwürfe fallen — bei empirischer Überprüfung — der Lächerlichkeit anheim. Der Hinweis auf eine gewisse allgemein-politische Breite der Programmatik trifft zu. Die deutschen Gewerkschaften — bis 1933 die aller Richtungen — haben sich, „bei aller programmatischen Genügsamkeit“, nie als „Tarifmaschinen“ verstanden, sie haben insbesondere in der Sozial-, Bildungs- und Kulturpolitik eine eigenständige Tradition begründet, die heute vielfach sozusagen etatisiert ist. Programmatische Äußerungen hierzu enthalten also nicht Anmaßung, sondern den z. T. bereits historisch erworbenen Anspruch auf Mitsprache, Mitwirkung, Mitbestimmung.

Das DGB-Grundsatzprogramm von 1981 steht durchaus in dieser Tradition und fußt auf einer insgesamt erfolgreichen praktischen Politik. Unverkennbar ist allerdings eine stärkere Betonung gewerkschaftlicher Autonomie und Handlungsfreiheit, die die krisenbedingte Schwäche eines bisher recht effektiven liberal-korporativistischen Systems[57] signalisieren könnte.

56 Z. B. Gewerkschaftsreport (hrsg. vom Institut der deutschen Wirtschaft) — Sonderausgabe zum DGB-Grundsatzprogramm, Köln 1982.

57 Ein Gerhard Lehmbruch geprägter Begriff, s. Streeck, Organisationsprobleme, S. 3.

# Tabellenanhang

*Tab. 1:* Mitgliederentwicklung der gewerkschaftlichen Dachverbände 1890 bis 1932

| Jahr | I | II | III |
|---|---|---|---|
| 1890 | 294.551 | | 62.643 |
| 1891 | 291.691 | | 65.588 |
| 1892 | 215.511 | | 45.154 |
| 1893 | 218.972 | | 61.154 |
| 1894 | 245.723 | | 67.078 |
| 1895 | 255.521 | 5.500 | 66.759 |
| 1896 | 329.230 | 8.055 | 71.767 |
| 1897 | 412.359 | 21.000 | 79.553 |
| 1898 | 493.742 | 34.270 | 82.755 |
| 1899 | 580.473 | 56.391 | 86.777 |
| 1900 | 680.427 | 76.744 | 91.661 |
| 1901 | 677.510 | 84.497 | 95.057 |
| 1902 | 733.206 | 84.667 | 102.561 |
| 1903 | 941.529 | 91.440 | 110.215 |
| 1904 | 1.116.723 | 107.556 | 111.889 |
| 1905 | 1.429.303 | 188.106 | 116.143 |
| 1906 | 1.799.293 | 247.116 | 118.508 |
| 1907 | 1.873.146 | 284.649 | 108.889 |
| 1908 | 1.797.963 | 260.767 | 105.633 |
| 1909 | 1.892.568 | 280.061 | 108.028 |
| 1910 | 2.128.021 | 316.115 | 122.571 |
| 1911 | 2.400.018 | 350.574 | 107.743 |
| 1912 | 2.559.781 | 350.930 | 109.225 |
| 1913 | 2.525.042 | 341.735 | 106.618 |
| 1914 | 1.502.811 | 218.197 | 77.749 |

| Jahr | I | II | III |
|---|---|---|---|
| 1915 | 994.853 | 162.425 | 61.086 |
| 1916 | 944.575 | 178.907 | 57.766 |
| 1917 | 1.277.709 | 293.187 | 79.113 |
| 1918 | 2.866.012 | 538.559 | 113.792 |
| 1919 | 7.337.477 | 1.000.770 | 189.831 |
| 1920 | 8.032.057 | 1.105.894 | 225.998 |
| 1921 | 7.751.589 | 1.028.900 | 224.597 |
| 1922 | 7.821.558 | 1.033.506 | 230.612 |
| 1923 | 5.817.258 | 806.992 | 216.497 |
| 1924 | 4.023.867 | 612.952 | 147.280 |
| 1925 | 4.182.511 | 582.319 | 157.571 |
| 1926 | 3.932.935 | 531.558 | 163.451 |
| 1927 | 4.415.689 | 605.784 | 167.638 |
| 1928 | 4.866.926 | 647.364 | 168.543 |
| 1929 | 4.948.267 | 673.127 | 168.726 |
| 1930 | 4.716.569 | 658.707 | 163.302 |
| 1931 | 4.134.902 | 577.512 | 149.804 |
| 1932 | 3.532.947 | | |

I = Gesamtmitgliedschaft der Freien Gewerkschaften bzw. des Allgemeinen Deutschen Gewerkschaftsbundes
II = Gesamtmitgliedschaft der Christlichen Gewerkschaften
III = Gesamtmitgliedschaft der Hirsch-Dunckerschen Gewerkvereine

Angaben nach: Gerd Hohorst/Jürgen Kocka/Gerhard A. Ritter, Sozialgeschichtliches Arbeitsbuch. Materialien zur Statistik des Kaiserreichs 1870—1914, München 1975, S. 135 ff.; Dietmar Petzina/Werner Abelshauser/Anselm Faust, Sozialgeschichtliches Arbeitsbuch III. Materialien zur Statistik des Deutschen Reiches 1914—1945, München 1978, S. 111; Correspondenzblatt der Generalkommission der Freien Gewerkschaften Deutschlands, Jge. 1891—1919. Im allgemeinen wurden die Mitgliederzahlen am Jahresende (31. 12.) angegeben. Für die Freien Gewerkschaften mußten für den Zeitraum von 1896 bis 1902 die Mitgliederzahlen im Jahresdurchschnitt angeführt werden; bei den 1895 gegründete Christlichen Gewerkschaften handelt es sich für den Zeitraum von 1895 bis 1900 um geschätzte Angaben (nach: August Erdmann, Die christliche Arbeiterbewegung in Deutschland, 2. Aufl., Stuttgart 1909, S. 595); die Angaben für 1901 und 1902 beziehen sich bei den Christlichen Gewerkschaften auf den 1. April; für 1903, 1905 und 1906 konnten nur Jahresdurchschnittszahlen ermittelt werden. Alle Angaben für die Hirsch-Dunckerschen Gewerkvereine entstammen den beiden Sozialgeschichtlichen Arbeitsbüchern (dort nähere Quellenverweise).

*Tab. 2:* Mitgliederentwicklung des Deutschen Gewerkschaftsbundes (DGB) 1950 bis 1983

| Jahr | Mitgliederzahl | Jahr | Mitgliederzahl |
|---|---|---|---|
| 1950 | 5.278.585 | 1967 | 6.407.733 |
| 1951 | 5.912.125 | 1968 | 6.375.972 |
| 1952 | 6.004.476 | 1969 | 6.482.390 |
| 1953 | 6.051.221 | 1970 | 6.712.547 |
| 1954 | 6.103.343 | 1971 | 6.868.662 |
| 1955 | 6.104.872 | 1972 | 6.985.548 |
| 1956 | 6.124.547 | 1973 | 7.167.523 |
| 1957 | 6.244.386 | 1974 | 7.405.760 |
| 1958 | 6.331.735 | 1975 | 7.364.912 |
| 1959 | 6.273.741 | 1976 | 7.400.021 |
| 1960 | 6.378.820 | 1977 | 7.470.967 |
| 1961 | 6.382.036 | 1978 | 7.751.523 |
| 1962 | 6.430.428 | 1979 | 7.843.565 |
| 1963 | 6.430.978 | 1980 | 7.882.527 |
| 1964 | 6.485.471 | 1981 | 7.957.512 |
| 1965 | 6.574.491 | 1982 | 7.849.003 |
| 1966 | 6.537.160 | 1983 | 7.771.851 |

Angaben nach: Internationales Gewerkschaftshandbuch, hrsg. von Siegfried Mielke, Opladen 1983, S. 354 f.; Die Quelle 5/1983, S. 317; Welt der Arbeit, Nr. 8 vom 23. 2. 1984, S. 1. Die Angaben beziehen sich auf das Gebiet der Bundesrepublik Deutschland einschließlich West-Berlins, ab 1957 mit Saarland. Stichtag der Erhebungen war bis 1959 der 30. 9., danach der 31. 12. eines Jahres.

# Abkürzungsverzeichnis

| | |
|---|---|
| ADAV | Allgemeiner Deutscher Arbeiterverein |
| ADB | Allgemeiner Deutscher Beamtenbund |
| ADGB | Allgemeiner Deutscher Gewerkschaftsbund |
| AfA | Allgemeiner freier Angestelltenbund |
| AfS | Archiv für Sozialgeschichte |
| BA | Bundesarchiv |
| CDU | Christlich-Demokratische Union |
| DAF | Deutsche Arbeitsfront |
| DAG | Deutsche Angestelltengewerkschaft |
| DDP | Deutsche Demokratische Partei |
| DFP | Deutsche Fortschrittspartei |
| DGB | Deutscher Gewerkschaftsbund |
| DHV | Deutschnationaler Handlungsgehilfen-Verband |
| DKW | Deutsche Wirtschafts-Kommission |
| DMV | Deutscher Metallarbeiter-Verband |
| DVP | Deutsche Volkspartei |
| EKKI | Exekutivkomitee der Kommunistischen Internationale |
| FDGB | Freier Deutscher Gewerkschaftsbund |
| GdA | Gewerkschaftsbund der Angestellten |
| GuG | Geschichte und Gesellschaft |
| HBV | Gewerkschaft Handel, Banken und Versicherungen |
| HD-GV | Hirsch-Dunckersche Gewerkvereine |
| HZ | Historische Zeitschrift |
| IGB | Internationaler Gewerkschaftsbund |
| IWK | Internationale Wissenschaftliche Korrespondenz zur Geschichte der deutschen Arbeiterbewegung |
| KI | Kommunistische Internationale |
| KPD | Kommunistische Partei Deutschlands |
| LDPD | Liberaldemokratische Partei Deutschlands |
| NSBO | Nationalsozialistische Betriebszellen-Organisation |
| NSDAP | Nationalsozialistische Deutsche Arbeiterpartei |

| | |
|---|---|
| ÖTV | Gewerkschaft Öffentliche Dienste, Transport und Verkehr |
| PVS | Politische Vierteljahresschrift |
| RDI | Reichsverband der Deutschen Industrie |
| RGI | Rote Gewerkschaftsinternationale |
| RGO | Revolutionäre Gewerkschaftsopposition |
| SAP | Sozialistische Arbeiterpartei Deutschlands |
| SDAP | Sozialdemokratische Arbeiterpartei |
| SED | Sozialistische Einheitspartei Deutschlands |
| SMAD | Sowjetische Militäradministration in Deutschland |
| SPD | Sozialdemokratische Partei Deutschlands |
| StA | Staatsarchiv |
| SVP | Sächsische Volkspartei |
| USPD | Unabhängige Sozialdemokratische Partei Deutschlands |
| VDA | Vereinigung der Deutschen Arbeitgeberverbände |
| VDAV | Vereinstag deutscher Arbeitervereine |
| VDG | Verband der Deutschen Gewerkvereine (Hirsch-Duncker) |
| VjZ | Vierteljahrshefte für Zeitgeschichte |
| VSWG | Vierteljahrschrift für Sozial- und Wirtschaftsgeschichte |
| ZAG | Zentralarbeitsgemeinschaft |
| ZfG | Zeitschrift für Geschichtswissenschaft |
| ZK | Zentralkomitee |

# Auswahlbibliographie

Bibliographie zur Geschichte der deutschen Arbeiterbewegung, hrsg. von der Bibliothek des Archivs der sozialen Demokratie, Bonn-Bad Godesberg 1 (1976) ff.

Emig, Dieter/Rüdiger Zimmermann, Arbeiterbewegung in Deutschland. Ein Dissertationsverzeichnis, Berlin 1977.

Günther, Klaus/Kurt Thomas Schmitz, SPD, KPD/DKP, DGB in den Westzonen und in der Bundesrepublik Deutschland 1945—1973. Eine Bibliographie, bearb. von Volker Mettig, 2. Aufl., Bonn 1980.

Klotzbach, Kurt, Bibliographie zur Geschichte der deutschen Arbeiterbewegung 1914—1945, bearb. von Volker Mettig, 3. Aufl., Bonn 1981.

Literaturverzeichnis zur Gewerkschaftsgeschichte, hrsg. vom DGB-Bundesvorstand, zusammengestellt von J. Eikelmann, Düsseldorf 1977.

Steinberg, Hans-Josef, Die deutsche sozialdemokratische Arbeiterbewegung bis 1914, Frankfurt — New York 1979.

Tenfelde, Klaus/Gerhard A. Ritter (Hrsg.), Bibliographie zur Geschichte der deutschen Arbeiterschaft und Arbeiterbewegung 1863—1914. Berichtzeitraum 1945—1975, Bonn 1981.

Abendroth, Wolfgang, Die deutschen Gewerkschaften. Weg demokratischer Integration, Heidelberg 1954; Neudr. Berlin 1972.

Abraham, David, The Collapse of the Weimar Republik. Political Economy and Crisis, Princeton/N. Y. 1981.

Albrecht, Willy, Fachverein — Berufsgewerkschaft — Zentralverband. Organisationsprobleme der deutschen Gewerkschaften 1870—1890, Bonn 1982.

Anderson, Evelyn, Hammer oder Amboß. Zur Geschichte der deutschen Arbeiterbewegung, Nürnberg 1948; Nachdr. Frankfurt 1981.

Arndt, Günter/Frank Deppe/Werner Petschik/Klaus Pickshaus (Hrsg.), DGB. Programm 1981. Untersucht für die Praxis, Frankfurt 1981.

Barthel, Paul (Hrsg.), Handbuch der deutschen Gewerkschaftskongresse, Dresden 1916.

Bednarek, Horst/Albert Behrendt/Dieter Lange (Hrsg.), Gewerkschaftlicher Neubeginn. Dokumente zur Gründung des FDGB und zu seiner Entwicklung von Juni 1945 bis Februar 1946, Berlin (DDR) 1975.

Beier, Gerhard, Geschichte und Gewerkschaft. Politisch-historische Beiträge zur Geschichte sozialer Bewegungen, Köln 1981.

Beier, Gerhard, Die illegale Reichsleitung der Gewerkschaften 1933—1945, Köln 1981.

Beier, Gerhard, Das Lehrstück vom 1. und 2. Mai 1933, Frankfurt — Köln 1975.

Beier, Gerhard, Willi Richter — Ein Leben für die soziale Neuordnung, Köln 1978.

Beier, Gerhard, Schulter an Schulter. Schritt für Schritt. Lebensläufe deutscher Gewerkschafter, Köln 1983.

Beier, Gerhard, Schwarze Kunst und Klassenkampf. Bd. 1: Vom Geheimbund zum königlich-preußischen Gewerkverein 1830—1890, Frankfurt — Wien — Zürich 1966.

Bergmann, Joachim (Hrsg.), Beiträge zur Soziologie der Gewerkschaften, Frankfurt 1979.

Bergmann, Joachim/Otto Jacobi/Walter Müller-Jentsch, Gewerkschaften in der Bundesrepublik, 2 Bde., 2. Aufl., Frankfurt 1976—77.

Bergmann, M./[Franz] Schleiter/[Helmut] Wickel, Handbuch der Arbeit. Die deutsche Arbeiterklasse in Wirtschaft und Gesellschaft, III. Abteilung: Die Koalitionen, Jena 1931.

Beyme, Klaus von, Gewerkschaften und Arbeitsbeziehungen in kapitalistischen Ländern, München — Zürich 1977.

Bieber, Hans-Joachim, Gewerkschaften in Krieg und Revolution. Arbeiterbewegung, Industrie, Staat und Militär in Deutschland 1914—1920, 2 Bde., Hamburg 1981.

Bock, Hans Manfred, Syndikalismus und Linkskommunismus von 1918—1923. Zur Geschichte und Soziologie der Freien Arbeiter-Union Deutschlands (Syndikalisten), der Allgemeinen Arbeiter-Union Deutschlands und der Kommunistischen Arbeiter-Partei Deutschlands, Meisenheim 1969.

Borchardt, Knut, Die Industrielle Revolution in Deutschland, München 1972.

Borsdorf, Ulrich, Hans Böckler. Arbeit und Leben eines Gewerkschafters von 1875 bis 1945, Köln 1982.

Borsdorf, Ulrich/Hans Otto Hemmer/Gerhard Leminsky/Heinz Markmann (Hrsg.), Gewerkschaftliche Politik: Reform aus Solidarität. Zum 60. Geburtstag von Heinz O. Vetter, Düsseldorf 1977.
Borsdorf, Ulrich/Hans Otto Hemmer/Martin Martiny (Hrsg.), Grundlagen der Einheitsgewerkschaft, Historische Dokumente und Materialien, Köln — Frankfurt 1977.
Brandt, Willy/Leonard Woodcock (Hrsg.), Festschrift für Eugen Loderer zum 60. Geburtstag, Köln 1980.
Braunthal, Gerard, Der Allgemeine Deutsche Gewerkschaftsbund. Zur Politik der Arbeiterbewegung in der Weimarer Republik, Köln 1981.
Braunthal, Julius, Geschichte der Internationale, 3 Bde., Hannover 1961—63; 2. Aufl., Bonn—Bad Godesberg 1978.
Brüggemeier, Franz-Josef, Leben vor Ort. Ruhrbergleute und Ruhrbergbau 1889—1919, München 1983.
Büsch, Otto/Gerald D. Feldmann (Hrsg.), Historische Prozesse der deutschen Inflation 1914 bis 1924. Ein Tagungsbericht, Berlin 1978.
Buhl, Manfred, Sozialistische Gewerkschaftsarbeit zwischen programmatischem Anspruch und politischer Praxis. Der ADGB und die freien Gewerkschaften in der Stabilisierungsphase der Weimarer Republik (1923/24—1927/28), Köln 1983.
Bußmann, Bernhard, Die Freien Gewerkschaften während der Inflation. Die Politik des Allgemeinen Deutschen Gewerkschaftsbundes und die soziale Entwicklung in den Jahren 1919—1923, Phil. Diss. Kiel 1965.

Cassau, Jeanette, Die Arbeitergewerkschaften. Eine Einführung, Halberstadt 1927.
Cassau, Theodor, Die Gewerkschaftsbewegung. Ihre Soziologie und ihr Kampf, Halberstadt 1925.
Conze, Werner, Möglichkeiten und Grenzen der liberalen Arbeiterbewegung in Deutschland. Das Beispiel Schulze-Delitzschs, Heidelberg 1965.
Conze, Werner/Ulrich Engelhardt (Hrsg.), Arbeiterexistenz im 19. Jahrhundert. Lebensstandard und Lebensgestaltung deutscher Arbeiter und Handwerker, Stuttgart 1981.
Conze, Werner/Ulrich Engelhardt (Hrsg.), Arbeiter im Industrialisierungsprozeß. Herkunft, Lage und Verhalten, Stuttgart 1979.

Deppe, Frank, Autonomie und Integration. Materialien zur Gewerkschaftsanalyse, Marburg 1979.
Deppe, Frank/Ludwig Müller/Klaus Pickshaus/Joseph Schleifstein, Einheitsgewerkschaft. Quellen — Grundlagen — Probleme. Mit umfangreichem Dokumententeil und Fotos, Frankfurt 1982.
Deppe, Frank/Georg Fülberth/Jürgen Harrer (Hrsg.), Geschichte der deutschen Gewerkschaftsbewegung, 3. Aufl., Köln 1981.
Deppe, Frank/Witich Rossmann, Wirtschaftskrise, Faschismus, Gewerkschaften. Dokumente zur Gewerkschaftspolitik 1929—1933, 2. Aufl., Köln 1983.
Dokumente und Materialien zur Geschichte der deutschen Arbeiterbewegung, hrsg. vom Institut für Marxismus-Leninismus beim ZK der SED, Berlin (DDR) 1966—75.

Eickhof, Norbert, Eine Theorie der Gewerkschaftsentwicklung, Tübingen 1973.
Eisner, Freya, Das Verhältnis der KPD zu den Gewerkschaften in der Weimarer Republik, Köln — Frankfurt 1977.
Engelhardt, Ulrich, „Nur vereinigt sind wir stark“. Die Anfänge der deutschen Gewerkschaftsbewegung 1862/63 bis 1869/70, 2 Bde., Stuttgart 1977.
Engelhardt, Ulrich/Volker Sellin/Horst Stuke (Hrsg.), Soziale Bewegung und politische Verfassung. Beiträge zur Geschichte der modernen Welt, Stuttgart 1976.
Esters, Helmut/Hans Pelger, Gewerkschafter im Widerstand, Hannover 1967; 2. Aufl., Bonn 1983.

Feldman, Gerald D., Army, Industry and Labor in Germany 1914—1918, Princeton/N. J. 1966.
Fehrmann, Eberhard/Ulrike Metzner, Angestellte und Gewerkschaften. Ein historischer Abriß, Köln 1981.
Fichter, Michael, Besatzungsmacht und Gewerkschaften. Zur Entwicklung und Anwendung der US-Gewerkschaftspolitik in Deutschland 1944—1948, Opladen 1982.
Fischer, Wolfram, Armut in der Geschichte. Erscheinungsformen und Lösungsversuche der „sozialen Frage“ in Europa seit dem Mittelalter, Göttingen 1982.
Fischer, Wolfram, Wirtschaft und Gesellschaft im Zeitalter der Industrialisierung. Aufsätze, Studien, Vorträge, Göttingen 1982.
Fricke, Dieter, Die deutsche Arbeiterbewegung 1869—1914. Ein Handbuch über ihre Organisation und Tätigkeit im Klassenkampf, Berlin (DDR) 1976.

Geary, Dick, Arbeiterprotest und Arbeiterbewegung in Europa 1848—1939, München 1983.
Geschichte der deutschen Arbeiterbewegung, hrsg. vom Institut für Marxismus-Leninismus beim ZK der SED, 8 Bde., Berlin (DDR) 1966.
Grebing, Helga, Geschichte der deutschen Arbeiterbewegung, 10. Aufl., München 1980.
Grebing, Helga, Zentrum und katholische Arbeiterschaft 1918—1933, Phil. Diss. FU Berlin 1953.
Groh, Dieter, Negative Integration und revolutionärer Attentismus. Die deutsche Sozialdemokratie am Vorabend des Ersten Weltkrieges, Frankfurt — Berlin — Wien 1973.

Hamel, Iris, Völkischer Verband und nationale Gewerkschaft. Der Deutschnationale Handlungsgehilfen-Verband 1893—1933, Frankfurt 1967.
Hartfiel, Günter, Angestellte und Angestelltengewerkschaften in Deutschland. Entwicklung und gegenwärtige Situation von beruflicher Tätigkeit, sozialer Stellung und Verbandswesen der Angestellten in der gewerblichen Wirtschaft, Berlin 1961.
Hartmann, Knut, Der Weg zur gewerkschaftlichen Organisation. Bergarbeiterbewegung und kapitalistischer Bergbau im Ruhrgebiet 1851—1889, München 1977.
Hartwich, Hans-Hermann, Arbeitsmarkt, Verbände und Staat 1918—1933. Die öffentliche Bindung unternehmerischer Funktionen in der Weimarer Republik, Berlin 1967.
Heer, Hannes, Burgfrieden oder Klassenkampf. Zur Politik der sozialdemokratischen Gewerkschaften 1930—1933, Neuwied—Berlin 1971.
Heer-Kleinert, Lore, Die Gewerkschaftspolitik der KPD in der Weimarer Republik, Frankfurt — New York 1983.
Hentschel, Volker, Geschichte der deutschen Sozialpolitik 1880—1980. Soziale Sicherung und kollektives Arbeitsrecht, Frankfurt 1983.
Herkunft und Mandat. Beiträge zur Führungsproblematik in der Arbeiterbewegung, Frankfurt — Köln 1976.
Heupel, Eberhard, Reformismus und Krise. Zur Theorie und Praxis von SPD, ADGB und AfA-Bund in der Weltwirtschaftskrise 1929—1932/33, Frankfurt — New York 1981.
Heyde, Ludwig (Hrsg.), Internationales Handwörterbuch des Gewerkschaftswesens, 2 Bde., Berlin 1931/32.
Hirsch-Weber, Wolfgang, Gewerkschaften in der Politik. Von der Massenstreikdebatte zum Kampf um das Mitbestimmungsrecht, Köln — Opladen 1959.
Hohorst, Gerd/Jürgen Kocka/Gerhard A. Ritter, Sozialgeschichtliches Arbeitsbuch. Materialien zur Statistik des Kaiserreichs 1870—1914, München 1975.
Hüllbüsch, Ursula, Gewerkschaften und Staat. Ein Beitrag zur Geschichte der Gewerkschaften zu Anfang und zu Ende der Weimarer Republik, Teil 1—2, Phil. Diss. Heidelberg 1958.
Husung, Hans-Gerhard, Protest und Repression im Vormärz. Norddeutschland zwischen Restauration und Revolution, Göttingen 1983.

Kaelble, Hartmut/Horst Matzerath/Hermann-Josef Rupieper/Peter Steinbach/Heinrich Volkmann, Probleme der Modernisierung in Deutschland. Sozialhistorische Studien zum 19. und 20. Jahrhundert, Opladen 1978.
Kaun, Heinrich, Die Geschichte der Zentralarbeitsgemeinschaft der industriellen und gewerblichen Arbeitgeber und Arbeitnehmer Deutschlands, Jena 1938.
Klein, Jürgen, Bürgerliche Demokraten oder christliche, sozialdemokratische und kommunistische Gewerkschaften Hand in Hand gegen die Arbeiter, Hamburg 1974.
Klönne, Arno, Demokratischer und sozialer Rechtsstaat. Dokumente zur Gewerkschaftspolitik, Bochum 1964.
Klönne, Arno, Die deutsche Arbeiterbewegung. Geschichte, Ziele, Wirkungen, Düsseldorf — Köln 1980.
Koch, Ursula E., Angriff auf ein Monopol. Gewerkschaften außerhalb des DGB, Köln 1981.
Kocka, Jürgen, Klassengesellschaft im Krieg. Deutsche Sozialgeschichte 1914—1918, 2. Aufl., Göttingen 1978.
Kocka, Jürgen, Lohnarbeit und Klassenbildung. Arbeiter und Arbeiterbewegung in Deutschland 1800—1875, Berlin — Bonn 1983.
Kocka, Jürgen (Hrsg.), Europäische Arbeiterbewegungen im 19. Jahrhundert. Deutschland, Österreich, England und Frankreich im Vergleich, Göttingen 1983.
Kosthorst, Erich, Jakob Kaiser, Bd. 1: Der Arbeiterführer, hrsg. von Werner Conze/Erich Kosthorst/Elfriede Nebgen, Stuttgart — Berlin — Köln — Mainz 1967.

Kuczynski, Jürgen, Die Geschichte der Lage der Arbeiter unter dem Kapitalismus. Teil I: Die Geschichte der Lage der Arbeiter in Deutschland von 1789 bis zur Gegenwart, 21 Bde., Berlin (DDR) 1962—71.
Kuczynski, Jürgen, Geschichte des Alltags des deutschen Volkes, Bde. 3—5, Berlin 1981/82.
Kurth, Josef, Geschichte der Gewerkschaften in Deutschland, 4. Aufl., Hannover — Frankfurt 1965.

Langewiesche, Dieter/Klaus Schönhoven (Hrsg.), Arbeiter in Deutschland. Studien zur Lebensweise der Arbeiterschaft im Zeitalter der Industrialisierung, Paderborn 1981.
Laubscher, Gerhard, Die Opposition im Allgemeinen Deutschen Gewerkschaftsbund (ADGB) 1918—1923, Frankfurt 1979.
Leithäuser, Joachim G., Wilhelm Leuschner. Ein Leben für die Republik, Köln 1962.
Leminsky, Gerhard/Bernd Otto, Politik und Programmatik des Deutschen Gewerkschaftsbundes, 2. Aufl., Köln 1984.
Liesegang, Helmut C., Gewerkschaften in der Bundesrepublik Deutschland. Dokumente zu Stellung und Aufgabe der Gewerkschaften in Staat und Gesellschaft, Berlin 1975.
Limmer, Hans, Die deutsche Gewerkschaftsbewegung, 10. Aufl., München — Wien 1981.
Losseff-Tillmanns, Gisela, Frauenemanzipation und Gewerkschaften, Wuppertal 1978.
Lucas, Erhard, Arbeiterradikalismus. Zwei Formen von Radikalismus in der deutschen Arbeiterbewegung, Frankfurt 1976.
Luthardt, Wolfgang (Hrsg.), Sozialdemokratische Arbeiterbewegung und Weimarer Republik. Materialien zur gesellschaftlichen Entwicklung 1927—1933, 2 Bde., Frankfurt 1978.

Mattheier, Klaus J., „Die Gelben". Nationale Arbeiter zwischen Wirtschaftsfrieden und Streik, Düsseldorf 1973.
Matthias, Erich (Hrsg.), Einheitsgewerkschaft und Parteipolitik. Zum 75. Jahrestag des Mannheimer Abkommens zwischen der Sozialdemokratischen Partei Deutschlands und den Freien Gewerkschaften von 1906, Düsseldorf 1982.
Mielke, Siegfried (Hrsg.), Internationales Gewerkschaftshandbuch, Opladen 1983.
Miller, Susanne, Die Bürde der Macht. Die deutsche Sozialdemokratie 1918—1920, Düsseldorf 1978.
Miller, Susanne, Burgfrieden oder Klassenkampf. Die deutsche Sozialdemokratie im Ersten Weltkrieg, Düsseldorf 1976.
Mommsen, Hans (Hrsg.), Arbeiterbewegung und industrieller Wandel. Studien zu gewerkschaftlichen Organisationsproblemen im Reich und an der Ruhr, Wuppertal 1980.
Mommsen, Hans/Ulrich Borsdorf (Hrsg.), Glück auf, Kameraden! Die Bergarbeiter und ihre Organisationen in Deutschland, Köln 1979.
Mommsen, Hans/Dietmar Petzina/Bernd Weisbrod (Hrsg.), Industrielles System und politische Entwicklung in der Weimarer Republik, Düsseldorf 1974; unveränd. Nachdr. Kronberg — Düsseldorf 1977.
Mommsen, Wolfgang J./Gerhard Husung (Hrsg.), Auf dem Wege zur Massengewerkschaft. Die Entwicklung der Gewerkschaften in Deutschland und Großbritannien 1880—1914, Stuttgart 1984.

Nebgen, Elfriede, Jakob Kaiser, Bd. 2: Der Widerstandskämpfer, hrsg. von Werner Conze/Erich Kosthorst/Elfriede Nebgen, Stuttgart — Berlin — Köln — Mainz 1967.
Nestriepke, Siegfried, Die Gewerkschaftsbewegung, 3 Bde., 2. Aufl., Stuttgart 1922—23.
Niethammer, Lutz/Ulrich Borsdorf/Peter Brandt (Hrsg.), Arbeiterinitiative 1945. Antifaschistische Ausschüsse und Reorganisation der Arbeiterbewegung in Deutschland, Wuppertal 1976.

Oertzen, Peter von (Hrsg.), Festschrift für Otto Brenner zum 60. Geburtstag, Frankfurt 1967.
Offermann, Toni, Arbeiterbewegung und liberales Bürgertum in Deutschland 1850—1863, Bonn 1979.
Opel, Fritz, Der Deutsche Metallarbeiterverband während des Ersten Weltkrieges und der Revolution, 4. Aufl., Köln 1980.
Opel, Fritz/Dieter Schneider, Fünfundsiebzig Jahre Industriegewerkschaft 1891 bis 1966. Vom deutschen Metallarbeiter-Verband zur Industriegewerkschaft Metall, Frankfurt 1966.
Osterroth, Franz/Dieter Schuster, Chronik der deutschen Sozialdemokratie, Bd. 1: Bis zum Ende des Ersten Weltkrieges, Bd. 2: Vom Beginn der Weimarer Republik bis zum Ende des Zweiten Weltkrieges, Bd. 3: Nach dem Zweiten Weltkrieg, 2. Aufl., Berlin — Bonn 1978.
Otto, Bernd, Gewerkschaftsbewegung in Deutschland. Entwicklung, geistige Grundlagen, aktuelle Politik, Köln 1975.

Petzina, Dietmar/Werner Abelshauser/Anselm Faust, Sozialgeschichtliches Arbeitsbuch, Band III: Materialien zur Statistik des Deutschen Reiches 1914—1945, München 1978.
Pfromm, Hans A., Das neue DGB-Grundsatzprogramm. Einführung und Kommentar, München — Wien 1982.
Pirker, Theo, Die blinde Macht. Die Gewerkschaftsbewegung in Westdeutschland, 1945—1955, 2 Bde., München 1960; 2. Aufl., Berlin 1979.
Pohl, Hans (Hrsg.), Sozialgeschichtliche Probleme in der Zeit der Hochindustrialisierung 1870—1914, Paderborn 1979.
Potthoff, Heinrich, Gewerkschaften und Politik zwischen Revolution und Inflation, Düsseldorf 1979.
Preller, Ludwig, Sozialpolitik in der Weimarer Republik, Stuttgart 1949; unveränd. Nachdr. Kronberg — Düsseldorf 1978.
Protokolle der Verhandlungen der Kongresse der Gewerkschaften Deutschlands. 1, 1892—10, 1919, 7 Bde., Nachdr. Bonn — Berlin 1979/80.

Rabenschlag-Kräußlich, Jutta, Parität statt Klassenkampf? Zur Organisation des Arbeitsmarktes und Domestizierung des Arbeitskampfes in Deutschland und England 1900—1918, Frankfurt — Bern 1983.
Renzsch, Wolfgang, Handwerker und Lohnarbeiter in der frühen Arbeiterbewegung. Zur sozialen Basis von Gewerkschaften und Sozialdemokratie im Reichsgründungsjahrzehnt, Göttingen 1980.
Reulecke, Jürgen (Hrsg.), Arbeiterbewegung an Rhein und Ruhr, Wuppertal 1974.
Richter Werner, Gewerkschaften, Monopolkapital und Staat im ersten Weltkrieg und in der Novemberrevolution, 1914—1919, Berlin (DDR) 1959.
Ritter, Gerhard A., Die Arbeiterbewegung im Wilhelminischen Reich. Die Sozialdemokratische Partei und die Freien Gewerkschaften 1890—1900, 2. Aufl., Berlin 1963.
Ritter, Gerhard A., Staat, Arbeiterschaft und Arbeiterbewegung in Deutschland. Vom Vormärz bis zum Ende der Weimarer Republik, Berlin — Bonn 1982.
Röder, Werner, Die deutschen sozialistischen Exilgruppen in Großbritannien. Ein Beitrag zur Geschichte des Widerstandes gegen den Nationalsozialismus, Hannover 1968.
Ross, Dietmar, Gewerkschaften und soziale Demokratie. Von der Richtungs- zur Einheitsgewerkschaft, von Weimar zur Nachkriegszeit. Untersuchungen zur gewerkschaftlichen Programmatik für den Aufbau einer demokratischen Gesellschaft, Phil. Diss. Bonn 1976.
Ruck, Michael, Burgfrieden oder Notgemeinschaft? Die freien Gewerkschaften im Ruhrkampf 1923, Phil. Diss. Mannheim 1983, Berlin 1985.

Saul, Klaus, Staat, Industrie, Arbeiterbewegung im Kaiserreich. Zur Innen- und Sozialpolitik des Wilhelminischen Deutschland 1903—1914, Düsseldorf 1974.
Schellhoss, Hartmut, Apathie und Legitimität. Das Problem der neuen Gewerkschaft, München 1967.
Schiefer, Jack, Geschichte der deutschen Gewerkschaften, 3. Aufl., Aachen 1946.
Schmidt, Eberhard, Die verhinderte Neuordnung. Zur Auseinandersetzung um die Demokratisierung der Wirtschaft in den westlichen Besatzungszonen und in der Bundesrepublik Deutschland, 8. Aufl., Frankfurt 1981.
Schmidt, Ute/Tilman Fichter, Der erzwungene Kapitalismus. Klassenkämpfe in den Westzonen 1945—1948, Berlin 1971.
Schneider, Dieter (Hrsg.), Zur Theorie und Praxis des Streiks, Frankfurt 1971.
Schneider, Michael, Das Arbeitsbeschaffungsprogramm des ADGB. Zur gewerkschaftlichen Politik in der Endphase der Weimarer Republik. Mit einer Einführung von George Garvy, Bonn-Bad Godesberg 1975.
Schneider, Michael, Aussperrung. Ihre Geschichte und Funktion vom Kaiserreich bis heute, Frankfurt 1980.
Schneider, Miachel, Die Christlichen Gewerkschaften 1894—1933, Bonn 1982.
Schneider, Michael, Unternehmer und Demokratie. Die freien Gewerkschaften in der unternehmerischen Ideologie der Jahre 1918—1933, Bonn-Bad Godesberg 1975.
Schöck, Eva Cornelia, Arbeitslosigkeit und Rationalisierung. Die Lage der Arbeiter und die kommunistische Gewerkschaftspolitik 1920—28, Frankfurt — New York 1977.
Schönhoven, Klaus, Expansion und Konzentration. Studien zur Entwicklung der Freien Gewerkschaften im Wilhelminischen Deutschland 1890 bis 1914, Stuttgart 1980.
Schröder, Wilhelm-Heinz, Arbeitergeschichte und Arbeiterbewegung. Industriearbeit und Organisationsverhalten im 19. und frühen 20. Jahrhundert, Frankfurt — New York 1978.

Schröder, Wolfgang, Klassenkämpfe und Gewerkschaftseinheit. Die Herausbildung und Konstituierung der gesamtnationalen deutschen Gewerkschaftsbewegung und der Generalkommission der Gewerkschaften Deutschlands, Berlin (DDR) 1965.
Schürholz, Franz, Die deutschen Gewerkschaften seit 1945. Praktische Arbeit und Reformbedürfnisse, Düsseldorf 1955.
Schumann, Hans-Gerd, Nationalsozialismus und Gewerkschaftsbewegung. Die Vernichtung der deutschen Gewerkschaften und der Aufbau der deutschen Arbeitsfront, Hannover — Frankfurt 1958.
Schuster, Dieter, Die deutsche Gewerkschaftsbewegung. DGB. 5. verb. und erg. Aufl., Düsseldorf 1976.
Schuster, Dieter, Die deutschen Gewerkschaften seit 1945, 2. Aufl., Stuttgart — Berlin — Köln — Mainz 1974.
Schuster, Dieter, Der Deutsche Gewerkschaftsbund, Düsseldorf 1977.
Schwarz, Salomon, Handbuch der deutschen Gewerkschaftskongresse (Kongresse des Allgemeinen Deutschen Gewerkschaftsbundes), Berlin 1930.
Seidel, Richard, Die Gewerkschaften in der Revolution, Berlin 1920.
Seidel, Richard, Die Gewerkschaften nach dem Kriege, Berlin 1925.
Seidel, Richard, Gewerkschaften und politische Parteien in Deutschland, Berlin 1928.
Seidel, Richard, Die Gewerkschaftsbewegung in Deutschland, Köln 1952.
Seidel, Richard/Bernhard Göring, Die Gewerkschaftsbewegung in Deutschland. Mit einem Abschnitt über die Gewerkschaftsbewegung der Angestellten und Beamten von Bernhard Göring, Berlin 1932.
Sohn, Karl-Heinz, Berufsverband und Industriegewerkschaft. Organisationsprinzipien der deutschen Gewerkschaften, Köln 1964.
Stearns, Peter N., Arbeiterleben. Industriearbeit und Alltag in Europa 1890—1914, Frankfurt — New York 1980.
Stollberg, Gunnar, Die Rationalisierungsdebatte 1908—1933. Freie Gewerkschaften zwischen Mitwirkung und Gegenwehr, Frankfurt — New York 1981.
Streeck, Wolfgang, Gewerkschaftliche Organisationsprobleme in der sozialstaatlichen Demokratie, Königstein 1981.

Teichmann, Ulrich (Hrsg.), Gewerkschaften. Analysen, Theorie und Politik, Darmstadt 1981.
Tenfelde, Klaus, Sozialgeschichte der Bergarbeiterschaft an der Ruhr im 19. Jahrhundert, Bonn-Bad Godesberg 1977.
Tenfelde, Klaus/Heinrich Volkmann (Hrsg.), Streik. Zur Geschichte des Arbeitskampfes in Deutschland während der Industrialisierung, München 1981.
Tennstedt, Florian, Sozialgeschichte der Sozialpolitik in Deutschland. Vom 18. Jahrhundert bis zum Ersten Weltkrieg, Göttingen 1981.
Tennstedt, Florian, Vom Proleten zum Industriearbeiter. Arbeiterbewegung und Sozialpolitik in Deutschland 1800 bis 1914, Köln 1983.
Timm, Helga, Die deutsche Sozialpolitik und der Bruch der großen Koalition im März 1930, Düsseldorf 1952, unveränd. Nachdr. 1982.
Todt, Elisabeth/Hans Radandt, Zur Frühgeschichte der deutschen Gewerkschaftsbewegung 1800—1849, Berlin (DDR) 1950.

Uhen, Leo, Gruppenbewußtsein und informelle Gruppenbildungen bei deutschen Arbeitern im Jahrhundert der Industrialisierung, Berlin 1964.

Varain, Heinz Josef: Freie Gewerkschaften, Sozialdemokratie und Staat. Die Politik der Generalkommission unter der Führung Carl Legiens (1890—1920), Düsseldorf 1956.
Vetter, Heinz Oskar (Hrsg.), Aus der Geschichte lernen — die Zukunft gestalten. Dreißig Jahre DGB. Protokoll der wissenschaftlichen Konferenz zur Geschichte der Gewerkschaften vom 12. und 13. Oktober 1979 in München, Köln 1980.
Vetter, Heinz Oskar (Hrsg.), Vom Sozialistengesetz zur Mitbestimmung. Zum 100. Geburtstag von Hans Böckler, Köln 1975.
Volkmann, Heinrich/Jürgen Bergmann (Hrsg.), Sozialer Protest. Studien zur traditionellen Resistenz und kollektiven Gewalt in Deutschland vom Vormärz bis zur Reichsgründung, Opladen 1984.

Wachenheim, Hedwig, Die deutsche Arbeiterbewegung 1844—1914, Frankfurt — Wien — Zürich 1971.
Wentzel, Lothar, Inflation und Arbeitslosigkeit. Gewerkschaftliche Kämpfe und ihre Grenzen am Beispiel des Deutschen Metallarbeiter-Verbandes 1919—1924, Hannover 1981.

Wilke, Manfred, Die Funktionäre. Apparat und Demokratie im Deutschen Gewerkschaftsbund, München 1979.
Winkler, Heinrich August, Von der Revolution zur Stabilisierung. Arbeiter und Arbeiterbewegung in der Weimarer Republik 1918—1924, Bonn 1984.
Wissell, Rudolf, Aus meinen Lebensjahren. Mit einem Dokumentenanhang, hrsg. von Ernst Schraepler, Berlin 1983.
Wolfram, Adam, Es hat sich gelohnt. Der Lebensweg eines Gewerkschaftlers, Koblenz 1977.

Zoll, Rainer, Der Doppelcharakter der Gewerkschaften. Zur Aktualität der Marxschen Gewerkschaftstheorie, Frankfurt 1976.
Zwahr, Hartmut, Zur Konstituierung des Proletariats als Klasse. Strukturuntersuchung über das Leipziger Proletariat während der industriellen Revolution, Berlin (DDR) 1978.
Zwing, Karl, Geschichte der deutschen freien Gewerkschaften, Jena 1928.
Zwing, Karl, Soziologie der Gewerkschaftsbewegung, 1. Teil: Gewerkschaften und Wirtschaft, Jena 1925.

# Über die Autoren

*Ulrich Borsdorf*, Dr. phil., geb. 1944, Referent am Wirtschafts- und Sozialwissenschaftlichen Institut des Deutschen Gewerkschaftsbundes. Veröffentlichungen u. a.: Hans Böckler. Arbeit und Leben eines Gewerkschafters von 1875 bis 1945, Köln 1982; zahlreiche Aufsätze zur Geschichte der Arbeiterbewegung, besonders der Gewerkschaften.

*Frank Deppe,* Dr. phil., geb. 1941, Professor für Politikwissenschaft an der Universität Marburg. Veröffentlichungen u. a.: Verschwörung, Aufstand und Revolution, 1970; Das Bewußtsein der Arbeiter, 1971; Europäische Wirtschaftsgemeinschaft, 1975; Geschichte der deutschen Gewerkschaftsbewegung, 1977; Autonomie und Integration, 1979; Einheit und Spaltung der Arbeiterklasse, 1981.

*Ulrich Engelhardt*, Dr. phil., geb. 1940, Privatdozent an der Universität Heidelberg, Geschäftsführer des Arbeitskreises für moderne Sozialgeschichte. Veröffentlichungen u. a.: Nur vereinigt sind wir stark. Die Anfänge der deutschen Gewerkschaftsbewegung 1862/63 bis 1869/70, 2 Bde., Stuttgart 1977; zahlreiche Aufsätze zur Sozial- und Begriffsgeschichte.

*Hans Georg Fleck*, M. A., geb. 1953, arbeitet z. Z. an einer Dissertation über den Verband der Deutschen Gewerkvereine (Hirsch-Duncker).

*Hans Otto Hemmer*, geb. 1946, Chefredakteur der „Gewerkschaftlichen Monatshefte". Veröffentlichungen zur Sozialgeschichte, Geschichte der Arbeiterbewegung sowie zu gewerkschaftspolitischen Fragen.

*Peter Jahn*, Dr. phil., geb. 1941, Mitarbeiter am DFG-Projekt „Deutsche Gewerkschaften" an der Universität Mannheim. Veröffentlichung: Russophilie und Konservatismus, Stuttgart 1980.

*Horst-Albert Kukuck*, Dr. phil., geb. 1939, Mitarbeiter am DFG-Projekt „Deutsche Gewerkschaften" an der Universität Mannheim. Veröffentlichungen: Zum Problem der politischen Komponente im Richterrecht, Königstein 1980; Aufsätze zur Agrarpolitik.

*Gunther Mai*, Dr. phil., geb. 1949, Privatdozent an der Universität Marburg. Veröffentlichungen u. a.: Kriegswirtschaft und Arbeiterbewegung in Württemberg 1914—1918, Stuttgart 1981; zahlreiche Aufsätze zur Sozial- und Zeitgeschichte.

*Erich Matthias*, Dr. phil, geb. 1921, gest. 1983, Professor für Politische Wissenschaft und Zeitgeschichte an der Universität Mannheim. Veröffentlichungen u. a.: Sozialdemokratie und Nation, Stuttgart 1952; Die deutsche Sozialdemokratie und der Osten, Köln 1954; Hrsg. zahlreicher Quellenwerke zur Geschichte des Parlamentarismus.

*Siegfried Mielke*, Dr. phil., geb. 1941, Professor an der Freien Universität Berlin, Fachbereich Politische Wissenschaft. Veröffentlichungen u. a.: Länderparlamentarismus, Bonn 1971; Der Hansabund für Gewerbe, Handel und Industrie 1909—1914, Göttingen 1976; Internationales Gewerkschaftshandbuch (Hrsg.), Opladen 1983.

*Dirk H. Müller,* Dr. phil., geb. 1944, Mitarbeiter bei der Historischen Kommission zu Berlin. Veröffentlichungen u. a.: Idealismus und Revolution. Zur Opposition der Jungen gegen den sozialdemokratischen Parteivorstand 1890—1894, Berlin 1975; Versammlungsdemokratie und Arbeiterdelegierte in der deutschen Gewerkschaftsbewegung vor 1918 (erscheint 1984); Aufsätze zur Gewerkschaftsgeschichte.

*Werner Müller*, Dr. phil., geb. 1946, Hochschulassistent an der Universität Mannheim. Veröffentlichungen zur Geschichte der KPD und SED sowie zur Regionalgeschichte.

*Heinrich Potthoff,* Dr. phil., geb. 1938, Wiss. Mitarbeiter der Kommission für Geschichte des Parlamentarismus und der politischen Parteien, Bonn. Veröffentlichungen u. a.: Gewerkschaften und Politik zwischen Revolution und Inflation, Düsseldorf 1979; Kleine Geschichte der SPD, 5. Aufl., Bonn 1983; Aufsätze und Editionen zur Geschichte der Weimarer Republik.

*Witich Roßmann*, geb. 1951, Wiss. Mitarbeiter an der Universität Marburg. Veröffentlichungen u. a.: „Gewerkschaftspluralismus" und „repressive Integration" (mit F. Deppe, 1980); Wirtschaftskrise, Faschismus, Gewerkschaften 1929—1933 (mit F. Deppe, 1981); Arbeiterklasse, soziale Bedürfnisse und gewerkschaftliche Politik, 1982.

*Michael Ruck*, Dr. phil., geb. 1954, Mitarbeiter am DFG-Projekt „Deutsche Gewerkschaften" an der Universität Mannheim. Veröffentlichung: Burgfrieden oder Notgemeinschaft? Die Freien Gewerkschaften im Ruhrkampf 1923 (in Vorbereitung).

*Dieter Schiffmann*, Dr. phil., geb. 1948, Mitarbeiter am DFG-Projekt „Deutsche Gewerkschaften" an der Universität Mannheim. Veröffentlichung: Von der Revolution zum Neunstundentag. Arbeit und Konflikt bei BASF 1918—1924, Frankfurt 1983.

*Michael Schneider*, Dr. phil. habil., geb. 1944, Wiss. Mitarbeiter der Abt. Sozial- und Zeitgeschichte des Forschungsinstituts der Friedrich-Ebert-Stiftung, Lehrbeauftragter an der Universität Bonn. Veröffentlichungen u. a.: Die Christlichen Gewerkschaften 1894—1933, Bonn 1982; zahlreiche Publikationen zur Geschichte der deutschen Arbeiterbewegung.

*Klaus Schönhoven*, Dr. phil., geb. 1942, Professor für Politische Wissenschaft und Zeitgeschichte an der Universität Mannheim. Veröffentlichungen u. a.: Expansion und Konzentration. Studien zur Entwicklung der Freien Gewerkschaften im Wilhelminischen Deutschland 1890 bis 1914, Stuttgart 1980; zahlreiche Aufsätze zur Parteien- und Gewerkschaftsgeschichte.

*Henryk Skrzypczak,* Dr. phil., geb. 1926, Leiter der Sektion „Geschichte der Arbeiterbewegung" in der Historischen Kommission zu Berlin und Hrsg. der IWK. Veröffentlichungen: Zahlreiche Aufsätze zur Gewerkschaftsgeschichte und Ideengeschichte der Arbeiterbewegung.

*Klaus Tenfelde*, Dr. phil., geb. 1944, Privatdozent an der Universität München. Veröffentlichungen u. a.: Sozialgeschichte der Bergarbeiterschaft an der Ruhr im 19. Jahrhundert, Bonn-Bad Godesberg 1977; Proletarische Provinz. Radikalisierung und Widerstand in Penzberg/Obb. 1900 bis 1945, München 1982; zahlreiche Aufsätze zur Sozial- und Arbeiterbewegungsgeschichte.

CIP-Kurztitelaufnahme der Deutschen Bibliothek

**Solidarität und Menschenwürde:** Etappen d. dt. Gewerkschaftsgeschichte von d. Anfängen bis zur Gegenwart/Erich Matthias; Klaus Schönhoven (Hg.). — Bonn: Verlag Neue Gesellschaft, 1984.

ISBN 3-87831-391-8

NE: Matthias, Erich [Hrsg.]